Dictionnaire des œuvres littéraires de l'Acadie des Maritimes
– XXe siècle –

Dictionnaire des œuvres littéraires de l'Acadie des Maritimes
– XXᵉ siècle –

sous la direction
de
Janine Gallant et Maurice Raymond

Éditions Prise de parole
Sudbury 2012

Catalogage avant publication de Bibliothèque et Archives Canada

Dictionnaire des œuvres littéraires de l'Acadie des Maritimes - XXe siècle / sous la direction de Janine Gallant et Maurice Raymond.
Comprend un index.
Publ. aussi en format électronique.
ISBN 978-2-89423-241-5

1. Littérature acadienne – 20e siècle – Dictionnaires français.
I. Gallant, Janine, 1969- II. Raymond, Maurice, 1954-
PS8015.D528   2011   C840.9'97150904   C2011-906279-8

Dictionnaire des œuvres littéraires de l'Acadie des Maritimes - XXe siècle [ressource électronique] / sous la direction de Janine Gallant et Maurice Raymond.
Comprend un index.
Monographie électronique en format PDF. Publ. aussi en format imprimé.
ISBN 978-2-89423-373-3

1. Littérature acadienne – 20e siècle – Dictionnaires français.
I. Gallant, Janine, 1969- II. Raymond, Maurice, 1954-
PS8015.D528   2011a   C840.9'97150904   C2011-906280-1

Diffusion au Canada : Dimédia

Prise deparole Ancrées dans le Nouvel-Ontario, les Éditions Prise de parole appuient les auteurs et les créateurs d'expression et de culture françaises au Canada, en privilégiant des œuvres de facture contemporaine.

La maison d'édition remercie le Conseil des Arts de l'Ontario, le Conseil des Arts du Canada, le Patrimoine canadien (programme Développement des communautés de langue officielle et Fonds du livre du Canada) et la Ville du Grand Sudbury de leur appui financier.
Conception de la page de couverture : Olivier Lasser

Imprimé au Canada.
Copyright © Ottawa, 2012
Éditions Prise de parole
C.P. 550, Sudbury (Ontario) Canada P3E 4R2
www.prisedeparole.ca

ISBN 978-2-89423-241-5 (Papier)
ISBN 978-2-89423-373-3 (PDF)

REMERCIEMENTS

Nous tenons à remercier les organismes qui ont permis, par leur contribution financière, la préparation et la publication de cet ouvrage : le programme d'«Aide aux petites universités» du Conseil de recherche en sciences humaines du Canada, la Faculté des études supérieures et de la recherche de l'Université de Moncton, la Chaire de recherche du Canada en analyse littéraire interculturelle (et tout particulièrement son directeur, M. Jean Morency, qui, au-delà de la contribution financière de son organisme, nous a souvent fourni de précieux conseils), la Chaire d'études acadiennes et le Département d'études françaises de l'Université de Moncton.

Nous remercions spécialement la soixantaine de rédacteurs et de rédactrices d'articles qui, en fournissant gracieusement leur temps et leur expertise, ont permis de mener à terme cette entreprise. Ils sont, fondamentalement, les véritables auteurs de ce livre.

Nous avons eu recours, ne serait-ce que pour des raisons bibliographiques, au personnel du Centre d'études acadiennes de l'Université de Moncton. Nous les remercions de leur dévouement.

Un merci tout particulier à Pénélope Cormier, Jonathan Roy et Mylène White, nos assistants de recherche, qui ont participé à la rédaction des articles de 3e catégorie (articles courts, non signés, consacrés à des œuvres jugées mineures). Le sérieux et l'application avec lesquels ils ont accompli ce travail important font d'eux des chercheurs inégalés qui méritent notre reconnaissance.

Nous tenons ensuite à remercier l'équipe de chercheurs à l'origine de ce projet, dirigée par Jean Morency et composée de Raoul Boudreau, Maurice Basque, Pierre M. Gérin et Robert Viau. C'est cette équipe qui a véritablement posé les premiers jalons du dictionnaire, en effectuant notamment la plus grande partie du travail considérable de sélection et de classement des œuvres et en définissant l'essentiel du protocole de rédaction. Sans cette mise en place de départ, il nous aurait été fort difficile de poursuivre ce projet.

Merci enfin aux Éditions Prise de parole et à sa directrice, Mme Denise Truax, qui, en plus de nous avoir fait confiance et d'avoir permis cette publication, se sont avérées des partenaires de travail sympathiques et de la plus haute compétence.

AVERTISSEMENT

Le *Dictionnaire des œuvres littéraires de l'Acadie des Maritimes – XXe siècle* présente et analyse près de 200 œuvres littéraires francophones de l'Acadie des Maritimes. Chacune de ces œuvres a été sélectionnée en raison à la fois de son appartenance au corpus acadien et de sa littérarité ou de sa spécificité « littéraire ». Ceci ne signifie nullement que toutes les œuvres jugées littéraires trouvent ici leur place. Il a fallu faire un choix et, malheureusement, certaines d'entre elles, faute de collaborateurs immédiats, ont dû être laissées de côté. Nous nous excusons d'avance pour toute lacune ou oubli qui résulterait de cette situation ou de la part plus ou moins importante d'arbitraire que ce genre de projet présuppose.

Afin de déterminer l'appartenance d'une œuvre au corpus acadien, deux points ont été considérés : la définition géographique de l'Acadie et l'appartenance identitaire des auteurs. Nous avons écarté d'emblée une vision ethnique de l'identité acadienne et privilégié le sol plutôt que le sang, tout en restant attentifs aux liens entre le contenu des œuvres et l'Acadie. Nous avons considéré comme texte acadien un texte de langue française qui répond à au moins un des trois critères suivants : (1) son auteur est né en Acadie (dans ce cas, nous avons choisi d'écarter les œuvres publiées par des Acadiens qui ont vécu l'essentiel de leur vie à l'extérieur de l'Acadie et qui y ont publié des œuvres n'ayant pas de lien direct avec l'Acadie) ; (2) son auteur a vécu en Acadie pendant une période significative (dans ce cas, nous n'avons retenu que les œuvres ayant un lien direct avec l'Acadie et avec l'expérience

acadienne de l'auteur ; (3) le texte a été publié en Acadie. Ces critères ont guidé notre sélection dans la quasi-totalité des cas. Le dernier de ces critères explique que certains auteurs qui ne font pas partie, *stricto sensu*, du corpus littéraire de l'Acadie des Maritimes (Zachary Richard, par exemple) se trouvent dans notre dictionnaire.

Le dictionnaire comprend trois types d'articles, d'inégale longueur et dont le contenu varie en fonction de l'importance attribuée aux œuvres littéraires répertoriées : 1) les articles consacrés à des œuvres majeures dans l'histoire de la littérature acadienne, d'une longueur approximative de cinq pages tapuscrites (exemple *La Sagouine*, en vertu de l'importance de l'œuvre d'Antonine Maillet, ou *Mourir à Scoudouc* d'Herménégilde Chiasson, pour son impact sur la modernité acadienne) ; 2) les articles consacrés à des œuvres importantes et dont le contenu mérite une analyse critique (*Les stigmates du silence* de Calixte Duguay, ou *Madeleine ou la rivière au printemps* de Simone Rainville), d'une longueur approximative de trois pages tapuscrites ; 3) les articles consacrés à des œuvres jugées moins importantes, mais qui méritent d'être présentées et résumées (*Otto de la veuve Hortense* de Laurier Melanson, ou *La limite élastique* de Daniel Dugas), articles essentiellement descriptifs, d'une longueur d'environ une page tapuscrite. À noter, finalement, que certaines œuvres se trouvent dans la première ou la deuxième catégorie en raison de leur seule qualité littéraire (*La conversation entre hommes* d'Huguette Légaré ; *L'été aux puits secs* de Germaine Comeau), ou, inversement, en raison de leur retentissement et de leur importance sociale (*L'Acadie perdue* de Michel Roy).

D'un point de vue matériel, chaque article du dictionnaire se concentre sur une œuvre littéraire. Le classement suivi est celui de l'ordre alphabétique des titres d'œuvres. L'ordre alphabétique s'applique à tous les mots du titre. Seuls sont exclus les articles définis (le, la, les). Ainsi, on trouvera par exemple *Le cycle de Prague* de Serge Patrice Thibodeau sous la lettre «C», alors qu'*Un train de glace* de Jacques Savoie se trouvera sous la lettre «U».

Chaque article est constitué d'une entrée, qui comprend le titre de l'œuvre, les prénom et nom de l'auteur, le genre littéraire auquel l'œuvre appartient et l'année de sa première publication. Un résumé descriptif de l'œuvre est ensuite proposé (contexte d'écriture et de publication, renseignements biographiques pertinents, résumé de l'intrigue, structure générale de l'œuvre et, éventuellement, situation de l'œuvre dans la tradition littéraire acadienne et réception). Pour les œuvres de catégories 1 et 2, ce résumé descriptif est suivi d'une analyse interprétative. Enfin, chacun des articles comprend une référence bibliographique complète. Afin de faciliter la consultation du dictionnaire, un *Index par auteur* répertorie, pour chacun d'eux, toutes les œuvres auxquelles un article est consacré. Cet index est placé à la fin de l'ouvrage.

Une dernière précision : si toutes les œuvres ici présentées ont été publiées dans le courant du XXe siècle, plus de 90 % d'entre elles l'ont été après 1958, ce qui fait de l'ensemble un document résolument moderne, proposant des articles sur des œuvres souvent peu commentées.

LISTE DES SIGNES CONVENTIONNELS ET DES ABRÉVIATIONS

1. Signes

[...]	indique un passage supprimé dans une citation.
[- -]	indique un élément reconstitué dans une citation, dans une notice bibliographique.
/	indique une séparation entre deux vers dans une citation.
//	indique une séparation entre deux strophes dans une citation.
[?]	indique des faits ou des renseignements incertains.

2. Abréviations

cf.	voir
f.	feuillet, feuillets (dans le cas d'un manuscrit ou d'une thèse)
ibid.	*ibidem*, le même ouvrage
id.	*idem*, le même auteur
ill.	illustrations
n°, n°s	numéro, numéros
n. p.	non paginé
p.	page, pages
s. d.	sans date
s. é.	sans éditeur
s. l.	sans lieu
t.	tome
vol.	volume

INTRODUCTION

Rappel historique et mythique

L'Acadie peut s'enorgueillir d'un passé littéraire non négligeable, les origines de sa littérature remontant à l'époque même de sa fondation (1604). C'est en effet en 1606 que l'avocat et écrivain Marc Lescarbot consacrera à la colonie naissante une courte pièce de théâtre exaltant l'entreprise colonisatrice. Emporté par son enthousiasme, Lescarbot publiera, en 1609, son *Histoire de la Nouvelle-France*[1]. Si la plaquette de vers mise en annexe, *Les muses de la Nouvelle-France*, lui vaudra le titre de premier poète français d'Amérique, le document historique proprement dit – dans lequel il décrit son voyage, son arrivée et la vie quotidienne à Port-Royal – est à l'origine d'un mythe qui perdurera en Acadie et dont s'inspireront copieusement historiens et écrivains, celui de «l'Acadie, Terre promise». La colonie y est présentée comme un paradis terrestre et ses fondateurs, comme le peuple élu. Cette vision édénique de l'Acadie sera reprise quelques décennies plus tard par Nicolas Denys[2], explorateur et commerçant, puis, au début du XVIIIe siècle, par le Sieur de Diéreville[3]. Nous devons à ce dernier un premier portrait – fortement idéalisé – des Acadiens de l'époque : il les dépeint heureux, insouciants, vertueux,

industrieux et fidèles à leurs origines françaises. (Bourque / De Finney, 2008[4])

Un événement majeur et particulièrement traumatique viendra briser cette bulle idéaliste d'une Acadie mythifiée et intemporelle. Ce drame, celui de la déportation des Acadiens par les Britanniques en 1755, a longtemps été appelé, par un euphémisme typique de la psyché acadienne, le *Grand Dérangement*. Or, comme on le sait, l'événement dépasse largement la dimension mesurée d'un simple «dérangement». En effet, entre 1755 et 1762, près des deux tiers de la population acadienne, qui, à l'époque, compte environ 15 000 âmes, est déportée vers les colonies anglo-américaines et l'Angleterre. Ceux qui réussissent à éviter la déportation meurent au bout des fusils britanniques ou s'enfuient à travers les forêts, poursuivis avec zèle par les autorités. Ce n'est qu'en 1763 que le retour des Acadiens exilés sera autorisé, au prix de sérieuses restrictions. Les images troublantes de ce «traumatisme gigantesque» (Laparra, 2005) seront propagées par le célèbre poème de Longfellow, *Evangeline, A Tale Of Acadie*[5], qui contribuera grandement à la fusion subséquente du mythe et de l'histoire.

---

[1] Marc Lescarbot, *Histoire de la Nouvelle France*, Paris, Chez Jean Milot, 1609.

[2] Nicolas Denys, *Description géographique et historique des costes de l'Amérique septentrionale. Avec l'histoire naturelle du Païs*, [reproduction de l'original et trad. par William F. Ganong], Toronto, Champlain Society, 1908 [Paris, 1672].

[3] Diéreville, *Relation du Voyage du Port Royal de l'Acadie, ou de la Nouvelle-France…* [titre abrégé], [reproduction de l'original et trad. par Clarence Webster], Toronto, Champlain Society, 1933 [Rouen, 1708].

[4] Les références complètes des ouvrages utilisés se trouvent dans la bibliographie placée à la fin de l'introduction.

[5] Henry Wadsworth Longfellow, *Evangeline, A Tale Of Acadie*, Boston, Ticknor, 1847.

Cette « Acadie éclatée du Grand Dérangement » (Bourque / De Finney, 2008) suscitera un débat acrimonieux entre historiographes canadiens-français et anglo-saxons, et notamment entre Henri-Raymond Casgrain (1877) et Francis Parkman (1884). Le premier soulignera « l'injustice de la déportation » et déploiera « toutes les ressources de l'historiographie romantique pour mieux crédibiliser la vision de Longfellow et faire de Grand-Pré un lieu mythique » ; le deuxième justifiera la déportation « en insistant sur les machinations des Français qui auraient incité certains Acadiens à prendre les armes contre les Anglais ». (*Ibid.*) Bien que le débat soit loin d'être clos, l'image indélébile d'une Acadie vierge et heureuse (celle du début de la colonie), littéralement violée par la brutalité anglo-américaine, demeure, dans l'esprit de la plupart des Acadiens, la pierre de touche d'une première conscience identitaire.

Toutefois, comme le souligne Denis Bourque :

> [...] on ne peut pas affirmer que le problème de l'identité acadienne ait été spécifiquement et explicitement posé avant la deuxième moitié du dix-neuvième siècle et cela, notamment, à l'occasion de la première convention nationale des Acadiens, qui avait lieu à Memramcook en 1881. [...] À la source de l'idéologie des conventions nationales, dont le but est de fonder une praxis ou une pratique sociale qui puisse assurer à la collectivité acadienne une survivance à long terme, s'élabore [...] un discours identitaire lui-même fondé sur la langue, la religion, l'origine, les traditions et coutumes du peuple acadien et surtout sur son histoire qu'on affirme être unique. Cette histoire, dans le discours officiel, donne lieu à la création d'un récit commun fondé [...] sur la mythification des trois grandes époques historiques de la nation acadienne : celle de la colonisation ou des origines, celle de la déportation et celle de la renaissance acadienne du dix-neuvième siècle. [...] [C'est le poème] *Évangéline* de Longfellow [qui] dotera l'Acadie de son épopée fondatrice. [Il illustre] les grands mythes qui nourrissent le discours idéologique et aussi la littérature acadienne jusqu'à l'époque moderne [...] :

évocation [d'abord] d'une espèce d'âge d'or de l'Acadie, d'une période de bonheur et d'innocence champêtre, de paix, d'abondance et de prospérité [...] ; paradis perdu [...] de la déportation [ensuite] qui, lui, se caractérise par ses aspects particulièrement brutaux, atroces et déchirants [...] ; résurrection du peuple [finalement] sous l'égide de la divine Providence et [...] retour à l'âge d'or de l'Acadie. (Bourque, 2004)

À partir de cette date symbolique de 1881, les idéologues des conventions nationales proposeront une relecture systématique de l'histoire dans le but avoué de favoriser l'existence et l'épanouissement du peuple acadien. Ce phénomène de ré-identification collective, fondée sur une réappropriation de la mémoire, entraîne une rupture fondamentale « entre un imaginaire collectif d'avant 1881 et celui mis en place par les discours et sermons [de ces conventions] ». (Laparra, 2005) En deçà du vide collectif laissé par la déportation et en opposition, pourrait-on dire, à l'univers classique des œuvres françaises d'origine – celles du début de la colonisation –, se cristallise un nouvel imaginaire fondé sur la reconnaissance des ancêtres, qui, par leur bravoure, leur endurance et leur détermination ont fait en sorte que soit sauvegardé le précieux héritage de la langue, des coutumes et de la foi. En prenant leurs distances vis-à-vis de la France qui leur est contemporaine – celle de la fin du XIXe siècle –, considérée comme suspecte, et en faisant l'éloge dithyrambique d'une mère-patrie royaliste, catholique et française (francophone), les idéologues substituent aux origines gréco-latines partagées par la colonie et la société française de l'époque une origine française idéalisée.

Première moitié du XXe siècle – Une littérature « nationale »...

C'est dans ce contexte de ré-identification collective et de réappropriation de la mémoire qu'émergent, au début du XXe siècle, les premières manifestations littéraires proprement acadiennes. Le discours politique ou ethnographique cède peu à peu le pas à des textes relevant davantage de la littérature et de ses genres consacrés, le roman, la poésie et le théâtre. La totalité des écrits reste toutefois fortement ancrée dans le discours identitaire, les «écrivains» qui y participent se sentant investis d'une mission non équivoque : celle de défendre la langue, les traditions et la religion d'un peuple qu'on a voulu effacer mais qui refuse résolument de disparaître.

Il n'est pas étonnant, dans ce contexte, que les premiers Acadiens à s'intéresser aux lettres soient des politiques ou des religieux, soucieux par essence du sort réservé à leur communauté immédiate. Le doyen parmi eux, et l'acteur littéraire (et politique) le plus important du début du XXᵉ siècle, est sans conteste le sénateur Pascal Poirier (1859-1933) qui, dès 1875, signe une tragédie, restée à l'époque inédite, dans laquelle un groupe d'Acadiens déportés à Philadelphie devient le symbole éploré d'une «race martyre[6]». Comme le précisent Marguerite Maillet et Raoul Boudreau, Pascal Poirier,

> [p]remier Acadien, né aux provinces Maritimes, à se voir publier en volume, [...] reste le meilleur styliste de sa génération, celui dont l'œuvre est la plus variée et la plus abondante ; en somme, [...] le premier [et] peut-être le seul [...] qui semble avoir eu quelques préoccupations littéraires. (Boudreau / Maillet, 1993)

La contribution de Poirier à la littérature acadienne naissante est majeure. En 1928, dans *Le parler franco-acadien et ses origines*, il fait appel à sa vaste érudition et à son expérience d'essayiste pour se porter à la défense de la langue acadienne, considérée à l'époque comme un patois. Tentative exaltée de réhabilitation de la langue, cette œuvre constitue un vibrant éloge du peuple acadien et de sa spécificité. C'est dans le sillage de cette entreprise identitaire que Pascal Poirier écrira son œuvre principale, *Le glossaire acadien*, premier dictionnaire du français d'Acadie, publié en feuilleton dans le quotidien *L'Évangéline* de 1927 à 1932[7].

À côté de ce «lutteur infatigable» (Maillet / LeBlanc / Émont, 1979) que fut Pascal Poirier, d'autres écrivains, quoique plus péniblement et avec moins de panache, participent à cette première période identitaire de la littérature acadienne. Il faudrait nommer ici un prêtre, André-Thaddée Bourque (1854-1914), contemporain de Poirier, qui publie en 1911 un recueil de récits intitulé *Chez les anciens Acadiens. Causeries du grand-père Antoine*. Ce recueil sans prétention sera l'objet d'une édition critique en 1994 : malgré des qualités littéraires discutables, il a le mérite d'être un des premiers écrits consacrés à la culture populaire en Acadie. Il faudrait aussi rappeler l'œuvre d'un autre sénateur – qui succédera à Poirier au Sénat canadien –, Antoine-J. Léger (1880-1950). Son œuvre inaugure, en Acadie, le genre populaire des romans historiques. Fortement idéologique et didactique, elle poursuit le travail entamé par Poirier, à savoir témoigner de la spécificité du peuple acadien et de son combat. Nationaliste engagé et militant, Antoine Léger ne vient que tardivement à l'écriture, non par vocation d'ailleurs, mais par devoir. Comme il le précise dans l'épilogue de son premier roman, *Elle et lui. Tragique idylle du peuple acadien* publié en 1940 (et mettant en scène le drame de la Déportation[8]), il considère qu'il est impérieux de se mettre au service des Acadiens «pour

---

[6] Pascal Poirier, *Les Acadiens à Philadelphie*, Moncton, Éditions d'Acadie, 1998, p. 18.

[7] *Le glossaire acadien* sera l'objet, en 1993, d'une importante édition critique établie par Pierre M. Gérin, professeur à l'Université de Moncton.

[8] Ce sera également le thème de son deuxième roman, *Une fleur d'Acadie. Un épisode du Grand Dérangement*, publié en 1946.

prendre leur part et épouser leur cause devant l'histoire[9] ».

Une œuvre fait exception, en se distinguant nettement de la production idéologique et patriotique de l'époque : il s'agit de *L'enfant noir*, un roman de mœurs de Donat Coste (1912-1957) publié en 1950, dont l'action se déroule dans la région de Lévis et qui dénonce les institutions sociales, politiques et religieuses du Québec au milieu du XXᵉ siècle. Œuvre contestataire de qualité inégale, elle a été plutôt mal accueillie par la critique québécoise de l'époque. Comme le précise Bertille Beaulieu : « Tous reconnaissent les dons littéraires de Coste mais soutiennent que son roman aurait dû être révisé ou censuré[10]. » Il n'en constitue pas moins une promesse plus littéraire du talent acadien[11] et un premier « volume ouvert sur le monde extérieur à l'Acadie[12] ».

Le genre poétique, pour sa part, sera relativement tardif en Acadie. Eddy Boudreau (1914-1954)[13] – qu'on surnommera « le poète de la douleur » – publiera deux recueils consécutifs, *La vie en croix* (1948) et *Vers le triomphe* (1950). Ces recueils présentent une suite hétéroclite de courts essais, de récits divers, de billets et de poèmes en vers libres. Boudreau y réfléchit sur sa condition de malade, sur le salut par la *souffrance*, qu'il voit essentiellement comme un apostolat et un outil de transfiguration au sens catholique du terme. Si une bonne partie de l'œuvre a vieilli et présente peu d'intérêt pour le lecteur d'aujourd'hui, le

recours au vers libre ainsi que l'individualisme ou la voix plus « personnelle » qui la caractérise – dans le contexte littéraire particulièrement homogène et restrictif de la littérature nationaliste de l'époque –, font de cet auteur et de cette œuvre les parangons d'une certaine « modernité », d'une écriture *autre*, originale, dont ne manqueront pas de s'inspirer certains poètes acadiens actuels. Comme le dit bien Serge Patrice Thibodeau dans son article consacré à *La vie en croix* – et son affirmation a valeur de témoignage : « Eddy Boudreau est vraisemblablement le tout premier *écrivain* de l'histoire littéraire acadienne, selon le sens donné aujourd'hui à ce mot[14]. »

Toutefois, ce n'est pas la voix « originale » et torturée d'Eddy Boudreau, mais bien celle, conformiste, passéiste et farouchement nationaliste du père Napoléon Landry (1884-1956) qui sera la voix poétique de sa génération. Celui qu'on appelait familièrement « le père Nap' » publia deux recueils consécutifs, *Poèmes de mon pays* (1949) et *Poèmes acadiens* (1955). Son œuvre sera couronnée de prix divers – ce qui explique d'ailleurs son succès relatif –, dont le prix de la langue française décerné par l'Académie française. Véhicule de l'idéologie officielle, elle s'attache à faire revivre les grandes périodes de l'histoire acadienne. Comme le précise Marguerite Maillet, le but avoué de Landry est « de susciter chez les jeunes une fierté légitime. C'est à eux qu'il appartient de perpétuer les gloires et les traditions des

---

[9] Antoine-J. Léger, *Elle et lui. Tragique idylle du peuple acadien*, Moncton, L'Évangéline Ltée, 1940, p. 202.

[10] Bertille Beaulieu, *cf.* article « L'Enfant noir », dans ce dictionnaire, p. 106

[11] « Que Donat Coste ait tout ce qu'il faut pour faire un bon romancier, il n'y a pas à hésiter à le dire. Les matériaux de son livre, la vie de ses personnages, certaines parties du récit et quelquefois l'allure du style l'attestent. » Théophile Bertrand, « *L'enfant noir* », dans *Lectures*, tome 7, décembre 1950, p. 199-200. Cité dans Marguerite Maillet, *Histoire de la littérature acadienne. De rêve en rêve*, Moncton, Éditions d'Acadie, 1983, p. 161.

[12] *Ibid.*, p. 163.

[13] Frère cadet de Donat Coste, né à Petit-Rocher. Comme le précise Marguerite Maillet dans son *Histoire de la littérature acadienne…* : « Âgé de trois ans, Eddy Boudreau fut adopté par Jean-Baptiste Comeau qui s'installa au village voisin d'Allardville. Il éprouva sa première attaque de paraplégie en 1929, et, à l'âge de vingt-cinq ans, il ne pouvait plus marcher. En 1940, on le conduisit à l'hospice Saint-Antoine, à Québec, où il est mort. » (p. 168) Daniel Boudreau (Donat Coste), quant à lui, fut adopté par une famille française de Saint-Pierre et Miquelon. Il s'installera avec elle à Montréal et sera également frappé de paraplégie en 1929.

[14] Voir l'article « La vie en croix », dans ce dictionnaire, p. 280

aïeux dans cette Acadie qui ne saurait mourir». (Maillet, 1983)

À bien des égards donc, cette œuvre, asservie au discours national et résolument tournée vers le passé, ne fait que poursuivre le projet d'écriture patriotique du sénateur et romancier Antoine-J. Léger.

Deuxième moitié du XXᵉ siècle – Une littérature «moderne»…

En 1958, trois ans seulement après la parution du recueil emblématique du père Napoléon Landry, deux œuvres viennent rompre avec l'image d'une Acadie stagnante et fixée dans le mythe : *Silences à nourrir de sang* de Ronald Després et *Pointe-aux-Coques* d'Antonine Maillet. Ces œuvres inaugurent, à bien des égards, la littérature acadienne contemporaine et enclenchent un processus de *démythification* de l'Acadie, la première, par son «refus global des vieilles vêtures mythiques acadiennes» (Laparra, 2005)[15], la seconde par la réappropriation de l'histoire qu'elle opère :

> En 1950, en 1960, [...] l'Acadie est devenue [...] une pièce de musée, fragile image dont le romantisme ne fait qu'entériner l'agonie. Il est donc urgent pour les Acadiens de se réapproprier leur histoire, d'affirmer leur présence réelle, *hic et nunc*, de réajuster l'imaginaire collectif à l'évolution de leur situation sur le continent nord-américain. (*Ibid.*)

Si le recueil de Ronald Després recevra à l'époque une attention beaucoup plus grande que celle accordée au premier roman de Maillet – en raison notamment du fait qu'elle a été couronnée par le prestigieux prix David –, la carrière de son auteur, pourtant fort prometteuse, se terminera une décennie plus tard avec la parution d'un dernier recueil, *Le balcon des dieux inachevés*, qui sera assez mal reçu par la

critique. Després aura publié entre-temps un deuxième recueil de poésie, chez Beauchemin, *Les cloisons en vertige* (1962) et un roman-sotie assez unique, publié chez un éditeur montréalais d'avant-garde (les éditions À la page), *Le scalpel ininterrompu. Journal du docteur Jan von Fries* (également en 1962). Qu'il s'agisse de son deuxième recueil, d'inspiration nettement plus surréaliste, ou de la curieuse «sotie» dans laquelle le héros, Jan von Fries, entreprend la vivisection de l'humanité tout entière, Després nous plonge dans un univers d'angoisse et de violence contenue (lié probablement à un «drame» plus personnel que collectif). La plume de l'écrivain est caractérisée par l'excès ou le débordement. Par sa posture radicalement moderne et sa complexité même, qui *déconcerte*, au sens étymologique du terme, l'écriture de Després n'a pas su conquérir les Acadiens de l'époque. Il est toutefois demeuré un «modèle» pour les jeunes écrivains des années 1970 en mal de reconnaissance, ne serait-ce que du fait de sa consécration à l'étranger (au Québec).

Antonine Maillet, pour sa part, construit dès son premier roman un univers mieux adapté au lectorat acadien (et même québécois). Elle sent bien qu'il est urgent «de plonger l'Acadie dans le réel le plus quotidien, le plus familier, le plus proche». Son roman «ouvre la voie à cet imaginaire d'une Acadie *contextualisée*, centrée sur un univers très réduit mais commun à tout le groupe social». (Laparra, 2005)

L'utilisation que fera Antonine Maillet de la chronique populaire et de la langue orale dans les œuvres qui suivront contribuera grandement à son succès. Une de ses œuvres emblématiques, *La Sagouine* (1971), est constituée d'une simple suite de monologues, écrits à l'origine pour la radio et adaptés pour le théâtre. Elle met en scène une vieille femme de ménage qui réfléchit tout haut au sort réservé aux petites gens de son pays disparu, dans une

---

[15] *Silences à nourrir de sang*, un recueil de poésie publié aux célèbres éditions d'Orphée, se situe d'emblée dans la frange avant-gardiste de la poésie publiée au Québec à l'époque et puise d'abord dans un univers de référence français (voire universel). Elle remportera en 1959 le prix David.

langue «colorée et franche qui lui permet d'en laisser entendre beaucoup plus qu'elle n'en dit». (Boudreau, 2004) Raoul Boudreau de poursuivre : «L'œuvre agira comme une monumentale prise de conscience pour les Acadiens au point de vue politique, linguistique et artistique et deviendra un repère fondamental de la naissance de la littérature acadienne moderne.» (*Ibid.*) L'œuvre rendra son auteure célèbre du jour au lendemain, en Acadie, au Québec et dans tout le Canada.

Un autre «repère fondamental» de la naissance de cette littérature est la création, en 1972, des Éditions d'Acadie et la parution successive des trois recueils aujourd'hui considérés comme fondateurs de la poésie acadienne moderne : *Cri de terre* (1972) de Raymond (Guy) LeBlanc, *Acadie Rock* (1973) de Guy Arsenault et *Mourir à Scoudouc* (1974) d'Herménégilde Chiasson. Triptyque incontournable de la prise de conscience identitaire, l'ensemble constitue la première voix réellement engagée de l'Acadie contemporaine :

> Influencée par la poésie nationaliste québécoise, dont les échos parviennent jusqu'en Acadie, cette poésie correspond [...] à un besoin profond de briser deux siècles de silence. Poésie militante, cri pour ne pas mourir, ayant pour thème l'Acadie elle-même, elle exacerbe l'aliénation contemporaine en y surimposant la condition de minoritaire dominé et exploité. (Boudreau, 1998)

Réagissant à près de deux siècles d'errance, ces recueils – et ceux qui suivront – «situent d'emblée l'identité acadienne dans un espace déterminé. [Leurs titres] en témoignent, qui expriment avec violence l'urgence d'un ancrage». (Laparra, 2005)

À la suite de ces «événements» institutionnels et littéraires incontestables que sont la fondation des Éditions d'Acadie et la publication successive de *La Sagouine* d'Antonine Maillet (1971), des recueils emblématiques de la première génération des poètes acadiens modernes (1972-1979)[16], du roman *Pélagie-la-Charrette* (1979) – qui vaudra à Maillet le prix Goncourt –, la littérature acadienne semble reposer sur des assises plus solides[17]. Dès la décennie suivante, on assistera donc à une diversification de sa production : certains écrivains poursuivent dans la veine du nouveau discours «nationaliste» qui a émergé durant les années 1970, d'autres s'engagent dans des voies plus personnelles.

À partir des années 1980, la production romanesque restera fortement dominée par la présence d'Antonine Maillet. Avec plus d'une douzaine de romans et la reconnaissance internationale obtenue depuis la publication de *Pélagie-la-Charette*, elle est la principale romancière acadienne et l'ambassadrice indiscutable du peuple acadien. Elle poursuivra dans les décennies 1980 et suivantes son

---

[16] Aux trois recueils mentionnés précédemment, il faudrait ajouter celui de Calixte Duguay (*Les stigmates du silence*, 1973), celui d'Ulysse Landry (*Tabous aux épines de sang*, 1977) et surtout, ceux de Léonard Forest (*Saisons antérieures*, 1973 et *Comme en Florence*, 1979), tous publiés aux Éditions d'Acadie. Ce dernier poète, davantage rattaché à la tradition poétique québécoise et / ou française, exprime plus indirectement ses liens à la réalité acadienne. Ses recueils, quoique excellents et tout à fait modernes, seront partiellement éclipsés par l'état d'urgence vécu à l'époque, qui exige une parole brute, incisive, concrète.

[17] À cette liste des principaux «événements» institutionnels et / ou littéraires au tournant des années 1970-1980, il faudrait ajouter deux publications majeures, l'*Anthologie de textes littéraires acadiens, 1606-1975,* de Marguerite Maillet, Gérard LeBlanc et Bernard Émont (Éditions d'Acadie, 1979) et l'*Histoire de la littérature acadienne. De rêve en rêve* de Marguerite Maillet (Éditions d'Acadie, 1983). Marguerite Maillet, véritable pionnière de l'institutionnalisation de la littérature acadienne – qui lui doit beaucoup –, publiera également *Bibliographie des publications d'Acadie, 1609-1990. Sources premières et sources secondes* (Moncton, Chaire d'études acadiennes, 1992) et *Bibliographie des publications de l'Acadie des Maritimes. Livres et brochures 1609-1995* (Éditions d'Acadie, 1997).

double projet amorcé en 1958 avec *Pointe-aux-Coques*: «récupérer la petite histoire de son pays et fixer les traditions populaires acadiennes trop longtemps délaissées au profit de l'événement 1755» et «prêter sa voix à l'Acadien pauvre, colonisé, minoritaire». (Boudreau / Maillet, 1993) Son influence sur certains romanciers qui lui succéderont sera patente, qu'ils s'appliquent à dresser un portrait de la société acadienne traditionnelle – comme c'est le cas de Régis Brun dans *La Mariecomo* (1974) –, à reproduire la verdeur et la grivoiserie de la langue populaire – comme chez Laurier Melanson dans son *Zélika à cochon vert* (1981) –, ou encore, à faire revivre, tout simplement, la petite histoire ou les coutumes ancestrales acadiennes – comme dans les romans de Louis Haché publiés entre 1974 et 1996.

Au-delà de la *petite histoire*, l'histoire tout court occupera une bonne part de la production romanesque acadienne, notamment celle des années 1980. Les romans historiques, qu'il s'agisse de ceux de Jeanne Ducluzeau ou de Claude Le Bouthillier, s'appliqueront à faire revivre des épisodes de la saga acadienne (retour des Acadiens au Poitou après la Déportation, chez Ducluzeau[18]) ou à rappeler cette saga dans son entièreté, comme c'est le cas du *Feu du mauvais temps* (1989) de Le Bouthillier, qui vaudra à son auteur le prix Champlain. Parallèlement à ces romanciers de la continuité historique et du «témoignage», qui opèrent dans un cadre plus traditionnel, d'autres auteurs, tels Jacques Savoie et France Daigle, privilégieront une posture résolument moderne, voire «postmoderne». Comme le précise Raoul Boudreau:

> Jacques Savoie, tout en poursuivant une carrière de scénariste au Québec, [publie des] romans […] traitant de sujets contemporains […] et surtout, dans un esprit postmoderne, de la création artistique sous toutes ses formes. France Daigle, refusant les catégories du roman traditionnel que

sont l'histoire, les personnages et la chronologie, explore, dans […] ses livres […], une forme originale caractérisée par la fusion entre l'univers du langage et l'univers réel, où les notations les plus réalistes se transforment en allégorie de la création, dans une atmosphère empreinte de gravité et d'humour. (Boudreau, 1998)

Ces deux auteurs, qui ont une œuvre considérable à leur actif, ont fait beaucoup pour inscrire la littérature romanesque acadienne dans la modernité; ils ont ouvert des voies prometteuses pour les générations à venir.

Du côté de la poésie, Gérald Leblanc reprendra à sa manière, dans les années 1980, le flambeau de la poésie militante des années 1970 en proposant une critique systématique et virulente de l'establishment acadien et des conventions de toute nature. Poète essentiellement urbain, il fera de l'américanité son thème de prédilection et de Moncton, en particulier, le lieu emblématique d'une nouvelle conscience identitaire, comme en témoigne cet extrait de *L'extrême frontière*:

> qu'est-ce que ça veut dire, venir de Moncton? une langue bigarrée à la rythmique chiac. encore trop proche du feu. la brûlure linguistique. Moncton est une prière américaine, un long cri de coyote dans le désert de cette fin de siècle. Moncton est un mot avant d'être un lieu ou vice versa dans la nuit des choses inquiétantes. Moncton multipiste: on peut répondre fuck ouère off et ça change le rythme encore une fois. qu'est-ce que ça veut dire, venir de nulle part[19]?

Dans l'avant-propos qu'il signe au début de cette œuvre, Herménégilde Chiasson écrit:

> Moncton. Un lieu exact, une erreur monumentale sur la carte de notre destin, le nom de notre bourreau comme un graffiti sur la planète. Moncton. Un espace difficile à aimer (un espace difficile pour aimer), une ville qui nous déforme

---

[18] Jeanne Ducluzeau, une Française, publiera aux Éditions d'Acadie *Anne d'Acadie* (1984), *Le chemin des Huit-Maisons* (1987) et *Au service du roi* (1996).

[19] Gérald Leblanc, *L'extrême frontière: poèmes 1972-1988*, Moncton, Éditions d'Acadie, 1988, p. 161.

et où nous circulons dans les ramages du ghetto. Et pourtant, c'est de cet espace que jaillit notre conscience. Vécue dans les méandres de la diaspora et articulée dans un faisceau rutilant de colère et d'ironie[20].

Lieu hautement paradoxal donc, à la mesure du vertige identitaire qui habite le poète acadien, Moncton devient le seul endroit possible, comme le précise Chiasson, où peut s'articuler la conscience.

Dans les années suivantes, la prise de parole sociale et politique sera en bonne partie assumée, en Acadie, par Gérald Leblanc et Herménégilde Chiasson, ce dernier devenant, comme le précise Raoul Boudreau, « le prototype de l'artiste acadien moderne » et le « défenseur d'une culture périphérique qui réclame sa place au soleil ». (Boudreau, 2004)

Peu à peu, à partir des années 1980 et 1990, l'Acadie deviendra un thème de moins en moins abordé en poésie :

La poésie acadienne est aujourd'hui traversée par les grands courants de la littérature mondiale : poésie de femmes, rejet de toute contrainte d'ordre rationnel ou esthétique, prosaïsme minimaliste, fantastique et onirisme. L'Acadie bilingue, aux confluents des influences française, québécoise et américaine, est le creuset naturel de la pensée du métissage et de l'hétérogène que les grandes cultures, inquiètes d'une identité exacerbée, recherchent aujourd'hui avec avidité : tout cela s'exprime non sans imperfections, et sans qu'aucun auteur ne puisse encore prétendre

à une grande œuvre, chez Rose Després, Dyane Léger, Roméo Savoie, Louis Comeau, Fredric Gary Comeau, Rino Morin Rossignol. Mais cela n'empêche pas l'expression d'une poésie plus sobre, plus classique dans ses thèmes et dans sa forme, comme chez Huguette Légaré, […], Huguette Bourgeois, Hélène Harbec, Maurice Raymond ou Martin Pître. Dans les voies singulières de la spiritualité et du mysticisme, Serge-Patrice Thibodeau [sic], lauréat du prix de Poésie Émile-Nelligan au Québec et du prix du Gouverneur général, poursuit avec détermination une œuvre très construite qui révèle une rare maîtrise de tous les aspects de la prosodie. (Boudreau, 1998)

Si, durant toute cette période, l'activité théâtrale en Acadie est importante, relativement peu d'auteurs voient leurs œuvres publiées, à l'exception, bien sûr, d'Antonine Maillet, qui compte plus d'une douzaine d'œuvres, ce qui fait d'elle, et de loin, la dramaturge acadienne la plus prolifique. Parmi les œuvres d'autres dramaturges acadiens, il faudrait retenir les pièces de Jules Boudreau, *Louis Mailloux* (1994)[21] et *Cochu et le soleil* (1979) ; et de Laval Goupil, *Tête d'eau* (1974) et *Le Djibou* (1975).

La littérature acadienne, malgré son caractère récent et la précarité de sa situation en tant que littérature émergente dans un milieu minoritaire, est donc particulièrement vigoureuse et diversifiée. Ce dictionnaire en est un vibrant témoignage.

MAURICE RAYMOND

---

[20] Herménégilde Chiasson, « Pour saluer Gérald Leblanc », dans Gérald Leblanc, *L'extrême frontière*, p. 7.

[21] *Louis Mailloux*, qui sera publiée tardivement (preuve indéniable du « problème » touchant la publication des œuvres théâtrales en Acadie), connaîtra un réel succès et sera présentée à de nombreuses reprises à partir de 1975.

Références

BOUDREAU, Raoul, «Acadie (littérature d')», dans *Dictionnaire des Lettres françaises. Le XXᵉ siècle*, sous la direction de Monique Bercot et André Guyaux, Paris, Hachette, La Pochotèque, Librairie Générale Française, 1998, p. 10-14.

BOUDREAU, Raoul, «La littérature acadienne entre les langues», dans *Neue Romania. Acadie 1604-2004*, Berlin, Institut de Philologie romane de l'Université Libre de Berlin, 2004, p. 95-106.

BOURQUE, Denis, «Émergence de la littérature acadienne», dans *Neue Romania. Acadie 1604-2004*, Berlin, Institut de Philologie romane de l'Université Libre de Berlin, 2004, p. 77-93.

BOURQUE, Denis et James DE FINNEY, «L'Acadie de 1605 à 1957, un parcours géo-littéraire», dans *Dialogues francophones*, Timisoara (Roumanie), Université de l'Ouest de Timisoara, 2008, p. 29-43.

MAILLET, Marguerite, Gérard LEBLANC et Bernard ÉMONT, *Anthologie de textes littéraires acadiens [1606- 1975]*, Moncton, Éditions d'Acadie, 1979, 643 p.

MAILLET, Marguerite, *Histoire de la littérature acadienne. De rêve en rêve*, Moncton, Éditions d'Acadie, 1983, 262 p.

MAILLET, Marguerite et Raoul BOUDREAU, «Littérature acadienne», dans *L'Acadie des Maritimes. Études thématiques des débuts à nos jours*, sous la direction de Jean Daigle, Université de Moncton, Centre d'études acadiennes, 1993, p. 707-748.

LAPARRA, Manon, «De Memramcook en 1881 à Moncton en 2000: esquisse d'une trajectoire de la modernité acadienne», dans *La modernité en Acadie*, sous la direction de Ghislain Clermont et Janine Gallant, Université de Moncton, Chaire d'études acadiennes, 2005, p. 147-171.

1953. CHRONIQUE D'UNE NAISSANCE ANNONCÉE
France Daigle
Roman (1995)

Selon l'auteure, *1953* est son premier véritable roman après divers textes hybrides écrits entre 1983 et 1993. Plus précisément, il s'agit d'un texte autofictionnel dans lequel Daigle combine des fils narratifs et intertextuels variés afin de recréer le canevas de 1953, année de sa naissance. L'arrivée du bébé M. dans ce monde s'avère si difficile que, pendant les premiers mois, sa survie même est en jeu. La gestation, la naissance et les problèmes digestifs dont souffre le nouveau-né après sa venue au monde forment en un sens le noyau thématique du texte, mais le récit du bébé M. n'est pas développé de façon chronologique; il est en effet entrecoupé par d'autres fils narratifs. Ainsi sont juxtaposées, dans huit chapitres et avec beaucoup de sauts sur l'axe temporel, des bribes d'histoires consacrées au bébé M., aux importants événements historiques, littéraires, médicaux et cinématographiques de l'année (mort de Staline, couronnement d'Élizabeth II, exécution du couple Rosenberg aux États-Unis, prix Nobel en divers domaines, transformation sexuelle de George en Christine Jorgensen à Copenhague, publication du *Degré zéro de l'écriture* de Roland Barthes, etc.). Les huit chapitres sont encadrés d'un préambule et d'un dernier chapitre intitulé « Épilogues » qui servent à relier cet ouvrage à *La vraie vie* et les textes daigliens antérieurs, élargissant ainsi l'espace temporel en deçà et au-delà de 1953. Ces deux parties, au seuil et à la fin de l'ouvrage, formulent de façon explicite des questions autoréflexives concernant l'auteure, ses personnages et la création littéraire en général. Y est également posée la question capitale des relations multiples entre une histoire inventée et l'Histoire, de la frontière mouvante entre le réel et l'imaginaire.

Sur le plan formel, le livre constitue un vaste collage intertextuel qui amalgame les discours provenant de domaines aussi disparates que la médecine, la psychologie, la littérature, le cinéma, l'histoire, les arts, les sciences, la philosophie et la religion, sans toutefois paraître purement ludique ou hétéroclite au point d'être incohérent, comme certains ouvrages postmodernes. Son caractère citationnel est clairement souligné dans la graphie : mis en italique, les intertextes sont dûment indiqués sans que la source soit toujours révélée (en revanche, la traduction en anglais donne une liste des références à la fin du livre). Certains intertextes sont pourtant privilégiés : ainsi *Le degré zéro de l'écriture* de Barthes permet-il le développement de maintes réflexions sur le style, le langage et l'écriture littéraires, tandis que la narration des événements mondiaux se fait à partir de nombreux emprunts au journal monctonien *L'Évangéline*, une des sources intertextuelles les plus importantes de *1953*. À l'évocation de l'Histoire se mélangent de petites histoires, souvent situées aux environs de Moncton, un procédé qui crée bon nombre d'effets ironiques ou comiques. Ces effets résultent plutôt d'une juxtaposition subtile de deux discours faisant contraste que d'une infraction langagière au code : le français standard est le registre de base du texte. Et comme il n'y a aucun dialogue entre les personnages, même pas entre les parents et le personnel de l'hôpital où est soigné le bébé M., le français monctonien reste absent du texte. Or, ceci n'implique pas que *1953* exclut la thématique acadienne ni la réflexion identitaire, une des questions fondamentales en Acadie. On pourrait même dire que c'est justement la problématique identitaire qui sous-tend le texte, puisque l'intégration des voix plurielles et des discours multiples pose nécessairement la question de savoir quelle est la place des Acadiens dans le monde, quel est le centre par rapport à la périphérie, qu'est-ce qui est considéré comme important, et pour qui et pourquoi. C'est ici que *L'Évangéline* comme intertexte central prend tout son sens, car le journal (qui cessa d'exister en 1982) a en effet la double fonction d'informer les Acadiens des importants événements politiques du monde «extérieur», ainsi que de représenter les Acadiens à eux-mêmes, d'être le miroir de leur «petit» monde, d'affirmer leur identité en rapportant les histoires locales. Étant donné que le monde (comme les textes) se constitue par tant de liens qui s'entrecroisent, on peut comprendre que chacun a la liberté de «concevoir le centre du monde à sa façon», comme le reconnaît Garde Vautour. Il est à noter le caractère eurocentriste des emprunts à *L'Évangéline*. Les nombreuses références à la Grande-Bretagne, à la Russie, à la France et à l'Italie qui se trouvent dans le journal et qui sont reprises dans *1953* reflètent-elles seulement la réalité historique dominée par quelques événements importants, ou sont-elles aussi l'indice du désir de l'Acadie de cette époque de se définir en privilégiant ses rapports avec l'Europe, tandis que les États-Unis, voisin anglophone géant, restent plutôt dans les marges?

D'autres questions cruciales sont reliées au choix de *L'Évangéline* comme intertexte central: la pratique journalistique, qui doit révéler ses sources mais aussi les cacher parfois, est incessamment confrontée au problème de la relation entre fait et fiction, relation qui est loin d'être claire et nette. D'abord, un journaliste peut se tromper; il est possible qu'une erreur se glisse dans son article. Et même s'il reste neutre par rapport aux faits vérifiables qu'il doit relater et qu'il n'y a pas d'erreurs dans son reportage, la réalité n'est pas le domaine exclusif du journaliste. Le romancier lui aussi a comme matière première la réalité, qu'il reforme et déforme à sa guise pour créer des histoires, comme le rappelle le narrateur. Ce qui est ainsi souligné, c'est l'interpénétration du réel et du fictionnel, un procédé mis en pratique par l'écriture même de *1953*, cet univers tissé de fils narratifs renvoyant au monde factuel, de fils intratextuels inventés de toutes pièces qui reprennent les histoires de certains personnages afin de les prolonger (Élizabeth, Brigitte et Claude de *La vraie vie*), ainsi que de fils renvoyant à l'histoire personnelle de France Daigle. *1953* est bien la «chronique» des principaux événements d'avant et d'après la naissance de la future auteure, qui continuera de créer des ouvrages où faits et fiction s'entrecroisent, où l'écriture se nourrit de la vraie vie.

MONIKA BOEHRINGER

1953. Chronique d'une naissance annoncée, [Moncton], Éditions d'Acadie, [1995], 165[2] p.

A

À L'ANTENNE DES ORACLES
Marc Arseneau
Poèmes (1992)

Publié par un jeune auteur né à Moncton en 1971, ce premier recueil de poésie affiche un style saccadé à saveur urbaine à la fois personnel et engagé. L'auteur y jette un regard désillusionné sur la réalité acadienne et sur le mode de vie nord-américain qui la menace. Plusieurs poèmes sont d'ailleurs le reflet d'une aliénation, principalement chez l'artiste, qui doit trouver sa nouvelle identité dans un monde où l'image médiatique prend de plus en plus de place. Ce thème important du recueil est annoncé dès le titre: *À l'antenne des oracles* a en grande partie pour objet l'influence de la télévision et des médias sur la société, telle une nouvelle religion porteuse d'illusions. On y dénonce l'effet assimilateur qu'ils ont sur une culture acadienne exposée en permanence aux idéologies états-uniennes, ainsi que l'aliénation qui en découle, qui, inévitablement, vient contraindre la liberté de l'âme créatrice. Bien qu'urbaine, la poésie d'Arseneau aborde parfois des thèmes liés à la nature, l'eau jouant un rôle important dans ses textes, que ce soit la mer ou la Petitcodiac. En général, cependant, le rapport à la nature est dur, réaliste, dans la mesure où le locuteur entrevoit sa situation précaire, sa fin imminente. La disposition des textes est elle-même prophétique, traduction d'une sensibilisation progressive du locuteur à cette situation alarmante, le recueil se terminant sur des poèmes à saveur apocalyptique. Outre le volet social, de nature critique, *À l'antenne des oracles* explore certains thèmes plus personnels tels la solitude, le rapport à l'espace et le désir de voyager, physiquement ou par l'écriture. Il est enfin à noter que les références aux arts visuels sont multiples et contribuent à la force et à la suggestion des images.

À l'antenne des oracles, [Moncton], Éditions Perce-Neige, [1992], 57 p.

ABSENTE POUR LA JOURNÉE
Christiane St-Pierre
Roman (1989)

Dans un petit village de pêcheurs au bord de la mer règne une conteuse extraordinaire. Sans jamais quitter son fauteuil, Mlle Anita Leduc fait des voyages qu'elle raconte aux habitants qui l'écoutent avec amour et adulation, à l'épicerie de Mme Yvonne. À l'âge de 15 ans, Mlle Anita suit son père au village, où il ne tardera pas à la laisser seule avec ses livres. Les mystères qui planent sur les origines énigmatiques des Leduc font du père une légende et de la fille une inconnue. Pendant la guerre, on soupçonne Mlle Anita d'avoir caché des déserteurs dans sa maison. Les commères, dont l'écornifleuse Hélène Doiron, ne trouvent cependant aucune preuve tangible de légèreté chez cette jolie célibataire fort indépendante. Un an après la fin de la guerre, elle sort de sa maison au bras d'un beau jeune homme. Toutefois, pendant les trois décennies suivantes, il n'y aura plus aucun homme dans sa vie. C'est alors qu'une relation se noue entre Michel, l'homme à tout faire du village, et Mlle Anita, la « fille vieille », lorsque celui-ci répare sa maison. Les deux solitaires forment un couple discret et respectueux, Michel acceptant le refus de Mlle Anita de se marier avec lui.

Le village et le cercle d'amis de Mlle Anita se préparent à fêter son soixante-dixième anniversaire. Madeleine, comptable, et

Geneviève, peintre, organisent un dîner intime chez elles. Elles y invitent de vieux amis, dont Maurice Landry, qui fait tous les arrangements pour les voyages imaginaires de Mlle Anita à son agence de voyages, et sa femme, Lucy, une enseignante au primaire. Pendant la soirée, Michel réalise son rêve d'épouser Mlle Anita en lui présentant un jonc qu'elle accepte de bonne grâce, dans une cérémonie devant la mer. Enfin, Geneviève, la peintre, réalise le rêve de Mlle Anita en lui permettant de se voir dans un portrait.

Le lendemain, cependant, à la fête du village, une montgolfière embarque Mlle Anita. Ayant prononcé un discours d'adieu sur une note hypothétique, celle-ci y monte avec Michel et Rémi, un des jumeaux des Landry, pour se rendre à l'aéroport avoisinant, d'où elle s'envolera pour Paris avec un billet aller simple. Ce *Deus ex machina* laisse Michel bredouille et les lecteurs bouche bée.

La forme du roman de Christiane St-Pierre est conventionnelle. Un narrateur omniscient raconte l'histoire à la troisième personne en présentant le point de vue des personnages principaux. Les retours en arrière comblent les lacunes. Il existe beaucoup de dialogues, tous rédigés en français standard, où le ton excessivement mielleux prédomine. L'emploi du passé simple dans le récit dénote le registre littéraire. Un seul jeu de mots : « fille vieille », sur lequel insiste Mlle Anita pour contester l'expression traditionnelle *vieille fille*.

Le village n'a pas de nom. Les références du roman sont soit québécoises (surtout Montréal, la grande ville où l'épicière se procure des denrées rares pour ses clients et où les personnages travaillent et étudient), soit internationales (les destinations des voyages imaginaires de Mlle Anita, dont Paris, la Suisse, le Maroc et Nazaré, un petit village de pêcheurs au Portugal). S'agit-il d'un village francophone puisque les personnages portent des noms français ? En laissant le lecteur s'imaginer que ce village pourrait aussi bien se trouver au Québec qu'en Acadie, en résistant à la tentation d'une référence exclusivement acadienne, St-Pierre esquive-t-elle la problématique de l'identité acadienne pour élargir ses thèmes ? Ou bien, a-t-elle nourri l'espoir de voir son roman intégré au corpus québécois ?

Le thème dominant du roman est le besoin de rêve. Ainsi, le rythme de vie de celle qui fait rêver ponctue la vie des villageois. Affamés de rêve, ils écoutent avidement ses récits. À part le portrait qu'elle trace d'un village xénophobe et étouffant à l'époque de la guerre, l'auteure n'explique pas les raisons de cette « faim » particulière. La guerre, d'après le narrateur, devient « un trou de mémoire ». L'allusion possible au titre d'Hubert Aquin aide en partie à faire le saut entre le long chapitre consacré à la guerre et la partie contemporaine du roman. Quant aux personnages principaux, ils appartiennent tous à l'élite du village. À partir du rêve, St-Pierre établit un dialogue entre Mlle Anita et Geneviève sur la valeur et la place de l'imaginaire dans la vie. La peintre représente la relève de la conteuse, qui finit par fuir le rêve pour rejoindre la réalité, concrétisant un désir dont tous ignoraient l'existence. L'art de la peinture remplace l'art du conte.

L'étranger joue un rôle prépondérant dans l'histoire. L'influence énorme dont jouit Mlle Anita n'est jamais expliquée. Une grande différence existe entre le contrôle de la sexualité et du savoir exercé dans le village à l'époque de la guerre et la tolérance de la fin des années 1980. Jouant le jeu de l'imaginaire, les villageois acceptent aussi bien l'union libre de Mlle Anita et de Michel que l'existence du couple, apparemment lesbien, que forment Madeleine et Geneviève. Par ailleurs, une grande partie du dialogue entre les amis des années 1980 gravite autour de la question du savoir : qui a su quoi et quand ?

Absente pour la journée se range parmi les romans qui tentent d'exprimer les défis et les déceptions de la vie contemporaine. Loin d'avoir à lutter pour leur survie matérielle, les personnages jouissent d'une liberté relative dont ils profitent pour poursuivre leurs rêves dans une vie caractérisée par la douceur. Ils ont connu la souffrance – du deuil, de la solitude, de la vieillesse –, mais c'est dans l'émerveillement de l'imaginaire qu'ils cherchent le sens de la vie et établissent des relations humaines.

MARYLEA MACDONALD

Absente pour la journée, [Moncton], Éditions d'Acadie, [1989], 179 p.

L'ACADIE PERDUE
Michel Roy
Essai (1978)

L'Acadie perdue est un essai sociopolitique sur l'histoire acadienne qui a marqué la fin des années 1970 par son esprit iconoclaste. Son auteur, Michel Roy, le fera suivre d'un ouvrage de référence sur le même thème en 1981 (*L'Acadie des origines à nos jours. Essai de synthèse historique*). La thèse de l'auteur est que l'Acadie est perdue depuis la conquête anglaise et que la renaissance claironnée par les historiens et le clergé depuis la fin du XIXᵉ siècle n'est en fait qu'une chimère. Indigné par l'immobilisme et la soumission qu'elle a inculqués aux Acadiens, l'auteur propose une vision qui veut réintégrer la problématique de l'Acadie à celle du Québec. Cet ouvrage est rédigé dans un moment fort des nationalismes acadien et québécois.

L'Acadie perdue adopte un ton polémique, avec un fort engagement personnel de l'auteur. Pas de récit historique ici, mais une analyse corrosive de l'histoire et des représentations qu'en ont données les historiens, illustrée par une mise en abyme de l'expérience malheureuse de l'auteur. Le style est mordant. Écrit dans un français classique, l'ouvrage démontre à la fois une maîtrise du langage des sciences humaines et une forte inspiration poétique.

Après un court survol de l'histoire depuis les origines jusqu'à la naissance du nationalisme acadien à la fin du XIXᵉ siècle, l'ouvrage

se découpe librement en cinq chapitres : témoignage autobiographique malheureux relatif à l'héritage acadien (chapitre 1) ; déconstruction de l'idée de renaissance (chapitre 2) ; apologie du mode de vie « authentique » des Acadiens (chapitre 3) ; constat d'échec de la colonisation du territoire enclenchée par l'élite nationaliste (chapitre 4) ; et déconstruction du projet national acadien (chapitre 5). L'ouvrage se conclut par une allégorie du pêcheur acadien où l'auteur, « ramené à l'essentiel », constate comment l'Acadien est en harmonie avec la mer mais désabusé face au refus de son pays d'assumer son histoire et d'envisager objectivement son avenir.

Les essais sociopolitiques ne font pas belle figure dans la littérature acadienne, ni en nombre ni en qualité. *L'Acadie perdue* de Michel Roy, publié en 1978, constitue l'exception. Ouvrage d'une richesse et d'une écriture remarquables, *L'Acadie perdue* a ouvert dans les écrits acadianistes une brèche radicale qui n'a pas su attirer de successeurs. Le ton du livre est évidemment donné par son titre, qui, tout compte fait, est moins un jugement sur le passé qu'un indice de l'avenir de l'Acadie.

Pour comprendre la véritable portée de cet essai, il faut toutefois se rappeler le contexte de sa parution. Au Nouveau-Brunswick, la Convention d'orientation nationale de l'Acadie (CONA) va se tenir en 1979 et cette dernière grande messe du nationalisme acadien est en pleine préparation lorsque Roy apprête son brûlot. Ce qu'on a appelé le néonationalisme acadien, par opposition au nationalisme traditionnel qui s'est étendu de la fin du XIXᵉ siècle jusqu'aux années 1950, atteint alors son apogée. Les élections de 1978 au Nouveau-Brunswick marquent le meilleur score enregistré par le Parti acadien. L'option politique d'une province acadienne remportera une majorité des voix à la CONA en 1979. Bref, le climat semble mûr pour une discussion franche sur l'avenir politique de l'Acadie. Au Québec, le Parti québécois a été porté au pouvoir en 1976 et le bruit d'un éventuel référendum sur l'indépendance du Québec résonne de toutes parts. Michel Roy est alors pêcheur dans la baie des Chaleurs, au nord-est du Nouveau-Brunswick, après avoir enseigné à Bathurst, à Montréal et en Algérie.

L'impact de cet ouvrage est dû d'abord à son franc-parler polémiste, qui rompt avec la tradition acadienne, mais aussi à sa lecture incisive et éclairée de l'histoire, qui rehausse sa crédibilité, et à sa facture, quasi poétique, qui, loin de les adoucir, rend plus pénétrants les coups portés à cette société mystifiée. L'essai porte en fait trois voix : celle de l'historien critique, celle du polémiste politique et celle d'un intellectuel du peuple frustré.

Michel Roy l'historien s'en prend à « l'histoire écrite de l'Acadie [qui] procède d'une vision apologétique du passé national » et aux auteurs qui, à l'instar de Rameau de Saint Père, « tiennent manifestement plus à la pureté du tableau qu'à la vraisemblance de l'histoire ». Il met en cause leur œuvre, qui a inculqué l'idée de renaissance comme un retour à l'âge d'or d'Évangéline après la dispersion. Or, Roy cherche à démontrer que l'Acadie est perdue depuis la conquête anglaise et que la prétendue œuvre du clergé n'a fait que maintenir l'esprit du conquis et faciliter la soumission à l'impérialisme et au capitalisme actuels. En appui à son argumentation, Roy fait intervenir les grands auteurs de la modernité (Braudel, Berque, Baudelaire, Freud, Marcuse, Foucault, Camus, Renan, etc.) et, ce faisant, se démarque encore une fois de l'autosuffisance intellectuelle ambiante. Cette critique acerbe a un but : influer sur l'avenir politique de l'Acadie, qui semble être en train de se jouer.

Le polémiste prend ainsi le relais de l'historien et joue cartes sur table : « L'acadianité ce n'est pas un acquis. C'est un devenir. » Et pour se réaliser, elle doit juguler un certain nombre de problèmes. Roy glisse ici dangereusement vers une théorie du complot anglo-saxon, même s'il admet que la mentalité impérialiste est commune à toutes les nations d'Europe occidentale. Mais les multinationales, la prolétarisation,

l'impérialisme canado-américain, les forces démographiques, Moncton et le sud-est du Nouveau-Brunswick, les villes ou le fédéralisme canadien seraient tous soumis aux intérêts anglais. Roy s'attaque aussi de front au clergé, cette « classe de petits impérialistes en soutanes » qui a soumis à une autorité médiévale le corps et l'esprit des Acadiens. Son principal tort serait d'avoir guidé les Acadiens hors de l'histoire, dans un univers mythique, clos sur lui-même, satisfait. Derrière le clergé, c'est aussi toute l'élite dirigeante qui est mise au ban par le polémiste, notamment pour avoir tenté de recentrer l'Acadie sur Moncton, « avant-poste puissant des forces conquérantes ».

Cette dénonciation de la nouvelle Acadie institutionnelle basée à Moncton démontre le ressort d'un auteur en mal d'identité. Indéniablement intellectuel, Roy utilise le canon de l'historien pour monter son attaque, alors qu'il affiche très haut son rôle de pêcheur pour gagner en légitimité face à l'authenticité acadienne. Cette figure du pêcheur, incarné par l'auteur lui-même, sert de contrepoids au dépérissement de l'Acadien moderne, citoyen d'une nation et de provinces qui ne portent pas son nom, se frottant aux réalités économiques du capitalisme avancé et s'adonnant à la langue conquérante. L'intellectuel-pêcheur affiche une grande frustration où le destin personnel recoupe celui du pays : « Entre l'Acadien de 1670 et moi il y a [...] une différence fondamentale : lui avait un espace vital où planter son devenir, élaborer ses rêves, chanter sa vie. Moi, non. L'espace vital est perdu. L'Acadie est perdue. » L'Acadie en devenir dont rêve l'auteur est sise plutôt à l'étroit dans la baie des Chaleurs et elle doit se fondre dans l'espace francophone québécois pour survivre.

C'est à Montréal que Roy a d'ailleurs publié ses deux livres, participant, comme Antonine Maillet, à une institution littéraire déjà « affranchie » du statut des petites littératures. La réception de l'œuvre y a été excellente, l'ouvrage ayant été qualifié d'éclairant, de lucide et de bien inspiré d'envisager l'avenir de l'Acadie dans le projet indépendantiste du Québec. Le public canadien a pu assister à un débat musclé à la sortie du livre entre l'auteur et le sénateur Louis J. Robichaud, à l'émission *Noir sur blanc* de la télévision de Radio-Canada. En Acadie, les critiques littéraires ont salué les idées novatrices et stimulantes de Michel Roy, nécessaires à une ouverture sur la modernité. Certes, la cession de l'identité acadienne contemporaine à l'empire d'une nouvelle identité nationale québécoise ne rallie pas ces critiques, mais ils reconnaissent à Roy d'avoir courageusement ouvert les portes du débat politique. Et en le faisant bellement, il a «fait honneur aux lettres acadiennes» (Marguerite Maillet).

Hormis le milieu des lettres, le public acadien n'a pas été enchanté par *L'Acadie perdue*. Les anciens nationalistes comme la mouvance du Parti acadien n'ont pas pardonné à Roy d'avoir, pour les premiers, condamné leur œuvre durement construite, pour les seconds, mis à nu la minceur de leurs illusions. Aussi Roy fut-il perçu comme l'historien maudit de l'Acadie, stigmate qu'il portera longtemps. À vrai dire, il n'est pas étonnant que son message n'ait pas mobilisé les Acadiens. Timides à cause de leur pauvreté séculaire et transis de leur insécurité linguistique face à l'impétueux voisin québécois, les Acadiens pouvaient difficilement admettre un passage comme le suivant: «Il est aberrant de soutenir que la poignée d'assistés sociaux que nous formons au Nouveau-Brunswick peut se tailler une place sur ce continent sous l'énorme poids qui la pressure, à l'exclusion d'un total engagement avec la cause française de nos voisins.»

L'Acadie perdue a somme toute marqué la littérature acadienne par sa fougue exquise. L'essai a fait date en amenant les analystes de la société acadienne à relire l'histoire de façon critique. En donnant raison à l'auteur sur la pertinence de reprendre en main son avenir, l'Acadie n'a toutefois pas su se rapprocher du Québec, tout au contraire.

Marc L. Johnson

L'Acadie perdue, Montréal, Éditions Québec / Amérique, [1978], 203[1] p.

ACADIE ROCK
Guy Arsenault
Poèmes (1973)

Paru en 1973 aux Éditions d'Acadie, *Acadie Rock* est un volume de 76 pages retenues par 2 agrafes: 15 poèmes, en caractères d'imprimerie ou dactylographiés et des photos de famille, des coupures du quotidien local, diverses illustrations, des dessins de l'auteur ou d'André Arsenault. Si l'ensemble garde l'allure négligée d'un album ou d'un journal intime, certaines pages revêtent celle d'un tract politique ou paroissial. Trois des textes sont datés, de 1972; tous ont été écrits par un adolescent entre 14 et 18 ans.

Ces vers libres, le plus souvent courts, usent du français et de l'anglais avec une équitable indifférence à l'endroit de la correction; peu de mélange cependant: si les quatre derniers textes sont rédigés en anglais, les anglicismes ne surabondent pas dans les pages qui précèdent. Ils relèvent de l'usage courant à Moncton. Le lexique emprunte au parler acadien: *racontis, sagouine, embarquer, poutine*, et au registre familier: *genouflexion, répettage*, suffixes d'agent en – *eux;* mais c'est l'attention à l'oral qui détermine l'originalité de l'écriture: alternance des coordonnants *pi* et *et, yank* pour *rien que, tchiss* qui pour *qui est-ce qui;* graphie francisée d'anglicismes: *mouvie* pour *film;* et notation de singularités phonétiques: *cultivay* pour *cultivé.* L'écrivain ne s'impose cependant aucune contrainte: *diplômé* voisine avec *gradué, il* s'écrit indifféremment *i* et *y.* Le vocabulaire grossier est plus fréquent en anglais: *fuck, piss, puke.* À l'exemple de Raymond LeBlanc, la fantaisie d'Arsenault s'essaie aussi aux mots-valises: *fiévreuil, éroticueil, sauciale* sont cependant moins composites que, chez son modèle, *sexualtomiorgie* ou *tomborisendre.* En outre, le poète n'ignore ni les clichés littéraires («faire taire les lueurs du soleil») ni les imitations bibliques («j'ai soif de Parole»), bien que son latin répète un barbarisme («*in excelsius*») déshonorant pour un enfant de chœur.

Le livre se divise en quatre parties de longueur décroissante : après les pages imbues du souci politique et les souvenirs d'une enfance familiale et catholique, puis les vers amoureux (« j'aime »), viennent les « poèmes anglais », images d'une déréliction toute moderne.

L'hommage de Raymond LeBlanc dans *Les cent lignes de notre américanité* (1984) et ceux de Gérald Leblanc (*L'extrême frontière*, 1988 ; *Les complaintes du continent,* 1993) attestent l'attachement durable des poètes acadiens à ce recueil, « point de repère », notait déjà ce dernier auteur dans *Comme un otage du quotidien* (1981). L'apparition de Gilles Robichaud dans son roman *Moncton mantra* (1997) évoque d'ailleurs Guy Arsenault.

Adieu désolé à l'enfance, *Acadie Rock* prend d'abord la forme de la révolte, puis d'une nostalgie teintée d'ironie, d'une expression étonnée de l'amour et, enfin, d'une vision amère de la réalité ambiante. L'apprentissage de la vie ne va pas sans réticence. Impossible d'oublier « le temps où j'étais catholique », pas question non plus de s'accrocher à la foi des anciens jours. La sensualité domine le sentiment amoureux, mais quel ton chagrin inspire les « *girlies / with no panties / always ready / to go* », bref le *feeling* du *hard fuck* ? Peut-être l'alliance de mots du titre manifeste-t-elle cette éprouvante hésitation entre deux mondes. Mais elle note à coup sûr l'espérance de pérennité et le désir de rythme.

Les divisions de l'ouvrage n'ont rien d'étanche. Bien présente dans « Nouvelle politique d'école » sous les espèces de tel quolibet contre l'université de « Monkton » ou de l'évocation ironique de Georges P. Vanier « grand personnage canadien », la « faim de l'Acadie » trouve à se satisfaire dans les souvenirs, émaillés de détails précis et locaux, avec le souci d'être exhaustif (que de listes !), mais marqués par une vision relativement exclusive, amusée par « la parenté des États » ou « la parenté du Québec » arborant leurs nourritures ou leurs boissons distinctives. Le chant acadien participe encore

de la passion amoureuse : entre l'être aimé et le pays désirable, l'amalgame est bien connu des poètes québécois, de Grandbois à Gatien Lapointe, mais il appartient aussi à Raymond LeBlanc. Ce n'est sans doute pas pour rien enfin que la solitude dans la foule s'écrit en anglais. Le thème acadien assure ainsi une continuité et promet un remède à l'irréparable.

Quant au rythme, il est d'abord assuré par le vers. La versification repose sur la coïncidence entre les pauses syntaxiques et le découpage métrique. Les poèmes anglais pratiquent plus volontiers l'enjambement, souvent violent, après une préposition ou même au cœur du mot : « *em / body* ». Le vers exprime donc directement une pensée fragmentée. Les phrases complètes sont rares. Dans les quelque 250 vers de « Tableau de *backyard* », on n'en relèvera qu'une quinzaine ; encore n'apparaissent-elles que comme des parenthèses. Un poème narratif comme « Nouvelle politique d'école », qui compte 238 vers, n'en comporte que 36, dont un tiers sont répétées, avec de légères variantes, jusqu'à 4 ou 5 fois. Réticence devant la phrase, refus du discours : c'est un élément décisif de la définition de la poésie que se donne Arsenault.

L'énumération est en effet son procédé. Il n'est pas impossible qu'elle imite le Prévert de *Paroles* (1949), mais elle devient ici à la fois plus générale et plus diverse. On pourrait en distinguer quatre formes : la séquence, la liste, le cortège, la litanie.

La première aligne les substantifs sans préciser leur relation : « assiduité / beau temps / liste d'absences... / situation intolérable » ; il faut comprendre que, en raison du beau temps, les listes d'absences s'allongent d'une manière incompatible avec la nécessaire assiduité ; mais que lit-on ? un titre topique, le nom d'une incidence, celui d'un lieu d'effet, la mention d'une réaction, car la situation, « intolérable pour la secrétaire », appartient au discours rapporté. Ce tour, en des ordres variables et avec quelques ellipses, revient inlassablement : titre : « servant de messe », incidence : « grand manieur de patenne » ; effet : « acolyte même » ; mention :

«30 cents par semaine / çé mon tour de servir la messe de 8 heures». Et que ne lit-on pas? L'événement lui-même, réduit à l'intérêt qu'on lui porte: fatigue de la secrétaire, satisfaction toute matérielle de l'enfant de chœur. La séquence sténographie une mauvaise pensée, lucide.

La liste est objective: elle énumère les souvenirs de la *backyard* enfantine, les rites catholiques. Mais son homogénéité demeure absolument subjective. Il faut avoir été cet enfant, et cet enfant de chœur, ou devenir qui l'a été. De plus, son principe se laisse volontiers contaminer. Par celui de la séquence: au topique du «trottoir» s'associe une succession d'immondices qui ont pour effet de contrister le paysage, «maisons alignées dans l'ombre de la nuit» et entraînent cette réaction explicite: «je marche plus vite» («J'aime»). Par d'étranges embardées: le «pied dans le derrière» ne succède aux «pot en pot / pet de sœur / poutine râpée / pelletée de neige» que par cette raison poétique qu'il présente la même initiale; le détroit de Northumberland, «Northumberland / Straight» n'intervient pas dans la série géographique «Buctouche *by the sea* / Cocagne *in the bay* / Shédiac *on the rocks*» sans verser du fort dans le chenal; la rime clôt d'une âpre mention métalinguistique une suite de mots suffixés en – *ion*: «... classification – félicitation – point d'exclamation!»

Le cortège proclame le champ lexical dont il se nourrit. «L'Angélus électrique», par exemple, reprend en intertitres 12 stations du chemin de croix. Mais aux pieuses énumérations s'ajoutent bientôt des incidents incongrus, des curiosités déplacées, des éléments étrangers, *sneakers* ou bingos. Et, de toute façon, la liturgie ne gouverne ni le choix ni l'ordre des termes.

La litanie, les *itanies,* dit le poète de façon plus puérile encore que dialectale, s'appuie sur la répétition d'un vocable pivot, d'une expression qui introduit chacun de ses termes. Sa cohérence ne devrait donc pas faire difficulté. Elle s'apparente à l'anaphore rhétorique. Litanies des cours, des jeux, des senteurs, des parties du corps, des

sociétés religieuses et, bien entendu, des *itanies.* Cette forme sera souvent imitée par les poètes acadiens. Mais ici la constance affichée se défait: aux jeux innocents s'ajoutent des témoignages de l'aliénation acadienne et l'inévitable conclusion, «on joue à l'Anglais / on joue pour l'Anglais». L'énumération des écoles, du primaire au secondaire, s'achève sur cette indignation: «école Militaire / école Autoritaire / école TOTALITAIRE».

Le procédé se résume ainsi à une structure: la série automatique sera d'autant plus facilement contredite que sa tournure formelle est plus apparente. Le rythme s'affirme donc par la permanence d'un schéma, métrique, phonématique, sémantique, littéral, et par l'altération brutale de l'accentuation. Le rock, probablement.

Les refrains ne sont pas moins contrariés. «Ta maison / çé ton ché vous», certes, mais le contexte évoque la dépossession. Comment comprendre l'équivalence que suppose l'alternance entre «... comme si tout'l monde se connaissait» et «... comme si tout'l monde se connaissait pas»? C'est comme vœu que la première formule s'accorde à la seconde, prise comme dénégation. On rencontre à nouveau ici un usage voisin du discours rapporté. Rarement entouré de guillemets, celui-ci abonde. Il infuse de l'actualité, non sans polémique. Les mesures disciplinaires de l'école sont assimilées au *War Measures Act,* réplique que le gouvernement fédéral donnait en octobre 1970 à l'action violente d'indépendantistes québécois. De même, la citation d'un titre de film, *The Great Escape* (*La grande évasion* de John Sturges, 1963), change l'école buissonnière en évasion d'un camp nazi et le poète attend «un soulèvement d'octobre» (comme en 1917?). En tout cas, ces reprises d'expressions toutes faites, de phrases coutumières, d'antiennes, tout comme la tautologie ou les suites automatisées, ménagent le secret de leur subjectivité. Qui décidera du degré d'ironie de ces simples mentions? Car le poète exalte la révolte sans y prendre part: énonçant les grands thèmes de la contestation étudiante de 1968, il n'envisage ni l'action ni la prise de parole : il *écrit un poème;* «tout simplement tanné», il ira *se faire orienter,* voilà tout. Le soulèvement acadien viendra comme un orage : tout l'assimile à un événement météorologique. Et, au fait, comment l'auteur cessa-t-il d'être catholique ?

La structure dévoile ainsi son sens : les formes qui circonscrivent l'énumération n'en-traînent son dynamisme que pour ménager un détachement, ironique ou nostalgique, qui sait ? C'est par là qu'elles autorisent des déra-pages et des réactions dont la cause et l'auteur restent muets. Par là encore qu'elles libèrent le mot du discours : «choses importantes» ou « matière d'examens» sont ainsi rappelées par le pronom neutre *le* dans «le cracher sur le papier», anaphorique impropre qui prive la référence de toute substance déterminée. À quelle syntaxe soumettre «vagues d'eau bleu vert salé chaude blanc», à quelle sémantique «jambes / soleil / cul»? Par là enfin qu'elles unissent le retrait de la subjectivité et l'étale-ment de l'éphémère qui la sollicite.

Tous les adolescents écrivent des poèmes. Tous n'ont pas les moyens poétiques de leur expression personnelle. Le procédé d'Arsenault consiste précisément à effacer l'expression per-sonnelle par le ressassement du banal, l'exhaus-tivité du commun, l'étrange distraction du sujet poétique, le dédain des grands moyens et des emportements lyriques. Adolescent non rimbaldien, il dispose avec un soin rusé des énumérations piégées, des bouts de phrases toutes faites. Il garde ses distances à l'égard de la littérature. Provocateur timide, il dissimule, il observe, il retient. Son aspect de bric-à-brac ne doit pas tromper : ce cahier d'écolier contient des textes admirables et maîtrisés.

ALAIN MASSON

Acadie Rock, Moncton, Éditions d'Acadie, [1973], 73[2] p., ill.; préface d'Herménégilde Chiasson, postface de Gérald Leblanc, [Moncton et Trois-Rivières], Éditions Perce-Neige [et] Écrits des Forges, 1994, 97[2] p., ill.

L'ACADIEN REPREND SON PAYS. ROMAN D'ANTICIPATION
Claude Le Bouthillier
Roman (1977)

Ce court roman d'anticipation, publié en 1977, est structuré en sept chapitres, suivis d'une conclusion. Le chapitre premier, inti-tulé «Réflexions sur l'univers et l'Acadie», présente un tableau très sombre du monde en 1987. Ce monde imaginaire offre un visage apocalyptique et il risque d'exploser à tout moment, dans un enchaînement de menaces de plus en plus graves : guerre mondiale, clo-nage humain, création de chimères, société de plus en plus robotisée, pollution extrême de la planète, déshumanisation…

Paysage de la fin du monde où se pointe pourtant l'espoir d'une renaissance de l'Acadie, qui, ayant vécu trop longtemps en parent pauvre de l'histoire, choisit enfin de s'affirmer devant le monde entier. Cet espoir sera incarné tout au long du roman par un groupe, le commando d'action Louis Mailloux, qui décide de se battre pour construire un nouveau pays. Profitant du voyage du pape Jos premier, venu visiter les ves-tiges des Atlantes découverts à Grande Digue, les membres du commando décident de le prendre en otage pour revendiquer leur pays. Leur projet politique et social est clair : le pays dont ils rêvent devrait se bâtir dans le souci du respect de la dignité humaine, de l'environne-ment et de la culture des minorités. Il se veut un modèle de partage et de conscience sociale.

L'enlèvement de Jos premier est un succès. Celui-ci n'offre aucune résistance. Au contraire, il deviendra finalement le grand allié de la cause acadienne. Le roman se ter-mine par un communiqué du pape, adressé au monde entier, proposant l'instauration d'un ordre nouveau en Acadie et dans le monde. Les menaces de guerre et de destruc-tion qui pesaient sur le monde à son début sont complètement dissipées à la fin. Quant à l'Acadie, elle franchira la première étape vers l'autonomie en organisant un référendum le 15 août 1988.

Le roman, écrit en français international, se lit sans difficulté et s'adresse ainsi à un grand éventail de lecteurs. Le récit est agrémenté d'une juste dose d'humour et d'ironie, qui contribue à dégager le roman de toute dramatisation.

En écrivant *L'Acadien reprend son pays*, Le Bouthillier adopte l'attitude pamphlétaire d'un homme qui rêve d'une Acadie souveraine, puissante et, surtout, sans complexes. Le roman est précédé d'un avant-propos particulièrement éclairant où l'auteur souligne son désir de rompre avec la tradition des écrits sur l'Acadie, qui ont souvent été des complaintes du passé. L'auteur s'adresse à l'Acadie comme un amoureux à sa bien-aimée, enflammé et plein d'ardeur, avec des phrases longues où abondent les juxtapositions d'adjectifs et de métaphores. Le Bouthillier cherche manifestement le style des grands poètes épiques. Comme dans les épopées — dont le but premier était d'encourager les guerriers à se battre contre l'ennemi ou contre les forces de la nature —, le romancier exhorte le peuple acadien à reprendre courage et à bâtir fièrement un nouveau pays : l'Acadie.

L'auteur est très conscient du fait que la croissance de l'Acadie est ralentie depuis deux siècles. Cependant, cet écrivain psychologue semble faire un pari : que chacun regarde dans son for intérieur pour prendre conscience de son pouvoir et faire croître ainsi son désir d'épanouissement. C'est aux Acadiens de se mettre à la tâche. Pour le romancier, ce n'est pas une mission impossible, mais le fruit d'un travail acharné. L'Acadie est à construire, et c'est aux Acadiens seuls qu'incombe cette responsabilité.

L'Acadien reprend son pays est plus que le roman de l'utopie acadienne. En effet, cette utopie dépasse les frontières de l'Acadie pour s'étendre au monde entier. Le roman propose à la toute fin un ordre mondial harmonieux ; un nouveau type de mondialisation qui nous rapproche du mythe du paradis perdu enfin retrouvé. Il s'agit d'un système qui réunit le meilleur de toutes les religions et de tous les systèmes philosophiques ; un monde pacifiste, où les budgets militaires sont utilisés pour la paix et où il n'y a pas de problèmes raciaux. Ce monde utopique est symbolisé par le lancement du vaisseau *L'espoir*.

Étant donné qu'il s'agit d'un roman fort court, les actions s'enchaînent de façon très rapide, ce qui leur donne souvent un air peu vraisemblable. Le rythme du récit fait en sorte que les personnages manquent d'un véritable poids psychologique et moral, et demeurent ainsi à un niveau plutôt archétypal : ce sont des personnages fiers, honnêtes, sans grands déchirements. Le déroulement de l'intrigue devient ainsi prévisible et, malgré les péripéties, les lecteurs du roman ne seront jamais inquiets pour le sort des personnages.

Le roman fonctionne souvent par dichotomies et par jeux d'oppositions entre deux mondes contraires : les Américains et les Canadiens, les francophones et les anglophones, l'Acadie du passé et l'Acadie du présent. Parmi ces dichotomies, celle qui oppose le Québec à l'Acadie est particulièrement intéressante. En effet, le Québec apparaît dans le roman comme étant un modèle à suivre. Dans ce roman d'anticipation, le Québec est un pays qui a fait le choix de la souveraineté et qui a réussi son projet de nation ; son exemple de détermination et de réussite entraîne l'Acadie dans son élan. Or, un problème se pose aux lecteurs du troisième millénaire. En effet, après avoir vécu l'échec du dernier référendum pour la souveraineté au Québec, nous pouvons nous demander si le roman de Le Bouthillier n'a malheureusement pas perdu un peu de sa force de persuasion. Paradoxalement, si l'Acadie devait suivre le Québec, ce roman deviendrait un roman de la défaite. N'est-ce pas là le paradoxe de l'histoire ?

En définitive, ce roman d'anticipation est une sorte de manifeste pour l'épanouissement du peuple acadien. Si l'imaginaire a le pouvoir de changer le monde, ce roman contribuera, sans aucun doute, à la construction d'un avenir prospère, loin des drames du passé.

BLANCA NAVARRO PARDIÑAS

L'Acadien reprend son pays. Roman d'anticipation, [Moncton], Éditions d'Acadie, [1977], 126[3] p., ill.; Granby, Éditions Gaudet, 1977, 126 p.

ADIEU, P'TIT CHIPAGAN
Louis Haché
Roman (1978)

Premier récipiendaire du prix France-Acadie en 1979, *Adieu, p'tit Chipagan* contient un roman de six chapitres et quatre courtes nouvelles. L'œuvre dans son intégralité exhale les parfums salins de l'Acadie côtière du nord-est du Nouveau-Brunswick. Le roman dresse un tableau consciencieux de la région à l'époque où la famille d'Alexis Landry avait trouvé refuge sur l'île Miscou, près de la rivière à laquelle il donna son nom, alors que la chasse aux morses battait son plein sur les côtes glacées de l'île. Le récit gravite autour d'un événement historique bien précis, soit celui du retour, au printemps 1769, de la famille Landry vers le Bocage de Caraquet – où elle avait originellement élu domicile à la suite des bouleversements de la Déportation.

Roman historique acadien, il traite avec beaucoup d'authenticité de la réalité culturelle et géographique de la région, où bon nombre d'Acadiens avaient tant bien que mal refait leur vie, assimilant du même coup quelques Écossais et Irlandais à leur culture. Roman d'amour acadien, il présente également le drame d'un jeune couple qui se verra séparé par l'eau et par le mépris racial. Roman acadien du désastre, finalement, il est marqué des stigmates du passé, hanté par les spectres de l'exil forcé, du racisme, de l'isolement et du retour incessant des grands dérangements.

Les nouvelles, quant à elles, sont de petits récits à caractère historique qui prennent place « aux alentours du phare de Miscou », au cours de la seconde moitié du XIXᵉ siècle, après que l'on eut construit le célèbre phare. Toute une culture que l'écrivain souhaite conserver – du moins sur papier – est contenue dans *Adieu, p'tit Chipagan*. L'auteur aura eu le souci de rendre aux lieux décrits leur graphie d'antan, écrivant « Miskou », « Lamec », « Caraquette » et « Chipagan », de faire s'exprimer ses personnages conformément aux particularités langagières de ce coin d'Acadie et d'insérer, à la fin de l'œuvre, un glossaire du vocabulaire régional employé. Louis Haché, fidèle au projet d'écriture entamé par *Charmante Miscou*, aura une fois de plus produit une œuvre ayant comme préoccupation première l'illustration d'une partie de l'Acadie autre que celle popularisée par les œuvres d'Antonine Maillet, mais qui n'en est pas moins vivante et colorée.

Au début du roman, il est largement question du massacre effréné des morses sur les côtes de Miscou, ces bêtes docilement soumises à leurs bourreaux, « incapables de se défendre contre les hommes » et que tout « prédispose à être victime[s] » de leur cupidité. Le personnage d'Alexis Landry, lui-même chargé de sa part d'authenticité historique, s'indignera du fait qu'on ait « chassé les vaches marines de Miskou… A r'viendront-i comme les hommes quand la tourmente est passée ? » À la suite des paroles du personnage, le narrateur précise : « Et le regard de l'Acadien se perdit dans le vide ». *Adieu, p'tit Chipagan*, sans être un roman réécrivant le récit de la Déportation, n'en est pas moins une œuvre qui, comme bon nombre d'autres œuvres acadiennes, porte le boulet de cette tragédie. De fait, les événements s'étant déroulés au cours des années précédant sa publication, notamment l'affaire Kouchibouguac, avaient rappelé une fois de plus que l'ostracisme et la misère des grands dérangements n'avaient toujours pas quitté le peuple acadien. Ainsi, les allusions répétées à Grand-Pré, le silence de mort que les plus vieux gardent sur le passé et la crainte d'un nouvel exil forcé qui continue à assaillir les protagonistes acadiens sont autant de caractéristiques de cette réalité post-traumatique.

Le personnage de l'Écossais John Campbell, père et chef de la famille voisine de celle d'Alexis Landry, s'entêtera à garder un certain mépris pour la race acadienne, malgré la grande amitié s'étant établie entre sa famille et ses voisins. Le discours qu'on lui prête au quatrième chapitre est construit sur un paradoxe, son contenu se voyant systématiquement remis en question par sa forme. « Comprends don qu'on est pas pareils comme eux aut'es! » hurlera-t-il à sa fille Jane, amoureuse du fils d'Alexis, employant la langue, l'accent et le vocabulaire de ceux qu'il s'applique à mépriser. Au cours du roman, on comprend que la famille Campbell, en plus de la langue, aura largement adopté la culture et les coutumes acadiennes, laissant du même coup tomber les traditions écossaises; et John semble le seul à ne pas s'en être rendu compte.

En ce sens, le personnage de la jeune Jane Campbell est exactement l'envers de celui de son père. Pendant que John s'enferme dans un racisme qu'il a du mal à justifier, sa fille refuse d'assumer le poids dont l'histoire a chargé ses origines britanniques. Jane est un personnage qui cherche à être épargné des stigmates du passé, comme si le désastre n'était jamais survenu. Elle est tenue dans l'ignorance de l'histoire, comme les autres jeunes personnages. Lorsqu'elle vient à connaître en partie la réalité passée, elle choisit de la refuser et fixe son regard borgne sur un avenir irréalisable. Quoique l'Écossaise soit à l'image des célèbres héroïnes acadiennes – amoureuse, fidèle et vertueuse –, elle opte pour un destin différent de celui d'Évangéline: « J'veux pas êt'e comme c'te fille-là moi! ». Le malheur finira par la rattraper, sur la mer, bien sûr, lieu par excellence du désastre dans l'imaginaire acadien. Jane mourra alors qu'elle était sur le point d'abandonner son rôle d'Autre, que l'histoire avait choisi pour elle et qu'elle avait fui comme on fuit une prison.

L'univers idéalisé de Jane, vidé des maux et des malaises passés et empreint de modernité,

trouve ses échos dans les mouvements idéalistes acadiens dont les idéologies connaissaient leur apogée à l'époque où l'écrivain publiait le roman. Il n'empêche que ce dernier se donne comme mandat premier de rendre compte de l'histoire plutôt que de tenter de la transformer, se servant d'une perspective qui surplombe les années, de la même façon que le phare de ses nouvelles surplombe Miscou, éternel témoin des événements historiques prenant place à ses alentours depuis son érection sur la pointe de l'île.

Andrée Mélissa Doiron

Adieu, p'tit Chipagan, [Moncton], Éditions d'Acadie, [1978], 141 p.; 1979, 115 p., ill.

Les anges en transit
Dyane Léger
Poésie (1992)

De l'aveu de l'auteure même, ***Les anges en transit*** sont des « récits poétiques où l'imaginaire et la réalité côtoient l'émerveillement, et où le passage d'anges à moitié humains transcende la conscience du voyageur et lui fait découvrir une autre dimension du réel ». Ce quatrième recueil poétique, divisé en deux parties, « De l'Est à l'Ouest » et « La Nouvelle-Orléans », suggère le voyage accompli sur une rose des vents, de l'est à l'ouest, de la Russie de la Deuxième Guerre mondiale à l'Amérique, mais aussi du nord au sud, puisqu'elle descend jusqu'à la Nouvelle-Orléans. L'espace domine, prend pour ainsi dire toute la place, tandis que le temps est toujours imprécis (« il y a quelque temps », « longtemps »).

Les anges en transit de Dyane Léger est donc un texte faussement prosaïque, s'appuyant sur le langage quotidien, parfois trivial même, mais qui respire la poésie et nous offre, sous les coups foisonnants d'un pinceau strident, des images saisissantes en noir et blanc.

La première partie, à l'enseigne omniprésente du « squelette de givre » – symbolisant peut-être la misère et le froid –, est un véritable journal de voyage. À côté des éléments réels, concrets, de l'espace parcouru, des personnages divers (femmes, vieillards, enfants) et d'une histoire ravivée (Pierre le Grand, la Deuxième Guerre mondiale), on trouve l'auteure, jeune, inexpérimentée, mais désireuse d'écrire, en communion avec la nature, prenant, à la place du temps, l'onirique, l'irréel ou le possible : « je délaissais les horloges défuntes pour la boule de cristal » qui se mettait « à neiger des neiges plus blanches que les ailes des anges ».

Le miroir, « comme une perversion », lui rend présents le champ de bataille et son carnage, mais surtout le regard d'une fille devenue femme, farouche, désabusée, sachant qu'on ne change pas son destin, acceptant les coups bas de la vie, hésitant entre la foi (« la prière ») et l'irrationnel (« le Tarot »), mais souffrant d'une souffrance animale (« comme le bœuf quand il porte en plein mitan de son front la hache que son maître vient de lui lancer »). La vie de ces femmes, faite de misère, de faim, de tristesse, de solitude, leur fait haïr les hommes (comme la mère de l'auteure hait son père), les accable d'indignité, leur enlève leurs enfants. Le temps apparaît pour scander implacablement le dénuement : « Sept heures du matin. / Les vaches n'ont plus de lait. // Sept heures du matin. / Les artistes se demandent s'ils passeront la journée. // Sept heures du matin. / Les *babouchkas* ne protestent pas. Leurs filles non plus. »

Certains héros du peuple russe, dont elle voudrait être, lui font acquérir la connaissance, l'esprit de solidarité. Une prise de conscience craintive de son nouveau « moi » la pousse à se fuir, à changer, car, honnête, elle se reconnaît malgré tout égoïste : « Je serais menteuse, hypocrite et je ne pourrais jamais plus me regarder dans un miroir si je ne disais pas que je m'en fous ! ». Cela ne l'empêche pas de désirer pour ce peuple une autre vie. Ni d'éprouver « ce tourment qu'est l'écriture lorsqu'on est moitié femme, moitié poète ». La vie, « l'ultime passion, l'ultime perversion », est pleine d'espoir, et l'espoir permet la création.

En descendant au Sud, elle retrouve la Louisiane et la Nouvelle-Orléans, et, avec elles, la pauvreté et le souvenir de l'esclavage, la misère, la lâcheté jusque dans le bayou : « Rongé par les alligators ou le froid, le bébé ne pourra jamais dire à sa mère laquelle des morts est la plus affreuse. » Contre le racisme, elle préfère se voir en sorcière et noter dans un calepin ce qui l'émeut, toujours à la recherche de la simplicité, accompagnée par le *blues*, entre réel et imaginaire, endommagée comme un ange aux ailes cassées et se laissant imprégner par « la rage de vivre ». L'anglais fait irruption dans le texte. Le fait qu'il soit la langue « d'usage pour une conversation normale » est loin de tout expliquer… Qui, en effet, « a interdit l'utilisation de la langue française comme outil pédagogique », « [q]ui est responsable de ce génocide », qui donc essaie d'occulter la culture des Cadjuns ?

L'irréel s'installe dans le réel, comme cet homme noir, chanteur de *blues*, ayant éliminé les 36 tortues le rendant malade et qui, lors du voyage de retour de l'auteure, « assis à califourchon sur l'aile du Boeing, roule ses cigarettes » et ne se pose pas de questions existentielles. L'auteure non plus, parce qu'elle a peut-être les réponses. Elle n'a pas voulu s'approprier la douleur de tout un peuple (à l'est ou au sud), elle n'a pas voulu la comparer à celle de sa vie (familiale ou poétique), simplement elle doit la dire pour l'exorciser. À son aide, les intrusions du réel : pays, endroits, adresses, descriptions, histoires, faits quotidiens. À son aide aussi, l'intertexte constant : Nelligan, Rimbaud, Leonard Cohen, Dostoïevski, matérialisation de Chagall, très à sa place parmi les images macabres de la Russie, les vampires de la Nouvelle-Orléans… Elle ne s'interroge plus sur les choses réelles ou irréelles de la vie, elle les accepte comme on accepte une fatalité : « *They won't tell you that, but it happens* ». Son lyrisme « apocalyptique », pathétique, est convaincant, véhément, jouant dans le registre dichotomique.

Dyane Léger veut encore « croire à la tendresse, à l'humanité » et nous offre le personnage de l'écrivain parfois impuissant. Les anges vieillissent-ils? Le voyage frange leurs ailes et les rend sages.

VOICHITA-MARIA SASU

Les anges en transit, Trois-Rivières et Moncton, Écrits des Forges [et] Éditions Perce-Neige, [1992], 84 p.

ANNE D'ACADIE
Jeanne Ducluzeau
Roman historique (1984)

En 1773, quelques familles acadiennes s'installent dans le hameau des Huit-Maisons en Poitou que le marquis Pérusse des Cars a fait construire sur les brandes de son domaine. Après avoir défriché ces terres restées incultes depuis deux siècles, ces nouveaux arrivants en deviendront les propriétaires. Du moins, c'est ce que le roi leur promet en reconnaissance de leur fidélité dans la Nouvelle-France. Tout comme le long et dangereux périple des Acadiens pour arriver aux Huit-Maisons après le Grand Dérangement, l'histoire de leur installation sera sillonnée de conflits et de peines. Les paysans des villages environnants, qui n'ont jamais pu s'extirper de leur vie de misère, maugréent contre l'arrivée de ces favorisés, qui ne représentent qu'une corvée de plus pour eux car ils doivent les aider.

Le contraste entre les Acadiens et leurs compères poitevins est frappant: les Acadiens savent lire et écrire; ils suivent de nouvelles méthodes agricoles et reçoivent des outils efficaces du roi; ils sont propres et bien organisés; surtout, ils regardent les nobles droit dans les yeux, n'ayant pas eu à apprendre la déférence des démunis. Ils osent exprimer leur mécontentement et n'hésitent pas à réclamer leurs droits. Bref, quand la Nouvelle-France revient dans l'ancienne, la société s'en trouve ébranlée.

Le mariage d'Anne d'Acadie, de la famille des Babin, et de Sylvain constitue une union entre la nouvelle et l'ancienne France. Anne apporte le calme impassible d'avoir bravé les Anglais quand elle n'était qu'une petite fille et Sylvain éprouve le ressentiment d'un descendant d'un peuple trop longtemps exploité par les nobles et le clergé. De leur ouverture d'esprit et de leur force de caractère naîtront des façons modernes de penser, de vivre et de travailler la terre. Les jeunes époux sont prêts à affronter les dangers qui les guettent pour fonder une meilleure vie loin des Anglais et libre du joug des systèmes fiscaux de la féodalité. Ni les jalousies et les trahisons de leurs amis ni les atrocités de la Révolution française ne les empêchent de réaliser leur rêve d'un mariage d'amour et de respect, ainsi que celui d'une ferme indépendante. Malgré qu'il soit contraint de s'engager, Sylvain se bat avec acharnement aux côtés des sans-culottes et Anne gère courageusement la ferme pendant son absence.

Par la précision du langage et la richesse des détails historiques, Jeanne Ducluzeau évoque les us et coutumes des paysans du Poitou de la fin du XVIIIᵉ siècle. Les termes agricoles abondent, tels que «liants», «rouette» et «palène», ainsi que les noms de plantes, d'animaux et de nourriture. Les personnages et les épisodes historiques de l'époque établissent l'authenticité de l'histoire. L'emploi du passé simple dénote le registre littéraire et les élisions dans les dialogues suggèrent un français régional. Le ton dramatique provient de l'histoire d'Anne et de Sylvain. Cependant, le récit comporte aussi de longs passages où le narrateur – ou un personnage – résume certains faits historiques, qui, bien qu'utiles pour une meilleure compréhension de l'époque, rendent parfois le roman lourd et didactique.

Le thème prédominant d'*Anne d'Acadie* est la passion de la terre. Depuis la tribulation de la perte de leurs terres au profit des Anglais, les Acadiens errent dans le monde à la recherche de nouvelles terres. Pour les trouver, ils ne craignent ni le risque des voyages maritimes ni le travail éreintant du défrichement. Les paysans poitevins, eux aussi, rêvent d'acquérir assez de terres pour travailler et nourrir leur famille après avoir payé la dîme à l'église, le cens au seigneur et la taille au roi. Cependant, le roi ne favorise guère une expansion de leurs propriétés, ce qui crée des conflits avec les nouveaux arrivés. Seuls ceux qui voient dans les Acadiens un moyen d'avancer leurs propres intérêts les accueillent et acceptent d'apprendre leurs techniques agricoles modernes, surtout Sylvain. Vingt ans après «les engagements pris par la monarchie», Anne et Sylvain finissent par avoir leur terre à la suite de «l'abolition des droits féodaux et [de] la nationalisation des biens du clergé».

Les idées révolutionnaires des Philosophes, «et en particulier de Jean-Jacques Rousseau», dans les domaines juridique, religieux, technique et sanitaire s'infiltrent jusque dans la France profonde. Ducluzeau décrit le rôle que les prêtres éclairés ont joué dans la vulgarisation du savoir par le canal des gazettes. Elle nous rappelle aussi que, pendant la Révolution, ces mêmes prêtres étaient confondus avec les corrompus et chassés au péril de leur vie. Le défenseur des idées d'égalité, de liberté et de justice est Sylvain, mais il prend lui-même ces idées chez Anne – qui lui apprend à lire et à écrire – et chez son beau-père, Romain Babin, qui lui transmet son savoir social et technique. Sylvain «mépris[e] ceux qui, par leurs prodigalités effrénées, [ont] amené le peuple au désespoir». Le travail et la science l'emportent sur le droit d'héritage et l'ignorance. Anne est maîtresse d'école pour les enfants acadiens. La fougue avec laquelle Sylvain et Anne accomplissent leurs tâches aux champs et dans la maison confère une grande dignité au travail humain. Sylvain insiste sur la présence d'un médecin au premier accouchement d'Anne. Anne sait tenir les comptes et Sylvain la consulte pour toutes les dépenses importantes, l'appelant «[s]a petite boutiquière».

Dans *Anne d'Acadie*, Jeanne Ducluzeau nous présente ce que Robert Viau appellera *la Déportation des Acadiens en littérature française* (1997): «Sylvain le Poitevin et Anne d'Acadie

[...] symbolisent la réconciliation apparemment impossible [...] entre les Acadiens déportés et les paysans français dans la région de Châtellerault». Bien que Ducluzeau reconnaisse la souffrance du Grand Dérangement, Viau estime qu'aux yeux de cette romancière «la déportation [est une] curiosité[...] qui s'inscri[t] dans la grande Histoire française».

Marylea MacDonald

Anne d'Acadie, [Moncton], Éditions d'Acadie, [1984], 260 p.

ANTHOLOGIE DE TEXTES LITTÉRAIRES ACADIENS, 1606-1975
Marguerite Maillet, Gérard LeBlanc et Bernard Émont
(1979)

Avant la publication, en 1979, de l'*Anthologie de textes littéraires acadiens, 1606-1975*, l'existence de la littérature acadienne était presque inconnue. Afin d'en offrir une vue d'ensemble, Marguerite Maillet, Gérard LeBlanc et Bernard Émont ont compilé et regroupé en 5 parties 220 extraits d'ouvrages de 65 auteurs acadiens ou français. Dans le cadre de cette anthologie, pour accéder au statut d'auteur acadien, il faut être originaire des provinces Maritimes, de la Gaspésie ou des Îles-de-la-Madeleine et avoir publié un livre. Sont aussi retenus des extraits d'ouvrages d'auteurs français ayant séjourné en Acadie. Les compilateurs ont voulu rendre accessibles des documents représentatifs de la réalité acadienne, dans ses aspects culturel, géographique, historique, ethnologique et religieux. Dans les trois premières parties de l'*Anthologie*, l'organisation des textes se conforme à l'ordre chronologique et couvre les périodes suivantes: des origines françaises à 1755, de 1755 à 1880 et de 1880 à 1930. Dans les quatrième et cinquième parties, sont regroupés par genres des extraits de romans, de pièces de théâtre et de recueils de poésie parus entre 1930 et 1975. Dans l'ensemble, l'écriture privilégiée varie selon les périodes et les genres

adoptés : anciennes graphies et style d'époque dans des textes historiques du XVIIᵉ siècle ; acadianismes conférant de la saveur aux ouvrages sur la vie et la culture traditionnelles ; et un soupçon de *chiac* dans certains textes ultérieurs à 1970. Enfin, l'*Anthologie* s'appuie sur une recherche rigoureuse et présente, en plus de nombreux textes, un tableau chronologique mettant en parallèle événements historiques et littéraires marquants, des références précises, 50 illustrations et des reproductions de cartes géographiques de l'ancienne et de la nouvelle Acadie.

La première partie de l'*Anthologie*, intitulée *Période pré-acadienne, 1606-1755*, se compose de 40 extraits d'ouvrages de 7 auteurs français, *témoins de l'Acadie*, qui s'adressent à des lecteurs européens par le biais de récits de voyage et de relations missionnaires enrichis de descriptions géographiques et ethnographiques. Mœurs, coutumes et croyances des Micmacs et des Malécites sollicitent d'abord l'intérêt par une variété de sujets inusités : entre autres, le chirurgien Dièreville décrit la médecine amérindienne et les *sueries* ; le jésuite Sébastien Rasles, la vie nomade des Abénaquis ; Pierre Biard, des funérailles amérindiennes et les rigueurs de l'hiver ; Robert Challes, le *courir des allumettes* ; Marc Lescarbot, la mythique figure du Gougou et la conquête de l'hiver par les premiers habitants de Port-Royal ; Nicolas Denys, une légende amérindienne. Climat et saisons canadiennes, grands espaces, forêts, lacs et rivières, abondance et variété du gibier et des poissons, fertilité des sols, bon accueil des autochtones, rivalités territoriales entre Français, crainte d'incursions anglaises et vaillance des colons français : voilà autant de sujets exploités pour raconter et valoriser l'Acadie. Sans doute peut-on considérer l'ensemble des écrits de la première période d'existence de l'Acadie comme récits fondateurs, puisque leur contenu renvoie à l'espace géographique acadien ainsi qu'aux mœurs des Amérindiens alliés des Français.

Nommée avec justesse *Acadie de la nuit, 1755-1880*, la deuxième partie de l'*Anthologie* raconte en 22 textes la vie d'Acadiens dispersés, surtout au moyen de lettres qu'une dizaine d'auteurs adressent aux autorités civiles et religieuses. Se rattachent cependant à la période précédente les écrits de Louis Franquet, ingénieur de Louisbourg, portant sur l'île Saint-Jean et ceux de Pierre Maillard, *apôtre des Micmacs*, sur la navigation en canots d'écorce. En 1761, ce missionnaire confère à Louis Robichaud, chef des déportés de Boston, le droit de célébrer des mariages. Les lettres que Vénérande Robichaud, fille de Louis, envoie de Québec à son frère de Néguac sont bien tournées. François LeGuerne, prêtre breton, raconte à ses destinataires certains épisodes du Grand Dérangement à Tintamarre, Chipoudie, Petitcodiac et Memramcook, tandis que le chef militaire Boishébert note dans son journal la victoire de sa petite troupe à Petitcodiac contre les Anglais, plus nombreux et mieux armés. L'abbé Mathurin Bourg expose à son évêque à Québec les besoins matériels et spirituels des habitants de ses missions en Gaspésie, en Nouvelle-Écosse et au Nouveau-Brunswick. Antoine Gagnon tente de donner un collège aux Acadiens et dénonce l'indifférence de l'évêque de Charlottetown à leur égard, alors qu'Alexis Bélanger donne un aperçu de son apostolat aux Îles-de-la-Madeleine et à Terre-Neuve. Enfin, François-Lambert Bourneuf raconte la ruse utilisée pour s'évader d'un bateau-prison anglais, alors que Frédéric A. Robichaud compose la *Complainte du Vinalia*.

La troisième partie, *Acadie de l'histoire et du discours, 1880-1930*, contient 62 textes de 16 orateurs et historiens engagés dans la cause acadienne. Philias Bourgeois, Pierre-Amand Landry et Marcel Richard soutiennent, entre autres, que la survivance d'un peuple de 140 000 habitants passe par l'éducation en français de la jeunesse, la valorisation des ancêtres et des coutumes, la fidélité aux traditions nationales et religieuses, la colonisation et l'agriculture. Pascal Poirier, Placide Gaudet et

Onésiphore Turgeon, fonctionnaires à Ottawa, font connaître à l'extérieur le *réveil* du peuple acadien. Les recherches et publications de Poirier portent surtout sur le parler acadien. L'*Anthologie* offre aussi des extraits d'ouvrages sur la survivance française et l'histoire de cinq régions acadiennes : le nord-ouest du Nouveau-Brunswick par le Madawaskayen Thomas Albert ; la Nouvelle-Écosse et la contribution du père Sigogne par le Français Pierre-Marie Dagnaud ; l'Île-du-Prince-Édouard par le professeur Joseph-Henri Blanchard ; les Îles-de-la-Madeleine par l'inspecteur d'écoles Paul Hubert. Ont été retenus plusieurs textes du Gaspésien Antoine Bernard, directeur de la Chaire d'histoire de l'Acadie à l'Université de Montréal. Enfin, pour les ouvrages de fiction, on trouve des extraits d'un drame historique d'Alexandre Braud prônant le patriotisme et l'attachement à la langue et à la foi ; des contes et légendes d'André-Thaddée Bourque et des nouvelles de Joseph-Fidèle Raîche.

La quatrième partie, *Expansion de la visée littéraire, 1930-1960*, se compose de 43 extraits d'œuvres romanesques, dramatiques et poétiques empruntés à 15 auteurs. L'eudiste breton Jean-Baptiste Jégo produit un drame historique, alors que l'abbé James Branch compose de courtes pièces à caractère social. Des extraits de romans d'une dizaine d'auteurs ont aussi été retenus. Sabattis (Thomas Gill) reconstitue l'existence simple et heureuse de fermiers en Nouvelle-Écosse, alors qu'Hector Carbonneau décrit la vie aux Îles-de-la-Madeleine. En 1940 et 1946, Antoine Léger publie deux romans historiques sur les Acadiens de sa région natale, le sud-est du Nouveau-Brunswick. À Montréal, Donat Coste (Daniel Boudreau) publie en 1950 un roman de contestation sociale et religieuse précurseur de la Révolution tranquille au Québec. Les récits du journaliste Emery LeBlanc portent sur la vie traditionnelle en Acadie. Sont aussi inclus des extraits de romans historiques de Paul Desmarins (LeBlanc) destinés à la jeunesse et l'histoire d'Évangéline racontée aux enfants par Marguerite Michaud.

D'inspiration religieuse ou patriotique, quelques poèmes d'Eddy Boudreau, de Napoléon Landry et de Moïse Lanteigne complètent cette partie de l'*Anthologie*.

Enfin, *Récupération et contestation, 1960-1975* regroupe, par genres, 55 extraits de 17 auteurs. La littérature est le reflet d'une Acadie en pleine effervescence dans les domaines politique, social et culturel. D'abord engagée, elle évolue rapidement vers la modernité autant par la thématique que par l'écriture. En plus des 13 extraits tirés de l'œuvre d'Antonine Maillet, qui recréent une Acadie mythique, ont été sélectionnés des textes d'auteurs exprimant des préoccupations culturelles et littéraires : extraits des romans de Ronald Després, d'Huguette Légaré et de Régis Brun ; contes de Ti-Jean par Melvin Gallant ; contes et légendes recueillis et publiés par le père Anselme Chiasson, Francis Savoie et Catherine Jolicœur ; récits fictifs inspirés de la réalité historique et sociale par Frédéric Landry et Louis Haché. Assez nombreux, les poètes prennent la parole pour exprimer leur appartenance à une nouvelle Acadie : Ronald Després, Guy Arsenault, Raymond LeBlanc, Léonard Forest, Herménégilde Chiasson et Calixte Duguay. Au théâtre, des pages de *La Sagouine* d'Antonine Maillet précèdent des scènes originales écrites par Laval Goupil et Germaine Comeau.

Le peuple acadien, qui possède une histoire et une culture distinctes, s'est aussi doté d'une littérature originale. Une idéologie spécifique se dégage, en effet, de l'*Anthologie*, qui contient en filigrane une histoire littéraire remontant à la présence française d'origine. Les contenus géographiques et ethnologiques de la première partie de l'*Anthologie* sont certes acadiens, mais les auteurs sont des Français qui quitteront l'Acadie. Cependant, les textes des troisième et quatrième parties sont déjà l'œuvre d'Acadiens de souche, bien au fait des conséquences de la dispersion et promoteurs d'un imaginaire collectif précurseur de l'idéologie que prônera plus tard l'élite acadienne. L'Acadie des Maritimes affirme alors une identité collective et promeut ses propres institutions scolaires, politiques, sociales et économiques. Axée sur la fidélité à la langue et aux traditions nationales et religieuses, la littérature acadienne tiendra compte du passé et de l'héritage culturel, et cette perception se prolongera jusqu'au milieu du XXᵉ siècle, pour s'estomper graduellement et laisser place à la modernité et à l'expression personnelle.

BERTILLE BEAULIEU

Anthologie de textes littéraires acadiens [1606-1975], [préface des auteurs], Moncton, Éditions d'Acadie, [1979], 643 p., ill.; 1992, 643 p., ill.

L'ANTICHAMBRE
Gracia Couturier
Roman (1997)

La nouveauté ou l'originalité de *L'antichambre*, premier roman de Gracia Couturier, découle en partie d'une structure narrative inspirée de la théorie du chaos et de la géométrie des fractales. Ce roman réaliste actualise des préoccupations contemporaines, tels le cancer et la chimiothérapie, la fécondation *in vitro* et la mère porteuse, l'inceste et l'avortement. L'intrigue romanesque s'appuie sur les rapports entre Marianne Dupuis, femme d'affaires de 35 ans – dont le désir d'avoir un enfant est contrecarré par un cancer –, et les membres de sa famille : son père Claude, qu'elle remplace depuis son décès à la direction d'une chaîne de boutiques de vêtements ; son conjoint Richard Léger, chercheur en biologie marine ; sa meilleure amie Lise, qui se propose comme mère porteuse ; le bébé Alexandre adopté par sa grand-mère Anaïs Dupuis ; son frère Gervais, directeur éventuel de l'entreprise familiale ; et sa sœur Sophie, victime d'inceste qui se fait avorter. L'intrigue atteint un point culminant lorsque Marianne, déjà affaiblie par la chimiothérapie, apprend par hasard que Richard et Lise la trompent. Déçue, elle quitte tout et se réfugie chez son ami Charlie en Californie. Dix-huit ans plus tard, Alex s'inscrit en arts à Los Angeles et fait la connaissance de Marianne,

qui est maintenant une artiste. Sur la plage devant sa maison, Alex écoute les longs récits de Marianne, lui révélant une autre version des circonstances entourant sa naissance. Puis, le cancer récidive et, avant de mourir trois ans plus tard, Marianne lègue à Alex ses innombrables toiles et dessins, empilés pêle-mêle dans son studio. C'est alors qu'Alex découvre ses photos scolaires, qu'Anaïs envoyait régulièrement à Marianne, et une étonnante quantité de tableaux le représentant. Le roman prend fin sur une imposante exposition des œuvres de Marianne, montée par Alex, en hommage à celle qui était peut-être sa mère.

Dans ce roman, l'auteure Gracia Couturier développe avec précision les aspects psychologiques et relationnels des personnages, qui sont, pour la plupart, de jeunes professionnels acadiens, des gens d'affaires, des artistes et des étudiants issus d'un milieu social aisé. Une tension soutenue, complexe et nuancée, caractérise les rapports entre les personnages, lesquels sont marqués par de fortes attractions, des répulsions et même des rejets. Par exemple, un antagonisme tenace détermine les rapports entre Gervais et ses sœurs, alors que des liens affectifs assez forts unissent Claude et sa fille Marianne, ainsi qu'Anaïs et son fils Gervais. Malgré leur attachement sincère à Marianne, Richard et Lise évoluent dans l'antichambre du destin de Marianne et d'Alex. Comme si l'amour et l'amitié étaient trop faibles pour déjouer le destin et le malentendu irréversible, le père et la mère porteuse abandonnent le bébé à Sophie et à sa grand-mère. Une force mystérieuse est à l'œuvre dans ce roman qui s'intitulait d'abord *L'antichambre du destin* et qui constituait la première partie de la thèse de maîtrise de l'auteure. L'antichambre est en quelque sorte la coulisse où les protagonistes attendent le moment prévu pour entrer en scène et modifier, de façon plus ou moins consciente, le devenir des autres personnages. Bien que la présence d'Alex adulte soit discrète dans la première partie du roman, il est pourtant le point central autour duquel gravite leur destin. L'éclatement de la situation et l'imbroglio dans les rapports entre ces différents personnages ont rapidement conduit au chaos.

La structure même du roman est, en apparence, assujettie à un désordre organisé. Aucune division en chapitres dans *L'antichambre,* mais plutôt une suite ininterrompue de segments narratifs ou dialogués. Au premier degré diégétique, le temps interne correspond à l'*ici-maintenant* d'Alex et de Marianne sur une plage en Californie. Des fragments de dialogues entre ces deux personnages sont intercalés à six ou sept reprises dans le récit. Le point de vue organisateur de l'œuvre est celui d'Alex, récepteur des diverses versions des faits et événements précédant sa naissance. Sont alors juxtaposés dans la diégèse des segments de souvenirs de Marianne et des bribes de renseignements jadis révélés à Alex par Richard, Sophie ou Anaïs. C'est ainsi que trois ou quatre narrateurs intradiégétiques se relaient pour présenter leur perception des faits. Énoncés à la première personne et au présent, ces fragments de récits produisent l'impression d'instantanéité propre au théâtre et au cinéma. Il n'y a aucune annonce explicite de relais de narrateur, sauf parfois un indice ou une ellipse. Ce n'est que vers la fin du roman qu'Alexandre passe de narrataire implicite à narrateur intradiégétique.

La géométrie des fractales se manifeste par l'itération ou répétition de motifs ou de séquences semblables qui se recoupent et se multiplient, d'où les notions d'autosimilarité, pour marquer la ressemblance, et de bifurcation, pour indiquer un changement de lieu, de temps ou d'orientation de l'action. L'une des techniques d'écriture privilégiées dans l'organisation de la structure romanesque est la mise en abyme, qui se manifeste par la multiplication de récits intercalés, de scènes récurrentes non identiques et parfois juxtaposées, de segments de rêves dans le rêve, de formes géométriques circulaires répétitives comme les dessins de Marianne ou les toiles de l'araignée. Emboîtés les uns dans les autres, les segments sont pourtant reliés par des

points d'ancrage, c'est-à-dire un mot, une expression ou un signe, parfois à peine perceptibles. À noter, finalement, que la langue d'écriture ainsi que le contenu du roman ne sont pas typiquement acadiens, malgré certains éléments du décor empruntés à Moncton. Les recherches menées par Gracia Couturier tentent surtout de montrer la pertinence de la théorie du chaos et de la géométrie des fractales comme apport interdisciplinaire efficace en création littéraire.

BERTILLE BEAULIEU

L'antichambre, [Moncton], Éditions d'Acadie, [1997], 136 p.

AU BORD DES YEUX LA NUIT
Annick Perrot-Bishop
Poèmes (1996)

Les 40 courts poèmes d'*Au bord des yeux la nuit* semblent cultiver les images pour elles-mêmes. Chaque page peut, à la limite, se lire comme un poème distinct (bien qu'il s'agisse en fait de longs poèmes articulés) et l'unité du recueil se construit d'abord autour d'une tonalité commune. En effet, même s'ils n'en ont pas la forme, les poèmes relèvent de l'esthétique du *haïku* : en quelques vers, ils saisissent l'essence d'un moment comme autant d'instantanés de l'expérience humaine. Dans la volonté de faire le parcours inverse de la vie, en remontant lentement le fil du temps (le cordon ombilical) jusqu'à sa source (la naissance), se matérialise une tension entre le désir de vivre et les sentiments de peur, de douleur, d'abandon et de trahison qui l'accompagnent toujours.

Au bord des yeux la nuit, [Moncton], Éditions d'Acadie, [1996], 57[2] p.

AU SERVICE DU ROI
Jeanne Ducluzeau
Roman (1996)

Au service du roi trace le portrait du personnage historique Louis de Gannes et de son époque, celle de Louis XIV. Louis de Gannes, natif de Touraine et destiné à une brillante carrière militaire, est embauché par la marine française pour servir dans la colonie de la Nouvelle-France. Après plusieurs années de service au Canada français, il est nommé d'abord capitaine, puis major de l'Acadie. Le roman fait revivre cette époque où la colonie de la Nouvelle-France, encore à ses débuts, subit les conséquences des rivalités opposant la France et l'Angleterre et des tensions religieuses qui divisaient alors la chrétienté depuis un siècle.

Au service du roi, [Moncton], Éditions d'Acadie, [1996], 231 p.

AVANT QUE TOUT' DISPARAISSE
Marc Poirier
Poèmes (1993)

Premier livre de Marc Poirier, alors chanteur du groupe Zéro Degré Celsius, *Avant que tout' disparaisse* fait partie de ce qu'il est désormais convenu d'appeler la jeune poésie acadienne. Puisant son inspiration aux sources tant de la poésie acadienne de la génération précédente que du rock américain, *Avant que tout' disparaisse* renouvelle l'image de l'Acadie pour en proposer une nouvelle faite d'urbanité, de modernité et d'américanité. La poésie de Poirier comporte une dimension provocatrice faisant état d'une révolte vécue entre autres à travers la langue: «crie tes croyances / chie tes mots bilingues / sur cette ville d'édifices sombres / qui semblent vouloir / s'effondrer sur toi / avant que tu peuves / nous bailler ta voix». Oscillant constamment entre le français et l'anglais dans une oralité caractéristique de l'espace monctonien, *Avant que tout' disparaisse* fait fi des combats de la génération précédente pour se tourner vers l'expression de la réalité singulière du poète, réalité teintée par l'expérience d'écrire à partir du lieu essentiellement ambigu qu'est Moncton.

Avant que tout' disparaisse, [Moncton], Éditions Perce-Neige, [1993], 50 p., ill. de l'auteur.

B

LA BEAUTÉ DE L'AFFAIRE.
FICTION AUTOBIOGRAPHIQUE À PLUSIEURS
VOIX SUR SON RAPPORT TORTUEUX AU
LANGAGE
France Daigle
Roman (1991)

Le sous-titre du sixième roman de France
Daigle permet à lui seul de résumer son propos. Dans un premier temps, le caractère
autobiographique de l'œuvre laisse entendre
que la vie (ou à tout le moins une fiction de
la vie) de France Daigle s'offrira au lecteur.
Cette piste est pourtant fausse, car la romancière n'est pas un personnage du roman. En
effet, la voix qui commente le texte, « elle »,
remplace le pronom personnel « je » auquel le
lecteur est habitué dans une fiction autobiographique. Dans un deuxième temps, il est
question de « plusieurs voix » qui participe-
raient à l'élaboration de l'œuvre. Les voix font
référence aux trois trames narratives fragmen-
tées qui s'ajoutent à la voix de la narratrice. La
première est celle d'un architecte qui prie, en
compagnie de sa femme, à la messe de minuit.
La deuxième est constituée d'un groupe d'artistes acadiens qui doit transformer un terrain
vague en un espace vert. La troisième met en
scène un homme qui veut bâtir une clôture
sur une île. À toutes ces voix (celle de la narratrice y compris) vient se greffer la voix intertextuelle de Marguerite Duras. Enfin, « le
rapport tortueux au langage » hante la narratrice, car, à plusieurs occasions, elle décrit les
difficultés de s'exprimer. En relatant les événements spécifiques à chaque intrigue, la narratrice témoigne de son inadéquation face au
langage, en préconisant une utilisation métaphorique de l'espace. En ce sens, la dernière
phrase de l'œuvre, tirée de la **Bible**, marque
la fin des *chroniques d'une œuvre annoncée*

dans les romans précédents et laisse poindre à
l'horizon les possibilités de nouvelles fictions
basées sur de nouveaux espaces : « *Et le Verbe
s'est fait chair, et il a habité parmi nous* ».
Il est à noter qu'il s'agit du dernier roman de
Daigle dans lequel la disposition du texte reste
particulière : sur les pages de gauche, en bas,
un seul paragraphe ; sur les pages de droite,
deux paragraphes, situés en haut et en bas.

Une brève étude des trois figures spatiales
importantes du roman permet de mieux saisir
les enjeux de l'œuvre. La première trame narrative se déroule entièrement dans une église, le
24 décembre, quelques minutes avant minuit.
L'église est imposante et l'architecte paraît
bien minuscule, presque écrasé par l'étendue
de la construction. Si la prière devrait être une
relation privilégiée entre l'homme et Dieu, on
doit cependant douter de la qualité de la communication qui s'établit entre l'architecte et le
Seigneur : « Prier, ce que d'aucuns maîtrisent
par le silence, d'autres par la parole. Une sorte
de langage de surcroît, à défaut peut-être d'un
véritable langage ». De plus, même s'il y a foule
à la messe, l'architecte, tout comme sa femme,
est immobile dans sa solitude. En fait, tout
comme les retardataires qui tentent de trouver
un banc libre, l'architecte cherche sa place dans
l'espace en espérant trouver « la voie de maisons
à construire qui soient plus parfaites encore ».

Dans la deuxième trame narrative, on
apprend qu'un groupe d'artistes acadiens a été
engagé pour « transformer un de ces terrains
vagues du centre-ville en un espace vert,
agréable et séduisant pour petits et grands, un
espace où les enfants aimeraient jouer et courir
et où les grands aimeraient s'asseoir pour les
regarder, ou pour lire, ou pour dormir au soleil,
ou à l'ombre ». Contrairement à l'église de

pierre, il s'agit ici d'une construction en devenir. Cependant, tout comme l'église, le but de cet espace vert est de réunir les gens, peu importe leur âge. En fait, le projet fait en sorte que les artistes doivent d'abord travailler ensemble pour qu'ensuite la population puisse profiter du terrain vague transformé. Une particularité du projet est que celui-ci doit être entouré d'une «clôture métallique grillagée qui empêche le vague du terrain de se répandre sur le trottoir». La connotation négative du verbe *répandre* suggère qu'il faille circonscrire le terrain à ses frontières et surtout ne pas le laisser envahir les espaces limitrophes. Enfin, tout comme dans l'église, il est clair que réunir un groupe d'artistes dans un espace clos peut causer certains problèmes de communication. En fait, la situation cause même parfois «des moments d'hystéries ou d'aliénations passagères». Malgré ces problèmes, le lieu en mutation permet aux artistes de sortir, le temps d'un projet, de leur solitude.

La troisième trame narrative demeure peut-être la plus mystérieuse. Celle-ci met en scène un homme qui décide de bâtir une clôture sur une île. Si «[t]out le monde sait que l'île est inhabitée», on peut se demander pourquoi l'on y bâtit une clôture. Une autre caractéristique de l'île pose encore plus de problèmes: «Une île, inabordable en quelque sorte, un royaume, qui n'absorbe pas l'histoire, mais qui la reflète». L'adjectif *inabordable* signifie «où l'on ne peut aborder», mais également «qu'il est impossible ou très difficile d'atteindre, d'approcher». Pourtant, l'homme se rend à l'île sans grande difficulté. L'île semble également un royaume, car elle fournit une image miroir de l'histoire. Le deuxième trait de l'île met en évidence une certaine forme de réflexivité, une sorte de mise en abyme du récit. De plus, l'homme à la chaloupe est victime de difficultés liées au langage. On apprend ainsi qu'il «ne bavarde en fait jamais. Il n'aime pas ce côté expérimental de la communication».

Bref, la difficulté d'habiter l'espace, vécue par tous les personnages, nous amène à un questionnement sur la place de l'écrivain dans une société liminaire, sur sa difficulté également à s'exprimer à l'aide du langage. À travers différentes constructions fictionnelles, le narrateur tente d'habiter la fiction. Les trois figures spatiales importantes peuvent ainsi mettre en évidence les difficultés associées à la création littéraire en milieu minoritaire. Qu'il s'agisse de la trame narrative de l'église, de celle du terrain vague ou encore de l'intrigue de l'homme construisant une clôture sur l'île, tous ces microrécits mettent en scène, par analogie, la création littéraire. Les liens qui se tissent entre les trames passent nécessairement par les problèmes de langage du narrateur, qui précèdent d'une certaine façon la fiction.

Benoit Doyon-Gosselin

La beauté de l'affaire. Fiction autobiographique à plusieurs voix sur son rapport tortueux au langage, [Moncton et Outremont], Éditions d'Acadie [et] NBJ, [1991], 54[3] p.

LA BELLE EMBARQUÉE
Sylvain Rivière
Roman historique (1992)

Roman traitant de la période subséquente à la déportation des Acadiens (1755), *La belle embarquée* se situe pleinement dans cette époque intermédiaire de l'histoire mythique de l'Acadie (précédant et préparant la Renaissance), soit celle du retour au pays d'origine. Le roman de Sylvain Rivière expose plutôt le côté sombre de ce retour en suivant des personnages acadiens attachants qui s'installent à Paspéya. Marin Leblanc et Tipon Barillôt, déportés en France alors qu'ils étaient enfants, reviennent en Acadie sur les bateaux de la Robin Pipon Company dans l'espoir de vivre des jours plus heureux et plus tranquilles. C'est à la suite d'une promesse faite à son père décédé que Tipon porte en lui le devoir sacré de vivre et de mourir en Acadie. Toutefois, le contrat que Charles Robin a fait signer à ses «employés» acadiens les transforme plutôt en esclaves. Le profiteur vorace, assisté de son neveu Philip, les contraint en effet à travailler sans répit pour survivre et sans le moindre espoir d'avancement financier. Le héros du récit, Tipon, se marie et fonde un foyer avec sa Théotiste. Il veut transmettre ses valeurs et ses principes à sa famille et à la communauté acadienne, qui agonise sous le régime des Robin. Toutefois, les péripéties de l'œuvre restent dans l'ensemble fort pessimistes. Peu importe l'intensité et la bravoure avec lesquelles Tipon combat les manœuvres de Charles Robin et son emprise sur ses confrères et ses consœurs, les jours sont toujours de plus en plus gris. Les parents et les amis meurent autour de lui et son fils Prudent devient même l'assistant de Robin, ce qui constitue une mort symbolique. Tipon, déprimé au plus haut point, bascule dans l'alcoolisme, tout en nourrissant des pensées meurtrières à l'égard de Charles Robin. Dans cet état d'esprit, il ira jusqu'à mettre sur pied une rébellion, qui échouera finalement mais ne manquera pas de causer sa propre mort, ainsi que celle de son fils et de Philip. Charles Robin, pour sa part, n'aura que les jambes broyées par l'«incident» et, même s'il quittera pour toujours la Gaspésie en 1802, son souvenir impitoyable demeure très présent à la fin du roman.

Sylvain Rivière dresse un portrait du retour en Acadie qui présente un certain contraste avec celui, parfois représenté, d'un retour idéalisé. Il faut donc préciser que ce portrait, dans l'ensemble, n'est pas aussi pessimiste qu'on pourrait le croire de prime abord. Malgré la noirceur qui écrase très souvent le récit, une petite lumière brille comme un diamant caché qu'il suffit au lecteur de découvrir : celui de la vertu acadienne.

À lire le récit des malheurs qui nous sont présentés dans ce roman, on pourrait avoir l'impression que l'auteur s'amuse à déconstruire de plusieurs manières le mythe du retour du peuple choisi vers la Terre promise. Le coin de pays que les personnages retrouvent ne tarde pas à se montrer froid et hostile. La menace constante de guerres entre francophones, anglophones et Amérindiens, ainsi que la présence de Charles Robin, qui les écrase impitoyablement, leur révèlent la réalité terrible de leur destinée. Si le sentiment de «peuple élu» reste quand même présent dans de nombreux passages, le nuage noir de la misère et de l'infamie ne quitte jamais longtemps les malheureux protagonistes.

Dans cet univers plutôt morose et rempli d'insurmontables difficultés, il n'est pas particulièrement étonnant de rencontrer certaines valeurs tout à fait admirables, que l'auteur, par esprit d'équilibre – et parce qu'elles constituent la substance même de son discours – s'est manifestement plu à disséminer dans son récit. Les personnages acadiens font en effet preuve de bravoure, d'honnêteté, de persévérance, de hardiesse et d'une sorte d'amour inconditionnel les uns pour les autres, même si quelques faiblesses humaines bien pardonnables font parfois surface. Une réflexion identitaire positive surgit et resurgit donc continuellement dans cette œuvre où l'espoir du peuple est quasi inébranlable. Les personnages ne dissimulent aucunement leur fierté d'être acadiens. Malgré les tourments incessants qui les accablent, ils n'ont pas d'hésitations ou d'incertitudes quant à la valeur de leur peuple. L'intrigue, qui se déroule plus de deux siècles passés, est en somme une démonstration exceptionnelle du courage d'une communauté qui, après la Déportation, continue à se faire opprimer, mais qui n'en garde pas moins la tête haute. L'héritage d'un peuple fier, qui se relève inlassablement, est ainsi transmis aux générations acadiennes d'aujourd'hui et de demain.

Il faut souligner l'à-propos de la stratégie textuelle mise en place dans *La belle embarquée* : si le retour des déportés est présenté sous un jour particulièrement sombre, le résultat final n'en est pas moins de faire briller encore davantage les vertus et les qualités des Acadiens.

DEBBIE LEVESQUE

La belle embarquée, [Moncton], Éditions d'Acadie, [1992], 235[3] p. ; Paris, Alfil, 1994, 290 p.

BELLÉROPHON
Robert Pichette
Poésie (1987)

Second recueil de poésie de Robert Pichette, *Bellérophon*, composé en grande partie lors d'un séjour dans la région de Caraquet, renferme 25 poèmes et un dernier petit texte, sans titre, de 3 vers. Près de la moitié d'entre eux s'ouvrent sur une citation mise en exergue. Si les poèmes n'épousent pas une forme rigide quant aux rimes, il n'en demeure pas moins que des jeux d'échos sonores les traversent, avec parfois, en fin de vers, la répétition de mots entiers («comme les siècles d'avant toi / et l'éternité d'après toi». De même, allitérations et assonances fusent, comme les nasales lancinantes qui envahissent certains poèmes («voici le vent. / On chante en mer / tu entends? / Ce sont des chants / sans fin»). Ces effets sonores donnent un rythme au recueil, composé essentiellement de vers relativement courts (surtout des pentasyllabes et des hexasyllabes, quelques rares décasyllabes). Sans véritable forme fixe, plusieurs des poèmes comprennent néanmoins des refrains et s'apparentent parfois à des ballades ou à des «chansonnettes», pour reprendre un des termes qui apparaissent dans le recueil. Écrits dans une langue soignée et un style lyrique, les poèmes possèdent des accents tantôt champêtres (y apparaissent notamment divers animaux: «hirondelles», «agneaux», «colombes», «faon»), tantôt maritimes («marées», «bateaux» et «mer» scandent l'œuvre), tantôt élégiaques (le recueil se termine sur une note de regret: «Le soleil insulte à mon malheur / Pourquoi luit-il quand tu n'es pas là? / Reviens!»).

Comme le suggère l'«Avertissement au lecteur», qui «cèd[e] à la dangereuse tentation d'expliquer», le titre du recueil peut renvoyer à au moins deux lectures de l'œuvre sur le plan thématique. Bellérophon, c'est bien entendu d'abord le héros de la mythologie grecque qu'Iobatès soumet en vain à diverses épreuves

dangereuses afin de l'achever. L'exploit de Bellérophon le plus célèbre reste sa victoire sur Chimère, la créature monstrueuse, grâce à l'aide du cheval ailé Pégase. Sous le signe de cette première interprétation du titre, un réseau sémantique de la lutte se dessine au sein du recueil. L'un des poèmes est ainsi consacré à ce qui serait nécessaire pour réussir l'exploit utopique d'«endormir le vent» (chacune des six strophes de ce poème débute avec la formule «pour endormir le vent / il faudrait»). Ce vent se présente comme le monstre à dompter, envahissant tout le recueil: «Le vent insiste encore»; «Ne me parlez plus du vent»; «Chut! Taisons-nous / pour entendre siffler le vent»; «Taisons-nous / voici le vent», etc. Il y a une bataille à mener, tout un univers de mer, de vent, de plantes et d'animaux à «apprivoiser» pour le sujet habitué à la «citadinité». Mais ici, la chevauchée sur Pégase pour vaincre l'épreuve revêt une tournure plus onirique: «il faudrait / enfourcher des ailes / des ailes de moulin à vent». En superposant ainsi le mythe de Bellérophon à celui du don Quichotte de Cervantès, le poète nous renvoie à l'univers du rêve et de l'impossibilité. À l'instar de celui de don Quichotte, le combat du sujet est sans espoir. La chimère (*Chimères* est le titre du premier recueil de poésie de Pichette) prend dès lors une forme moins effrayante physiquement que celle du monstre mythique à tête de lion et queue de dragon qui crache du feu, évoquant plutôt le sens général du substantif, celui de vaine imagination et d'illusion.

Davantage en filigrane, mais bien présent, le deuxième réseau suggéré par le titre se réfère au mythe napoléonien, le *Bellérophon* étant le bateau anglais auquel Napoléon se livra après la bataille de Waterloo pour être emmené à son dernier lieu d'exil, l'île Sainte-Hélène. Pichette, qui nourrit une fascination certaine pour les Bonaparte, ayant fait paraître par ailleurs en 1998 un ouvrage intitulé *Napoléon III: l'Acadie et le Canada français*, parsème son recueil de fines allusions au mythe napoléonien. Que l'on songe par exemple au titre de poème «Ventôse», rappelant l'époque napoléonienne, ou encore au réseau sémantique de l'exil. Cet exil prend ici surtout les couleurs d'une séparation sentimentale qui ouvre la porte aux thèmes plus généraux du temps qui passe, du regret, du souvenir et de la mélancolie. Réunies, les deux lectures convergent vers une imagerie marine, le héros grec étant fils de Poséidon et le filon napoléonien partant du nom d'un navire.

La double structure basée sur des allusions culturelles donne le ton à l'ensemble du recueil, qui est particulièrement imprégné d'intertextes. Ces derniers se démarquent tant par leur envergure que par leur diversité. Ainsi, les exergues renvoient tant à Marguerite Yourcenar et Colette qu'à Blaise Pascal, Evelyn Waugh et La Fontaine et les poèmes renferment des allusions à la mythologie grécoromaine et égyptienne de même qu'à la littérature universelle. Dans l'univers de *Bellérophon*, Narcisse peut donc voisiner avec le Sphinx et Ophélie.

JANINE GALLANT

Bellérophon, [Moncton], Éditions d'Acadie, [1987], 47 p.

BLOUPE
Jean Babineau
Roman (1993)

L'exploration identitaire du personnage éponyme Bloupe est au cœur de ce premier roman de Jean Babineau. Sa recherche identitaire se fait à travers un foisonnement de langues et de registres, une intertextualité hétéroclite et des genres intercalaires divers, parsemés de scènes surréelles tirées de la vie quotidienne d'un facteur / homme de lettres monctonnien assumant pleinement l'absurdité de sa condition. Toutefois, la préoccupation réelle du roman est incontestablement la langue, tant sur le plan de la forme que sur celui du contenu. L'écriture qui en résulte est à la fois fragmentée et multidimensionnelle, donnant l'impression d'un découpage et d'un collage d'éléments qui semblent parfois disparates, mais qui tissent des liens subtils entre

eux, que ce soit sur les plans sémantique ou thématique, ou par simple rapprochement phonétique. Comme dans un texte poétique, les mots s'attirent et se rebutent, risquant de perdre leur sens habituel afin d'en revêtir d'autres plus relatifs, plus associatifs et plus polyvalents.

Le récit, s'il y en a un, est difficile à saisir et la chronologie est constamment minée par le narrateur. Par une surabondance d'indicateurs temporels et des indices intertextuels, l'auteur élimine, ou presque, la possibilité de lire le roman de façon traditionnelle. L'abolition du temps par la confusion est aussi l'abolition du passé et de l'avenir, de sorte que Pascal Poirier et Évangéline se confondent avec la modernité, mais surtout avec l'imaginaire et le fantasme. L'identité qui en découle est forcément plurielle, se multipliant à l'infini.

S'il y a un moment clé dans le roman, c'est sans doute celui de la scène du baptême de la famille Bloop, qui refrancise son nom afin de redevenir les Bloupe. Ce nom comporte plusieurs niveaux de sens : il se rapproche du mot anglais *loop*, qui suggère le retour sur le récit et l'énoncé en forme de boucle. Bloupe / *Bloop* a également une valeur onomatopéique – « Bloupe ! Du gaz qui remonte à la surface » – qui suggère un vide, une bulle qui s'évapore, qui manque de substance. Finalement, il y a un lien sémantique à faire avec le mot anglais *blooper*, qui désigne un événement accidentel et souvent humoristique : « Pour un peuple dispersé, la vie est un blooper. » Il s'agit, pour le narrateur, de donner un sens et une consistance à sa présence dans le temps et l'espace.

Le roman est plurilingue : il est constitué de français standard, d'anglais, de chiac et de français « acadien ». Définissons ce français acadien ou familier comme un écart régional par rapport au français standard sur les plans soit sémantique (« au *faîte* de la trash »), phonétique (« plusse ») ou syntaxique (« entrer dedans »).

De façon générale, le texte est dominé par le français standard, mais la multiplicité est la règle ici et aucune langue faisant partie de la réalité quotidienne de l'auteur n'est exclue. Toutes les variétés sont parlées par le narrateur, mais aucune exclusivement. Son idiolecte est plurilingue.

Outre la quantité d'alternances de langues (944 changements de langues ont été repérés), la grande originalité de *Bloupe* revient au fait que les alternances de langues sont insérées dans le texte à tous les niveaux discursifs (celui du narrateur, du discours direct, du discours indirect, etc.), et ce, sans balisage graphique (italiques, majuscules, guillemets ou autres). L'anglais et le français, ainsi que les variations régionales de langue, s'enchevêtrent et se juxtaposent sans qu'on puisse leur attribuer des rôles précis sur le plan social ou stylistique. Les alternances vont des mots bilingues (mots composés d'éléments de deux langues) comme «shaker ma cuiller» aux alternances inter-énoncé (changement de langue qui correspond à un changement d'énoncé) dans les dialogues prononcés par des locuteurs anglophones, en passant par les alternances intraphrastiques (à l'intérieur d'une phrase) et interphrastiques (d'une phrase à une autre). Son approche est donc caractérisée par la grande diversité de formes et de fonctions des alternances de codes. Il en résulte un discours original où tous les niveaux de sens entrent en jeu et qui rend avec justesse l'infinie complexité de l'univers dans lequel évolue l'individu plurilingue. Cependant, cet hétérolinguisme ne se définit pas, pour Babineau, par une multiplicité de langues distinctes les unes des autres, mais par une forme expressive contenant tout le bagage linguistique de son milieu. C'est une esthétique du plurilinguisme qui repousse les limites de l'intelligibilité.

La langue élaborée par Babineau ne peut pas être considérée comme une représentation mimétique du parler oral chiac, mais un effet de style recherché. Car l'écrivain peut revenir sur ses mots et les effacer, mais Babineau choisit de préserver et d'exagérer ces phénomènes issus de l'oralité et d'en inventer de nouveaux. L'effet qui en résulte met l'accent sur la multiplicité lexicale du locuteur acadien, avec en filigrane une certaine ironie, voire une parodie du discours sur la conservation de la langue française en Acadie. Pour illustrer l'étendue de cette parodie, nous pouvons citer les onomatopées bilingues: «*Cough!* Tousse! *Cough!* Tousse!», «*Click! Click! Click!* Clique! Clique!», etc. Le lecteur comprendra que l'auteur se moque un peu de lui ainsi que du bilinguisme officiel.

Outre les alternances de langues dans la voix narrative, *Bloupe* contient des idiolectes de personnages ainsi que des parodies. Tel est le cas du discours du professeur d'histoire: «*But it is true, there once was a territory called Acadye (Like in the verb dying) (to die) (etc.) but this is so vague. To study and research this carefully will only lead you to konklude that it is a gross historical misunderstanding. Anyways, Longfellow, a bit too long a fellow he was, in fact, he was more Low than Long, is basically the one responsible for whatever they are or aren't.*»

De même, en français standard, le narrateur se répète souvent, il hésite et bégaie devant les règles de grammaire de cette langue: «Faire l'a-l'a-l'a-l'a-l'a-l'amour. Passé simple plus-que-parfait. Passé-complet. Avec P.P. La lettre que j'ai écrite. Écrit. La lettre écrite.» Le discours unilingue – soit en français ou en anglais – ne convient pas à cet individu qui intègre toutes les langues et tous les registres. Les jeux de mots abondent, soit par la paronomase bilingue: «même si tu cales dans le marais. *Mud* dans la cale.»; l'allitération: «avant que ça faisse plusse de *mess*»; la translittération: «SiQuéSiDoubleV. *Double You.*» (pour le poste de radio de Moncton, CKCW); les néologismes: «*Sort of a minchirptrip*»; sans compter l'ironie, l'emphase et bien d'autres.

Ce roman est donc un cas d'hétérolinguisme littéraire fort complexe, présentant un niveau très élevé d'intégration des langues en jeu et une variété impressionnante de formes et de fonctions des alternances de codes linguistiques. Le souci de vraisemblance devient secondaire par rapport au jeu des langues et des registres. De même, l'identité unilingue, définie par la langue et tout ce qui s'y rattache, est non seulement rejetée par cet auteur acadien, mais vraisemblablement inaccessible. Le narrateur est partagé – et, certes, parfois déchiré – entre les identités multiples qui se juxtaposent, s'entrecroisent et se superposent quotidiennement : « C'é pas facile lorsqu'i faut qu'tu essayes d't'façonner un visage avec des hosties carrées et / ou des mots comme des balloon qui bostent. *Anyways.* » La seule solution est d'effectuer un découpage parmi les cultures et les langues à sa disposition pour ensuite en faire un collage original à partir duquel il peut se constituer une identité lui permettant de préserver son individualité tout en cultivant l'appartenance à un groupe social.

Bien que ce jeu entre les langues comporte ses risques, il s'y trouve une volonté de s'approprier une langue d'expression. Les possibilités de signification sont donc augmentées pour Jean Babineau par le fait d'utiliser plusieurs langues et plusieurs registres. On trouve chez Babineau un travail intentionnel sur l'écriture, sur la langue qui, en quelque sorte, détourne toute possibilité de récit. Il favorise la forme au détriment du contenu dans la recherche d'une esthétique moderne et originale. Il fait interagir les langues et les registres comme des miroirs imparfaits (ne le sont-ils pas tous ?) dans lesquels la réalité n'est pas entièrement reproduite. Il reflète les sonorités et l'inventivité d'un peuple qui se retrouve au milieu de ces miroirs et prend un plaisir poétique à faire jouer les mots entre eux. Multiplicité d'un plurilinguisme additif d'un côté, angoisse de ne pouvoir nommer sa réalité à l'aide d'un seul lexique de l'autre ; c'est la tension entre le groupe social et l'individu, l'appartenance et la différence. Car l'expression d'une identité bi- ou plurilingue doit faire éclater les contraintes normatives, et ce, en résistant aux notions péjoratives que la société rattache à cette expression hétérolingue, essentielle au message véhiculé par l'auteur.

CHANTAL RICHARD

Bloupe, [Moncton], Éditions Perce-Neige, [1993], 198[1] p., ill.

LE BOURGEOIS GENTLEMAN
Antonine Maillet
Théâtre (1978)

Comédie en deux actes montée à Montréal au Théâtre du Rideau Vert en 1978 et inspirée du *Bourgeois gentilhomme* de Molière, *Le bourgeois gentleman* raconte les efforts d'un homme d'affaires, M. Bourgeois, qui, habitant le quartier francophone de Rosemont, à Montréal, cherche à apprendre à parler, à vivre et à se comporter comme un Anglais, bref à se faire *gentleman*, avant de déménager dans le quartier huppé et anglophone de Westmount. Quiproquos et calembours linguistiques sont à l'honneur dans cette pièce qui transpose sur une scène montréalaise le thème qui faisait l'objet de la pièce de Molière, soit celui de l'être et du paraître. Bien ancrée d'une part dans la réalité québécoise et d'autre part dans la réalité acadienne par le biais de la servante Joséphine, la pièce soulève la question des représentations linguistiques par la mise en scène, notamment, d'un personnage tentant d'accéder à la langue des affaires et du pouvoir, langue que l'on doit posséder pour « s'élever au-dessus de sa condition et devenir quelqu'un ».

Le bourgeois gentleman, [Montréal], Leméac, [1978], 190 p. (Théâtre) ; Montréal, Leméac, 1995, 182 p.

LE BRUIT DES CHOSES
Daniel Dugas
Poèmes (1995)

Troisième ouvrage de poésie de l'artiste pluridisciplinaire Daniel Dugas, *Le bruit des choses* poursuit le projet de lire les signes du monde moderne – cette fois par le biais de ses objets.

S'ouvrant sur une citation de Wittgenstein qui évoque la difficulté de nommer dans leur singularité les objets dont nous sommes entourés, il cherche à faire résonner ces objets, à faire entendre « le bruit des choses ».

Solidement structuré, le recueil est composé de 11 sections de courts poèmes dont chacun a pour titre – pour ce qui concerne les 10 premières sections –, la définition d'un mot, que le poème met en scène en même temps qu'il le contient. Ainsi, le poème intitulé « **donner en cadeau** » présente des abreuvoirs qui « *offrent* leurs eaux de dioxine / aux enfants » (je souligne). Ces définitions illustrées sont entrecoupées par une dizaine de titres de sections en gros caractères, sortes de *figures emblématiques titrées*, auxquelles elles font régulièrement référence : « poupée vaudoue », « dessin », « radio », « vidéo », etc. Ces figures emblématiques particulières sont chaque fois accompagnées d'une liste de leurs emplois possibles. Par exemple : « JOUET / *jouets éducatifs, mécaniques, scientifiques, jouets pour fillettes, pour garçons* ». Puis, elles sont chaque fois suivies (sur une page indépendante) par une définition qui inverse la contrainte à laquelle les autres poèmes sont assujettis. Non plus définition mais objet défini, le terme *réalité* devient « l'étude scientifique des gommes à mâcher / sur les trottoirs », et celui d'*usine*, « Un terrain de jeu / Vague / Où je ne m'amuse pas ». La dernière section, intitulée simplement « repos » – manifestement une sorte d'épilogue –, est distincte : le mot se limite ici à sa fonction de titre et n'est suivi ni d'une liste de ses emplois possibles ni de la définition pervertie d'usage. De plus, les fragments qui la composent n'ont pas de titre et constituent, par leur unité thématique, une sorte de long poème conclusif.

Dugas conduit cet exercice de style dans une langue soutenue qui convient aux définitions de dictionnaire dont il s'inspire autant qu'à l'anonymat des sociétés postindustrielles qu'il cherche à décrire. Sa langue poétique est néanmoins une langue ouverte où tant l'anglais qu'un français familier trouvent place.

De prime abord, la poésie de Daniel Dugas semble s'éloigner des préoccupations identitaires. Le monde qu'elle donne à lire est celui d'une modernité possédant peu d'ancrages locaux. C'est celui des « villes ahuries », « où ni le retour ni le pays calme n'existent ». Un monde de radios, d'ordinateurs et d'arcades vidéo, tout en virtualité. Un monde dont les personnages « font du *home* une caravane qui ne va nulle part ». Le sujet de l'énonciation y est un sujet de l'errance, ballotté entre les signes d'une culture globale aux frontières effacées, où se côtoient « le mall d'Edmonton » ; « les postes de radio de la Pologne » et « [u]n voyage à Hawaii ». Ses références témoignent de la domination exercée par les États-Unis sur cette culture : concours radiophoniques, chansons du groupe R.E.M., rangées de laveuses et de sécheuses dans les buanderies, « promenade à motocyclette dans tous les déserts américains », *bungalows* dont les âtres sont des *lazy-boys*… Elles mettent en scène un style de vie dont les seules particularités sont celles d'une culture de masse uniformisée : « Essayer de me rappeler le supermarché / l'attente dans la ligne d'attente / les *Life magazines* / le numéro spécial sur la famille américaine / le vacillement de ce qui est familier / les petits chariots en métal pour pousser les viandes / et les fruits et les légumes / dans les allées inondées de lumière. »

De ce portrait, l'Acadie n'est pas totalement absente. D'une part, elle est affectée par la globalisation culturelle que Dugas s'attache à décrire ; d'autre part, elle apporte sur cette culture globale un éclairage spécifique. En particulier, *Le bruit des choses* contient des réflexions sur la langue et sur l'appartenance qui relèvent à la fois des enjeux de la mondialisation et de ceux propres à la culture acadienne. Ainsi, il n'est pas innocent que le poème intitulé « exprimer par la langue » soit rédigé en anglais. Telle est la pression à laquelle l'Acadie, du fait de son histoire coloniale, est de longue date confrontée. Telle est aussi la donne généralisée de la culture moderne, dont *Le bruit des choses* recense les attributs. François Paré l'a démontré dans *Les littératures de l'exiguïté*: dans le discours des peuples dominés linguistiquement, la langue est un point de rassemblement incontournable. Comme c'est souvent le cas en littérature acadienne contemporaine, celle du *Bruit des choses* est aussi résolue que vacillante. Par-delà sa relation à une modernité indifférenciée, elle fait face à des empêchements aux connotations locales et collectives: «Quelqu'un m'a dit un jour / que les lèvres sont des ouvriers / et que les mots sont le fruit du labeur / Mais les lèvres que je regarde / bougent comme les pattes des insectes qui meurent.»

En réponse à ces empêchements, la langue de Dugas «bégaie avec des images». Elle cherche à «faire du silence un bruit important» et à donner voix à un «peuple muet». Ainsi, dans le poème intitulé «passer par-dessus» (qui évoque la transgression), elle entreprend de «[c]onstruire dans l'imprévisible / tout ce que les muets remémorent [*sic*] / comme étant dans la genèse de la torture», et d'ériger «un monument aux langues coupées».

On ne s'étonnera donc pas que, sous la plume de Dugas, le bruit des choses soit avant tout celui de leur représentation par le langage; ni que, dans cette représentation, résident la possibilité et la difficulté, pour le sujet de l'énonciation poétique, de créer un espace habitable: «Le bruit est une langue / Les mots sont des motels». Dans le poème intitulé «errer avec une intention suspecte ou hostile», le narrateur ouvre une parenthèse pour affirmer: «la vraie question n'est pas de se demander si je parle de façon détachée mais si je parle de façon détachable». À cette question, la pensée de l'exiguïté répond qu'il n'est pas possible de dégager le langage littéraire de son contexte. À sa manière – parfois détachée –, *Le bruit des choses* semble abonder dans le même sens.

Catherine Leclerc

Le bruit des choses, [Moncton], Éditions Perce-Neige, [1995], 158 p.

Brumes bleues
Roseann Runte
Poèmes (1982)

Brumes bleues renferme une soixantaine de brefs poèmes en vers libres dont chacun porte un titre, certains humoristiques («Lettre mal armée») ou précieux («Fleur-délice»), la plupart situant le lecteur dans un espace réel ou affectif qui est celui du poème («Solitude», «Libération», «Promesses», «Jardin japonais»). En découle un tissu d'états d'âme qui ne présente aucune surprise, si ce n'est celle d'entendre parler de l'Acadie par une voix manifestement «cultivée» et, qui plus est, nourrie de fines lectures. Il s'agit donc d'une poésie cérébrale, sans prétention intellectuelle cependant, à la fois spirituelle, légère et abordable, mais d'où sont exclues les émotions fortes. Reste alors une ironie de bon aloi affleurant d'un poème à l'autre, ciment du recueil.

La thématique acadienne de *Brumes bleues* se résume à une dizaine de poèmes où, par le truchement d'une imagerie que d'aucuns diraient traditionnelle, l'on évoque une série de vignettes bien connues: la solitude des femmes dans les villages côtiers («En attendant»), la dislocation culturelle et linguistique («Mon pays», «Le poète des poutines»), la survie («Acadie rock») et les clichés culturels («Hockey Night en Acadie»). Dessinés avec tendresse, ces poèmes n'en propagent pas moins une image équivoque d'une Acadie à cheval entre tradition et modernité.

Sous-tendant le cycle, une nostalgie un tant soit peu «carte postale» devait, à l'époque, soulever certaines objections dans les milieux littéraires d'avant-garde: «Un crépuscule tranquille / Les voiles caressées de brises douces / Ramènent le pêcheur fatigué / Mais content / De la vie apprivoisée / C'est l'espoir des femmes acadiennes». Chose inattendue, le confort moderne (entendre la modernité tout court) prend ici les allures d'une agression – celle, entre autres, de «[l]a froide chaleur des lumières électriques» –, qui est aussi américanisation: «Mon pays ce n'est pas un pays / C'est un popsicle / Deux pour le prix d'un seul / Qui fond en été et gèle en hiver / Toutes les cinquante-sept variétés / Qui se mangent avec des hot-dogs / Sans queue». Et c'est ainsi, à force d'assimilation, que la culture acadienne «authentique» devient un folklore médiocre. Souvenir pieux au sein des familles où LeBlanc se dit «White» et où «la culture se définit / Par la poutine râpée / Dégustée une fois par mois».

À partir de cette entrée en matière, le recueil bifurque en abordant un éventail de thèmes divers: le voyage («*Fly me*», «Janvier», «Les quatre-temps à la Défense»), le féminisme («Libération», «Femme masculine», «Prière d'une femme quasiment libérée»), l'ennui («Parfois»), le modernisme («L'intervention chirurgicale», «Le matérialisme») et les émotions intimes («Amitié», «L'incertitude»). Mais si l'on est témoin d'une thématique hétéroclite, il est aisé d'en reconstituer le fil conducteur: la civilisation moderne manque de poésie. Nous autres modernes (ou postmodernes), tels autant d'automates, sommes condamnés à manger des repas surgelés, à porter du polyester, à évoluer dans un décor de béton et d'acier: «Je suis une *wash'n'wear woman* / Papillon en popeline polyestérée / Peinte, parfumée et pimpante / Je suis infroissable / Facile à soigner / Je voyage bien dans une valise [...] / Sans pli, sans souci, sans âme».

En somme, le poème remplit la double fonction de valoriser un passé fait d'aspirations romantiques («J'adore le parfum des roses / La douceur des anciennes dentelles»), tout en dénonçant un modernisme perçu comme étant aussi stérile qu'inévitable («Mais je travaille dans un sous-sol / Aux lumières artificielles»). Même Paris, ville muse s'il en fut, est présentée sous un aspect étonnamment prosaïque («Gazon en ciment / Peint, bien sûr en rouge»). Du cycle «parisien», trois des quatre poèmes parlent de la «Défense» ou du «Boulevard périphérique». Sous ce rapport, on ne s'étonne

pas que la France devienne le pays de «la défense nationale de rêver». Ce qui dit assez les émotions du poète à l'occasion d'un passage à Paris. Enfin, dans le même ordre d'idées, la femme «libérée» se heurte à la routine écrasante. Le rêve romantique appartient désormais à un passé «de châteaux en Espagne», accessible par la seule trame des mots. Mots où affleurent des réminiscences d'une tradition poétique remontant, dans certains cas, au Moyen Âge: «Tu reviens / J'oublie déjà nos adieux» («Chanson»).

Universitaire de carrière, Roseann Runte apporte une vaste culture livresque à l'écriture poétique. Écriture dans laquelle diverses influences littéraires apparaissent en marge du texte (baroque, romantique, symboliste). D'ailleurs, nombreuses sont les allusions aux grands auteurs de la littérature française (La Fontaine, Mallarmé, Breton). Mais, loin d'alourdir l'expression poétique, ces renvois ressortent comme autant de clins d'œil ironiques qui refusent de se prendre au sérieux.

ÉDWARD LANGILLE

Brumes bleues, Sherbrooke, Éditions Naaman, [1982], 61[2] p. (Création).

BRUN MARINE
Huguette Légaré
Poèmes (1981)

Brun marine est un recueil de poèmes en longs vers descriptifs dont le rythme crée un mouvement de marée, d'alternance du jour et de la nuit, de balancement des émotions, où l'on sent les changements d'humeur, de lumière, de saison. Il s'agit souvent d'un dialogue entre un homme et une femme, dialogue qui s'instaure également entre eux et la nature, complice de leur intimité. Les humains s'intègrent aux paysages au point de s'y fondre, de se mêler aux éléments naturels, qui, eux, sont personnifiés. Le mouvement cyclique de la nature se fait l'écho de celui des émotions humaines: «Il partit avec les étoiles d'août et il dit : je vais revenir, aussi sûrement que les étoiles d'août reviennent toujours. »

Les poèmes sont un hymne à l'amour et à la vie. Ils décrivent le désir de poursuivre l'harmonie au-delà du contact avec le milieu naturel afin de faire perdurer le sentiment : « J'avais pensé à te poster des tonneaux remplis d'éclairs de chaleur, pour que cela fasse maritime dans ta chambre, et tu posséderais ainsi chez toi la côte aux corbeaux que nous connaissons. » Cependant, chaque image captée ou instant vécu est unique, né de convergences multiples qui ne peuvent être reproduites. Il en est de même pour les sentiments : « On ne fabrique pas un amour comme sur l'eau on ne recrée pas en pensée le bateau. » Toutefois, la volonté d'éterniser une expérience unique est là : « Notre amour se décrochera-t-il de nous ou bien sera-t-il un cône d'épinette attaché à l'arbre pendant trente ans / On ne sait pas, avec cet amour libre comme le vent… »

Dans chaque texte, des images de la nature dominent – une nature principalement maritime. Par ailleurs, l'atmosphère est essentiellement empreinte de panthéisme. Les éléments de la nature prennent vie, sont capables d'actions ou dotés de sentiments : « Le vent salé parle » ; « Le vent bouge comme un homme » ; « Les rochers disent des choses plus vraies que les choses que tu dis » ; « La mer a l'air d'une femme qui dort ».

D'autre part, les humains se confondent à leur environnement, devenant à leur tour éléments naturels, comme on le voit régulièrement dans les romans de Giono : « ton ossature de gros coquillage » ; « Nous sommes des ruisseaux droits de forêt » ; « nos cœurs, comme des étoiles de mer, dorment sous nos mains… Nous nous métamorphosons en grèves molles d'eau ». Parfois, les objets semblent dépasser l'humain, posséder une sagesse indéchiffrable : « Les maisons… paraissent connaître un sentiment qu'on ne peut pas nommer. »

L'univers des poèmes est celui des sens. Il est rempli d'odeurs, de couleurs, de sensations multiples : « Nous aimons la fin du bleu de l'automne, belle qui réussit bien sa solitude. Par terre les feuilles noires reluisent, oiseaux qui se réveillent dans le matin encore bleu marine. » Le style alterne entre des phrases banales et des images surréalistes. De simples affirmations sont déroutantes par leur manque de fantaisie : « Oh là là ! Les bras de mer, nous aimons aller là » ou « Le soir, nous écrasons beaucoup de moustiques sur nos jambes ». D'autres, par contre, surprennent par leur originalité : « j'imagine des narvals massifs plissant leurs yeux de muguet mouillé » ; « Une brise chaude se lève, ce sont les étoiles qui aèrent leurs œufs, les herbes du fond de la rivière qui chantent leur respiration, les framboises qui hument le sexe de la montagne ».

Composé de détails du monde environnant notés méthodiquement et brodé d'images fantaisistes, le livre se lit aussi comme un journal amoureux, comme une communion entre les êtres et la nature : « Le bruit de la nuit et l'intérieur chaud de la bouche ont des haleines identiques ». La nature est un lieu de rencontre, de fusion : elle est le lieu par excellence de l'osmose des êtres et des choses.

MARTINE JACQUOT

Brun marine, [Moncton], Éditions d'Acadie, [1981], 75 p.

BRUNANTE
Herménégilde Chiasson
Récits (2000)

Recueil de récits, *Brunante* a valu à son auteur le prix Éloizes en littérature. Bien que la question identitaire y soit présente, cette œuvre tend davantage vers une réflexion esthétique sur le beau et sur l'art. La quête identitaire qui l'habite est donc plutôt celle de l'artiste, qui plonge dans ses souvenirs pour éclairer le processus de la création. *Brunante*, selon l'expression acadienne pour désigner le crépuscule, est composé de 34 courts récits de quelques pages chacun. Grâce à cette structure fragmentaire, l'œuvre peut aborder une grande variété de thèmes et se présente comme une accumulation de petites tranches de vie éparses (passées et présentes) et de réflexions sur l'art. Le recueil s'ouvre sur « Le Louvre, sa pyramide, un dimanche après-midi du mois de septembre ». Partant de la contemplation de tableaux présents au célèbre musée, les récits relatent par la suite des événements aussi divers que les effets d'une lecture ; la découverte des craies de cire durant l'enfance ; une visite au zoo de Londres ; des réflexions sur un livre d'art « acheté dans une vente-débarras » ; un voyage aux États-Unis en « fourgonnette achetée à un gars de Memramcook » ; le souvenir d'une rencontre avec Richard Lacroix ; une méditation sur le nom de l'auteur qui aboutit, « par un jeu de majuscules et de césures », à l'amusant « Hermé né Gil de Chiasson » ; l'émotion ressentie face aux premières neiges, liées à la page blanche ; des souvenirs parisiens ; l'enthousiasme provoqué par la contemplation des fresques de Giotto à Padoue ; jusqu'au dernier récit, qui se clôt sur une très longue phrase où se profile une accumulation de sensations éprouvées à Paris en janvier 1985. Le tout est rédigé dans une langue châtiée, voire poétique, et dans un registre standard parsemé de rares expressions locales.

La première chose que l'on remarque dans *Brunante* est sans doute sa forme très fragmentée, l'œuvre, composée de courts récits composites, se présentant d'emblée comme une sorte d'intermédiaire entre le recueil de poésie et le roman. Ces récits semblent au départ présentés dans le désordre, mais peu à peu se dégage un effet étudié de vertige qui permet d'illustrer les méandres de la mémoire et la manière dont les souvenirs interfèrent avec le moment présent. On se situe ainsi dans un temps flou, passant de certaines dates très précises (« j'avais sept ans en 1953 », « un soir de décembre 1990 ») à des moments nettement moins délimités. L'esthétique du fragment est parfois poussée

jusque dans la succession des phrases (« C'était l'hiver, mais il ne neigeait pas. Le sommeil des gardiens dans le Musée national des beaux-arts. C'était l'époque où j'avais les cheveux longs. »). Le sujet lui-même se présente sous diverses formes. Ainsi, l'emploi général du récit à la première personne connaît quelques écarts, comme si le narrateur au « je » sortait de lui-même pour s'examiner de l'extérieur. La troisième personne du singulier alors utilisée va jusqu'à être nommée Hermé (« Hermé n'arrive plus à se réveiller. En fait, il s'endort »).

Ces glissements sont accentués par la présence d'une « elle » mystérieuse et sibylline qui refait surface constamment à travers divers récits et qui se confond parfois avec une photo, une peinture. Ainsi, en visite au Louvre en compagnie du personnage féminin sans nom, simplement désigné par le pronom « elle » et qui prend des photos, le narrateur disserte sur le tableau de la *Joconde* : « Mona souriant de toute son énigme derrière son écran de plexiglas [...] Plus tard, elle le trompera avec Louis XIV et, plus tard, avec Napoléon qui l'eurent l'un et l'autre dans leur chambre à coucher. Elle ne prend pas de photos. Elle regarde le cirque, cette bousculade ». La multiplication des référents possibles pour les pronoms « elle » confère au recueil une ambiguïté qui n'est pas sans rappeler son titre, la « brunante », cet entre-deux-univers, ce temps crépusculaire.

Les embrouillements sont relayés par des moments oniriques dans l'intrigue. Ainsi, l'excursion le long du « sentier Verlaine-Rimbaud », « entre Paris et Charleville-Mézières », donne lieu à des hallucinations alors que le narrateur a l'impression de voir des sosies du jeune poète partout parmi les passants, comme si celui-ci « s'infiltrait dans leurs corps pour y prendre un ultime et ténébreux refuge ». On citera encore le récit intitulé *Malraux*, où le souvenir de la lecture de *La condition humaine* lors d'un séjour à l'hôpital entraîne un cortège d'images chinoises qui occupent le reste du récit, avec l'évocation de moments passés dans divers restaurants chinois, de Moncton à Paris, de «posters de la révolution chinoise» collés sur les murs des chambres d'étudiants, d'une photographie représentant Nixon «assis à la poupe d'un bateau avec en arrière-plan le Yang-Tseu-Kiang majestueux dans sa sérénité éternelle, gris comme un lavis à l'encre de Chine».

Avec son titre à résonance canadienne-française, le recueil interpelle l'Acadie, mais des remarques explicatives çà et là («Louis Robichaud, le premier ministre dont les réformes allaient être à l'origine de la version acadienne de la Révolution tranquille du Québec») indiquent que l'ouvrage est destiné à un public plus vaste que le seul public acadien (il paraît d'ailleurs chez un éditeur québécois). Toutefois, si la question identitaire au centre du recueil est plutôt celle de l'artiste prenant son inspiration partout, travaillant constamment sa méthode mais sentant bien sa marginalité, l'identité acadienne et ce qu'elle implique ne sont pas pour autant complètement gommés. Ainsi, au fil des récits, les rues de Paris côtoient le «coin de Cameron et Saint-George» (à Moncton) et certains récits évoquent la difficulté pour les Acadiens de s'affranchir de la perception d'autrui et des clichés traditionnels pour passer à la modernité («Les Acadiens si heureux dans leur exotisme, l'habit leur allait si bien et puis cet accent chantant, pourquoi vouloir l'échanger contre une perte fatale et soudaine de leur naïveté»; «Acadie historique, celle qui dort bien tranquille au fond des bois ou dans l'argile de la soumission»).

L'intertextualité dans le recueil fonctionne d'une manière semblable. Les allusions à différentes sphères littéraires se côtoient naturellement et s'enchevêtrent pour donner des réflexions comme «Je relis *Pas pire* de France Daigle et je me dis que Kundera est acadien lui aussi». Mais l'intertexte dépasse les frontières du genre littéraire et, pour *Brunante*, il faut véritablement parler des allusions à l'art en général, qui apparaît sous toutes ses formes, du cinéma à la peinture, en passant par la gravure et la photographie. Des chevauchements s'y opèrent également, comme dans le récit *Évangéline*, où le narrateur emprunte à la méthode de travail de Géricault alors qu'il s'affaire à une copie du portrait d'Évangéline effectué originalement par son frère, lui-même inspiré par la couverture de *La touchante odyssée d'Évangéline* d'Eugène Achard.

JANINE GALLANT

Brunante, Montréal, XYZ éditeur, 2000, 132 p.

C

LE CAHIER DES ABSENCES ET DE LA DÉCISION
Hélène Harbec
Poèmes (1991)

Ce premier recueil de poèmes d'Hélène Harbec est constitué de 6 parties qui comptent entre 8 et 17 poèmes. Plusieurs mots dans les titres des différentes parties suggèrent une thématique de la quotidienneté, comme «table», «maisons», «heure» et «drap». La maison (son intérieur: le plancher, l'escalier, la chambre, mais aussi les meubles) et tout ce qui se trouve autour d'elle (le champ, les arbres, la rivière) occupent en effet une place importante dans ce recueil. Ces éléments, qui respirent en général la sérénité, sont ici entourés de forces menaçantes. La sécurité habituelle se fendille, ce qui s'exprime dans plusieurs autres titres de parties, notamment dans les mots «bulles», «fissures» et «vent». Or, les poèmes se caractérisent par la présence d'un monde familier dont les certitudes s'avèrent parfois des bulles qui se laissent facilement emporter par le vent. Il s'agit ici de termes moins opposés que complémentaires parce que les choses simples de la vie qu'Harbec peint dans toute leur simplicité sont aussi les plus insaisissables.

La simplicité caractérise également la forme, le style et le registre de langue des poèmes, dont la longueur varie de 4 à 13 vers. Ces vers très courts sont souvent liés par l'enjambement. Cinq vers d'un poème forment, par exemple, une seule phrase: «Courir / Au-dedans de soi / Sur une ligne fine / Afin de protéger / Les structures de l'oreille». Comme l'enjambement est utilisé fréquemment, l'attention est attirée sur les vers isolés, comptant parfois un ou deux mots parmi lesquels figurent plusieurs fois «femme» et «mère». Il en résulte une certaine déstabilisation parce que l'équilibre interne des poèmes est brisé par ces mots, ces vers isolés.

Cet effet de déséquilibre se crée également à l'échelle du vocabulaire, puisque les mots courants comme «corps», «vêtements», «histoire» et «lumière» alternent avec des termes plus remarquables comme «œuvres embryonnaires» et «pierres enchevêtrées». En somme, la poésie dans *Le cahier des absences et de la décision* vise à mettre à nu l'imprévu à travers l'ordinaire.

La voix poétique affirme elle-même ce projet dans le troisième poème de la partie «L'Heure»: «Permettre en dernier lieu / Que le texte / Penche de ce côté / Et crée un déséquilibre / Dans une œuvre de démolition». Le but du *je* qui écrit est effectivement de permettre au texte de créer un déséquilibre. Ainsi, l'œuvre poétique est œuvre de construction aussi bien que de destruction. Il est remarquable que le poème fait allusion au *je* qui écrit, mais que celui-ci ne figure pas explicitement dans le texte. C'est le texte qui est personnifié, qui «penche» et «crée», les autres verbes sont utilisés à l'infinitif: «Prendre un texte / Le courber comme une scie / Et le faire chanter». Cette absence du *je* fait mieux valoir les forces du texte même; toute la valeur est donnée à la phrase, au mot.

Dans la partie «La rangée des maisons», l'un des poèmes présente «une femme hors centre». De nouveau, la voix poétique se cache, car c'est «une femme» et non pas *je* qui parle, c'est elle «qui se dit présente». Cette remplaçante de la voix poétique a beau affirmer sa présence, elle est non seulement «hors centre», mais aussi «hors texte». Elle est, comme le dit le premier vers, «parvenue dans la pièce de l'écriture», mais elle n'en fait pas vraiment partie.

Il en est de même pour le *je* poétique ; par la « femme », le *je* occupe une place dans la pièce, c'est-à-dire dans la maison et dans l'écriture, mais cette place se caractérise par le silence et le vide. La maison et l'écriture se ressemblent, elles abritent toutes les deux une « bête silencieuse » qui écrit un « texte blanc ». La voix poétique se défait néanmoins peu à peu de son déguisement. Elle se présente sous forme de *je* écrivant vers la fin du recueil : « J'écris entre parenthèses des mots de substitution / Patience (désastre) » ; « Je rattraperais la fin du mot *omettre* ». En jouant avec les mots, ces trois vers expriment une réflexion sur le processus d'écrire qui est loin d'être lourde. Les « parenthèses » et la référence au mot *être* suggèrent une légèreté qui équilibre la douleur de la femme et excite de la joie : « Rire alors », car les mots se laissent parfois rattraper.

Il ne faut d'ailleurs pas se contenter de ce rattrapage partiel, car le véritable but est de retrouver le côté brut de la matière : « décaper les mots » afin d'arriver à leur état pur. Or, la violence des vers « Pratiquer une tension dans la phrase / Jusqu'à ce que le mot se déchire » est un autre exemple de démolition qui créera toutefois une bulle de tendresse. C'est la tendresse des signes, du poème qui s'avère être un lieu où l'on peut se retirer, où l'on peut être à la fois présent et absent, seul et ensemble, où le commun et l'extraordinaire se touchent.

Ce *cahier des absences* est également celui *de la décision*, le texte penchant des deux côtés dans des mouvements de rassemblement et de retrait.

Jeanette den Toonder

Le cahier des absences et de la décision, [Moncton], Éditions d'Acadie, [1991], 93 p.

Cap-Lumière
Régis Brun
Roman (1986)

Alors que le premier roman de Régis Brun, *La Mariecomo*, publié en 1974, recelait sous son décor fantastique certains éléments de la vie de l'auteur, *Cap-Lumière* propose un récit carrément autobiographique. Dans le parcours du personnage principal, Mathias, se devine la jeunesse de Brun lui-même, ce dernier ayant grandi dans un village côtier dans les années 1940 et 1950, dans des conditions très semblables au cadre du roman. Ainsi, *Cap-Lumière* se lit comme un fragment de roman d'initiation : le conflit inéluctable entre l'adolescent et son milieu en constitue le principal ressort et aboutit à la décision de Mathias de quitter son patelin natal pour l'Ontario.

Dans la mesure où *Cap-Lumière* est aussi un roman de mœurs, l'évolution de Mathias n'empêche nullement que l'époque et le milieu soient évoqués avec humour et tendresse. Ses parents, Victor et Victorine, doivent faire vivre une famille nombreuse à une époque d'incertitude et de grandes transformations. La « guerre aux poux » qui infestent les enfants, comparée au combat des Alliés en Europe, représente la sempiternelle menace de la misère ; la récolte diminue d'année en année et les enfants aiment mieux le divertissement que l'*enfilage* du hareng ou l'*égermage* des patates.

Enfant, Mathias écoute les contes des aînés de Cap-Lumière – sa grand-mère, Mémére Magoûne, et le pêcheur Gontran aux Loups-marins –, récits qui alimentent son imagination déjà fertile. Avec son meilleur ami Rosimond, il sera attiré par la musique et le cinéma américains, cette culture « des États » qu'appréciaient avant lui ses oncles et ses tantes. La mort de sa mère brise la dernière attache au pays natal puisque, comme son père le reconnaît, Mathias est « fait pour les livres pis pour travailler dans une ville » davantage que pour la pêche.

Enfin, à bien des égards, *Cap-Lumière* prend le contre-pied de *La Mariecomo*. Brun y pratique un français plutôt littéraire : une narration au passé simple, un style passablement raffiné et la répartition d'épisodes linéaires sur 13 courts chapitres.

Cap-Lumière reflète l'écriture intimiste des années 1980. C'est le cheminement de Mathias en tant qu'individu qui y prime plutôt que le sort de la communauté – société, famille ou autre. Cependant, l'œuvre n'est pas dépourvue de toute considération collective. Bien au contraire, le drame du protagoniste, c'est d'être tiraillé entre le village et le monde, la ferme et la «grand-route», l'Acadie et une Ontario américanisée. Or, Brun ne tombe pas pour autant dans le piège «tradition ou modernité?». L'appel de l'ailleurs s'est toujours fait entendre et *Cap-Lumière* interroge un dilemme sempiternel: que faire quand la vie «d'ici» ne semble plus à la hauteur de ses rêves?

Cap-Lumière explore cette problématique de plusieurs manières, notamment par l'entremise du rapport entre le thème de l'imagination et la métaphore de la mobilité. L'imagination du jeune Mathias constitue l'enjeu majeur du roman. Dès le deuxième chapitre, «L'alchimiste en herbe», Mathias, veut transformer un paquet de cailloux en pierres précieuses. «Le Trésor du Capitaine Kidd» traite des mêmes préoccupations. Cependant, le véritable sanctuaire de ses fantaisies, c'est le grenier empoussiéré de la maison familiale. Par exemple, avec la participation de sa sœur Vitaline, le «grenier somptueux» devient la salle du couronnement de Napoléon. Mathias y fait des trouvailles fascinantes, notamment des journaux du XIXᵉ siècle ainsi qu'une lettre de Joseph Gueguen relatant le suicide d'une paroissienne. Ces documents l'incitent à interviewer sa grand-mère et, en même temps, l'initient à l'écriture.

Le folklore et l'histoire de l'Acadie offrent donc une évasion au jeune homme; plus tard, la culture «pop» prend le relais. *Cap-Lumière* foisonne d'allusions aux produits culturels états-uniens: musique, films, vedettes et marques déposées de tout acabit. Cependant, si le roman manifeste une certaine ambiguïté à l'égard de la culture traditionnelle (riche et fondamentale, mais de portée restreinte), il en est de même pour celle de Hollywood. Pour son ami Rosimond, cet univers médiatique vient seulement agrémenter la vie de tous les jours; il s'ensuit que Rosimond n'éprouvera pas le besoin de quitter Cap-Lumière. Mathias, quant à lui, y voit une invitation au départ. Le chapitre «Le soir où l'actrice d'Hollywood Jane Russell entra au restaurant de Noré à Patrick à Cap-Lumière» en signale le fantasme limite: celle qu'il croit momentanément être la star de *Gentlemen Prefer Blondes* se révèle être sa sœur Florine.

Mathias possède le pouvoir de transfigurer le quotidien, mais ce n'est pas un don sans limites. Les fantasmes qui dotent son vécu d'un merveilleux indispensable finissent par se heurter à la réalité de sa situation. Son tiraillement parvient à son point culminant dans le chapitre «La caverne d'Ali Baba», lorsque, «voulant imiter Flash Gordon», il se foule le pied au milieu d'un champ, en pleine nuit.

L'auteur revient là au thème de l'immobilité, condition déjà associée à un personnage symbole de l'impossibilité de sortir du lieu d'origine, à savoir l'oncle Yveton, paralytique vivant toujours sous le toit de sa mère. Ce qui fait de lui une véritable figure tragique, ce sont ses aspirations brisées par son infirmité. Celui qui lit des revues de cinéma et se montre fier de sa collection de disques nourrit des ambitions de compositeur: «Son oncle Yveton écrivait des chansons qu'il faisait parvenir à New York, à Nashville, à Hollywood, toujours dans l'espoir qu'un jour une de ses chansons serait enregistrée». Le contraste entre la distance de ces villes et l'immobilité du personnage donne la mesure de son malheur.

Ces aspects secondaires de l'œuvre confèrent une singulière profondeur aux métaphores rebattues de la route et de l'automobile, contre-symbole du fauteuil roulant, comme dans la dernière phrase du livre: «Il revient lentement vers la voiture». Mathias est obligé de quitter son village, où il vit à l'étroit, parce que, s'il restait, lui aussi se verrait condamné à l'immobilité tragique: s'imaginant en Flash Gordon, mais rampant dans la boue.

CLINT BRUCE

Cap-Lumière, [Moncton], Michel Henry éditeur, [1986], 74 p.

CATASTROPHE(S). UN CONTE VIRTUEL
Rino Morin Rossignol
Roman (1998)

Unique «roman» du poète, dramaturge et essayiste Rino Morin Rossignol, *Catastrophe(s). Un conte virtuel* s'ouvre sur la mésaventure d'un «gars piteux» qui déclenche une série rocambolesque de catastrophes, résultat d'une crise d'unité nationale qui se répand comme une traînée de poudre sur l'ensemble du territoire canadien. Dans une langue débridée et exubérante, Morin Rossignol nous livre une satire qui n'épargne rien ni personne, de la reine d'Angleterre Kitty IV au pape Ego 1er, en passant par les Acadiens, les médias et le système politique. Le tout est accompagné de notes qui fournissent des explications humoristiques de termes anglais, latins, mais aussi français, qui tantôt ironisent en offrant des traductions littérales, tantôt pervertissent joyeusement le sens véritable des termes expliqués en proposant des traductions farfelues. *Catastrophe(s)*, roman inclassable, brouille de manière déconcertante les limites des genres, faisant intervenir des éléments du conte satirique où le ludisme et le plaisir de la langue occupent la place d'honneur.

Catastrophe(s). Un conte virtuel, [Moncton], Éditions d'Acadie, [1998], 161[3] p.

CENT ANS DANS LES BOIS
Antonine Maillet
Roman (1981)

Roman hautement allégorique, *Cent ans dans les bois* affiche un titre qui fait référence aux conséquences de la déportation des Acadiens, soit le retour de ces derniers en Acadie vers 1780 et le «siècle de silence» qui s'ensuit jusqu'en 1880. Le roman se penche notamment sur la renaissance, voire la «résurrection», du peuple acadien, qui sort enfin du bois après 100 ans, plus précisément sur la «retransplantation» de la descendance de Pélagie-la-Charrette en Acadie: son arrière-petite-fille, Pélagie-la-Gribouille et sa fille Babée. Il faut signaler que les années 1880-1881 marquent aussi l'avènement de la première Convention nationale de Memramcook, «berceau de la nouvelle Acadie sortie du bois», qui représente le point culminant dans l'histoire et dans la conscience politique des Acadiens après «cent ans dans les bois».

Outre l'importance de la «résurrection» du peuple acadien, *Cent ans dans les bois* évoque le dilemme qu'impose le passage, pour ce peuple, de l'oral à l'écrit, véritable *résurrection scripturale* qui coïncide parfaitement avec la «sortie du bois». Quoiqu'elle entraîne certains inconvénients et compromis, cette résurrection particulière est surtout positive chez Maillet parce qu'elle lui permet de «conter» les petits aussi bien que les grands événements de l'histoire de l'Acadie dans la perspective acadienne tout en préservant «l'oralitude» ou la nature orale de la communication, privilégiée par le peuple acadien. Ce faisant, «l'oralitude» représente clairement un acte de revendication culturelle chez Maillet car, tout comme *Pélagie-la-Charrette*, *Cent ans dans les bois* s'inspire, voire se nourrit, de la tradition orale acadienne, s'apparentant ainsi au conte.

Dans l'introduction de *Rabelais et les traditions populaires en Acadie*, Maillet avait déjà esquissé le projet d'écrire *Pélagie-la-Charrette* («les autres reprirent la route vers l'ancienne Acadie. Et c'est ce dernier groupe qui nous intéresse») et son roman suivant *Cent ans dans les bois*. De fait, *Cent ans dans les bois* sert de suite logique et historique à cette «épopée à l'envers» qu'est *Pélagie-la-Charrette*: «Peut-être que le plus touchant épisode de l'odyssée acadienne se situe là, en effet, dans ce siècle de silence et d'incubation, entre 1780 et 1880.» La narratrice mailletienne évoque dans *Cent ans dans les bois* l'une des images qui décrit probablement le mieux à la fois la détermination et la flexibilité du peuple acadien à la suite du «Grand Dérangement» en faisant allusion au roseau «qui plie mais ne rompt point comme c'est écrit dans la fable». De même, la narratrice mailletienne se sert clairement de *La belle au bois dormant* pour évoquer allégoriquement la renaissance ou le réveil des Acadiens.

Sensible à la difficulté de traduire l'oralité par écrit, la narratrice de *Cent ans dans les bois* souligne que les personnages acadiens ne savent au départ ni lire ni écrire. De même, il semble que la grande méfiance à l'égard de l'écriture que ressentent, en général, les Acadiens soit bien naturelle, car la «graphie» est tenue en grande partie responsable du «Grand Dérangement», à cause, entre autres, du travail d'un «scélérat d'arpenteur-géographe qui défriche les cartes et les titres pour les "Anglais"». Détail de l'histoire d'autant plus pénible que l'arpenteur-géographe Des Barres est français. Toutefois, l'importance de l'écriture en tant que moyen de préserver la mémoire ou les «histoires vraies» de l'Acadie est évoquée dans *Cent ans dans les bois* dans la mesure où la lignée des conteurs la plus associée à l'oralité, les Bélonie, se résigne à accepter le passage de l'oral à l'écrit afin de «passer leur génie de la gorge aux doigts». Plus globalement, le roman met en lumière l'opposition entre la «grande» et la «petite histoire», entre «les gens d'en haut» et «les gens d'en bas». Ce sont «les gens d'en haut», «les grands hommes», qui déterminent ce qui mérite de faire partie de la «grande» histoire. Or, la narratrice de *Cent ans dans les bois* remet en question leur point de vue, qui exclut et méprise «la petite histoire» de l'Acadie. En d'autres termes, Maillet veut ajouter sa «voix» au chœur de l'histoire dans l'espoir d'offrir une «voix» fiable pour l'Acadie.

Puis, Maillet reprend l'idée d'une réconciliation symbolique possible du monde «d'en haut» avec celui «d'en bas» grâce à l'amour ou à l'espoir d'un monde meilleur, semblable à celle qu'elle avait évoquée dans *Les crasseux* (qui passait par le sacrifice de Citrouille et de la Jeune Fille), mais cette fois sur un mode plus heureux. En dépit des obstacles qui s'érigent contre l'union de Pierre et de Babée à cause de certains conflits familiaux analogues à ceux des Capulet et des Montaigu, le roman se termine par une histoire de réconciliation qui permet à leur

amour de s'épanouir. D'ailleurs, en tant que descendante de Pélagie-la-Charrette, Babée, tout comme Maillet 100 ans plus tard, est associée à l'apprentissage de ces «balbutiements d'écriture», voire d'une nouvelle écriture féminine «sortie toute vierge de son âme et de son ventre».

Jean-Luc Desalvo

Cent ans dans les bois, [Montréal], Leméac, [1981], 358 p. (Roman québécois).

C'EST POUR QUAND LE PARADIS...
Claude Le Bouthillier
Roman (1984)

Ce roman est structuré en 17 chapitres et un épilogue. Au tout début, Ulysse se souvient de son enfance et de son adolescence dans la maison ancestrale, construite par son grand-père un siècle plus tôt à l'Anse-au-Varech. À l'âge adulte, il quitte son Acadie natale pour aller étudier et travailler à Montréal, métropole de tous les interdits. C'est là-bas que, à la suite d'une relation avec des prostituées, il contracte une grave infection dont il souffrira toute sa vie. Les fortes douleurs qui accompagnent cette infection perturbent profondément ses relations amoureuses et sa vie quotidienne, lui apportant, en outre, un sentiment de culpabilité.

Ulysse se marie avec Éva; il connaît ainsi la tendresse et la douceur. Mais leur relation se voit affectée par ses problèmes de santé. Éva, pour sa part, vit une profonde dépression. Leur mariage, marqué par la souffrance et par la détresse psychologique, se termine par un divorce. Cet échec ébranlera profondément Ulysse.

Hanté par le désir de dépasser cet échec, il se marie une deuxième fois. C'est alors que commence la descente aux enfers d'Ulysse, aux prises avec une profonde crise psychologique. En effet, il a fréquemment des visions d'épouvante; il a même l'impression qu'une bête maléfique s'est réveillée en lui. Il vit ainsi une

grave crise, qu'il cherchera à contrer par d'interminables thérapies.

La vie conjugale d'Ulysse et de Katia est problématique. Cette union, loin de lui apporter la paix tant recherchée, contribue à faire croître son malaise. Ulysse est submergé par l'angoisse; sa sensation d'étouffement s'accentue par la naissance de deux jumeaux. C'est ainsi que, après plusieurs années très difficiles, ce second mariage se termine lui aussi par un divorce.

Le récit d'Ulysse est le témoignage d'une guérison longue et pénible. Après avoir suivi de nombreuses thérapies, il décide de quitter temporairement sa profession de psychologue en Acadie et d'accepter une bourse de création à Paris. Son départ en France sera le signe clair du début d'une nouvelle vie comme artiste peintre. C'est une parenthèse nécessaire, la dernière étape de l'odyssée de sa vie, avant de pouvoir revenir définitivement, comme le mythique Ulysse, rejoindre sa patrie natale. Comme dans le récit d'Homère, Ulysse renaît ainsi de son épreuve.

C'est pour quand le paradis… est un roman qui nous fait voyager dans le monde complexe et fascinant des thérapies psychologiques. À travers son récit à la première personne, Ulysse raconte sa traversée du désert; avec lui, nous parcourons les différentes approches psychologiques et psychiatriques du XXe siècle. *Gestalt*, psychanalyse, sophrologie, bioénergie et méditation transcendantale, entre autres, font partie du quotidien de ce personnage profondément centré sur lui-même et sur son mal de vivre.

Contrairement à d'autres romans de Le Bouthillier, comme, par exemple, *L'Acadien reprend son pays*, c'est une quête individuelle qui devient le noyau de l'intrigue. Loin de toute revendication politique, économique, culturelle ou sociale, c'est plutôt une réflexion sur la souffrance intérieure de l'être humain qui se dégage de ce roman. La souffrance psychologique ne peut être vaincue que par un travail acharné, étendu sur de nombreuses

années. Ce roman est le témoignage d'un parcours psychologique complexe. Nous accompagnons le protagoniste dans sa détresse, dans ses espoirs et dans ses vacillations. Ulysse est un être fragile qui, dès son enfance, se voit destiné à nier et à cacher ses faiblesses, ses maux, ses frustrations et ses échecs amoureux.

On comprendra que le monde onirique occupe un rôle fondamental dans la composition du roman. Prémonitions et cauchemars jalonnent chaque point tournant de la vie d'Ulysse. Il est intéressant de noter que le début et la fin du roman sont marqués par la présence d'un même rêve, légèrement modifié au fil du récit. Ainsi, le cauchemar qui hantait Ulysse depuis son enfance se métamorphose: les images effrayantes laisseront la place à des images rassurantes, remplies de couleurs et de lumière. Finalement, l'espoir l'emporte sur l'effroi.

L'image du cercle s'impose comme structure fondamentale du roman. La plus belle façon de vivre, c'est de naître, avouera à la fin le narrateur. Ulysse part en France pour retourner après au pays, ce qui représente pour lui le retour au point zéro. C'est le paradis de celui qui se réconcilie enfin avec lui-même; le paradis de celui qui réussit à voir son passé avec un regard nouveau, distant, détaché, prêt à commencer une nouvelle vie.

Une des réussites du roman est d'avoir su intégrer dans le récit de nombreuses touches intertextuelles qui nous font oublier par moments la troublante lourdeur psychologique du personnage. Aussi le dur cheminement d'Ulysse se voit-il allégé par la présence de personnages pittoresques qui renvoient à la sagesse ancienne de Socrate, Merlin ou Confucius. Le récit d'Ulysse est agrémenté d'allusions intertextuelles faisant référence à des sources aussi variées que Lucrèce, les contes des *Mille et une nuits*, François Villon, Baudelaire ou la Bible. Ses lectures hantent sans cesse l'imaginaire du narrateur, déchiré entre sa soif de dépasser les interdits et son sentiment de culpabilité.

Le thème de l'amour est omniprésent dans le roman. Mais cet amour se présente comme quelque chose de mystérieux, de tortueux et d'extrêmement épuisant. Les rapports humains sont toujours ambivalents, changeants, remplis de culpabilité et de nostalgie. La sexualité apparaîtra, elle aussi, comme une réalité tantôt merveilleuse, tantôt angoissante.

Finalement, le thème de la création artistique traverse tout le roman. La peinture et l'écriture apparaissent comme des moyens privilégiés de sublimer la souffrance. *C'est pour quand le para-dis…* nous permet en ce sens de réfléchir au rôle de l'art et de la créativité dans l'épanouissement de l'être humain. Plus radicalement, ce roman propose le salut par l'art. L'écriture devient pour Ulysse le moyen par excellence de dépasser son drame affectif et d'en faire le témoignage pour tous ceux et celles qui ont vécu une telle détresse. Son récit, comme le narrateur le dit lui-même, devient un éloge à la vie.

BLANCA NAVARRO PARDIÑAS

C'est pour quand le paradis…, [Moncton], Éditions d'Aca-die, [1984], 246 p.

LE CHANT DES GRENOUILLES
Melvin Gallant
Roman (1982)

Dans *Le chant des grenouilles*, le narrateur, Michel, un jeune homme de 22 ans atteint de leucémie, cherche à donner un sens à son existence en tenant une sorte de journal. Écrit en phrases courtes et dans un style dépouillé, le roman est divisé en neuf chapitres non titrés qui sont illustrés, de façon assez libre, par des photos prises par l'auteur.

Dans la première partie du roman (cha-pitres 1 et 2), le narrateur, après avoir subi le choc de la nouvelle de sa maladie, reçoit, durant une dizaine de jours, un traitement qui devrait lui assurer quelques années de vie supplémentaires. Le quotidien du jeune homme à l'hôpital – les maladies de ses com-pagnons de chambre, les rondes du docteur Demers et de la «Belle Hélène», l'infirmière dont il tombe vaguement amoureux, ainsi que

les visites de ses parents et amis – est minu-tieusement décrit.

La seconde partie du roman (chapitres 3 à 6) raconte le retour du narrateur à l'université (les toponymes sont curieusement gommés ou maquillés, mais il s'agit visiblement de l'Uni-versité de Moncton) où il espère compléter un baccalauréat. Malgré son cancer, le jeune homme vit la vie d'un étudiant ordinaire: il assiste à ses cours, sort dans des bars, se lie d'amitié avec des condisciples et courtise des jeunes filles. Sa vie amoureuse est toutefois derrière lui: tout au long du roman, il cherche à reprendre contact avec son grand amour, Gisèle, mais celle-ci l'évite. À la suite d'une brève rencontre ayant eu lieu à l'occasion d'un voyage à Montréal, Michel est également en relation épistolaire – de nombreuses lettres sont intégrées au roman – avec Jeannette (d'origine acadienne, elle est coiffeuse à Montréal). L'amour du narrateur pour Jeannette ne cessera de croître tout au long du roman.

À la fin du troisième chapitre, l'imminence de la semaine de lecture et du retour à son village natal, Pointe-à-Pic, amène le narrateur à raconter comment il faillit se perdre au large une nuit où il s'était aventuré seul sur la mer dans une chaloupe. Le chapitre suivant ramène Michel à la maison paternelle. Au lendemain d'une forte tempête de neige, celui-ci s'aventure sur la mer glacée et passe près d'y laisser sa vie. L'évocation des membres de sa famille (son oncle Dosithé, Pépé) s'ac-compagne souvent d'une reproduction de la langue orale («– Tu dois t'être un houmme instruit asteure!… C'est ça, tu fais bin! Il faut de l'éducâtion aujourd'hui. De noute tan, c'était pas pareil!») fortement contrastée par rapport à la narration ou aux dialogues des personnages plus jeunes et plus instruits.

Melvin Gallant introduit aussi dans son roman une intrigue politique: le narrateur et plusieurs de ses condisciples font partie d'une organisation de défense des droits des franco-phones, qui s'intitule le Front commun. Ce groupe cherche à organiser, à travers la province (les toponymes, une fois de plus, sont gommés) et pour une date fixe (le deuxième samedi d'avril), une série d'événements visant à sensibiliser la population à cette question. Le Groupe Grenouille, la section du narrateur, entreprend ainsi de remplacer les panneaux de signalisation de langue anglaise par des copies traduites en français.

La dernière partie du roman (chapitres 7 à 9) raconte, à la suite d'une rechute, l'agonie du narrateur, qui ne pourra ni finir son baccalauréat ni participer aux actions du Front commun (celui-ci, à la fin du roman, décrit d'ailleurs sa propre mort!). Alors que la date fixée par le Front commun est passée, le narrateur reste sans nouvelles de ses actions. Ses parents n'ayant eu vent d'aucun événement, il faut supposer que, malgré l'hallucination finale d'une victoire («Opération réussie! On chante. On s'embrasse. On crie. C'est le triomphe. On a gagné!... Les chants. J'entends le chant des Grenouilles!...»), le groupe a échoué.

Le titre du roman oriente vers une lecture politique: «*French frogs*», on le sait, est le nom péjoratif donné aux francophones par les anglophones. La réflexion politique, toutefois, tourne aussi court que l'action du Front commun. *Le chant des grenouilles* s'avère un chant du cygne (les mots *Acadie* et *Acadien* sont d'ailleurs absents). La mort qui guette le narrateur menace aussi son peuple: «Dans vingt ans, [...] notre pays sera autonome ou n'existera plus!» Comme le montre le film de Brault et Perrault, *L'Acadie l'Acadie?!?* (1971), l'action politique, en Acadie, se heurte au pessimisme, voire au désespoir. L'essai de Michel Roy, publié quatre ans plus tôt que *Le chant des grenouilles*, ne s'intitule-t-il pas *L'Acadie perdue*? Le roman transforme son héros en allégorie nationale. Agacé par la division des francophones, celui-ci se demande: «Ne deviendrait-on jamais un peuple adulte?...» Lui-même mourra au seuil de l'âge adulte.

Cette division intérieure peut d'ailleurs donner lieu à une lecture encore plus sombre

du roman. Le narrateur, atteint dans son sang, meurt en effet d'un mal intérieur. Tout au long du roman, le héros, par une série d'actes manqués, ne cesse de chercher la mort, notamment (à deux reprises) en bravant la mer. Métonymie de l'Acadie et célébrée comme telle dans le roman, la mer est liée à son village natal et à sa famille: à sa mère («Quand on avait toutes les odeurs de la mer dans une cuisine, qu'est-ce qu'on pouvait demander de mieux?») comme à son père («Les longues promenades les après-midi sur le bateau de papa. Sa casquette de marin sur le côté de la tête. C'était là qu'il était heureux. C'était là que nous étions tous heureux.»). La mer apparaît pourtant sous un jour particulièrement mortifère. L'agonie finale du narrateur sera d'ailleurs comparée à une noyade (mort particulièrement ironique pour une «grenouille»): «Je m'enfonce! L'eau est salée... Ça m'étouffe! J'étouffe!»

DAVID DÉCARIE

Le chant des grenouilles, [Moncton], Éditions d'Acadie, [1982], 157 p., ill.

CHANTS D'AMOUR ET D'ESPOIR
Raymond Guy LeBlanc
Poèmes (1988)

Cette seconde œuvre, publiée plus de 15 ans après *Cri de terre*, reprend dans la forme la structure de son aînée, soit plusieurs sections introduites par des illustrations d'Herménégilde Chiasson. La présentation chronologique de textes écrits entre 1981 et 1987 témoigne d'un cheminement évident vers la maturité. Le recueil s'ouvre sur un locuteur accroché à un amour révolu et se referme sur une paix intérieure méditative. La présence forte du champ lexical de la nature renforce l'impression de nostalgie qui se dégage de l'ensemble. Comme dans *Cri de terre*, un désir évident d'émancipation est ressenti dans de nombreux poèmes. Certains, d'ailleurs, véhiculent encore la même frustration revendicatrice. La promesse d'un futur plus rayonnant y est cependant davantage marquée. On assiste aussi au questionnement du poète sur l'état et la fonction de son art, et à la définition d'une poésie visionnaire qui ébranle, traduit «l'humeur des saisons» et permet le voyage. Le thème du voyage, très exploité, est lui-même un indice de la nouvelle maturité de l'auteur, le voyage étant d'abord physique, puis littéraire et, enfin, méditatif. Face au cri du précédent recueil, le chant domine cette fois, dans une atmosphère moins troublée. Lyrique ou religieux, il n'est cependant pas la seule forme musicale présente dans le recueil : dans les «*beat*» du *ragtime*, du punk et du jazz, «le trigramme du cœur insondable» offre une musicalité moderne et rythmée, jusque-là absente de la poésie de LeBlanc. En somme, la musique (tout comme le bouddhisme et le voyage) est un moyen parmi d'autres pour le locuteur de trouver sa voie.

Chants d'amour et d'espoir, [Moncton], Michel Henry éditeur, [1988], 63 p., ill. (Poésie).

CHARMANTE MISCOU
Louis Haché
Roman (1974)

Charmante Miscou, roman à caractère historique, révèle la passion de son auteur pour l'histoire de la Péninsule acadienne, histoire qui remonte aux premiers voyages de Jacques Cartier. S'appuyant sur une riche information documentaire, mais aussi sur des souvenirs d'enfance, ce texte d'une centaine de pages contient neuf chapitres, chacun précédé d'un dessin d'Hermenégilde Chiasson. Une carte de l'île Miscou permet au lecteur d'identifier la plupart des endroits auxquels on fait référence.

Le chapitre d'ouverture retrace l'histoire de cette île au nom micmac, tour à tour habitée et désertée en fonction de sa capacité de nourrir ses habitants; «ils arrivèrent, ils travaillèrent, ils s'en allèrent», note l'historien, en paraphrasant les mots *veni, vidi, vici*, rendus célèbres par Jules César. Bien que peu nombreux, certains colons y restèrent, surmontant

d'innombrables difficultés. Après ce survol historique de l'île, l'auteur procède à la présentation de ses habitants, pêcheurs de père en fils, assez méfiants à l'égard du progrès technique. Parmi eux, les «bateliers du Havre» jouissent d'une attention particulière à cause de l'importance de leur travail hasardeux.

Les chapitres préliminaires, évocations essentiellement historiques, sont suivis de deux récits de chasse («Une pluie d'outardes», «La chasse au passage»), d'une description du vieux phare de la pointe de Miscou, de bribes de conversation entre amis («Au temps du homard», «La mare aux harengs»), ainsi que des réminiscences d'un adolescent qui s'initie aux occupations traditionnelles des insulaires («Plaisirs de vacances»).

Louis Haché utilise des registres de langue appropriés dans chaque partie de son ouvrage : le langage précis de l'historien soucieux de bien renseigner ses lecteurs au sujet de ce coin de pays, mais aussi les structures propres au français oral, utilisées par le conteur dans les dialogues de ses personnages. Notons également que l'anglais côtoie le français chaque fois qu'un Wilson ou un John prend la parole.

Charmante Miscou inaugure une série de plusieurs romans à caractère historique dans lesquels Haché se propose de capter sur la page écrite l'histoire de son peuple, perpétuée principalement par la tradition orale. Son souci de récupérer le passé des Acadiens le rattache à une tradition romanesque qui remonte aux années 1930. En effet, à partir de cette date, de nombreux récits acadiens feront connaître le passé de ce peuple ballotté par l'histoire, ainsi que son attachement acharné à la terre. Quant aux contemporains de Louis Haché, il suffit de mentionner Antonine Maillet, Jeannine Landry Thériault et Régis Brun, qui, tout en adoptant des perspectives historiques et des styles d'écriture différents, sont tous préoccupés de sortir les Acadiens d'une légende parfois déformante.

Historien-conteur, l'auteur de *Charmante Miscou* établit dès le premier chapitre de son livre une analogie intéressante entre la forme de cette île minuscule et le caractère de ses habitants : « Miscou prend la forme d'un cœur, d'un cœur large et ouvert comme celui de ses habitants ». Il semble que cette analogie constitue le fil conducteur du roman, qui se donne à lire tantôt comme une monographie historique, tantôt comme une série de causeries entre amis surpris en train de chasser ou de pêcher. Quant à la question identitaire, qui préoccupe toute population métissée, l'auteur se contente de l'illustrer par la métaphore suggestive du « filet de pêche ». Malgré les vagues successives de colons, note-t-il, ce petit coin de terre a réussi à mélanger sangs et langages au cours d'une histoire qui a connu des hauts et des bas. L'isolement et les vicissitudes du climat ne semblent pas avoir laissé de traces trop profondes dans le caractère des Miscous. Par contre, ils continuent d'être fiers de leur île et de leurs traditions, qu'ils prennent soin de transmettre aux plus jeunes, comme on le voit dans le dernier chapitre, intitulé « Plaisirs de vacances ».

En lisant l'*incipit* de ce volume, on ne peut s'empêcher de penser à Simone Schwarz-Bart, dont le roman *Pluie et vent sur Télumée miracle*, publié vers la même date, s'ouvre sur une observation similaire au sujet du rapport entre la petitesse de son île, la Guadeloupe, et la grandeur du cœur de ses habitants. Ceux-ci, également métissés au cours d'une histoire d'esclavage et de colonisation, ont trouvé les moyens de résister, comme les Miscous, aux intempéries du climat.

Si le premier chapitre de ce petit volume de Haché condense une riche information historique, l'histoire et le documentaire cèdent progressivement le pas à une écriture plus romanesque, animée par les dialogues des Miscous. La plupart de ces chapitres peuvent se lire comme des récits autonomes, ayant en commun des personnages appartenant à un même espace, partageant une même Histoire et surtout s'exprimant dans un français local parsemé ou entrecoupé de mots anglais.

En bon continuateur des conteurs acadiens, Louis Haché s'avère soucieux de recréer les conditions pragmatiques des situations de communication réelles. Les scènes dialoguées, encadrées de séquences de récit au passé simple, accélèrent le rythme de la lecture en attirant l'attention du lecteur sur les particularités linguistiques du français parlé en Acadie. Ces bribes de dialogue, de dimensions variables, témoignent également de la réticence des Miscous à exprimer leurs émotions et leur sensibilité. Ainsi, dans « La mare aux harengs », Wilson et son fils Alex se mettent d'accord pour utiliser l'argent de leur chasse aux harengs afin de payer un voyage en Angleterre à la maîtresse de la maison. Dans un autre récit, intitulé « Au temps du homard », les paroles échangées entre John et Henri trahissent la timidité et l'inquiétude de celui-ci au sujet de Jennifer, une jeune fille courtisée par le maître d'école. D'autres personnages, à peine esquissés, expriment l'inquiétude écologique des chasseurs et des pêcheurs de Miscou, dignes héritiers des Micmacs. Leur souci de conservation du milieu naturel les oblige parfois à dégonfler les pneus d'un canot à moteur (« La chasse au passage »), à décourager le braconnage du homard ou à empêcher l'usage excessif des seines qui détectent les bancs de poissons (« La mare aux harengs »).

Une teinte à la fois optimiste et pessimiste semble se dégager du dernier chapitre de ce livre : s'il est vrai que l'adolescent Pierrot s'initie aux activités traditionnelles de ses ancêtres, il n'est pas moins vrai qu'il le fait seulement pendant les vacances qu'il passe chez son oncle sur l'île Miscou.

Bien qu'il ne soit pas parfait, ce roman historique réussit à faire connaître le vécu des Miscous, ainsi que leur fidélité à leur coin de pays. Aussi Louis Haché inscrit-il la petite histoire de ces gens ordinaires dans l'histoire de leur pays légendaire mais toujours vivant.

MARIANA IONESCU

Charmante Miscou, Moncton, Éditions d'Acadie, [1974], 115 p., ill.

LA CHARTE DES CRÉPUSCULES.
ŒUVRES POÉTIQUES, 1960-1980

Gérard Étienne

Poèmes (1993)

Ce recueil de 225 pages, publié aux Éditions d'Acadie et composé de 7 parties, propose une refonte de toutes les œuvres poétiques élaborées antérieurement sur terre haïtienne par l'auteur et actuellement épuisées, comme *Au milieu des larmes* (1960), *Plus large qu'un rêve* (1960), *La raison et mon amour* (1961), *Gladys* (1963). À ces poèmes s'amalgament certains livrets poétiques (deux d'entre eux également épuisés) édités à Montréal, tels *Lettre à Montréal* (1965), *Dialogue avec mon ombre* (1972) et *Cri pour ne pas crever de honte* (1982). De sorte que la mise à jour de ces titres, remodelés poétiquement et transformés en sous-titres dans la table des matières de l'ouvrage, condense l'itinéraire poétique d'une vingtaine d'années (1960-1980) et compose un chant, soit en alexandrins, soit en vers libres, soit en prose poétique ; le chant des crépuscules *qui devra vaincre les ténèbres*. Ce cheminement démarre sur des «Frissons et pleurs», alias *Au milieu des larmes,* culmine avec «L'amour au pluriel», alias *La raison et mon amour,* pour se terminer sous le libellé évocateur de «Et tombe le rideau sur un pays en notes funèbres», alias *Cri pour ne pas crever de honte* (pour ne nommer que trois sections parmi les sept présentées). Le corpus poétique présente un métissage des imaginaires où terre natale (présence des affres du déracinement et de l'horreur d'une dictature) et terre d'accueil (problématique multiple de l'acculturation) s'unissent dans une force émotive de profonde humanité. Le titre même de *La charte des crépuscules* dérive du désir de fixer la vigueur de la parole écrite, la mise en pages de la mémoire, sorte de testament à valeur historique. De sorte qu'il en résulte une poésie engagée, parfois proche du délire, où le langage transforme le rêve en cauchemar. Le recueil s'avère un étrange cocktail où le poète, tel un «veilleur de l'aube», se sert de l'écriture comme d'un exutoire et demande au lecteur d'être le témoin de son «histoire d'acide et d'ouragan», l'insérant dans une dialectique qui oscille entre fascination et répulsion.

En quittant Haïti en 1964 pour s'établir au Canada, Gérard Étienne, dans cette déportation, établit un rapport d'intimité entre pays et femme. S'il abandonne Haïti, qu'il aime éperdument, c'est bien à cause de sa dégradation et de son infidélité («Haïti est une putain qui couche avec des chiens»), et le jeu littéraire érotique s'épanche aussi sur Montréal («Ô Montréal me voici devant ta constellation de lumières […] Sur ton dos de guerrière je voyagerai ma douleur d'ébène et de rhinocéros»). L'imaginaire poétique se veut une question de survie et la souffrance recèle un réservoir de fantasmes proche d'une délectation masochiste («quand j'avais laissé mon pays, la douleur bandait mes regards»), ou, d'autres fois, carrément sadique, lorsqu'il s'adresse, par exemple, à son lecteur: «Ah! vous seriez contents / si je me taisais / Alors crevez crevez avec ma vérité / Mourez avec mes cris / avec mes laideurs». Les auto-inculpations («Je suis un délinquant qui a couché avec un homme / Je suis un vagabond qui vient de polluer la mer») conduisent *La charte des crépuscules* vers une confession poétique où est bannie l'autocensure. Le poète prône, de même que Marie-Claire Blais, une esthétique de la vérité, une vérité qu'il lance de front et avec rage, même si poésie et vérité acide ont parfois du mal à rimer.

Le thème de la dépossession, si pertinent en Acadie, fait office de *leitmotiv* dans ce recueil. «Je suis sans moi» dit-il, en jouant sur l'homophone *sans* (marque du manque) et *sang* (stigmate de la souffrance). Dans «Montréal entre les branches de l'aube», Étienne n'échappe pas au mythe d'Évangéline, qui d'«Ève» devient «Ange»: «Un soir de déportation Angéline nous dira l'espoir de sodium qui ouvrait des portes immenses aux plaines des femmes isolées de leurs pommiers en fleurs.» Cette complainte de migrance, si proche de celle qui nourrit

Antonine Maillet, conduit à la complexité de la question d'identité. Noir, juif, haïtien, canadien, exilé, Étienne s'appuie sur une trajectoire diasporique multiple (celle des intellectuels noirs haïtiens qui fuient la dictature, celle du peuple juif face à l'extermination et celle des Acadiens du Grand Dérangement) pour sublimer cet exode et qualifier la terre d'adoption de Terre promise («le vent du fleuve raconte une épopée semblable à la sortie d'Égypte»). Les références / inférences bibliques s'inscrivent aussi dans ce contexte formel. Les hymnes de louanges («Béni soit le roi avide d'Amériques»), les litanies, les prières («Mon Dieu, mes mains deviennent charbon à force de jouer avec le feu») chevauchent les envolées mystiques d'une conscience malade en quête d'absolu. «Éternité mon obsession», psalmodie-t-il.

Dans son corps à corps avec les mots, le poète dépouille ses phrases de toute surcharge syntaxique et lexicale. La déponctuation, la tendance à l'alinéa, les espaces blancs participent au langage et témoignent d'un rythme qui donne au phrasé une cadence, une mesure, des enchaînements dans les sonorités, des reprises phoniques, des allitérations («Je voudrais tant / toucher ta tendresse / et déposer à tes pieds / le continent des âges») et qui font de ce texte un champ intéressant de trouvailles aussi bien linguistiques que phonétiques. La distribution des segments de même allure syntaxique s'unit à une passion pour les contrastes, les constructions antinomiques s'enchevêtrant et les binômes flamme / neige, dune / glace, par exemple, se muant en sièges métonymiques des deux appartenances territoriales. Les métaphores pullulent et l'écart sémantique qu'elles offrent a pour mission de créer l'émotion.

En somme, Étienne, dans une thématique qui porte sur l'humain, prône une poésie devenue verbe et rédemption. La publication de *La charte des crépuscules*, selon l'aveu même de l'écrivain, visait en grande partie les lecteurs du Québec et de l'Acadie, qui, à travers «la juxtaposition des signes contradictoires» de l'œuvre,

n'auront sûrement pas manqué de naviguer dans cette alchimie paradoxale, proposée par Étienne, d'un pessimisme plein d'espoir.

Marie Dominique Le Rumeur

La charte des crépuscules. Œuvres poétiques, 1960-1980, [Moncton], Éditions d'Acadie, [1993], 225[2] p.

LE CHEMIN DES HUIT-MAISONS
Jeanne Ducluzeau
Roman historique (1987)

Jeanne Ducluzeau raconte 21 années mouvementées dans la vie d'une famille acadienne durant la période qui suivit le Grand Dérangement. Ayant passé plusieurs années en Angleterre et en Bretagne, Romain Babin, son épouse Madeleine Doucet et leur fille Anne deviennent propriétaires d'un domaine en Haut-Poitou en 1793. Par la suite, quatre enfants s'ajoutent à la famille: Guillaume, Vincent, Jérôme et Perrine. Née en Acadie, l'aînée des Babin, Anne, est la seule à avoir un lien réel avec le pays. Mariée à Sylvain Arnault, elle a trois fils: Louis, Jacques et Fulgean. Après avoir combattu dans l'armée régulière contre l'insurrection vendéenne, Sylvain exploite un élevage de bovins et de chevaux. Son fils cadet Fulgean, écolier brillant, entre à l'école militaire puis fait carrière en Espagne, où, emprisonné, il retrouve son ami Armand Gauthier-Dubreuil. Après de nombreuses aventures, les deux amis aboutissent en Louisiane, où ils forment des officiers de l'armée américaine et participent à la résistance victorieuse contre l'attaque anglaise. Blessé, Fulgean est traité en héros. Il quitte l'armée pour retourner en France avec sa jeune épouse.

Guillaume, le deuxième fils de Romain et Madeleine, exerce la profession de maître-charpentier à Poitiers tandis que Vincent, troisième enfant Babin, apprend le métier de marin avec son parrain, Joseph Robichaud, un Acadien de la baie de Cobeguit, dont la famille émigrée à Saint-Servan a retraversé l'océan pour s'installer au Canada malgré la domination anglaise. À la mort de son parrain, Vincent, qui devient propriétaire du bateau *L'Acadien*, se rend sur la côte acadienne, où il retrouve des parents. Quand il apprend que son neveu Fulgean est en Louisiane, il décide de s'y rendre et arrive pour le mariage de Fulgean avec une jeune femme d'origine acadienne, Estelle Voisin, vivant dans un bayou de la Nouvelle-Orléans. Lors du retour dans le Haut-Poitou, on assiste à ce qu'Anne appelle le Grand Rassemblement sur le chemin des Huit-Maisons.

Roman historique ou saga de famille, cette œuvre prend en charge la narration d'événements qui ont suivi le Grand Dérangement et la déportation des Acadiens. À partir de ce sujet historique, Jeanne Ducluzeau met en scène un grand nombre de personnages unis par des liens de parenté ou un lieu d'appartenance, en l'occurrence le Poitou ou l'Acadie. Étant donné le vaste panorama historique et spatial à brosser, aucun développement de caractère (personnage) ou de motivations (action) n'est possible dans la représentation, aucune interprétation ou remise en question d'événements n'est préparée. Exceptionnellement, Ducluzeau réussit à transmettre à ses lecteurs la ténacité identitaire et la fraternité des «Acadiens», incarnées par le chemin des Huit-Maisons. À peine effleurés, les déplacements entre plusieurs continents ne permettent aucune distinction entre univers spatio-temporels, tandis que les événements historiques sont actualisés par le fait seul d'être nommés. Le passé est connu et irrévocable.

L'action se déroule sous plusieurs régimes politiques français vérifiables: le Directoire, le Consulat, l'Empire, périodes riches en événements. Si Jeanne Ducluzeau expose la vie quotidienne des Français du début du XIXᵉ siècle (transports variés, attaques des familles dans les campagnes, attaques de diligences, enlèvements d'enfants), elle aborde également la vie politique (émigration et confiscation des biens, insurrection vendéenne, police de Fouché). En revanche, les souffrances des Acadiens (emprisonnement en Angleterre, déportation en France, en Louisiane) ne sont qu'effleurées. La Déportation, nommément, est singulièrement réduite: «Les années noires défilaient aussi sur l'écran de sa mémoire, la déportation, la traversée de l'océan sur ce vieux rafiot qui prenait l'eau de toute part, tanguait, roulait, mais qui pourtant les avait amenés au port.»

Genre aux frontières de l'Histoire et de la fiction, le roman historique adhère traditionnellement aux conventions du réalisme avec, en priorité, un narrateur omniscient. Ducluzeau semble refuser la position d'autorité implicite dans ce choix ou vouloir nuancer l'instance qui suppose vérité et certitude morale. Comme il s'agit d'une focalisation zéro, l'intrusion d'auteur est occasionnellement admise: «Laissons Bonaparte se couvrir de gloire en Italie [...] pour revenir au petit village [...] où l'on suivait passionnément les bulletins de victoire.» Cependant, au lieu de rapprocher le lecteur de son sujet, cette stratégie réussit plutôt à l'éloigner, à le réduire à un spectateur d'événements indiscutables. On peut aussi regretter que l'ouvrage ne comprenne aucune référence bibliographique ni de sommaire des nombreux personnages et de leurs liens de parenté.

ESTELLE DANSEREAU

Le chemin des Huit-Maisons, [Moncton], Éditions d'Acadie, [1987], 359 p.

LE CHEMIN SAINT-JACQUES
Antonine Maillet
Roman (1996)

Le chemin Saint-Jacques est un roman qui réunit deux récits distincts sur les plans autant formel que spatio-temporel. Toutefois, ces récits s'entrecroisent, s'interpellent et se complètent dans la mesure où ils forment le récit de la vie d'un seul et même personnage à différents stades de son existence.

Dans une première partie, intitulée «Radi», Maillet étoffe le récit d'*On a mangé la dune*, son second roman, publié en 1962. Celui-ci

racontait les expériences de vie à la fois mer-
veilleuses et périlleuses de Radi, une petite
fille de huit ans, de même que son passage de
l'enfance à l'adolescence. Dans *Le chemin
Saint-Jacques*, l'auteure reprend à peu près les
mêmes personnages ainsi que plusieurs péripéties du premier roman, mais pénètre davantage dans la vie intérieure de son personnage
principal, qui est de beaucoup complexifié. Il
ne s'agit plus véritablement d'un roman de
l'enfance, mais du récit d'une enfance particulière, Radi étant devenue un personnage tout
à fait exceptionnel, dont la passion pour la vie,
la soif de découverte, la sensibilité, la
conscience, les aspirations et les intérêts
dépassent de loin ceux d'un enfant ordinaire.
Durant sa petite enfance, elle conserve le souvenir de sa préexistence dans le sein maternel,
paradis désormais perdu qu'elle cherche désespérément à retrouver. En se faisant raconter
des contes, elle découvre l'immense pouvoir
de l'imaginaire et des mots, qui deviennent
pour elle un cosmos où elle pourra puiser les
instruments dont elle aura besoin pour retrouver ses origines et recréer le monde. Ainsi, dès
l'enfance, Radi aspire à devenir écrivaine et
déjà se dessine son projet d'écriture.

La seconde partie du roman, «Radegonde»,
reprend le récit de la vie de Radi, mais plus de
25 ans plus tard, sous la forme d'un récit
autobiographique écrit à la première personne
par Radegonde, elle-même devenue écrivaine.
Rendue maintenant au tournant de la quarantaine, elle est revenue d'un long voyage
afin d'accompagner dans la mort sa sœur
Sophie, qui est atteinte d'une maladie incu-
rable. Radegonde fait un retour sur son passé,
sur son enfance, bien sûr, mais surtout sur sa
vie adulte. Pendant 20 ans, elle a cherché de
par le monde à étancher sa grande soif de
vivre, à assouvir sa passion de la découverte, à
trouver jusque dans les replis du temps et de
l'espace les vérités cachées sur l'homme et sur
l'existence. Radegonde a poursuivi intensé-
ment sa quête des origines et du paradis
perdu, quête qu'elle raconte maintenant à

Sophie comme pour suppléer au vide de sa vie
écourtée et lui permettre de goûter, avant de
mourir, à la plénitude de la vie et de l'existence par personne interposée.

L'écriture d'Antonine Maillet, depuis ses tout
premiers romans, semble motivée par deux
profonds désirs: retrouver les paradis perdus
de l'enfance et recréer le monde par le biais
de l'écriture. Dans *Le chemin Saint-Jacques*,
ce double projet d'écriture se concrétise. En
effet, 34 ans après *On a mangé la dune*, Maillet
reprend le récit de son enfance, comme pour
effectuer un ultime retour à ses origines, comme
pour dire que la quête qui devait alimenter
toute son œuvre, la quête du paradis perdu,
s'achève enfin en fermant la boucle. Car *Le
chemin Saint-Jacques* constitue, plus explicitement et plus profondément que tous les autres
romans de Maillet, une quête des origines, un
voyage à rebours dans le temps et dans l'espace
qui débouche non seulement sur l'enfance, sur
le pays, les ancêtres, mais aussi sur la création
elle-même, sur le temps de la Genèse. Le roman
s'achève dans une vision qui transcende le temps
et l'espace, une vision d'éternité engendrée par
les immenses fresques de la chapelle Sixtine, où
se rejoignent le temps primordial et le temps
apocalyptique, la Genèse et le Jugement dernier.

La quête des origines et du paradis perdu est
d'autant plus accentuée dans le roman que Radi
en garde un vague souvenir. Le récit commence
alors que Radi, sur le point de naître, résiste aux
violentes poussées de sa mère, s'agrippe de toutes
ses forces au cordon ombilical qui la retient
encore dans le «nid spongieux, moelleux,
humide et douillet» du sein maternel. Puis elle
subit, malgré elle, le violent choc de naître, l'expulsion de son Éden parfumé, aqueux et nocturne vers la lumière éblouissante et brutale, que
l'enfant naissant cherche désespérément à fuir.
Ainsi se confrontent, dès le début du roman, les
deux grandes structures anthropologiques de
l'imaginaire selon Gilbert Durand: les régimes
diurne et nocturne avec leurs images contras-
tantes. La quête du paradis perdu sur laquelle se

lancera bientôt le personnage principal prendra donc la forme d'une fuite du diurne et d'une recherche à contre-courant du nocturne, recherche qui s'avérera au plus haut point difficile, car Radi se bute constamment à l'Ange qui porte l'épée de feu (au régime diurne) et qui lui barre la porte du paradis perdu (le régime nocturne).

Le rapport à la Bible est souvent explicite. Radi est chassée du ventre maternel, comme jadis Adam et Ève de leur paradis, et est marquée, elle aussi, de sa tache originelle, une tache de naissance qu'elle porte à la cuisse gauche à la fois comme un reproche et comme un souvenir de sa vie antérieure. Consciente, dès les premiers moments de sa vie, d'avoir perdu ce paradis ainsi que la connaissance de ses origines, Radi se trouve déjà investie de sa quête, à laquelle la narratrice prévoit une fin heureuse : « Tu disposeras de toute ta vie pour y parvenir […] rien ni personne ne pourra t'empêcher de retrouver ton paradis perdu », dit-elle au nouveau-né.

Assoiffée de vie, avide d'aventures et d'émotions fortes, espiègle aussi, Radi développe très tôt un penchant pour les jeux insolites et interdits. Mais ceux-ci ne sauraient, à eux seuls, nourrir son imagination fertile. Radi, à trois ans, s'intéresse avec une fascination envahissante aux contes sortis des temps immémoriaux que lui raconte sa voisine, aux prémonitions dont elle est l'objet et aux rêves. Le rêve lui permet de retrouver son paradis d'antan. Mais Radi est aussi captivée par les mots qu'elle érige en cosmos autour d'elle : « Les mots de sa langue sont des étoiles, des planètes et des lunes ; sa bouche s'apparente à la voûte du ciel ; la terre, au centre, s'appelle Radi. » Et si l'univers est fait de mots, Radi, qui se découvre très tôt une vocation d'écrivaine, n'aura plus qu'à puiser dans son trésor cosmique les mots qu'il faut pour transformer le monde et « agrandir la création ».

Le chemin des origines et du paradis perdu, ce sont trois mentors qui vont, dès sa plus jeune enfance, le lui montrer. Deux « voyantes » d'abord, habitant chacune un côté différent de la voie ferrée qui traverse le village et qui délimite respectivement le territoire des nantis de celui des pauvres en un haut et un bas topographiques et sociaux. La première est *d'en haut*. C'est la vieille Lamant, qui, stoïque, regarde passer la vie du haut de son âge et de son « attique », son sanctuaire perpétuel et le refuge de Radi, son disciple, son initiée, à qui elle révèle l'inépuisable richesse de l'imaginaire populaire, la puissance et les mystères dissimulés dans les mots, l'envers du réel ou l'aspect caché des choses. C'est elle qui encourage Radi à se tourner vers les étoiles pour trouver la route du paradis perdu, vers le chemin Saint-Jacques, qui pendant des siècles a conduit des milliers de pèlerins vers leur destination : Saint-Jacques de Compostelle. C'est cette vieille voyante qui pousse Radi à faire de sa vie un pèlerinage qui la conduira jusqu'aux origines. Prudence, la seconde visionnaire, est une femme *d'en bas* qui affiche un air de fierté et de dignité malgré sa pauvreté. Secrète et énigmatique, sujette à tout instant à tomber en transe pour annoncer quelque catastrophe, elle semble incarner un autre aspect de la sagesse et de la culture populaires que sa compère, la voyante d'en haut : la « prognostication », la croyance aux événements surnaturels et la superstition. Dans le roman, il revient à Prudence d'annoncer les oracles et elle évoque à plusieurs égards la pythie en transe. C'est à travers cette prophétesse, sorcière et tireuse de cartes, que Radi prend conscience de la fatalité.

Radi trouvera un troisième mentor au sein même de sa famille : c'est l'oncle Thadée, « un vieux chroniqueur défricheteur de parenté, débroussailleur de généalogie, rapporteur des hauts faits de la lignée ». Il introduit Radi à « la langue des aïeux parsemée de mots rares et anciens ». Et il lui ouvre, lui aussi, la voie des origines, par le biais des ancêtres qui la conduisent jusqu'à la vieille France.

Le récit de Radegonde est d'abord et avant tout celui de la poursuite et de la réalisation de la quête de Radi pour retrouver ses origines et le paradis perdu. Mais ce récit que fait la narratrice s'adresse surtout à Sophie, dont la mort est imminente. C'est dans un long dialogue avec elle que la protagoniste raconte les 20 ans qu'elle a passés à parcourir le monde à la recherche de ses origines. Ainsi, on revit le voyage de la narratrice en France, parcours centripète, d'abord, qui la conduit sur le parvis de Notre-Dame, où, tracée dans la pierre, une étoile indique «le point zéro des routes de France», le centre du monde des Francs. Alors, debout sur cette étoile dont les branches désignent les huit points cardinaux des Gaules, Radegonde bascule dans son propre monde intérieur, dans le passé, dans son enfance lointaine. C'est alors que surgit pour elle un nouveau mentor: dame Pâris, dont le nom, évidemment, incarne la ville ancestrale. C'est elle qui conduira la narratrice jusqu'à la demeure de ses aïeux, la maison des Trois-Mailletz, ancêtres des Maillet, trois frères maçons qui, en 1250, ont sculpté la façade de Notre-Dame.

Radegonde fait ensuite la rencontre d'un second mentor, dame Aliénor, et entreprend la seconde étape de son voyage initiatique au pays des origines: parcours centrifuge, cette fois, qui la conduit justement sur les routes de France et notamment sur celle que jadis, en suivant la constellation du chemin Saint-Jacques, les pèlerins parcouraient dans leur voyage vers Compostelle. Mais le voyage de Radegonde se poursuit, en raison d'une sorte de prédestination, vers des origines encore plus lointaines: «Élue des miens, nous confie la narratrice, j'avais été propulsée dans les étoiles du chemin que Saint-Jacques nous avait tracé et qui menait bien plus loin que Compostelle». En Norvège d'abord, patrie des géants ancestraux de la tradition orale, ascendants de Gargantua et de Pantagruel; en Grèce, foyer de la civilisation occidentale, où Radegonde découvre, comme une porte ouverte sur l'Éden, l'antique Arcadie, qui évoque, sur les plans linguistique et mythique, son Acadie ancestrale. Remontant encore plus loin, jusqu'aux origines mêmes de l'humanité, elle se rend au pays d'Égypte, puis en Mésopotamie, «en terre de début du monde» où aurait existé, près de Babylone, un peuple dont le nom évoque le sien: les «Akkadiens».

Le trajet de la narratrice se poursuit en Terre sainte. C'est «l'ultime voyage» qui la conduit jusqu'à «la porte de la Genèse», au «jardin en friche d'Adam et Ève», au paradis perdu, enfin retrouvé, celui non seulement de Radi, mais de l'humanité tout entière.

Cependant, Radegonde, après l'avoir cherché sa vie durant, ne saura se contenter du temps primordial. Il lui faudra, pour achever sa quête, rejoindre le temps éternel, le point de jonction de l'alpha et de l'oméga, du début et de la fin de toutes choses, inéluctablement tissés en un cercle complet. Car «le temps, par quelque bout qu'on le prenne, rejoignait l'autre bout pour former un cercle». Dans la chapelle Sixtine, devant les fresques de Michel-Ange qui englobent la Création et le Jugement dernier, qui intègrent le temps originel et le temps eschatologique, Radegonde, illuminée, a «la vision de l'humanité aux portes de l'éternité», vision totale et totalisante. Radegonde a retrouvé le temps éternel, le point de jonction des «deux éternités», l'ultime paradis: «L'avant et l'après éternels se rejoignaient. Le paradis retrouvé».

DENIS BOURQUE

Le chemin Saint-Jacques, [Montréal], Leméac, [1996], 370[1] p.; Saint-Laurent, Club Québec loisirs, 1997, 370 p.; Paris, Bernard Grasset, 1997, 346 p.

CHEZ LES ANCIENS ACADIENS. CAUSERIES DU GRAND-PÈRE ANTOINE
André-T. Bourque
Récits (1911)

Très peu d'écrits consacrés à la culture populaire en Acadie avaient paru avant l'entrée en scène des folkloristes, qui ont recueilli les traditions à partir des années 1940. C'est pourquoi l'œuvre d'André Bourque mérite d'être examinée de près. Ce prêtre né à Memramcook en 1854 et qui a été membre de la congrégation des pères de Sainte-Croix pendant une vingtaine d'années est surtout connu comme un musicien, auteur de plusieurs chants patriotiques acadiens. Les textes de trois de ces chants sont d'ailleurs inclus dans *Chez les anciens Acadiens*. L'ouvrage est le seul que publia André Bourque, qui signait «André-T. Bourque», l'initiale référant au prénom de son père, Thaddée.

Bourque semble avoir entrepris la préparation de son livre dès son retour en Acadie en 1909, après de nombreuses années passées comme missionnaire au Bengale et comme prêtre dans l'ouest des États-Unis. Le titre rappelle *Les anciens Canadiens*, de Philippe Aubert de Gaspé père, publié en 1863. L'ouvrage de Bourque n'a toutefois ni l'unité ni les qualités littéraires de l'autre et n'a jamais été réédité dans sa forme originale après une première impression de 500 exemplaires en 1911. Il faut attendre l'édition critique préparée par Lauraine Léger en 1994 pour trouver un regain d'intérêt pour l'œuvre littéraire d'André Bourque.

L'ouvrage est construit comme une suite de causeries prononcées par un «grand-père Antoine» fictif qui, selon l'avant-propos, rapporte des faits qui lui ont été racontés par des anciens. Les traditions authentiques sont toutefois très rares dans les pages de *Chez les anciens Acadiens*. L'ouvrage contient une quinzaine de textes dont le seul élément commun semble être le désir, de la part de l'auteur, de peindre une image idéalisée de l'ancienne Acadie. Le premier texte, intitulé «Il y a cinquante ans», ne fait même pas mention du mode de vie des anciens, mais traite des progrès contemporains des Acadiens dans le domaine de l'éducation. L'auteur adopte un style de prédicateur, incitant ses lecteurs à s'abonner aux journaux de l'époque et à adhérer à la Société mutuelle de l'Assomption.

Les textes qui prétendent décrire les coutumes du passé sont accompagnés de tant de commentaires à caractère pontifiant que l'on a de la difficulté à y relever des renseignements sur ce à quoi aurait vraiment pu ressembler la société acadienne du XIXᵉ siècle. C'est ainsi que le chapitre intitulé «Mariages d'autrefois», le plus volumineux du livre, présente une société où les fréquentations se passent «toujours sous l'œil et la vigilance bienveillante et modérée des parents», où les noces sont célébrées sans boissons alcooliques ni désordre et où l'amour profond et sincère caractérise la vie conjugale de chaque couple acadien.

Deux chapitres nous présentent quand même un aperçu du mode de vie qui existait à la Baie Sainte-Marie en Nouvelle-Écosse au XIXᵉ siècle : «Le vœu des marins» et «Un effet». Ces textes ont sans doute été inspirés par les six années que passa André Bourque comme enseignant à la Baie Sainte-Marie entre 1874 et 1880. Le volume contient aussi deux chapitres consacrés aux légendes et croyances, «Trésors cachés» et «Croyances et superstitions», où l'on trouve un exposé sur la sorcellerie en milieu acadien. On chercherait cependant en vain des détails folkloriques dans le chapitre intitulé «Coutumes du passé», où Bourque se contente de décrire les pratiques religieuses courantes au XIXᵉ siècle. De même, le chapitre intitulé «Les revenants», qui met en scène un conteur nommé Baptiste, comprend une version du conte «Sésame ouvre-toi» issue non pas de la tradition populaire acadienne mais sans doute d'une quelconque édition des *Contes des mille et une nuits*.

Chez les anciens Acadiens est une œuvre se situant à une époque où les écrits consacrés à l'Acadie avaient nécessairement un but édifiant, patriotique et moralisateur. Un exemple à citer serait le chapitre intitulé «Henriette», consacré au récit d'une jeune Amérindienne héroïque qui sacrifia sa vie, un thème répandu chez les conteurs littéraires du passé. Avant de relater le récit, Bourque ne peut s'empêcher d'assurer ses lecteurs que très peu d'Acadiens, s'il y en a, auraient «dans leurs veines un sang autre que celui que leurs ancêtres leur apportèrent de la vieille France»…

Du point de vue littéraire, les «causeries du grand-père Antoine» ne sont pas toujours construites avec cohésion. Le narrateur commence ses textes avec des expressions comme «dans mon jeune temps» et «je me rappelle encore» mais le personnage du grand-père Antoine n'est même pas esquissé. Lorsqu'il veut dépasser les descriptions moralisatrices de la vie du passé pour raconter des faits, Bourque doit avoir recours à d'autres narrateurs fictifs. C'est ainsi qu'en plus du conteur nommé «Baptiste» on trouve «Dominique à Pierrot», qui intervient pour raconter l'histoire du sorcier Télesphore Brindamour.

On constate aussi un manque d'uniformité au niveau de la langue. Bourque a parfois recours à des expressions populaires pour créer un effet d'oralité, mais cela ne fait qu'accentuer le manque de cohésion de l'œuvre, dont le style prédominant est celui d'un auteur lettré. Quant à la qualité de l'écriture, de nombreuses fautes orthographiques, grammaticales et syntaxiques ont été relevées par Lauraine Léger dans l'édition critique de l'ouvrage.

Malgré tous ses défauts, il faut bien dire que les *Chez les anciens Acadiens* est un des très rares ouvrages du début du XXᵉ siècle à aborder, ne fut-ce que de façon superficielle, la vie sociale, culturelle et économique du passé. Les anecdotes au sujet des marchands et des juges de paix en Acadie, par exemple, ne sont pas sans intérêt. Enfin, si la vision du passé d'André Bourque est marquée d'une façon excessive par l'idéologie religieuse et nationaliste de l'auteur, cet ouvrage au caractère singulier a quand même mérité une édition critique par la Chaire d'études acadiennes de l'Université de Moncton.

RONALD LABELLE

Chez les anciens Acadiens. Causeries du grand-père Antoine, [Moncton, des Presses de l'Évangéline, 1911], 153[2] p. ; édition critique par Lauraine Léger, Moncton, Chaire d'études acadiennes, Université de Moncton, 1994, 290[1] p., ill. (Blomidon).

CHIMÈRES.
POÈMES D'AMOUR ET D'EAU CLAIRE
Robert Pichette
Poèmes (1982)

Chimères, publié en 1982 par Robert Pichette, homme de lettres, historien, journaliste, héraldiste, membre actif de plusieurs institutions artistiques et haut fonctionnaire au gouvernement du Nouveau-Brunswick, est l'œuvre d'un humaniste tel qu'on l'entendait à la Renaissance.

Le recueil est composé de 32 poèmes de longueur inégale : certains n'ont que quelques vers et d'autres s'étendent sur deux, voire trois pages. Une introduction intitulée «En guise de dédicace» situe la composition des textes à Moncton et les associe plus particulièrement à un lieu, un café : *La Cave à Pape*, que l'auteur considère, toute proportion gardée, comme le centre de la vie littéraire acadienne de l'époque, un peu comme *Le Café de Flore* à Saint-Germain-des-Prés. Cet ancrage dans un contexte français est multiplié par les nombreuses citations d'auteurs, la plupart français, qui servent d'exergue à beaucoup de poèmes. Les références à Marguerite Yourcenar sont les plus fréquentes, mais on trouve aussi des citations du poète latin Horace, de Paul Valéry, de Talleyrand, de Jean Cocteau et même d'un auteur plus moderne, Yves Navarre.

Les poèmes sont composés de vers libres sans effet de versification particulier ; le seul élément qui puisse se distinguer est le procédé de la répétition, que ce soit d'un vers ou d'un mot dans une suite de vers. La langue utilisée est le français standard, parfois un peu précieux ou savant, à la façon de certains poètes du XIXᵉ siècle, et l'on ne trouve pas de néologismes acadiens. Les seules références à l'Acadie, ce sont les rares images de l'hiver ainsi que le vocabulaire associé à la mer et aux bateaux, et un poème intitulé «Miscou», décrit comme un lieu de réminiscences, témoin du temps qui passe.

Le titre de *Chimères* rappelle naturellement le poète français Gérard de Nerval, mais la comparaison avec ce poète s'arrête là et Pichette va plutôt explorer le sens de «vaine imagination» qui est l'une des définitions du mot. Le thème central du recueil est la surprise et la découverte de l'amour, de sa disparition presque aussi rapide et de la nostalgie qui en découle.

L'aventure débute dans un poème intitulé «Prologue», qui dispose en vers libres les souvenirs émus de ces premiers moments de la cristallisation de l'amour comme l'aurait écrit Stendhal. Premiers moments qui ont un relent d'éternité puisque «Tu es venu, c'est pour rester». Dans les deuxième et troisième poèmes, intitulés «Offrande» et «Transmutation», la relation est brièvement revisitée, mais, comme chacun sait, il n'y a rien à dire sur le bonheur partagé et, à la fin du troisième poème, la messe est dite: «Aimons, aimons, aimons, / pendant que durent les éphémères amours / dont le couchant n'est jamais loin du levant.»

Avec le quatrième poème et les suivants, intitulés «Vague à l'âme», «Musée», «Masque», «À la mémoire de...», pour ne citer que ceux-là, le poète revisite l'émotion qu'il a vécue et oscille entre la nostalgie et la propension à tirer des leçons sur le temps qui passe et sur la destinée humaine. S'il ne reste que la mémoire et l'imagination, cherchons alors à créer «quelque[s] lourd[s] mausolée[s] de pierre et de marbre» qui sont autant de mausolées de larmes.

Le temps passe, les premières neiges dans un poème éponyme comparent la beauté nostalgique de cette saison à l'amour déchu qui s'est réfugié dans le rêve comme autant de cauchemars. Parfois, ce rêve se métamorphose en une image de voyage où «la caravelle fine, élancée, toutes voiles dehors courant vers le large» témoigne de la distance creusée par les jours figurant un horizon qui s'éloigne...

Aux trois quarts du recueil, le ton change et le poète, qui faisait du sur place, est de nouveau en partance: «Où allons-nous encore? / Dans quelle galère nous embarquons-nous / pour un autre voyage...» Nouvel amour, nouveau départ, et les trois poèmes qui suivent sont une tentative de reprendre la mer, avec cependant un vague pressentiment que cette course au trésor n'est encore que l'embarquement dans une galère de plus. Cette tentative de nouveau départ – métaphore, on l'aura compris, d'un nouvel amour qui promet le mouvement – s'achève par le même résultat que précédemment

dans le recueil, à savoir l'attente et finalement la solitude, l'esseulement.

Est-ce le destin de l'homme? Le poète conclut son recueil par une note humaniste mais aussi sceptique dans son poème «Pour recommencer», qui associe l'homme à une girouette écervelée: «toujours prête(s) à recommencer». Cela en est assez pour le poète... Ces voyages, en dehors du fait de l'avoir fait partir, ne l'ont mené nulle part, n'ont fait que le drosser sur des côtes déchiquetées et, par conséquent, il abandonne la partie: «À la porte de mon cœur / passants lisez: / Fermé pour cause de doute.» Finalement, tout cela n'est que chimères... mais c'est aussi l'espace de la poésie.

François-Xavier Eygun

Chimères. Poèmes d'amour et d'eau claire, [Moncton], Éditions d'Acadie, [1982], 46 p.

CHRONIQUE D'UNE SORCIÈRE DE VENT
Antonine Maillet
Roman (1999)

Dans *Chronique d'une sorcière de vent*, l'auteure-narratrice-protagoniste Antonine Maillet part à la recherche de l'histoire de Carlagne et Yophie, une obscure histoire d'amour impossible à caractère quelque peu scandaleux qui a capté l'imagination de la population du comté de Kent presque un siècle auparavant. Pendant plusieurs mois, la nonne octogénaire sœur Domrémy, qui a la réputation d'être «la plus grande chroniqueuse du pays», reconstitue les principaux événements de cette histoire en puisant dans sa mémoire et en se servant d'informateurs divers, mais également en ayant recours à la fibre intuitive de la mémoire ancestrale. Cette conteuse douée écoule «au compte-gouttes» l'histoire reconstituée des amants pour sa destinataire et disciple, Antonine, accompagnée de son *alter ego*, la jeune Radi.

Les événements de l'histoire reconstituée se déroulent entre les années 1908 et 1924.

Figure mythique qui se distingue par sa beauté exceptionnelle et un esprit passionné, Carlagne, dont le prénom serait dérivé de Charlemagne, est «la sorcière de vent» du titre (vieille expression désignant une tornade), la force de la nature qui secoue «le triangle bicornu» de Bouctouche, Saint-Norbert et Rogersville. Si, par sa beauté et ses goûts androgynes, elle séduit Marijoli Thibodeau, elle est elle-même ensorcelée par Yophie, le «démon» de Saint-Norbert. Le concubinage qui en résulte est vécu dans le mystère et la cruauté jusqu'à ce que Carlagne soit libérée de sa prison par Marijoli et sa famille. Retournée à Bouctouche après un séjour secret à la crèche Miséricorde de Montréal, Carlagne devient tenancière d'hôtel et inspire une œuvre sculpturale prodigieuse dans la région, œuvre qui sera minée par le temps, tout comme les souvenirs de l'histoire de Yophie et Carlagne.

Si Maillet a choisi une histoire populaire quelque peu épicée à «exhumer» et à reconstituer, il serait faux de dire que c'est là l'objet principal du roman. L'histoire de son personnage féminin, Carlagne, introduit le type peu commun de l'androgyne dans le récit mailletien et incite l'auteure à frôler, pudiquement, le sujet de l'amour entre femmes. Fascinée autant par le souvenir effacé de l'histoire populaire que par les pistes à découvrir, la narratrice déclare: «Un personnage, après tout, n'est qu'une figure parmi tant d'autres qui compose la vaste fresque qui se découpe entre les quatre points cardinaux de mon pays.» En focalisant son récit sur des interlocuteurs ainsi que des protagonistes féminins et en adoptant un discours non cartésien et une forme circulaire de narration, l'auteure met l'accent sur une sensibilité féminine et féministe, caractéristique de l'œuvre entière.

Maillet poursuit son enquête déjà entamée sur l'Histoire, sur la mémoire ainsi que sur les formes narratives, en l'occurrence la chronique, à laquelle elle accorde, par l'autoréflexion,

une démarche moderne. Traditionnellement définie par le temps (*chronos*), la chronique comme recueil de faits historiques est transformée par Maillet en nouveau genre littéraire, qui cerne tout autant la mémoire ancestrale de l'Acadie que la récupération et la construction de cette mémoire. Dans *Chronique d'une sorcière de vent*, Maillet reste fidèle à ses thèmes de l'héritage acadien et de la lignée familiale en tant qu'histoire du présent indissociablement reliée à l'histoire du passé. En bonne conteuse, elle brouille les frontières entre fiction et réalité: le néologisme mailletien «l'emprermier» (l'an premier), symbole des origines dans son œuvre, est rendu matériel et resémantisé par le fait de situer le temps du récit enchâssant dans un espace privilégié entre les XXe et XXIe siècles. De même, le récit est truffé de référents autobiographiques qui renvoient à la réalité de Maillet (le 10 mai 1929, par exemple, sa date de naissance, correspond à la date du décès du personnage nommé Léon). Ce faisant, elle surdétermine la fonction du passé dans le présent de l'auteure et du peuple acadien.

Comme dans *Le huitième jour* (1986) et ses œuvres ultérieures, Maillet accorde plus d'importance au métarécit et aux questions du caractère fictionnel de la chronique qu'aux histoires populaires. Ce sont les moyens narratifs – l'identité des interlocutrices, l'ordre et le rythme du récit, de même qu'une abondance de réflexions métanarratives – qui focalisent l'intérêt sur l'art de conter, sur la vérité de la mémoire et de l'imaginaire. Si l'auteure s'autoreprésente, elle précise ne «pas [être] libre de tout dire encore», incitant la chroniqueuse, sœur Domrémy, à filer son histoire. Le temps et la mémoire influent sur le discours de cette dernière: les obligations quotidiennes ainsi que les interruptions, les ellipses, les inconnus agissent sur le rythme et sur la structure du récit. En conséquence, ils l'insèrent dans le quotidien. Enfin, choisir une nonne comme chroniqueuse ajoute un élément ludique à la construction de l'histoire et met en jeu le combat entre pudeur et véracité.

L'œuvre mailletienne est construite sur la tradition orale et le français archaïque d'une Acadie révolue. Contrairement aux premiers textes, cependant, la langue populaire devient dans ce roman un outil stratégique utilisé d'abord par vraisemblance : elle rappelle la langue de la jeune Antonine à travers celle « truculente et pure » de Radi, elle valorise les origines paysannes de la docte sœur Domrémy et elle traduit la pluralité linguistique du peuple. Par espièglerie, Maillet accorde à sa narratrice Antonine quelques joyeuses occasions d'étaler sa connaissance de la langue populaire.

ESTELLE DANSEREAU

Chronique d'une sorcière de vent, [Montréal], Leméac, [1999], 282 p. ; Saint-Laurent, Club Québec loisirs, 2000, 281 p. ; Paris, Bernard Grasset, 2000, 301 p.

CHRONIQUES D'UNE ÎLE DE LA CÔTE
Jules Boudreau
Nouvelles (1999)

Rassemblant une douzaine de nouvelles, ce recueil est pour Jules Boudreau, auteur des pièces *Louis Mailloux* et *Cochu et le soleil*, une première incursion dans le monde de la prose. Dans *Chroniques d'une île de la côte*, le narrateur transmet les récits d'un conteur, Ozias Doiron, patriarche de l'île des Potabrés, île imaginaire certes, mais non moins ancrée dans le paysage réel, quelque part au large de la Péninsule acadienne. Participent également de cet ancrage certains éléments du folklore local, ainsi qu'une oralité caractéristique que l'on repère surtout dans le dialogue des personnages, mais aussi, à l'occasion, dans les paroles du narrateur. *Chroniques d'une île de la côte* raconte le quotidien des habitants de l'île des Potabrés dans tout ce qu'il a de pittoresque, de tragique parfois, mais surtout d'insulaire.

Chroniques d'une île de la côte, [Moncton], Éditions d'Acadie, [1999], 125[1] p.

LE CIRQUE BLEU
Jacques Savoie
Roman (1995)

Clown dans un cirque Barnum & Bailey, Hugo fuit la colère d'un père incestueux et lanceur de couteaux qui vient, en pleine représentation, d'assassiner sa fille, dont ils étaient tous deux amoureux. De retour à Montréal, qu'il avait quitté 10 ans plus tôt, il retrouve sa demi-sœur, Marthe, qui l'héberge et qu'il apprend à connaître dans la douceur et le respect. Le lecteur découvre ainsi que Marthe a elle aussi été victime d'un inceste paternel ; insensiblement toutefois, elle et Hugo ne peuvent à leur tour s'empêcher de ressentir l'un pour l'autre une émotion et des sentiments qui vont au-delà du simple lien fraternel.

Dans le giron de cet univers de blessures présentes et passées jamais refermées vit également le jeune Charlie, fils de Marthe, qui adopte cet homme bizarre venu s'installer chez eux. Lui-même déchiré entre deux mondes, deux familles, il erre dans un labyrinthe intime qu'il exprime par le biais d'immenses villes qu'il érige dans le salon familial, où règne un téléviseur sans images qui ne diffuse qu'une lumière bleuâtre et apaisante, d'où le titre. Il déambule ainsi dans ce monde construit autour des livres, gracieuseté de sa mère bibliothécaire, qui n'apprécie pas bien sûr l'usage incongru et limité qu'il fait de ces ouvrages empilés les uns sur les autres et dessinant rues et gratte-ciel.

Il reviendra à Hugo de lui faire découvrir, non sans embûches, la richesse de ces objets ; après les prouesses poétiques de Baudelaire, Charlie s'ouvrira à la magie du cirque, puis à la beauté du monde en général. Hugo lui donnera également accès à l'expression du cœur par l'intermédiaire d'un étrange instrument de musique à l'aspect de cornemuse, le parloir, qui a la curieuse capacité de traduire les émotions en musique ; on y lit des poèmes et il en sort des harmonies.

Survient finalement Bobby, le lanceur de couteaux, qui convainc Hugo que la mort de

Sally, sa fille, était accidentelle : les choses ne sont jamais ce qu'elles paraissent être. Le roman se referme sur l'idée du départ prochain du clown et sur la fin des relations amoureuses entre Hugo et sa demi-sœur Marthe.

Premier roman d'une trilogie officieusement intitulée la *Trilogie du crique* – le cirque symbolisant ici les méandres des rapports amoureux –, *Le cirque bleu* pose le premier jalon de toute relation intime, l'enchantement, improbable coup de foudre ici entre deux personnages qui se croient frère et sœur. Roman poétique et onirique avec une importance certaine accordée à l'intériorité, il fut l'objet d'une longue gestation de sept ans – Savoie n'ayant rien publié depuis *Une histoire de cœur* en 1988 –, pendant lesquelles le jeune écrivain produisit jusqu'à huit versions de son texte avant de finalement trouver son fil d'Ariane.

Après la famille éclatée, au sein de laquelle vivaient péniblement le Blaudelle des *Portes tournantes* (1984) et la Vapeur du *Récif du prince* (1986), Savoie se tourne vers la famille reconstituée, sujet de l'heure dans la littérature du dernier quart du XXᵉ siècle, mais y ajoute un zeste troublant, osé et original : est-il naturel et acceptable pour notre société de voir des demi-sœurs et des demi-frères longtemps séparés se retrouver et se découvrir des attirances allant au-delà de ce que vivaient les familles traditionnelles d'hier ? Savoie ne répondra pas à cette dangereuse question – Marthe et Hugo s'avéreront plus tard n'être pas liés par le sang –, mais il aura su maintenir le lecteur, tout au long du roman, dans cet état d'instabilité et d'inconfort qui provoque inévitablement la réflexion.

Pudeur et nuance dominent en effet ce texte tissé en prolepses et analepses, jeux du temps qui permettent au narrateur, dans une économie de mots qui n'est pas sans rappeler l'écrivain québécois Jacques Poulin, de suggérer sans nommer, d'énoncer sans affirmer. Hugo devient ainsi la métaphore du célèbre aviateur de Saint-Exupéry, Charlie et Marthe, la double personnification du petit prince.

Savoie a tôt fait de laisser entendre au lecteur que, dans une relation humaine, tout est question de doux apprivoisement. Le caractère paisible donné à l'évolution des liens entre Hugo, Marthe et Charlie, toujours exprimé en demi-teintes, contraste sensiblement avec la violence de leurs passés respectifs et le contexte urbain dans lequel ils évoluent. Montréal étouffe progressivement et se transforme peu à peu en dépotoir, situation outrageante qui permettra à Marthe et Hugo de se découvrir, outre les livres, une seconde passion commune : la défense de la nature. *Le cirque bleu* se présente donc également, à sa façon, comme un roman de l'écologie où les technologies avilissantes – comme cette télévision, dont on avait perçu les dangers dès *Raconte-moi Massabielle* (1979) – sont délaissées au profit de l'écrit, héritage de ce père à la fois tant aimé et tant détesté.

Roman de l'amour, roman des amours, roman métaphorique du retour de l'exil, *Le cirque bleu* propose la patience, la tendresse et la passion comme solutions aux problèmes d'un monde de l'intime de plus en plus complexe. Les mots et la musique, par ailleurs, continuent de former pour l'auteur, ancien musicien, un tout significatif, ici à travers cet élément de réalisme merveilleux qu'est le parloir.

La courte échelle, alors nouvel éditeur de Jacques Savoie, fit de ce roman, simultanément avec *Le collectionneur* de Chrystine Brouillet, la première publication de sa collection destinée aux adultes. Ce passage aux Éditions de la courte échelle sera également pour l'auteur l'occasion d'explorer, dans *Toute la beauté du monde* (1995), *Les fleurs du capitaine* (1996) et *Une ville imaginaire* (1996), la littérature de jeunesse, une littérature inspirée en partie des situations et personnages du *Cirque bleu*, dont le Charlie de ce roman, que l'on retrouve dans sa seconde famille. Jacques Savoie a tiré un scénario de son roman, dont les droits ont été achetés par le cinéaste québécois Claude Héroux.

JEAN LEVASSEUR

Le cirque bleu, [Montréal], La courte échelle, [1995], 155[3] p. (Roman 16 / 96).

CLIMATS

Herménégilde Chiasson
Poèmes (1996)

Dans une démarche qui prend naissance avec *Prophéties* et se prolonge par des recueils comme *Conversations* ou *Brunante*, *Climats* est avant tout un parcours existentiel, un lieu de réflexions, une volonté de faire le point sur un parcours de vie à la fois insaisissable et frustrant, alors que les mots, plus encore que les images, se révèlent incapables d'analyser la situation sans trahir la complexité même de ce qu'ils voudraient désigner. Réflexions inspirées par l'environnement, par des souvenirs d'enfance, par le contexte social et culturel, par l'espace particulier à la relation de couple, par la difficulté d'être collective. Dans le cadre explicite des quatre saisons, au journal de printemps succèdent les nouvelles poétiques de l'été et les mémoires de l'automne font place aux légendes de l'hiver. Les textes du printemps, portant tous une date et un lieu d'écriture, s'échelonnent de 1968 à 1990 et couvrent un espace allant du pivot Moncton à Paris et à Prague. Des textes de prose descriptive et introspective alternent avec des textes plus poétiques de forme libre. Les textes de l'été, avec vers et rimes, nous renvoient à des images mêlant mythologie de l'Antiquité européenne classique et l'étrange et pourtant si ordinaire modernité de l'américanité acadienne de Moncton. L'automne se compose essentiellement de l'observation poétique d'un double monologue, celui de «Lui» et d'«Elle», réflexion sur la vie et ses insolubles contradictions. L'hiver nous plonge dans une prose narrative très visuelle, longs textes de réflexion statique nous situant au cœur d'un hiver collectif aussi bien qu'individuel. Une dernière date clôt le volume : «Robichaud, [...] 1993», alors que le poète, graphiste et cinéaste met dans son chalet la dernière touche à un livre de vie qui constitue aussi, une nouvelle fois, un rapport sur l'état de ses illusions. Il s'agit du texte peut-être le plus symphonique de toute la création d'écriture poétique d'Herménégilde Chiasson.

Entre l'auteur et l'écrivain, utilisateurs tous deux du langage, la différence n'est pas de degré, mais de nature. L'un utilise un langage convenu pour analyser, classer, étiqueter ; pour l'autre, le langage est exploration, la page – ou l'écran – lieu de recherche, mise à nu de problèmes, visualisation d'insolubles contradictions. Alors que «La saison avance», alors que l'âge pousse à la réflexion l'écrivain déjà porté au monologue méditatif, tout semble de plus en plus complexe, l'écriture faisant appel à des voix nouvelles tout comme la création à des formes diverses, imparfaites, insuffisantes, mais essentielles. Il n'est pas surprenant que *Climats* nous présente une variété de rythmes, de visions, de techniques pourtant structurés par le cheminement des quatre saisons, vécues et conjuguées à toutes les personnes. Le «vous», devenu fréquent chez Herménégilde Chiasson, désigne aussi bien le père que l'amante, la collectivité comme le lecteur lui-même, interpellé directement. Au moi masculin peut répondre le toi féminin. Loin de se prendre pour un mage, le poète peut vivre la difficulté d'être du «nous» collectif, acadien ou planétaire. Diversité de personnes, angles de prise de vues variés, recherche de formes différentes.

Dans la première partie, «Printemps», l'auteur mêle forme poétique et poésie en prose. Daté, le parcours commence à Moncton en 1968, par un texte lyrique dans lequel le poète s'adresse à un «tu», conscient qu'il aura toujours besoin de s'adresser à quelqu'un pour exprimer son désir : «Et la saison avance / les radios jouent plus fort / les arbres sont plus longs qu'avant / le plafond est plus blanc... / et tu me cries / je cours inlassablement vers toi / c'est ridicule / je sais / mais la saison avance / le jour est plus court / C'est ridicule / je sais.» Toute la démarche est déjà ici : sensibilité visuelle particulière, non seulement aux éléments visuels statiques et à l'agencement de couleurs, mais aussi perception particulière d'images en séquence renvoyant à l'œuvre filmique, associée à un sens douloureux du passage du temps, de cette image de «la saison qui avance» et qui est déjà l'écho de *Mourir à Scoudouc,* paru en 1974, soit six ans plus tard que ce texte, si l'on se fie à la date citée comme date d'écriture. Ce *printemps* nous propose une genèse de l'écriture. Il faut rythmer le cri, lui donner forme. La culture de référence est ici pluriforme, de la culture américaine populaire au printemps de Prague. Trois «chanson[s] western[s]» nous plongent dans l'échec de l'amour, les limites dans lesquelles l'âge nous enferme et ce désir complexe de chercher un sens. Les mots manquent de solidité et de docilité, devenant même trompeurs. Souvenirs de Paris et de Moncton annoncent déjà la confrontation estivale entre mythologies rassurantes et contradictions de vie. Sur quelles routes, obscures, s'engager? Réflexions sur la vie, épiphanies culturelles, notations d'airs entendus, lectures partagées nous amènent pourtant à la lisière du désespoir. Des bateaux se perdent, une année de déluge, la terre boit et le peuple poursuit une errance collective autant qu'individuelle. Moncton, lieu apparemment surréaliste en 1984, est aussi lieu de révélations qui sont autant de figures emblématiques. Peut-être que rien, ni la danse d'une femme nue ni les mille couleurs des couches de texte, ne peut être mesuré. On parle de tout: un atelier avec des enfants, une discussion avec des Marocains à propos de Kadhafi. Les étapes de la création forment déjà un *blog* poétique. La beauté n'est peut-être qu'un effet de lentilles. *Climats,* c'est aussi la tentative de préserver, dans une sorte d'hymne, la mémoire de lieux privilégiés, comme le mythique Kacho, dans l'obscurité souterraine duquel s'est élaborée la dynamique

du groupe de *Toutes les photos finissent par se ressembler,* dans sa fluidité, dans ses anecdotes. Il n'y a pas de vérités absolues. Pas plus qu'il n'y a de forme absolue. Les livres d'enfance à Saint-Simon renvoient à une danse avec le diable qui rejoint le pacte avec Satan des gravures de Dürer. Les textes? Notes prises au fil d'événements. À la stabilité du paysage de la baie de Caraquet s'oppose la déportation permanente du film *Le taxi Cormier.* Il faudrait avoir plusieurs destins, des vies polyphoniques.

Les «reportages» de l'été explorent des poèmes de forme plutôt classique dans lesquels des figures mythologiques de l'Antiquité européenne se trouvent soudain prises dans l'environnement du paysage acadien, ici ou ailleurs. «Orphée aux enfers d'Ottawa» touche au vrai désespoir: «tu t'affaires à gérer le désordre du monde / le vent t'a suivi dans une autre réunion / à faire des graffitis sur du papier brouillon / tandis que dans la rue la mort rôde et gronde». Mythologie et vie quotidienne ajoutent à la schizophrénie et aux contradictions ambiantes. Méduse se tord dans une beauté convulsive au Kacho. Énée est sur la rue Highfield. Place Champlain, Ariane en voiture japonaise achète des pâtés dans du plastique. Kennedy n'est pas mort, lit le poète en la regardant dans un écho de *Rapport sur l'état de mes illusions.* Apollon est à l'école Aberdeen, Œdipe rue Veniot. Icare, figure familière au poète, tombe sur l'autoroute 15 et cet accident fait naître des doutes. Ulysse regarde l'île aux Puces et voudrait repartir plutôt que de rester enfermé dans ce mausolée où il voit la suite de la trahison réductrice de l'âme d'un peuple. Hypnos s'échappe de la rue Main. Le monde est incompréhensible à travers ses bulletins de nouvelles, il ne reste que le rêve individuel, qui nous mène à l'automne.

L'automne nous présente d'abord un personnage qui parle de petitesse, parce qu'il est temps d'admettre que la force printanière n'est plus là. Ce personnage est soudain réduit, enlacé, emprisonné par des mots dont il ne maîtrise plus le jeu. À ce «il» répond une

«elle», attachée à lui par un lien aussi profondément amoureux que celui des statues dans
les cathédrales. Lui, il boit trop. Il parle trop. Il
promet trop – n'importe quoi. Il est fatigué et
c'est un catalogue de ses actions, du quotidien
à la folie, qu'il établit. Il pourrait s'endormir ;
elle, elle parle d'enfants. La vie est fragile,
modifiable, banale et absurde à la fois, et le
langage tout cela aussi, mais masculin – et
incapable de dire vraiment l'épaisseur concrète
de la vie. Il lui parle de l'âge d'or, milite désormais de façon sage et mesurée, mais c'est pour
mieux saisir les occasions que sa passion
ancienne n'arrivait pas à saisir.

Enfin l'hiver, où les formes changent, qui
marque la fin du cycle, voire de l'existence, et
dont l'écriture a nécessité l'espace d'une vie
entière : « Il m'a fallu le temps d'une vie pour
écrire ce texte. » Nous y retrouvons « l'enfant »,
qui regarde l'écran dans la maison froide.
L'enfant qui, comme le poète, s'enferme peu à
peu alors qu'il rêve. « Ils » ont voté une résignation collective. Mais doit-on accepter l'hiver ?
Ne devrait-on pas le dénoncer une fois pour
toutes ? La métaphore de l'hiver est évidente
pour ce pays de neige dont la page blanche n'est
que l'émergence finale. Une femme marche
dans la neige. Un chien danse. Elle réveille un
pâle souvenir dans une atmosphère délétère.
Alcool et oubli conspirent. Les conversations
sont futiles, car l'hiver s'est insinué jusqu'au
creux des langues. Le « nous » collectif est ici
celui d'une communauté frigidifiée sous le
regard des autres, réduite par les prétentions
des autres, exploitée par d'autres, insinués dans
son regard, dans sa voix. Où entendre la vraie
voix ? Ici, ailleurs ? Les scénarios les mieux pré-
parés ouvrent sur d'autres textes, l'œuvre de
poeisis n'est jamais complète ni terminée et la
mort du moi, provisoire ou permanente, ne
sera jamais qu'un lien, que quelques climats
dans le parcours chaotique et souvent contra-
dictoire de la communauté.

Henri-Dominique Paratte

Climats, [Moncton], Éditions d'Acadie, [1996], 129 p., ill.

COCHU ET LE SOLEIL. PIÈCE EN TROIS ACTES
Jules Boudreau
Théâtre (1978)

Grégoire Cochu, déporté de Beaubassin, « a
sué dans vingt ans » pour offrir à sa femme et
à ses deux filles, Sophie et Isabelle, un nouveau « chez eux » : une modeste maison « sur
pièces » et quelques arpents de terre péniblement défrichés le long de la rivière Saint-Jean.
Un soir de l'automne 1783, une famille loyaliste vient prendre possession de ce bien en
vertu de documents émis par le gouvernement
anglais. Cochu tient admirablement tête aux
King, qui viennent entrer en possession de la
demeure, mais il convient rapidement que la
solution la plus sage est d'aller « se replanter
les pieds pis essayer de prendre racine dans [le]
boute [de] Caraquet », après avoir mis le feu à
cette demeure qu'il a construite de ses mains et
dont la loi vient de le déposséder. Ainsi prend
fin l'acte I et commence le cheminement dans
le bois de la famille Cochu, accompagnée dans
l'épreuve par un ancien voisin, le « coureur »
de bois Cormier. Dans le campement de fortune surgit Leonard, le fils des King morts
dans l'incendie de la maison. Leonard, bien
décidé à faire traduire Cochu en justice, est mis
à mal et devient prisonnier puisque personne
ne peut se résoudre à le tuer ; même si Cochu
a lutté autrefois dans le bois pour sa survie, il
ne peut aujourd'hui assassiner de sang-froid
un jeune homme. Quand débute le troisième
acte, le petit groupe a progressé et se trouve
maintenant dans un autre campement près de
la rivière Miramichi, près du but. Si Isabelle se
montre aussi combative que son père et attend
avec joie de rencontrer les autres Acadiens,
ceux du Nord, Sophie, pour sa part, rêve d'une
vie sans exil, sans dérangement. Au moment où
cette dernière s'apprête à s'enfuir avec Leonard,
Cochu fait état de sa tragédie personnelle :
aucun de ses enfants ne peut relever son nom,
et pourtant, il a eu un fils autrefois.

De la quinzaine de pièces dramatiques composées par Jules Boudreau, *Cochu et le soleil* est

l'une des rares à avoir été éditées. Ceci semble être, du reste, le sort du théâtre acadien, pour lequel on constate un réel décalage entre ce qui a été représenté et ce qui a été publié. Comme pour *La bringue* ou *Louis Mailloux* (dont Jules Boudreau a écrit le dialogue), *Cochu et le soleil* puise ses sources dans l'histoire acadienne. À travers le destin du personnage éponyme, Grégoire Cochu, l'auteur dépeint les déportations et les errances, mais aussi la détermination et l'attachement à forger un pays de la « race » acadienne. En outre, Boudreau se sert de son personnage pour aborder la tragédie collective : au drame d'un père qui a perdu son fils se mêle celui d'un peuple qui a perdu sa terre. Enfin, les protagonistes de la pièce (les filles de Cochu, notamment) représentent de façon presque archétypale les choix de vie limités et déchirants qui s'offrent à l'Acadien : d'un côté, assimilation ; de l'autre, perpétuation de la race dans la misère et l'isolement. Au dénouement, Sophie part avec le fils du colon loyaliste, elle renie sa « race », « une race maudite, que je dis, moi ! […] une race qu'avait pas de pays ! » pour « vivre dans un vrai village, avec des voisins, dans un vrai pays, comme du vrai monde ! » À l'inverse, Isabelle, fidèle à l'image de son père, incarne la volonté, la résistance : « Ben moi […] je vas toujours ben ouère si que je me trouverai pas un petit coin de terre au soleil, moi ! […] mes enfants à moi, ça sera des Acadiens. […] Pis y parleront dans notre parler, comme des chrétiens ! »

À la manière d'autres jeunes auteurs acadiens qui émergent dans les années 1970, Jules Boudreau propose un théâtre engagé. Il utilise tout autant la représentation théâtrale que la reconstitution historique comme des instruments d'affirmation nationale et des moyens d'expression identitaire. L'art et l'histoire sont autant d'outils de revendication sociale et, *in fine*, le recours à l'histoire sert un dessein plus grand : l'illustration du combat contre l'injustice, pour la liberté et la reconnaissance. Ce combat est toujours actuel : la dédicace à Jackie Vautour et aux expropriés de

Kouchibougouac, qui apparaît dans la seconde édition (« À Jackie Vautour et aux déportés de Kouchibougouac / Puissent-ils être les derniers »), est explicite sur ce point. Il s'est agi, pour la génération d'artistes à laquelle appartient Jules Boudreau, de sortir d'une conception de l'histoire acadienne misérabiliste.

Notons encore la facture très « classique » de l'œuvre, du point de vue tant formel que thématique. Par exemple, comme c'est souvent le cas dans une pièce de répertoire, un enlèvement détermine l'action. Cependant, il n'est pas question ici de l'enlèvement d'un être, mais plutôt de la terre, qui acquiert le rôle de véritable personnage. Si l'unité de lieu n'est pas respectée, c'est que les « lieux » de la pièce sont investis d'une charge symbolique forte. *Cochu et le soleil* s'ouvre sur un tableau « bucolique », idyllique (la maison en rondins, les menus travaux saisonniers). Ce lieu fermé qui figure l'intimité rassurante, réconfortante, la chaleur du foyer, s'oppose au lieu ouvert (des actes II et III) : les campements en pleine forêt, lieu froid et hostile certes, mais aussi lieu d'aventure. En outre, l'absence d'unité de lieu symbolise l'errance, le déracinement perpétuel du peuple acadien. Ceci étant, l'espace dramaturgique initial – la maison des Cochu – n'apparaît qu'un temps comme un enjeu de l'action, un lieu à conserver. De même, pour ce qui est des lieux évoqués, le berceau acadien que représente Beaubassin ne fait l'objet d'aucune idéalisation. Les forces de Cochu ne se perdent pas dans la nostalgie ; il n'est pas question de pleurer sur l'Acadie perdue. Les héros de la pièce marchent vers le Nord pour vivre parmi les gens de leur « race ». De manière plus générale, la réflexion sur l'espace, le territoire, la hantise du pays traverse la pièce comme elle irradie dans toute la littérature acadienne.

Soulignons aussi une intertextualité dense, complexe, avec différents textes acadiens. Par l'affirmation de l'identité française et chrétienne, l'éloge des liens de filiation, la valorisation du travail de la terre et l'attachement à celle-ci, ce texte fait indéniablement écho aux écrits des premières Conventions nationales et à de nombreux textes canadiens-français du XIXᵉ siècle et des débuts du XXᵉ siècle. Mais à une vision passéiste, pessimiste et renfermée, notre auteur substitue une représentation moderne, optimiste et ouverte. Cette mise à distance se nourrit auprès d'auteurs acadiens contemporains. Le refus de l'archaïsme et de la folklorisation ressort enfin du traitement de la langue, définie explicitement par un avertissement au lecteur. Si l'action est circonscrite au XVIIIᵉ siècle, ce qui pourrait justifier en soi l'usage d'une langue vieillie, l'auteur n'a pas «voulu faire de la langue un obstacle […]. [En conséquence], d'aucuns [ne devront] s'étonn[er] de ne pas trouver dans ce texte une reconstitution du parler archaïque acadien.» Pour autant, la langue de Cochu n'est pas l'artefact qu'est le français standard, mais celle que ses compatriotes «emploient habituellement». Le réalisme linguistique est donc géographique et non historique. Le travail linguistique de Boudreau s'attache pas à rendre un idiome d'époque, mais à utiliser la parole acadienne – ou du moins sa représentation lettrée – comme code commun pour marquer sa connivence avec le milieu, afficher sa différence et aussi donner droit de cité à la langue de ses contemporains.

LAURENCE ARRIGHI

Cochu et le soleil. Pièce en trois actes, Moncton, Nouveau-Brunswick, Éditions d'Acadie, [1979], 82 p.

COMME EN FLORENCE
Léonard Forest
Poèmes (1979)

Ce deuxième recueil de poésie de Léonard Forest lui a valu le prix France-Acadie en 1980. L'auteur est reconnu non seulement pour ses nombreuses publications, mais aussi pour son œuvre cinématographique de premier ordre, où il explore en particulier le paysage historique et géographique acadien.

Le recueil *Comme en Florence* est composé de 18 poèmes qui peuvent s'étaler sur plusieurs pages et est illustré de 7 dessins de François-X. Chamberland, en plus de celui de la page de couverture. Le recueil est dédié à Anna Malenfant, cantatrice acadienne (1902-1988), qui a proposé, à travers son art, un nouveau visage de l'Acadie. Les poèmes ont tous un titre et ils sont ponctués, mais n'ont aucune lettre majuscule en début de vers. Certains paraphrasent de très loin des chansons populaires et utilisent la même technique de la répétition que l'on trouve dans ces morceaux. Les vers sont de différentes longueurs, allant du vers en prose au décasyllabe, sans obéir à aucune forme fixe en particulier. Le dernier poème, «Itinéraires», est le plus classique et l'on y trouve même des vers très proches de ceux de Verlaine ainsi que des thèmes rimbaldiens. Le choix de la langue est classique et les références à l'Acadie sont géographiques parfois et culturelles souvent. Les images de la mer et de tout ce qui s'y associe pourraient être le champ lexical qui traduit le mieux l'acadienneté de ce recueil.

Le titre de l'ensemble, *Comme en Florence*, est aussi le titre du sixième poème et l'on ne peut que s'interroger sur cet indice de comparaison : de quelle Florence s'agit-il, la ville ou une femme portant ce nom ? On pourrait croire que c'est à Florence et grâce à une Florence que le poète s'est découvert et il joue de cette ambivalence, comme si le lieu chargé d'art et la personne, piège à émotions, avaient provoqué, allumé cet embrasement de vers et de création poétique. Quoi qu'il en soit, ce recueil doit aux lieux, Florence et, par comparaison, l'Acadie, de même qu'à une Florence, égérie à qui l'auteur s'adresse à maintes occasions dans son recueil, l'essentiel de son inspiration, comme semblent l'indiquer les dessins de Chamberland.

Ce recueil témoigne d'une interrogation, mais aussi d'un engagement en poésie. Le premier poème, «Prologue», pose la question de l'écriture : «faut-il en son frère avouer les / cent et douze naufrages / où les mots mis en partage nous / ont amenés?» À la suite de ce premier questionnement, le poète va dévider les fils qui nouent son existence et, dans une interrogation qui ne cessera de se poursuivre, il tentera de désamorcer les doutes et les certitudes qui façonnent son être. Les quatrième et cinquième poèmes, intitulés «Contre-exil» et «Vertige», résonnent différemment dans le contexte acadien. Il s'agit de départ ou d'exil, mais ici c'est un exil choisi, au contraire de l'Exil originel. Pourtant, cela ne se fait pas sans peine, chaque départ étant source de vertige pour celui qui part, mais aussi pour ceux qui restent. Cependant, dans ses bagages, le poète emporte avec lui sa culture et son langage, qui lui serviront de filet pour se nourrir, pour exister: «je ne partais point seul, mais tout au bout du quai / je ne voyais de loin qu'amis interloqués. / je reprenais en moi l'indicible langage / et m'en tissais filet pour emmener au large.» Ensuite, c'est la découverte de Florence, ville ou femme, sorte de baptême dans ce qui fait la richesse de la culture occidentale, voyage initiatique au cœur d'une renaissance toujours opérante et qui permettra au poète d'avoir un autre regard sur son pays maternel. Cette confrontation avec Florence a le pouvoir de raviver le souvenir et le désir du retour dans un pays secret qui n'est plus tout à fait celui qu'on a quitté et qui est à recomposer: «ne m'appelle pas dispersion; / ma souvenance est immense et haute, / j'aime de partout m'inonder du rêve lent / d'une Acadie à redire». Malgré que «mon amie n'écoute poésie», elle, qui qu'elle soit, entend la chanson ancienne et le poète s'interroge sur ce qu'il lui dira, ce que son cœur pourra entendre («Beaux messagers»).

Arrivé à un carrefour de sa vie et de sa préoccupation poétique («Carrefour»), l'auteur, dans les poèmes suivants, cherche à s'immiscer dans un discours, à la fois à la mesure de son propre cheminement et témoin d'un peuple; discours qui se veut régénérateur et qui doit se détacher d'une malédiction («La malédiction») imposée par l'histoire et par «le cœur piégé». De quoi s'agit-il, de «cette porte qu'on vient de fermer [, ...de] ce pays qu'on a l'air d'interdire»? Le poète ne peut renier son «ancienne promesse» et propose qu'au large du temps (dans le poème éponyme), «nous irons vers ces jours qui se lèvent».

Il faut donc, avec le poème *J'avais bâti maison* – qui est construit sur la chanson populaire «Mon père avait bâti maison» – se détacher de celle-ci et de ses «sourires blancs / d'échafaud». Alors, cette «Acadie à redire» se doit d'être redécouverte, redéfinie, et ce, par la chanson, par un mot, par une berceuse comme le laisse entendre le poème suivant, intitulé «Paroles pour une dame de compagnie». Le poète se fait pressant et voudrait que cette dame de compagnie, par la parole ou le chant, lui permette de calmer «la douce folie de [ses] heures», mais aussi de combler «l'aveugle bergère du temps qui passe», afin que le poète puisse «semer l'espérance».

Le dernier poème du recueil, «Itinéraire», surprend un peu par un mélange de tons et par l'intertextualité qui ramène le lecteur à des vers de Verlaine et à une conception de la poésie quasi identique à celle de cette époque. Toutefois, et c'est en cela que ce poème conclut le recueil, le rôle que le poète attribue à la poésie est clairement évoqué et précisé: «je plante poésie comme semence, / j'en connais les commencements / mais je ne sais jamais comment / jardin poussera de cette démence.» Après les premiers vers du début du recueil, qui s'interrogeaient sur la pertinence d'un engagement en poésie, la démonstration et la réponse proposées justifient grandement cette quête poétique.

FRANÇOIS-XAVIER EYGUN

Comme en Florence, dessins de François-X. Chamberland, [Moncton], Éditions d'Acadie, [1979], 107[2] p.

COMME UN BOXEUR DANS UNE CATHÉDRALE
Dyane Léger
Poésie (1996)

Cette cinquième œuvre poétique, en vers libres, aborde conjointement la tourmente dans laquelle semble vivre une femme meurtrie, confinée au mutisme, et le rapport ambivalent qu'entretient l'auteure avec le processus d'écriture. À travers les huit sections, qui rappellent les huit *rounds* d'un match de boxe, la locutrice subit une évolution évidente, résultat du combat qu'elle livre contre elle-même. Vu le caractère fortement introspectif de l'écriture, l'auteure semble jouer en quelque sorte le double rôle de locutrice et de réceptrice. Le processus créatif est alors perçu comme un miroir dans lequel on peut s'observer grâce à des personnages qui procurent la distance nécessaire à l'introspection. L'écriture est cependant un chemin parsemé d'obstacles, la peur de déterrer de vieux fantômes pouvant parfois pousser à travestir ses émotions ou à se réfugier dans l'univers des mots, à «croire dur comme fer / que par la force du Verbe / les mots deviendront chair». On trouve ainsi une locutrice rongée par le repentir d'une histoire d'amour impossible, où le sang a rougi les draps d'un couvent et où une enfant mort-née a été enterrée sous un pommier. Emmurée dans son silence, désillusionnée, elle est contrainte à une écriture thérapeutique pour purger ses angoisses. L'écriture devient ainsi un moyen de propager son cri – et de tenter de rétablir la justice –, malgré la censure et le conformisme passif qu'on attend de la femme. En somme, cette locutrice, qui s'acharne dans le silence sur les stigmates de son passé, bafouée par l'Église dont l'hypocrisie est dénoncée explicitement, c'est aussi l'Acadie. De ce combat, la locutrice, et éventuellement (comme elle semble le souhaiter d'une manière implicite) son propre pays, acquerront la sagesse de se détacher de leur passé pour se tourner résolument vers l'avenir.

Comme un boxeur dans une cathédrale, [Moncton], Éditions Perce-Neige, [1996], 149 [3] p., ill. de l'auteur. (Poésie).

COMME UN OTAGE DU QUOTIDIEN
Gérald Leblanc
Poèmes (1981)

Premiers pas de Gérald Leblanc dans le monde littéraire, *Comme un otage du quotidien* est une œuvre poétique liée de près à l'Acadie moderne. On y perçoit graduellement la recherche identitaire d'un locuteur tiraillé entre une identité folklorique, rurale, et un nouveau mode de vie plus rapide, rythmé, urbain. Le lecteur est confronté au contraste qui marque la vie de ce locuteur, constamment en transit entre «le trafic des nuits de moncton» et «[un] déjeuner / dimanche après-midi / à tracadie». Ce rythme, c'est essentiellement celui des réalités quotidiennes dont le «il» est l'otage malgré lui : le rythme de la musique, du violon folklorique au reggae, mais aussi celui d'une cigarette qui brûle ou celui de l'acte sexuel. Dans la première section du recueil, des textes plus concis suggèrent la nostalgie d'une appartenance, le locuteur étant toujours imprégné de son origine. La deuxième section, dont les textes ont été lus pour la plupart lors de soirées de poésie, affiche pour sa part cette autre nostalgie d'une jeunesse active et engagée. Elle illustre d'une manière plus explicite une thématique déjà présente dans la première, soit celle de la justice sociale, dénonçant la guerre, le racisme, l'argent, etc. En somme, *Comme un otage du quotidien,* c'est plus que les premiers pas littéraires d'un auteur, c'est le cri d'alarme d'un observateur lucide, témoin d'une nouvelle réalité acadienne, qui commence à peine à s'émanciper du quotidien ou de la banalisation dans laquelle elle est confinée.

Comme un otage du quotidien, [Moncton], Éditions Perce-Neige, [1981], n. p.

COMPLAINTES DU CONTINENT. POÈMES 1988-1992
Gérald Leblanc
Poèmes (1993)

Reflet de cinq années d'écriture (1988-1992), ce recueil s'impose avant tout comme un art poétique dans lequel le poète cherche à retracer l'origine et le sens de son œuvre. *Complaintes du continent* est aussi un hommage à l'espace nord-américain, dont la culture musicale et littéraire, de la Nouvelle-Orléans à Moncton,

fonde l'intervention du poète et la spécificité de son langage. L'ouvrage comprend une cinquantaine de poèmes et se divise en deux parties inégales. Une première partie, s'intitulant «Ma complainte du continent», permet de formuler, en marge de la thématique générale de l'espace chère à l'écrivain, toute une série d'images récurrentes liées à la dérive urbaine et à la modernité culturelle. Un second groupe de poèmes, sous le titre d'«Amérique instantanée», explore, dans une forme plus ample et plus éclatée, les effets de l'écriture automatique et le renouvellement de l'imaginaire poétique par les hallucinogènes. Bien que les deux parties de l'ouvrage soient liées par de nombreuses références autobiographiques, elles ne forment pas pour autant une structure unitaire, chacun des textes gardant son autonomie de sens et de composition. L'ensemble du recueil gravite autour de l'évocation de l'américanité de l'espace acadien et de la mouvance inévitable des lieux d'appartenance. À la recherche de ses origines, le poète emprunte paradoxalement des voies multiples qui l'amènent à toujours redéfinir l'identité. *Complaintes du continent* est, à n'en pas douter, une des œuvres majeures de Gérald Leblanc. Sa publication, comme celle de *L'extrême frontière* en 1988 et des *Matins habitables* en 1991, marque une période d'intense activité créatrice, au-delà de laquelle la thématique de la traversée des frontières géographiques et mentales chez ce poète paraîtra largement épuisée.

Dans *Complaintes du continent*, l'écriture est toujours un acte paradoxal. Issue des plus grandes traditions, tirant de ses affiliations au passé la logique de sa permanence, elle n'est pourtant qu'un instantané de la vie quotidienne, un «refuge temporaire». C'est ce dernier aspect qui compte. La poésie incite à une activité incessante. Marcheur inépuisable, le poète évoque les rencontres et les conversations qui, circonstances toujours chargées de sens, ponctuent sa journée. Son espace de prédilection est celui de la ville (Moncton), dont Leblanc fait ici, comme

dans ses œuvres antérieures, un éloge inconditionnel. Lieu dynamique et incertain traversé par d'insurmontables tensions, la ville est ce qui permet de résister aux identités figées et stériles. Elle fait échec à tous les conformismes sociaux et réconforte le poète dans sa recherche de spontanéité et d'inattendu. «Nous prenons la parole n'importe où», affirme-t-il d'entrée de jeu. Tout l'art poétique de Leblanc semble jouer sur la double signification de cette simple phrase. Le poète parle: c'est bien son histoire à lui qui s'exprime et se construit dans l'œuvre. Mais du même souffle, les mots se logent «n'importe où» et la poésie est le récit d'une quête ouverte et d'une itinérance.

L'écriture est donc la médiation d'un espace. Dans *Complaintes du continent*, les lieux familiers du quartier monctonien ne cessent de s'élargir, de prendre de l'amplitude. Si le marcheur note dans son «cahier noir» ses impressions, ses rencontres, ses rêves, c'est que tout cela préfigure l'espèce d'extase spatiale que permet la poésie. Être ici et maintenant, dans l'instantanéité du quotidien, c'est déjà être ailleurs, hors de soi-même, inscrit dans la durée des lieux: «ici espace demeure». Relayée par ce constat essentiel, l'idée de permanence s'oppose au déracinement onirique, dont la poésie de Leblanc est partout l'exercice.

Investigation de l'espace, la poésie n'est pas un récit de voyage. L'espace ouvert reste avant tout celui du désir, «l'attrait magnétique / des géographies brûlantes». Nous sommes au cœur de l'imaginaire. Leblanc invente autant Moncton – où semble converger la folle frénésie des métropoles américaines – que New York ou la Nouvelle-Orléans. La «complainte» retrace alors la superposition des imaginaires urbains. Si la ville fascine tant, c'est qu'elle est justement une entité apolitique. La poésie de Leblanc ne laisse place à aucune rêverie nationaliste, car le «pays» est par-dessus tout une «idée» et sa cartographie suit l'itinéraire imprévisible de l'artiste en quête de lui-même.

La seconde partie de *Complaintes du continent*, intitulée «Amérique instantanée», s'ouvre sur un hommage à Raymond-Guy LeBlanc. Mais cet hommage n'est pas simplement, comme on aurait pu s'y attendre, l'éloge d'une œuvre fondatrice de la poésie acadienne contemporaine. Il est plutôt l'occasion d'une célébration de la ville et de ses «cris». Le poète y habite et y loge sa dérive incessante. Au-delà du Moncton familier, les «musiques folles de l'Amérique» ne cessent de pénétrer sa conscience. L'Amérique, revue par Leblanc, est ainsi traversée par de grandes forces idéalisatrices. Elle permet de réconcilier en un seul discours euphorique l'émergence du rock et du jazz, la marginalité des ghettos new-yorkais et des bayous louisianais et celle, plus diffuse, de la culture urbaine en Acadie.

Le poète est toujours au centre de la communauté virtuelle de ses «semblables»: artistes et compagnons de route. Leblanc évoque entre autres la figure emblématique de Miles Davis. Dans *Complaintes du continent*, musiciens de jazz et chanteurs populaires sont souvent interpellés: Ray Charles, Sonic Youth, Jim Morrison, Aretha Franklin. Comme une «délinquance douce», la musique et la chanson offrent des pistes de résistance, de soudaines «épiphanies» qui s'opposent pour Leblanc à tous les discours du conformisme. C'est par elles que les frontières linguistiques et sociales peuvent un instant s'abolir et que s'établit aux yeux du poète une culture commune sur l'ensemble du continent.

Cependant, on ne saurait réduire le recueil de Leblanc à cette seule apologie de l'espace américain. Si le poète est en marche, ouvrant l'espace par la virtualité du langage, il ne quitte pourtant jamais le lieu de sa naissance. «Habiter» devient alors un mot clé. «Nous habitons la même demeure toujours.» Et ce qu'il cherche chez ceux qu'il côtoie comme chez les autres – ceux qu'il interprète –, c'est au fond sa propre origine. Les premiers poèmes de *Complaintes du continent* évoquent l'absence de l'Acadie sur toutes les cartes du monde. Comment peut-on naître dans un pays qui n'existe pas, qui n'arrive pas à se représenter?

Or, on n'y arrive justement pas! C'est pourquoi la véritable origine se laisse saisir dans le déplacement des frontières. C'est là la plus grande des contradictions. Il n'y a de quête des commencements que dans l'effacement créateur de l'espace natal. De la même manière, seuls les vacillements de l'instant permettent de construire la mémoire de l'origine. Cela survient toujours dans une projection de l'avenir: «plus tard nous retracerons ces signes / comme un composé de notre appartenance». La poésie est dans l'optique de Leblanc un profond renversement des perspectives identitaires, à la fois pour les individus et pour les communautés auxquelles ils appartiennent.

Dans la seconde partie de *Complaintes du continent*, le ton est plus nettement autobiographique. Leblanc y évoque par le menu les nuits d'alcool et les périodes d'expérimentation avec les drogues et les hallucinogènes. La «cérémonie des seringues» semble liée à l'éclatement de l'espace; elle appartient d'ailleurs pleinement aux rituels propres à l'Amérique dans son ensemble. Du même coup, les poèmes se font l'écho d'une déception, car «l'obsession nourrit l'obsession» et le recours aux substances «pharmaceutiques» n'offre aucune réponse aux questions de l'origine et du désir qui hantent le poète. Le dernier texte de cette seconde partie, «Dépêche du front», s'ouvre sur une phrase laconique à l'imparfait: «ma vie s'appelait Moncton». On a alors l'impression que s'amorce dans ces pages finales un retour à l'écriture, seule capable de produire les déplacements souhaités tout en maintenant l'effort de conscience.

Le refus du discours sociopolitique est donc extrêmement profond dans cette œuvre. Il fait, du reste, toute l'originalité de la démarche poétique de Gérald Leblanc. On ne doit pas conclure pour autant à l'indifférence du poète devant sa communauté car, dans *Complaintes du continent*, le poète évolue parmi les siens et tire de cet «habitat» collectif la substance de ses mots et de son énergie. Leblanc laisse toute son ambiguïté au pronom *nous*. Signe de la collectivité, ce pronom n'est néanmoins chargé d'aucune revendication collective. Il n'est le signe que d'un rassemblement provisoire, d'une convergence dans l'espace.

Complaintes du continent se lit donc comme une étape importante dans l'évolution thématique et formelle de l'œuvre poétique de Gérald Leblanc. La réflexion sur l'espace y est extrêmement féconde en ce qu'elle permet de repenser l'origine. En même temps, le rapport aux autres modes d'expression artistique – à la musique et, plus rarement, à la peinture – permet d'ouvrir les formes mêmes de la complainte en la soumettant à l'arbitraire de l'instant. Leblanc est attentif au métissage des voix antérieures qui se font entendre dans son écriture. On n'est donc jamais étonné d'y voir se fusionner l'héritage poétique acadien, de Louis Comeau à Raymond-Guy LeBlanc, et la tradition occidentale dans son ensemble, de Guillaume Apollinaire à Jack Kerouac. Mais *Complaintes du continent* se laisse surtout comprendre comme une réflexion sur la genèse de la poésie. Certes, la poésie est attentive à ses origines dans une collectivité absente à elle-même ; mais elle est surtout, pour Leblanc, l'expression d'une marginalité dynamique dont le poète témoigne personnellement.

FRANÇOIS PARÉ

Complaintes du continent. Poèmes 1988-1992, [Moncton et Trois-Rivières, Québec], Éditions Perce-Neige [et] Écrits des Forges, [1993], 84 p.

LES CONFESSIONS DE JEANNE DE VALOIS
Antonine Maillet
Roman (1992)

Dans cette pseudo-autobiographie publiée en 1992, Antonine Maillet prête sa plume et sa voix narrative à son ancienne enseignante, mère Jeanne de Valois, qui a eu une influence déterminante sur elle et bon nombre de ses consœurs acadiennes. Nonagénaire au début des années 1990, mère Jeanne écrit ses *Confessions*, et non pas les mémoires d'un peuple, comme elle le précise elle-même. Elle raconte les grands événements de sa vie et de sa congrégation, qui se confondent avec l'histoire de l'Église acadienne et de l'Acadie du XX\ :sup:`e` siècle. Elle entre au couvent pour se consacrer à *la cause*, la survivance de son peuple. Écrites dans un français standard, les *Confessions* se veulent « la chronique d'un pays naissant, ou renaissant pour la troisième fois ». L'héroïne est parfaitement lucide quant au « pays » qui n'en est pas un et dont l'avenir ne s'inscrit pas dans l'espace. Le pays, c'est l'Acadie humaine. Avec une « détermination de vivre », mère Jeanne n'a pas « laissé le pays dormir en paix » ; elle a participé à son édification en instruisant ses jeunes filles en français. Pour la narratrice-personnage qui se « paie » de mots en écrivant ses *Confessions*, la langue française est le pilier de l'identité et de la survie de son peuple. La vraisemblance des référents spatio-temporels est très forte dans le roman, l'œuvre se confondant avec l'image du réel au point de créer une illusion envoûtante. Les *Confessions* échappent à l'allégorisation narrative, si présente dans d'autres romans de Maillet. Mère Jeanne raconte le récit de ses aventures avec une approche réaliste, près du vraisemblable et de la représentation. La narration autodiégétique lève le voile sur la hantise du temps dans une démarche plus intériorisée que dans les romans précédents de Maillet. Dans celui-ci, l'auteure conjugue prise de parole, transmission de la mémoire et écriture fictive.

En se racontant, mère Jeanne de Valois affirme se sentir « monolithique » dans sa quête d'un idéal social pour son peuple. Dès 1920, alors jeune diplômée de l'École normale anglophone de Fredericton – et portant fièrement le nom des Léger de Saint-Antoine –, elle a déjà une conscience identitaire exacerbée. C'est à l'appel de son pays qu'elle répond, avant celui de Dieu, lorsqu'elle entre au couvent. D'abord religieuse chez les Irlandaises de Saint-Jean, elle joint en 1924 la nouvelle congrégation acadienne des religieuses de Notre-Dame du Sacré-Cœur.

Elle y vit en retrait du monde laïque, dans une marginalité stimulante où l'innovation sociale est encore possible. L'institution religieuse acadienne est en plein épanouissement et veille jalousement au développement du peuple acadien en lui offrant églises et écoles dans sa langue. À la fin des années 1940, mère Jeanne est chargée par sa générale de faire construire le premier collège d'études classiques pour jeunes filles acadiennes à Moncton, le Collège Notre-Dame d'Acadie. Elle en devient la première supérieure. En 1954, elle est élue quatrième générale de sa congrégation. En 1966, elle devient la première supérieure de la première œuvre hospitalière de sa congrégation, à Sainte-Anne-de-Kent. En 1991, son nom est donné à la Faculté d'éducation de l'Université de Moncton.

Le présent de la narratrice-personnage est traversé par une chronologie de dates et d'événements émergeant de la courbe de sa vie, qui épouse celle de la congrégation et celle du siècle. Les dates se succèdent : 1924, 1943, 1954, 1966, 1974, 1987, 1992… Or, le présent, le passé et le futur sont continuellement entremêlés dans le discours narratif, avec de nombreux reculs dans le temps et des projections dans l'avenir. Le présent de l'écriture se mêle ainsi au passé : « Nous sommes le 15 janvier [1991] et toujours en paix » ; « N'oublions pas que nous sommes en 1920, en sol acadien ». Le même modèle se répète tout au long du roman : « La congrégation à laquelle j'appartiens aujourd'hui fut officiellement fondée un dimanche, le 17 février 1924. » ; « [C]'est aujourd'hui dimanche, le 17 février 1991. » Le récit se poursuit à travers ces entrecroisements du présent et du passé, et ce, jusqu'au point de rencontre de l'écriture et de la narration en ce jour du « 29 février 1992 » où la pseudo-autobiographe achève son manuscrit. Elle termine ses *Confessions* en propulsant sa pensée vers l'avenir : « J'ai besoin de me rendre très très loin. Bien au-delà de l'an 2000 ! » Il faut lire ici un *je* collectif qui formule un vœu temporel pour l'Acadie, puisque mère Jeanne de Valois,

la réelle, décédera avant le début du nouveau siècle. Dans la dernière phrase du roman, la narratrice-personnage « confie » d'ailleurs ses *Confessions* « au jour qui ressemble le plus à l'éternité », soit le 29 février.

Dans ce roman, Antonine Maillet s'en prend encore une fois au discours hégémonique, en révélant les dessous que mère Jeanne de Valois dénonce : « traditionalisme, préjugés, entêtement, misogynie, étroitesse d'esprit, absence d'initiative, privilèges et chasse gardée, peur de semer la pagaille dans l'Église ou dans la société ». Au cours de sa vie religieuse, l'héroïne s'est battue sur plusieurs fronts à la fois : « […] contre les hommes qui n'admettaient pas les études avancées pour les filles ; contre les Anglais qui n'apprécient pas que les Français sortent de l'ignorance et de la pauvreté où on avait jusque-là réussi à les enfermer ; contre [ses] propres sœurs qui se demandaient où tout cela pouvait [les] mener à la fin […] ». Dans certains combats contre l'élite cléricale, elle aurait parfois aimé être un homme pour user de force physique : « Il m'est arrivé quelquefois de regretter d'être une femme, et à tout coup pour l'unique raison de ne pouvoir administrer à mon adversaire le coup de poing dont Pascal Poirier a menacé [un] représentant de l'Église. » Le combat le plus difficile à livrer a certes été celui d'accepter la requête inéluctable du père Clément Cormier : elle doit fermer, non sans regret, le Collège Notre-Dame d'Acadie pour permettre la fondation de l'Université de Moncton en 1963.

L'autre combat marquant de sa vie religieuse est celui de sa résistance linguistique et identitaire dans la mixité culturelle au sein de la congrégation des « *Sisters of Charity* », qu'elle qualifie elle-même d'« étrangères ». Mère de Valois, ainsi appelée chez les Irlandaises, y fait l'expérience de l'altérité. La jeune nonne est parfaitement consciente que, au-delà de la foi catholique, elle ne partage pas la même langue ni la même culture que la majorité de ses consœurs de couvent. Elle réalise assez vite que leur rapport d'altérité s'opère sur un terrain de lutte. C'est mère de Valois qui est certes cet Autre; elle sait, peu de temps après son entrée au couvent, que ce rapport d'altérité vécu en tant qu'Acadienne dans une congrégation irlandaise mènera à une certaine aliénation: «j'hypothéquais ma qualité de parlant français. Car je n'avais pas d'illusions; les Irlandaises ne m'accorderaient pas *ipso facto* le statut particulier.» La différence linguistique ne tarde pas à faire des vagues. Elle raconte qu'un jour la maîtresse des novices les a surprises, elle et une consœur anglophone, «en flagrant délit de langue interdite. Sœur Jennings était coupable de trahison envers sa race et moi d'insidieuse corruption.» La réaction de leur maîtresse, une Irlandaise, confirme le malaise de celle-ci à l'égard de tout ce qui échappe au Même. Elle se borne à ce Même et refuse l'épreuve de l'altérité que représente mère de Valois en tant qu'autre; elle cherche plutôt à réduire cette dernière, voire à l'assimiler au nom d'une conformité qui sous-entend l'extinction, bien entendu. Mère Jeanne avoue être demeurée bouche bée: «Plus que de la peur, j'ai senti sous ma peau la pointe du dard de la révolte. Étais-je entrée au couvent pour ça? Avais-je offert ma vie pour des étrangers qui bafouaient les miens, travaillaient secrètement à leur destruction?» Elle décide tout de même de rester, en dépit de la conduite honteuse de la maîtresse des novices et de l'attitude indigne de l'ensemble de la communauté irlandaise, jusqu'à la fondation, du moins, de la congrégation acadienne en 1924.

La mission sociale que s'était donnée la jeune Acadienne de Saint-Antoine-de-Kent en rentrant au couvent est accomplie et ses *Confessions* inscrivent ses réalisations dans la mémoire culturelle. Mère Jeanne de Valois choisit la voie de la littérature, nous dit-elle, parce qu'elle «rend à la vérité un plus grand hommage que la transcription toute nue et sans artifice de la réalité». Très consciente de la précarité du français dans une anglophonie qu'elle qualifie d'intolérante et agressive, elle insiste sur l'importance vitale d'affranchir l'âme de l'Acadie par la valorisation de sa langue et de sa

mémoire afin de contrer l'assimilation. Ses *Confessions* constituent pour elle une prise de parole par l'écriture pour transmettre la vision qu'elle a eue du XXᵉ siècle en Acadie et l'inscrire dans la mémoire collective. Alors que l'auteure, pour sa part, reconstruit ainsi l'histoire pour assurer sa pérennité, son héroïne, elle, écrit ses *Confessions* avec le vif sentiment qu'«un jour on aura oublié jusqu'au nom de l'Acadie». Cette ambivalence résulte de la menace de disparition qui hante le discours social acadien depuis plus de deux siècles. La récupération littéraire que tente Antonine Maillet dans ce roman, à l'instar de celle qui habite tous ses romans, se veut une quête identitaire dont l'exacerbation s'inscrit dans un avenir inexorable.

MARIE-LINDA LORD

Les confessions de Jeanne de Valois, [Montréal], Leméac, [1992], 344 p. (Roman); Saint-Laurent, Club Québec loisirs, 1993, 343[1] p.; Paris, Bernard Grasset, 1993, 343 p.; 1995, 284 p. (Le livre de poche); Paris, Librairie générale française, 1995, 284 p. (Le livre de poche).

CONFLUENCES. MOUVANCE AMÉRICAINE, 1 suivi de ÉLOUÈZES DANS LA NUIT
Henri-Dominique Paratte
Poésie (1995)

Écrit sur huit années pendant lesquelles l'auteur a vraisemblablement beaucoup voyagé, l'œuvre est rédigée dans un style singulier, qui rappelle dans la forme un journal de bord, mais affiche une prose poétique imagée à la cadence assez semblable à celle du vers libre. Le voyage en est le thème central, d'autant plus qu'il apparaît sous plusieurs formes: physique, temporelle, poétique, parfois mystique. Ce voyage est en fait celui de la quête identitaire d'un Acadien qui, américain d'abord, semble fasciné par la route et les auteurs de la génération *beat*. Étrangement, cette fascination moderne est le résultat de réflexions sur l'histoire du continent américain et de la race acadienne. Dans ces réflexions, les peuples de partout convergent vers une même histoire, le locuteur devenant dès lors citoyen du monde. Le sentiment romantique de la fuite du temps est par ailleurs palpable, ainsi que l'obsession particulière de laisser sa marque par l'écrit. Outre ces principaux thèmes, on peut noter des références fréquentes au fantastique des contes et des mythes (par lesquels on peut aussi voyager). D'autre part, l'auteur fonde la plupart du temps son discours sur des éléments référentiels, que ce soit des œuvres, des personnalités, des époques ou des lieux. Notons enfin une confusion voulue du destinataire, qui semble tantôt être l'auteur même, comme dans le journal intime, tantôt le lecteur, à qui l'on suggère certaines doctrines présentées dans des réflexions improvisées. Le recueil prend alors des allures d'essai philosophique.

Confluences. Mouvance américaine, 1 suivi de *Élouèzes dans la nuit*, [Wolfville, Nouvelle-Écosse], Éditions du Grand-Pré, 1995, 98 p., ill. (Le Verger d'or).

LA CONTREBANDIÈRE
Antonine Maillet
Théâtre (1981)

Créée en 1981 au Théâtre du Rideau Vert, cette pièce en deux actes d'Antonine Maillet reprend, en y apportant cependant quelques changements importants, l'intrigue du roman *Mariaagélas* (1973). *La contrebandière* raconte en effet les aventures d'un peuple de contrebandiers et de braconniers résidant sur les côtes acadiennes dans les années 1930, à l'époque de la prohibition. Refusant de se faire servante ou d'aller travailler aux usines de poisson, l'héroïne, Mariaagélas, déploie tous ses efforts pour prouver à son grand-père qu'elle est la digne fille des Gélas, clan qui, depuis des générations, résiste à un gouvernement qui multiplie les interdits. L'oralité est bien présente dans cette pièce où des hors-la-loi se heurtent non seulement à la tyrannie gouvernementale, mais également au fanatisme religieux incarné par le zèle moral de la veuve à Calixte.

La contrebandière, [Montréal], Leméac, [1981], 179 p. (Théâtre).

LA CONVERSATION ENTRE HOMMES
Huguette Légaré
Roman (1973)

La conversation entre hommes est le premier roman d'Huguette Légaré, jeune Québécoise mariée et établie en Acadie. Il porte sur les réflexions d'une femme, mises en relief par les discussions d'un groupe d'hommes se reposant entre leurs sorties en mer où ils travaillent comme pêcheurs.

Le roman ne contient pas une intrigue véritable. Le lecteur assiste plutôt à une série de conversations et de pensées. On se trouve près des côtes, probablement au bord de la baie des Chaleurs. À 20 pieds de la mer se dresse une maison, celle d'Alphonse et de Lise-Mai. Alphonse, pêcheur de métier, reçoit régulièrement ses camarades, avec qui il s'entretient longuement. Pendant que Jos, Kevin, Clovis, Gérald et les autres racontent leurs histoires, Lise-Mai, la femme d'Alphonse, tantôt écoute, tantôt se promène au bord de la mer, tantôt se plonge dans de profondes rêveries. On sent parfois chez elle une certaine aspiration à participer à ces «conversations entre hommes». Les dernières pages du livre, où elle raconte à son tour pour la première fois une histoire, paraissent être l'aboutissement de cette quête.

Au premier abord, l'organisation générale de l'ouvrage respecte la construction traditionnelle du roman. Le texte se divise en chapitres clairement définis. Au nombre de 28, ceux-ci varient considérablement en longueur. D'abord très brefs (quelques chapitres ne comprennent que deux pages), ils s'étirent vers le milieu du roman, pour reprendre une certaine concision à la toute fin. Se crée donc un effet d'accordéon qui va de pair avec le type de discours des différents chapitres. En effet, ces derniers sont le plus souvent courts lorsqu'ils présentent de véritables discussions, mais ils s'allongent lorsque Lise-Mai se laisse aller à la rêverie et que sont livrés ses monologues intérieurs.

À l'intérieur de cette construction oscillante, se trouve un mélange de registres de langue curieusement dosé. Le registre le plus employé est le français standard, voire soutenu, dont les résonances rappellent un certain lyrisme français. Mais s'y insèrent, parfois de manière assez soudaine, des régionalismes tels que « frète », « broue », « tchaie », « piastre », « icitte ». Si ces régionalismes font surtout surface durant les conversations entre pêcheurs, ils n'en épargnent pas moins les pensées de l'héroïne. Et puis, phénomène à souligner, le discours des hommes, bien que souvent teinté d'acadianismes, ne subit pas les transformations habituellement présentes dans la reproduction du discours oral : on n'y trouve ni élisions ni négations incomplètes, par exemple. Parfois, les personnages emploient même des expressions recherchées. L'usage des niveaux de langue ne constitue donc pas un mimétisme des pratiques linguistiques. La langue se présente plutôt comme un hybride largement constitué d'un français recherché où l'on aurait greffé, de manière plutôt arbitraire, un lexique qui permet d'ajouter une légère teinte de couleur locale.

Choisi pour le prix du Cercle du Livre de France, le roman de la jeune auteure n'aura pas fait l'unanimité à sa sortie. Réginald Martel en profitera pour mettre en question l'institution même du prix CLF, alors que d'autres, comme Hubert Aquin, président du jury CLF de l'année 1973, parleront de génie.

Si l'ouvrage porte bien le sous-titre de roman, le genre romanesque s'avère insuffisant pour le cerner. En fait, à bien des égards, *La conversation entre hommes* amorce plutôt l'écriture poétique à laquelle l'auteure s'adonnera plus tard. La portée plus lyrique du texte réside surtout dans les passages consacrés aux monologues intérieurs de Lise-Mai. Or, pour traduire les réflexions de son personnage, l'auteure a recours à une sorte de subterfuge donnant l'impression de demeurer dans une écriture romanesque. Chaque phrase ou groupe de phrases du monologue intérieur de l'héroïne est précédé d'un tiret, ce qui, sur un plan strictement

matériel, fait croire à un dialogue. Mais, à la lecture, la pensée se construit plutôt comme des vers. D'ailleurs, le texte lui-même souligne cette forme : « elle se mit à penser en phrases détachées ». Le trompe-l'œil est tellement bien établi dans le roman que, lorsque apparaît pour la première fois un véritable dialogue entre plusieurs interlocuteurs, le narrateur se sent obligé d'ajouter des formules introductives : « Clovis dit : » ; « Gérald répondit : ». De même, dans des dialogues entre Lise-Mai et Alphonse, on trouvera parfois une forme empruntée au théâtre : « Elle : » ; « Lui : ». Mais au-delà des jeux de graphie, les vers déguisés comptent surtout de nombreux procédés poétiques.

Bien entendu, ce n'est pas dire qu'il s'agisse là d'un texte purement poétique. Il faut plutôt le considérer comme une œuvre hybride, issue du mélange des genres souvent considéré comme typique d'une littérature en milieu minoritaire. D'ailleurs, l'idée du récit narratif, quel qu'il soit (conte, « histoire », etc.), reste partie intégrante de l'œuvre. Ainsi, dès la première page, on dira de la conversation entre hommes qu'elle n'est pas « une discussion, mais un récit après un autre, et une histoire après une autre ». L'une d'elles, une « espèce de fable » racontée par Pat, permet une mise en abyme évidente. L'histoire « se passe chez les ours ». Soudain, apparaît une ourse « qui regardait les ours parler »... Si le choix de la fable animalière pourrait évoquer La Fontaine, c'est aussi au conte populaire que fait songer le récit de Pat (gages, quête d'objets aux fonctions symboliques, etc.). L'intertexte plus explicite du roman relève également du récit et le choix des textes évoqués s'avère caractéristique de l'écriture de Légaré. En effet, à l'image de l'usage des registres de langue, le recours à l'intertexte alterne entre folklore et canon de la littérature française. Du côté du folklore, on trouve notamment une allusion au vaisseau-fantôme, de même que des références aux « vieilles chansons de marin » et à la chasse-galerie. Parallèlement, la littérature française du XIXe siècle est évoquée par le biais du personnage de François, dont le prénom fait contraste avec ceux, plus régionaux, des autres personnages (Pat, Jos, Kevin, Clovis, etc.). Ce pêcheur, artiste dans l'âme et futur professeur de littérature, lit des romans «d'Alexandre Dumas ou de Balzac», ou encore de Victor Hugo. L'allusion à Dumas contamine d'ailleurs les pages suivantes, où il sera question des «Monte-Cristo de la mer».

S'ajoutant à ces amalgames de contraires (poésie / récit narratif, folklore / œuvres célèbres de la littérature française), une série de jeux d'associations insolites traverse le roman. Ce sont d'abord les concepts opposés du mouvement et du statisme qui se voient fusionnés: «Tu vas et tu viens, et pourtant tu es une maison immobile.» Les personnages tendent également vers un équilibre entre hiver et été: «Homme, crois-tu que pendant l'hiver le ciel parlera en donnant comme il le fait l'été.» Et puis, il y a surtout l'omniprésence de la mer toujours liée à son pendant forestier ou terrestre, formant ainsi l'incontournable duo de la région évoquée dans le roman. Il arrive que les pêcheurs se transforment en bûcherons: «On est une race mélangée de bûcherons et de pêcheurs.» À l'univers marin très précisément représenté grâce à de nombreux termes techniques, répondent les champs de moutarde ou de pois, dont les couleurs obsèdent l'héroïne. Les promenades au bord de la mer alternent avec celles qui ont lieu dans la forêt. De surcroît, il n'est pas rare de rencontrer des réalités mariant les deux univers, telle cette «corde de bois de mer empilée entre la forêt et la ligne de marée». Dans un esprit similaire, la faune évoquée dans le roman touche les deux mondes. Vers marins voisinent avec vers à choux, tout comme les goélands avec les moineaux. Homards et tamias cohabitent sur une même page de texte. Et la scorpène, qui apparaît comme une image obsessive dans le roman, «a la peau comme de l'écorce d'arbre». En outre, une imagerie à la fois marine et forestière sert à décrire l'acte amoureux. La dualité mer / terre est par ailleurs véhiculée dans le déchirement que ressent Lise-Mai chaque fois qu'Alphonse doit partir en mer pour son travail. Enfin,

Lise-Mai se dira, faisant face à une sorte de fatalité: «La mer et la forêt, c'est moi.»

Le roman accorde donc une place prépondérante à tout ce qui se présente sous forme de double et de paire. Le noyau même du roman, un couple, met déjà en relief cette idée. Le prénom de son héroïne est quant à lui significativement double. Il annonce ainsi le mode de pensée de Lise-Mai. Dès la première page, le discours du personnage féminin opère à deux degrés: «Lise-Mai dit, en regardant par la fenêtre: – La mer est belle. Elle pensa: – La mer est vraiment belle.» Les phrases qui constituent le discours intérieur de Lise-Mai regorgent de doubles, souvent sous forme de simples répétitions de mots ou de syntagmes. La paire apparaît aussi dans le gîte qui abrite le couple, soit une maison qui «n'avait que deux pièces», dont l'une, «le salon-cuisine» comporte deux fonctions.

On considère souvent *La conversation entre hommes* comme un ouvrage qui présente une relation amoureuse saine et heureuse, avec, au centre, une femme libre. Mais si Lise-Mai est une femme sexuellement libérée, elle ne l'est pas réellement en ce qui a trait au discours. À travers le roman, on suit en effet le cheminement d'une héroïne qui doit lutter contre une forme de honte à parler, avec tout ce que cela peut comporter comme résonances des discours féministes ou même, de manière plus métaphorique, des discours revendicatifs des minorités. Dès l'ouverture du roman, on sait que Lise-Mai se trouve en dehors de la conversation. Elle prononce une phrase, mais «les hommes ne lui répond[ent] pas». Dès lors, le lecteur la verra s'enfermer en elle-même, par le biais de promenades et de rêveries, refusant même les offres de participer à la conversation. Alphonse conjure les autres de la laisser parler, mais elle se dit: «Qu'ils parlent entre hommes.» Cet état de choses la force à ressasser ses propres pensées, alors que le discours des hommes, ayant le privilège de passer par l'étape exutoire de la conversation, n'est presque jamais répété. Chez Lise-Mai, naît toutefois assez tôt une admiration envers ceux qui parlent. L'homme qu'elle aime est ainsi apprécié, entre autres, pour ses talents oratoires : « Écoute ton homme parler parmi les autres », se dit-elle, « C'est beau ce qu'il dit. Il parle bien ». Il y a là presque un modèle à suivre.

Mais la séquence récurrente reste le « Il dit », « Jos dit », « Alphonse dit », « Elle pensa » ou encore « Aubin dit », « La femme pensa ». Même sa défense, lorsque les hommes se moquent gentiment d'elle, elle la tait, tandis qu'elle est révélée au lecteur sous forme de pensée. Pourtant, par le biais de l'imaginaire, Lise-Mai arrive à converser avec Alphonse. Dans ce « dialogue intérieur de Lise-Mai », Alphonse est baigné par la sensibilité de l'héroïne, partageant par exemple soudainement son obsession des couleurs. Mais le retour à la réalité, à la nature rigide de la vraie conversation possible avec l'homme ne se fait pas attendre : « Lise-Mai était toute à son dialogue intérieur quand on frappa à la porte de la chambre à coucher. Alphonse entra et lui demanda : – Lise-Mai, viendrais-tu nous faire du café ? » Ailleurs, la véritable conversation avec Alphonse est qualifiée de « communication de refoulements parfaits ». Et la crainte de l'héroïne la condamne souvent à « s'exlam[er] intérieurement ».

Devant l'aridité de ses rapports verbaux avec son mari (par opposition aux rapports sexuels, où, rappelons-le, le problème ne se présente pas), Lise-Mai sent de plus en plus le besoin d'intervenir dans les conversations réelles : « J'aimerais parler [...] J'aimerais parler avec les hommes. [...] J'aimerais dire ce que je pense. » Puis, passant du désir à la nécessité : « Il faudrait aussi que j'ose parler avec les hommes. » À quelques pages de la fin du roman, elle surmonte sa crainte et parle enfin : « Je vais raconter mon histoire. Elle dit : ». Comme pour souligner l'importance de l'événement, Lise-Mai est le premier personnage du roman qui attend les réactions des autres une fois son histoire racontée. Son court récit sur un pêcheur et son acheteur génère une discussion. À son terme, tous concluent que les pêcheurs

« ont peur de ne pas vendre ». Ce sont là les derniers mots du roman. Tout se passe comme si la peur vaincue de Lise-Mai pouvait dès lors se déplacer, sous une autre forme, vers les hommes qui l'ont si longtemps effrayée.

JANINE GALLANT

La conversation entre hommes, Montréal, Cercle du Livre de France, [1973], 201 p.

CONVERSATIONS
Herménégilde Chiasson
Poésie (1998)

Conversations, qui a valu à Herménégilde Chiasson le prix du Gouverneur général du Canada en 1999, réunit certaines tendances déjà bien établies de l'auteur (dont la littérature à contraintes et la théâtralité), tout en proposant un nouvel exercice, soit une œuvre qui, bien qu'elle porte le sous-titre de « poésie », appartient en fait à un genre nouveau et, somme toute, inclassable. *Conversations* se compose de 999 phrases, numérotées par ordre croissant et introduites par la mention « Elle » ou « Lui », donnant ainsi à première vue l'impression d'une pièce de théâtre pour deux personnages (l'un masculin, l'autre féminin) qui dialoguent. Or, le lecteur a tôt fait de prendre conscience qu'il n'en est rien, que les phrases prononcées par chacun ne sont pas de véritables répliques (puisqu'elles ne se répondent pas l'une l'autre) et que les personnages « Lui » et « Elle » ne prennent pas toujours la parole à tour de rôle et « parlent » parfois deux, trois, voire six fois de suite. De plus, l'indétermination de ces pronoms permet d'envisager une multiplicité de personnages désignés par « Lui » ou par « Elle ». L'œuvre revêt donc la forme d'un large inventaire de bribes de conversations éparses, dont la présentation et le contenu varient beaucoup, quelques phrases portant la marque de la conversation de tous les jours alors que d'autres semblent tout droit sorties d'un ouvrage d'érudition. *Conversations* fait ainsi l'effet d'un recueil de 999 courtes pensées. Pourtant, il manque la millième «pensée». À la toute fin de l'œuvre, le chiffre 1 000 apparaît bel et bien, mais aucune phrase ne le suit, permettant un effet d'ouverture en fin de parcours, accentué par les derniers mots de la phrase 999 (et donc de l'œuvre): «quelqu'un insiste pour qu'il y ait une suite».

Tentant une «réconciliation entre modernité et tradition», d'après la quatrième de couverture, *Conversations* s'inscrit sous le signe de l'archivage. Ainsi, les notions d'inventaire, de catalogue apparaissent fréquemment à même les «conversations». Mais ce qui est archivé, ce sont des morceaux de vie contemporaine, avec ses «babillards électroniques», ses «ordinateurs», sa «fibre optique», son «écran lumineux», etc. La phrase 164 («Bribes variées, circulant dans des régions troubles et fermées, cherchant le contour flou et pénible des règlements à suivre») semble décrire l'œuvre entière. Ces «règlements à suivre» se manifestent sous la forme d'une certaine cohérence, qui s'établit par moments à travers le désordre initial des parcelles de conversation. Ainsi, on croit deviner parfois, placés à des intervalles éloignés, deux fragments d'un même récit, d'une même conversation peut-être (comme le «Ils ne mettaient pas d'oiseaux en cage», de la phrase 602 qui répond au «Il est déconseillé de mettre les oiseaux sauvages en cage» de la phrase 569). De même, certaines images reviennent périodiquement tout au long de l'œuvre, lui conférant une forme d'unité. On peut penser par exemple à la présence régulière des miroirs, ou, plus ambiguë, à celle des rires, souvent grinçants, nerveux, qui percent maintes fois au courant de l'œuvre, comme «ce rire surgissant de nulle part». Même les «totems ri[e]nt dans la verdure».

Par ailleurs, certaines thématiques et images obsédantes, caractéristiques de l'œuvre entière de Chiasson, reparaissent ici. C'est le cas de ses couleurs de prédilection, le rouge et surtout le bleu («les arbres sont bleus»; «son âme» est «toute bleue»). La question identitaire y est aussi reprise, mais d'une façon qui semble

renouvelée. Contrairement à des œuvres comme *Mourir à Scoudouc* et *Climats*, où la toponymie acadienne occupe une place importante, la mention explicite de l'Acadie est ici gommée. Certes, l'obsession du lieu est bien présente dans différentes bribes de conversation, mais l'espace y demeure incertain. Le «pays» est en général «anonyme» et n'est qu'un «lieu vague en bordure de la mer». Si Paris est nommée comme un lieu d'altérité («Toi qui es parti pour Paris pour en revenir avec des mots qui te convenaient si mal»), la quête de l'espace tend en général plutôt vers une sorte d'absolu universel, vers le «bout du monde».

Le traitement identitaire des personnages fonctionne selon le même principe. En effet, les «personnages» de l'œuvre sont comme ravagés par leur «anonymat légendaire». Tout commence avec ces obscurs «Lui» et «Elle» qui introduisent les phrases, se présentant au premier abord comme les locuteurs de ces dernières. Mais l'indétermination des pronoms autorise à penser qu'il n'y a pas que deux locuteurs. En outre, les divers personnages qui apparaissent à l'intérieur même des bribes de conversation sont désignés soit par des pronoms personnels sans référent («tu», «vous», «ils», etc.), soit de manière très générique, comme ce «magicien», cet «auteur», ce «fils», ce «père» ou «ce personnage, le père du peuple». Un malaise s'établit face à l'identité patronymique: «Le nom impossible à épeler», «le nom dont il est censé se souvenir». Et, lorsqu'il faut véritablement désigner un personnage, le texte se dérobe: «Il fallait abattre X: son gaspillage angoissant, son sens de la démesure». De fait, le X reste tellement ambigu que l'on est même en droit de se demander s'il s'agit véritablement d'un être humain.

Placé sous le signe d'une épigraphe de Proust révélatrice («[…] ce qui m'intéressait, c'était non ce qu'ils voulaient dire mais la manière dont ils le disaient […]»), *Conversations*, par sa forme atypique, contient de nombreux jeux ironiques sur certains types de discours, comme le discours épistolaire, souvent rendu ridicule par le télescopage de formules toutes faites («nous gardons votre nom sur notre liste et nous vous ferons part de nos recherches sitôt qu'elles aboutiront, veuillez croire, chère Madame, en l'expression de nos sentiments les meilleurs.») De même, les conventions des lettres officielles sont altérées pour faire place au monde détonnant de l'onirisme, qui envahit progressivement cet univers sclérosé: «Il me faudrait la preuve écrite de votre vie bel et bien vécue ainsi qu'une confirmation, signée de votre main, attestant votre envie de vous rendre sur les lieux mêmes où l'on se chargera de faire mention de vos rêves et de vos états d'âme.» La structure de l'œuvre permet aussi d'entremêler diverses formes de discours et de générer une sorte d'incongruité. À côté d'un morceau de conte, on trouvera donc un écho de discours critique de la société de consommation («Toute la patience du monde pour produire un objet à jeter aux poubelles») ou une phrase semblant teintée du style de la philosophie sociale («la vanité et la misère s'accusent mutuellement d'avoir réduit le grand homme à la bassesse humiliante de menus travaux mal rémunérés»). Du coup, *Conversations* semble proposer une réflexion sur le langage et sur les principes de la communication, alors que le substantif «mot» apparaît maintes fois, un peu comme une obsession. Ce «labyrinthe de mots» entraîne un rapport problématique avec la langue («Mon corps n'a plus la force d'émettre les mots qui le contiennent») qui n'est pas sans rappeler la difficulté de la parole, thématique récurrente dans l'œuvre de Chiasson, présente dès *Mourir à Scoudouc*. Et pourtant, «il y a tant à faire, à dire même, à dire surtout». Il faut donc lutter contre le malaise langagier, prendre la parole et écrire. Le geste de l'écrivain lui-même se voit dès lors gravé dans les *Conversations*, les «Lui» et «Elle» jouant souvent le rôle de conteurs ou de narrateurs. Plus précisément, l'importance de colliger toutes les bribes de la vie afin de les mettre en récit («et moi, je resterai là pour en faire le récit») et, ultimement, l'importance de la création littéraire («J'agrandirai ma vie, j'en

ferai un livre digne des choses»; «Je voudrais trouver les mots, ce livre qui me hante») est clairement inscrite dans l'œuvre, avec en écho constant la nécessité de laisser des traces dans «le paradis du papier».

Janine Gallant

Conversations, [Moncton], Éditions d'Acadie, [1998], 154 p.

LES CORDES-DE-BOIS
Antonine Maillet
Roman (1977)

Les Cordes-de-Bois présente une intrigue se déroulant dans un univers binaire, très organisé, où se côtoient deux mondes en opposition et en complémentarité, et dans lequel la protagoniste effectue sa quête de liberté dans la confrontation. C'est la lutte entre la Bessoune, du clan des Mercenaire des Cordes-de-Bois, et Ma-Tante-la-Veuve, du clan de Ma-Tante-la-Veuve du Pont. Selon Ma-Tante-la-Veuve, la Bessoune menace les mœurs de la paroisse; elle traîne, à partir du quai, ses matelots sur la butte de six heures du soir à six heures du matin. Or, le jour de l'encan annuel des défavorisés sur le parvis de l'église, à la grande stupéfaction de la paroisse et de Ma-Tante-la-Veuve, la Bessoune ouvre, avec l'aide du vicaire, le chemin de la procession des pauvres et des vieillards vers les Cordes-de-Bois. Mais le vicaire paiera cher cette alliance avec la Mercenaire: il sera envoyé à Rome, au grand désespoir de la Bessoune. La paroisse ne sera plus jamais la même: lors de l'encan l'été suivant, c'est d'eux-mêmes que les défavorisés se rendent aux Cordes-de-Bois, en dépit de Ma-Tante-la-Veuve et son clan.

Le roman présente une protagoniste plus grande que nature qui fait figure de libératrice. La dimension psychologique est évacuée du discours narratif au profit de la dimension emblématique. Cette esthétique particulière fait accepter la figuralisation de «l'inacceptable», rendue, notamment grâce à l'humour, avec un réalisme épique. Se poursuit par ailleurs la quête identitaire par la légitimation littéraire de la langue «des côtes» amorcée dans les romans précédents. Des précisions linguistiques parsèment le texte pour assurer la compréhension de cette langue vernaculaire et la légitimer auprès du lecteur. Dans le roman, plusieurs indices évoquent le passage d'une société traditionnelle à une société moderne, dont la quête de liberté de la Bessoune qui ébranle la stabilité sociale.

Enracinée dans une petite communauté, plus ou moins isolée, c'est ici la «petite histoire» de la «garce», la Bessoune, «une histoire nouée par tant de mépris, haine, colère, et chicanes épiques entre deux clans d'un même pays». Les personnages vivent en «Acadie», sur les «côtes», dans «le pays». De toute évidence, le «pays» présente une géographie humaine qui, sous certaines apparences trompeuses d'homogénéité, est dichotomique. Il est composé de gens respectables et d'autres, moins respectables: soit le Pont et les Cordes-de-Bois. La Bessoune et les Mercenaire ne vivent pas dans le secteur «respectable» du village, mais en haut de la butte, là où le village est «accroupi» aux pieds des Cordes-de-Bois. Cet emplacement singulier lui procure une certaine supériorité aux yeux de quelques villageois blessés dans leur orgueil. La division physique de la paroisse est intimement liée aux affrontements entre les deux clans.

La Bessoune voit le jour aux Cordes-de-Bois, «qui ont la plus belle vue sur le pays». Sa naissance «mystérieuse» – elle est «issue d'une alliance entre les Cordes-de-Bois et les vents du large» – est racontée trois fois dans le roman. Même le curé y ajoute son petit calembour: «Une Bessoune comme celle-là, le siècle en fera jamais deux.» La Bessoune n'a pas de jumelle, en dépit de son sobriquet; elle est une seule et même bessonne: «Deux jumeaux en une seule personne: il y avait là de quoi faire rêver presque au Messie». Cette allusion annonce son destin puisqu'elle aura le rôle de libératrice des

démunis de la paroisse. Son sobriquet, comme celui de sa mère la Piroune, est subjectivisé: «le son *oune* si fréquent dans les bouches du pays et qui dans un nom propre dénote infailliblement une chose sale». Le «oune» confirme leur marginalité au «pays des côtes». La dénomination singularisante de ces protagonistes maillet-iennes révèle la volonté de l'auteure de «motiver» l'étiquette sémantique de ses personnages. De plus, la narratrice, y allant d'un commentaire explicite en l'appelant «l'héroïne des Cordes-de-Bois», nous révèle le secret de cette bessonne «forlaque» qui réunissait des vertus et des vices contraires: «la Bessoune avait du génie dans le nez. Toute sa science de la nature et des hommes lui venait de son flair: le flair qui conduit tout droit la vie des narines aux poumons, au cœur et au cerveau». En dépit de sa petite taille, elle prend de la place dans la paroisse: «À elle seule, la forlaque remplit le ciel et cache l'horizon. [...] La Bessoune était de ceux-là qui savent avec leurs vingt pouces de taille vous boucher la vue sur le monde.» Le monde de la paroisse est à l'échelle du «pays», qui est «si petit». La Bessoune et son clan ébranlent l'ordre établi de la paroisse lors de l'encan annuel des pauvres sur le parvis de l'église, en bouleversant la tradition. La Bessoune invite les démunis à venir sur la butte: «c'est la Bessoune qui leur fit un chemin». Elle affranchit les pauvres et les parias de la paroisse en les délivrant de l'assujettissement à Ma-Tante-la-Veuve et à son clan. En offrant une nouvelle vision, la Bessoune, en tant que figure émancipatrice, réduit des tensions et des polarisations qui envahissent l'espace social.

La langue occupe une place importante dans le roman. La quête identitaire par le biais de la langue vernaculaire, propre à l'ensemble de l'œuvre de Maillet, se poursuit dans *Les Cordes-de-Bois*, où la tentative de réhabiliter la langue «des côtes», par la légitimité littéraire, est très visible, un métatexte commentant la langue des personnages. L'affirmation identitaire est à la fois une assertion de la différence et de la spécificité, ainsi qu'un déni de l'aliénation, puisque la langue «des côtes» est bien vivante. Avant que débute le récit de l'événement qui conclura l'intrigue principale, la narratrice met fin à ses interventions au sujet de la langue en interpellant le lecteur: «Je vous ai déjà donné amplement de renseignements sur la langue des côtes.» La problématique d'une langue minoritaire, spécifique mais marginale, est au centre des préoccupations littéraires de l'auteure.

La Bessoune, contrairement à ses prédécesseures, la Sagouine et Mariaagélas, ne parle pas dans le style direct libre. Ses propos et ses pensées sont toujours rapportés en style indirect libre. Un écart existe entre la description narrative de l'usage de la langue au pays des côtes et celui qu'en fait la protagoniste, qui, pour ainsi dire, est silencieuse dans le texte. Dans sa marginalité, elle n'est que du silence tangible. Pourtant, plusieurs personnages secondaires et tertiaires prennent la parole dans la langue vernaculaire. La récupération langagière que tente l'auteure depuis quelques romans semble ici limitée par l'isolement et la solitude de la marge socioculturelle que personnifie la Bessoune, lesquels renvoient, comme en un miroir, à l'isolement et à la solitude du peuple acadien dans son ensemble: «le peuple acadien s'était trouvé tout seul, isolé entre la mer et la lisière du bois, sans voisins à qui raconter ses aventures, sans parenté toute proche à inviter aux noces de ses filles, sans personne pour venir le sortir du trou dans les mauvais jours. C'est long un silence d'un siècle et demi. Et on finit par tourner en rond autour des mêmes histoires et des mêmes rêves.» Pour décrire la prise de parole par les gens des côtes, la narratrice établit un rapprochement oxymorique en les qualifiant de «taciturnes bavards». Ils vivent dans un pays «si petit», à côté du centre, qui est anglais. Mais cette marge ne saurait être un abri et les Mercenaire le savent. La Piroune, mère de la Bessoune, ne discute pas longtemps avec l'Écossais MacFarlane, qui «empilait de plus en plus de cordes sur la butte»: «la langue des Mercenaire ne faisait pas le poids contre celle des MacFarlane devant les tribunaux, et

les choses en restaient là». La loi du silence pèse sur toute la communauté parce que les mécanismes d'exclusion des minorités sont opérationnels. «La Bessoune était toute jeune quand elle se mit à entendre ce genre de discussions sur les droits territoriaux de sa famille. Et toute jeune elle comprit que sa famille ne gagnerait jamais l'appui des tribunaux.» Cette constatation projette le social comme l'imaginaire dans une perspective pour le moins négative.

Dans *Les Cordes-de-Bois,* la prise de parole en langue vernaculaire devient certes une reterritorialisation de l'expression acadienne, mais elle ne saurait être suffisante, à en juger par la réaction de la Bessoune face à la proposition de l'Irlandais Tom Thumb de faire des Cordes-de-Bois le centre du monde: «[l]a Bessoune ne répondit pas». Elle sait que la réappropriation territoriale est utopique. L'année de la publication du roman, en 1977, le Parti acadien met à l'avant-plan, après deux ans de tergiversations sur la problématique identitaire, le projet d'une province acadienne, qui sera définitivement abandonné moins de cinq ans plus tard. La Bessoune incarne le silence intériorisé; elle est incapable de répondre à la question qui est posée: «Elle ne le savait pas encore, la Bessoune, mais en attendant, elle reniflait.» Pendant qu'elle «renifle», la Bessoune pose tout de même, sans prendre la parole, des gestes qui constituent un «accroc» à l'ordre établi et bousculent la stabilité sociale.

MARIE-LINDA LORD

Les Cordes-de-Bois, [Montréal], Leméac, [1977], 351 p. (Roman québécois); Paris, Bernard Grasset, 1977, 252 p.; Montréal, Leméac, 1979, 351 p.; Paris, Grasset, 1981, 280 p. (Le livre de poche); [présentation de Pierre Salducci], Saint-Laurent, BQ, 1994, 290 p. (Littérature); Paris, Bernard Grasset, 1999, 252 p. (Les cahiers rouges).

CRACHE À PIC
Antonine Maillet
Roman (1984)

À bien des égards, *Crache à Pic* constitue une suite à *Mariaagélas* et à *La contrebandière*.

Conséquemment, Maillet donne à son personnage éponyme un rôle analogue à celui de l'héroïne «d'en bas» (Mariaagélas). De plus, l'emploi d'une multiplicité de voix narratives rappelle un autre grand roman épique de l'auteur: *Pélagie-la-Charrette*. Finalement, à l'instar de nombreux autres ouvrages de Maillet, ce roman s'inspire et se nourrit des contes oraux.

Crache à Pic raconte les aventures, voire les exploits légendaires, d'une «contrebandière». Se déroulant dans les années 1930, à l'ère de la prohibition, toute l'histoire tourne principalement autour de la grande rivalité qui oppose l'héroïne iconoclaste, Crache à Pic, venue d'une longue lignée de géantes, sorcières, folles et capitaines qui rêvent l'impossible, à son homologue Dieudonné, le grand chef contrebandier capitaliste, qui semble être le seul digne de rivaliser avec elle et qui reconnaît très vite les capacités de son adversaire «en jupon». En tant que «hors-la-loi de race, une pur-sang», cette «Robin des mers» qui «s'empare de la barre» met tout sens dessus dessous en jouant le rôle de «capitaine» et en commandant aux hommes. D'ailleurs, le sobriquet de Crache à Pic, «la petite girouette», sert une fonction hautement symbolique car il évoque l'idée si manifeste chez Maillet de basculement ou de «renversement». Ce faisant, il est probable que le rôle de contrebandier que jouent de nombreux personnages féminins chez Maillet souligne le désir de contester «la loi du Père», l'autorité patriarcale, ce rôle de «capitaine» en quelque sorte ne leur étant pas normalement dévolu.

Crache à Pic, s'apparentant au conte et à la légende par ses nombreux aspects polyphoniques, révèle, dès la première page, une narratrice mailletienne qui signale au lecteur que le récit qu'il s'apprête à lire est une histoire racontée: «c'est le vieux Clovis qui a tout raconté à [son] père». De même, en conformité avec l'univers du conte et de la légende,

l'héroïne Crache à Pic – cette «fille de rien, sortie de nulle part» – s'inscrit dans un temps mythique, originel. Par la valorisation de l'oralité, le roman témoigne également de la grande méfiance à l'égard de l'écriture qu'éprouvent, en général, les Acadiens. Tenue en grande partie responsable du Grand Dérangement et de la marginalisation de ces derniers depuis, l'écriture est clairement associée chez Maillet aux «gens d'en haut» et à la culture officielle qui refusent de reconnaître les pauvres Acadiens en tant que peuple «à part entchére». D'ailleurs, étant l'un des nombreux personnages carnavalesques de Maillet, Crache à Pic, dans sa pratique de la contrebande, activité illégale, s'oppose manifestement à la culture officielle. En fait, on retrouve, à travers l'opposition entre la «grande» histoire écrite et la «petite» histoire orale, celle entre «les gens d'en haut» et «les gens d'en bas», dans la mesure où ce sont «les gens d'en haut», «les grands hommes», qui déterminent ce qui mérite de faire partie de la «grande» histoire. En outre, vu l'incompatibilité entre les valeurs oppressives du matérialisme et du capitalisme associés aux «Anglais» et les valeurs des Acadiens, il n'est pas surprenant que les narrateurs mailletiens se rangent systématiquement du côté du bas peuple, voire des masses populaires, et s'opposent de façon manifeste à toute forme d'élitisme social. Ainsi, il n'est pas fortuit que l'adversaire de l'héroïne dans *Crache à Pic* soit le grand chef contrebandier capitaliste Dieudonné.

En tant que «capitaine» de son peuple mettant en question l'autorité patriarcale et cherchant à «briser les statues» des femmes érigées par les hommes, Crache à Pic ne représente (ou ne remplace) pas n'importe quel capitaine, car elle est associée aux exploits légendaires du grand patriarche Noé. En somme, à travers le rôle iconoclaste de Crache à Pic, «girouette» qui tente de remettre le monde «de l'envers à l'endroit», il y a, tout au long du roman, une série d'oppositions binaires qui témoigne du grand désir de Maillet de résoudre tout rapport antithétique afin de restaurer l'égalité, l'harmonie et l'équilibre dans la société acadienne et de retrouver «le centre», associé justement à l'état paradisiaque d'avant la «Chute».

JEAN-LUC DESALVO

Crache à Pic, [Montréal], Leméac, [1984], 370[2] p. (Roman québécois); Paris, Bernard Grasset, 1984, 317 p.

LES CRASSEUX
Antonine Maillet
Théâtre (1968)

La pièce *Les crasseux* a été présentée pour la première fois le 21 juillet 1968 au Théâtre de Quat'Sous à Montréal dans le cadre du Centre d'essai des auteurs dramatiques. Elle est publiée la même année. Il s'agit d'une pièce en trois actes avec prologue et épilogue. La pièce est légèrement modifiée et rééditée en 1973. En 1974, Maillet la remanie pour la scène et la fait paraître chez Leméac. Il en résulte une pièce en deux actes avec un plus grand nombre de scènes et de personnages et une intrigue radicalement changée.

Les crasseux oppose deux peuples, les gens d'en haut et les gens d'en bas: ceux-là s'expriment en un français précieux; ceux-ci en parler acadien. La première version de la pièce s'organise autour d'une série de fêtes. Vexés par la présence des «crasseux», les gens d'en haut organisent une fête avec une loterie dans l'intention de se servir des profits pour expulser les pauvres de leurs terres. Le prix est un téléviseur, gagné par Citrouille, gars d'en bas qui rêve de fonder un foyer avec la Jeune Fille d'en haut. Lorsque les gens d'en bas découvrent le stratagème des riches, ils cherchent à reprendre leur argent en organisant une nouvelle loterie avec le même téléviseur comme prix. Quand le père de la Jeune Fille l'empêche de le rejoindre à la fête, Citrouille, désespéré, se noie. Ayant découvert que les gens d'en bas n'ont pas de titres de propriété, ceux d'en haut achètent leurs terres auprès du gouvernement pour un dollar. Dépossédés, les pauvres rachètent le téléviseur et repartent fêter, seul plaisir qu'il

leur reste. Ils sont sauvés par Noume, le fils de Don l'Orignal. Avec l'aide du Docteur, il a découvert un terrain en haut qui n'appartient à personne et que le gouvernement accepte de lui vendre pour un dollar. L'épilogue montre les gens d'en bas qui déménagent en emportant leur téléviseur comme trophée.

Dans la version de 1974, un fléau de puces déclenche la réprobation des gens d'en haut. Blâmant les pauvres, les nantis refusent de les embaucher ou de leur faire crédit. Rebelles, les gens d'en bas mènent un raid pour voler un baril de mélasse. En punition, les puissants exigent d'eux un paiement sous forme d'huîtres pêchées hors saison et prennent tous les moyens pour empêcher les pauvres de les pêcher légalement. Pour se venger, les gens d'en bas leur vendent des huîtres prises en eaux polluées. Après un festin d'huîtres, ils tombent malades. Pensant que sa bien-aimée s'est empoisonnée, Citrouille essaie de se suicider, mais le Docteur réussit à le ressusciter. Comme dans la première version de la pièce, les gens d'en haut expriment les terres d'en bas, mais le malheur s'abat sur eux car, n'ayant trouvé personne pour se débarrasser des détritus, ils sont envahis par les rats. Grâce à l'intervention de Noume, aidé par le Docteur, les gens d'en bas bénéficient des ordres du gouvernement, qui exige des volontaires pour nettoyer le dépotoir. Ils obtiennent ce terrain, sachant qu'au-dessous des déchets se trouve de la bonne terre. Pourtant, Maillet choisit un dénouement tragique: à l'occasion d'une bagarre entre Citrouille et un jeune homme d'en haut qui voudrait éloigner la Jeune Fille de son amoureux pauvre, Citrouille meurt et sa bien-aimée, figée d'effroi, est écrasée par un train.

Dans un entretien accordé à Simone Leblanc-Rainville en 1974, Maillet met en relief le rôle des *Crasseux* comme point tournant dans son œuvre: «Le jour où j'ai pu commencer un livre avec "godêche de hell", le jour où j'ai pu écrire un juron dans un livre et "j'avions" au lieu de "nous avions", j'ai compris que j'étais libérée sur le plan du langage. Et l'étant sur le plan du langage, je l'étais sur le plan littéraire. C'est *Les crasseux* qui m'ont apporté cela.» D'une version à l'autre, le parler acadien se libère davantage; celle de 1974 introduit des bribes de chiac: «*Watch* ta langue». Maillet met de plus en plus en valeur l'identité acadienne. Dans sa préface à l'édition de 1968, Jacques Ferron s'étonne de ce que Maillet ait situé la version originale de sa pièce «ici maintenant, n'importe où, n'importe quand». Le cadre se précise de version en version: dans la version de 1974, «[la] scène se passe en Acadie, à peu près aujourd'hui, dans un coin de pays du bord de la mer, où une voie ferrée sépare deux villages: le gros d'en haut, le petit d'en bas.»

Les crasseux évoque constamment la hantise du Grand Dérangement. Cependant, la version de 1968 est avant tout une parabole chrétienne, tandis que celle de 1974 insiste sur la réalité économique des Acadiens. Dans la première version, Maillet fustige les nantis pour leur hypocrisie: ils prétendent vouloir exproprier le terrain des pauvres et les envoyer à d'autres villages pour leur propre bien; la Mairesse déclare: «Faisons cela en justice et propreté. N'accumulons rien sur nos consciences. Ne les chassons pas... mais offrons-leur mieux.» Don l'Orignal rappelle à la Mairesse les paroles du Christ: «Chacun son jour, la Mairesse. Aujourd'hui vous nous chassez de nos terres, vous rasez nos cabanes, vous nous déportez. [...] Je sons le pauvre monde d'à cette heure. Qui c'est qui sera le pauvre monde de demain? Parce que le Bon Dieu a dit que les pauvres, y en aurait tout le temps. Ça fait que chacun son jour, la Mairesse.» Par contre, comme le souligne Rita Scalabrini dans sa préface à l'édition de 1974, l'enjeu dans la première version est un téléviseur, «symbole d'aisance et de progrès»; dans la version finale, «c'est un baril de mélasse, symbole de survie». Les nantis deviennent encore plus cruels dans leur désir d'éliminer les «crasseux». Il n'est plus question de leur offrir d'autres terres puisque ce ne sont que des «nomades». Dans la version

de 1968, quand Noume suit l'exemple des gens d'en haut en achetant un terrain communal, il lance un cri triomphal: «C'est le même gouvernement pour tout le monde». Dans la version de 1974, quand le Marchand exige de Don l'Orignal qu'il paie le baril de mélasse volé, il dit: «Maintenant faut payer, c'est la loi, la même pour tout le monde», paroles que Citrouille reprend avec étonnement: «La même pour tout le monde!» Les gens d'en bas se plaignent de l'affaiblissement de l'industrie de la pêche dans la région: «C'est la faute des dragueux qu'avont vidé la mer aussi ben des harengs que des morues.» Pleine de mauvaise foi, la Mairesse leur demande: «Et qu'est-ce qui vous empêche de vous équiper aussi, comme les autres, et de faire la pêche au large et en eau creuse?» La lutte des classes est sans doute universelle, mais Maillet la situe ici dans son cadre maritime.

La place proéminente accordée à la fête dans *Les crasseux* n'enlève rien au sérieux de la critique sociale chez Maillet. Les gens d'en haut ne comprennent que la valeur de l'argent – faire la fête pour le plaisir est affaire des gens d'en bas: «Une fête, c'est vite évanoui, mais l'argent reste, la Sagouine», dit la Mairesse. Dans la version de 1968, les trois fêtes sont des lieux de joute entre les deux peuples et renforcent l'intrigue de la pièce, mais ce sont surtout des réunions anodines. Par contre, dans son étude de la version de 1974, *Le rire carnavalesque dans* Les crasseux *d'Antonine Maillet*, Denis Bourque remarque: «Dans *Les Crasseux*, on fête en faisant la guerre et on fait la guerre en fêtant.» Le raid pour voler le baril de mélasse est une guerre sainte, menée par Michel Archange, avec la participation de la Cruche, fille de joie, comparée implicitement à Jeanne d'Arc. Les instruments de guerre, les puces et les huîtres hors saison, mettent à jour la prétention malveillante des gens d'en haut.

Le dialogue est tissé d'emprunts à la Bible, à Shakespeare, à Rabelais. Le ludisme intertextuel donne lieu, par exemple, dans la version de 1974, à une harangue féroce dans un passage où la Sagouine s'inspire des Saintes

Écritures pour condamner les riches : « Malheur à vous autres, fripeux de bénitchers, qui vous traînez la ventre [sic] à cœur d'années de l'*Ecce Homo* à la sainte table ; ben qui nous déportez de nos terres pour pas ouère nos dents jaunes pis nos ous tordus ! » Cette richesse intertextuelle soutient le carnavalesque mailletien. Par contraste, les allusions à Shakespeare relèvent plutôt du tragique. Anticipant la tentative de suicide de Citrouille, la parodie du fameux soliloque de Hamlet, retirée de la version de 1974, est à la fois risible et amère : « Corver ou pas corver, c'est là la grosse affaire. [...] Corver, couler, dormir, peut-être bien songer. Ouais... des songes. » À première vue, le rapprochement intertextuel avec *Roméo et Juliette* de Shakespeare crée un effet comique : « Roméo et Juliette sur une traque. C'est ben pus original que sur un balcon. Ah ! Shakespeare, t'avais pas d'imagination. » Par contre, la mort de Citrouille et de la Jeune Fille s'inspire bien de l'intertexte shakespearien. La tragédie rompt ici l'effet du carnavalesque.

Si *Les crasseux* a été chaleureusement accueillie par le public lors de sa représentation en 1974, l'accueil de la critique a été mitigé. Tout en y reconnaissant un présage de la force théâtrale des œuvres ultérieures de Maillet dont *La Sagouine*, la critique trouve surtout que la pièce hésite trop entre le comique et le tragique. Dans la version de 1974, le vieux Pamphile, symbole d'une Acadie révolue, meurt sur scène ; sa mort semble encore plus gratuite que celles de Citrouille et de la Jeune Fille. Lorsque Maillet choisit de raconter le récit des « Crasseux » dans *Don l'Orignal*, roman-fable où Citrouille et son Adéline ont une fin heureuse, le résultat est plus cohérent. Récrite en trois versions dramatiques et reprise sous forme de roman, *Les crasseux* est essentielle à la compréhension de l'évolution de l'œuvre mailletienne.

Kathleen Kellett-Betsos

Les crasseux, [présentation de Jacques Ferron], [Montréal et Toronto, Holt, Rinehart et Winston limitée, 1968], 68[1] p. (Théâtre vivant) ; 1970, 68[1] p. ; *Les crasseux. Pièce en trois actes*, [présentation de Rita Scalabrini et Jacques Ferron], Montréal, Leméac, 1973, xxxiii-91 p. (Répertoire acadien, Théâtre acadien) ; *Les crasseux. Pièce en deux actes*, [présentation de Rita Scalabrini], Montréal, Leméac, 1974, 118 p. (Théâtre acadien) ; [présentation de Jacques Ferron], Montréal, Leméac, 1993, 109 p. (Théâtre).

CRI DE TERRE. POÈMES, 1969-1971
Raymond LeBlanc
Poèmes (1972)

Ce recueil est le tout premier livre publié par les Éditions d'Acadie et il mérite à juste titre d'être considéré comme une œuvre fondatrice de la poésie acadienne par l'influence considérable qu'il a eue sur le développement ultérieur de celle-ci. Nombreux sont les poètes acadiens, à commencer par Gérald Leblanc, qui se reconnaissent une dette envers ce recueil, qui le citent et qui s'en inspirent. *Cri de terre* comporte quatre parties, suivies d'un épilogue. Ces quatre parties, dont la première comporte neuf poèmes et les trois autres sept, sont intitulées « Silences », « Gestes », « Fontaines » et « Paroles ». Chacune est introduite par un dessin en noir et blanc d'Herménégilde Chiasson. Tous les poèmes du recueil sont composés de vers irréguliers non rimés, mais fortement cadencés. Ce balancement rythmique soutenu, associé à des procédés classiques de la poésie comme l'assonance et la répétition sous toutes ses formes, donne au recueil des accents lyriques indéniables, dont se démarquera d'autant plus efficacement l'avant-dernier poème, « Petitcodiac ». L'exploitation privilégiée de l'image poétique contribue aussi à situer cette poésie dans les courants dominants de la poésie française de la première moitié du XXᵉ siècle. Les quatre parties du recueil sont précisément agencées pour constituer une montée progressive qui va des « silences » aux « paroles » et qui culmine, avec la dernière partie, dans l'affirmation identitaire de l'Acadie qui couvait sous le texte depuis les premières pages du recueil. *Cri de terre* dispose des contrepoids équilibrés entre la gravité de la constatation de l'universelle aliénation dans la première partie et l'exaltation des poèmes amoureux de la troisième partie. Par la métaphore de la femme-pays, ceux-ci servent d'introduction au questionnement identitaire final, qui, bien que ne faisant aucune concession à une situation collective jugée très sévèrement, exprime fortement la volonté d'une révolte libératrice qui commence par celle du langage poétique lui-même. En ce sens, le recueil est bien de son temps, celui d'une littérature acadienne en émergence, où le littéraire et le politique sont inséparables. L'Acadie est désignée comme telle dans la dernière partie du recueil et la langue du poème intègre des éléments lexicaux ou toponymiques propres à l'Acadie, mais cela ne va jamais jusqu'au recours à la langue orale, qui deviendra par la suite une marque de la poésie acadienne.

Il est sans doute de mise que cette prise de parole inaugurale aux Éditions d'Acadie soit présentée comme une conquête sur le silence. La thématique du silence est très présente dans l'ensemble du recueil, où elle apparaît comme un écho et un signe tangibles de la dépossession acadienne. La première partie du recueil propose une thématique très générale du mal de vivre, dont la poésie apparaît beaucoup plus comme un moyen d'exploration que de dépassement. Néanmoins, le dernier poème de cette partie, intitulé «Réveil», laisse entrevoir la possibilité d'agir sur une aliénation présentée comme universelle. La deuxième partie, intitulée «Gestes», composée de poèmes extrêmement brefs d'un vers ou deux, vient alléger l'atmosphère lourde des «Silences» en découvrant comme une lumière les possibilités d'image que renferme le mot. Ces petits poèmes ont l'indétermination et l'universalité d'aphorismes et servent bien d'étape transitoire où s'amorce le mouvement entre la fixité des «Silences» et le ruissellement des «Fontaines». La thématique amoureuse exploitée dans cette troisième partie du recueil

reste sans doute la plus grande constante de la suite de l'œuvre de Raymond Guy LeBlanc. Ici, ces poèmes donnent une raison de vivre et font naître l'espoir de «dépasser la nuit». Leur beauté formelle, l'accord très juste du son et du sens justifient pleinement leur présence et empêchent de les considérer comme une diversion: «Voilà que la nuit a plongé le jour / Dans la soie des paroles de chair / Qu'il m'est heureux de te consacrer / En l'aube de ces draps». D'ailleurs, ils mènent directement à la thématique du pays par le biais d'une comparaison explicite dans le poème «Toi»: «Tu es mon Pré-d'en-Haut ma colline vivante / Mon île Miscou mon chemin de terre / Ma maison de bûcheron mon sable de Shédiac». Cette comparaison entre la femme et le pays ne peut faire autrement que d'introduire dans le recueil celle inverse, beaucoup plus habituelle en poésie, entre le pays et la femme. L'image nous entraîne à relire les poèmes amoureux selon cette nouvelle optique et à considérer qu'il y a bien une ambiguïté entretenue entre la femme et l'Acadie et que certains poèmes peuvent en fait s'adresser à l'une ou l'autre à la faveur d'expressions comme: «l'étoile sur ton front», «tes yeux feux-chalins» ou «les affiches unilingues» qui connotent mieux l'Acadie qu'un personnage féminin. Le poème «Toi», situé stratégiquement à la fin de la troisième partie, agit comme pivot et permet de bifurquer de la thématique de la femme aimée à celle du pays aimé et souffrant. La quatrième partie du recueil aborde sans détour ce qui s'impose comme la raison d'être de l'œuvre, c'est-à-dire la réflexion sur le rapport du poète à l'Acadie et la présentation de la situation existentielle de son peuple.

Comme la structure de l'ensemble du recueil, celle de la quatrième partie présente une progression à partir de l'écrasement par des forces aliénantes, très sensibles dans les deux premiers poèmes, jusqu'à l'expression de la révolte qui débouche sur une promesse d'avenir. Le poème «Cri de terre», qui donne son titre au recueil, exprime de manière éloquente l'explosion d'énergie libérée par la révolte qui sourd des profondeurs. L'espérance peut commencer à prendre forme et le poète y joue un rôle de premier plan. Dans cet univers de l'absence, de l'inexistence, du silence, la parole poétique est la clé et la voie de la libération. Si le poète marque d'abord la distance entre lui et son peuple aliéné et exprime son impuissance à lui venir en aide : « je suis trop petit pour vous faire renaître en moi », il devient ensuite le chef de file qui guide la collectivité à laquelle il s'identifie pleinement : « Navire fantôme je suis remonté à la surface des fleuves / Vers la plénitude des marées humaines / Et j'ai lancé la foule aux paroles d'avenir // Demain / Nous vivrons les secrètes planètes / D'une lente colère à la verticale sagesse des rêves. » L'appel de la poésie et de ses infinies possibilités évoqué dès le premier poème du recueil réalise enfin ses promesses et le poète peut « à tangage réglé et à l'espace de mots précis » inventer le monde. Cette dernière partie culmine dans le poème « Petitcodiac », véritable morceau de bravoure où la désarticulation progressive et spectaculaire du langage symbolise le refus du monde tel qu'il est et la nécessité d'une création qui est réappropriation de l'espace par la parole poétique. Le cri de terre annoncé a bouleversé l'ordre faussement établi en surface et a ouvert les vannes de l'expression de soi, qui permet de rêver à une victoire ultime : « LA / VICTORICITENTE / DÉFERLEMENTATION / de / la / MOUV AGUE ». Après cette montée fulgurante, qui clôt si adéquatement la partie ultime, le recueil continue de respecter le système d'alternance qu'il a mis en place entre l'ombre et la lumière, la détresse de l'aliénation et l'excitation fébrile provoquée par l'espoir de son dépassement : le dernier poème, qui constitue l'épilogue, « Je suis acadien », est à la fois une retombée, une conclusion et un résumé de tout ce qui précède, comme l'affirme Alain Masson. Le poète peut enfin y exprimer clairement son identité et faire de sa langue stigmatisée, le chiac, une langue de la poésie. « Combien de jours me

faudra-t-il encore / Avant que c'te *guy* icittte me *run over* / Quand je *cross* la *street* pour me crosser dans la chambre ». L'autocritique atteint son comble de cynisme alors que l'Acadien y est présenté comme assimilé par l'Anglais, dépassé par le Québécois et trompé par la religion, « Homme déchiré », certes, mais néanmoins tourné « vers l'avenir ».

Ce n'est pas tellement en tant que première publication des Éditions d'Acadie que le recueil *Cri de terre* occupe une place privilégiée dans la littérature acadienne, ce sont surtout ses qualités de composition et d'écriture qui en ont fait une œuvre-culte de cette littérature. Son organisation rigoureuse, dont on ne saurait modifier la place d'un seul élément, mime efficacement la prise de conscience identitaire de l'Acadie elle-même, et son écriture, qui alterne harmonieusement entre la chute et l'envol, a su traduire avec précision l'état d'âme et d'esprit dans lequel se trouvait l'Acadie au moment de sa parution.

Certes, le recueil illustre une conception de l'écriture poétique qui n'a pas la proximité ou l'immédiateté de certains recueils qui lui ont succédé et dont l'écriture voisine sans remords avec la prose et l'oralité. Par la rigueur formelle et musicale qu'il manifeste, par l'économie et la densité du langage qu'il met en scène, *Cri de terre* s'inscrit dans un courant poétique résolument classique qui aura comme continuateurs en Acadie Léonard Forest, à son époque, et Serge Patrice Thibodeau, aujourd'hui. Cette facture, empreinte d'une vision quelque peu idéalisée de la poésie, contribue sans doute à lui donner cette place unique en poésie acadienne.

Finalement, le recueil dément un préjugé courant qui fait de la littérature « engagée » une sous-littérature. L'alliance très étroite de la poésie et de la politique y est parfaitement réalisée et la poésie y apparaît comme le seul moyen de dépasser les contraintes du politique, qui lui fournissent en retour la motivation qui la nourrit et la résistance qui décuple sa force. Chez Raymond Guy LeBlanc lui-même, la mise en retrait de la dimension politique dans les recueils subséquents n'a pas permis de construire des œuvres aussi fortes. *Cri de terre* est un recueil qui invoque constamment les promesses de l'avenir contre l'étouffement du présent : les nombreux recueils qui lui ont succédé en poésie acadienne lui ont donné raison.

Raoul Boudreau

Cri de terre. Poèmes, 1969-1971, Moncton, Éditions d'Acadie, [1972], 58 p., ill. ; [suivi d'une analyse critique de Murielle Belliveau], Moncton, Éditions d'Acadie, 1986, 83 p., ill. ; *Poèmes. 1972*, [préface de Pierre L'Hérault ; suivi d'une analyse critique de Murielle Belliveau], Moncton, Éditions d'Acadie, 1992, 91[3] p., ill.

LE CYCLE DE PRAGUE
Serge Patrice Thibodeau
Poèmes (1992)

Le cycle de Prague réunit 132 poèmes écrits à la suite de 2 séjours de l'auteur à Prague, en 1990 et en 1991. Dans la préface, l'auteur propose une série d'explications et de consignes de lecture permettant de comprendre que ce recueil est pensé comme une exploration contemporaine de la spiritualité et de la sensualité. Écrits à Prague, Montréal et Fredericton, les poèmes expriment l'expérience de la ville de Prague et donnent lieu à une réflexion autobiographique et artistique. Le recueil se divise en 3 sections, dont chacune fait alterner 2 suites de 22 poèmes. La première section a une portée plutôt générale, tandis que la deuxième et la troisième sont centrées respectivement autour des notions du temps et de l'espace. La disposition des suites obéit à la règle de la gradation et de l'alternance. Les sections passent du général au détail, les suites alternent entre le cérébral et le sensible, voire le sensuel. L'ensemble répond ainsi à une volonté d'organisation à la fois rigoureuse et précaire. Le recueil affiche son appartenance à la littérature mondiale par des épigraphes citant Leonard Cohen, Robert Smith, Franz Kafka et Václav Jamek et par des allusions à certains auteurs dans la première section : Achmatova, Baldwin, Bernanos, Bély, Brecht, etc. Il repose sur une structure mathématique dont les chiffres de base sont 2, 3 et 11. Les 3 sections du recueil se composent de 2 suites de poèmes qui comportent chacune 22 (2 x 11) poèmes. Les deux suites de la première section sont composées d'onzains, la deuxième suite de la section trois mélange des onzains et des dizains. La deuxième section comporte des tercets et des huitains. Ces deux suites confondues, on arrive également au chiffre 11. La première suite de la troisième section se compose de poèmes en prose. Les poèmes strophiques se distinguent par une métrique variée, les vers sont libres et ne riment pas. La ponctuation est également libre. Les premières suites des trois sections restent sans titres, les deuxièmes suites portent comme titres des noms d'auteurs connus en ordre alphabétique (I, 2), une numérotation (II, 2) ou des toponymes praguois (III, 2). Le poète utilise un français soutenu comportant un vocabulaire recherché, mais se garde de préciosité. D'une tonalité mélancolique teintée de tristesse, mais aussi marquée par la recherche de la vérité dans la vie humaine, les 132 poèmes ouvrent un espace de recueillement et d'exploration toute sensuelle de la ville de Prague.

La première suite de poèmes composant la section « Orants et nus dans la pénombre » s'inspire des prières baroques. Cette tentative d'explorer aujourd'hui le recueillement, par l'entremise de ces prières aux répétitions fréquentes, se présente comme une invocation de l'union mystique. La première section confronte l'expérience spirituelle à celle des sens et du corps. Deux prophéties – qui servent d'épigraphes à cette section – parlent prospectivement de la construction et rétrospectivement de l'anéantissement de la ville de Prague. En se situant ainsi en dehors de l'histoire de cette ville, elles marquent de manière suggestive un début et une fin sur l'axe historique. Les prières de la première suite invoquent l'union mystérieuse avec la ville céleste, le Verbe, l'Univers et Dieu : « nous tous, nous sommes Un / comme le feu » afin d'échapper à « la vanité / du labyrinthe / que nous avons créé ». Les poèmes de la deuxième suite s'orientent de manière radicale du côté du monde tangible et en offrent des expériences sensibles, sensuelles et sentimentales, incluant les plus désolantes et les plus enchanteresses : le froid, l'obscurité, la solitude, la vue de cadavres en décomposition, le toucher, le désir et l'amour. Cette section brosse les portraits de personnes ayant marqué l'évolution artistique de l'auteur. Le modèle de ces portraits renvoie – selon la préface – à « l'expressionnisme de l'Europe du Centre-Est », visant à saisir dans une sorte d'instantané le sentiment qui répond à l'œuvre de l'auteur en question.

La deuxième section, « Fenêtres (face au pont sur le fleuve) », fait dialoguer la voix du fleuve Vlatava et celle d'un couple qui observe la ville de Prague à travers une fenêtre. Elle repose également sur une temporalité située en dehors du temps ordinaire. Exception faite de la dernière strophe, la première suite (écrite en collaboration avec Lynn Saintonge, peintre qui a fourni le tableau reproduit sur la couverture du livre) se présente comme un monologue du fleuve Vlatava qui exprime sa lenteur, sa mémoire éternelle, ses pensées sur la poésie, la lumière et le temps qui s'écoule : « le cours des jours / défile / continu ». De manière impassible, cette voix évoque le malheur d'un être humain qui se noie et que l'on repêche. À la fin du poème, le narrateur reprend la parole et annonce le silence de la voix du fleuve. Cette suite renvoie à la mythologie de l'eau et aux relations multiples qu'elle entretient avec un temps statique qui ne répond pas au rythme journalier. La deuxième suite, par contre, offre une vision du temps plus fragmentée, mais également hors de l'habituel. Elle présente – à la manière des instantanés – des moments de la vie de deux amoureux. Ils restent dans leur chambre qui donne sur le fleuve et captent de

temps à autre un regard sur le monde à travers la fenêtre. Les moments de l'extase amoureuse alternent avec des observations sur des détails architecturaux. L'expérience traduisant cette suite de poèmes est celle de la présence corporelle et de la jouissance, mais aussi celle de l'oubli. Comme il n'y a pas d'indication du temps qui passe venant lier ces moments, ils semblent sortir du temps du chronomètre. Ces poèmes proposent un hédonisme tout sensuel lié au monde tangible, contrastant parfaitement avec la souffrance muette liée au monde de l'eau et à la contemplation éternelle. La section oscille entre le mutisme aquatique et le discours de la jouissance.

La troisième section, « Le corps s'oublie (entre une gare et un château) », fait alterner une série de méditations en prose sur des questions de morale, de métaphysique portant aussi sur l'acte poétique, avec une suite de poèmes décrivant des rencontres amoureuses en différents lieux de Prague. Précédée par deux citations de Kafka et de Janek, cette troisième section présente l'image de la ville de Prague de loin la plus concrète, qui n'est plus la ville du visionnaire de la première section ni celle de la durée éternelle, mais la ville vivante. La présence spatiale de cette ville l'emporte dans la deuxième suite. Les textes de la première suite se présentent comme des notes personnelles de journal en forme d'aphorismes et offrent des réflexions éparses sur la liberté (112), l'écriture (116), la xénophobie (118, 146), l'existence humaine (122, 144), la foi (124), , la solitude (122), la vanité des humains (126, 130), la vérité (136) et l'identité (140). Cette section comprend également des réflexions sur la poésie, qui est censée être le seul chemin menant au lieu auquel l'être humain aspire. Les quatre derniers textes de cette suite mettent l'accent sur la notion de circularité et proposent ainsi une lecture du recueil à rebours. « Ainsi faut-il comme avec le Temps, revenir sur ses pas, lire à rebours et se méfier à la croisée des chemins ». Dans la deuxième suite, le narrateur note ses rencontres amoureuses (143, 145, 147, 149) et ses impressions à l'occasion de longues promenades dans la ville : le printemps avec ses fleurs (117), les statues (125), la solitude (133). Dix-huit poèmes portent des toponymes praguois liés à ces impressions, et quatre poèmes, épars dans cette suite, portent comme titre « Exil I-IV », poèmes dans lesquels le narrateur réfléchit sur sa condition et sur sa relation à la ville de Prague. Selon lui, Prague est la ville où son exil trouve son terme. Mais cette ville sert également de point de départ : Prague, dont le nom désigne le « seuil », est perçue comme tel, comme source d'inspiration et comme défi : « Une fois franchi le seuil, qui nous assure que nous sommes bien de l'autre côté ? » La sécurité absolue n'existe pas dans l'univers de Thibodeau ni non plus la tranquillité : il n'y a que l'errance, c'est-à-dire la nécessité de partir. En fin de parcours, il ne subsiste que l'espoir de se voir rassuré par la spiritualité.

À la fin du recueil, le narrateur dévoile que Prague n'était qu'un prétexte « à la rêverie, à l'errance / à la dislocation des sens et du regard », voire « le plus beau des prétextes ». Comme le poète semble s'esquiver par une pirouette, il est loisible de se demander si cette poésie n'est que jeu gratuit. Il nous paraît que non. Le manque de sérieux ne se fait sentir qu'à la fin du recueil et le lecteur est renvoyé subtilement à son début. Cette tonalité ludique du poème n'est qu'une condition indispensable du voyage vers l'aventure et vers la confrontation avec la ville étrangère, si invitante soit-elle.

Le voyage et le séjour prennent un aspect transitoire chez Thibodeau. Vue sous cet angle, la recherche contemporaine des relations entre spiritualité et sensualité ne vise pas à un résultat fixe, mais s'accomplit dans le passager, dans le mouvement de l'expérience, de la pensée et de l'écriture. « Le besoin de partir crépite à l'horizon » est la phrase finale de la préface.

Cette poésie insiste sur son caractère transitoire et vise à un au-delà. *Le cycle de Prague* est une poésie de l'errance, errance toute humaine (entre le côté spirituel et le côté charnel de la vie) se plaçant successivement en dehors du temps et de l'espace. Elle est surtout une poésie du passage (passage à Prague, passage de l'eau, passage de l'amour). Elle cherche à saisir le passage entre la transparence (des fenêtres) et l'opacité (de l'eau). Elle vise à saisir ce qui reste dans la pénombre végétative de l'être humain.

Le titre du recueil fait déjà allusion à la circularité, qui nous semble être une des notions clés du recueil. Le temps cyclique s'opposant au temps linéaire structure les prières, l'histoire de l'eau, mais aussi les réflexions en forme d'aphorismes. C'est grâce à la circularité que les poèmes échappent au temps, qui se mesure, qui court et qui passe. Échapper à ce temps du chronomètre nous semble l'enjeu central de la poésie de Thibodeau. En invitant le lecteur à une lecture à rebours, elle l'emmène à la découverte d'un endroit où il n'est plus exilé. Cette lecture à rebours renverse l'ordre établi du texte, qui passe de l'abstrait (section 1) au concret (sections 2 et 3) pour arriver à un passage du concret à l'abstrait et du détail au général. Ainsi, le texte s'ouvre sur une réflexion sur la foi et la spiritualité et invite à une lecture en dehors du temps et de l'espace habituels. Bien qu'il se termine sur une note pessimiste – « nous revenons finalement à la désolation initiale » –, il vise également, grâce à la lecture à rebours, la conséquence opposée. L'enchantement est aussi probable que la déception. Le cercle se referme : on retombe au début et on repart.

Rolf Lohse

Le cycle de Prague, [Moncton], Éditions d'Acadie, [1992], 155[2] p.

D

DANS LA CITÉ suivi de PACÌFICA
Serge Patrice Thibodeau
Poèmes (1997)

Le titre du livre surprend sous la plume du poète connu pour avoir chanté l'errance, mais les sous-titres des sept parties («Aqaba», «Pétra», «Beyrouth», «Damas», «Première suite assyrienne», «Deuxième suite assyrienne», «Suite égyptienne») convoquent le voyage dans une double perspective, spatiale et temporelle. Les références liminaires au bassin oriental de la Méditerranée sont redoublées par les indications des lieux de l'écriture à la fin de chaque section, suivies des dates, entre juin 1994 et juin 1995. Dans la sécheresse du sable et l'aridité des pierres d'«Aqaba» et de «Pétra», le poète découvre de nouvelles sensations, synesthésies culturelles à la confluence des civilisations et des spiritualités occidentale et orientale. Un univers inconnu pour le lecteur occidental s'ouvre au fil des noms: héros de légende, personnages historiques, poètes et artistes contemporains. La troisième partie souligne les ravages de la guerre dans le souvenir d'un Liban martyrisé et inscrit un vif désir de paix entre les hommes. Fasciné par la religion musulmane, sensible à la langue de l'autre, le poète pérégrin se place sous le patronage spirituel du poète philosophe soufi Ibn 'Arabi, cité à deux reprise en ouverture du recueil puis en exergue à la partie centrale, «Damas», pour évoquer un choix de vie lié au voyage, mode de connaissance privilégié qui définit le rapport à l'espace et au territoire. La perception du temps est modifiée sur cette terre, berceau de l'écriture, calligraphiée dans le corps du texte par le tressage des alphabets latin et arabe. Pour le poète, le voyage en Orient dessine un cheminement identitaire et spirituel sur un sol qui garde la trace d'antiques civilisations; grâce à la rencontre de ses frères humains, la relation avec Dieu y est immédiate. La «bilatéralité» inscrite par les deux écritures pose la question du sens dans le rapport au monde et à l'autre, mais «la bêtise fauve des hommes» ramène toujours à la solitude l'être différent, que seul Dieu sait écouter.

L'apparente contradiction entre le titre du recueil et les titres des parties semble rejouer l'ancienne opposition entre sédentaires et nomades, bien plus que l'antagonisme entre catholiques et musulmans, car l'allusion à saint Augustin renvoie, par le titre général de l'œuvre, à un champ méditerranéen. Cette antithèse traverse tout le texte; elle est liée à l'identité acadienne. La découverte de l'Orient se traduit en un engagement personnel qui mêle l'intime et le culturel, conjugué en arabe par et dans le religieux. Dans sa pratique, cette foi implique un contact direct avec la terre où le poète prie: «La nuit, le front posé sur le sol du Livre». Sur les 33 expressions en arabe, 23 se rapportent à l'islam. Sont évoqués, souvent en formules consacrées, la louange, la volonté, la grandeur, la puissance, la maison et le serviteur d'Allah. La foi donne sens au quotidien, qui est appréhendé aussi par quelques mots et lieux en arabe, tels «Alep la grisâtre», «le soleil», «la datte». Les travaux et les jours, les peines et les plaisirs appartiennent à cette langue.

Les lettres arabes permettent de visualiser dans le corps du texte l'altérité. L'italique, en corrélation avec l'écriture arabe, apparaît dans «Pétra». Cette écriture penchée est importante: son inclinaison à droite rapproche graphiquement les deux alphabets, métaphore de la main tendue, symbole de paix. Tantôt traduction de l'arabe, tantôt son commentaire dans l'ensemble du recueil, l'italique marque l'apparition d'un «tu», celui du poète qui, après son départ en Orient, décline «je est un autre», comme le Rimbaud de la lettre du voyant. Ce premier «tu» apparaît dans le geste de la prière. Tous les mots arabes valent comme des blancs dans le poème, blancs volontaires et ciselés qui imprègnent l'ensemble du texte. Le rapport entre la parole et le silence est noté comme en musique. Et ce rapport est à lire dans l'identité acadienne, forgée à l'errance, comme une métaphore obsédante chez l'auteur de *Nous, l'étranger*, même sur un sol désiré, qui permet la rencontre de l'être aimé.

En effet, la relation intime avec Dieu est bafouée par la loi religieuse en vigueur, perpétuée par le pouvoir politique, dont l'orthodoxie confond politique et religion. «Damas», livre central du recueil, amène une confusion entre passé et présent caractérisés par la permanence d'un despotisme politico-religieux insupportable. La mainmise du pouvoir en place sur l'héritage d'Ibn 'Arabi par un mausolée somptueux écrase ses idées de tolérance et équivaut à une mise à mort du poète soufi. «Et sur l'or ils ont frappé le messager!» Dans les deux suites assyriennes, la loi de la cité, c'est l'enfermement, l'intolérance, la difficulté de respirer pour les amants hors norme. Des décombres de Beyrouth à la ville syrienne d'Hama sur la rivière Oronte, tout n'est que violence et mort. Il apparaît impossible de vivre sur un territoire où sévit la brutalité tyrannique. L'arrachement et la séparation sont exprimés dans la «suite égyptienne» par une cartographie antique qui rappelle, en une note d'espoir pour tous les opprimés, l'évanescence au regard des siècles de tout pouvoir, fut-il tyrannique. La mémoire, thème majeur du livre, est énoncée elle aussi en arabe pour marquer l'emprise du temps sur le lieu, comme si le balisage spatial s'effaçait pour ne retenir que le passage du temps en confondant la Syrie jamais nommée et l'Acadie rayée de la carte, à l'image du passage de l'étranger, dont la fugacité identitaire rappelle la fragilité humaine. À la lisière du temps et de l'espace, nomade parmi les sédentaires, étranger parmi ses coreligionnaires, le poète interroge le rapport au monde par le langage «dans tous les sens littéralement».

Geneviève Chovrelat

Dans la cité suivi de *Pacìfica*, Montréal, l'Hexagone, [1997], 182[3] p.

LA DANSE SAUVAGE
Ulysse Landry
Roman (2000)

Ce deuxième roman d'Ulysse Landry, dont l'action se situe à Moncton, dresse un portrait critique de notre société, dévoilant les vies perturbées de jeunes adultes marginaux qui se rencontrent dans la danse sauvage d'une jungle urbaine. Par l'entremise de nombreux retours biographiques, les problèmes de ces jeunes adultes sont associés à leur enfance troublée. Dans l'angoisse et la désillusion, ces personnages aux rêves refoulés tentent tant bien que mal de s'épanouir, mais sont constamment sollicités par des désirs de sexe et d'alcool. Ces désirs dominent inéluctablement leur quotidien et causent en fin de compte tous leurs problèmes. Ainsi, Guillaume est un chômeur qui tente de vivre de sa musique, son frère Victor a délaissé sa passion pour les arts au profit du monde des affaires, Charly tente sans succès de s'enrichir par le commerce de la drogue, Lydia est effeuilleuse alors qu'elle ne rêve que de vivre de son art, etc. Dans cet univers où rien n'est facile, où les obstacles se multiplient sans prévenir, chacun vit donc son propre drame, tout en étant amené, inévitablement, à faire partie de celui de son prochain.

La danse sauvage, [Moncton], Éditions Perce-Neige, [2000], 192 p. (Prose).

DERRIÈRE LES EMBRUNS
René Le Blanc
Roman (1999)

Derrière les embruns s'ouvre et se clôt sur une même scène: l'agonie et la mort de

Volusien «des Marc-Henri» Le Blanc. Entre prologue et épilogue : une vie d'homme. À la fois roman historique et récit populaire, l'ouvrage de René Le Blanc se lit à la manière de la chronique d'un monde disparu. Monde teint en sépia, vu depuis le cercle intime du nommé Volusien, à savoir : la mère Marianne, et Mélanie, l'épouse ; la couvée d'enfants (Colette, Ansèlme, Théophile, Adrien, Rose-Aline, Marie-Marguerite, Céline et Angélie) ; puis le dernier rejeton, Josué, « enfant de la promesse ». En marge de ceux-ci, signalons l'ami Willie, philosophe des champs. Et dans les derniers chapitres, Jovite, époux d'Angélie. L'intrigue reproduit un canevas classique : celui du retournement de la fortune. Cette famille prospère se trouve soudain réduite au dénuement. Au chapitre premier, l'on est témoin du lancement d'un magnifique trois-mâts, le *Grand-Marc*, symbole de la fierté des Marc-Henri. Mais le rêve se transforme rapidement en cauchemar : le *Grand-Marc* fait naufrage et la compagnie d'assurances refuse d'en indemniser la perte. S'ensuivent la ruine de Volusien et son exil dans le Maine, où il espère gagner assez pour rembourser ses créanciers. Loin des siens, Volusien vit une traversée des enfers qu'il voudrait l'expiation du « péché d'orgueil » dont il se croit poursuivi. Il n'en est rien. Côté cour, c'est la survie d'une famille réduite à attendre le maigre mandat-poste du père absent. Côté jardin (dans les forêts du Maine), c'est la souffrance d'un homme qui cherche à s'expliquer une accablante destinée. Et les malheurs s'accumulent. Atteint de choléra, Volusien est à deux doigts de la mort ; au même moment, mais à son insu, meurt la petite Céline. De retour au pays, d'autres misères l'attendent : la révolte et la fuite du fils Adrien, la mort du jeune prêtre Théophile et, pour comble, la noyade du dernier espoir des Marc-Henri, Josué. Si l'on considère qu'à ces malheurs s'ajoute le départ progressif des autres membres de la famille pour les villes américaines (ou le couvent), on commence à se faire une idée de la désolation qui s'empare du cœur de Volusien Le Blanc.

Finement esquissés, les personnages du roman n'en trouvent pas moins leur fonction dans les rapports complexes qu'ils entretiennent avec le *pater familias*. Cela est vrai dans le cas des enfants, projections des espoirs dynastiques du clan, mais ce l'est aussi – à un degré moindre – dans le cas des femmes, Marianne et Mélanie : « deux visages » de l'Acadienne traditionnelle. Suivant la loi de l'alternance, Mélanie, « la femme de la terre », fait pendant à la mère Marianne, « femme de la mer », l'une et l'autre se disputant le droit de cité dans le ménage et dans le cœur de Volusien. La matriarche Marianne est d'ailleurs une femme de la trempe de Pélagie et, à ce titre, une projection littéraire de vénérable lignée. Ce qui n'empêche pas que Mélanie se révèle la femme lumineuse du roman, soutien d'un homme et d'une famille en proie aux pires tourments. Aussi revient-il à la tendre épouse d'incarner le dévouement et l'instinct maternels, symboles vivants de l'amour.

La structure du texte obéit à l'esthétique du roman narré à la troisième personne et se place dans la mouvance d'un récit qui suit l'ordre chronologique des épisodes racontés au rythme des saisons de la vie. Chacun des 10 chapitres s'ouvre sur un événement important, événement dont la thématique souligne la portée des souffrances d'un homme abattu par le destin. Qui connaît le livre de Job aura vite fait de comprendre que Volusien évolue à l'ombre des grands témoignages de l'Ancien Testament. Semblable aux prophètes délaissés par Dieu, il ne cesse d'interroger « le sens des malheurs que le ciel lui dévers[e] ». D'autres influences littéraires apparaissent en filigrane. Divisé en cinq « actes », précédés, comme nous l'avons signalé, d'un prologue et suivis d'un épilogue, *Derrière les embruns* reproduit la structure de la tragédie. Structure consciemment perçue et dont le moment cathartique (la perte du jeune Josué) rappelle les grandes scènes du drame shakespearien : Volusien, tel le roi Lear, se dresse face à la mer pour crier devant Dieu sa révolte. Puis, en roi dépossédé, il se laisse choir sur la grève. Mais avant que Jovite ne le relève, il esquisse un geste réconciliateur : la mer lui rend le cadavre de son fils. Il peut mourir en paix.

Une certaine critique insiste sur le rôle joué dans le roman par la superstition et les croyances populaires. Pour le milieu acadien de l'époque, cela paraît assez notoire. On a tort cependant de réduire le drame de Volusien Le Blanc à la crédulité d'un villageois. Volusien, c'est une conscience d'homme qui exige justice et miséricorde. Dans la mesure où *Derrière les embruns* cherche à dépasser l'anecdote, la nuance est fondamentale. Le temps même du roman assimile au récit d'un particulier la thématique la plus universelle – celle de l'humanité inconsolable. Tranchant sur les années 1880-1944, ce n'est pas le fait du hasard que le drame atteigne son paroxysme au moment même où couve une conflagration à l'échelle mondiale. Émouvante, l'histoire des Marc-Henri n'est nullement psalmodiée sur un seul accord. Sombre, le roman n'en est pas moins scandé de lumière, de tendresse et d'humour. Autant de variations de ton qui, atténuant les larmes, affirment par là même l'étonnante vitalité d'un peuple qui en a quand même vu d'autres.

On ne saurait enfin parler de la valeur littéraire de ce texte sans consacrer au moins quelques lignes à la beauté d'une écriture riche, généreuse et poétique. On est frappé d'admiration devant la maîtrise d'un romancier nanti d'un réel talent pour la description narrative, comme pour la poésie en prose. Maîtrise de la langue française dans tous ses registres, de la langue soutenue à l'emploi discret du parler acadien. Maîtrise aussi de l'écriture qui, selon la formule d'André Maindron, « mari[e] finement paysages, scènes d'intérieur et portraits ». On voudrait signaler tout spécialement une écriture où les effets poétiques les plus étonnants ont parfois comme support les objets les plus banals : un brin d'herbe, un coquillage, l'effet du soleil sur les fenêtres givrées par un matin d'hiver… C'est confirmer ce que chacun sait : que la poésie naît dans l'âme sensible.

ÉDWARD LANGILLE

Derrière les embruns, [Moncton], Éditions d'Acadie, [1999], 355[2] p.

DICTIONNAIRE DU FRANÇAIS ACADIEN
Yves Cormier
(1999)

Dès sa parution, cet ouvrage a été mis en parallèle avec le *Glossaire acadien* de Pascal Poirier. Avec le *Dictionnaire du français acadien* paraissait enfin un deuxième ouvrage portant sur le vocabulaire acadien. La publication de ce dictionnaire en 1999, plus d'un siècle après le *Glossaire acadien* de Pascal Poirier (dont le document original date de 1875), a été un événement de toute première importance pour la communauté acadienne, du point de vue linguistique certes, mais bien au-delà. Le vocabulaire répertorié reste essentiellement le vocabulaire du français acadien traditionnel. De ce point de vue, l'ouvrage peut paraître trop semblable au *Glossaire acadien*. Il introduit peu de nouveaux acadianismes, qu'il s'agisse de néologismes de formation française ou d'emprunts à la langue anglaise. Sur le plan de l'étendue géographique, le *Dictionnaire du français acadien* couvre un large territoire, incluant les différentes régions de la Nouvelle-Écosse, ainsi que Terre-Neuve et bien d'autres régions historiques de peuplement acadien, telles la Louisiane, la Gaspésie et les Îles-de-la-Madeleine. De ce point de vue également, le *Dictionnaire du français acadien* n'innove pas. Le *Glossaire acadien* couvrait le même territoire, du moins au dire de l'auteur. Dans les faits, cependant, quand on examine de près les mots répertoriés, on remarque de fortes dissemblances. La date de la cueillette des données fournit sans doute l'explication de cette différence.

Le principal apport du *Dictionnaire du français acadien* d'Yves Cormier se trouve du côté de la méthode adoptée pour la description des mots. Contrairement au *Glossaire*, dont les articles ne suivent aucun plan préétabli, le *Dictionnaire du français acadien* est construit de façon systématique et selon les modèles lexicographiques les plus connus. Une première partie, de type descriptif, comprend l'entrée du mot, sa prononciation et la catégorie grammaticale à laquelle il appartient, les citations, les sens principaux et secondaires, les dérivés et les variantes, ainsi que le renvoi à d'autres articles et, le cas échéant, un commentaire encyclopédique. Une deuxième partie, de type géolinguistique, donne la répartition géographique du mot, ainsi que des divers sens ou formes dont il a été question dans la partie descriptive. Une troisième partie, de type historique, fournit la date de sa première attestation, suivie de son origine et d'un survol de son évolution en Acadie.

En plus de la définition, de l'étymologie et de l'histoire des mots répertoriés, qui forment l'essentiel des données du *Glossaire acadien*, on trouve dans cet ouvrage les marques d'usage de ces mots, dont la localisation et la prononciation. La plupart des exemples sont extraits d'ouvrages récents, contrairement aux exemples du *Glossaire*, qui, bien sûr, sont tirés des dictionnaires du français des siècles passés.

On note que l'aspect géographique occupe une place de première importance dans ce dictionnaire. D'abord, parmi les marques d'usage utilisées dans l'ouvrage, les quatre principales (d'utilisation nettement plus fréquente que les autres marques) sont d'ordre géographique. Il s'agit des marques suivantes : « Général », « Maritimes », « Région », « Sporadique ». Elles viennent préciser l'étendue de l'usage de tel ou tel mot sur le territoire acadien. Outre ces marques d'usage, une description détaillée de la répartition géographique des mots est systématiquement fournie pour chaque entrée du dictionnaire sans exception, sous le titre abrévié « Répart. géogr. ». Qu'une telle importance soit accordée à l'aire géographique de l'usage,

cela se conçoit bien. D'une part, l'Acadie n'ayant pas de frontières géographiques précises pour les raisons historiques et politiques qu'on connaît, l'aire géolinguistique des mots étudiés peut varier grandement d'un mot à un autre. Cette aire peut s'étendre au-delà des principales régions acadiennes situées dans les Maritimes, notamment jusqu'en Louisiane, en Gaspésie et aux Îles-de-la-Madeleine. D'autre part, les mots répertoriés dans ce dictionnaire ne sont pas tous des acadianismes au sens strict. Certains mots peuvent également être en usage dans le français québécois, donc peuvent s'étendre au territoire du Québec en général, d'où la pertinence encore une fois de préciser l'aire géographique. Pour toutes ces raisons, la place primordiale accordée dans le *Dictionnaire* à l'aspect géographique est pleinement justifiée.

L'aspect historique des acadianismes est également traité de façon systématique dans ce dictionnaire. On le trouve dans tous les articles sans exception, sous le titre abrévié « Hist. ». La pertinence de décrire l'histoire des mots n'a pas besoin d'être démontrée. Cela va de soi, étant donné le lien historique très fort qui existe entre l'Acadie et certaines régions de France, notamment celles du Poitou et de la Saintonge. On note cependant que cet aspect est traité avec moins de constance que l'aspect géographique. Seuls les acadianismes au sens restreint (c'est-à-dire qui sont exclusifs à l'Acadie en ce sens qu'ils ne se retrouvent pas au Québec) sont étudiés du point de vue historique. Les exemples cités pour illustrer les acadianismes sont extraits en majorité de textes ou d'enregistrements contemporains et la prononciation des mots est notée avec les mêmes symboles que ceux des dictionnaires du français de référence.

La question du choix des mots devant faire partie ou non du dictionnaire constitue sans doute l'aspect le plus discutable du *Dictionnaire du français acadien*. Quel a été le point de départ du dictionnaire ? Quel corpus a été dépouillé ? Quels critères ont été utilisés ? Là-dessus, peu de précisions. La fréquence n'a pas été un critère déterminant. Dans le cas des acadianismes au sens strict, deux attestations semblent avoir suffi. En revanche, pour ce qui est des acadianismes attestés au Québec, les critères de sélection ont visiblement été beaucoup plus stricts : seuls les mots fréquents (dans l'usage ou dans la littérature) et ayant une forte représentativité géographique ont été choisis pour faire partie de la nomenclature du *Dictionnaire*.

LOUISE PÉRONNET

Dictionnaire du français acadien, avec le soutien de : Centre d'études acadiennes (Université de Moncton) ; Centre international de recherches en aménagement linguistique (Université Laval) ; Institut national de la langue française (CRNS, Nancy) ; Université Sainte-Anne ; et la collaboration d'Esther Poisson, [Montréal], Fides, [1999], 440[2] p.

DIS-MOI LA NUIT. POÉSIE, 1980-1981
Henri-Dominique Paratte
Poésie (1982)

Ce premier recueil d'Henri-Dominique Paratte présente une alternance entre le vers libre et la prose poétique, sans que la frontière entre les deux soit toujours évidente. Dans un univers qui tend parfois vers le fantastique, le locuteur passe une nuit dans une chambre d'hôtel avec une femme qui personnifie tour à tour toutes les femmes de sa vie. Un des thèmes principaux du recueil est sûrement la quête identitaire, liée à l'avenir incertain du pays d'Acadie, voire de la planète. Le locuteur cherche constamment à se convaincre d'un fait qu'il voudrait inéluctable : ses rêves ne s'effriteront pas et la situation globale de l'Univers n'est pas si alarmante. Dans ce lieu d'incertitude, l'écriture est pour lui un cri d'alarme face à une situation plus ou moins intenable, dont la seule échappatoire est la présence d'une femme (parce qu'« [une] nuit d'amour vaut toutes les psychanalyses »).

Dis-moi la nuit. Poésie, 1980-1981, [Moncton], Éditions d'Acadie, [1982], 46 p.

LE DJIBOU. PIÈCE EN DEUX ACTES
Laval Goupil
Théâtre (1975)

Depuis que le « djibou » est passé dans la vie de Victorine, d'Utrope et de leurs enfants (Flora, Delcia, Amandine et Nicolas), leur univers a été bouleversé. Qui est le djibou ? L'auteur, dans sa réécriture de 1997, le qualifie d'« ange déserteur ». Cet ange ne serait-il pas une métaphore du diable ou encore d'un loup-garou ? La pièce s'inscrit dans un huis clos. On est plongé dans la vie de cette famille marquée par le destin : un étranger, un djibou, lui a jeté un mauvais sort et l'a figée dans le temps. En effet, les choses ne tournent pas rond : le père a abdiqué toutes responsabilités, la mère est exaspérée et les enfants sont ou timorés ou possédés. La pièce se présente comme une histoire de trahison, de viol, de vengeance et aussi de transformation. Arrive un étranger, un autre djibou, qui sera sacrifié pour exorciser le mauvais sort et se venger. L'histoire tourne au drame. Laval Goupil nous plonge ici dans un univers où le maléfique, le mystère et la violence habitent les personnages. Goupil a en quelque sorte écrit une des premières tragédies acadiennes. Tragédie, puisque les personnages sont victimes du destin et luttent pour dépasser leur condition humaine. Cette œuvre sombre fait tout de même place à l'espoir car, à la fin, Victorine et Utrope se réconcilient et tous manifestent le désir de s'en sortir : « i' va fallouère qu'on sôrt d'not'e trou ».

Ce qui surprend à la première lecture du *Djibou*, c'est l'oralité du texte. La version de 1975 a ceci de particulier que Goupil y apparaît comme un précurseur. Peu de dramaturges acadiens avant lui avaient présenté cette oralité bien acadienne que l'on trouve dans la pièce. Goupil écrit ici la langue de son pays, soit Shippagan. Cette langue aux accents d'Acadie trouve toute sa richesse dans la bouche des personnages, qui la rendent bien vivante.

Laval Goupil a publié deux versions de sa pièce, soit en 1975 et en 1997 (sous le titre du

Djibou, ou l'ange déserteur). Les deux versions sont sensiblement identiques, si ce n'est que la version de 1997 présente des personnages plus étoffés. Si le personnage de Nicolas semble presque effacé dans la première version, il prend toute sa dimension dans la seconde. Pour ce qui est des discours et des actions des autres personnages, Goupil a procédé à des aménagements. Également, la finale de la deuxième version amène des éléments nouveaux qui viennent solidifier la structure dramatique et le dénouement de l'intrigue. On constate que l'auteur a pris du recul et peaufiné les moindres détails afin de rendre son texte plus pertinent.

On est ici plongé dans une langue vivante et combien riche de rythmes et de sonorités, presque une partition musicale. Le registre est familier. Les personnages ont leur langue propre et celle-ci se caractérise par des acadianismes, des régionalismes et quelques anglicismes de bon aloi. Ce procédé nous permet de mieux saisir la réalité de cette famille, car il apporte de la couleur et vient en quelque sorte enrichir le huis clos. Dans les deux versions, l'auteur nous propose un lexique ou un glossaire. Loin de nous rebuter, cette langue constitue la fibre première des personnages car, à travers elle, ils expriment leur essence, leurs émotions et leurs passions.

Le djibou s'éloigne du registre standard du théâtre bourgeois des années 1950 et 1960, alors que les pièces présentées en Acadie étaient surtout tirées du répertoire français ou québécois. Comme Michel Tremblay au Québec avec *Les belles-sœurs* (1968), Goupil met en scène la langue d'ici. Quelques spectateurs ont bien sûr été réfractaires à cette langue, mais Goupil a ainsi contribué à donner à la langue acadienne ses lettres de noblesse en plus d'enrichir la dramaturgie acadienne.

La construction de la pièce est calquée sur celle de la tragédie classique. Tous les éléments qui constituent une telle tragédie s'y trouvent : unité de temps, de lieu et d'action. Les personnages d'Utrope et de Victorine incarnent les coryphées des tragédies grecques. Ils s'adressent directement à l'auditoire, éliminant le «quatrième mur». D'ailleurs, le dramaturge, dans une didascalie de la deuxième édition, précise que les enfants apparaissent comme des vestales. Soulignons l'utilisation, tout au long de la pièce, de chœurs formés de deux ou trois personnages et du grand chœur, composé de tous les personnages, qui conclut la pièce. De plus, le dramaturge met en scène des thèmes chers à ce genre de tragédie, soit le destin qui emprisonne les personnages dans leur condition humaine et la présence du divin, qui se manifeste ici sous la forme de l'ange déserteur. Les personnages sont les marionnettes d'une puissance qui les dépasse.

Laval Goupil puise son sujet dans les arcanes des croyances populaires d'Acadie. Le thème du diable est très présent dans les légendes et les contes acadiens (les légendes du diable danseur et celles des loups-garous), mais rarement ce personnage, presque tabou, a-t-il été mis en scène au théâtre. Voici qui contribue à créer le mystère et la tension dramatique. Goupil joue ainsi sur nos superstitions et nos peurs de la sorcellerie et des sortilèges. Les personnages ne sont-ils pas tous possédés ? La représentation métaphorique du diable se manifeste par le personnage du djibou, le hibou étant un oiseau qui porte malheur, un oiseau de mauvais augure et maléfique. De fait, les descriptions que font les personnages du djibou contribuent à dresser le portrait du diable séducteur, qui éveille chez plusieurs personnages le désir, particulièrement celui de la chair.

Dans *Le djibou, ou l'ange déserteur*, la construction des personnages est fort réussie, Utrope, le père, jouant le rôle de meneur de jeu. Il a recours à son talent de conteur pour agencer et exposer avec succès le passé et le présent de la famille tout en nous racontant sa propre histoire. Victorine, la mère, est également conteuse, mais elle rend surtout compte de sa propre réalité d'*évèreuse* de morue et elle raconte aussi le présent de sa famille. Ces deux personnages sont centraux et jouent les coryphées.

Une des particularités du *Djibou* est que les personnages sont amenés à jouer à plusieurs niveaux ou sur plusieurs plans, et ce, en vivant ou en revivant certains fragments de leur vécu et en relatant ce vécu. On assiste ainsi à une double, sinon à une triple performance chez les personnages des enfants : ils sont ou timorés devant la mère ou possédés lorsqu'ils se retrouvent entre eux, et ils sont transformés au final. Tous les personnages sont bien campés grâce à la réécriture de 1997. Ceux qui ont profité le plus de ce travail de réécriture sont Nicolas, que l'on retrouve avec une personnalité considérablement plus riche, Flora, qui outrepasse l'interdit de la chambre cloisonnée pour répondre à son désir charnel, et Victorine, qui, dans les dernières scènes, apporte une nouvelle dimension à son personnage, soit celle d'une femme à la recherche de l'amour de son mari. Finalement, c'est par le naturalisme inhérent aux différentes scènes que Goupil accroche le spectateur ; il interpelle chez lui un certain voyeurisme en l'insérant dans l'intimité de ses personnages.

La pièce est complexe, les réseaux de significations sont multiples et invitent plusieurs lectures. Goupil fait ici la démonstration d'une bonne connaissance des procédés littéraires. Entre autres, mentionnons l'utilisation de la prolepse (les personnages annonçant des événements à venir ou encore le dénouement de l'intrigue), du théâtre dans le théâtre (Delcia dans le rôle de la séductrice – Acte II, scène III, 1997 – et Amandine dans celui de Bernadette à Plantin – Acte II, scène V, 1997) et de la mise en abyme (le personnage de Nicolas écrit *Le djibou* au même moment où il vit lui-même les événements qui constituent la pièce).

CHARLES PELLETIER

Le djibou. Pièce en deux actes, [Moncton], Éditions d'Acadie, [1975], 94[2] p., ill. ; *Le djibou, ou l'ange déserteur. Théâtre*, Tracadie-Sheila, Éditions La Grande Marée, 1997, 140 p., ill. (Théâtre acadien).

DON L'ORIGNAL
Antonine Maillet
Roman (1972)

L'écriture de **Don l'Orignal** suit d'un an celle de la première version des **Crasseux**, dont la date d'écriture remonte au mois d'avril 1966, et reprend l'essentiel de ses éléments. En effet, l'intrigue, les personnages et les lieux sont, à quelques variations près, les mêmes. Les lecteurs de Maillet reconnaîtront d'autre part dans **Don l'Orignal** certains lieux et personnages rencontrés ailleurs dans l'œuvre, notamment dans **On a mangé la dune** (1962) et dans **La Sagouine** (1971). Sur le mode de l'humour et de la satire, et dans un style qui se réclame d'abord du conte philosophique – mais qui incorpore divers éléments empruntés à l'épopée et au roman de chevalerie –, **Don l'Orignal** propose le récit d'un conflit opposant l'Île-aux-Puces et ses habitants, les Puçois, aux nobles bourgeois de la terre ferme. Allégorie de l'histoire de l'Acadie, le roman reprend en fait chacune de ses trois grandes étapes mythiques, soit celles de l'âge d'or, de la Déportation et de la Renaissance. Ainsi, la joie qui règne chez les Puçois / Acadiens se trouve bouleversée par un conflit gravitant autour du vol d'un baril de mélasse et du rapt de la belle Adéline. En réponse à l'affront qui leur est fait, les bourgeois du continent attaquent et incendient l'île, d'où ils déportent les Puçois. Après une période d'absence, cependant, ceux-ci renaissent de leurs cendres et reviennent s'établir, non pas sur l'île, mais sur le continent, que les bourgeois délaissent en fin de compte pour l'Île-aux-Puces. Pendant que s'effectue ce renversement, sur une « petite île de sapins verts » voit le jour un peuple nouveau, né du Puçois Citrouille et d'Adéline.

Dans l'esprit carnavalesque du *mundus inversus*, les personnages de *Don l'Orignal* habitent un espace scindé entre un haut et un bas sociaux : le haut étant constitué par les bourgeois du continent et le bas, par les Puçois, avec à leur tête le roi de l'île, Don l'Orignal. Cette vision manichéenne du monde met en place la dualité nécessaire à la permutation hiérarchique du haut et du bas, sur laquelle s'achève le roman et qui témoigne de cette volonté avouée de l'auteure de refaire le monde par le biais de l'écriture.

La langue revêt dans *Don l'Orignal* une importance particulière, se présentant entre autres comme un indice essentiel du clivage entre les gens de la terre ferme et ceux de l'île. La langue des bourgeois du continent est presque dépourvue de régionalismes et rejoint ce que l'on pourrait appeler un français de nulle part. À l'opposé, la langue des Puçois, qui comprend une part importante d'oralité, est parsemée d'expressions régionales et farcie de jeux de mots et de calembours. Par ailleurs, si l'humour de *Don l'Orignal* repose en grande partie sur les contrastes et les glissements sémantiques – qui sont à la source des retournements carnavalesques autour desquels s'élabore le roman –, le langage, lui, est bel et bien au service de la permutation du haut et du bas sociaux. Ainsi, une langue populaire ou un registre familier servira à exprimer ce qui ailleurs serait confiné à un registre beaucoup plus soutenu. Partant, la langue orale a droit de cité jusque dans la prière du mauvais temps de la Sainte : « Djeu nous présarve du tounnerre, des élouèzes, de ces mauvais vents, de ces mauvaises pluies, de ces mauvais argons. Que le tounnerre si qu'il timbe, qu'il timbe pas dans la place […] ». Ici, la langue orale, du fait de sa présence inusitée dans un contexte religieux, revêt une dimension subversive qui vient contester à la fois le sérieux et l'autorité dont est investie la chose religieuse. C'est d'ailleurs sensiblement à la même fonction parodique que font appel les nombreux pastiches littéraires et bibliques auxquels se livre Maillet dans *Don l'Orignal*.

Inversement, mais dans le même esprit, des termes qui sont l'apanage du roman de chevalerie ou de l'épopée sont choisis pour rendre compte de réalités dites basses – souvent en référence aux choses du corps –, qui

d'ordinaire ne seraient pas abordées de manière aussi relevée. C'est ainsi notamment que les exploits sexuels du preux Noume sont rapportés dans un style résolument chevaleresque. Symptomatiquement, l'inscription de la langue orale dans *Don l'Orignal* agit comme un embrayeur, un moment charnière qui amorce véritablement la permutation finale du haut et du bas sociaux. C'est ainsi qu'il faut lire cette exclamation du gardien du phare, qui, rappelons-le, appartient à ce peuple bourgeois, « policé et honorabilisé par des siècles de culture » : « Batêche de sacordjé de godêche de *hell* ! ». L'emploi de la langue orale et, à plus forte raison, d'un juron blasphématoire est porteur de sens puisqu'il constitue une rupture dans le schéma linguistique de *Don l'Orignal*, rupture qui déclenche le bouleversement de l'ordre social (et géographique) qui clôt le roman : « Pendant que dans la Nouvelle-Île-aux-Puces les anciens bourgeois se pucialisaient, lentement sur le continent s'embourgeoisaient les anciens Puçois. […] Lentement, le monde se transformait, renversait les classes, poliçant les barbares et barbarisant les peuples policés. »

Conformément au carnavalesque tel que conçu par Bakhtine, un nouvel ordre est instauré grâce – en partie du moins – aux mots, qui deviennent, sous la plume de Maillet, des facteurs de renouveau.

Mylène White

Don l'Orignal, [Montréal], Leméac, [1972], 149 p. (Roman acadien) ; [préface de Jean-Cléo Godin], Montréal, Leméac, 1977, 190 p. (Les Classiques).

LE DRAME DU PEUPLE ACADIEN. RECONSTITUTION HISTORIQUE EN NEUF TABLEAUX ET UNE POSE PLASTIQUE DE LA DISPERSION DES ACADIENS
Jean-Baptiste Jégo
Théâtre (1932)

Texte dramatique inspiré de *La tragédie d'un peuple* de l'historien Émile Lauvrière (1866-1954), *Le drame du peuple acadien* est

l'ouvrage de l'eudiste français Jean-Baptiste Jégo, professeur au Collège Sainte-Anne (Pointe-de-l'Église) de 1924 à 1930. À la lecture de ce texte, on a vite fait de comprendre que les héros de la pièce (Benedict et Évangéline Bellefontaine, Basile) sont des répliques de ceux du poème narratif *Évangéline* de Longfellow. Cela n'empêche pas le père Jégo de prétendre «animer» l'histoire de l'Acadie. Sur le plan narratif donc, fiction et histoire s'allient. Il en résulte neuf tableaux, chacun précédé d'une introduction «instructive».

Pour donner une idée de l'ensemble de ces tableaux, en voici une brève présentation. Premier tableau: La naissance du peuple acadien. Vie patriarcale, vie chrétienne, vie des premiers colons d'Acadie. Deuxième tableau: Le complot des Anglais après la cession de l'Acadie. L'affaire du serment d'allégeance: fidélité héroïque des premiers colons acadiens à leur religion, à leur patrie, à la langue française. Troisième tableau: Premières hostilités. Arrestation des missionnaires français. Destruction des archives acadiennes. Désarmement des paysans. Abandon des Acadiens à la divine Providence. Quatrième tableau: La condamnation des Acadiens. Fourberie du gouvernement d'Halifax. Noble résistance des paysans français, qui préfèrent la ruine à l'apostasie de leur religion et de leur nationalité. Cinquième tableau: Le guet-apens de Grand-Pré. Les Acadiens, réunis dans l'église Saint-Charles de Grand-Pré, sont dépouillés de tous leurs biens et faits prisonniers jusqu'à leur déportation. Sixième tableau: L'expulsion des familles. Septième tableau: La déportation d'un peuple, dispersé sur toutes les côtes d'Amérique. Mais, avant leur départ, les victimes proclament leur foi indomptable, leur patriotisme et, après un sublime pardon, prophétisent la résurrection du peuple acadien. Huitième tableau: La souffrance des exilés. Les Français d'Acadie sont réduits à l'esclavage; ils savent toutefois qu'un peuple ne meurt pas tant qu'il reste fidèle à Dieu. Associés à la passion du Christ, ils attendent courageusement le jour de la résurrection et reprennent, au bout de 10 ans, le chemin du pays natal. Neuvième tableau: Le retour au pays natal. Quelques centaines d'exilés atteignent enfin l'Acadie et s'installent à la baie Sainte-Marie. Ils y élèvent l'emblème qui fit partout leur force: la croix. Le vieux Benedict mourant leur lègue le testament des morts: fidélité à Dieu, amour de la France, conservation de la langue française, et il agonise, entrevoyant dans une sorte d'extase la prodigieuse résurrection du petit peuple acadien.

Sans doute le projet littéraire du père Jégo correspond-il à ce que Marguerite Maillet appelait jadis la mise en place d'un passé et «d'un pays à l'image et à la gloire de la France catholique et immortelle». Les avant-propos de l'auteur témoignent éloquemment du désir d'émouvoir la jeunesse acadienne en faisant valoir «[la] fermeté dans la foi catholique, [et] l'énergie indomptable [du patriotisme]» des aïeux. D'un point de vue littéraire, toutefois, il s'agit d'une écriture puisée au romantisme le plus larmoyant, peu «lisible» aujourd'hui puisque teintée d'une religiosité et d'un patriotisme surannés: «*Daniel:* Partir? Jamais! plutôt mourir ici, pour vous, pour l'Acadie, que de céder toujours à ces lâches despotes. Donnez-moi votre croix. Père, elle sera mon soutien, si je suis comme Jésus, victime expiatoire.» Ailleurs affleure le ton noble. Moyennant quelques vers dissimulés, le dialogue prend alors l'allure du drame hugolien: «*Winslow:* Tout beau, petit monsieur, et calmez vos transports. Vous êtes désarmés... un peu moins d'insolence. *François:* L'arme de l'innocent, n'est-ce pas l'innocence?» On relèvera également l'emploi d'un parler acadien stylisé: «poisson boucané»; «c'était moi qui 'grayais' les bouquets de l'autel»; «on avait sué dessus 'le diable'», audace inouïe pour l'époque. Notons finalement la présentation très soignée de ce petit volume comprenant quatre planches de photographies en blanc et noir illustrant la mise en scène de la première représentation au théâtre du Collège Sainte-Anne (1930).

En dépit donc d'une certaine naïveté dans le ton, de l'expression d'un nationalisme exalté, *Le drame du peuple acadien* reste un document essentiel pour l'étude du goût d'un certain romantisme attardé chez ce peuple à peine sorti d'un siècle et demi d'obscurantisme, pour qui le souvenir des malheurs du passé était toujours vivace et dont, tout compte fait, les instincts artistiques devaient beaucoup plus à la sensibilité religieuse qu'à l'étude des belles lettres.

ÉDWARD LANGILLE

Le drame du peuple acadien. Reconstitution historique en neuf tableaux et une pose plastique de la dispersion des Acadiens. D'après La tragédie d'un peuple *d'Émile Lauvrière*, Paris, Monsieur l'abbé Vincent, [1932], 118[1] p., ill.

DU HAUT DES TERRES
Anne Albert-Lévesque
Roman (1988)

Du haut des terres, deuxième roman d'Anne Albert-Lévesque, comporte 21 chapitres et un glossaire d'environ 5 pages. Il a reçu le prix littéraire France-Acadie en 1989. L'œuvre dépeint la vie des paysans d'un petit village du Madawaska, au Nouveau-Brunswick, dont les activités s'articulent essentiellement autour de l'agriculture et de la pêche. Mais de puissantes compagnies étrangères convoitent les terres de ce village. Pour contrer la menace, les agriculteurs se regroupent dans une coopérative, publient un bulletin de liaison, organisent une exposition agricole. Mais leurs efforts demeurent vains. Les agriculteurs finissent tous par vendre leurs terres.

À travers la profonde mutation qui affecte le village se dégagent l'angoisse de ses habitants et le déchirement qui en découle. Même l'Église, qui aurait dû leur servir de refuge, renforce au contraire leur sentiment d'insécurité et leur désespoir : le prêtre ne soutient pas la lutte des agriculteurs et il monnaie les meilleures places à l'église. Beaucoup de fidèles,

les femmes en particulier, se rendent à la messe pour étaler leurs richesses. L'avant-dernier paragraphe du roman résume cette transformation dramatique, qui évoque l'effondrement des anciennes valeurs sociales et religieuses.

La vente des terres du village et la transformation socioéconomique qu'elle entraîne constituent les thèmes autour desquels se structure le récit. L'œuvre présente ainsi des parallèles évidents avec *Raconte-moi Massabielle* de Jacques Savoie (1979), publié près de 10 ans auparavant. Toutefois, si le héros du roman de Savoie, Pacifique Haché, parvient par la ruse à déjouer les pièges de la compagnie minière qui tente de lui arracher ses droits de propriété, le personnage principal de *Du haut des terres*, Ti-Toine, ne réussit pas de son côté à renverser le vent de changement qui souffle sur le village.

C'est essentiellement à travers Ti-Toine qu'Anne Albert-Lévesque rend compte des problèmes dont le Madawaska semble avoir été le théâtre. Le roman lui sert en fait de prétexte pour passer au crible les mutations qui ont affecté l'école, l'agriculture, la pêche, la vie religieuse, les traditions, le conflit des générations du Madawaska. L'œuvre se présente donc comme une métaphore de l'expropriation. Elle pose de manière analogique le problème de l'Acadie dépossédée de ses terres lors de la Déportation. Du reste, les réalités acadienne et madawaskayenne sont largement évoquées dans le texte. Les autres personnages, essentiellement agriculteurs, sont aussi la métaphore des hommes et des femmes de nos campagnes actuelles qui se dépeuplent à la suite de l'exode rural.

L'auteur confie le soin de la narration de son roman à un narrateur hétérodiégétique dont le statut apparaît dès le début du texte. Il s'agit bien d'un narrateur omniscient qui décrit, suivant l'ordre chronologique, les sentiments des personnages, leurs états d'âme et qui utilise le français standard. Bien que ce narrateur se révèle distant envers ses personnages, il est parfois proche d'eux par la langue, bien que le registre ne soit pas partout le même. Certaines tournures linguistiques ainsi que les intrusions du narrateur sous forme d'incises dans les dialogues mettent en valeur le discours des personnages.

Le récit est au présent, la vie du village se déroulant sous les yeux du lecteur. Le texte comprend deux couches : le récit du narrateur et les dialogues en langue populaire. C'est particulièrement à travers ceux-ci que sont présentées les mutations du village dans la perspective de la mémoire collective.

ELIE NDOKI NGULU

Du haut des terres, [Moncton], Éditions d'Acadie, [1988], 156 p.

DUO DE DÉMESURE
Roméo Savoie
Poèmes (1981)

Né en 1928, le poète acadien Roméo Savoie est aussi un peintre de renom. On reconnaîtra par conséquent qu'il sied à la critique d'emprunter le langage des arts visuels pour parler de son premier recueil de poèmes publié en 1981. Du reste, par sa structure binaire, **Duo de démesure** représente une sorte de diptyque poétique où l'incantation lyrique se déploie en deux volets bien distincts de longueur égale, volets dont le premier rappelle la femme d'Orphée, l'antique Eurydice (« Eurydice voyeuse »), et le second une dénommée Marianne. D'emblée, on s'avise que le texte se lit à la manière d'une rétrospective poétique, sorte de *flash-back* « remembré », animé par la voix du narrateur « homme », mais où domine la présence (ou l'absence) de ces deux femmes mystérieuses et distinctes.

Il importe d'abord de sonder la signification de nos deux muses structurantes : Eurydice et Marianne, muses à la source même de la méditation poétique. Parler d'Eurydice, c'est placer le langage poétique dans le réseau dense de

références culturelles et artistiques que l'on sait. Pour dire l'essentiel, Eurydice, c'est le symbole permanent de la mort, l'image de la femme aimée mais perdue, le souvenir douloureux des amours regrettées (et donc magnifiées). Eurydice, c'est également la hantise du souvenir et de l'inspiration insaisissable et fuyante. Enfin, qui parle d'Eurydice parle dans le même temps d'Orphée, poète et veuf inconsolable (Moi, le survivant d'Eurydice ?). Quant à Marianne, rien d'aussi net (« Marianne, ton nom même me griffe le ventre »). Certes, l'on est tenté de rappeler cette personnification de la France républicaine, ou de la France tout court, et il est vrai que toute une thématique nostalgique liée à la notion du pays affleure dans le poème et semble justifier cette exégèse : « J'erre à nouveau / [...] / Et St-Maurice ne sera plus cette / Terre promise de mon enfance / Ne sera plus ma souche / Mon rêve et mon cimetière / La tradition est rompue / L'exode a remplacé la coutume ».

Mais s'il faut tenir compte des deux voix qui narrent cette première partie de l'œuvre intitulée « Eurydice voyageuse » – l'une masculine, l'autre féminine (c'est la voix même de Marianne) –, force est de conclure que tout ici s'organise autour du soliloque que Marianne « gueule » au nez du narrateur à la fin du poème (un peu comme le fait Molly Bloom au dernier chapitre d'*Ulysse* de Joyce). Fin mot débordant de revendications de type féministe, ce soliloque commence par : « Tu m'avais proposé le silence... ». Aussitôt éclate l'image chimérique d'une femme à posséder (l'excitation génésique), d'un pays à fonder, voire d'un poème à écrire. Face à ces divers projets, Marianne n'hésite pas à dénoncer ce goût des hommes « à piss[er] sur tout ce qui tient debout » : « Pour le territoire / Pour la délimitation du territoire / Par principe ou tradition / Pour épater ou faire peur ».

Le recueil se divise en fait en quatre parties bien distinctes : « Eurydice voyeuse », « Sept jours de suite », « En fuite » et « Marianne ». Le locuteur y commente ses amours passées, éteintes ou naissantes (« Je veux t'oublier Eurydice / je ne veux plus te penser »), son insatisfaction et son refus de l'ordinaire (« tout le temps qu'il nous faut pour n'être qu'ordinaires »). Les thèmes abordés sont d'ailleurs tellement nombreux qu'il est malaisé d'y voir clair. C'est alors que, jouant sur l'ambiguïté du thème principal : le passage du temps et l'amour lié à la possession de la femme, Savoie a beau jeu d'y greffer l'instinct créateur de l'artiste (« J'ai tenté de redorer les jours / tombants, de redresser les chemins, de repeindre les paysages […] mais je n'ai pas trouvé d'apaisement »). Par ailleurs, pour être nombreuses, les allusions à la création poétique finissent par céder la place à l'éclosion du désir charnel. D'où l'accumulation de toute une série de motifs obsédants (dont le « labyrinthe », figure incontestable du refoulé, mais qui couve en même temps un érotisme envoûtant) fondant, pour ainsi dire, l'unité tonale de l'ouvrage : « Je te jure / Ma main tremble / J'arpente fidèlement le labyrinthe / De la promise aux sucs odorants // Marianne / Quand tu dors, je veille / J'entre dans le labyrinthe / De tes cauchemars ».

Comme chez Baudelaire, le corps de la femme aimée a vite fait de se métamorphoser en paysage (« mon pays te ressemble ») ou, dans le cas d'Eurydice, en « traversée de paysage » : « Son passage svelte / On pourrait peut-être l'imaginer / Eurydice dans l'embrun ». Et l'Acadie éternelle (« le silence qui m'étouffe n'est pas acceptation ») – chose inattendue peut-être – de nouer avec la mythologie grecque, le quotidien avec l'amour fou. Notons, en passant, l'ambivalence qu'inspire une certaine Acadie, « ce pays plat mort », tout fait de provincialismes crispants (« je rage de toute la rage ancestrale accumulée […] je ne sais plus de qui je suis / ni où je vais / mon appartenance s'est perdue »), pays que l'amant dépité traverse à grandes enjambées, à la manière d'un dieu fantôme : « Je m'embarque sur mille bateaux / Arpente les bois du roi / Enjambe les marais couleur de chien / Mon corps plus lourd que la terre / Ma peau ténébreuse / Mon âme plane et regarde de haut / Mourir, moisir, pourrir / Une terre fertile une terre démente / Un pays plat mort ».

Certes, Savoie n'est pas le premier poète en Acadie à puiser dans le registre maritime toute une imagerie liée à la passion amoureuse (plages désertes, grève, sable, dunes, algues, gravier), mais l'originalité ici tient d'un paysage où se confondent deux réalités, où le journalier s'allie à une écriture fantasque. D'où l'emploi mesuré de vocables acadiens (« parlure »), et ces allusions nombreuses à la ville de Moncton (« la rue Church » et « la Cave à Pape »), ainsi que tout un arrière-plan de folklore (berceuses, contes de vieilles femmes, superstitions séculaires, dont les échos se répondent dans l'humble décor des petites gens du pays). C'est dans la conclusion de « Marianne » que s'exprime assez vertement la nécessité de rompre avec les contraintes d'une tradition jugée étouffante : « Vous m'avez appris la loi et la décence / Mais je n'ai rien à faire de vos lois / Qui castrent chaque mouvement de mes envies ».

Appel à la liberté donc sous toutes ses formes, et à la liberté sexuelle surtout, *Duo de démesure* prend alors l'allure de textes bien connus de la génération *beat*. Il s'en dégage un point de vue bien masculin, la fuite du temps et l'amour étant, on en conviendra, deux piliers immémoriaux de la poésie lyrique en Occident.

ÉDWARD LANGILLE

Duo de démesure, [Moncton, Éditions d'Acadie, 1981], n. p.

E

ELLE ET LUI.
TRAGIQUE IDYLLE DU PEUPLE ACADIEN
Antoine-J. Léger
Roman (1940)

Antoine-J. Léger (1885-1950), avocat de carrière et homme engagé socialement, fut soucieux, comme bien des nationalistes acadiens, de contribuer à la réhabilitation des ancêtres déportés. Il opta de les réhabiliter en faisant revivre le Grand Dérangement par le biais d'un récit fictif, d'où *Elle et lui*, roman à la fois historique et patriotique. L'ouvrage vise bien plus qu'à procurer une simple lecture distrayante, comme en témoignent les ajouts et annexes : liste de noms de lieux, liste des « principaux noms et faits historiques cités » et ces « Quelques notes » sur l'Acadie en fin de volume. Le récit d'un peu plus de 200 pages, entrecoupé de photos et d'illustrations, comporte aussi une dédicace révélatrice du rôle qui incombe à l'auteur, excédant le littéraire : « Au peuple acadien, je présente "Elle et lui", pour que l'on s'entretienne parfois avec eux au foyer domestique. » Une image insérée en page liminaire, celle de Notre-Dame de l'Assomption (patronne des Acadiens), donne à l'œuvre l'allure des ouvrages de pieuse édification qui ont longtemps nécessité, en France notamment, l'approbation épiscopale pour être diffusés. Ce n'est pas là une coïncidence : *Elle et lui* donne effectivement dans l'apostolat. La fiction s'y pose comme prétexte à l'étalage de modèles de piété et d'humilité.

En 1716, Jean quitte la France pour l'Acadie, où il embrasse l'état de cultivateur. Il démontre rapidement d'excellentes dispositions – c'est un brave garçon, travailleur et instruit –, ce qui plaît tout de suite à Jeanne, une jeune Acadienne qui sait s'attirer la faveur du jeune fermier. Les deux se marient et élèvent 10 enfants. *Elle et lui*, c'est-à-dire Jeanne et Jean, voient les années défiler et leurs enfants grandir. Ceux-ci, à leur tour, vont fonder de nouvelles familles, relançant ainsi le cycle des générations. Mais l'existence n'est pas si facile. L'Acadie est territoire anglais depuis 1713 et les nombreux démêlés administratifs opposant les Acadiens aux autorités britanniques précipitent les événements : l'Acadie est frappée d'un ordre de déportation ayant pour but de la vider de ses habitants, qu'on veut disperser en Nouvelle-Angleterre. La famille de Jean vit alors une épreuve d'autant plus pénible qu'elle sera dispersée. Jean, retenu dans les colonies américaines, ne retrouve sa liberté que 10 ans plus tard. Il retrouve sa femme, puis quelques-uns de ses enfants. En juin 1766, il prend la tête d'une troupe de compatriotes qui retournent en Acadie. Jeanne, éprouvée par le voyage, meurt en chemin. La petite troupe s'arrête finalement à Jemseg, où elle s'établit.

En 1784, les Acadiens de Jemseg sont à nouveau éprouvés. Les terres qu'ils occupent sont convoitées par les loyalistes qui affluent des États américains. Comme les Acadiens n'en détiennent pas les titres, ils sont expulsés une seconde fois. C'en est trop pour Jean, qui s'éteint à l'âge de 85 ans. Deux de ses filles s'établissent à Memramcook, mais le mauvais sort n'épargne pas leurs descendants : en 1840, un héritier de Desbarres, ancien concessionnaire des terres locales, oblige les colons à lui payer les propriétés qu'ils occupent, sans quoi ils seront expulsés.

Elle et lui narre les années troubles d'une famille acadienne subissant les événements tragiques de la dispersion, sur lesquels l'auteur s'attarde particulièrement : la séquence «déportation / exil» ne représente tout au plus qu'une douzaine d'années, mais près de la moitié de l'ouvrage lui est consacrée. On étale avec force détails les tourments de la famille de Jean, démantelée et dispersée à travers les colonies américaines, où l'agonie, la misère, la douleur tapissent le quotidien. En vérité, les affres de l'exil et de la destruction touchent tout le peuple acadien : c'est par égard pour cette réalité que l'auteur s'est gardé d'attribuer des patronymes à ses personnages, qui n'arborent que des prénoms. *Elle et lui*, explique-t-il dans son avant-propos, doit servir de «pseudonyme à toutes les familles acadiennes qui voudront bien l'adopter et lui donner leur nom, car son histoire leur histoire».

Les Acadiens, dépeints comme d'innocentes victimes, surent toutefois conserver leur foi et leur dignité malgré les injustices répétées. En faut-il davantage pour les élever au rang de «martyrs»? Quand Jean, délégué parmi d'autres pour représenter les intérêts des Acadiens auprès du gouverneur, est menacé par l'épée de Boscawen, ne le défie-t-il pas inopinément : «Frappes, si tu oses; tu peux tuer mon corps, mais tu ne peux atteindre mon âme. Je serai le premier martyr de la bande. Nous avons Dieu pour nous et cela nous suffit.»? Aussitôt, il est arrêté avec les autres délégués acadiens. Le schéma christique va de soi : l'Acadie devient une nouvelle Terre sainte et Jean devant Boscawen incarne le Christ confronté à Pilate. Son chemin de croix, il le subit avec ses confrères dans les rues d'une cité hostile : «Ils furent alors livrés aux soldats qui les promenèrent à travers les rues de Halifax pour être insultés, méprisés et maltraités.» Dès lors, la sanctification du peuple acadien annoncée par le missionnaire Mathurin Bourg ne surprendra pas : «Le Grand Maître inscrira votre nom aux registres de la gloire et vous porterez l'auréole du martyr.»

Elle et lui entre dans la tradition des *Évangéline, Jacques et Marie, Pèlerinage au pays d'Évangéline,* caractérisés par l'évocation sur le mode nostalgique d'images mythifiantes d'une Acadie antique et harmonieuse, espace paradisiaque et berceau d'un peuple vertueux. Cette littérature du «nationalisme exalté» n'hésite jamais à se saisir de l'incontournable Déportation pour accomplir une glorification emphatique du passé ancestral. *Elle et lui* est à ce titre une œuvre édifiante et un récit d'inspiration. Comme l'explique Marguerite Maillet dans son *Histoire de la littérature acadienne*, le récit d'Antoine-J. Léger a pour objectifs de «démontrer aux Acadiens qu'ils sont les fils non déchus d'ancêtres vertueux, héroïques et que la fidélité à leurs origines est garante de leur survie». L'héroïsme d'*Elle et lui*, c'est la détermination qui habite Jean et les siens, ces âmes que les épreuves ne font que fortifier, comme le montre bien le célèbre aphorisme de Musset cité dans la première partie de l'œuvre : «L'homme est un apprenti, la douleur est son maître. Et nul ne se connaît tant qu'il n'a pas souffert.»

Les Acadiens puisent leur courage dans une foi inaltérable. La rectitude et la piété s'imposent quand l'adversité frappe, car l'Église catholique constitue l'ultime rempart : «La religion pour l'exilé, c'est sa force de consolation.» Dans ces conditions, l'Acadien ne sera jamais totalement dépossédé, considérant qu'on «ne peut le dépouiller de la plus puissante consolation, la prière». Mais la religion n'est pas évoquée qu'aux heures sombres dans *Elle et lui*. Toute circonstance est propice à l'évocation de Dieu, qu'il s'agisse de mariage, de naissance ou d'une récolte exceptionnelle. La petite Rose, fille de Jean, a quelque chose de céleste : «[l]e matin de sa première communion, avec sa robe blanche et son voile blanc, elle est belle comme le ciel et bonne comme les anges qui l'habitent. Elle vient de recevoir le bon Dieu et elle se sent toute rayonnante de joie.» L'enfant réclame avec empressement la bénédiction paternelle, qui importe à son bonheur. Le temps a-t-il altéré la foi du peuple acadien? L'auteur écrit en épilogue que «les Acadiens d'aujourd'hui demeurent fermes et inébranlables dans leur foi, comme les premiers chrétiens».

Par ailleurs, *Elle et lui* est plus qu'œuvre de fiction. Le roman verse dans l'essai historique quand Antoine-J. Léger cherche à démontrer tout l'odieux de la Déportation. Il procède méthodiquement, comme le juriste qu'il est, échafaudant un plaidoyer, questionnant les faits, citant maints documents d'époque : actes législatifs, traités d'histoire, articles de journaux, proclamations, rapports militaires, correspondance, etc. L'auteur s'émeut devant l'injustice et, perplexe, en arrive à une question sans réponse : « quel est le crime de ces pauvres gens que l'on veut balayer de la face de la terre ? » L'auteur ne trouve jamais que des Acadiens respectueux et collaborant avec l'Anglais. Ainsi, l'acte d'expulsion, cet « épouvantable complot », lui apparaît d'autant plus perfide qu'il profita à ses exécutants, bourreaux cruels et impitoyables qui se partagèrent les terres et le bétail de leurs victimes. Faut-il nommer les accusés ? Il y a « l'infâme Murray », qui, dans sa correspondance, va de « l'effronterie à la cruauté » ; les officiers Winslow et Monckton qui donnent dans la « barbarie et l'inhumanité » ; le gouverneur Lawrence, cruel comme Caligula et « aussi furieux qu'un taureau qui voit et flaire du sang ; oui le sang qu'il a fait répandre ». Enfin tombe un verdict sans appel : le Grand Dérangement constitue « la page la plus triste et la plus honteuse de l'histoire de la Nouvelle-Écosse ».

Une autre originalité du roman est son côté ethnographique. L'auteur interrompt son récit pour dresser la liste des tâches quotidiennes des Acadiens de l'époque, pour expliquer que chaque saison appelle ses activités propres et obligées. Quand les premiers signes de l'automne se manifestent, « on commence à terrasser les bâtiments pour l'hiver, à ranger les jeunes animaux du bois et à séparer les brebis des prés communaux ». Il faut aussi « faire le *broiement* du lin et l'*écorchemant* de la filasse ». Les femmes en profitent alors pour « tresser la paille des chapeaux, tisser les étoffes et la toile des vêtements et de la lingerie, *crocher* les tapis ». La vie des paysans doit suivre son cours et nul ne doit refuser cette longue liste de corvées car « [l]'oisiveté, comme la rouille, use plus que le travail et ne produit rien ». L'ardeur au travail importe, ce que Jean démontre avec éloquence quand « [i]l prend plaisir à labourer un sol tenace, à semer le grain à la volée, entre les souches mortes, à ensemencer les guérets, à planter, à bêcher et arroser ». Le sens du devoir enlève tout le fastidieux des tâches à accomplir.

Elle et lui est empreint du romantisme d'inspiration religieuse du début du XIXᵉ siècle français : « Sous les chauds rayons de l'amour paternel, le cœur des enfants se dilate avec tendresse, comme la fleur ouvre ses pétales sous l'action du soleil qui la réchauffe. » Le roman consacre ainsi la résurrection d'une esthétique périmée, particulièrement présente dans les scènes pastorales et les paysages édéniques, où coulent des images usées, comme dans cette scène où les enfants de Jean découvrent « les charmes de la Nature, dans la beauté et le parfum des fleurs, dans la brise qui gémit à travers le feuillage, dans le ruisseau qui murmure sur les cailloux de la rivière ». L'œuvre abonde en figures toutes faites, mais combien recherchées et privilégiées par l'esthétique catholique qui marquait encore la littérature acadienne des années 1940. Antoine-J. Léger adopte l'expression douceâtre des formes canoniques du siècle précédent, refusant les « audaces » de l'écriture moderne, considérées de mauvais goût dans certains milieux catholiques. Toutefois, il émane de l'œuvre une telle nostalgie que celle-ci semble bien être le premier motif d'*Elle et lui*, justifiant d'un même élan l'esprit du récit et les choix esthétiques de l'auteur.

Roman de mœurs sociales, roman historique, roman religieux d'exaltation nationaliste aussi, l'ouvrage, qui mêle fiction et Histoire, tend plutôt à des visées idéalistes et doctrinaires que littéraires. Mais même sous ce rapport, le roman n'innove pas. Il participe d'un discours sur les événements de 1755 qui remonte au XIXᵉ siècle, sans toutefois lui apporter d'éléments nouveaux. Par contre, la portée méditative et rassérénante de l'œuvre est remarquable : les événements, aussi troubles soient-ils, n'altèrent pas l'essentiel de la vie quand les éprouvés optent pour la prière et le recueillement. C'est là l'un des messages essentiels d'*Elle et lui*, récit dont la dimension apostolique s'avère la plus convaincante.

BERNARD HACHÉ

Elle et lui. (Tragique idylle du peuple acadien), Moncton, Nouveau-Brunswick, [l'Évangéline ltée], [1940], 203 p., ill.

couleur bleue, mélancolique comme le *blues*, est d'ailleurs très exploitée dans cette œuvre, l'auteur étant plutôt porté à associer couleurs et sentiments. Comme on peut l'imaginer – et quoiqu'il soit écrit principalement en français standard –, *Éloge du chiac* présente une langue poétique mixte, reflet de la réalité qui y est exprimée.

Éloge du chiac, [Moncton], Éditions Perce-Neige, [1995], 120 p.

ÉLOGE DU CHIAC
Gérald Leblanc
Poèmes (1995)

Paru dans le sillage du Congrès mondial acadien, qui se tint à Moncton en 1994, et à la suite d'un séjour de l'auteur à New York, *Éloge du chiac* est vraisemblablement le résultat d'un questionnement de l'auteur sur sa propre langue, sur la place qu'elle doit occuper et sur son statut. L'œuvre entière est en fait une tentative de faire revivre un sentiment de fierté pour cette langue hétérogène qui a été trop longtemps méprisée et exclue. Pour le locuteur, le « chiac » est une langue de la rue. Vivante, elle fait partie du quotidien de Moncton et est porteuse d'une richesse historique et d'un contexte. Ainsi – et particulièrement dans la partie éponyme du recueil –, le chiac est présenté dans toute sa beauté, non seulement comme véhicule d'un contexte, mais aussi pour sa musicalité et son rythme. Le rythme du chiac, c'est le rythme de ses sonorités, mais également le rythme de la vie urbaine et des gestes qu'on y fait. C'est Moncton et ses rues, lesquelles habitent le locuteur autant qu'il les habite. Le thème de la mémoire est omniprésent dans cette œuvre aux allures de manifeste urbain : mémoire des rues de la ville, mémoire de l'insomnie et de la veille, mais aussi mémoire d'une époque révolue qui devient nostalgie. C'est le *blues* du temps qui rattrape l'auteur, toujours *Otage du quotidien*, presque 15 années et 6 recueils plus tard. La

EMMANUEL À JOSEPH À DÂVIT
Antonine Maillet
Roman (1975)

Dans *Emmanuel à Joseph à Dâvit*, les gens du pays des côtes tentent de résister à l'urbanisation, nouvelle déportation que cherche à leur imposer le gouverneur Harold et qui menace leur mode de vie essentiellement centré autour de la pêche. Pendant ce temps, un couple du Nord, Mârie et Joseph, attend la venue d'un enfant qui promet de grands changements, que laissaient déjà présager de nombreux signes. Dans une oralité caractéristique de l'écriture mailletienne, *Emmanuel à Joseph à Dâvit* propose une réécriture de la nativité transposée en Acadie, au pays de Don l'Orignal et des siens. Traitant le thème de l'injustice sociale et commentant l'idée d'un monde mal fait à la veille d'une transformation importante, ce roman reprend et annonce tout à la fois certaines thématiques récurrentes de l'œuvre de Maillet.

Emmanuel à Joseph à Dâvit, [Montréal], Leméac, [1975], 142[1] p. (Roman acadien).

L'ENFANT NOIR
Donat Coste
Roman (1950)

Lorsque paraît *L'enfant noir*, Donat Coste n'est pas un inconnu dans le domaine des lettres puisqu'il a déjà publié billets, contes et nouvelles. Son septième roman, le seul à être

publié, mis à part un essai de jeunesse, décrit les mœurs canadiennes-françaises de l'époque. Assez resserrée, l'action de ce roman contestataire se situe vers 1945 et se déroule dans la région de Lévis au Québec, plus précisément dans les environs d'un magnifique domaine, propriété de Gatien Pindus, riche industriel et neveu de Monseigneur Pindus, évêque de Québec. Ce personnage important possède à peu près tout sauf l'amour de sa femme, Juliette de Lairey, issue d'une élite québécoise d'ascendance aristocratique. Outre ces personnages, nous trouvons dans ce roman : un curé et un vicaire caricaturés, quelques agriculteurs hautement idéalisés, des gens ordinaires et surtout les employés du manoir des Pindus. Parmi ces employés, le nouveau jardinier, un Sénégalais de couleur, est l'élément déclencheur d'une série d'événements tragiques : séduction de Madeleine, femme de chambre de Juliette ; dénonciation de leur comportement par la cuisinière Vitaline ; renvoi intempestif du jardinier, qui, se croyant marqué par la malchance, se jette à l'eau ; désarroi de Madeleine, qui est enceinte et tente de se noyer ; mort subite de la vieille cuisinière, brutalement congédiée par Pindus pour insinuations sur les rapports entre Juliette et le Sénégalais. Pour sauvegarder son honneur, Madeleine épouse un cultivateur prospère, mais son enfant sera noir et mourra au berceau. Graduellement, elle acceptera le rôle traditionnel d'épouse et de mère canadienne-française, tandis que Pindus, dont la femme est repartie en voyage, fonde le parti politique de ses rêves et se présente aux élections fédérales.

L'enfant noir dénonce les institutions sociales, politiques et religieuses du Québec au milieu du XXᵉ siècle. Les idées contestataires de Donat Coste s'incarnent chez les personnages et s'actualisent dans les situations romanesques. Le mariage des Pindus, qui est une mésalliance du point de vue de Juliette, est acceptable pour son père, juriste sans le sou. Pour Pindus, qui s'est enrichi dans l'industrie forestière, ce mariage est une étape essentielle de sa réussite et son «ascension sociale». Avant d'accéder lui-même à la scène politique, il dénonce les politiciens serviles, les sénateurs embourgeoisés et les députés «profiteurs» et «opportunistes». Il ne fait aucune confiance aux partis traditionnels, «bleu comme le ciel», pour celui qui est au pouvoir, et «rouge Moscou», pour l'opposition. Pindus se présente donc comme réformateur et fondateur d'un parti qui n'imiterait pas les «démagogies européennes». Il cultive le mythe national et se perçoit comme modèle du petit peuple canadien-français, des ouvriers et des travailleurs forestiers, qui, à son dire, se sont trop longtemps courbés «sous le joug d'une puissance étrangère».

La religion est aussi objet de contestation dans *L'enfant noir*, mais l'anticléricalisme, qui n'est pas très virulent, vise d'abord la hiérarchie. Le portrait de Monseigneur Pindus est, en fait, la caricature d'un certain évêque de Montréal bien connu, alors que les esquisses du curé bon vivant à la «bedaine turgescente» et du gros vicaire jovial mais affligé de bégaiement sont prétextes au comique. La critique de l'enseignement dans les couvents de religieuses vise surtout l'absence d'éducation sexuelle et «le mépris du corps humain». La «répulsion physique» que Juliette ressent envers son mari serait, selon le narrateur, le symptôme d'un état psychotique. L'autorité du médecin qui la dispense de ses «devoirs conjugaux» défie celle du curé, qui prêche la soumission à une morale rigoureuse. Le Sénégalais convainc aisément Madeleine que les rapports sexuels hors mariage sont de l'ordre de la nature et ne «regardent pas la religion». En reconnaissant à ces deux femmes le droit à la «libre disposition de [leur] corps», l'auteur se place à l'avant-garde du féminisme. En ce qui concerne Madeleine, la possibilité d'un avortement est à peine effleurée et le verdict final est nuancé : «Son crime était d'avoir voulu mourir non pas d'avoir aimé». Le dénouement la réhabilite et la présente soumise à son destin d'épouse et de mère canadienne-française, ainsi qu'à son mari, digne

« continuateur de la Race ». L'idéalisation de ces personnages s'inscrit dans la continuité du roman de la terre.

La structure romanesque, assez originale et unique en son genre, se compose de livrets au lieu de chapitres. Le premier livret décrit sommairement l'espace géographique et présente les neuf personnages les plus importants. Les autres livrets se composent de scènes presque entièrement dialoguées laissant parfois la place au monologue intérieur. L'intrigue romanesque se déroule dans l'ordre chronologique et le suspense est soutenu. Plusieurs récits intercalés, histoires comiques et vraisemblables, retiennent l'intérêt et allègent la tension dramatique. Donat Coste maîtrise l'art de raconter et excelle dans la description réaliste d'événements, tels un repas festif ou une tempête de tonnerre. Sans jamais prendre parti, un narrateur omniscient exerce discrètement sa fonction régulatrice, établit des liens, signale des points de vue divergents, mais laisse liberté et autonomie à ses personnages. L'action découle de la psychologie de personnages fortement individualisés, représentatifs de certains courants d'idées, de débats philosophiques et de tabous en vogue au Québec après la Seconde Guerre mondiale.

Donat Coste a lu beaucoup d'œuvres contemporaines et anciennes, ce qui explique sans doute son absence de conformisme dans les idées et un mélange d'influences allant du romantisme au réalisme, voire au naturalisme, qui est perceptible dans des métaphores comme « un cœur de batracien et un subconscient de ruminant », formule qu'il emploie pour décrire la cuisinière. Le mélange de styles d'écriture nuit cependant à l'unité de l'œuvre. À l'occasion, le narrateur tend vers la démesure, en particulier dans sa description de l'amour selon les canons de la préciosité: l'amour est cette « flamme haute et inviolable des Vestales », le pensionnat de Juliette est une « bergerie » et les élèves sont « des agnelles ». Cependant, dans l'ensemble, le réalisme domine et, sauf pour quelques pages au style discordant, l'écriture est empreinte de simplicité et de sobriété. La richesse du vocabulaire est incontestable, bien que quelques anglicismes justifiés tels *hustings* et *lumberjack* côtoient de vieilles expressions françaises comme *s'enfarger, folerie, ouache, maritorne, astheure* et *prendre une débarque*.

Dès sa parution, *L'enfant noir* suscite l'intérêt de la critique littéraire et une polémique s'engage autour de ce roman audacieux. L'indication « défi aux préjugés », sous le titre du roman dans l'annonce parue dans *La Patrie* du 3 octobre, est fort révélatrice. Entre juin 1950 et janvier 1952, journaux et revues publient une vingtaine d'articles, comptes rendus et recensions qui nourrissent le débat autour de ce roman « inusité ». Arthur Prévost fait d'abord l'éloge de ce « roman du siècle », « ouvrage aux pures résonances classiques » où domine l'individualisme. Maurice Huot signe un compte rendu du lancement de *L'enfant noir*, le 22 septembre, événement littéraire qui réunit « amis des livres, journalistes, commentateurs radiophoniques, auteurs et autres personnalités du monde de l'esprit ». Gilles Marcotte reconnaît la vraisemblance de l'histoire, le pittoresque et l'acuité de la vision de l'auteur, mais il l'invite à ne plus publier « tant qu'il n'aura pas appris les rudiments de l'art d'écrire ». La réaction de Donat Coste paraît, un mois plus tard, dans un article où il expose sa perception de la littérature et son statut d'auteur autodidacte. Il déclare avoir appris les rudiments de l'écriture chez Jean-Charles Harvey, Louis Francœur, Berthelot Brunet, Maximilien Rudwin, Daniel Rops et d'autres. Sa réponse à Marcotte est ferme: « Ne vous en déplaise, je continuerai d'écrire ».

Entre-temps, Arthur Prévost a pris la défense de Coste en affirmant qu'il est l'un des « rares écrivains du Canada français qui risquent de s'avancer assez loin », euphémisme pour dire que l'auteur d'origine acadienne, élevé par des parents adoptifs aux îles Saint-Pierre et Miquelon, fait preuve d'audace en contestant les interdits religieux et en dénonçant les tabous de même que les travers politiques et sociaux de son époque. Quoique favorable à *L'enfant noir*, Maurice Huot déclare que Coste est un auteur réaliste qui expose des idées naturalistes et anti-religieuses «un peu désuètes». Paul Gay, pour sa part, condamne catégoriquement ce roman pour des motifs moraux et religieux, mais il reconnaît à Coste une grande facilité à faire «parler les gens du peuple dans leur langage». Pour sa part, Roger Duhamel souligne le renouveau dans le roman canadien et affirme que, malgré certaines faiblesses, *L'enfant noir* a des qualités: l'anecdote est intéressante et les personnages sont d'une grande justesse psychologique. Les sept autres brefs comptes rendus ou recensions qui se succèdent dans des revues au cours de l'hiver 1950-1951 n'ajoutent rien au débat. Tous reconnaissent les dons littéraires de Coste, mais soutiennent que son roman aurait dû être révisé ou censuré. La revue *Lectures* lui accorde la cote morale *Dangereux*. Enfin, Jean-Charles Bonenfant déplore la satire de certaines personnalités contemporaines et conseille de tenir compte des règles «qu'imposent l'esthétique et la morale». Bref, cet auteur d'origine acadienne a fait preuve d'individualisme, d'une grande liberté d'expression et d'une authenticité qui font de lui l'un des précurseurs de la Révolution tranquille au Québec.

BERTILLE BEAULIEU

L'enfant noir, Montréal, Éditions Chanteclerc ltée, MCML[1950], 242 p.

L'ENFANT-FLEUR
Huguette Bourgeois
Poèmes (1987)

C'est avec la visible intention de rendre la vie dans toute son ambiguïté que Bourgeois propose ce second recueil. La locutrice y est confrontée à un destin où les déceptions et les désillusions, symptômes incontournables du vieillissement, tuent peu à peu l'innocence de «l'enfant-fleur» qu'elle fut jadis. Comme l'annonce clairement le titre, le thème de l'enfance occupera dans le recueil une place de

choix. L'approche est cependant paradoxale: la flamme des passions innocentes de «l'enfant-fleur» est rapidement éteinte par un «ciel [qui] se déverse / sur l'habitat détruit du silence», alors même que le désir de bonheur semble s'enraciner dans les pensées de la locutrice – qui se retrouve pourtant de plus en plus isolée. Dans sa recherche de bonheur, elle devra s'émanciper de cette solitude afin de briser l'insoutenable silence qui transforme la chambre à coucher en «chambre guerrière». Il n'est pas étonnant que, dans cet univers paradoxal, un des thèmes récurrents soit celui de la mort. Sa présence est d'ailleurs sensible dès le texte d'ouverture, où l'on prend déjà conscience de l'inévitable chute qui suit les passions («la certitude de la mer / quant au naufrage»). De chaque chute, cependant, il faut se relever comme il faut renaître après chaque mort et briser le silence de la solitude qui suit le deuil. La progression des textes laisse d'ailleurs suggérer un tel désir de demeurer vivante malgré tout, chacune de ces *morts* ou de ces *chutes* symboliques étant immédiatement suivie d'un texte évoquant le désir de survie ou de renouveau.

L'enfant-fleur, avant-propos de Maurice Raymond, [Moncton], Éditions d'Acadie, [1987], 67 p.

L'ENNEMI QUE JE CONNAIS
Martin Pître
Roman (1995)

Premier roman et dernière œuvre publiée avant la mort de l'auteur, *L'ennemi que je connais* raconte l'histoire de jeunes hommes n'ayant pas encore 20 ans qui demeurent dans une ville perdue, paralysée par une grève au moulin où ils travaillent pour l'été, à l'instar de leurs pères. Divisé en 2 parties (suivies d'un épilogue et d'un poème) contenant respectivement 19 et 16 courts chapitres, le roman de Pître est raconté à travers la perspective de Steph, personnage-narrateur qui décrit comment la grève a affecté la ville et surtout la vie de ses amis Crevette, Piston,

Chico et Charles, le fils du patron. S'étant lui-même livré à la police sans que le lecteur sache pourquoi, Steph narre divers événements : début de la grève, arrivée des « scabs » et des policiers, vandalisme contre les autobus de la compagnie et soirées bien arrosées au Routier, le bar de la ville. L'ultime affrontement entre l'escouade antiémeute et les grévistes qui occupent le moulin se solde par la mort accidentelle de Chico, suivie d'une course hallucinante du narrateur menant tout droit à une fin digne d'une tragédie grecque. Les différents épisodes semblent se dérouler dans la tête du narrateur, à l'exception de quelques-uns où un policier tente de faire parler Steph. Mêlant un français standard à une langue plus familière, le roman propose une réflexion sur le temps, sujet universel, échappant aux personnages qui dérivent dans la ville. Autre thème essentiel de l'œuvre : un refoulement de l'homosexualité, qui sert finalement d'explication pour le meurtre d'un « scab » et pour le suicide de Charles (repoussé par Steph après qu'il lui ait avoué ses sentiments). À noter que l'œuvre a remporté le prix France-Acadie en 1996 et a été librement adaptée au cinéma sous le titre *Full Blast* en 1998.

Le poème « L'ennemi », de Charles Baudelaire, placé à la suite de l'épilogue, met l'accent sur un réseau intertextuel lié au titre du roman de Pître. Il s'agit évidemment du même ennemi, le temps, thème fondateur de l'œuvre qui pose un problème particulier à ces jeunes appartenant à la génération X et demeurant dans une ville qui offre un avenir plutôt sombre. À l'aide de l'alcool et de la drogue, consommés de façon régulière, Steph, Chico, Crevette et Piston tentent d'oublier leur vie plus ou moins minable. Ils travaillent pendant la période estivale à la scierie, mais la plupart d'entre eux ne veulent pas finir leurs jours, comme leur père, chez le seul véritable employeur / exploiteur de la ville. Le questionnement fondamental se résume à cette réflexion du narrateur : « La vie, est-ce que ça sert juste à vivre, avant de mourir

une bonne fois dans sa chienne d'existence ? » La réponse n'est pas si évidente pour ces jeunes rebelles *without a cause*, version acadienne.

Grâce à la musique populaire anglophone de l'époque, ils tentent de donner un sens à la grève qui sévit. Ils font surtout appel aux formations Pink Floyd et U2. Un parallèle avec la situation passée et présente en Irlande du Nord est proposé avec la chanson *Sunday Bloody Sunday*. Laissant présager les événements violents et malheureux qui se dérouleront à la scierie, notamment la mort de Chico, Steph confirme l'importance de la chanson, qui se trouve par ailleurs sur un album au titre révélateur, *War* : « Moi non plus, comme toi, Bono, j'en crois pas les nouvelles. C'est *Bloody Sunday* à longueur d'année ici et partout dans le monde. Quand on tire pas sur le monde, on l'ignore ». Le désespoir habite Steph et sa bande, car ils vivent pendant l'époque trouble où « les machines prennent toute la place du monde du travail ». Cependant, les causes du malaise sont beaucoup plus profondes que la simple grève qui sert de cadre aux réflexions du narrateur. Chacun réfléchit à sa relation avec son père, se demande pourquoi faire des enfants et surtout comment on peut s'en sortir : « Les jeunes comme nous, on est comme les jeunes d'Irlande du Nord. Notre cause, c'est la vie de cochon qui n'en finit pas et qu'il faut secouer ». Cri du cœur universel, la lutte contre le temps se termine, dans le roman du moins, dans un bain de grenades lacrymogènes qui semble indiquer que le combat était perdu d'avance.

À la réflexion sur le temps s'ajoute un questionnement plus personnel sur la sexualité. Le refoulement homosexuel dont souffre Steph s'inscrit au départ en filigrane dans l'intrigue pour occuper une place centrale dans les derniers chapitres. À la fin de la première partie, le personnage principal revit (ou est-ce un rêve ?) un événement important après avoir pris un « cap » d'acide. Au moulin, Charles, le fils du patron, se fait rouer de coups par un « gars » qui le traite de « fife ». Steph le défend et Charles lui fait remarquer qu' « [i]l faut être seul pour haïr, mais deux pour aimer». Alors que Charles avoue son amour à Steph, ce dernier lutte contre sa propre sexualité. La difficile relation entre les deux jeunes hommes atteint son point culminant lors d'une rencontre intime dans le bois où Charles dit à Steph : «Je t'aime, moi. Tu le sais. Je t'ai amené ici pour que tu vois [*sic*] comment c'est en dedans de moi. C'est comme ici. C'est tout mêlé à cause de toi.» Le narrateur rejette Charles et rejoint les travailleurs au moulin. À la fin du roman, le refoulement homosexuel le poussera à tuer un jeune «scab», qu'il aura préalablement embrassé, réalisant qu'il aime véritablement Charles. Steph trouve finalement Charles pendu et s'étend «près de lui, comme un chien».

Enfin, il existe plusieurs filiations entre *L'ennemi que je connais* et certaines œuvres québécoises qui traitent de l'homosexualité latente, comme *Les feluettes ou la répétition d'un drame romantique* (1987) de Michel Marc Bouchard. En outre, par la lutte pour ne rien avouer au policier auquel il s'est livré volontairement, la situation de Steph ressemble étrangement à celle du personnage principal de la pièce de théâtre *Being at home with Claude* (1986) de René-Daniel Dubois.

BENOIT DOYON-GOSSELIN

L'ennemi que je connais, [Moncton], Éditions Perce-Neige, [1995], 126 p. (Prose) ; 1999, 126 p.

ENTRE AMOURS ET SILENCES
Clarence Comeau
Poèmes (1980)

Recueil de poésie lyrique, *Entre amours et silences* de Clarence Comeau est l'un des ouvrages marquants de la littérature acadienne du début des années 1980 (prix France-Acadie 1980). Divisé en neuf «chants» – «Avant de jeter l'ancre», «Ô mon pays», «Comme si l'ombre était vraie», «Homme brusque», «Saisons douloureuses», «Je me contenterais», «Cris d'amours et de silences», «Ô mon amour» –, le recueil réunit une soixantaine de poèmes écrits en vers libres, la plupart sans titre et sans ponctuation avec, fréquemment, l'absence de majuscules en début de vers. Il présente une constante unité thématique dont la progression se fonde sur «cette prose cadencée», qui est celle du vers libre, mais qui vient aussi de la reprise, d'un «chant» à l'autre, de tout un réseau de métaphores obsédantes conférant à l'ensemble la tonalité sacrée de la poésie biblique. Ce n'est pas peu dire. Le lecteur rompu à la poésie contemporaine y reconnaîtra, certes, une écriture résolument «moderne» exploitant toutes les virtualités du langage poétique (ellipses, ruptures sémantiques, hypallages, juxtapositions déroutantes). Écriture moderne, mais en même temps éminemment traditionnelle, l'omniprésence du thème amoureux et d'une imagerie érotique y rappelant le rôle privilégié de toute poésie lyrique depuis la haute Antiquité : chanter l'amour sous toutes ses formes.

Apprivoiser cette écriture, c'est, dans un premier temps, en saisir la conjoncture des thèmes fétiches dominants : la nostalgie du pays perdu (qui est aussi nostalgie de l'enfance, de l'innocence) et le souvenir d'amours clandestines (ou du moins inavouées) ou, de toute façon, passagères. D'où les dénonciations réitérées contre «l'Injustice». Injustice que la mention du «pays de déportés» rattache à certaine réalité historique, mais qui demeure ici la clé de voûte d'une psychologie de dépossédé, sur les plans tant politique que social. Dépossession, exclusion, marginalisation («pas besoin d'enfants / pas besoin de pays / pas besoin de lois») qui se rencontrent toutes dans ce cri du cœur : «Ah ! Nous clamons toujours l'Injustice / Elle résonne sur les goélands / Sur les montagnes, / Les goélands, les montagnes résonnent / Sur les goélands, sur les montagnes / Sur un pays de déportés, de réfugiés / Nous hurlons l'Injustice / Lointain écho que les vents mangent».

Pays dépeuplé, paysages vides, mais où planent quelques goélands, voix de la révolte du poète. Mais, avant d'en arriver là, on aura compris que la deuxième personne, que l'objet aimé s'est fait «paysage» ou même «saison», tandis que le «moi» est «enfant», ou «enfance», le plus souvent solitaire: «à côté de tes grands champs de trèfles / mon enfance tremblait à l'idée / de t'aimer au retour des hirondelles».

Entonnant parfois un dialogue, mais le plus souvent un monologue, cette poésie à la muse masculine («les muscles de ton corps une force qui me blesse») se représente sous le signe de l'absence; ou du silence, voire du refoulé: «Tu es d'une parole trahie par la peur de se dire». D'où une nostalgie béante et la disposition à projeter l'image du bien-aimé dans toute une série d'«objets» extérieurs, liés sur le plan sémantique à l'automne ou à l'hiver (récoltes, feuilles mortes, arbres dénudés, frimas, glaçons, givre, verglas), synonymes de la mort («l'automne en deuil»): «il ne reste / que des troncs, des branches / un vide ambigu qui tranquillement gèle»; ou à un réveil qui se fait attendre: «Amour dans les bourgeons au sol verglacé / Du chemin des Grattan au chemin des Breau / [...] / Partout, aussi loin que le vent le voulait / Tu suivais la route la plus longue / Et la plus difficile pour aimer, pour aimer». Image d'une «résurrection» que le poète dit assez clairement: «un cadavre qui s'éveille / dans le grenier ensoleillé».

À la fin, la pulsion amoureuse se heurtant au silence (ou à l'absence) se fait trame de mots. Et, telle la complainte des pêcheurs, elle finit par se faire poésie. Dernière consolation et refuge des mal-aimés: «Nous déshabiller sur notre sable, viens! / La poésie nous attend». Reste alors le poète, qui, par le truchement de l'art, aime pour deux: «Ô mon amour, quand j'écris ton visage / Emporté au large de mon bouleversement / Tu réapparais partout où je suis nous».

Or, comme c'est souvent le cas de la poésie amoureuse, Entre amours et silences n'échappe pas à la banalité des redites et, s'il est vrai que les amoureux ne se lassent pas de se dire (et de se répéter) «je t'aime», il n'est pas recommandé d'en faire tout un poème: «Ô mon amour mon jour ma nuit / Ô mon visage dans ma soif / Buvant avec passions d'hommes / De nous je t'aimerai toujours».

Malgré cette prévention, on reste ému devant le choix d'une écriture recherchée, précieuse, voire mallarméenne, où il affleure un goût restreint pour le néologisme («bluese», «bluesée»), pour un vocabulaire régional («l'estorlet») et pour une construction syntaxique populaire («T'es l'amour d'été / Impossible»). En dépit d'un trop grand nombre de coquilles, le français y est partout très soigné. On se demande alors si «amours» accordé au masculin n'est pas une licence consciemment valorisée par le poète...

ÉDWARD LANGILLE

Entre amours et silences, [Moncton], Éditions d'Acadie, [1980], n. p., ill.

LES ENTRETIENS DU VILLAGE
Emery LeBlanc
Récits (1957)

Les 21 textes qui constituent *Les entretiens du village* avaient d'abord été présentés sous forme de causeries hebdomadaires sur les ondes de Radio-Canada à Moncton en 1955 et 1956. En tant que journaliste, éditorialiste et rédacteur en chef du journal *L'Évangéline*, Emery LeBlanc était l'un des principaux porte-parole de l'Acadie à l'époque. Dans la préface de l'œuvre, Reynald Teasdale, gérant de la station CBAF, explique que LeBlanc avait été invité à présenter des causeries radiophoniques à l'occasion du bicentenaire de la déportation acadienne. On devine qu'il avait comme mandat de préparer des textes basés sur des incidents remontant à cette époque. En effet, environ la moitié des entretiens présentent des personnages ayant vécu en Acadie au XVIIIe siècle. L'œuvre ne constitue toutefois pas une série de leçons d'histoire, ce qui surprend dans le contexte d'un anniversaire marqué par la ferveur nationaliste de l'élite acadienne. *Les entretiens du village* traitent d'une étonnante diversité de sujets et constituent en réalité une des premières œuvres littéraires acadiennes à ne pas être centrées sur la tragédie de la Déportation. Le but de l'auteur semble être simplement de faire connaître des personnages et des événements intéressants du passé. N'étant pas contraint par des considérations thématiques, LeBlanc était libre de voguer d'une époque historique à l'autre et de s'intéresser à des personnages colorés qui n'avaient pas jusqu'alors attiré l'attention des historiens. En outre, n'ayant pas de prétentions historiographiques, LeBlanc pouvait se permettre de raconter les faits d'une manière vivante, puisant des détails dans son imagination pour peindre des tableaux du passé.

En racontant des faits entourant des personnages des XVIIIᵉ et XIXᵉ siècles, Emery LeBlanc présente de nombreuses anecdotes qui rendent ses textes vivants. Lorsqu'il raconte comment Jacques Bourgeois, un chirurgien et commerçant de Beaubassin, a sauvé sa communauté d'une attaque anglaise en 1696, LeBlanc relate la rencontre amicale entre Bourgeois et un officier du Massachusetts qui eut comme résultat de faire cesser les activités belliqueuses des troupes anglaises. Chaque texte, qui présente un personnage de l'histoire d'Acadie, est ainsi construit autour d'anecdotes où sont souvent citées les conversations entre les actants, bien qu'aucun document écrit n'ait préservé leurs paroles exactes.

Les récits d'Emery LeBlanc contiennent parfois des détails fascinants qui nous amènent à nous demander s'ils reposent sur des faits historiques ou s'ils sont issus de l'imaginaire de l'auteur. Par exemple, dans son entretien sur Joseph Babin, un rescapé de la Dispersion, il présente une conversation entre Babin et un colon anglais établi sur le site où il s'était réfugié avec d'autres Acadiens pendant l'hiver de 1755-1756. L'Anglais mentionne que des amas de coquilles laissés près du site de campement avaient été moulus pour servir de plâtre dans la construction de l'église protestante de l'endroit. Qu'un tel fait soit véridique ou non, il contribue à créer un récit qui permet d'imaginer le vécu des Acadiens au XVIIIᵉ siècle.

Bien que LeBlanc possède un indéniable talent de conteur, la qualité littéraire des entretiens est inégale. Par exemple, à cause du sentimentalisme qui prédomine dans le texte «Rêveries de Noël», les faits racontés sont moins vraisemblables que ceux des autres entretiens. Étant donné que les entretiens avaient d'abord été écrits pour être lus à la radio pendant l'hiver 1955-1956, on peut comprendre que l'auteur ait choisi d'y inclure quelques contes de Noël et qu'il se soit alors un peu éloigné du style de chroniqueur, qu'il maniait bien dans les autres textes.

On ignore quelles sources sont à la base des *Entretiens du village*, s'il s'agit de sources écrites primaires, secondaires ou encore de traditions orales. LeBlanc ne mentionne ses sources qu'à deux reprises : le récit d'Antoine Casteel, qui servit d'interprète entre les Anglais et les Français au milieu du XVIIIᵉ siècle, est supposément basé sur le journal de ce dernier, alors que le récit du naufrage sur l'île de Sable d'un navire français à la même époque proviendrait des écrits du duc d'Anville, le commandant de la flotte dont faisait partie le navire. Peu importe d'ailleurs l'exactitude des sources, puisque *Les entretiens du village* doivent surtout être lus comme des contes littéraires à caractère historique recréant de façon assez vraisemblable des incidents des siècles passés.

Les textes qui conservent le mieux leur intérêt aujourd'hui sont ceux qui nous donnent un aperçu de la mentalité acadienne à différentes époques. Celui qui s'intitule «Les hommes forts» raconte de façon savoureuse comment Pascal Gauvin a mis fin à la tyrannie des fiers-à-bras de la famille Horseman, à Moncton, pendant la deuxième moitié du XIXᵉ siècle. Quant au texte intitulé «Pierre-à-Michel», il raconte le conflit entre deux belles-sœurs qui vivaient sur des terres voisines dans la région de Memramcook dans les années 1730. L'incident où les belles-sœurs se lancent des courges, à l'occasion d'une dispute au sujet de la source qui coule entre les deux propriétés, est digne des écrits d'Antonine Maillet ou de Laurier Melanson.

Emery LeBlanc a non seulement su inspirer certains auteurs qui l'ont suivi, mais il a aussi ouvert des pistes ethnologiques. Le texte consacré à Jean Campagna, qui fut arrêté comme sorcier à Beaubassin en 1685, a contribué à faire connaître le phénomène de la sorcellerie en Acadie, alors que «Jérôme», l'histoire d'un homme muet aux jambes coupées qui échoua sur les côtes de la Nouvelle-Écosse en 1854, fait aujourd'hui partie de l'imaginaire acadien.

Avant Emery LeBlanc, d'autres écrivains avaient tenté de décrire la vie acadienne du passé mais, mis à part quelques passages dans les écrits de Philéas-Frédéric Bourgeois et d'André-T. Bourque, LeBlanc est le premier à plonger ses lecteurs dans le monde tantôt tragique, tantôt carnavalesque de la culture populaire acadienne. *Les entretiens du village* ont beaucoup été lus dans les années suivant leur parution. Cet ouvrage modeste, qui a exercé une influence certaine sur les écrivains acadiens de l'époque, demeure une œuvre unique en Acadie.

Ronald Labelle

Les entretiens du village, [textes lus à la station de radio CBAF à l'hiver 1955-1956, préface de Reynald Teasdale, gérant, CBAF], Moncton, Nouveau-Brunswick, [Imprimerie acadienne limitée, 1957], 148[9] p.; Moncton, Éditions d'Acadie, 1979, 142 p.

L'ÉTÉ INSULAIRE
Melvin Gallant
Poésie (1982)

Dans cette première et seule tentative poétique, Gallant privilégie un texte en vers dépourvu de toute ponctuation. Il y raconte l'histoire d'un locuteur mélancolique qui s'apitoie sur la perte d'Anna Verra, suicidée, avec qui il aurait partagé un amour passionné dans un paradis isolé. À travers ces moments de nostalgie et les divers retours en arrière qu'ils présupposent, le locuteur fait vivre au lecteur les jours tranquilles passés en compagnie de son Aphrodite sur l'île grecque de Mykonos, où épicurisme, amour passionné et paysages enchanteurs alimentent le quotidien. Outre les photographies de l'auteur, qui entrecoupent les textes et parfois s'y superposent, donnant au recueil des allures de guide de voyage, l'atmosphère paradisiaque est souvent recréée par les champs lexicaux de la nature et de ses éléments, ceux en particulier de l'eau et du vent. Les diverses références à la mythologie grecque sont inévitables et jouent un rôle sémantique important, contribuant, tout comme la musique traditionnelle d'ailleurs, à créer une certaine ambiance et à définir le contexte.

L'été insulaire. Chant littéraire, [Moncton], Éditions d'Acadie, [1982], 39 p., ill. de l'auteur.

L'ÉTÉ AUX PUITS SECS
Germaine Comeau
Roman (1983)

L'été aux puits secs est le récit d'une jeune femme dont l'existence un peu trop paisible est bouleversée pendant une semaine d'un mois d'août brûlant dans un petit village de la Baie Sainte-Marie en Nouvelle-Écosse. Alors que son mari, Ralph, est parti suivre un cours de mécanique à Halifax et que ses enfants, Raoul et Odette, sont au camp d'été, Janice prend conscience de la banalité de sa vie, de ces «[d]ix ans d'habitudes moulées» qui ont suivi son mariage. Elle se rappelle son existence d'autrefois: étudiante à Montréal, «plongée dans la découverte de modes de vie qui différaient tellement de celui qu'elle connaissait maintenant». Une excursion de pêche à l'invitation de Pierre Doucet – un homme d'affaires de la région qui avait le bonheur de voyager et d'avoir en conséquence une vie plus riche –, précipite une liaison amoureuse qui les comble tous les

deux d'euphorie : « [t]out semblait soudain se fixer dans l'ordre des choses immuables ».

Parallèlement, les ravages de la sécheresse qui sévit depuis plusieurs semaines sont rendus plus violents par un incendie de forêt : quelques arpents de terrain boisé qui appartiennent à Pierre sont brûlés, mais on réussit à maîtriser le fléau, surtout grâce à un orage qui vient « mettre fin à l'été […] chaud et sans souci ».

En dépit de « la qualité du sentiment » que Janice et Pierre ont l'un pour l'autre, ils décident par la suite de retourner à leur famille. Malgré tout, l'expérience a transformé Janice, qui voit maintenant son mari et ses enfants « d'une autre manière ».

Narré à la troisième personne, ce roman psychologique, à l'intrigue linéaire, se divise en trois « parties » de longueur assez égale. Le caractère très « littéraire » du français utilisé par le narrateur – le passé simple est de rigueur – s'oppose à celui que l'on trouve dans le dialogue, où l'on se rapproche du parler de la Baie Sainte-Marie.

Ce roman est assez représentatif d'une certaine littérature acadienne des années 1980, celle qui, après le nationalisme culturel des années 1970, commence à traiter de simple accessoire le « matériau » acadien. À la différence d'Antonine Maillet et d'autres écrivains contemporains qui continuent à exploiter l'histoire et le folklore de l'Acadie à des fins littéraires, Comeau, comme Jacques Savoie, fait dépendre ces données des impératifs de la fiction romanesque. L'approche est moderne : l'essentiel n'est pas de valoriser l'Acadie par la littérature, mais de valoriser la littérature par l'Acadie, en quelque sorte. La double thématique du pays et de l'identité, devenue lieu commun, commence à s'y renouveler. L'histoire de Janice, sa poursuite d'un mieux-être, est toute personnelle et ne reflète pas celle d'un peuple ; en fait, elle s'y oppose, car Janice ne se sent plus chez elle parmi « cette race de personnes dont elle ne pourrait jamais faire partie ». L'espace dans lequel évoluent les personnages n'est pas national ou propre à évoquer la nostalgie du pays – « l'illusion d'un chez-soi parfait était longtemps disparue » –, mais un élément important de l'intrigue. Si le narrateur s'applique à faire de longues descriptions du paysage, c'est parce que celui-ci est symbolique : la sécheresse du sol, par exemple, rend sensible la stérilité du monde de Janice et elle est en opposition avec l'eau, qui représente la liberté (l'excursion de pêche), la vie (l'orage qui éteint l'incendie de forêt et met fin à « l'été aux puits secs ») et la purification (« Elle pleura sans essayer d'arrêter. Elle pleura comme il faut pleurer au moins une bonne fois dans sa vie. Pour tout laver »).

C'est surtout au niveau des personnages secondaires que l'on perçoit la modernité d'un tel roman. D'ailleurs, le fait même d'avoir des personnages secondaires représente une innovation technique par rapport à la fiction acadienne plus traditionnelle, où tout personnage, épaissi par des souvenirs qui remontent à la Déportation et doué d'une éloquence presque cicéronienne, donne l'impression d'être principal. Ainsi, Comeau annonce un peu une France Daigle, où tous les personnages semblent être secondaires, esquissés en quelques traits significatifs, peu habiles à faire la conversation. De ce point de vue, le personnage le plus intéressant du roman est sans doute Anselm, vingt ans, « lent », le « coupeux de bois » de Janice, qui la lorgne depuis un certain temps et qui aurait peut-être provoqué, par jalousie, l'incendie sur les terres de Pierre Doucet. Il y a également « Danielle à la Capri verte, qui se trouvait des partenaires autour du bar ou de la table de billards » et « Tom des Foins » au visage « pitoyable, négligé… sale », qui a l'habitude de se faire conduire chez lui parce qu'il est trop ivre. On se trouve ici dans l'univers de l'ambiguïté, de l'équivoque, de la divulgation incomplète, qui sont en fait les caractéristiques d'une fiction fort moderne, où, même si le lecteur ne sait que très peu de choses des personnages, ils lui sont tout à coup très familiers.

GLENN MOULAISON

L'été aux puits secs, [Moncton], Éditions d'Acadie, [1983], 175 p.

L'ÉTÉ AVANT LA MORT
France Daigle et Hélène Harbec
Roman (1986)

Mené par deux voix qui avancent l'une après l'autre le long d'un même vecteur, celui de la mort, ce texte se divise en deux parties : tout d'abord celle de France Daigle, dont c'est le cinquième roman, suivie de celle d'Hélène Harbec, qui en est à ses débuts littéraires. Mises en abyme, les deux protagonistes, écrivaines comme leurs auteures, composent elles aussi, chacune de son côté, sur ce même thème de l'été avant la mort. Elles se fixent comme objectif « une page par soir », côte à côte, dans leur lit commun, du moins au départ, car par la suite « le livre ne s'écrit plus le soir, ni à deux. » Le roman est centré sur celle qui se meurt, le temps d'un été ; son amante l'observe, commentant son agonie, texte auquel succède celui d'un narrateur omniscient qui pénètre les pensées de la malade. C'est dans cette seconde partie que le lecteur comprend peu à peu que cet état pathologique envahit non pas tant le corps que l'esprit. L'une des filles de la protagoniste lui demande : « Maman, quand je serai grande, est-ce que j'aimerai ma sœur comme toi tu aimes Isadora ? » La mère est tourmentée par sa situation homosexuelle : « À vivre entre filles et femmes, perdons-nous quelque chose ? » Sa compagne ne mentionne d'ailleurs jamais la présence des deux petites filles, sauf dans une brève remarque qui ne fait qu'accroître la déchirure : « Le destin des grands amours n'appartient qu'à ceux et celles qui n'ont pas d'enfants. » Ce débat intérieur entre amour et famille bouleverse la mère. Elle songe à vivre seule : « L'une mère et l'autre pas. La mère amère. Elle voit le danger que le livre s'interrompe. [...] [S]avoir s'il est préférable de se lever de table ou de continuer, d'avaler ou de vomir ? » L'une de ses filles connaît déjà la réponse : « Maman [...] n'abandonnera pas ses enfants. » Alors, comme pour sublimer le choc inéluctable de la séparation, l'écrivaine affligée se construit une pièce de théâtre, y invente une protagoniste, mère elle aussi, qui finira par s'enlever la vie, métaphore de son dilemme : « L'idée de la pièce ne lui est pas venue tout de suite. Elle cherchait d'abord une manière d'extirper la mort qui filtrait dans tous les sens », la mort après l'été.

Contrat d'écriture en parallèle, scrutant « les moindres replis d[u] quotidien », « jusqu'à ce que la mort fasse son œuvre », ce roman déploie deux univers romanesques fort différents, qui se succèdent devant le lecteur. Le premier de ces univers, celui de France Daigle, est marquée pour sa part par une narration très dépouillée, celle d'une femme penchée exclusivement sur les gestes de son amante, unique et anonyme personnage, additionnant les malaises toujours croissants de cette « elle » malade : salmonellose, acidité gastrique, perte de sensation dans le bas d'une jambe, dérèglement ovulaire, faiblesse du système immunitaire, cancer du sein, fatigue, agitation, délire. Sans oublier ses tendances hypocondriaques avec une fausse infection rénale déclenchée par des betteraves, une « tache un peu verdâtre » sur le dos et cette prédiction astrologique d'un cancer généralisé.

La narratrice de cette première partie limite la topographie de son discours au « silence de la chambre », métaphore du déchirant isolement de tout auteur littéraire, mais en contact tout au moins sonore avec la ville : « Dehors les motos ronronnent [...] les avions passent [... u]n chien aboie, [... des] ossatures de bicyclettes s'entrechoquent. Des voix. » Seuls objets mentionnés dans ce lieu d'écriture, le rideau, sorte de baromètre éolien, donne une lecture régulière de la pression émotionnelle régnant dans la pièce et, à la toute fin, une pendule, « qui poursuit sa course folle » à travers l'été. La chronographie, comme le stipule l'entente tacite entre les deux écrivaines, se limite à un été, du 5 juillet au 14 août de préciser la narratrice, un été durant lequel le ciel semble se retenir de trop pleuvoir, de trop gronder, de peur d'accélérer le dépérissement de la mourante.

À l'opposé, l'univers romanesque d'Hélène Harbec offre une plus grande perspective. Un narrateur anonyme raconte l'été décisif à travers les réflexions de la protagoniste affligée, les remarques et questions de ses deux enfants, ainsi que l'insouciance de l'amante, Isadora, la seule identifiée par son nom, qui semble inconsciente du véritable drame qui se joue. Une présence masculine traverse parfois le récit, comme ce vieil immigrant croisé à quelques reprises, image même de la résignation. La protagoniste ajoute elle-même au roman un personnage fictif, «la femme de la pièce» de théâtre, qui apparaît au moment où «elle débat la question de vivre seule». L'écrivaine a ainsi recours à la création littéraire comme «manière d'extirper la mort qui filtrait dans tous les sens», au point où elle avoue que «[t]out ce qui la tenait éloignée de cette idée [de mettre en scène une femme] tissait son drame».

La configuration de l'espace d'énonciation s'élargit un peu plus avec le narrateur de cette deuxième partie du roman, s'étendant à la «petite maison» des amantes avec des regards fréquents sur l'extérieur, une sortie à la plage et un voyage d'affaires dans un lieu de villégiature. La chambre des amantes demeure centrale, incluant encore ici la présence d'un rideau-baromètre à la fenêtre et, détail supplémentaire, d'un matelas par terre, lieu d'écriture et d'étreintes amoureuses. Le narrateur ne mentionne ici aucune date, se contentant de situer son récit à «l'été 1984».

Le style des deux narrations est également très différent. Dans la première partie, le ton se veut détaché, celui d'un observateur objectif du «présent, face à la mort, qui viendra sans doute en novembre». Les seuls détails fournis se rapportent à la maladie de l'autre, identifiée seulement par le pronom «elle». Le texte est court et les mots comptés. Les personnages ne parlent pas et la narratrice, pourtant conjointe de celle qui se meurt, ne livre que peu d'émotions. Ce n'est qu'à la fin que, prise d'une sorte de vertige de l'écrivain, elle demande à son amante de cesser ce projet d'écriture, voulant même brûler son texte «de peur qu'une fois écrites certaines situations prennent soudainement vie et forme». Par contre, le caractère de la seconde narration est beaucoup plus humain, s'attardant aux émotions et aux déchirements de la mère et amante. Les personnages s'expriment, questionnent, s'interrogent. Le narrateur ratisse beaucoup plus largement dans l'été de la protagoniste, ce qui se traduit par un texte faisant presque le double de la première partie.

Outre un même contrat d'écriture, les éléments communs aux deux textes sont rares. On notera d'une part la chambre des amantes, qui constitue l'atelier des écrivaines situé à la périphérie de leurs vies familiale et urbaine. Et dans cette chambre, toutes deux auront mis en scène le même rideau, s'agitant ou s'immobilisant selon les émotions des protagonistes : «complètement aspiré contre le moustiquaire [...] par l'appel de l'extérieur», s'excitant dans les moments de doute, battant doucement lors des rapprochements et s'agitant sans avertissement plus la fin approche. L'univers romanesque de *L'été avant la mort* affirme ainsi les particularités et l'originalité de chaque écrivaine œuvrant dans une déchirure identitaire commune.

FRANÇOIS GIROUX

L'été avant la mort, [Montréal], Éditions du remue-ménage, [1986], 77 p., ill. (Connivences).

ÉVANGÉLINE DEUSSE
Antonine Maillet
Théâtre (1975)

Évangéline deusse est une pièce en deux actes et cinq tableaux mettant en scène trois hommes et une femme, personnages âgés et peu familiers avec l'environnement urbain dans lequel ils se trouvent. L'action se situe à notre époque, du mois de mai au mois d'octobre, dans un parc de Montréal. La seule Acadienne parmi les personnages est Évangéline, qui plus tard se renommera

« Évangéline deusse », lorsqu'elle apprendra l'existence de cette autre Évangéline de légende. L'oralité du texte domine la pièce, où les riches monologues de la vieille femme, pleins des sons et des expressions de l'Acadie, s'opposent dans leur longueur et dans leur ton aux discours de chacun des trois autres personnages. Ceux-ci incarnent plusieurs facettes de l'exil : exode rural, errance du marin, errance du Juif. Évangéline, pour sa part, incarne la diaspora du peuple acadien.

L'un après l'autre, les cinq tableaux de la pièce exposent le dur parcours acadien. Le premier acte rassemble les trois premiers tableaux et nous y rencontrons d'abord le Stop, le « travorsier de *sidewalk* », qui amène sur scène le rabbin, puis Évangéline et enfin le Breton. À la fois loquace et curieuse, Évangéline orchestre ce premier acte, révélant à travers questions et commentaires quelques éléments du passé de chacun. Le deuxième tableau permet à la vieille femme de découvrir l'héroïne acadienne avec qui elle partage son nom, alors que le troisième oppose et mêle légende et réalité. L'entracte de l'été oblige les personnages à attendre plusieurs semaines avant de se retrouver dans le quatrième tableau. La mort intervient alors et, comme propulsés par cette tragédie soudaine, Évangéline et ses deux amis doivent apprendre à se « redorser ». La tirade finale du cinquième tableau se lit comme un cri de ralliement pour sauver une Acadie agonisante, mais le ton de Maillet reste ambigu : la porte-parole de ce peuple en souffrance est une femme, elle-même au seuil de la mort.

L'axe discursif de la pièce de Maillet imite le poème épique de Longfellow, poème qui en deux groupes de cinq chants, ou complaintes, raconte le Grand Dérangement. Le long parcours du personnage éponyme, Évangéline deusse, évoque l'errance de l'héroïne de Longfellow, même si, *a priori*, les deux sœurs de nom semblent avoir peu en commun.

La vie amoureuse d'Évangéline deusse se rythme en trois temps ou en trois personnages :

un amour de jeunesse, Cyprien, qui, s'il convient au caractère fougueux de l'Acadienne, reste socialement « malaisé » ; Noré ensuite, qui a la « terre juste à côté c'telle-là à mon père » et, enfin, bien plus tard, François Guennec, le Breton. La pieuse Évangeline Bellefontaine n'aimera au contraire qu'un homme, Gabriel Lajeunesse, et consacrera sa vie à le retrouver. Or, nous reconnaissons en Cyprien la beauté virile de Gabriel et lorsque, à la fin du quatrième tableau, le vieux marin meurt dans les bras d'Évangéline deusse, celle-ci s'écrie « Cyprien ! » : il est donc aussi le vieux Gabriel mourant contre le sein d'Évangéline.

C'est en Noré que Maillet souligne la différence entre la légende narrée par Longfellow et la réalité du peuple acadien. C'est en effet dans cet espace du quotidien qui sépare les rêves de jeunesse et les regrets de vieillesse, dans cet espace qui donne à Évangéline deusse 11 fils mais peu d'amour, dans cette « vraie » vie qu'Évangéline deusse puise ses arguments pour opposer point par point ses choix et ceux de son peuple aux décisions héroïques de la jeune Bellefontaine. S'agit-il d'une argumentation efficace ? Évangéline deusse n'admet-elle pas qu'ils lui ont « tout pris, morceau par morceau » ? Faut-il voir dans le fait qu'elle n'a que des fils, pas de fille, une impossibilité à se recréer, elle, incarnation de l'Acadie ? Il nous semble parfois percevoir en cette vieille femme une Acadie mourante, aussi soumise à la fatalité que l'Évangeline de la légende. L'agonie du pays acadien est un thème souvent abordé dans l'œuvre de Maillet. Bien entendu, le cri final : « Qui c'est qu'est l'enfant de chœur qu'a osé dire qu'une parsoune pouvait point recoumencer sa vie à quatre-vingts ! » semble plein d'espoir. Suffit-il à leurrer le public ? L'ambiguïté prévaut, car l'héroïne n'est après tout qu'une vieille femme brisée par la vie et condamnée à l'exil comme semble l'être la fiancée de Gabriel. Inscrit sous les traits de l'altérité, cet exil force Évangéline deusse à vivre loin de sa terre natale chez sa bru montréalaise. Elle est alors la campagnarde à Montréal, la seule femme parmi une multitude d'hommes, la vieille veuve chez la jeune épouse.

La vieillesse d'Évangéline deusse participe clairement de l'ambivalence du texte. Nous reconnaissons en elle les traits des sorcières, personnages archétypaux chers à Maillet, les briseurs de statut qui sont aussi maîtres de l'illusion. Le surnom même, «deusse», ajoute à la confusion. A-t-il une valeur itérative dans la réécriture d'une légende ou bien est-ce une façon de se moquer de l'autre Évangéline, inventée par un Américain et sans grand rapport avec les personnages hauts en couleur qui peuplent les histoires de Maillet? Faut-il y reconnaître un féminin de *Deus* et voir en Évangéline deusse la créatrice de son destin et de celui de son peuple? L'identité, les traits définitoires d'une Acadie dont on cherche encore à établir les frontières sont sans aucun doute remis en question par la nature même d'Évangéline deusse, par son nom, son âge, son discours et ses circonstances.

Nous savons ce qu'Évangéline deusse et son Acadie ne sont pas: elles ne se reconnaissent ni dans les stances de Longfellow, ni dans les rues de Montréal, ni dans les propos de la jeune génération. Comme en présence d'une pellicule non développée, il semble que Maillet cherche le bain catalytique qui révélera enfin les vraies couleurs de son pays. En 1975, la tâche semble urgente.

Par ailleurs, les personnages créés autour d'Évangéline deusse soulignent le thème de l'exil, de la souffrance de la diaspora qui habite la conscience collective acadienne. La remarque du personnage éponyme, «avec un pareil lotte d'exilés, je pourrions nous crouère encore en 1755», n'admet pas d'équivoque. Le Stop, premier personnage sur scène, est chargé de faire traverser les piétons. Son rôle n'est pas sans évoquer Charon, le nocher des Enfers: les trois personnages qu'il achemine ainsi ne sont-ils pas au seuil de la mort? Leurs conversations rappellent les noms des fils, époux et parents déjà partis et l'un d'entre eux meurt même sur scène. Malgré toute la vitalité d'Évangéline deusse, la mort est omniprésente dans la pièce. En accompagnant les vieillards dans le parc, Le Stop leur permet d'examiner ce que fut leur vie et peut-être, *in extremis*, comme dans le cas du rabbin, d'y apporter un dernier changement. Le Stop lui-même parle peu, mais il s'intéresse vivement aux récits de ses compagnons, et plus particulièrement à la légende d'Évangéline. Ses brèves exclamations et questions ponctuent la narration du Breton et font figure de contrepoint aux longs commentaires d'Évangéline deusse.

C'est aussi au Stop que nous devons l'intervention discursive d'une autre légende canadienne: celle de Maria Chapdelaine. Dans le schéma narratif, elle correspond chez Longfellow au chant IV de la deuxième partie, dans lequel la vieille Shawnee révèle à Évangéline trois histoires d'amours impossibles. Chez Maillet, c'est dans le dernier tableau du deuxième acte que Le Stop relate les trois choix de Maria: elle aurait pu épouser un coureur des bois, un exilé aux «États», un fermier de chez elle. C'est au dernier qu'elle accorde sa préférence, faisant dire à Évangéline deusse: «Ça veut dire que les genses de par chus vous restont sur leux terres, ben que nous autres je nous faisons déporter». Mais l'histoire d'Évangéline deusse ressemble beaucoup plus à celle de Maria qu'elle ne l'avoue: elle aussi a connu l'amour d'un coureur des mers et d'un exilé de France, mais c'est avec Noré qu'elle a partagé sa vie. La déportation dont parle Évangéline deusse est donc aussi celle qui détruit le rêve; elle est l'écart entre désir et réalité, entre Cyprien et Noré, entre Gabriel et la vie.

Les autres personnages, le rabbin et le Breton, s'identifient aussi à l'épopée acadienne. Le vieux Juif incarne le déracinement, l'errance perpétuelle. C'est lui qui encourage Évangéline deusse à prendre racine à Montréal: «C'est votre âme que vous avez transplantée là», lui dit-il, mais son discours reste peu convaincant. Lorsque, en fin de pièce, le rabbin prend congé de ses amis pour aller à «la terre de [s]es aïeux», Évangéline deusse est persuadée qu'elle ne le reverra pas, parce qu'«un juif errant, ça repasse pas deux fois au même endroit». Révèle-t-elle en réalité son pessimisme quant à l'avenir de son peuple? Quant au Breton, c'est en lui surtout qu'Évangéline deusse se reconnaît. Adoptant tour à tour l'identité de Gabriel et de Cyprien, il représente aussi l'exil du marin et l'importance de la mer, ainsi que la beauté des mots d'antan. Évangéline deusse et le Breton parlent de *houquer, coques, nez quinquinc*, savourant chaque terme avec un plaisir complice.

Le Breton représente aussi la langue écrite, châtiée, celle qui raconte la légende de Longfellow. Or, cette épopée s'oppose, autant par sa langue artificielle que par ses personnages trop pieux et trop passifs, au dur vécu, au quotidien du peuple acadien et à l'oralité de la langue d'Évangéline deusse. Dichotomie aussi révélée dans les objets symboliques de la pièce: le sapin et la «senteur en *can* d'Evergreen», le mouchoir brodé et le Kleenex. Le sapin des bords de l'Atlantique fait plus particulièrement figure d'allégorie: transplanté à Montréal, à nouveau déraciné par des «vauriens», il reprend enfin racine comme un ultime message d'espoir. Mais il reste fragile et son futur, incertain. Fragilité, ambiguïté, ces thèmes se rencontrent aussi dans la chanson d'Évangéline deusse sur les «compagnons de la marionnette». Le refrain demande à ces lumières boréales, magiques semble-t-il, «pourquoi venez-vous si tard?» Est-il trop tard? La réponse n'est pas claire: en 1975, la confiance que Maillet a en l'avenir de son pays reste des plus circonspectes.

MARIE-NOËLLE RINNÉ

Évangéline deusse, [présentation par Henri-Paul Jacques], [Montréal], Leméac, [1975], xxii-109 p. (Théâtre).

EXISTENCES
Herménégilde Chiasson
Poésie (1991)

Après *Prophéties*, Herménégilde Chiasson poursuit ici son travail d'écriture à partir de contraintes. *Existences*, livre au format carré, se présente comme un véritable petit objet d'art. On y trouve, à intervalles réguliers, des illustrations, esquisses en noir et blanc représentant chaque fois un carré central circonscrit d'une couche de traits variés, dans lequel se trouve enfermé un visage. Pareillement, les 48 «contes» qui composent le recueil se présentent tous de la même manière sur le plan visuel: un seul paragraphe qui occupe les trois quarts de la page, où trône un titre composé d'un seul mot écrit en majuscules, suivi de parenthèses contenant une dédicace à une seule initiale («(à J.)», par exemple). De plus, les titres de chaque série de huit contes paraissent en ordre alphabétique. Présentés comme autant de petites «existences», les textes s'attachent tantôt à des moments de la vie quotidienne (un après-midi à regarder les piétons passer, une journée de neige abondante), tantôt à l'acte de création, à l'art sous toutes ses formes (peinture, cinéma, littérature). L'œuvre se clôt par un poème dont la dédicace se distingue par sa précision («à mon ami d'enfance A. S.»). Intitulé «Autrefois», il propose en fin de parcours une sorte de retour aux origines, avec ses premières expériences («la première télévision, la première partie de baseball»), avant de clore brutalement l'œuvre («une voiture qui dérape dans la neige. La fin des émissions. La vie qui s'éteint. La nuit déjà.»).

Existences, [Trois-Rivières, Québec et Moncton, Écrits des Forges et Éditions Perce-Neige, 1991], 65 p., ill.

L'EXTRÊME FRONTIÈRE. POÈMES 1972-1988
Gérald Leblanc
Poèmes (1988)

Dans *L'extrême frontière,* paru aux Éditions d'Acadie avec une préface d'Herménégilde Chiasson, Gérald Leblanc répartit des textes de plusieurs époques en sept sections. «Pour vivre icitte» (1972-1980), la première section, rassemble des poèmes écrits avant la parution de son premier livre, *Comme un otage du quotidien* (1981). Ils s'ancrent dans l'actualité acadienne. Le poète cite *Cri de terre* de Raymond LeBlanc (1972), dédie des vers tranquilles à Guy Arsenault, évoque Roger Vautour, figure de la résistance aux expropriations de Kouchibouguac, et envisage un «*front» culturel*. La deuxième section comprend pour sa part 11 chansons écrites entre 1975 et 1981 pour le groupe *1755*, encore avant la publication du premier volume. En vers réguliers, qui riment parfois, le parolier chante des amours, des séparations, le «monde qu'on connaît», issu de la «*backyard»* d'Arsenault (*Acadie Rock*, 1973), les expropriés, mais aussi l'appel de la route entendu dans Kerouac. Les anglicismes (*french*, au sens de baiser florentin, *speedboat*) ne sont pas rares dans cette première époque ni les idiomes acadiens (*éparer* pour *disperser, tricoler* pour *tituber, par exprès, y passiont* pour *ils passaient*), les vocables chiacs (*se crosser* pour *se branler, handler* pour *traiter, tchaisseux de taoueilles* pour *coureur de Squaws*) ou les néologismes (*blueser*).

Les sections suivantes se chevauchent. «*Nightscapes from a camera mind*» (1981-1988) est contemporain de *Géographie de la nuit rouge* (1984), mais aussi de la septième partie, «L'expérience du Pacifique», et il en porte les traces. Proche de la désespérance, «Multipiste» (1983-1988) développe une forme qu'on retrouve ensuite : le vers ne coïncide plus toujours avec le syntagme, des groupes de lignes inégales ne consentent ni à la prose ni au vers. Déjà présent dans «Pour vivre icitte» et dans *Comme un otage du quotidien,* cet usage, qui défie parfois la diction, ne se retrouvera ni dans *Les matins habitables* (1991) ni dans *Complaintes du continent* (1994), mais seulement dans la première partie d'*Éloge du chiac* (1995). «En bleu dans le texte» (1986-1987) doit son unité à sa mélancolie tendre et à la brièveté de ses poèmes. Une suite de huit pièces courtes occupe la section intitulée «Toujours des rêves tombent» (1987), évocation d'un amour

et d'une initiation. Dans «L'expérience du Pacifique» (1987), le récit d'une découverte éblouie ne tarde guère à se teinter d'une nostalgie inévitable : celle de Moncton.

Quoique *L'extrême frontière* recueille divers textes qui n'avaient pas été publiés, du moins sous la forme d'un livre, on y perçoit la trace opiniâtre d'un travail poétique en cours, les bribes d'une autobiographie ou d'un roman de formation, parallèle à *Moncton mantra*. Au fil des pages, en effet, l'unité de chaque section s'affirme de mieux en mieux. L'objet de cette recherche n'est pas une identité, mais la continuité du mouvement, dont l'œuvre entend donner la preuve.

«Pour vivre icitte» parodie un titre que Paul Éluard utilisa souvent comme enseigne d'un bonheur conquis en dépit de contradictions personnelles et d'obstacles sociaux (*Pour vivre ici*, 1920, *Le livre ouvert, I*, 1940, etc.). En dépit de la provocation, la référence est significative. Elle fait de la poésie une *pratique* vitale et politique, mais implique aussi une réflexion active sur les rythmes de la langue et du vers libre. Les premier et dernier textes de cette partie établissent la liste des complices et des intercesseurs. Elle est immuable. Raymond LeBlanc, Guy Arsenault, Roger Vautour, Yvon Gallant, Herménégilde Chiasson, Régis Brun, Ulysse Landry, la pléiade acadienne, y rejoignent Marx, Deleuze et Guattari (*L'anti-Œdipe*, 1972), un chœur de chanteurs de *blues* et une phalange de rockeurs. Ces derniers ayant été, sur le plan international, les agents les plus sûrs de l'américanisation du monde, on s'étonnera qu'un élan acadien s'appuie sur eux ; mais, dans l'idéologie des années 1970, ils paraissaient liés à la contestation des traditions, donc de l'Acadie officielle, celle de l'Assomption et de *L'Évangéline*. Bouillonnement de la contre-culture parfois illusoire : Leblanc, par exemple, ne met aucunement en œuvre l'*insubordination grammaticale* qu'il prône ; son chiac s'arrête au lexique, sa syntaxe demeurant parfaitement littéraire ! Il est vrai qu'il use en ses débuts de termes rudes et proclame sa révolte. Les traits érotiques et corporels sont crus. Le chiac est assimilé à une langue *sauvage* et l'illumination sexuelle, à l'occasion blasphématoire, embrasse sans précaution d'*innombrables acadies*, tandis que «la *Main* de Moncton rote le chiac». C'est sans le secours de la musique, de façon directe, que le corps étreint le langage: tripes, faim et soif raillent le beau parler, que connote ironiquement un alexandrin scolaire, «à l'université on soigne le français». *Moncton mantra* rappellera utilement le bonheur d'écrire *bander*, et «aussi dur que Dieu», dira encore «Multipiste», à la manière de Bataille. Mais le sens du mètre, la mélodie du vers sont déjà bien présents et la proclamation politique ne tardera pas à s'effacer.

«Chansons» modifie légèrement les textes et la métrique publiés par les disques: *boiveux* s'écrit *buveux*, le tempo de «vie de fou» paraît plus vif à le lire qu'à l'entendre. Le parolier emprunte à la chanson moderne et à la tradition folklorique: «Écoutez tous petits et grands» vient de *La passion de Jésus-Christ*; l'inspiration amoureuse vient de la passion selon Édith Piaf ou Bessie Smith. Il n'est pas exclu que cette activité ait contribué à polir la manière du poète, mais son projet formel était déjà affirmé; plus sûrement, elle représente ici la découverte de la nécessité de la médiation musicale, qui justifie le titre de «Multipiste», propre à qualifier des enregistrements divers et conjoints. Entre-temps: des notes de travail qui soulignent l'expérimentation de la forme, le poème circulaire de «chronomètre bleu», le désir, encore chaotique mais délibéré, de «géographie de la nuit rouge», mais surtout des textes plus longs où s'exprime à loisir l'entreprise à laquelle la prose concise et la métrique exigeante du recueil de 1984 donneront toute son intensité. Autant de *nightscapes*, saisis en instantanés par une *camera mind*. Mais la musique porte le rêve. Quant à la typographie asyntaxique, elle isole des vers étranges où les mots s'accordent en une unique mélodie tout en gagnant une prodigieuse indépendance

grammaticale: «la nuit le rouge feu le fou de toi fouille ta bouche / sur la mienne dans la splendeur d'âme sonore de». Mot poétique, le vers s'affranchit du mot phonologique, qui configure la position des accents en fin de groupe syntaxique majeur. Atteignant les *ramifications poétiques de l'être*, le poète se voit, comme les apôtres à la Pentecôte, «*speaking in tongues*». Mais, tout en maintenant le projet, les dernières pages ont une tournure plus désabusée. Ainsi, «écorché dans cette vie la plus étrange que» commence par un grommellement et s'achève dans un soupir.

Des parcours plus délicats se retracent en «Multipiste». L'errance, le chagrin, les *questions sans réponse* se traduisent en formes brèves ou en longs textes mats. Les nuances progressives estompent les contrastes. Les refrains, les répétitions, le lexique du passé (*déjà, plus, revenir, mémoire*) aménagent une nostalgie encore éprise du possible. L'écoute du rythme devient plus attentive encore dans les pièces *en bleu dans le texte*; il n'en est pas une qui ne parle d'écrire, mais en proposant une approche plus douce de la parole, caresse qui prolonge en sourdine les *glissements* verbaux qu'évoquait la section précédente. Aucune violence, aucun érotisme. Ce sont des *mots connus*, des *textures* et des *contextes* qui se présentent comme une *vibration* ou qui se dérobent dans le *flou:* la poésie devient dès lors le soin matériel que le corps prend de ce qui l'agite en secret. Dans sa veine la plus discrète, l'art de Leblanc touche ici à son sommet, égrenant les vers rares parmi les rythmes les plus insaisissables.

Titre éluardien dans son ambiguïté, «Toujours des rêves tombent» promet des émerveillements en même temps que des chutes. C'est au hasard et à l'interruption soudaine que se confronte courageusement le désir de musique. Le vers asyntaxique, déjà connu, fait en effet l'objet d'une expérimentation presque systématique. Celle-ci s'exprime surtout dans la cadence rompue: «tes confidences sont un écho dans» répartit également les accents, avant et après la pause, sur la quatrième syllabe («... DENces / ... CHO dans»), mais si le premier segment se conforme à un usage traditionnel de l'e muet, la coupe lyrique, le second contredit ce schéma en laissant la dernière syllabe dans la plus grande incertitude accentuelle. L'inachèvement brise la mélodie et suspend pathétiquement le rythme. Cela produit de vives syncopes: «le chiac jazz dans le gris des», où *jazz* doit être verbe, en dépit de la désinence apocopée.

La métaphore que l'auteur de «Pour vivre icitte» se réjouissait de savoir éviter, mais qui éclatait, erratique et violente, dans «*nightscapes*», comme pour changer le monde, devient au fil des pages le moyen de se l'approprier: ne portant plus guère que sur un mot, elle recèle un *rechange d'images*, sollicitant l'*invisible* pour échapper au vague du *quelque chose*, cette sensation impérative et vide. C'est surtout dans les trois dernières sections qu'elle assume cette fonction, qu'elle gardera dans les livres ultérieurs. Aussi prend-elle la forme d'une définition: «vivre est une vibration», ou d'un classement qui soit aussi une métamorphose: «j'assimile cet / amour dans la dynamique de ma vie terrestre» («En bleu dans le texte»). Ou encore, elle prépare la définition et la saisie: «le noir de la nuit bouge et / rebondit sous nos pas la ville est un espace / mouvant» («Toujours des rêves tombent»).

Une incertitude, à la fois lancinante et douce, à mi-chemin de la méditation et de la *fièvre*, du *monologue* et du dialogue, occupe les dernières pages, au bord du Pacifique. *L'océan*, auteur d'une métaphore perdue dans le vague, *nous appelle autrement*. Perte du nom, vacance du moi, effacement des limites de l'individuation? L'effort de dire forme boucle autour de l'indéterminé, comme le montre la circularité du premier poème. Sans fin définissable, le mouvement apparaît aussi sans origine: venir

de Moncton, c'est *venir de nulle part*. Un *satori* suspend les catégories illusoires, présence et absence, toi et moi, Vancouver et Moncton. Mais l'expérience du *miroir*, de la *symbiose* ou de l'*osmose* ne risque-t-elle pas de mettre en lumière que le même s'identifie au *rien? La zone hyperréelle du manque* et sans doute le retour au réel, dans sa diversité, même politique – la misère des Amérindiens –, imposent à nouveau la tristesse et la nécessité du poème affirmatif et du langage brut: «*fuck* ouère *off*».

On l'aura compris: *L'extrême frontière* n'est pas un additif aux livres publiés de la même période. Pas même une anthologie de textes marginaux. Le recueil, soigneusement composé, retrace un itinéraire poétique dont les deux étapes les plus marquantes sont la découverte de la musique, comme modèle et comme inspiratrice, mais surtout comme pratique de l'écriture, et l'approfondissement progressif de la métaphore, de moins en moins spectaculaire mais de plus en plus efficace. La violence initiale ne s'est pas perdue, elle s'est changée en intensité. La politique a-t-elle disparu en route? Rien n'est moins sûr: le regard du poète reste vigilant et, après tout, la vie dans la langue n'est-elle pas devenue ici et là, partout, l'enjeu le plus crucial? Certes, les soucis qui gouvernent le parcours de Leblanc, si appuyés qu'ils soient sur des détails autobiographiques récurrents – fragilité des amours, fascination des yeux ou solitude des chambres –, prennent une tournure que d'autres jugeront bien formaliste. Mais, pour admettre cette critique, il faudrait ignorer le pouvoir vital qu'a le poème pour le poète. Et pour quiconque sait lire.

ALAIN MASSON

L'extrême frontière. Poèmes 1972-1988, préface de Herménégilde Chiasson, [Moncton], Éditions d'Acadie, [1988], 167 p.

F

FAIRE RÉCOLTE
Zachary Richard
Poèmes (1997)

Auteur-compositeur et chanteur louisianais avec une dizaine d'albums à son actif, Zachary Richard a collaboré au premier recueil de poésie cadienne, *Cris sur le bayou* (Éditions Intermède, 1980), avant de faire paraître *Voyage de nuit* en 1987. Publié 10 ans plus tard, *Faire récolte* aura la double distinction d'inaugurer la collection «Acadie tropicale» des Éditions Perce-Neige et de remporter le prix Champlain 1998.

Comme le suggère cette locution cadienne qui renvoie à l'exploitation agricole dans son ensemble, *Faire récolte* thématise en majeure partie le retour à la terre. Effectivement, plusieurs poèmes explorent une correspondance métaphysique entre l'écriture et le travail de l'agriculteur, tels «Rabourer», «Faire récolte» ou «Chêne vert», ainsi que, plus succincts et, peut-être, plus suprenants, les nombreux *haïkus*.

À cette tendance pastorale ou «naïve» se mêle une autre voix qui traverse *Faire récolte*, celle du musicien, celle de l'errant et surtout celle du militant pour la culture française de Louisiane. Le recueil n'étant pas divisé en parties formelles, un dialogue s'esquisse entre ces deux sphères. Le fonds linguistique ambiant ne sera pas en reste, d'ailleurs, car, si la plupart des poèmes sont écrits dans un français cadien assez proche du français standard, Richard recourt stratégiquement à son anglais maternel ou au créole louisianais. Il est à noter que le recueil a la particularité de proposer un disque compact où l'auteur lit plus d'une vingtaine de textes – geste parlant vu que peu de Cadiens lisent leur langue.

Sans nier toute célébration, *Faire récolte* fait néanmoins comprendre que l'assimilation guette l'Acadie tropicale. «La Vérité va peut-être te faire du mal» dénonce directement cette menace, alors que d'autres textes, comme «*Bridge Down*», développent des métaphores à cet effet. Le message est des plus clairs: le poète ne peut se permettre d'évoquer la réalité cadienne sans rappeler sa tragique fragilité.

Un lecteur pessimiste pourrait poser la question: «Pourquoi un Louisianais écrirait-il en français?», comme il pourrait se demander: «Pourquoi cultiver un jardin ou un verger de nos jours?» L'un et l'autre peuvent sembler aussi superflus que peu pragmatiques. Pourtant, les deux pratiques fondent *Faire récolte*, et cela, non pas malgré mais précisément en raison de leur fragilité dans un monde qui éloigne de plus en plus l'humain de ses «racines».

Hormis quelques poèmes où il est question d'une violente confrontation avec soi (écrits, comme s'il ne pouvait en être autrement, au Canada ou en Europe), *Faire récolte* perd rarement de vue la Louisiane, ou plutôt «la Louisianne», tel que l'écrit Richard par fidélité à cette orthographe archaïque qui préserve le prénom d'Anne d'Autriche, femme de Louis XIV. Dans une note à la fin du livre, l'écrivain explique qu'il tient à cette forme pour l'unique raison qu'il «trouve ça tout simplement plus joli». Peut-être, mais on est néanmoins tenté de voir un parallèle entre le maintien de cette graphie disparue et la fidélité à la Louisiane française menacée du même sort. Ainsi apparaît une zone thématique faite de poèmes traduisant la hantise de la disparation, hantise qui se diffuse horizontalement pour marquer l'ensemble du recueil.

Le XXe siècle a apporté, chacun le sait, l'américanisation de la Louisiane et la langue française s'en est trouvée considérablement affaiblie. La Renaissance cadienne des années 1970, à laquelle participe activement Zachary Richard, survient à un moment où s'est déjà constituée une «génération perdue» de bilingues passifs ou d'unilingues incapables de transmettre la langue à leurs enfants. C'est dans ce contexte que *Faire récolte*, comme d'autres écrits cadiens, revient régulièrement sur le tragique du «trop tard», du passé entrevu mais évanoui, le tragique des vestiges.

«*Bridge Down*» exemplifie cette rupture douloureuse. Dans les premiers vers, on lit un fait d'apparence banale: «Le pont du chemin / Allant chez Louis Arceneaux / Est fermé». Les gens de la région, paraît-il, se sont servis de ce pont pendant un siècle et pendant «[e]ncore plus de temps / on parlait le français de Louis Arceneaux». La perte de la langue et de la culture – l'accès à la maison de Louis Arceneaux – est regrettable, mais le véritable tragique réside en sa cause: «La paroisse n'a plus d'argent». L'écriteau «*Bridge Down*» (en anglais, bien sûr) évoqué par le titre se trouve renforcé par les plantes sauvages, «tchéroqués» et «arbres à la poule», qui poussent à travers l'asphalte. C'est un abandon passif mais total qui barre l'accès, emblématique de la démission de la population générale à l'égard du français.

Dans «*Shells* de *Shotgun*», Richard ironise sur un panneau publicitaire annonçant: «La cartouche qui promet lagniappe». Le slogan emploie un mot louisianais signifiant «un cadeau offert par-dessus le marché», mais, malgré l'authenticité du terme, le message ne passera pas, car les «vrais» chasseurs ne savent pas lire. Et même s'ils pouvaient lire le slogan, les campagnards seraient susceptibles de ne pas le comprendre, car beaucoup de Cadiens diraient plutôt «*shell* de *shotgun*».

À cette implantation artificielle du français, trop tardive ou «[s]ans faute sauf de continent», le poète oppose le souvenir de son défunt grand-père. Une réaction probable de l'aïeul structure celle du poète: «Drôle d'affaire, comme sera[it] porté à dire mon / Grand-père s'il était encore parmi nous». Le dernier vers redouble la force, quoique tapie dans la mémoire, de cette présence d'outre-tombe: «Je suis toujours là, mon neg', / Et ma cartouche promet lagniappe». Si le grand-père peut encore apparaître «parmi nous», ce n'est que grâce au texte écrit. Et c'est bien là le sens du projet poétique de *Faire récolte:* que le poète cadien se doit de planter la récolte à venir avec les graines de la saison passée.

CLINT BRUCE

Faire récolte, [Moncton], Éditions Perce-Neige, [1997], 129[2] p. (Acadie tropicale).

LE FEU DU MAUVAIS TEMPS
Claude Le Bouthillier
Roman (1989)

L'intrigue de ce roman historique se situe à une période très chargée pour les Acadiens, soit entre 1740 et 1763 (l'année où a pris fin l'Empire français en Amérique du Nord). Le récit présente le parcours de divers Acadiens, dont quelques-uns sont des personnages réels et d'autres fictifs. Le style, direct, est approprié au roman historique. La langue est soutenue, sans excès d'ornementation. Le texte abonde en descriptions de paysages, de corps humains, de mets et d'objets. Le cœur de l'histoire se situe au village du Ruisseau, aujourd'hui appelé Bas-Caraquet. C'est là que Joseph Le Bouthillier, ancêtre de l'auteur, arrive à bord d'un navire en 1740, tout bouleversé d'avoir perdu sa fiancée Émilie, dont personne n'a plus de nouvelles. Il tombe amoureux d'Angélique, jeune veuve métisse aux traits vikings qui pratique la médecine traditionnelle. Tout en conservant un désir d'errance typique du héros romantique, Joseph épouse Angélique et le couple s'installe au village. Commence un ménage où mœurs blanches et mœurs indiennes se côtoient, le couple ayant plusieurs enfants. Angélique a également un fils de son premier mariage, Membertou. Il est aussi question d'un trésor que le père d'Angélique, le «sagamo» des Mi'kmaqs, Gabriel Giraud, dit Saint-Jean, a découvert et mis de côté pour le jour où son peuple en aurait besoin. Pendant que les tribulations des Acadiens se multiplient, le village du Ruisseau reste plutôt calme.

Nous assistons ensuite au Grand Dérangement à partir de Grand-Pré en suivant le parcours d'autres personnages, soit ceux d'Angéline Clairefontaine et de son fiancé Tristan, qui, comme Évangéline et Gabriel, seront séparés par la Déportation. Nous suivons surtout les vicissitudes du sort de Mathilde, sœur cadette d'Angéline: se retrouvant isolée de sa famille et refusant de se laisser déporter, elle se cachera avec son ami Tjigog, qui mourra en se battant contre les Anglais. Enfin, les pérégrinations de Mathilde l'amèneront à rencontrer René, fils de Joseph et d'Angélique, qu'elle épousera.

Quant à Joseph, dont le passé ne se laisse pas oublier malgré son bonheur avec la ravissante Angélique, il va à Québec et aussi à Louisbourg, où il est témoin de la corruption des autorités et du désespoir dans le camp français. Là, il apprend qu'Émilie est vivante et qu'elle demeure en France. Joseph ira donc en France pour retrouver Émilie, mais aussi pour plaider à Versailles la cause des Acadiens. L'échec de cette tentative démontre le peu d'intérêt que porte la monarchie française à cette partie de la Nouvelle-France. Plus tard, se répandra la rumeur que Joseph a péri noyé avec Émilie dans une tempête, mais que leurs corps n'ont pas été retrouvés. Ce fait laissera la possibilité d'une suite au roman, que Le Bouthillier publiera en 1994, soit *Les marées du Grand Dérangement*.

Dans la première édition du roman, datant de 1989, Le Bouthillier inclut une deuxième partie ayant lieu en 1981 avec un personnage quasi autobiographique, Christian Le Bouthillier, qui se mettra à suivre les traces de son ancêtre et qui confirme que Joseph et Émilie ont survécu au naufrage. Cette deuxième partie, où il est largement question d'une liaison entre Christian et une Juive appelée Dalila, sera supprimée dans l'édition de 1994.

Le feu du mauvais temps se situe quelque part entre le littéraire et le paralittéraire. Le roman possède nombre de caractéristiques typiques du roman d'aventures, qui est un genre populaire. Tout en conservant un respect pour les faits historiques entourant le passé des Acadiens, l'auteur idéalise souvent les personnages en les dotant d'un physique exemplaire et d'un courage inébranlable. Le personnage de Joseph a toutes les qualités requises du héros: la beauté physique assortie d'une certaine prouesse sexuelle, l'esprit patriotique et, enfin, un passé énigmatique qui laisse entendre qu'il serait d'origine noble. De cette façon, *Le feu du mauvais temps* représente pour l'Acadie un récit mythique opposé à celui de l'*Évangéline* de Longfellow. D'autres personnages, Angélique, Mathilde et Membertou, entre autres, possèdent aussi des qualités nobles et héroïques en plus d'une beauté extraordinaire. Par contre, Jean-Baptiste, le frère d'Angélique, n'est pas parfait, car il est obsédé par l'or, obsession dont il se détachera petit à petit au cours du récit.

Au-delà de son aspect parfois idéalisé, le roman réussit à attirer et à soutenir l'intérêt du lecteur grâce à son analyse historique souvent percutante et fortement subjective, qui valorise certains points de vue de l'auteur à l'égard de son peuple, en même temps qu'elle en donne un portrait d'ensemble. Notamment, la peinture des relations entre les Mi'kmaqs et les Acadiens est sans doute ce que le roman offre de plus fort. Nous arrivons à reconnaître l'interdépendance des deux cultures, tout en constatant les difficultés d'entente qui surviennent, par exemple, entre Joseph et son fils adoptif, Membertou: entre le Français et le Mi'kmaq authentique, l'adaptation met un certain temps à se faire.

Le roman cherche à renouveler une certaine mythologie de l'Acadie en insistant beaucoup sur l'hybridité en général. L'auteur nuance la mythologie d'une Acadie pure et altruiste, suggérée par Longfellow par exemple, en insistant davantage sur la débrouillardise avec laquelle l'on va composer avec l'autre. Ainsi, si Joseph joue en quelque sorte le rôle de père de cette nouvelle Acadie, Angélique en serait la mère, par son caractère passionné, ses grands talents, son ascendance mixte et la nouvelle génération à laquelle elle donne naissance. Par contre, l'univers de Longfellow est très présent dans la litanie des souffrances présentées et dans le portrait nationaliste acadien en général. Finalement, la religion chrétienne, à laquelle on attribue un rôle privilégié dans la culture acadienne, est traitée avec méfiance.

Tout en tenant compte de la souffrance causée par les déportations et autres persécutions, Le Bouthillier préfère donner l'image d'une Acadie qui résiste fièrement plutôt que celle, plus habituelle, d'une Acadie éplorée et passive. Le vieux Saint-Jean, père d'Angélique, conserve une méfiance farouche à l'égard de la civilisation européenne et met ainsi en valeur le caractère anticonformiste et rebelle des Acadiens. L'Acadie du roman est débrouillarde, courageuse, nullement accrochée à des traditions rétrogrades. Mais elle a quelque chose d'un paradis (perdu), grâce à l'abondance des nourritures et autres richesses, abondance que l'auteur prend soin de mentionner à plusieurs reprises.

Le sang et la race s'affirment logiquement chez un peuple qui n'a pas de territoire officiel. Ainsi, la préoccupation des origines, thème souvent présent dans les récits acadiens, est évoquée grâce à l'énigme de Joseph, orphelin qui porte un tatouage mystérieux, probablement d'origine noble. L'énigmatique trésor caché près du ruisseau peut être compris comme la métaphore d'une grande valeur trop souvent méconnue, ce qui transforme ce roman en un hommage aux qualités de l'Acadie, qualités tragiquement perdues ou occultées au cours de l'histoire.

On y trouve aussi l'Acadie de la musique et des arts, Joseph possédant un Stradivarius, autre indication de sa noblesse. Le Bouthillier valorise la joie et la gaieté de cœur des Acadiens, tout en insistant beaucoup, dans la deuxième partie du roman, sur un rapprochement avec les Juifs dans leurs souffrances et leurs errances collectives. En général, le roman présente la vision d'une Acadie dont la culture ne cessera jamais de s'affirmer.

L'abondance et la réussite de la civilisation acadienne d'avant la Déportation ont, dans tout le roman, une présence cumulative qui sert à souligner l'énormité de la perte tragique subie par le peuple acadien. Les descriptions de festins alléchants, par exemple, donnent une impression de vie paradisiaque. Les pérégrinations de Joseph nous permettent de contraster les mœurs sévères des Québécois avec la douceur et la tolérance relative des mœurs des Mi'kmaqs. Par contre, Le Bouthillier présente la corruption et la négligence chez les dirigeants français comme la racine du mal, qui démoralise les défenseurs de l'Acadie et mène en fin de compte à la défaite de la Nouvelle-France.

Finalement, l'image évoquée par le titre et qui fait son apparition à plusieurs reprises dans le roman, celle d'un navire fantôme en flammes, est chargée de significations multiples. Cette vision néfaste, voire cauchemardesque, d'un bateau en flammes qui sombre fait présager un désastre, une sorte de malédiction qui pèse sur la nation acadienne. Elle évoque ainsi l'engouffrement d'un peuple dans un violent enfer. Mais, d'autre part, cette même image d'un feu suggère une grande énergie, une force, un flambeau à passer de génération en génération. Vue sous cet angle, l'image ne va pas sans évoquer les exploits légendaires du corsaire Beausoleil-Broussard, qui vint au secours des déportés. Grâce à la charge sémantique de cette image ambiguë,

Claude Le Bouthillier sonne le réveil d'une Acadie dont le destin est encore à déterminer.

Larry Steele

Le feu du mauvais temps, préface de Louis Caron, Montréal, Éditions Québec / Amérique, [1989], 447[4] p. (2 continents) ; Saint-Laurent, Club Québec loisirs, 1990, 447 p., ill. ; Montréal, Éditions Québec / Amérique, 1994, 357 p., ill. (QA).

Film d'amour et de dépendance.
Chef-d'œuvre obscur
France Daigle
Roman (1984)

Dans le sillage de *Sans jamais parler du vent*, le deuxième roman de Daigle, *Film d'amour et de dépendance* poursuit la quête de l'œuvre à construire en utilisant une nouvelle métaphore explicite, celle du cinéma. Daigle propose donc une autre forme d'hybridation générique. Le roman, pourtant, ne consiste pas en un scénario de film ; il s'agit plutôt de l'idée de réaliser un film. Pour donner l'impression que l'on se rapproche malgré tout du cinéma, le texte est disposé de façon à séparer la description, toujours sur la page de gauche, du dialogue, qui se trouve sur la page de droite. Tous ces artifices formels ajoutent encore une fois à l'ambiguïté générique de l'œuvre. S'agit-il d'un roman, d'un scénario de film ou de prose poétique où chaque réplique des dialogues ne possède pas nécessairement de lien de cause à effet ? Les deux personnages principaux, de retour de l'Orient et de l'Afrique, décident de réaliser un film qui sera ponctué d'attentes. Toujours hésitants, même dans leurs dialogues, les protagonistes ne savent pas vraiment comment donner une direction, un sens à leur film. Le film, avec ses multiples recommencements, ne sera jamais complété. Il ne restera que des images, des décors, des maisons rudimentaires surtout, comme celles que l'on trouve sur la page couverture. Ainsi, la présence de ces maisons et des charpentiers qui les ont construites devient un thème central de l'œuvre qui rappelle l'autoréflexivité omniprésente des premiers romans de Daigle. Fragmentaire et disparate, le texte propose une stratégie de la retenue, où l'on dit toujours moins que ce que l'on pense. D'ailleurs, à l'instar du film lui-même, la conception de l'amour et de la dépendance évoqués dans le titre devient presque secondaire dans le récit. À la fin, tout comme les personnages, le lecteur ne peut « savoir comment cela [va] finir », car l'absence de véritable début implique qu'il ne peut y avoir de fin. Bref, ce roman marque « [l]a difficulté de parler de choses concrètes ».

Le projet de film sans titre est au cœur des préoccupations des deux personnages principaux. Dès l'incipit, on apprend qu'ils prendront tout l'hiver pour préparer le film : « Et nous aurons passé l'hiver ensemble, et le cinéma sera enfin venu de lui-même. Ses lieux divers, ses temps jadis ». Ces deux premières phrases confirment que l'art cinématographique s'impose de lui-même aux deux amoureux, comme si ces derniers n'avaient pas le choix de réaliser *ce* film plutôt qu'un autre. *Film d'amour et de dépendance* propose une configuration spatiale doublement fictionnelle en ce sens que la proposition de monde pour la fiction écrite (le roman que nous lisons) est la même que celle pour la fiction cinématographique (le film à être réalisé dans le roman). Les deux personnages principaux n'ont pas véritablement d'existence, si ce n'est pour réaliser leur film. Ils font partie du monde du film. Tout comme leur « dialogue [est] comme une espèce de fin en soi-même », la configuration spatiale n'existe que pour le film.

Dans le même ordre d'idées, on apprend au sujet du film que « la distribution du dialogue n'avait aucune importance. Le texte même devenait de plus en plus inimaginable car la dépendance était totale. Forcément ce biais des images ». Le film ne contient donc pas de dialogue, pas de texte, pas d'action, mais seulement des images, qui construisent les espaces du roman : la mer, la maison et le champ. Il s'agit, si l'on veut, des lieux de tournage du film. D'ailleurs, vers la fin du roman, «[i]l ne semblait rester que des images possibles, rien d'un film». Toutes les composantes du film sont donc évacuées, sauf l'espace en images. Autre particularité singulière de la configuration spatiale, les trois figures spatiales importantes existent dans une réalité plus tangible que celle qui prévalait dans le premier roman de Daigle. En effet, si, au début de *Film d'amour et de dépendance,* le lecteur se croit dans un monde sans véritables repères spatio-temporels, il finit par apprendre que le film «[...] se passerait donc à St-Édouard de Kent au Nouveau-Brunswick». Pour la première fois, Daigle fait allusion à un univers géographique réel de manière explicite. Pourtant, au cours du roman, les images du film ne changent presque pas. Il y a peut-être une chorégraphie à venir, un orchestre se préparant à jouer ou un petit garçon se promenant près de l'eau, mais il s'agit toujours de «multiples débuts». À défaut de contenir de véritables actions, «[d]es images [...] nous revenaient en tête comme si un film était prêt à commencer». Toutes les descriptions du roman martèlent d'ailleurs les mêmes images : «Une mer verte, grise, parfois bleue. Un sable de couleur normale. Une maison de vieux bois, petite, minuscule même».

Si le film reste inachevé, les maisons construites pour le décor occupent une place primordiale dans la trame narrative. La construction de la maison par les charpentiers évoque de nombreuses analogies avec la construction du roman par l'écrivain. À l'image du charpentier qui veut bâtir l'espace, le romancier (en milieu minoritaire) tente de s'approprier l'espace, de faire sienne une proposition de monde fictionnel. Cependant, le roman *Film d'amour et de dépendance* est marqué par un échec partiel de la réappropriation de l'espace, car il ne reste que des images, sans véritable film. Alors que le projet de départ semblait être un scénario de film, il devient peu à peu une réflexion sur le roman. Le narrateur doute et ne sait plus où il en est : «Ne plus savoir s'il s'agit de tourner un film ou de bâtir

des maisons [...] Des maisons un peu n'importe comment mais solides quand même, immuables». Le parallèle entre la maison et l'œuvre semble évident. *Film d'amour et de dépendance* paraît bâti «un peu n'importe comment», mais fait partie, malgré tout, de ces jalons «immuables» de la littérature acadienne qu'il faut considérer comme étant «une étude de terrain en attendant la vraie chose» (pour France Daigle).

Benoit Doyon-Gosselin

Film d'amour et de dépendance. Chef-d'œuvre obscur, [Moncton], Éditions d'Acadie, [1984], 119 p.

FOUILLIS D'UN BRAYON
Albert Roy
Poésie (1980)

«On chante, on crie, on s'aime», clame le poète dans les premières pages de l'œuvre. De fait, on peut reconnaître là les principales thématiques de *Fouillis d'un Brayon,* où se côtoient pêle-mêle une poésie amoureuse, la description d'une soirée dansante, d'un «été chansonnier», alors que le locuteur cherche toujours à «crier l'amour de la vie». Nombreux sont aussi les poèmes à caractère plutôt champêtre qu'envahit progressivement l'imaginaire marin, très présent. Les vers sont de longueur variée et leur disposition en strophes fluctue également d'un poème à l'autre, accentuant ainsi l'effet de désordre évoqué dans le titre. Si une rythmique précise semble se dégager parfois de certaines strophes, le découpage en vers reste en général très libre et on trouvera fréquemment des jeux d'enjambements («les barrières s'ouvrent sur un ciel / nouveau plein de charme de miel»). Bien que la plupart des poèmes soient écrits dans un français standard, on trouve de temps en temps des régionalismes et des anglicismes, introduits timidement par des guillemets («ben»; «swingner»), jusqu'au dernier poème, intitulé «je te dis "bye"». La toponymie régionale, en revanche, est clairement affichée dès le titre du recueil et celui du premier poème qui lui fait écho («la brayonnerie»), puis avec «l'aube madawaskayenne» évoquée plus loin, sans compter les «Kedgwick / terre de forêt» et «la [rivière] Saint-Jean». En définitive, c'est bien rendre compte de «son coin d'pays» que souhaite le locuteur, scandant : «je poétise mon pays».

Fouillis d'un Brayon, [Moncton], Éditions d'Acadie, [1980], 78 p.

G

GARROCHÉS EN PARADIS
Antonine Maillet
Théâtre (1986)

Une formidable galerie de personnages mailletiens, crasseux et turbulents à souhait, se confessent aux portes du paradis : voilà le scénario truculent de cette pièce de théâtre qui consacre la fin d'un cycle dans l'œuvre d'Antonine Maillet. Des *Crasseux* à *Crache à Pic*, la célèbre auteure aura exprimé une Acadie de la survivance cachée dans les recoins du territoire et peuplée de héros et d'héroïnes rabelaisiens, toujours unis, par leur langue vernaculaire et leur tempérament gaulois, à la vieille France des origines. En effet, les romans et pièces de théâtre qui suivent *Garrochés en paradis* marquent un changement dans la scénographie de l'auteure : bien que toujours axés sur une quête identitaire, les textes délaissent l'enjeu collectif pour s'orienter vers la démarche personnelle et existentielle de l'écrivaine. Pour opérer ce changement de cap, il fallait peut-être passer par l'immolation de protagonistes dont les succès liaient l'inspiration de l'auteure.

Garrochés en paradis marque ainsi le retour de personnages créés dans des œuvres précédentes : Don l'Orignal, le vieux sage, roi de « ceux d'en bas » dans la pièce *Les crasseux* et sa version romanesque, *Don l'Orignal* ; la Sainte des *Crasseux*, également évoquée dans le célèbre monologue « Les bancs d'église » de *La Sagouine* ; Gapi, protagoniste d'une pièce de théâtre éponyme et souvent évoqué dans *La Sagouine*, dont il est le mari ; la Sagouine, personnage quasi mythique de la pièce éponyme, que l'on trouve également dans *Les crasseux* et *Don l'Orignal* ; Mariaagélas, du roman éponyme et de sa version théâtrale, *La contrebandière* ; et Noume, le fils de Don l'Orignal, présent dans *Les crasseux* et dans *Don l'Orignal*. Seule la veuve du docteur représente en quelque sorte un nouveau personnage, mais dans la lignée de la veuve à Calixte dans *Mariaagélas* et de Ma-Tante-la-Veuve dans *Les Cordes-de-Bois* et sa transposition théâtrale, *La veuve enragée*.

Une nuit de Noël, la fête bat son plein dans la cabane de Don l'Orignal lorsque son poêle à gaz explose. Du coup, il perd la vie avec ses invités : la sainte, Gapi, la Sagouine ainsi que Mariaagélas. Peu après, Noume, complètement ivre, glisse fatalement d'un pont et les rejoint. Personnage dichotomique, digne représentante des bourgeois « d'en haut », la veuve meurt à son tour, la même nuit, en s'étouffant avec un os de poulet. Tous se retrouvent ainsi dans l'antichambre du paradis, où, avant d'aller plus loin, chacun doit faire sa confession, ce qui est précédé de nombreux rires, insultes et grincements de dents.

Si Jean-Paul Sartre a écrit dans *Huis clos* que « l'enfer, c'est les Autres », Antonine Maillet, dans *Garrochés en paradis*, suggère au contraire que les Autres, c'est le ciel. Néanmoins, aux portes du paradis, ses sept personnages se disputent ferme. C'est Don l'Orignal, le doyen du groupe, qui explique aux belligérants qu'ils se trouvent « de l'autre côté des étoiles et du firmament » et que chacun devrait plutôt faire son examen de conscience « et se préparer à se présenter tout nu devant son juge bétôt ». Mais quels seront les critères de ce Jugement dernier ? Pour la Sainte, le ciel est la récompense des élus, ceux qui ont utilisé toute la panoplie du bon chrétien : « respect à la religion » ainsi qu'à « père et mère », indulgences, eau bénite, dévotions et pas de péché, « ni par l'argent mal gagné », ni par les blasphèmes, ni pour avoir «mangé du baloné le vendredi», ni par la boisson, ni par la chair. C'est avec un superbe plaidoyer que Mariaagélas réplique en reconnaissant ses fautes, surtout celle d'avoir été contrebandière, mais en affirmant: «j'ons point cherché à faire mal pour mal faire». Prenant la défense de son groupe de fraîchement trépassés, elle demande à Dieu de prendre sa place pour «une petite heure», le temps de réaliser que son Évangile n'enseigne pourtant pas que «le monde [a] besoin de pauvres pour permettre aux riches de faire leur salut en leur baillant la charité» comme cela se pratique pourtant constamment ici-bas. L'une de ces fortunées était la Veuve: grosse maison, chalet au bord de la mer, auto, «fourrures, bijoux, […] argent pour [l]es menues dépenses et du surplus pour [l]es pauvres». Maintenant à la porte du paradis, elle refuse d'y entrer avec «cette racaille»: «Pourquoi je me serais sacrifiée et privée, si à la fin du compte, tous doivent rentrer ensemble dans le même Au-delà?» Ce à quoi Don l'Original rétorque qu'eux, les «moins beaux, moins bien-portants, moins instruits», n'ont pas choisi leur époque et leur condition. Ces démunis vont ainsi continuer allègrement à s'insurger contre les assertions théologiques de la Sainte et de la Veuve, notamment lorsque toutes deux affirment que le paradis n'est que pour les chrétiens et pas pour les autres races.

Voilà donc l'«autre bord» des personnages mailletiens: un espace dans lequel on entre en tombant sur un sol solide en «coton à laine», avec autour aucun mur, aucun horizon, que de la «boucane» et une seule porte, avec des trompettes pour annoncer son ouverture ou pour réveiller les nouveaux arrivants. C'est dans cette antichambre céleste qu'on a la «chance de regarder en bas», de réfléchir à la vie qu'on y a menée avant de franchir, comme le précise l'une des didascalies, «la porte du fond d'où jaillit une lumière éblouissante» et par laquelle tous les personnages finiront par passer, celle qui mène devant le grand juge éternel. Et qu'en est-il du paradis? Les lecteurs n'en sauront rien, sauf pour un indice lancé par Gapi l'athée:

«Rêver à la vie. Peut-être que la vie, *anyway*, a jamais été rien d'autre. C'ti-là qui serait assez fort et assez rusé pour continuer son rêve au-delà de la mort, c'ti-là serait immortel.» Quant à l'enfer, c'est peut-être de refuser l'Autre, le petit, le démuni, comme la Veuve qui, à la toute fin, entre à contrecœur dans ce ciel, au bras d'une Sagouine pourtant toute miséricordieuse – ce ciel qu'elle a tant voulu à l'image du monde binaire que dépeignent les œuvres d'Antonine Maillet, entre 1968 et 1986, celui des bourgeois d'en haut et celui des pauvres d'en bas.

FRANÇOIS GIROUX

Garrochés en paradis, [Montréal], Leméac, [1986], 109 p. (Théâtre).

GÉOGRAPHIE DE LA NUIT ROUGE
Gérald Leblanc
Poèmes (1984)

Second livre de Gérald Leblanc, paru aux Éditions d'Acadie, *Géographie de la nuit rouge* recueille 16 poèmes de longueur variable, le plus long occupant 8 pages, le plus bref 2 lignes. Sept textes sont rédigés en prose et sept en vers, les deux autres usant des deux types de forme. La prose est rythmée par des points, la phrase est rapide. La versification repose sur des mètres courts, sans rime; si elle couple à plaisir des vers isosyllabiques, ajuste souvent des suites d'éléments de même longueur et de même coupe et accueille quelques alexandrins, rarement réguliers, elle rompt volontiers ses rythmes à l'aide de lignes de pure prose. La langue admet un petit nombre d'anglicismes courants à Moncton, mais, quoique l'auteur en eût fait profession dans des textes publiés auparavant, en particulier dans l'anthologie *Acadie / Expérience*, procurée par Jean-Guy Rens et Raymond Leblanc en 1977, le chiac est abandonné au profit du français standard; tel était déjà le cas dans *Comme un otage du quotidien* (1981). En revanche, l'anglais et l'espagnol apparaissent dans des titres et des citations.

Le recueil s'ordonne autour de deux noyaux symétriques qui gouvernent chacune de ses moitiés. Le premier est constitué par les quatre *songs* des mois de septembre à décembre ; le second agglomère lui aussi quatre poèmes, qui traduisent un projet intellectuel : ceux dont les titres reprennent celui du livre en inversant l'ordre des termes, et « architecte de la fête ». Les ressemblances qui lient « sur le sentier du rouge » à « rouge », l'errance nocturne de « *December song* » à celle de « *la noche de los tiempos* », ou la *prière atlante* d'« hommage à Jimi Hendrix » à l'Atlantide d'« à partir de l'A » confirment le parallélisme des deux parties. À l'orage passionnel du retour à Moncton et des amours avec Joël succède l'effort de mise en ordre, géographie ou architecture. Le livre peut être lu aussi comme une suite chronologique, puisque beaucoup de dates y sont mentionnées, de l'automne 1979 au 12 juillet 1984 : évoqué aussi dans le roman de l'auteur *Moncton mantra* (1997), le retour d'Edmundston avec Herménégilde Chiasson marque l'élan initial d'une aventure poétique qui s'achèvera quatre ans plus tard. Le personnage de Roland Hébert semble correspondre ici à Joël, malgré des différences de dates.

L'extrême précision du détail, la concision du style et la netteté du vocabulaire forment avec le désordre d'une vie agitée – exaltée par l'alcool et les drogues, désorientée et parfois hallucinée – un contraste qui fait le prix du recueil. Sans fard, la poésie se déclare ici travail, face à des états délirants qui n'appartiennent qu'à l'existence banale. Le contraire de ce qu'on a coutume d'imaginer.

L'entreprise de mise en ordre que suggère le titre n'est aucunement en effet une réforme morale : la matière de cet effort est la langue. Riche de mots, le poète avoue d'entrée de jeu : « je ne savais plus que faire avec » et l'avant-dernier poème est la première page d'un abécédaire en projet, « à partir de l'A ». Dénouement d'une recherche : comment approprier à sa vie le nom de Joël et celui de Moncton, les mots *love* ou *folklore* ?

La *géographie d'errances* dessinera l'image mobile d'une carte multicolore qui ne fige aucun paysage. Les couleurs organisent cette *cartographie chaude*. Le bleu évoque les ondes, vagues ou radio, rock et rythme moderne où il importe à la fois de se perdre et de trouver l'eurythmie, teinte de l'étendue où l'Amérique s'entend. Au vert s'apparentent des révélations plus soudaines et plus exaltantes, plus éphémères aussi. Mais il appartient aux couleurs vives et chaudes et aux nuances qui les unissent d'exprimer les élans les plus intimes. Intense et solaire, le rouge incarne la passion (turbulente et tourmentée, mais aussi l'objet sauvage d'une poésie brûlante dans les nuits de *dérive* ou à la lumière d'une laborieuse *chandelle*) et le chaos de la mémoire ; il a la violence du *cri de gorge rauque*, auquel l'assimile la paronomase. Plus discrets, le jaune et l'orange manifestent l'instabilité des nuances : si le premier n'a qu'une brève clarté, le second détient la sensibilité, parfois un apaisement automnal, parfois l'œuvre d'incorporation qui fait entrer le monde dans le poète, jusqu'à l'incandescence. Mais il arrive aussi au rouge de s'atténuer en mauve ou en grenat, quand il perd de son éclat véhément : il colore alors la vision de magie érotique. L'Absolu de cette alchimie chromatique sera le cristallin, mentionné dans le premier et le dernier poèmes : sous ce vocable musical, toute couleur se fond et se sublime dans la lumière blanche où le poète retrouve, en même temps que son propre nom, les « Voyelles » de Rimbaud. À l'opposé de tout, le noir, absence brutale, tentation du nihilisme. On le voit : les *plumes multicolores* sont un *instrument de travail*. Ce n'est ni l'allégorie ni quelque symbolisme héraldique qui fait entrer les teintes changeantes dans le poème, mais le dynamisme d'une thématique vécue. Puisque *Moncton mantra* évoque Josef Albers, il est peut-être pertinent de rappeler que ses leçons du Bauhaus et du Black Mountain College invitaient à une expérimentation sans préjugé sur le fonctionnement des couleurs.

Cette géographie répond à une nécessité intime. L'espace de Leblanc se déchire en effet entre les impulsions voyageuses et l'amour de sa ville. Moncton est un mantra, une antienne rassurante et nécessaire, mais c'est aussi un lieu méconnaissable, une apparence qui se dérobe, une fiction. Et le mantra se dit « *can talmak yinko hobike ugh om ulak lock* ». Qu'est-ce que cela signifie ? Quelle est cette langue, qui paraît inventée ? Le dépaysement habite le familier. Au large, à l'appel beatnik de la route, répond une multitude éparse de domaines, parfois présente dans le cadre étroit d'une chambre d'hôtel, où « toutes les villes se ressemblent » et se rassemblent : Québec, un bar hispanique où le chiffre 6 recèle néanmoins en anglais le *sex*, la Louisiane cajun, donc l'Acadie, Québec et Moncton s'enchaînent dans « *la noche de los tiempos* ».

Cette étreinte batailleuse d'ici et d'ailleurs, du même et de l'autre, vaillamment soutenue dans chaque page, permet au poète d'éviter un lyrisme qui se résumerait aux confidences. Sans doute ne se trouve-t-il guère que deux poèmes pour omettre le « je », mais cette personne s'actualise généralement dans un rapport avec un monde d'échos, de paroles, d'écriture. Elle *décrypte* du même mouvement qu'elle se fait *scribe*. Elle vibre et danse. Elle se déploie en *réseaux*, objets d'une *mathématique sensible*.

L'amour lui-même se manifeste comme retrouvailles du même dans l'autre, ce « miroir de mon âme » : « et j'ai la forme de ton rire ». Le corps aimé transparaît dans le *texte,* qui est à la fois celui d'une chanson que le poète écoute et celui qu'il écrit : il devient dès lors semblable à la ville, offert comme elle à l'errance (« géographie »). Complément d'objet direct du verbe *écrire*, il autorise, par sa *tendre géométrie* et à l'aide de *gestes palimpsestes,* l'œuvre d'alchimie géographique. Attentive aux vibrations des rues, hantée de désirs et de souvenirs amoureux, la déambulation décèle un rythme qui épouse celui de l'érotisme lui-même et le

change en exploration : « errer sur ton corps comme errer dans la ville ». La quintessence de Moncton, miroir elle aussi et laboratoire, multicolore, apparaît au terme du processus comme « un texte bilingue » et la ville devient habitable en se parlant dans le poème, corps désirable.

Les emblèmes : cartes de tarot, figures égyptiennes (dieux Râ et Horus ou reine Hatchepsout), termes sanskrits (Nirvana, mantra, Shiva), Dionysos, Icare, n'instaurent pas un nouveau paganisme, ils contribuent, *signes sonores* mais sibyllins, à changer le monde en substance déchiffrable et *merveilleuse*. Nommer les écrivains acadiens : Chiasson, Louis Comeau, Guy Arsenault, Dyane Léger, Rose Després, Raymond LeBlanc ; ou français : Baudelaire ; ou les beatniks : Ferlinghetti, Ginsberg, Kerouac ; et Adrienne Rich, dont la versification tranchante a servi de modèle ; ou les artistes acadiens : Yvon Gallant, Paul Bourque ; et américains : Warhol, Georgia O'Keefe ; mais surtout les musiciens : Philip Glass ; les chanteurs : Zachary Richard, Joseph Larade, Ulysse Landry, Nina Hagen, Cat Stevens, Laurie Anderson, The Clash, Joan Baez, Dylan, Santana, Lou Reed, les Simple Minds, David Bowie – une trentaine de noms en moins de 50 pages –, ce serait un vain exercice, si le monde subjectif n'apparaissait ainsi comme un décor d'écriteaux énigmatiques, une rumeur éloquente.

Si la musique, à la vérité, n'était pas l'essentiel. *Murmure, incantation, mantra* et *tam-tam* deviennent des formes décisives : elles ne servent pas seulement un dessein esthétique. Il en va d'une sorte de salut. La structure répétitive qu'indiquent leurs noms, dont les syllabes redoublées l'imitent parfois, guérit du bégaiement. Cette musique se construit à l'aide de reprises. De sons, de mots, de lettres, de formules, de mètres.

En prose : « comme boule rouge qui roule sur la route », où tous les accents portent sur la même voyelle, tous les mots sont monosyllabiques et l'allitération va progressant en raison inverse de la richesse sémantique. Plus subtilement : «continent qui contient mes musiques de tam-tam chiacques et chaudes», qui commence par une anagramme, puis dispose autour d'une onomatopée redoublée deux couples allitératifs, en «m» et en «ch», et une allitération (– que) qui prolonge les effets des [k] précédents tout comme se poursuit le jeu des dentales : usage complexe de la série et de la symétrie.

En vers. Le poète se souviendra dans *Moncton mantra* d'avoir aimé La Fontaine, maître des cadences variées de la poésie française. Aussi ne s'étonnera-t-on pas de quelques alexandrins de rencontre, incongrus ou d'un lyrisme parodique : «je te raconterais des histoires cochonnes», «je chanterais ton corps avec ma plume Bic», «autour d'une chanson de Laurie Anderson». Mais l'emploi de cadences démembrées est sans doute plus caractéristique. À un vers bref et rude, chargé d'oralité, «entre tout ça», succède une expression délicate dans sa redondance, «la carte du dix de cœur», heptasyllabe frappé de trois accents et unifié par les allitérations, et c'est un rythme modulé, vif et précieux, un vers de chanson ; puis deux hexasyllabes, alexandrin divisé qui s'ajuste à l'attente, mais présente un contraste entre une expression populaire et sa mise en œuvre inventive : «qui fait virer de bord / le mois de février» ; le sujet de l'infinitive (*le mois*) est doublement inattendu, parce que la phrase est grammaticale avant lui et parce qu'il change une catachrèse en métaphore inventive, *virer de bord* étant d'usage pour *changer de direction*, tandis que les mois ne nous ont pas habitués à ces volte-face ; cependant, les coupes identiques lient harmonieusement les deux vers. Viennent alors les répétitions : «car le dix de cœur / annonce toujours une surprise / et c'est une bonne carte à jouer», mètres impairs, peu cadencés, propres à introduire un ton nouveau, celui d'un humour sentencieux, d'une naïveté feinte ; pourtant, les deux derniers vers sont isométriques. Avec ces altérations si savamment compensées, cette manière si fine de détoner,

c'est peut-être encore le faire de La Fontaine qui guide le poète, très éloigné pourtant des préoccupations du fabuliste. C'est la précision du travail qui les rapproche, et l'attention au langage familier, repris et contrarié, et cette efficace minutie. La métaphore, rare et prolongée, ne joue d'ailleurs ici qu'un rôle mineur.

Géographie de la nuit rouge définit un tourment et un espoir contemporains, entre *punk* et *new wave*, mais à l'aide de moyens empruntés à la poétique la plus classique. Ce n'est pas pour en tempérer l'inquiétude, mais cette élégante netteté atteste une conquête de la langue. Le rock a pu servir au poète de *fil conducteur*, mais le raffinement de ses cadences et la précision de ses agencements évoquent une histoire plus secrète.

ALAIN MASSON

Géographie de la nuit rouge, [Moncton], Éditions d'Acadie, [1984], 45[2] p.

GÎTE
Jean Babineau
Roman (1998)

Cinq ans après *Bloupe*, la parution de *Gîte*, deuxième roman de Jean Babineau, est venue confirmer l'importance de cet auteur au sein des lettres acadiennes. *Gîte* raconte l'histoire de la famille Leblanc-Melanson et de son retour en Acadie après des années d'exil torontois. En guise de prologue, une première partie ouvre sur des scènes tirées d'un passé idyllique à Cap-Pelé. Puis, on y trouve le héros, Henri Melanson, perdu dans un Toronto multiculturel, anglophone et labyrinthique. Composant l'essentiel du roman, la deuxième partie fait la chronique du ré-établissement d'Henri, de sa femme Roseline et de leurs enfants en terre acadienne. En particulier, les personnages s'occupent à se construire une maison – une entreprise qui n'est pas sans complications, puisque la maison prend à son tour les allures d'un labyrinthe où ils perdent leur chemin.

Le retour en Acadie est loin d'être facile : « C'est vrai, l'étoile de l'Acadie brille fort quand tu es en exil, mais, de retour, elle est plutôt fade. [...] Le cri au rapatriement m'a fait revenir dans cette province de Tiers-Monde. » De même, en « construction perpétuelle », la maison des Leblanc-Melanson est bringuebalante : « Dans quelques années, on aura des fenêtres ». Elle finit néanmoins, dans ses imperfections, par devenir habitable. C'est le cas également de la langue du roman – habitée dans l'inconfort comme dans le plaisir créateur. Si elle s'est assagie depuis *Bloupe*, la langue de Babineau reste tout en mouvements et en instabilité, avec une voix narrative qui oscille entre le « je » et le « il », entre le rêve et la réalité. Également, elle demeure résolument accueillante : un modèle d'intégration de l'anglais, du chiac et de divers niveaux de français.

C'est avec une écriture délibérément désinvolte qui refusait de se poser la question de sa légitimité que *Bloupe* faisait « faire un pas en avant important à la littérature acadienne » (Raoul Boudreau). Or, le refus des hiérarchies tant sociales que linguistiques continue d'animer le deuxième roman de Babineau. Homme de lettres, Bloupe l'était autant à titre de facteur que d'écrivain. Le Melanson de *Gîte*, lui, continue de frayer avec la littérature, tout en s'occupant plus prosaïquement de la « tenue de livres ». Et si ce deuxième roman se déroule sous le signe du labyrinthe, les références intertextuelles appuyant ce motif sont empruntées à des auteurs de renommées très variées. Paul Savoie en effet côtoie les Robbe-Grillet, Octavio Paz et Victor Hugo, tandis qu'Henri Melanson apparaît à la fois comme un hareng boucané (fils de boucanier, il prétend en avoir mangé en excès) et comme le minotaure des labyrinthes où il évolue.

En quête de sa généalogie – une activité présentée, sur un mode parodique, comme le « panache des peuples déportés » –, Melanson se trouve pris à nouveau dans un « imbroglio » labyrinthique. Cherchant « quand et où les premiers traits minotauriens apparurent chez ses ancêtres », il associe sans complexe ses racines acadiennes aux grands récits de la mythologie grecque. « N'est-ce pas moi », affirme-t-il, « qui manigance mon destin ? » Outre l'appropriation des références antiques, le portrait généalogique qui se dégage de *Gîte* est celui d'une Acadie résolument hybride : la possibilité est évoquée que les ancêtres d'Henri soient « descendus des Anglais ». Sans compter que, parmi les personnages, on trouve un « Acadien de Terre-Neuve [...] qui ne parle présentement que l'anglais », ainsi qu'« un Irlandais assimilé, maintenant [...] un Acadien ».

Sur le plan linguistique, *Gîte* abrite plusieurs codes et plusieurs normes. Et, malgré la disparité de rayonnement et de légitimation existant entre ces codes, c'est en toute équité que le roman les relativise. La société Radio-Canada peut bien imposer à l'Acadie une vision montréalaise du monde, la langue employée à cette fin n'en reçoit pas moins la critique de Melanson, en même temps qu'elle sert de point de départ à une réflexion sur les usages locaux : « Je trouve que c'est une langue très affectée à la SRC. Bien que nous aussi on peut avoir une langue affectée quand on utilise des termes comme J'ai aimé *right* ça. Ici *right* doit signifier *really* ». Ainsi, l'insécurité linguistique propre aux communautés francophones minoritaires peut faire place à la reconnaissance d'une multitude de possibilités mises sur le même pied. Dans *Bloupe*, la cohabitation des langues s'accompagnait de la désignation de « Monckton » – orthographié avec un « k » – comme lieu résolument anglais. Moins envahissante mais toujours présente dans *Gîte*, elle permet d'envisager un partage de l'espace d'énonciation. Désormais, le « k » apparaît et disparaît alternativement de la graphie de Moncton, Cap-Pelé est à l'occasion rebaptisé Cape Bald et Shédiac peut s'épeler avec un accent aigu.

Ces oscillations linguistiques vont dans le sens d'un mouvement plus général qui touche jusqu'au substrat sémantique de ce «gîte» que Babineau cherche ici à définir. «Je commence à voir que la question du gîte va remplir le monde», annonce Melanson en conclusion du roman. Sans frontières stables pour les sanctionner, les communautés minoritaires doivent inventer des modes d'implantation en souplesse qui les prémunissent autant contre la disparition que contre l'enfermement. « *You people are so atavistic* », se font reprocher les Leblanc-Melanson avant de quitter Toronto. À leur retour à Cap-Pelé, à l'occasion du premier Congrès mondial acadien, les protagonistes sont effectivement confrontés à la vision cloisonnée d'un «petit milieu qui se serait transformé en musée». Il s'agit là cependant d'un portrait fort partial. Construit sur les notions de mouvement, de précarité et de pluralité, le gîte babinellien dément bien l'accusation. Il témoigne de l'apport primordial de la réflexion acadienne à cette question de l'espace à habiter.

Catherine Leclerc

Gîte, [Moncton], Éditions Perce-Neige, [1998], 124[1] p. (Prose).

Le glossaire acadien
Pascal Poirier
(1953)

Pascal Poirier est parmi les auteurs qui ont signé les premières études consacrées au français acadien. On lui doit de nombreux articles sur le sujet et surtout deux volumineux travaux, soit un essai sur *Le parler franco-acadien et ses origines* (1928) et une longue recherche lexicologique : *Le glossaire acadien*. Il a fallu attendre 1993 pour que cette recherche particulière paraisse enfin sous forme de livre. Cette publication ne doit cependant pas faire oublier la date du document original. Les premières fiches manuscrites ayant pu être conservées datent de 1917, mais la rédaction du document aurait commencé dès 1875. L'ouvrage comprend environ 3 000 mots et 500 locutions. L'auteur dit avoir recueilli ces termes acadiens au Nouveau-Brunswick, en Nouvelle-Écosse, à l'Île-du-Prince-Édouard, aux Îles-de-la-Madeleine ainsi qu'au Québec.

Une brève introduction précède le glossaire proprement dit et en justifie l'entreprise. L'auteur exprime deux de ses opinions majeures sur le français en Acadie : non seulement cette langue a été maintenue par les courageux ancêtres alors que les termes du Traité d'Utrech ne le garantissaient aucunement ; mais, en outre, cette langue est restée celle-là même «que parlaient nos aïeux, au milieu du XVIIᵉ siècle, le siècle de Louis XIV, qui a vu la gloire de Bossuet, de Corneille, de Racine, de Pascal... ». Cependant, certains jugements négatifs sur le parler acadien («des ignorants, des sots ont prétendu que [c'était] un patois») risquent bien d'entraîner la perte irrévocable de nombre de mots familiers. Ainsi, Poirier se propose, en faisant appel à l'aide de tous les Acadiens, de sauver ces mots en perdition. Car ils sont authentiquement français ; ils appartiennent, par droit de naissance, à la langue française. Encore s'agit-il de le prouver ; c'est ce que Poirier a entrepris de faire. *Le glossaire* se présente ainsi comme un relevé où, pour quasiment chaque entrée, se côtoient une attestation dans l'usage des Acadiens et une dans les textes littéraires français.

Le texte critique de Pierre Gérin, présenté sous forme d'*Introduction* dans l'édition de 1993, apporte toutes les précisions concernant la longue histoire du *Glossaire acadien*. La date de 1875, comme date du document original, est une approximation. Les fiches manuscrites les plus anciennes, qu'on trouve aujourd'hui aux Archives du Centre d'études acadiennes de l'Université de Moncton, datent de 1917, mais il est assez clairement établi que ces fiches sont des reconstitutions par l'auteur des fiches originales, détruites par le feu à deux reprises, en 1887 et en 1916. La première édition imprimée est parue dans le journal acadien de l'époque, *Le Moniteur acadien*, entre le 15 janvier 1925 et le 7 janvier de l'année suivante. Il ne s'agissait que des mots commençant par les lettres A et B (jusqu'à *brousse-poil*). Une deuxième édition, plus complète (absence d'une partie de D et jusqu'au mot *recueil*), est parue dans *L'Évangéline* entre le 15 septembre 1927 et le 4 avril 1933 et de nouveau entre le 12 juin 1952 et le 6 octobre 1953. Plusieurs versions dactylographiées ou photocopiées ont suivi, durant les années 1940 notamment, et sont déposées aux Archives du Centre d'études acadiennes.

Jusqu'à la publication de 1993, le *Glossaire acadien* de Pascal Poirier n'avait paru que sous forme de fascicules. L'apport le plus évident de la publication de 1993 est d'abord et avant tout le rassemblement de ces fascicules en un seul et même volume. Les quelques transformations apportées sont le résultat d'une reconstitution la plus fidèle possible du texte original, faite selon les méthodes les plus rigoureuses de l'édition critique. Enfin, il est à noter que le titre de 1993 apporte une modification au titre original : *Glossaire acadien* devient *Le glossaire acadien*.

Cette œuvre est somme toute un bon reflet des intérêts linguistiques de l'époque. C'est en effet avec la Renaissance acadienne que les études sur le français acadien commencent. Elles s'attachent alors principalement au lexique. Le terme *glossaire* employé par Poirier est le plus souvent défini comme lexique d'une variété. Son texte fournit toutefois une documentation qui déborde largement le cadre de la langue. L'auteur apporte de nombreux éléments d'information sur la vie et l'histoire acadiennes, éléments certes reliés aux mots décrits, mais allant souvent bien au-delà de la simple description lexicographique. *Le glossaire* recense ainsi un bon nombre de termes du domaine agricole et de termes appartenant au lexique de la pêche ou à d'autres activités telles qu'elles se pratiquaient alors, comme le bûchage ou les travaux domestiques. En cela, il constitue un précieux document de civilisation. Si on peut percevoir, chez l'auteur, une volonté de dégager une certaine unité dans le parler des diverses régions francophones, il tend parfois à essayer de prouver que le parler acadien est plus authentiquement français que celui des Québécois, ces derniers disant *beigne*, par exemple, alors que les Acadiens disent « beignet comme en France ».

Le regard que porte Poirier sur la langue est assez étonnant pour l'époque. Il s'insurge contre l'utilisation du terme péjoratif « patois » pour qualifier le français parlé en Acadie, qu'il présente comme étant « du français véritable ». Il accorde à l'acadien une « légitimité », bien que, pour lui, cette légitimité relève exclusivement de la parenté historique du français acadien avec le français de France, ce qui exclut non seulement les anglicismes, « ces intrus », mais également toute transformation trop éloignée de la langue d'origine. Enfin, Poirier a conscience de la disparité linguistique des communautés acadiennes et, même s'il ne le fait pas systématiquement, il note parfois la restriction dans l'emploi d'un terme à certaines régions acadiennes : pour le mot *pincan*, il signale qu'il ne l'a « entendu […] qu'à l'Île-du-Prince-Édouard ».

L'auteur fait également quelques remarques d'ordre morphologique (entrées conjugaison, genre, génitif). Cependant, dans son ouvrage, les mots lexicaux l'emportent très nettement sur les mots grammaticaux. Il ne se montre pas toujours constant dans l'attribution d'une classe grammaticale aux termes cités (en fait, pour la majorité des entrées, cette indication manque). De même, il n'indique que très rarement le genre des substantifs. Finalement, si Poirier ne propose pas de transcription phonétique, il apporte tout de même un certain nombre de remarques en ce sens, la prononciation régionale pouvant être soit intégrée à la graphie du mot même, soit indiquée de diverses manières. Enfin, quelques entrées sont consacrées à des faits de prononciation (liaisons, métathèse).

On a reproché à ce texte un certain manque de rigueur. En fait, il convient de ne pas oublier que Poirier est un autodidacte dans le domaine de la linguistique et que la science que l'on nomme aujourd'hui lexicographie n'avait pas, à l'époque, la rigueur scientifique d'aujourd'hui. En outre, il faut se rappeler que l'objectif – avoué – de l'auteur est de défendre le parler acadien, qu'il considère comme un puissant facteur d'affirmation et d'unification de l'identité acadienne. Ainsi, cette publication, comme toutes celles de l'auteur, témoigne d'un souci constant de prouver la filiation entre le parler acadien et l'authentique langue française telle qu'elle se parlait autrefois et, par ce biais, d'apporter une justification des particularités linguistiques. Ce faisant, l'auteur prend position : il est complètement présent dans son texte.

La grande qualité du *Glossaire acadien* de Pascal Poirier tient finalement à la richesse de l'inventaire des mots répertoriés. Même si l'ouvrage, sur le plan strictement scientifique, est de qualité discutable, qu'il présente des faiblesses méthodologiques certaines, il demeure une référence de premier plan pour l'Acadie et en particulier pour la langue acadienne. Sa publication en pièces détachées, à la manière d'un feuilleton, dans les quotidiens acadiens en a fait un ouvrage de grande diffusion sur l'ensemble du territoire durant la longue période de la Renaissance acadienne. *Le glossaire acadien* de Pascal Poirier est plus qu'un dictionnaire de langue. Véritable « roman d'un parler régional », comme le précise Pierre M. Gérin dans son édition magistrale de l'œuvre, il va bien au-delà de la seule question linguistique.

LAURENCE ARRIGHI ET LOUISE PÉRONNET

Le glossaire acadien, [préparé et corrigé par Anselme Chiasson], Moncton, Université Saint-Joseph, 1953, 466 p. ; Moncton, Centre d'études acadiennes de l'Université de Moncton, 1977, 466 p. ; édition critique établie par Pierre M. Gérin, [présentation de Ronald Labelle], [Moncton], Éditions d'Acadie [et] Centre d'études acadiennes, [1993], [xlix]-440[3] p., ill. ; édition revue et augmentée, Moncton, Éditions d'Acadie et Centre d'études acadiennes, 1995, 500 p.

GRAINES DE FÉES
Dyane Léger
Poèmes (1980)

Parmi la nouvelle génération de jeunes femmes qui commencent à se faire un nom en littérature acadienne dans les années 1980, Dyane Léger est la première à se faire publier. Son texte poétique *Graines de fées*, paru en 1980 et réédité en 1987, marque une rupture nette avec la poésie des années 1970. Même si le ton de *Graines de fées* est tout aussi exalté que celui des poètes masculins revendiquant leur langue et leur identité francophone contre les forces de l'assimilation et de la marginalisation, les enjeux poétiques de Léger sont bien différents. Au lieu de se situer dans une perspective collective, les 10 fragments constituant le recueil sont hautement personnels : ils expriment à la fois le mal d'être femme et la lutte existentielle pour trouver sa voie / voix en tant que poète.

La locutrice se trouve dans un monde fantastique localisé résolument en dehors de l'espace-temps réel et peuplé de poupées, d'une reine, d'un couple, d'artistes, d'un dragon de feu, de vampires, de photos éclatant de rire et d'autres personnages improbables. Chacune des 10 parties porte un titre et est précédée d'une phrase liminaire. Certaines de ces phrases liminaires mettent en relief les tensions qui habitent ce texte. Elles signalent que le recueil est entièrement bâti sur l'antithèse : « La Fantaisie… c'est la plus cruelle des réalités », « Le plein de la perception… comme le rien du tout », « Le savoir… c'est la plus heureuse des ignorances » ou « Le cinéma… c'est le mon-songe de la vérité ». Or, la forte mise en opposition de certains termes clés au seuil de chaque partie est dépassée et déjouée à l'intérieur des sections. Le dernier exemple cité révèle d'ailleurs un des procédés caractéristiques de Léger. Forte de ses connaissances en littérature, peinture et cinéma surréalistes, la poète travaille au niveau même du signifiant pour en tirer des effets surprenants, tels les « vents pires » (vampires) ou « L'Amour…

douxl'heure atroce», qui mettent en relief la tension entre «douCeur» et «douLeur», tension augmentée par le passage du temps. La réflexion poétique sur le temps se cristallise dans l'oxymore frappant des «mouvements fixes». En effet, le temps, mis en scène de façon dramatique dans sa progression inexorable mais aussi dans son immobilité momentanée, sous-tend le texte entier. Enfin, la phrase finale, séparée typographiquement comme le sont les énoncés mis en exergue – «[l]'Imaginaire… c'est le plus pur du réel» –, semble suggérer que le recueil ne se clôt pas après le dernier fragment, dédié à Émile Nelligan, mais que le monde poétique continue à évoluer au-delà des frontières textuelles.

À la notion centrale du temps sont rattachés plusieurs thèmes, dont nul ne semble plus important que celui de l'enfance, moment de la vie où tout paraît possible, où rêves et réalité s'enchevêtrent, où des êtres réels et irréels coexistent sans se heurter, où l'enfant peut assumer n'importe quel rôle dans ses jeux imaginaires. La plage, une maison abandonnée, le théâtre, l'opéra ou le cirque sont les lieux privilégiés de ces jeux et les déguisements sont multiples : y participent des êtres en costumes d'enfants, en costumes de vieux clowns blancs, de coq ou de lapin ; une ballerine aux yeux bandés ; des poupées à ficelles (de porcelaine ou de celluloïd). Sur le plan langagier, le don d'une boîte de mots laisse entrevoir les innombrables possibilités qui existent dès qu'on se met à jouer avec eux : paronymes et calembours joyeux sortent de cette boîte et parsèment le texte en soulignant son caractère ludique (mon-songe, couleheures, douceheure et tempsdrement, etc.). Non seulement peut-on déguster des «plats de mots», on peut aussi se coucher «dans un lit de chaudes paroles», ou on peut entrer «dans le dictionnaire, fouill[er] ses étagères pour ramener au comptoir d'achats quelques mots». Or, l'impression que le «coffre à jouets» ne contient que des richesses est déconstruite aussitôt qu'elle se forme : au coffre à jouets sont juxtaposés des «coffres d'agonies», la «douceheure» est accompagnée de «douxl'heure», les scènes romantiques d'opéra sont déjouées par la présence d'un autre costume, celui de la «blanche robe de mariée». Loin de signaler un mariage joyeux, célébré dans l'état de pureté suggéré par le blanc, cette robe-là, retrouvée dans un bordel et tachée de sang, est le témoin silencieux d'un crime, d'un viol. Et c'est justement avec la figure du couple, apparaissant et disparaissant le long du texte, qu'on quitte le monde de l'enfance où «l'Innocence [est] tuée».

L'amour, thème qui se cristallise dans le couple, est lui aussi représenté sous toutes ses facettes. Dans une première scène d'amour, le désir, la passion et l'orgasme des amants sont exprimés en termes quasi cosmiques, mais, dès le réveil, les amoureux sont étrangers l'un à l'autre. Toujours ensemble, ils sont déjà séparés, ils se sont déjà quittés. Rien ne manque dans l'évocation des pôles positif et négatif de l'amour – désirs amoureux et extases, mais aussi attaques violentes contre de «douces mariées» après un déjeuner sur l'herbe. Le rêve du bonheur, exprimé dans une vieille chanson, est ridiculisé par son contexte et par le ton ironique avec lequel il est énoncé. Dès lors, l'amour est amer, il mène à la mort : «l'Avorteuse de l'Amour saignait l'Amort de la solitude». L'acte d'«amour» devient un viol obscène à l'occasion duquel les corps de l'homme et de la femme sont mutilés, réduits à leurs organes sexuels. Ne reste que la pénultième étape, traverser les «Sept folles-lits d'hôpital» avant d'arriver au dernier fragment, intitulé «Suicide littéraire».

Le thème de l'amour – la recherche d'intimité et l'impossibilité de l'atteindre, le déchirement ressenti au moment de la séparation des amoureux et les scènes abjectes de rabaissement des personnages féminins – se laisse observer même au microniveau du dispositif énonciatif : triangulaire, celui-ci est établi par les déictiques «je», «tu» et «nous». Leur fréquence est très élevée dans le premier fragment mettant en scène la rencontre orgasmique du couple. Répétés inlassablement et interpellés sans cesse, les je / moi / ma, tu / toi / ta, nous / nos ponctuent cette partie et soulignent ainsi l'intensité des sensations. Les participants sont clairement sexués, le «je» représentant la femme, le «tu» l'homme. Or, celui-ci se transforme en un «il» impersonnel au moment de la séparation: «Je suis partie. Tu es parti. Il est parti. Nous sommes partis, rejoindre le nous.» Cette dernière tournure, surprenante, transpose le «nous» formé par l'homme et la femme en ce «nous» des enfants auquel se joint le couple au paragraphe suivant, comme s'il n'y avait pas eu d'interlude passionnel: «Nos costumes étaient ceux de vieux clowns blancs». Sans suture apparente s'entremêlent ainsi le monde des enfants et celui des adultes avec leurs jeux tantôt joyeux, tantôt cruels.

Même si l'enchevêtrement des divers fils thématiques évoqués crée l'impression que ce texte poétique n'est qu'un assemblage fortuit d'éléments hétérogènes, il faut s'empresser de constater qu'il n'en est rien. *Graines de fées* puise sa force unificatrice dans l'univers indiqué par son titre, un univers de fées bienfaisantes ou malveillantes, de contrastes les plus saisissants, de figures incarnant le bien et le mal qui s'affrontent. Dès le préambule, signé par l'auteure, le monde du conte de fées est évoqué par la formule consacrée «Il était une fois». En effet, dans le conte poétique de Léger, l'escarpin de Cendrillon surgit rapidement pour disparaître aussitôt en laissant derrière lui des traces destructrices. Mais l'intertexte le plus prégnant et qui aimante le plus *Graines de fées* est celui d'*Alice au pays des merveilles* de Lewis Carroll: apparaissent tour à tour la Reine, le «Lapin Blanc [qui] a à peine consulté sa montre» et Alice elle-même. Mais, contrairement aux aventures d'Alice, orchestrées par un bienveillant narrateur omniscient, la locutrice ne peut compter que sur elle-même pour faire face aux épreuves. Et c'est ici que le récit fantastique, onirique et poétique qu'est *Graines*

de fées s'éloigne de ceux de ses prédécesseurs pour devenir le texte très personnel de Dyane Léger. Car la femme qui dit «je» dans *Graines de fées* n'est pas amenée à une fin heureuse à travers tous les dangers qu'elle doit affronter. Au contraire, elle doit trouver elle-même sa voie / voix dans un monde patriarcal qui supprime les femmes depuis toujours, en particulier celles qui ne se contentent pas de procréer mais qui désirent créer. Le préambule lui-même, tout en adoptant le ton des contes, exprime l'ambition de la scriptrice dès le début, si bien que le lecteur pressent immédiatement l'écart entre le conte de fées, où tout est prédéterminé, et le monde de *Graines de fées,* où tout est à découvrir: «Il était une fois une petite fille qui aimait beaucoup écrire!» Prendre la plume dans un monde dominé par le canon littéraire célébrant les œuvres des grands hommes exige beaucoup de courage de la part des femmes, qui, plutôt que d'être auteures, se sont trouvées simplement inscrites dans la littérature. Avec *Graines de fées*, Dyane Léger, voulant écrire elle-même, s'est libérée des attentes qu'on peut avoir concernant la femme. Au lieu de se fier au miroir qui reflète la plus belle des femmes (rôle sempiternel dans lequel les femmes ont été emprisonnées), au lieu d'écouter la méchante belle-mère perpétuer l'importance du mythe de la plus belle et figer Blanche-Neige dans une mort symbolique (parce que celle-ci menace de la dépasser en beauté), le «je» poétique de Léger traverse le miroir et le casse à jamais. Ce faisant, la scriptrice découvre que, de l'autre côté du miroir, les rôles ne sont pas figés, les places ne sont pas fixes. Là, tout est possible: innombrables sont les métamorphoses créatrices ainsi que les risques à courir. Du rôle d'objet adorable et adoré qui attend que sa belle image lui soit reflétée, du rôle de victime subissant les attaques des hommes, la scriptrice s'échappe pour devenir sujet et pour s'inscrire telle qu'elle le désire dans son texte à elle. Même si, à la fin, elle doit admettre qu'elle a écrit son «suicide littéraire», qu'elle a «changé énormément», qu'elle sort fatiguée et «lourde» de cette expérience de l'écriture, elle peut aussi affirmer qu'elle a laissé une trace indélébile dans le monde de la poésie : « Je suis le poème écrit » (83). Elle dédie ce fragment à Émile Nelligan, confrère qui a connu l'extase de la création poétique avant de sombrer dans la folie, danger maintes fois évoqué par la scriptrice. Or, Léger ne sombrera pas, elle continuera son chemin en tant que poète et peintre, créant des images dont la force viscérale telle qu'on la trouve dans *Graines de fées* sera par la suite contrebalancée par la main de plus en plus sûre de l'artiste.

MONIKA BOEHRINGER

Graines de fées, [Moncton], Éditions Perce-Neige, [1980], n. p. ; 1987, 83 p.

LE GRAND BAL DES BALEINES
Pol Chantraine
Nouvelles (1994)

Le grand bal des baleines rassemble 11 nouvelles de l'auteur d'origine belge Pol Chantraine. Ayant passé une grande partie de sa vie aux Îles-de-la-Madeleine, Chantraine démontre un amour certain pour l'ambiance particulière de ce coin de pays où la mer est omniprésente. Cette attirance se trouve partout dans le recueil, qui peint plusieurs petits tableaux de vie aux détails vifs et colorés.

Les trois premières nouvelles (« Le grand bal des baleines », « La femme du capitaine », « La mère de Zelma ») sont ancrées dans un environnement madelinot ; la quatrième (« Sur le pouce »), située au Nouveau-Brunswick, raconte une partie d'un voyage en Acadie ; les trois suivantes (« La bête puante », « Le phéromone [sic] d'Abel », « Le nécrophile ») s'éloignent pour leur part de l'atmosphère de la mer et de la campagne rurale pour exposer les aventures hors de l'ordinaire de personnages aux actions extrêmes. La huitième nouvelle (« Le bedeau Alibé »), finalement, amorce un retour vers le thème maritime dans lequel se clôt le recueil avec

« MacPheil », « Les gravières » et « Un Noël madelinot ». Les nouvelles s'éloignant du thème général, qui est celui de la vie aux îles, sont donc placées au centre du recueil et mettent l'accent sur l'univers moral des personnages. Le contraste est frappant, mais la transition se fait de telle façon que le recueil conserve toujours son unité.

Le ton de l'œuvre est à la fois tendre et humoristique, révélant les hauts et les bas de gens plus ou moins ordinaires. On trouve plusieurs narrateurs dont les variétés de langue s'adaptent au récit.

La narration reflète parfois les origines européennes de l'auteur, avec deux personnages français et des expressions telles que « W.-C. » et « se gondoler »... Mais l'auteur connaît très bien la situation langagière des lieux qu'il décrit et utilise cette connaissance pour donner une grande place à l'oralité. Il touche même à la sensibilité des locuteurs envers leur propre langue en mettant en scène un personnage qui impressionne les pêcheurs par son allure élégante et son français aux « voyelles claires comme des notes de harpe » (« On aurait juré un vrai Français de France »), alors qu'un accent particulier sur les diphtongues trahit ses origines gaspésiennes. Le discours direct reflète ainsi toujours les origines des personnages (madelinots pour la plupart), de même que leur métier : on trouve un lexique important de termes marins. Malgré tout, un seul mot, « bagosse », a droit à une note explicative de bas de page : « bière domestique non effervescente des îles de la Madeleine ». De plus, les anglicismes ne sont pas traduits. Le recueil étant publié aux Éditions d'Acadie, le public cible devait être en mesure de comprendre, ou du moins de reconnaître, ce vocabulaire particulier.

Le recueil s'ouvre et se clôt sur des nouvelles concernant directement la pêche. Les allusions maritimes se trouvent partout, même dans les nouvelles les plus détachées du thème central. Dans « Le phéromone [sic] d'Abel », par exemple, un homme trop ordinaire physiquement éprouve plusieurs déceptions côté cœur, dont une relation sentimentale qui «coul[e] à pic […], comme le *Titanic*.» Cet engouement pour tout ce qui touche à la mer est lié à une vision particulière de la nature qui s'exprime à plusieurs reprises au cours du recueil. Dans la nouvelle «Sur le pouce», par exemple, le «pouceux», qui craint la forêt l'entourant de ses bruits inquiétants, attend avec impatience l'arrivée d'une voiture, signe de présence humaine. Mais lorsque celle-ci heurte de plein fouet un ourson, puis repart à toute vitesse de peur d'avoir happé un piéton, le protagoniste s'adresse en pensée à l'animal mort: «tu m'as montré ce que l'on peut attendre des hommes; tu m'as appris qu'il ne faut jamais trop présumer d'un bon samaritain, et que de la nature sauvage et des êtres civilisés, mieux vaut toujours se méfier des derniers». Les travers du genre humain seront explorés de façon anecdotique dans «La bête puante», «Le phéromone [*sic*] d'Abel», «Le nécrophile» et «Le bedeau Alibé», de façon à ce que s'impose l'idée du bienfait de la nature et de la vie rurale.

Cette façon de présenter la relation de l'homme avec la nature ouvre la voie à d'autres dichotomies, telles celles de la ville et de la campagne, de la tradition et du progrès, de l'artisanat et de l'industrie. Ce sont des problématiques propres à tous les petits milieux. Dans «Les gravières», un grand-père raconte à son petit-fils le projet fou de jeunes gens qui voulaient faire de la pêche traditionnelle. Il finit par avouer que ceux-ci «avaient raison sur toute la ligne». Georgette, la femme du capitaine, fera aussi le saut vers une vie rurale. Elle

n'est pas une fille de la mer, mais elle a préféré une famille à une carrière et les îles à la ville. Devant les épreuves, elle doit s'élever au rang de celles qui ont «cette espèce de fatalisme que des générations de résignation aux coups du sort ont imprimé au caractère des gens des côtes». Car, malgré tout, la vie est loin d'être facile aux Îles-de-la-Madeleine et chacun a un scandale, une tragédie, bref sa petite histoire que tout le monde connaît. Ce sont quelques-unes de ces petites histoires que Pol Chantraine a voulu partager avec ses lecteurs.

TANIA DUCLOS

Le grand bal des baleines, [Moncton], Éditions d'Acadie, [1994], 156[3] p.

LE GUETTEUR
Louis Haché
Récits (1991)

Ancrés dans le nord-est du Nouveau-Brunswick, les sept courts récits de ce recueil s'attachent à décrire le quotidien des Acadiens des années 1930 à 1950, époque de crise économique. Dans une langue généralement sobre, mais qui présente parfois des éléments de couleur locale, Louis Haché met en scène, entre autres, des morutiers vivant sous le joug des marchands jersiais, la vie secrète d'un bedeau, un commis jersiais amoureux et un retraité devenu écrivain. Le lecteur, en plus de découvrir l'époque et la région, est amené à partager l'univers de gens paisibles coulant une vie simple réglée par la pêche, la religion et les petites histoires de tous les jours.

Le guetteur, [Moncton], Éditions d'Acadie, [1991], 129 p.

H

HISTOIRE DE LA MAISON QUI BRÛLE.
VAGUEMENT SUIVI D'UN DERNIER REGARD
SUR LA MAISON QUI BRÛLE
France Daigle
Roman (1985)

Ce petit texte intrigue tout de suite le lecteur, qui est d'emblée confronté à une utilisation parcimonieuse de l'espace : la page de gauche comprend en haut un court texte se résumant le plus souvent à quelques phrases, le reste de la page étant résolument vide, et la page de droite, elle aussi vide, ne comprend qu'un court texte en bas, qui souvent ne compte qu'une seule phrase, voire un seul syntagme, et un mot de clôture, « Om ». Pour ce qui concerne le récit, un narrateur masculin est à la recherche d'une maison de la poste, désireux qu'il est d'envoyer un colis outre-Atlantique à Émile Lauvrière, qui vit dans la pauvreté à Paris. Son regard s'arrêtera sur une femme assise à même le béton d'une petite place non loin de la rue Union. Ce qui le frappe immédiatement, c'est l'immobilité de cette femme, qui ne bouge pas et qui, d'ailleurs, n'a jamais bougé. Il restera, lui aussi, pris par cette immobilité, alors qu'une maison brûle, que la charpente de cette maison cède sous l'emprise des flammes et qu'il ne trouve pas la maison de la poste. Des peintres d'immeuble, qui passent au moment de l'incendie (ou qui ne passent pas), laissent tomber une toile dans laquelle la femme immobile s'enroulera avec son fils et se transformera en sculpture. Le récit se termine sur la signification que pourrait avoir cette sculpture, une certaine condition de l'art en même temps qu'une certaine condition de la femme. Le narrateur met fin à son récit par cette phrase, en haut sur la page de gauche : « C'était ça, en gros, l'histoire de la maison qui brûle », la réponse en bas de la page de droite étant : « Om. »

Tout comme les personnages sont pris d'immobilisme, le temps lui aussi est immobile, ou, plus précisément, la notion de temps est abolie puisque les références temporelles vont de l'histoire de la déportation des Acadiens par les Britanniques en 1755 à l'époque contemporaine (le narrateur situant sa rencontre avec la femme immobile en novembre 1953, date qui renvoie à la date de naissance de l'auteure, France Daigle). L'espace géographique est tout aussi altéré, car, si le narrateur, en passant dans cette rue de Montréal, aperçoit la femme immobile en ville, non loin de la rue Union, la maison qui brûle, elle, se situe en campagne ou à Dieppe, sur la petite rue Doucet. La structure rigide du récit s'organise donc autour des espaces blancs, qu'il s'agira de remplir de sens.

Un des premiers éléments structurants est le retour du monosyllabe « Om », qui est l'un des symboles les plus chargés de sens de la tradition hindoue puisqu'il résume en lui-même le souffle créateur. Le son « Om » ou « AUM » se décompose en trois éléments qui gouvernent une liste importante de répartitions ternaires. Ponctuant toutes les phrases de la page de droite, il mettrait ainsi en interaction les trois éléments du texte : le texte situé en haut de la page de gauche, le texte situé en bas de la page de droite et les espaces blancs. Le lecteur se doit donc de déchiffrer, à partir de ces trois éléments, le sens de ce récit qui se construit autour de l'histoire d'une maison qui brûle. Le feu renvoie ici aux crimes perpétrés par les Britanniques sur le peuple acadien, puisque l'auteure cite l'ouvrage d'Émile Lauvrière, mais il renvoie également à sa propre fonction symbolique, à savoir non seulement son pouvoir destructeur mais aussi sa force régénératrice. De fait, l'incendie ne s'éteignant jamais, il a certes la signification d'un possible renouveau qui serait la recherche d'une nouvelle écriture. Car il s'agit là du thème qui traverse tout le récit : comment écrire en Acadie et sur les Acadiens avec leurs « destins sourds et muets qui ne s'offrent pas au langage », en ayant recours à une nouvelle écriture romanesque, afin que l'histoire aille de l'avant. Les personnages figés rendent en effet impossible tout récit linéaire traduisant une évolution. Puisqu'il n'est dès lors plus question d'évolution, ce sera l'acceptation d'un fait à partir duquel une nouvelle narration devrait pouvoir se construire qui sera mise en valeur. Le narrateur s'interroge sur les nouvelles possibilités artistiques de son époque, constatant un intérêt récent pour les différents registres de la poésie. Il indique même un mouvement dans la littérature dans lequel la page de droite renverrait à la page de gauche et les livres épais n'auraient plus cours. Le narrateur donne ainsi au lecteur un mode de lecture et de compréhension du texte qu'il a sous les yeux, tout comme il réfléchit aux possibles narratifs d'une fiction dans laquelle les personnages refusent de bouger. Le lecteur entre ainsi dans le processus autoréflexif de la création mis en place par le narrateur, qui, employé sérieux et responsable, scribe municipal autorisé, désirerait écrire une vraie histoire. Sa recherche consiste donc à découvrir le chemin par où entrer dans une écriture nouvelle : une des possibilités est de se laisser habiter par la femme immobile et de chercher, à partir de cette prémisse, l'acceptation, qui permet le renouveau. Ce renouveau pourrait se faire grâce à l'effet du vent venu d'Orient, mentionné à plusieurs reprises et symbole du souffle créateur.

C'est ainsi que le récit *Histoire de la maison qui brûle* est chargé d'une forte symbolique, puisque la maison, symbole du centre de l'Univers ou encore symbole de l'intérieur, est la proie du feu, mais reste le symbole du désir, qu'il s'agit de construire avec de nouvelles formes, de nouveaux contenus et de nouveaux personnages.

Danielle Dumontet

Histoire de la maison qui brûle. Vaguement suivi d'un dernier regard sur la maison qui brûle, [Moncton], Éditions d'Acadie, [1985], 107 p.

HUBERT OU COMMENT L'HOMME DEVIENT ROSE
Christiane St-Pierre
Théâtre (1994)

Hubert ou comment l'homme devient rose est une pièce de théâtre consistant en un monologue en trois tableaux prononcé par son personnage éponyme, qui nous livre ses états d'âme sur un ton humoristique parfois teinté de nostalgie. Hubert a en effet décidé de tout nous dire sur ce qui se passe dans sa vie et comment il en est arrivé là. Il est en fait un homme des plus typiques : mécanicien, amateur de sports, abordant les problèmes de plein front et ayant des idées très claires sur les deux sexes et sur ce qui convient à chacun, il est confronté à des difficultés très contemporaines, qui diffèrent beaucoup de celles de l'époque à laquelle il a été élevé. Divorcé, père de quatre enfants dont les trois premiers sont des filles, il a attendu longtemps la naissance d'un garçon avec lequel il essaie maintenant désespérément de forger une relation. C'est Danielle, sa « nouvelle » et une adepte du *New Age*, qui l'amène à se questionner et tente de lui faire découvrir son petit côté rose... Son déchirement est celui d'un homme qui n'est plus certain de savoir où est sa place dans le monde d'aujourd'hui. L'auteure, Christiane St-Pierre, expose la sempiternelle opposition des sexes, vue par un homme. Et cet homme, nous pouvons facilement le reconnaître, quoiqu'il ne soit qu'une caricature. Dans un texte qui fait place à l'oralité, St-Pierre réussit à faire la peinture d'une situation complexe dans laquelle les rôles de l'homme et de la femme, tels qu'Hubert se les imaginait, ont profondément changé. S'ajoutent à cela certaines questions touchant à l'homosexualité et à l'avortement, entre autres. Malgré ce contexte chargé (qui pourrait facilement verser dans la tragédie), cette pièce reste légère et les personnages qui animent la vie d'Hubert sont souvent hauts en couleur, le texte évoluant de façon énergique au gré d'histoires racontées avec entrain par un personnage qui est, somme toute, attachant.

Avec *Hubert ou comment l'homme devient rose*, Christiane St-Pierre nous présente une situation qui ne nous est pas inconnue et qui est toujours d'actualité dans une société qui remet constamment en question les rôles fondamentaux des hommes, des femmes et de la famille en général. De plus, le personnage d'Hubert nous transmet, à travers son monologue humoristique, une dose de véracité qui fait en sorte que son questionnement est pris au sérieux. Il comprend que le monde change : tout semble le lui indiquer, surtout depuis l'arrivée de Danielle dans sa vie. Cette dernière est la figure d'opposition d'Hubert, sa dimension spirituelle se heurtant à l'esprit terre-à-terre et au gros bon sens de celui-ci. Malgré ses réticences, Hubert démontre une certaine ouverture et avoue même qu'une polarité qui recentre ses énergies lui « fait donc du bien ! » C'est un scénario qui s'applique à bien d'autres situations, car Hubert a des idées très arrêtées sur tout et finit par être confronté à quelque chose qui le force à redéfinir sa pensée, du moins quelque peu. S'il a, par exemple, une notion précise de ce que sont un homme et une femme, cette notion conventionnelle est sans cesse remise en question. Danielle a des amis homosexuels et Hubert apprend que l'homosexualité n'est pas une maladie. Il passe même une soirée avec eux : « Dans le fond, c'est des gars ben corrects quand tu parles avec eux autres. » Il trouve tout de même les sujets de conversation limités, puisqu'ils ne s'intéressent qu'à des « affaires de femmes ».

Les hommes et les femmes changent, le monde change et les mots aussi… Danielle essaie d'éduquer Hubert en lui achetant des livres, les efforts intellectuels de ce dernier ayant des fins purement pratiques : regarder les nouvelles à la télévision, lire le journal ou des revues automobiles pour son travail. Après tout, la lecture est une activité féminine. Mais Danielle persiste et lui achète un dictionnaire. Elle est visiblement inquiète du vocabulaire de son Hubert, qui parle comme on le lui a appris et est fort loin du « *politically correct* ». Aussi doit-il arrêter de dire des expressions telles que « tapette » et « se crosser » devant elle, alors que pour lui rien n'est plus naturel : « On était cinq gars nous autres, y en a pas un qui se masturbait. Ben non, on se crossait tous. » Le texte ne cache aucunement la variété de langue employée par Hubert, que l'on peut identifier comme étant celle du nord-est du Nouveau-Brunswick. De fait, seules quelques traces d'anglais apparaissent lorsque Hubert mentionne l'apprentissage de ses deux premiers mots d'anglais (« *fuck you* ») et lors d'un épisode comique impliquant certains problèmes de compréhension avec la secrétaire du médecin qui a effectué sa vasectomie. Le peu de contacts avec l'anglais démontre nettement l'étanchéité de l'univers d'Hubert.

C'est surtout dans son désir d'être un bon père qu'Hubert ouvre ses horizons et s'interroge, parce qu'il ressent, quoique d'une manière assez confuse, que la façon de procéder de son propre père n'était pas des plus éclairées. C'est par rapport à la sexualité qu'Hubert fait des efforts, plus précisément par rapport à ce moment crucial de la conversation qu'un père se doit d'avoir un jour avec son fils. Il se souvient de cette *grande conversation* avec un père trop silencieux, moment privilégié parce qu'adressé à lui seul, mais autrement embarrassant : l'explication tenait en deux lignes et en une image, celle du cheval et de la jument. Hubert veut faire mieux, il veut l'admiration de son fils. Mais un grand vide les sépare, le fils n'étant pas du tout ce que le père avait souhaité : artiste plutôt que sportif, sensible plutôt que bagarreur. Hubert avoue que sa peur réside dans l'homosexualité potentielle de ce fils. L'ironie du sort est que c'est la fille aînée, mécanicienne, qui pourrait réaliser le rêve du père… Mais Hubert est formel : « mon garage s'appellera jamais Hubert St-Pierre et fille ». Il y a toutefois un peu d'espoir pour elle puisque, après tout, Hubert commence à devenir rose…

TANIA DUCLOS

Hubert ou comment l'homme devient rose, [préface de Réjean Poirier], [Moncton], Éditions d'Acadie, [1994], 74 p.

LE HUITIÈME JOUR
Antonine Maillet
Roman (1986)

Pour le chrétien, le huitième jour, c'est celui de la Résurrection, qui prolonge la création. Maillet récupère ce sens et déclare : « J'écris pour achever le monde, pour ajouter à la création le huitième jour ».

Dans le prologue, Maillet explique : « Reprenons l'histoire depuis le début. Tout a commencé avec la création du monde. Création en six jours […] avec un Créateur qui s'en va en plus se reposer le septième. Vraiment ce n'était pas sérieux. On peut bien avoir hérité d'un monde […] inachevé […]. Ce seul mot donne envie de sortir ses crayons de couleur, ses compas […] de sortir sa plume. Mais qu'est-ce que ça peut donner, sinon un livre de plus ? Non, le seul espoir se cache derrière l'horizon, dans les plis du temps, au creux de l'imperceptible. Le seul espoir est dans le huitième jour. » Ce message essentiel est communiqué à travers ce « roman philosophique » de près de 300 pages, à la tonalité ironique et rabelaisienne, comme l'est une grande partie de l'œuvre mailletienne. Se glissent aussi dans le roman des échos de La Fontaine, de Pascal, de Villon, d'Hugo et de bien d'autres.

Le huitième jour propose bien sûr au lecteur une histoire, racontée cette fois par une vieille servante. À la dame Bonne-Femme et au sieur Bonhomme naissent, de la pâte à pain de l'une, un nain appelé Gros comme le Poing dit Pouçot dit Tom Pouce, et du bois travaillé par l'autre, un géant appelé Jean-de-l'Ours dit Jean le Fort, dit Fort comme les Quatorze, les deux naissant « le huitième jour de la semaine ». Les deux frères partent à l'aventure, s'adjoignant d'autres compagnons, y compris le congelé-dégelé Messire René de la Renaissance dit figure de Proue, qui parle en ancien français, et Jour en trop, tous guidés dans leurs aventures par un pigeon voyageur nommé Marco-Polo. Nos gens vont de découvertes en déconvenues. Ils confrontent un gros ours, un serpent, une fée (qui éveille chez Gros sa misogynie), un loup et ainsi de suite. Ils voient au cirque un veau à cinq pattes. Ils cherchent à faire la paix entre deux îles flottantes qui se font la guerre. Vers la fin de leur périple, ils se retrouvent même dans un endroit où la peste s'est cruellement établie.

Dans cette œuvre drôle et vivante, on rit constamment des aventures des personnages et de leurs propos ; on est amusé par leur langue savoureuse et par leurs jeux de mots. Ceci dit, ce roman n'est « philosophique » que parce qu'au fond il s'agit d'une méditation sur le temps – notre plus grand adversaire – et sur l'espace, voire sur l'absurdité de ces notions. Car nos personnages veulent voyager « au bout du monde », tandis que le monde, comme chacun sait, n'a pas de bout… Puis, pour les deux frères, comme pour leur marraine, la sorcière Clara-Galante, « chaque semaine [a] ses huit jours ». On peut perdre un jour en trop : de fait, Jour en trop naît hors du temps. Messire René de la Renaissance est en effet *re-né*. Le passé et l'avenir s'entrecroisent. De plus, Jour en trop se cache « entre deux instants ». Il a le don de se réfugier hors du temps. On parle de la couleur du temps ; on peut se trouver entre deux plis du temps ; on a une semaine à trois jeudis, véhiculée par Jour en trop, et par conséquent le carême tombe en août. Un cyprès est plusieurs fois centenaire. On peut à l'occasion « reculer le temps ». En compagnie du nain Gros comme le Poing, la vie se transforme chaque jour en premier jour de la création… ou plutôt en huitième. Et Maillet termine son livre en exprimant l'idée qu'après le huitième jour – où elle ajouterait à la Création en l'améliorant – elle pourrait continuer avec le neuvième jour !

Plus frappante encore que ces allusions au temps et à l'espace est la satire sociale qui se cache dans ce récit. Elle se manifeste notamment dans un passage où les personnages arrivent à un endroit où la pyramide sociale repose sur sa pointe, la société ayant trop de chefs et énormément d'arrivistes, mais un seul homme du peuple, nommé Tartempion, payant tous les impôts, exécutant tous les travaux publics, etc. « Un pays sans queue ni tête », de préciser Maillet. On ne peut s'empêcher de penser non seulement à Rabelais, qui est, comme Maillet l'a montré, facilement compris par les Acadiens (qui ont toujours sa langue et son humeur), mais aussi à Jonathan Swift, parmi d'autres. La satire sociale et politique est reprise plus tard dans le livre à travers l'épisode où nos héros arrivent dans le royaume (la cour) du roi Pétaud (personnage légendaire du XVIᵉ siècle), où ironiquement la vérité est remplacée par le mensonge et où règnent le désordre, la confusion, la famine et l'indigence.

Par ailleurs, ces drôles de personnages sont constamment menacés par le Bourreau, Messire le Destin, et en plus par la Faucheuse, qui, au lieu d'un cœur, a un sablier. Elle est en effet Margot la Folle (personnage éponyme d'une pièce de Maillet), dite Dulle Griet, figure légendaire rendue célèbre par Breughel. Cette ogresse, qui reparaît sans cesse dans le récit, « sème ses fléaux à tout vent ». Cet avatar de la Mort fait toutes sortes d'entourloupettes qui mettent nos héros dans un danger constant. Elle est dans un sens une inversion de la Mère Courage, de l'énergie vitale de Pélagie l'Acadienne. Et dans la dernière confrontation avec la Mort, les quatre hommes se trouvent face à face avec la Charrette-de-la-Mort (celle de Belonie dans Pélagie), conduite par un cocher persistant.

Pourtant, miraculeusement, les deux frères Gros et Jean échappent à tous les périls et arrivent à leur maison natale sains et saufs, mais également plus sages : le foyer leur suffira dorénavant. Un retour, qui n'est pas sans rappeler celui de Pélagie et de ses gens, au foyer acadien.

Janis L. Pallister

Le huitième jour, [Montréal], Leméac, [1986], 292 p. (Roman québécois) ; Paris, Bernard Grasset, 1987, 281 p.

1

L'ÎLE DE LUMIÈRE
Nathalie Archambault
Roman (2000)

La dernière publication des Éditions d'Acadie avant leur fermeture aura été *L'île de lumière* (2000), roman de la Madelinienne Nathalie Archambault. Une mère et son fils débarquent sur la petite île d'Ensueño pour y attendre, sans grand espoir, l'une son amant, l'autre son père, sorte de globe-trotter parcourant toutes les îles du monde à l'affût d'images à photographier. Éva et Noah (Ève et Noé en espagnol), après avoir vécu la perte du paradis avec le départ de l'amant et la disparition du père, vont se remettre du drame en faisant sur cette île, chacun à leur manière, le deuil de cet être tant aimé.

Les vers du poète chilien Pablo Neruda, dont la lecture est donnée comme le fruit du hasard, sont à l'origine de l'écriture du roman. Quelques strophes en espagnol (tirées de *Cien sonetos de amor*) et leur traduction française ponctuent la section narrée par Éva (recouvrant les deux premiers tiers du texte). Ce contact littéraire et interculturel délibéré invite le personnage à l'introspection, en activant tant le processus de remémoration que le processus d'écriture. Par le voyage aussi bien dans l'espace réel que dans l'imaginaire des mots, les personnages du roman naviguent d'une île à l'autre, à travers les cultures, à la recherche de la perfection qu'ils savent pouvoir trouver en ce monde.

Ce petit roman de 100 pages est marqué par l'éclatement, d'abord du genre – les poèmes cités de Neruda côtoient un ou deux poèmes de l'auteure et la prose poétique du reste de la narration –; de la trame narrative ensuite, faite de petits fragments d'écriture, au rythme d'un ou deux paragraphes par page. Ils sont assemblés en trois parties de longueurs inégales. L'unité de l'ensemble est cependant assurée par l'uniformité de l'écriture, constituée de phrases courtes et simples, et par celle du ton, transmettant, au-delà des images sensuelles, l'impression d'une tranquillité empreinte de tendresse et de tristesse.

Tout en relevant d'une réflexivité et d'une intertextualité qui font de l'écriture le sujet privilégié de la littérature, *L'île de lumière* cultive une poésie du réel qui ne récuse pas la fonction référentielle. Cette tension entre les fonctions réflexive et référentielle va animer tout le récit, à partir et au-delà de la divergence de points de vue entre Éva et son amant.

De multiples références à l'art – du photographe obsédé par des images à l'écriture d'Éva, en passant par les dessins de Noah – viennent mettre en évidence ce désir de « recréer la beauté » du monde. Chaque fragment narratif, chaque trait d'écriture de *L'île de lumière*, mais aussi chaque œuvre littéraire ou artistique, s'inscrirait donc dans une progression linéaire – « Il suffit d'aller... un peu plus loin... » – vers l'atteinte de la perfection esthétique.

Après avoir longtemps contribué à cette quête, Éva se rend compte que chaque étape de cette course est déjà un témoignage de l'« image parfaite », car même le plus petit des fragments d'un miroir réfléchit une particule de perfection. Devant la difficulté de reproduire cette perfection, il vaut mieux s'intéresser aux fragments et à ce qu'ils en laissent entrevoir: « tu as trouvé sur le chemin un miroir, éclaté en fragments. Un à un, tu recueillais tous les morceaux fragiles, tu tentais de les recoller ensemble, mais tu n'y arrivais pas. Alors, tu as gardé le plus petit de ces fragments, que tu polissais en une forme ronde et lisse. »

L'infini travail de l'art et de la littérature, tous deux occupés à « recoller » les fragments épars de ce miroir, trouve plusieurs échos à l'intérieur du roman. Le travail parcellaire de l'écriture centre une fois de plus l'œuvre sur elle-même et sur la littérature, d'abord par les extraits des poèmes en espagnol de Pablo Neruda, présents sous la forme la plus immédiate d'intertextualité: la citation. Se côtoient donc trois niveaux de texte dont la proximité ne va pas immédiatement de soi: les intertextes nérudiens, leur traduction française et le texte même d'Archambault. Entre tous ces îlots d'écriture se tissent des liens qui se font dans tous les sens à la fois. Les fragments s'interpellent, se répètent et s'éclairent mutuellement, selon une véritable *productivité* du texte, c'est-à-dire une «malléabilité» infinie des mots et du langage, qui «découpe des formes nouvelles, se livrant à un travail d'improvisation sur la terre inachevée».

Plus qu'au simple plan scriptural, les fragments s'interpellent dans leur signification. La lecture de Neruda amorce chez Éva le processus de remémoration. Les poèmes sont donc d'abord interprétés dans leur représentation de réalités sensuelles, signalant du même coup le véritable pouvoir de la littérature: sa puissance évocatrice. Par son appropriation des images, préalable à l'appropriation des intertextes dans son écriture, Éva est emportée, au gré de ses souvenirs, jusque dans les îles japonaises ou l'Islande, bien loin des réalités des textes de l'écrivain chilien.

Dans ce processus de mémorisation, le texte d'Archambault rejoint donc une représentation plus immédiate, ce qui l'éloigne de la menace de l'enfermement réflexif: les mots ne sont pas uniquement des fenêtres sur d'autres mots; ils sont surtout «des miroirs sur [l]es souvenirs». Ces souvenirs renvoient à des réalités qui ne sont pas seulement celles de l'écriture ou de l'«image parfaite» du photographe; ils commandent également une réceptivité à la vie et aux éléments de l'environnement, qui est bien celle d'Éva et de Noah, dont la «présence se confond avec l'île et la mer».

PÉNÉLOPE CORMIER

L'île de lumière, [Moncton], Éditions d'Acadie, [2000], 96 p.

IMPLORABLE DÉSERT
Maurice Raymond
Poèmes (1988)

Premier recueil de Maurice Raymond, *Implorable désert* est publié aux Éditions d'Acadie en 1988 et donne à lire le fruit d'une quête poétique menée sur une dizaine d'années, soit de 1976 à 1986 environ. Forgée en dehors de toute intertextualité acadienne, mais plutôt dans le côtoiement de grands poètes français parmi lesquels on reconnaîtra aisément Mallarmé et surtout Reverdy, la poésie de Raymond se tisse hors de toute préoccupation nationaliste, identitaire ou territoriale. Ici, nul autre territoire que celui de la poésie, vaste étendue aride, *implorable désert*, seul réel capable d'échapper – un temps – à la morsure d'un néant vers lequel il s'achemine néanmoins irrémédiablement, parole tendant toujours au silence, fragments de vie retournant à la poussière.

L'ouvrage est constitué de poèmes en vers libres articulés en deux parties comme deux temps du souffle poétique, inspiration et expiration d'un même flux de langage. La seconde, qui compte 34 poèmes titrés sur une longueur de 43 pages, est un peu plus importante que la première en volume (24 poèmes titrés sur 33 pages), plus dense aussi, au sens où elle porte jusqu'à leur finitude et finalement à leur dissolution les isotopies qu'elle avait mises au jour dans un premier temps.

Car c'est bien là tout l'enjeu du travail de Maurice Raymond: entreprendre la parole même, par-delà (en deçà de) toute considération de sujet ou d'objet, pour ne dire que l'essentiel, cœur de la langue, respiration des mots qui rejoignent alors l'essence de ce qu'ils nomment avant de les mettre à mort, reproduisant ainsi la seule vérité de notre humanité aux yeux du poète, celle de notre existence vouée au néant.

Le titre déjà l'annonce, réduisant l'épithète *implorable* à la seule qualification du nom *désert*; ce qu'il reste à implorer, ce qu'il reste à supplier de manière pressante donc, c'est la réalité du désert, lieu de pierres, de sable et de vent, lieu où la vie et la parole se détachent en luttant, du silence et de la mort, avant de s'y soumettre, vaincues d'avance. L'implorable désert incarne à la fois la réalité brute de notre finitude, l'envers funèbre du décor où nous traînons «l'interminable histoire de nos sueurs / versées pour rien dans la nuit» en même temps qu'il est le seul lieu possible d'une poésie lucide, comme réalité mise en mots, devenant par ce biais même un espace à vivre: «croire simplement / que la parole / est une assise / que chaque mot / est une pierre» espère le poète au cœur de ce premier temps du recueil, temps de l'*inspiration* des mots.

Ce langage-construction, édifice, cette parole-rempart contre le néant semble à même de porter l'écriture du premier volet, où le sujet poétique se met en quête de repères essentiels, capables de faire face à l'évidence de la dissolution qui nous ronge intimement. Contre le jeu d'illusions dont nous sommes les «proies» consentantes, le poète marcheur dresse la figure de l'autre, qui apparaît alors sous les personnes rassurantes du «tu», dont le visage fait face justement et offre un horizon salvateur au sujet: «ô toi [...] ô toi [...] toi mon pain / toi ma raison / [...] toi mon passage uniforme vers les beautés inaliénables», et du «nous», permettant de briser l'angoisse de la solitude où chacun chemine, emmuré. C'est dans cette même perspective qu'il faut d'ailleurs lire la présence répétée de termes et d'images empruntés aux isotopies religieuses, et particulièrement catholique, tels l'enfer, le ciel et les anges (et tous les mouvements de chute qui y sont associés), la prière et les procédés incantatoires regroupés dans ce temps de l'*inspiration*. Nulle démonstration de foi en une quelconque autorité salvatrice ici, mais plutôt l'écho d'une filiation poétique aux racines classiques conjugué à une volonté d'*ascendance* comme un envisageable, à défaut d'une transcendance douteuse. Souvent d'ailleurs, ce sont les choses les plus banales qui sont invoquées, ou les sujets eux-mêmes dans leur corporalité (mains, yeux, sang), tant il est vrai qu'il s'agit non plus de croire en une instance supérieure venue nous arracher à notre humanité redoutable, mais de quêter l'élévation, la lumière, au sein de cette humanité même, au cœur de sa lutte désespérée avec le temps, cet Autre effroyable de la joute poétique, «mesureur lapidifié du soir» et «charpentier des toits de la mort».

Le dernier poème de ce temps de l'*inspiration* en est une belle illustration; intitulé «Les amants du désert» – pour mieux lier les assises de la parole poétique (comme synonyme de lucide) et de l'union du couple au cœur du réseau lexical qui stigmatise le réel dans l'univers de Raymond (nuit, arbre, ciel, flammes, mer, pierres...) –, il s'écrit dans un mouvement lyrique où l'amour jaillit au futur comme une promesse de vie / victoire «parmi les pierres».

Mais, à l'instant même où ils sont proférés, ces vers s'achèvent doublement, à la fois fin du poème et de l'*inspiration*. Le deuxième temps du recueil s'ouvre d'emblée sur la constatation de la déflagration de ces deux piliers, la parole y étant réduite à une «plainte» et le couple miné par «la haine» et «la violence», déflagration qui ne fera que se redire et se ressasser encore tout au long des pages restantes, démontrant ainsi du même coup l'évidence de l'impuissance du langage. Le lecteur averti ne pourra s'empêcher de placer mentalement, en exergue à cette deuxième partie, les vers de Pierre Reverdy: «d'un regard clair et sec / j'observe la dislocation de la parade / la débâcle / la débandade» (*Sable mouvant*). C'est bien de cela qu'il s'agit dans l'*Implorable désert*, puisque décidément rien n'échappe au grand cirque des illusions et que la solitude est totale («mots s'alignant pour rire / dans le désastre de la page [...] telle l'impuissance de l'amour / à refaire la parade»). Le poète ne peut plus que se mettre à l'écart, plaçant son humanité dans le refus de l'aveuglement collectif autant que dans la dénonciation (vaine, puisqu'elle est impuissante) des *évidences de la ruine*, pour reprendre le titre d'un poème où, symboliquement, les mots coulent à pic le long de la page blanche, jusqu'à la mention du «cadavre» allongé, métaphore de l'homme et du langage, expression d'un naufrage unilatéral.

Dans ce temps de l'*expiration*, il est intéressant de noter le travail d'orfèvre effectué à l'intérieur d'une langue constituée volontairement de réseaux lexicaux extrêmement simples, resserrés autour de phares isotopiques qui *incarnent*, au sens étymologique, l'Univers et tous ses éléments : le ciel, la mer, le sable et les pierres, les arbres et le vent, le feu et les flammes ; le jour et la nuit, la lumière et l'ombre. Les sujets y apparaissent comme des êtres de chair et de sang, avec des yeux, des mains, des visages palpables.

Entre l'*inspiration* et l'*expiration*, le réseau lexical reste remarquablement homogène (ce qui contribue par ailleurs sans nul doute à la grande cohésion du recueil) et c'est cette homogénéité même qui permet de faire saillir avec d'autant plus d'acuité la faille opérée au sein du vocabulaire, à travers notamment l'insertion d'une nouvelle série de propositions adjectivales ou subordonnées appartenant au champ de la brisure et de l'éclatement, de la souffrance, de la mort. Ainsi, les corps sont en lambeaux, mutilés ou à l'agonie, fragmentés ou démembrés lexicalement : le poète évoque les «mains fausses», les «bouches closes», la «peau fragile» ; l'Univers subit la même désintégration et sombre dans le chaos : le naufrage est «permanent», les vagues «terreuses», le désert «meurtri» ou «irréfutable», les pierres «voraces», les nuits «plaintives», les rives «estropiées», etc. Les sujets qui, dans la première partie, devenaient oiseaux par comparaison ou métaphore, sont à présents de plus en plus assimilés à des ombres, s'effaçant déjà du texte avant de disparaître définitivement. Quant à la lumière, elle est «aveugle», portant au sein de son incandescence les germes de sa disparition, comme «d'une bûche / le chant / la mort dans la lumière» : la chaleur et la convivialité de l'âtre habité par la bûche en flammes cache la réalité de sa décomposition et, pire, elle est elle-même destruction en même temps que lumière et sifflement, elle est chant de joie *habité* intimement par le chant funèbre.

Ce sont peut-être ces deux vers qui concentrent le mieux toute l'entreprise *à rebours* (pour reprendre une expression chère au poète) du recueil, écriture tissée au contraire de tout déploiement littéraire, dans le refus des effets de langage et du coup d'éclat tant des images que du style, mais visant plutôt à la *percée* de la réalité, à dire le vrai au sens où il s'agit d'écrire ce qui est, soit l'éphémère et la fragilité, la tentation de l'illusion, la conviction de l'impuissance. En ce sens, on peut dire que le premier recueil de Raymond est un ouvrage sur rien, un espace de parole se vidant progressivement de tout / tous sujet(s), comme de l'ordre des éléments qui nous sert de décor, pour atteindre aux dernières pages du livre à la mise en mots de l'Univers dans sa réalité chaotique, à l'adoption du silence et à une prise d'habit existentielle : «construire son nid de sang / son visage éphémère et muet / et vivre / dans la cendre / parmi les pailles éparses qui survolent / les limites vives de la mer».

Ermite de l'humanité, le poète rejoint là encore l'auteur du «Chemin tournant», avec lequel il partage «un goût de cendre sur la langue» (*Sources du vent*) et une même vision de la poésie comme percée, tension, exigence, dans une démarche dégagée de tout artifice, volontairement pauvre au sens le plus noble du terme.

Manon Laparra

Implorable désert, [Moncton], Éditions d'Acadie, [1988], 88 p.

INFARCTUS PARMI LES PIÉTONS
Christian Roy
Poèmes (2000)

Paru aux Éditions Perce-Neige, *Infarctus parmi les piétons* est le deuxième recueil de poésie du jeune auteur Christian Roy. Dès la première page, le ton est donné par un exergue en langue anglaise emprunté au chanteur / compositeur David Bowie : «*I never thought I'd need so many people*». La constatation d'une coexistence inévitable et intégrale entre les individus des sociétés dans lesquelles nous vivons devient un véritable motif d'exploration, initiateur d'une poésie que l'on pourrait qualifier de *curieuse* (au sens ici d'*assoiffée de connaissance* et non pas de *bizarre*). À vrai dire, elle est doublement curieuse parce qu'elle s'interroge à la fois sur l'univers extérieur et sur le for intérieur de l'être. Les poèmes, relativement brefs, transportent le lecteur à travers un questionnement existentialiste qu'accompagne une réflexion corollaire sur le rôle thérapeutique de l'écriture. L'aspect problématique ou ambivalent de l'acte d'écrire occupe d'ailleurs une place considérable dans l'œuvre.

Le recueil s'ouvre sur un poème isolé, fort représentatif dans son contenu et dans sa forme de l'ensemble du projet poétique qui nous est ici proposé. Il se présente comme un condensé des thèmes que l'on trouve dans les autres poèmes et sa forme libre annonce une poésie sans limites strictes. L'œuvre se poursuit avec «L'insuffisance», une partie composée d'une dizaine de poèmes, puis avec une partie éponyme, «Infarctus parmi les piétons», composée d'une cinquantaine de poèmes. Qu'ils soient composés de vers libres ou écrits en prose, les poèmes se rattachent habituellement aux précédents par leurs sujets. La plupart sont titrés.

Les principaux thèmes explorés sont, entre autres, ceux du temps qui file, de notre impuissance devant la mort, des rencontres et des relations avec autrui, des désirs souvent inassouvis et, bien entendu, celui de l'écriture. Si une progression peut être décelée pour ce qui concerne ce dernier thème, les autres semblent revenir plutôt aléatoirement et par phases dans l'ensemble du recueil. Bien qu'ils soient importants en eux-mêmes, ils contribuent au fond au développement du thème de l'écriture, clé de voûte de l'œuvre et solution partielle au questionnement existentiel.

Écrits dans un mélange de français standard, d'anglais et de «chiac», sans oublier quelques néologismes, les poèmes de Christian Roy ont souvent un rythme accéléré où l'information fourmille. Le type d'écriture qui en résulte indique clairement que le fait en soi de communiquer a priorité sur le souci formel. Qu'il s'exprime pour lui-même ou pour les autres, le poète a d'abord et avant tout le souci de s'adonner à l'activité libératrice de dire. Mettre sur papier les craintes, les tourments, les difficultés, ainsi que les grandes inquiétudes de la vie, vient, en quelque sorte, alléger le fardeau de ces réalités. L'écriture se donne la permission de se soustraire un peu au sérieux de l'existence et, de la sorte, elle revêt une fonction nettement thérapeutique.

Les vers du recueil, même quand ils ne traitent pas directement du thème de l'écriture, expriment l'impuissance et le doute. La poésie de Christian Roy ne quitte pas souvent la corde raide, même quand elle se prête à des jeux en apparence légers. L'écriture nerveuse, courant dans tous les sens, devient même parfois très fragmentée. La syntaxe désarticulée, le rythme saccadé et précipité, le choix de mots appartenant à plus d'une langue et à plus d'un registre apparaissent comme autant de séquelles de cette impuissance et de ce doute. C'est comme une course folle pour arriver à l'horizon : «J'ai balbutié un amalgame de mots banals sans prendre une seule seconde de réflexion.» À vrai dire, il y a dans le recueil une quantité impressionnante d'interrogations sur la vie et sur l'art (les deux se fondant parfois en une entité) et plutôt une absence de réponses concrètes, ce qui, en soi, est source d'affolement.

Infarctus parmi les piétons ne s'attarde ni par ses thèmes ni par sa forme aux problèmes spécifiques des *petites littératures*. Les vers de Christian Roy, personnels et à portée résolument universelle, nous mènent plutôt sur l'autoroute de la vie, où, piétons existentiels, nous voyageons tous et sommes invités à réfléchir abondamment à notre condition humaine.

DEBBIE LEVESQUE

Infarctus parmi les piétons, [Moncton], Éditions Perce-Neige, [2000], 95[3] p. (Poésie).

J

JE N'EN CONNAIS PAS LA FIN
Gérald Leblanc
Poèmes (1999)

Les rencontres, le voyage, la sensualité et le rythme – celui de la musique, mais aussi celui de la ville –, se présentent tous comme des moteurs de l'écriture dans ce recueil du poète monctonien Gérald Leblanc. Se dégage de l'ensemble une poésie franche baignant «dans la conscience du moment», ancrée dans le quotidien et dans la réalité acadienne de Moncton, mais reliée également à une dimension américaine de l'identité. Ses textes tissent des liens, arpentant l'espace et procédant à une exploration dont témoigne la litanie de noms de lieux et d'artistes – autant acadiens qu'américains, canadiens que québécois – qui traverse le recueil. Cette poésie se situe résolument dans le registre du désir: désir d'habiter la langue et le lieu (autant le lieu géographique que celui de la création), mais également désir d'aimer et désir d'écriture.

Je n'en connais pas la fin, [Moncton], Éditions Perce-Neige, [1999], 100 p.

JE REGARDAIS REBECCA
Gracia Couturier
Roman (1999)

Deuxième roman «fractal» de Gracia Couturier, après *L'antichambre* (1997), *Je regardais Rebecca* contient quelques récits entremêlés, situés à divers degrés de l'imaginaire. Dans les premières parties du roman, intitulées «L'accident» et «Le procès», se déroule une intrigue policière comportant les éléments suivants: l'«accident» comme tel, le coma de la jeune femme frappée par la voiture, l'enquête policière qui s'ensuit, l'accusation et le procès du conducteur en délit de fuite. L'esthéticienne Louise Lagarde, narratrice intradiégétique et témoin de l'accident, se trouve impliquée, un peu malgré elle, dans la recherche autant de l'identité de celle qu'elle nomme Rebecca que d'indices révélateurs de la culpabilité de l'accusé, dont le procès demeurera en suspens, faute de clarification du véritable mobile. Mari de la narratrice, l'architecte Laurent Léger tente d'élucider le mystère à l'aide du *Cahier de Rebecca*, qui contient des extraits de la pièce *L'affaire Smythe*, présentée en tant que **work in progress** dans un théâtre de New York. Rebecca alias Ruby y transpose la recherche de son père Bob Smythe alias Robert Smith, qu'elle a retrouvé récemment malade dans un hôpital de Moncton. L'infirmière Norma Hébert, qui prend parfois le nom de sa jumelle Emma, personnifie aussi Conny dans *L'affaire Smythe*. Elle joue un double jeu en donnant des renseignements à Laurent, qui se rend à New York et s'égare dans les dédales des rues et de l'imaginaire. L'action romanesque se complique par la découverte d'une piste secondaire concernant un réseau de traite de Blanches. Dans la troisième partie du roman, intitulée «La fuite en appel», Louise cherche son mari à New York, mais elle y perd son identité antérieure pour se transformer en double de Rebecca, rôle qu'elle joue au théâtre et au cinéma. Sortie du coma, Rebecca prend alors le relais de narration et son discours, plutôt théorique, porte en particulier sur ses prérogatives en tant que narratrice autodiégétique dans l'organisation de la structure de l'œuvre littéraire.

Je regardais Rebecca reprend et approfondit des techniques d'écriture inspirées de la théorie du chaos et de la géométrie des fractales, déjà utilisées dans *L'antichambre*, premier roman de Gracia Couturier. À partir de la résolution d'équations mathématiques complexes à l'aide d'un ordinateur, les scientifiques ont remarqué l'apparition des phénomènes suivants : itération, autosimilarité, fractale simple ou complexe, *effet papillon* ou extrême sensibilité aux conditions initiales, chaos ou turbulence, bifurcation et *attracteur étrange*. Associés à la narratologie, ces nouveaux paradigmes servent de techniques d'écriture dans *Je regardais Rebecca*. Cependant, il n'est pas nécessaire d'être féru de mathématiques ou de sciences pour comprendre et apprécier les romans de Gracia Couturier, dont l'écriture concilie des éléments relevant du chaos et des fractales et des données de la narratologie plus courante. Ainsi, par l'éclatement de la structure et la transformation des personnages, *Je regardais Rebecca* se rapproche également du « Nouveau roman » des années 1960.

Ce roman ressemble à une fractale complexe et l'événement provocateur de l'*effet papillon* est tout simplement le désir qu'éprouvent Louise et Laurent de venir en aide à Rebecca et de la protéger contre les dangers qui guettent sa vie physique et son œuvre littéraire. Le conducteur de la voiture, qui se nomme Le Narrateur, est l'élément perturbateur et la cause des turbulences conduisant au chaos. L'*attracteur étrange*, point central autour duquel gravitent les personnages, n'est nul autre que Rebecca, qui dirige l'action, directement ou à distance. L'itération ou répétition d'un motif, autre élément de la fractale, sert aussi de procédé d'écriture. Par exemple, le comique pimente l'itération du portrait de la reine Elizabeth II, « dans son cadre dentelé [...] timbre-poste, gonflé hors de proportion », accroché au mur derrière le banc du juge de la Cour du banc de la Reine. L'ironie et un humour plus subtil se manifestent aussi lorsque des instances internes se permettent des commentaires extradiégétiques. C'est ainsi que la remarque incongrue de Laurent, « Je suis le mari de la narratrice », constitue une amusante paralepse.

La mise en abyme, ou emboîtement de récits dans le récit premier, est l'une des techniques narratives les plus utilisées. Le récit que Louise présente de l'accident de Rebecca et des événements subséquents, ainsi que d'autres éléments dans le même espace-temps, se situent à un premier degré de l'imaginaire. L'accès à un deuxième niveau se produit d'abord par l'insertion de textes manuscrits, en particulier du *Cahier de Rebecca*, dont le contenu révèle à son tour un troisième niveau diégétique où s'actualise, entre autres, le scénario de *L'affaire Smythe*. Des liens tangibles s'établissent entre le contenu des trois couches diégétiques et les desseins de Rebecca, qui sont tantôt la quête du père tantôt l'affirmation de pouvoirs en tant qu'auteure et narratrice. Semblables et interdépendants, les divers niveaux d'imaginaire forment un système complexe, dynamique et non linéaire, producteur de turbulences qui entraînent des bifurcations ou changements de lieu, de temps ou d'action. Phénomène analogue à la mise en abyme, le jeu de poupées gigognes s'applique bien à la composition des personnages, puisqu'il s'agit essentiellement d'emboîtements : Norma contient Emma et Conny ; Louise devient Rebecca ; Le Narrateur, conducteur qui se déguise en infirmier, est aussi Caméo et Le Crocodile. Le changement de nom et le dédoublement constituent la norme dans le roman fractal, où se multiplient disparitions ou bifurcations vers un autre rôle.

Par leur structure et leur originalité, les romans de Gracia Couturier s'inscrivent dans le courant artistique postmoderne de la fin du XXe siècle. Le recours à des techniques d'écriture enrichies d'un apport interdisciplinaire est une contribution nouvelle et unique à la création littéraire en Acadie.

Bertille Beaulieu

Je regardais Rebecca, [Moncton], Éditions d'Acadie, [1999], 284[1] p.

LA JOINTURE DU TEMPS
Léonard Forest
Essais (1997)

Léonard Forest est surtout connu pour son œuvre cinématographique et poétique. En revanche, jusqu'à sa publication en recueil, son œuvre essayistique restait plutôt dans l'ombre, avant tout parce que les textes concernés étaient difficilement accessibles matériellement. Certains avaient été publiés (pour l'essentiel dans des journaux ou des revues entre 1966 et 1997), tandis que d'autres restaient inédits.

L'auteur lui-même, à la demande d'Anne Marie Robichaud, a présidé au choix des textes pour cet ouvrage. Les écrits présentés s'étalent sur une longue période et leur agencement n'est pas chronologique. Ce recueil d'« essais » ne manque cependant pas d'unité. On peut même en souligner, au contraire, la cohérence thématique, comme l'évoque justement le titre : au-delà des époques – les textes s'étalent sur plus de 30 ans –, « l'œuvre » se tient, se lie, fait sens. Un regard minutieux permet sans doute d'isoler au moins deux thèmes majeurs qui organisent l'ensemble : l'Acadie, d'une part, et une méditation sur l'art et la création, d'autre part, deux composantes essentielles de l'identité de l'auteur.

Dans le corpus des essais acadiens, *La jointure du temps* occupe une place particulière à la fois par sa thématique et par le regard posé sur l'Acadie. On y trouve des réflexions sur l'Acadie assez proches, de prime abord, de celles des intellectuels de l'époque de la Renaissance acadienne, mais surtout qui tranchent par rapport aux écrits contestataires des années 1970. On y trouve très présent, par exemple, le thème de l'âge d'or. L'Acadie est appréhendée avant tout comme une « grande famille » : Forest propose une conception quasi génétique de l'acadianité (« l'acadienneté » chez l'auteur) : « on est Acadien ou on ne l'est pas. C'est un état qu'on a ou qu'on n'a pas, comme la grâce. Si on l'a, on est Acadien. Si on ne l'a pas, on ne

peut l'acquérir. [...] Être Acadien, en réalité [...] c'est être descendant d'une grande famille [...] qui a connu, dans ses premiers temps, une extraordinaire homogénéité, une extraordinaire cohésion, un extraordinaire bien-être, et qui a gardé de soi, à travers les temps et les intempéries, une image de solidarité filiale et de bonheur collectif. Être Acadien, c'est partager un souvenir. Être Acadien, c'est une complicité durable et pacifique. L'Acadie, donc, c'est une grande famille dispersée, c'est une fidélité, c'est une mémoire partagée. » Enfin, les valeurs et les vertus typiques de « l'Acadien » sont mises en avant : patience et retenue, pudeur, discrétion. Cette vision de l'Acadie est, du reste, présente dans l'œuvre cinématographique de Forest. Si l'on se penche sur la réception de l'un de ses documentaires majeurs, *Les Acadiens de la Dispersion* (1967), il faut rappeler qu'il avait suscité une controverse, certains considérant qu'il présentait une image folklorique de l'Acadie et paraissait pencher en faveur du *statu quo*. Il faut se garder, toutefois, de confondre chez Forest discrétion et mutisme. Il n'adhère pas au mythe de l'Acadie silencieuse (« Je ne sais pas ce que le film dira. Mais je sais qu'il détruira au moins un mythe : celui d'une Acadie silencieuse. »), pas plus qu'il n'adhère au mythe de la malédiction perpétuelle. Discrétion n'est pas non plus, ou du moins ne peut plus être, soumission : « N'est-ce pas la neutralité qui a perdu les Acadiens ? Et faut-il continuer d'en faire une vertu ? » ; « Il me semble que les Acadiens d'aujourd'hui ont autre chose à mettre dans leur continuité historique que la passivité de leurs ancêtres. » Chez Forest, si le passé est convié, c'est parce qu'il doit être exorcisé, assumé : conquérir son passé, son histoire afin d'assumer le présent (« la lumière du lendemain ne brille claire que dans l'œil de celui qui a su apaiser son passé »). Au moment où ses contemporains parlent d'espace et de territoire, Forest parle de temps et d'histoire.

Réflexions sur l'œuvre et sur l'identité se rencontrent, à propos de son film en voie d'achèvement, *Les Acadiens de la Dispersion* (voir l'essai en question). Plus largement, ces réflexions se trouvent dans plusieurs articles et se nouent souvent au détour d'une phrase. Car les deux sujets sont intimement liés : « Je suis Acadien et je fais un film sur l'Acadie. Sûrement, je suis parti à la recherche de l'Acadie, et peut-être aussi de moi-même. » Il importe ici de souligner une certaine tension chez l'auteur : si le propos sur l'Acadie est tranché, définitif, la prise de parole sur sa propre identité, d'Acadien et d'artiste, met au jour bien des questionnements et des incertitudes. En cela, la réflexion de Forest rejoint finalement celle de ses contemporains, artistes mais aussi « simples hommes de la rue », dans une dynamique de repositionnement individuel et collectif.

Forest propose également une réflexion sur la langue où se mêlent encore questionnement artistique et questionnement identitaire. En effet, la langue l'intéresse à double titre : comme matériau de l'écrivant, de la création poétique, mais aussi comme fait social (voir particulièrement le texte « Pour parler au monde »). La peinture qu'il propose alors de la situation linguistique du Moncton de son enfance est à la fois subtile et pleine d'humour. Elle révèle la capacité de l'auteur d'observer et de rendre compte de réalités acadiennes. « Et la langue. Multiple, en effet. Au chaud de la famille, avec mémère Madeleine […] on parlait notre langue à nous autres, l'acadien. Avec tous les mots qu'il fallait pour nommer toutes les choses, y compris la baillarge et les cosses de fayot. Langue française, mais langue ancienne, pleinement assumée par un peuple nouveau sur un continent nouveau. […]. Donc, l'acadien à la maison et avec la parenté. Et dans la rue, […] l'anglais. Au même âge et en même temps que des centaines de millions de jeunes nord-américains, *j'apprenions* l'anglais de la radio, des journaux et du cinéma. Et à l'école on parlait la langue des sœurs : langue bien élevée, correcte mais avec des douceurs acadiennes. Puis à l'église, la langue des prêtres, pareille comme celle des sœurs, mais plus savante. Puis aussi le latin que nous récitions avec panache.

[…] Et tout autour de la ville, à la radio, sur le journal *Transcript*, et chez Eaton et chez Creaghan […] et au cinéma le samedi après-midi, l'anglais. »

Nous ne pouvons conclure sans nous arrêter sur le style même de ce recueil d'essais, là où transparaît, où affleure sans cesse le poète. Dans la préface, Anne Marie Robichaud a brièvement, mais de façon très éclairante, montré comment l'usage de certaines figures si présentes dans l'œuvre poétique sont mobilisées ici pour servir le propos de l'essayiste : figures de comparaison et de métaphore, ironie, hyperbole et antithèse pour les figures de sens ; répétition anaphorique, construction brisée, répétition, coordination, énumération où le goût des mots, des noms se révèle, pour les figures de formes. Le travail sur le rythme et le jeu de sonorités (assonances et allitérations au service du sens) est également à souligner. Forest a bien entendu le sens de l'image et les tableaux évocateurs sont nombreux. Dans chacun des petits textes de *La jointure du temps*, la langue se déploie, les mots se conjuguent et les images se forment.

LAURENCE ARRIGHI

La jointure du temps, [préface d'Anne Marie Robichaud], [Moncton], Éditions Perce-Neige, [1997], 97 p. (Essai).

JOURNAL DE CÉCILE MURAT
J. Alphonse Deveau
Récit (1963)

J. Alphonse Deveau, fondateur du Centre acadien de l'Université Sainte-Anne (1972), publia l'histoire du personnage historique Cécile Murat (1780-1855) sous forme d'un journal intime fictif que Cécile aurait pu tenir entre l'âge de 15 et de 40 ans (1795-1820). Il existe cinq états du texte, qui comportent tous des variations, surtout en ce qui concerne les dernières entrées, datées différemment. Paru d'abord en feuilleton, de la fin du mois de juin jusqu'en novembre 1960 dans *Le Petit Courrier*, le *Journal* est ensuite publié sous

forme d'un cahier gris broché (s. l., s. é., s. d., «Dédié à tous les descendants de Cécile Murat»). L'édition jeunesse, avec des dessins en couleurs par Jean-Paul Ladouceur, paraît en 1963 à Montréal (Centre de psychologie et de pédagogie). Un autre cahier bleu broché contient la traduction anglaise du texte, avec quelques dessins anonymes en noir et blanc. Ces mêmes dessins, cette fois attribués à Janice LeBlanc, sont repris et augmentés par d'autres dans la quatrième édition (Yarmouth, Éditions Lescarbot, 1980), qui comprend de plus quelques photos ainsi que divers documents de plusieurs sources (comme un registre paroissial).

Le *Journal* contient des entrées racontant la vie quotidienne à la Baie Sainte-Marie de Cécile Murat et de ses parents, les LeBlanc, qui l'avaient adoptée lorsqu'elle avait six ans environ. Il donne des renseignements sur sa vraie famille, les Murat (son père disparu en mer, sa mère reste avec les autres enfants à Boston avant de rentrer en France), et sur son éducation (Casimir LeBlanc, originaire de France, lui apprend à écrire). Son mariage avec Jean-Baptiste Melanson, les naissances de leurs enfants et le récit de quelques événements historiques telle l'arrivée du père Sigogne et de François Bourneuf, maître d'école, complètent les entrées du *Journal*. La dernière entrée rappelle le grand feu de 1820, qui détruisit maintes maisons de La-Pointe-de-l'Église, y compris l'église paroissiale. Ainsi, l'histoire personnelle d'une jeune femme se combine à celle de la collectivité au sein de laquelle elle grandit, dont elle apprend les valeurs et relate les événements majeurs. Les thèmes privilégiés sont dictés par la forme adoptée, soit celle du journal intime (la famille, l'éducation convenable pour une jeune fille), alors que la place importante que tient dans le texte la religion catholique résulte en partie du contexte historique ainsi que de l'intérêt immédiat de Deveau, qui voulait garder vivant le souvenir du père Sigogne, figure imposante de la Baie Sainte-Marie à l'époque.

Plusieurs aspects de ce mince texte, peu étudié et classé parmi les ouvrages pour jeunesse dans la *Bibliographie* de Marguerite Maillet, méritent l'attention critique. Car c'est dans ce texte, ses avatars, ses avant-textes et ses paratextes (la préface étant du R. P. Clément Cormier, c.s.c., recteur de l'Université de Moncton) que se font voir certains traits de la communauté acadienne de la Baie Sainte-Marie, communauté soucieuse de garder la trace de son passé et de ses coutumes, menacés par d'autres mœurs. Soulignons d'abord que l'ouvrage est directement lié à la tradition de l'oralité, primordiale pour les Acadiens d'antan. De plus, l'écart temporel entre la vie réelle de Cécile et son «journal», censé retenir les traces essentielles de cette vie, rend évidents les filtres à travers lesquels tout récit historique doit nécessairement passer. Certaines bribes de l'histoire de Cécile subirent sans doute des transformations plus ou moins importantes quand, en formant le grand récit familial des LeBlanc, des Melanson et des Stuart, elles circulaient oralement parmi les nombreux membres de ces familles. En 1932, 77 ans après la mort de Cécile, une de ses petites-filles, sœur Marie Bernard, fixa pour la première fois par écrit les principales notes sur lesquelles le texte de Deveau est basé («*Some Family Notes Worth Preserving*», Archives du Centre acadien, Université Sainte-Anne). Les procédés de narrativisation et de fictionalisation que traverse un récit qui passe ainsi de l'oral à l'écrit sont faciles à entrevoir, d'autant plus si l'on prend en considération que les quelques faits connus d'une vie sont racontés sous forme de journal intime imposant ses propres lois formelles (datation, narration à la première personne, limitation du point de vue, etc.). Et il est évident que l'objectif de Deveau dépasse le simple récit de la jeune fille que fut Cécile : le soi-disant journal est truffé de notes infrapaginales dans lesquelles l'auteur ajoute des détails historiques pour contextualiser certaines entrées de Cécile. Sur le plan formel, le texte présente donc un curieux mélange qui contribue à faire passer plusieurs messages.

Bien qu'elle sache écrire, Cécile présente l'image typique de la femme acadienne idéalisée : sa place est circonscrite d'abord par la famille adoptive et plus tard par la sienne. Dans ce texte, les rôles masculin et féminin sont aussi bien définis que les valeurs prônées par l'Église, qui, par l'intermédiaire du prêtre, sanctionne chaque infraction. Plusieurs incidents du journal sont d'ailleurs empruntés à des intertextes, tels que les sermons tenus à l'époque par le père Sigogne ou l'épisode dans lequel, comme dans *Maria Chapdelaine* de Louis Hémon, Cécile est tentée de suivre le Français Pierre Paradis, mais reste puisqu'elle reconnaît que sa place est dorénavant en Acadie, même si elle est d'origine française. Et comme dans *Maria Chapdelaine* où il s'appelle François Paradis, le personnage symbolisant le « paradis » trouve la mort, tandis que le personnage féminin peuple de ses enfants la terre choisie. Enfin, pour ce qui est du prétendu lien généalogique entre Cécile Murat et son « oncle »

Joachim Murat, beau-frère de Napoléon Bonaparte par son mariage avec la sœur de celui-ci, Robert Pichette, dans *Napoléon III : l'Acadie et le Canada français*, a déjà démontré qu'il doit s'agir d'une confusion onomastique. La mère de Cécile, Françoise, dont il existe encore une lettre conservée au Centre acadien de l'Université Sainte-Anne, ne peut être l'épouse de l'autre Pierre Murat, frère de Joachim, car ce Pierre-là épousa une femme nommée Louise Dastorg en 1783, c'est-à-dire trois ans après la naissance de Cécile. À ce moment, le père de Cécile, dont le prénom fut également Pierre, était déjà installé avec sa famille à Boston. Or, la confusion généalogique donna une valeur exemplaire à Cécile, qui devint ainsi une femme modèle pour les Acadiennes de sa région : enracinée profondément dans l'histoire française – selon la légende familiale –, elle fut fidèle à sa famille adoptive, à son mari et à sa nouvelle patrie, ce bout de terre de la Baie Sainte-Marie baigné d'une aura provenant de ses soi-disant origines prestigieuses.

MONIKA BOEHRINGER

Journal de Cécile Murat, province de Québec, [s. l., s. d.], 46 p., ill. ; [préface de R. P. Cormier], Montréal, Centre de psychologie et de pédagogie, 1963, 62 p., ill. (Le canoë d'argent) ; Yarmouth, Éditions Lescarbot, 1980, 80 p., ill.

L

LIEUX TRANSITOIRES. POÈMES ET TEXTES
Gérald Leblanc
Poèmes (1986)

Dédié à l'écrivain et ancien directeur des Éditions Perce-Neige, Paul J. Bourque, le recueil de poèmes et de textes *Lieux transitoires,* paru entre *Géographie de la nuit rouge,* publié en 1984, et *L'extrême frontière,* publié en 1988, permet à Gérald Leblanc de confirmer sa vision politique et poétique de l'espace géographique, corporel et langagier. C'est pourquoi le poème liminaire «premier lieu» a pour destinataire privilégiée la communauté acadienne dont le point de souffrance est la défunte Acadie. Ce poème pose le projet d'écriture: puisque l'Acadie en tant que lieu d'appartenance n'est plus, la langue commune est proposée comme lieu d'origine identitaire. À partir de cette substitution, se déploient les deux sections, «Lieux transitoires I» (16 pages) et «Lieux transitoires II» (22 pages), lesquelles informent sur le cheminement créatif du poète. La première section hésite entre le français normatif et une langue hybride, plurilinguiste, attentive déjà au rythme et aux jeux de langage. Elle est sous l'égide du déplacement, de l'errance et de la trajectoire le long des routes, imaginaires ou pas, des vers libres sans ponctuation, de la musique lancinante et des corps à déchiffrer comme une carte ou une portée. Car, entre poésie et chanson, il est parfois difficile d'établir la frontière, Gérald Leblanc revenant toujours à ses premières amours de parolier. La création jouissante obsède les vers de la seconde section, la syntaxe s'affranchissant de tout conformisme pour suivre un rythme entraînant. Le poète résout le paradoxe du lieu fixe et de la mouvance par les lieux transitoires que sont les corps souples et chauds des amants, d'abord ceux du trio anonyme dans «danser au Kacho», poème en 11 parties numérotées, puis dans une joute amoureuse en une série de poèmes courts. Enfin, «Visions de Rimbaud (Projet d'autobiographie)», en prose rompue, corrobore le corps comme lieu essentiel de la parole insérée dans l'espace américain.

Dans *Lieux transitoires,* l'espace américain est traversé par la fulgurance de l'écriture, faisant dire à Gérald Leblanc qu'il écrit des «textes-taxi». D'ailleurs, la fulgurance caractérise la mouvance, l'errance et la trajectoire thématisées dans la première section du recueil; elle imprègne l'écriture dans la seconde section, où abondent les strophes courtes. C'est une manière singulière d'appréhender une thématique hantée par la Déportation de 1755, en la valorisant positivement dans une œuvre résolument dionysiaque, défaite de sa vêture nostalgique et ancrée dans son américanité. Une tonalité affective s'insinue jusque dans les blancs, ces espaces libres qui sont des coupures localisables *entre* et *dans* les poèmes. Le poète et ses deux amants, dans «danser au Kacho», étudient «quelque chose» qu'ils ne peuvent pas «encore nommer» et qui les saisit. Au poète seul de balbutier ensuite quelques bribes de réponses, entrecoupées de longues pauses pour signaler la difficulté de rendre compte de l'expérience dans sa totalité. Quand il trouve enfin ses mots, il les rassemble en îlots disséminés que les blancs, expiration nécessaire, indiquent visuellement.

Ces îlots inspirés ciblent d'abord les Acadiens, avec le «nous» inclusif de «premier lieu», avant d'user de l'apostrophe dès «mouvance», premier poème de «Lieux transitoires I». Dès lors, le lecteur peut s'immiscer au cœur d'un dialogue que l'auteur instaure afin de trouver des stratégies pour muer le «déraciné apatride» en «bipède ambulant dans les fantasmes de vous» et glisser du «vous» au «tu» de proximité. Le dialogue est permanent, façon de (se) dire, plaisir de (se) sentir (avec) l'autre, grâce à l'autre, dans une communion et une communication directes. Parce que proches, les amis ou les amants ne sont pas nommés, tandis que certains artistes, références culturelles, sont expressément cités. C'est le cas de France Daigle et de Roméo Savoie, pour l'intertextualité acadienne; de Joni Mitchell, Jim Morisson et Bob Dylan, pour l'inspiration musicale; de Paul Klee pour l'enivrante couleur bleue et d'Antonin Artaud pour le cri ultime… L'action de nommer permet une reconnaissance identitaire, individuelle et collective: elle contribue au devoir de mémoire dans un espace réel auquel se superpose toujours avec violence la notion de paradis perdu. Et Gérald Leblanc de chercher un paradis à construire en remodelant le réel au gré de ses désirs. Pour restituer la vitalité de son univers dionysiaque, donner chair aux mots ne lui suffit plus. À la fin du recueil, il redonne chair à Arthur Rimbaud lui-même, le poète du vieux continent, faisant de lui un «lieu transitoire» dans la moderne Amérique.

Les «lieux transitoires» sont aussi, sinon avant tout, ces lieux creusés par un dialogue entre le soi et l'*alter,* quel qu'il soit, l'Acadien dans sa spécificité ou un autre. Néanmoins, il faut considérer le corps du poète en tant que lieu premier, parce qu'il reçoit, et lieu dernier, en ce qu'il nous offre sa parole. Celle-ci sert à transcrire l'expérience de l'échange et du don. La musique, blues ou rock, la couleur, bleue, la chair de l'amant, douce et tendre, sont alors les vecteurs de l'expérience que le poète se donne pour mission d'exalter. Ce déploiement, explicite dans la seconde section du recueil, court-circuite notre attente, celle d'un cri suivi d'une exploration des zones de douleur, à la manière de l'errance apollinairienne. Si Gérald Leblanc erre, il le fait accompagné par la musique; s'il

cherche une trajectoire, c'est celle d'un corps à aimer; s'il se perd enfin, c'est dans la jouissance – et celle-ci l'emporte sur la douleur de l'impossible Acadie.

Fabienne Claire Caland

Lieux transitoires. Poèmes et textes, [Moncton], Michel Henry éditeur, [1986], 46[1] p. (Poésie).

LA LIMITE ÉLASTIQUE
Daniel Dugas
Poèmes (1998)

À l'aube du nouveau millénaire, l'artiste pluridisciplinaire jette dans ce quatrième recueil un regard cynique sur un monde fragile au bord du chaos. Des textes en vers libres s'y enchaînent, chacune des quatre sections étant dotée d'un exergue annonçant les thèmes qui y sont abordés, tout en favorisant certaines interprétations, souvent apocalyptiques. Le premier texte, «je vois», annonce bien cette approche chaotique, présentant un locuteur soumis aux médias, bombardé de publicités, dans un univers où la violence et la sexualité sont banalisées et où l'artificialité devient la norme. Les médias assument ainsi le double rôle de symptôme de la fin du monde et de fenêtre sur celle-ci. Le locuteur veut se libérer de leur influence, qui fait des hommes les spectateurs impassibles de leur propre fin: «je me débarrasse des journaux / des radios / des postes de télévision». La rupture n'est cependant jamais complète, le style d'écriture fragmenté de l'auteur rappelant sans cesse la réalité même qu'il rejette (celle du zapping ou du pitonnage). D'autres facteurs annonciateurs de catastrophes sont ainsi illustrés. On pourrait par exemple en arriver à ne connaître la neige que par «les tempêtes de *styrofoam* blanc»… L'auteur dénonce, entre autres, la destruction de l'environnement par l'humain, les inégalités sociales et le conformisme maladif des enfants en «minivan» qui «se sont fait implanter dans la tête des sacs gonflables» pour que «maintenant il n'arriv[e] plus rien». Enfin, il importe de préciser que le *message* est toujours lancé avec humour, l'auteur imaginant des situations extrêmes, souvent loufoques, troublantes toutefois par leur plausibilité.

La limite élastique, [Moncton], Éditions Perce-Neige, [1998], 84 p. (Poésie).

LES LITANIES DE L'ÎLE-AUX-CHIENS
Françoise Enguehard
Roman (1999)

Ce roman nous fait suivre le trajet ardu mais enrichissant qu'ont fait, au tournant du siècle, certains paysans de la Bretagne française jusqu'à Saint-Pierre-et-Miquelon, dans le but d'entreprendre une nouvelle existence. C'est à travers le cas spécifique de Victor Lemétayer que nous assistons au passage d'une vie vouée à la terre (en France) à celle de pêcheur (en Amérique). Le livre s'ouvre sur un avant-propos où l'auteure annonce son intention de relater la vie de ses ancêtres, en leur faisant honneur, même si cela va à l'encontre de la tradition familiale (qui veut qu'on ne se raconte jamais soi-même).

Le récit est construit selon un ordre chronologique, sauf pour trois « litanies » qui ne se présentent pas comme des chapitres réguliers du roman. Celles-ci sont très brèves et constituent en fait des prolepses où l'un des personnages principaux, Marie-Joseph, est présenté comme une grand-mère entourée de ses petits-enfants. Dans les autres chapitres, nous la voyons progressivement vieillir. D'abord présente dans le roman comme une jeune fille, elle devient par la suite la femme de Victor et une mère de famille. À la fin du roman, elle est âgée et voit venir avec sérénité la fin de ses jours. Le roman introduit en premier lieu la famille Lemétayer et son mode de vie agricole. Est ensuite mis en valeur le caractère radicalement différent de Victor, qui le mène à convoiter la liberté de ceux qui partent gagner leur vie aux Amériques. Après les démarches d'usage, il est recruté par

Joseph Coudray de *L'Aimé* et s'embarque un matin sans dire un mot à personne de peur qu'on le retienne. Les expéditions de pêche se suivent alors de plus belle et Victor, courageux, se fait à ce travail souvent dangereux et dont les conditions sont parfois inhumaines.

Sur le plan des amours, Victor est un jeune homme dont la persévérance est remarquable. Après quelques années passées à courtiser sans succès Marie-Joseph, la plus belle fille de Trébédan, il l'épouse enfin et les parents de cette dernière souffrent de son départ pour l'Île-aux-Chiens. L'adaptation à cette nouvelle situation est très pénible pour la jeune femme, qui n'a pas le pied marin, mais sa force, autant physique que morale, ainsi que ses nouvelles amies font qu'elle s'intégrera finalement à son nouveau milieu. Victor et Marie-Joseph fondent bientôt une famille et ils traversent avec détermination les innombrables embûches que la vie sème sur leur route. Puis, Victor meurt à la suite d'un accident de pêche et Marie-Joseph doit tout prendre en main et élever sa famille seule. Le roman se termine avec le décès de la brave femme alors qu'elle vit ses derniers jours, entourée de ses enfants et de ses petits-enfants, telle qu'elle apparaît dans les trois litanies.

Le roman de Françoise Enguehard fait d'abord émerger Victor Lemétayer en tant que personnage principal. Pendant plus d'un tiers de l'œuvre, l'intrigue se construit entièrement autour de lui et de son aspiration à la vie de pêcheur en Amérique. Sa grande détermination et son cheminement dans son nouveau métier constituent tous les premiers chapitres, sauf les litanies. Le roman semble donc, de toute évidence, être l'histoire de Victor. Toutefois, la dynamique de l'œuvre change progressivement à partir du moment où Victor et sa jeune épouse viennent s'installer à l'Île-aux-Chiens. Étonnamment, le parcours du personnage se met à diminuer en importance au profit de celui de Marie-Joseph. Les décisions et les manœuvres de Victor affectent encore les revirements du récit, mais l'espace accordé au personnage de Marie-Joseph occupe désormais la principale partie de la narration.

Le narrateur, omniscient, demeure fort près du personnage de Marie-Joseph; il devient le témoin de l'existence de la fille de Bretagne élevée sur la ferme et devant à présent se transformer en femme de l'Île-aux-Chiens. Dans cet environnement de pêcheurs, essentiellement masculin, il serait facile d'éclipser la réalité des femmes ou de n'en montrer qu'une petite portion. Cependant, la narration s'attache plus souvent au domicile de Marie-Joseph qu'elle ne suit Victor dans ses expéditions de pêche. Il est surprenant que l'auteure ait choisi de présenter l'aspect du sédentarisme (de la femme) plutôt que celui d'ouverture et de mouvement qu'implique le métier de la pêche. Toutefois, même si Marie-Joseph ne se déplace pas beaucoup comparativement à Victor, toujours parti à l'aventure, l'auteure a su construire un personnage très vivant et émouvant.

Contrairement aux portraits habituels de la femme de pêcheur forte et parfaitement établie dans son milieu, Marie-Joseph ne s'intègre pas bien au départ dans son nouveau milieu. Tout ceci perdure très longtemps et ce n'est que tard dans le récit qu'elle se sent davantage chez elle à l'Île-aux-Chiens qu'en France. La métamorphose de la fille de Bretagne en femme de l'Île-aux-Chiens est ardue. Cette narration attentive et proche du personnage permet au lecteur de bien sentir sa misère et ses efforts.

En somme, le roman de Françoise Enguehard est inspirant et agréable à lire. Sans pour autant négliger les belles qualités des pêcheurs, il met en valeur le rôle des femmes qui ont su transformer un bout de terre aux conditions hostiles en un endroit confortable et attachant où il fait bon vivre.

DEBBIE LEVESQUE

Les litanies de l'Île-aux-Chiens, Moncton, Éditions d'Acadie, [1999], 352 [1] p., ill.

LOIN DE FRANCE
Germaine Comeau
Roman (1997)

Loin de France a l'ambition de brosser un tableau bien documenté d'une famille et d'une époque. Jean-Jacques Stehelin arriva à Pointe-de-l'Église (Nouvelle-Écosse) en 1892. Sa famille le suivit peu après et aménagea en un tournemain un domaine de rêve au cœur de la forêt canadienne. Domaine quasi féodal où, comme le dit la chronique, Noirs, Micmacs, Acadiens et anglophones travaillèrent dans l'harmonie (sous l'œil obligeant du couple patriarcal, Marie-Thérèse et Émile Charles Stehelin), tout en jouissant d'un confort moderne inouï pour l'époque. Située à 40 kilomètres du village de Weymouth, «La Nouvelle-France» (c'est le nom de ce domaine) fut reliée à la côte par un chemin de fer privé. Et, comble de luxe, cette enceinte de maisons, de hangars et d'autres bâtiments voués au commerce familial fut éclairée à l'électricité, d'où son nom anglais «*The Electric City*». S'inspirant donc de l'histoire de ce domaine d'exploitation de bois fondé en 1896 par une famille d'émigrés alsaciens déplacés par la germanisation de leur province, le roman raconte une suite d'épisodes de la vie du héros fictif, l'adolescent Paul-Émile Stehelin. Ce dernier est un protagoniste taillé dans le même drap qu'un héros de roman d'aventures pour jeunes. Élevé sur le domaine familial, Paul-Émile ne connaît pour ainsi dire que la forêt vierge, le plein air, la liberté. Ses astuces d'esprit fort ainsi que ses aventures d'adolescent fier et indompté se transformeront assez vite en intrigue, intrigue dont l'issue est à coup sûr la découverte de soi et de l'autre, autrement dit l'éveil du sentiment amoureux. Divisé en 16 chapitres de longueur inégale, *Loin de France* est donc à la fois un roman d'aventures et un roman d'initiation. Initiation à la vie et à ses rigueurs en même temps qu'éveil des émotions complexes de l'adulte.

Le récit s'ouvre sur le départ du jeune Paul-Émile pour le Collège Sainte-Anne. Déjà récalcitrant à l'idée qu'il devra désormais se plier à la discipline des bons pères, Paul-Émile voit se confirmer ses craintes quand, hanté par le mal du pays, seul, isolé et malheureux au collège, il décide enfin d'en partir. S'ensuit le long chapitre narrant le retour de Paul-Émile à La Nouvelle-France, où le jeune fugitif traverse des bois, révélant au passage ses impressionnants talents de «scout». On le voit se nourrir de baies sauvages, attraper des truites, les cuire, dormir dans une grange abandonnée. Chemin faisant, il surprend une ourse et finit par épier une tribu amérindienne et surtout la séduisante Marie-Aigle, dont il sera question plus loin. Pendant ce temps, notre héros écrit force lettres à sa sœur Simone. Enfin, l'évadé retrouve ses pénates, se fait pardonner par ses parents et accepte de travailler à la solde du commerce familial, c'est-à-dire qu'il devient bûcheron.

L'intrigue du roman s'organise autour du vol mystérieux de la statue de saint Roch, souvenir du vieux pays et objet de piété qui, pour la vénérable grand-mère, prévient contre la maladie. Paul-Émile et sa sœur se mettent en peine pour retrouver cette statue, ce qui va les faire entrer en communication (par voie de pigeons voyageurs!) avec Marie-Aigle et les siens à la fin du roman. Ce sont ces derniers qui remettront la statue aux Stehelin, statue qu'ils avaient «volée» pour «guérir» leur aïeul, le père de Jo-Pître, mort depuis peu de jours.

Loin d'étoffer l'intrigue de la statue volée, les chapitres 5 à 10 se lisent à la manière d'une chronique du temps jadis. Les hommes partent à la chasse. On en fait la description. Les bûcherons s'installent dans le fond des bois. On en étale tout le folklore. Et cependant que les hommes travaillent au loin, les femmes s'adonnent aux menus préparatifs de Noël, un vrai Noël d'antan. C'est ainsi que, scintillant de tous ces feux électriques et comme endormie sous une douillette couche de neige, La Nouvelle-France fête le réveillon de 1900, moment de béatitude figé à tout jamais dans l'esprit de chacun, perfection inespérée qui ne durera pas.

Nulle surprise donc si, dans la conclusion du texte, la romancière développe le thème de la mort: «L'homme doit reconnaître qu'il faut parfois laisser mourir l'œuvre qu'il a créée». D'abord celle du père de Jo-Pître. Enfin, le décès de la matriarche des Stehelin, dont l'agonie est narrée au chapitre 15. Entre-temps, c'est la fuite devant le temps, départs vers Halifax et New York qui éparpilleront les membres de cette famille somme toute assez vagabonde. De La Nouvelle-France, fierté d'une race fière, il ne restera que des ruines et des lettres retrouvées dans un caisson de fer. Ce sont les lettres de Paul-Émile, précieux documents qui permettent de reconstituer le temps passé.

Évoquant le souvenir historique de la Baie Sainte-Marie aux environs de 1900, *Loin de France* brosse le tableau d'une Acadie jouissant d'une prospérité nouvelle: exploitation du bois, commerce extérieur, chantiers navals. Cette prospérité détonne dans le corpus des textes acadiens qui privilégient davantage dénuement et misère. La famille Stehelin n'est certes pas de souche acadienne, mais cela importe peu. Comme ces autres Français, les personnages historiques qui fondèrent le Collège Sainte-Anne en 1890, les Stehelin ont marqué le milieu acadien de leur temps. Milieu du reste, au dire de ce roman, éminemment ouvert aux Français d'ailleurs. C'est donc en marge du texte que se profile une Acadie bien reconnaissable – séculaire, paysanne, taciturne et rigoleuse –, l'Acadie travailleuse et bon enfant, l'Acadie incarnée par les «petits» personnages du roman de Comeau: Boss Blinn, grand'mère Thibodeau et les autres.

ÉDWARD LANGILLE

Loin de France, [préface de l'auteur], [Moncton], Éditions d'Acadie, [1997], 216[1] p., ill.

LOUIS MAILLOUX
Calixte Duguay et Jules Boudreau
Théâtre (1994)

Pour souligner le centenaire du mouvement de révolte qui secouait la ville de Caraquet

en janvier 1875, le Théâtre populaire d'Acadie (TPA) présentait en grande première une comédie musicale créée par Calixte Duguay et Jules Boudreau et intitulée *Louis Mailloux*. Rarement une pièce aura été reprise en Acadie aussi souvent que celle-ci. Elle figure en effet à la programmation du TPA en 1975, 1976, 1978, 1981, puis encore en 1992. Le Théâtre Capitol de Moncton accueillait encore une représentation de la pièce en 1994 à l'occasion du Congrès mondial acadien.

Dans cette première comédie musicale de la modernité acadienne, fiction et histoire événementielle se croisent pour raconter à la fois le premier mouvement de rébellion en Acadie et les derniers jours de Louis Mailloux. Fils de pêcheur âgé d'à peine 19 ans, Mailloux est amoureux et assoiffé de justice sociale. Nous sommes en 1875 et le gouvernement néo-brunswickois vient d'imposer une réforme du système scolaire qui risque de mettre en péril le droit des Acadiens à l'enseignement en français. Or, un groupe d'hommes, parmi lesquels se trouve Mailloux, n'a pas l'intention de laisser passer ces changements et il se réunit un soir d'hiver pour faire valoir son objection auprès d'un notable anglais. Dans la nuit du 27 janvier, la milice, dépêchée à Caraquet pour étouffer le mouvement de protestation, entre avec fusils levés dans la grange où sont réunis les manifestants pour discuter et jouer aux cartes, et Louis Mailloux devient la tragique victime d'une balle perdue.

Comme bien des œuvres écrites en Acadie au cours des années 1970, la pièce *Louis Mailloux* est représentative d'un théâtre nationaliste qui veut raviver la fierté du peuple acadien. L'époque étant aux mouvements de contestation (comme dans bien d'autres milieux à travers le monde), le fait que l'intrigue de cette pièce soit axée sur la résistance d'un groupe d'Acadiens à la tyrannie des Anglais en a peut-être accentué l'attrait. Le personnage de Louis Mailloux, devenu héros à travers son tragique

destin, a d'ailleurs été adopté au fil des années comme le symbole d'une lutte menée en Acadie pour la préservation des droits et de l'héritage linguistiques. Depuis sa première mise en scène au TPA, la pièce a été appréciée par des milliers de spectateurs.

Comme le précisent clairement certains critiques, la mode semble être, à l'époque turbulente où la pièce fut écrite, à la distorsion des faits historiques. L'intrigue de *Louis Mailloux* s'inspire toutefois dans son essence de faits véridiques. André Albert, James Blackhall, Dominique Chenard, Fabien Lebouthillier, tous ces personnages et tant d'autres sont calqués sur des gens qui ont été amenés à paraître devant la Cour suprême du Nouveau-Brunswick dans le contexte de *Regina vs. Mailloux and others*. C'est dans le cadre de ce procès, justement, que ces personnages apparaissent aux tableaux d'ouverture et de fermeture de la pièce, témoignant en rafale sur les circonstances du décès de Mailloux. Quant au déclencheur des conflits à la fois fictifs et réels, il s'agit du *Common Schools Act*, adopté sous la direction de George King, premier ministre du Nouveau-Brunswick de l'époque. Les mesures en question visaient une réforme du système scolaire qui entraînait le démantèlement du système confessionnel et la création d'une taxe scolaire qui venait empêcher la participation d'une bonne partie de la communauté acadienne, moins nantie, au processus décisionnel. Autant de réformes qui mettaient en péril le droit à l'enseignement en français, qui à l'époque s'appuyait directement sur la participation des communautés religieuses. Craignant un recours à la violence des Acadiens de Caraquet, on avait dépêché la milice sur les lieux. Deux hommes sont morts à Caraquet ce jour-là: un milicien, John Gifford, et un jeune Acadien, Louis Mailloux.

Louis Mailloux se veut peut-être une leçon d'histoire, mais ses auteurs ont su, par leur recours à la danse et à la musique, créer un spectacle dans lequel complaintes et célébrations font bonne compagnie. Une compilation des chansons a d'ailleurs été endisquée dès 1980, puis de nouveau à l'aube du Congrès mondial acadien de 1994. Duguay et Boudreau tissent également une intrigue parallèle, celle d'une histoire d'amour naissante entre Jeanne Leboutillier et Louis Mailloux, prétexte à de belles chansons d'amour.

Un compte rendu de cette pièce serait incomplet sans une mention de la contribution qu'elle apporte à la codification du français acadien. Comme les personnages du *Djibou* créé par Laval Goupil en 1975, comme celui de la *Sagouine* d'Antonine Maillet, ceux qui habitent l'univers de *Louis Mailloux* ont recours à des expressions que l'on qualifierait d'archaïques mais qui pourtant sont attestées dans l'usage en Acadie. Duguay et Boudreau créent ainsi dans les répliques une authenticité linguistique et illustrent sur la place publique une langue qu'il faut désormais cesser de mépriser. Dans les conventions d'écriture adoptées par ces auteurs, l'orthographe de certains mots est modifiée pour refléter une prononciation particulière. On observe ainsi chez eux une sensibilité évidente à l'oralité. On constate une sensibilité tout aussi marquée pour l'incidence de la position sociale sur les pratiques langagières et c'est ainsi qu'on verra illustrées sur scène diverses variétés de français: celui du curé et de la religieuse, celui du notable, des politiciens, etc. Ces personnages emploieront un parler dont le registre relève davantage du français standard et quelques-uns subiront justement des reproches à cet égard: «Ben regarde ouère ça, c'est tout' griché comme un matou, ça parle en tarmes comme dans les vieux pays, pis ça essaye de faire peur au grande monde» (acte 2, scène 1). Les conventions langagières sont effectivement aussi complexes que la société dont elles s'inspirent.

Louis Mailloux est donc une pièce qui a su traverser deux décennies pour trouver écho auprès d'un public qui, assoiffé de héros, en a trouvé un en la personne d'un fils de pêcheur qui, représentant d'une communauté de contestataires bien acadiens – les véritables héros de cette pièce finalement –, est mort en luttant pour sa patrie.

Sonya Malaborza

Louis Mailloux, [Moncton], Éditions d'Acadie, [1994], 110[3] p.

M

MADELEINE OU LA RIVIÈRE AU PRINTEMPS
Simone Rainville
Roman (1995)

Madeleine ou la rivière au printemps, prix France-Acadie 1995, est à la fois l'histoire d'un amour interdit et celle de l'arrivée d'une femme à l'écriture. Traitant des thèmes de l'identité et de l'altérité dans l'Acadie des années 1950, le roman soulève le problème de l'épanouissement de ceux et de celles qui n'ont pas voix au chapitre. Madeleine, une femme de bonne famille devenue institutrice, est mariée à Pierre, un bûcheron dont elle apprécie le sens de l'humour mais avec qui les rapports sexuels deviennent pour elle une source d'humiliation. Cependant, celui avec lequel elle connaîtra l'amour et la passion est non seulement le frère cadet de Pierre, mais aussi le curé de sa paroisse. Forcée de suivre son mari jusqu'à un chantier forestier isolé, elle entre en relations épistolaires avec son beau-frère. Afin de cacher ses écrits intimes, l'épistolière les accompagne de chroniques du chantier. Les 22 textes rédigés à «B. River» dénoncent ainsi les conditions de vie du chantier, tout en révélant l'affirmation progressive du sujet écrivant : s'exprimant initialement avec timidité et vouvoyant son correspondant, le «je» en arrive à le tutoyer et à se moquer de lui avec hardiesse et ironie lorsqu'il remet en question la vision féminine des choses. Le processus consiste à faire reconnaître des réalités autres à son correspondant au plan formel : le français normalisé des premières lettres, que Madeleine estime inférieur à la poésie du père Louis, fléchit pour laisser entendre un langage expressif et polyphonique où le «chiac» acquiert une valeur poétique. De plus, différents aspects de la vie des bûcherons, d'abord décrits sur des feuilles séparées, en viennent à former le *post-scriptum* d'une lettre. Les dernières lettres, écrites à Moncton, racontent les tentatives des deux partenaires pour maintenir leur relation en sublimant l'attrait charnel de celle-ci.

Aux plans thématique et formel, l'ouvrage fait ainsi émerger un contre-discours qui vise à redéfinir la question identitaire acadienne, sans pour autant aliéner l'ordre établi. Le roman laisse entrevoir la difficulté d'un tel projet : en témoigne l'impossibilité de publier les lettres à moins d'en censurer certains aspects et, surtout, le système paratextuel qui encadre et cautionne les lettres, tout en soulignant la nature des informations censurées.

Un genre foncièrement privé, conçu pour rendre compte de la texture de la vie quotidienne, sert ici à révéler l'existence de deux catégories sociales opprimées : le récepteur des lettres ne saurait plus ignorer ni la réalité des bûcherons déplorablement exploités par de riches anglophones, ni celle de la femme, emblème par excellence de la différence. En effet, tout au long de sa correspondance, Madeleine fait ressortir la nature transgressive de ses désirs de femme adultère, mais n'en souligne pas moins la «logique saine» de la passion qu'elle partage avec Louis, puisque leurs gestes, contrairement à ceux qui caractérisent les rapports entre elle et son mari, correspondent aux sentiments et s'accomplissent «dans la douceur, le respect et le consentement». Il en résulte l'émergence d'un thème particulier : la valorisation de la compréhension mutuelle et de l'esprit de collaboration – valorisation qui sous-tend les rapports entre Madeleine et un certain nombre de personnages, principalement des femmes de différentes couches sociales et ayant connu une variété d'expériences. Le paratexte révèle d'une part que la publication des lettres de Madeleine résulte de la collaboration entre la narratrice et la nièce de l'épistolière, détentrice d'un doctorat en psychologie. D'autre part, si c'est avec dépit que le fils de Madeleine conclut au besoin de ne plus considérer sa mère comme une sainte, pour sa fille, les lettres sont une source de compréhension. Dans le texte, Madeleine survit à son exil grâce principalement à l'écriture, mais aussi à l'appui de la seule autre femme du camp, la cuisinière, au langage grivois et obscène, buveuse de bière, que l'épistolière finit par considérer comme une amie. Finalement, l'aident à survivre à la tragédie d'un amour aussi intense qu'impossible à réaliser une mère célibataire, sa belle-mère, mais aussi le frère, aux tendances mystiques, tous appartenant à des catégories dévalorisées par un certain discours. L'importance de la remise en cause de leur dévalorisation stéréotypée est traduite par le fait que, sous leur influence, Louis et Madeleine tentent de transformer leur passion charnelle en projet social : ils travaillent ensemble à créer une école régionale. Ni l'un ni l'autre ne recueilleront pourtant les fruits de leur collaboration – après que le curé aura été muté dans une autre paroisse, Madeleine se noiera dans des circonstances « mystérieuses » – mais, à l'instar des lettres de celle-ci, l'école témoignera de leur complicité illégitime et contribuera à affirmer la nature complexe de la société acadienne.

La leçon morale et littéraire du roman n'est que trop claire : ceux qui maintiennent aveuglément et jalousement la loi patriarcale sont responsables de l'infériorisation et de l'oppression de ceux et de celles qui ont un rôle important à jouer dans la reconstitution d'une Acadie moderne et plurielle. Aussi le texte, en dévoilant des réalités normalement tues, expose-t-il les méfaits de ceux qui exercent leur pouvoir d'une manière abusive, depuis le professeur ou l'arpenteur, l'un et l'autre anglophones, jusqu'au mari et à tout autre homme insensible ou misogyne.

Que le renouveau exige d'assouplir la loi officielle, qu'il oblige à créer et à accepter des réalités autres et que cela puisse se produire dans le respect, de tout cela témoigne le récit d'une passion « hors-la-loi », celle qui unit Louis à Madeleine. Au fur et à mesure de la relation de cette passion, le texte accumule une énergie subversive qui se fait hybride et désinvolte, drôle et contestataire, tandis que le corps de la femme échappe au non-dit pour se textualiser dans toute sa beauté sensuelle. L'amour vécu en dehors des contraintes « des commandements, du devoir et du péché » se fait force libératrice, comme l'affirme le frère de Madeleine, et Simone Rainville de réclamer le droit à la transgression au nom d'une Acadie à réinventer.

PAMELA SING

Madeleine ou la rivière au printemps, [Moncton], Éditions d'Acadie, [1995], 196[1] p.

LES MARÉES DU GRAND DÉRANGEMENT
Claude Le Bouthillier
Roman (1994)

Dans ce roman historique qui fait suite au *Feu du mauvais temps* (1989), Le Bouthillier raconte l'errance et le désir d'enracinement des déportés acadiens sur une période qui s'étend de 1761 à 1805, soit une quarantaine d'années. Le texte est parsemé de vieux mots acadiens ou encore autochtones – souvent accompagnés de précisions sur leur sens et sur leur origine – et de détails historiques portant sur le mode de vie et les coutumes des Acadiens de l'époque. Entre le récit de l'installation difficile de plusieurs Acadiens sur des terres d'exil aussi éloignées que la France, l'Angleterre, les colonies américaines, les îles Malouines ou la Martinique, un personnage inspiré de l'ancêtre de l'auteur, Joseph Le Boutillier, cherche à résoudre le mystère de ses origines. Sa quête identitaire, cependant, se mêlera rapidement à une quête des origines du peuple acadien qui, confondant l'historique et le fantastique, tissera des liens mystérieux entre l'histoire des gardiens du Graal et l'Acadie.

Les marées du Grand Dérangement, préface d'Angèle Arsenault, Montréal, Éditions Québec / Amérique, [1994], 367 p.

MARGOT LA FOLLE
Antonine Maillet
Théâtre (1987)

Dans cette pièce en deux actes, créée au Théâtre du Rideau Vert en 1987, Maillet fait vivre cinq nouveaux personnages, tous à l'affût de ce que leur réserve le destin, certains cherchant à le défier ou à le déjouer, d'autres à le suivre. Sur l'île d'Anticosti, au début du siècle, une malédiction pèse depuis près de 50 ans sur le phare de la Pointe-à-Margot : six gardiens, tous de la famille des Atras, sont morts tragiquement, victimes d'un mauvais sort. Dans cet univers proprement mailletien, deux rivales se font pendant et s'affrontent : Margot, personnage énigmatique, représentante du huitième jour, de « l'envers du monde », et Catherine Atras, représentante de la vie ordinaire, de la semaine de sept jours. Cette dernière se dresse contre le destin et sa complice, Margot la Folle, en tentant de soustraire son propre fils Nicholas (qui désire devenir gardien du phare) à sa destinée tragique.

Margot la folle, [Montréal], Leméac, [1987], 126 p. (Théâtre).

MARIAAGÉLAS
Antonine Maillet
Roman (1973)

Première œuvre d'une trilogie qui prend pour thème le *bootlegging* – elle sera suivie de sa version théâtrale, *La contrebandière* (1981), et de *Crache à pic* (1984) –, *Mariaagélas* présente une héroïne pleine de ressources, débordante de joie. Le cadre de l'action est un village acadien durant les années 1920 et 1930, à l'époque de la prohibition. La fière et aventureuse Maria est la fille de Gélas, patriarche d'une famille habitant « le sud du pont » depuis la fondation de la paroisse. Une nuit, alors qu'elle se promène sur la dune, elle surprend des contrebandiers transportant de la bière ; elle se résout aussitôt à faire partie de l'opération.

La nature clandestine du *bootlegging* passionne Mariaagélas, car elle lui permet d'exercer son intelligence vive, sa fine intuition et son esprit d'entreprise. Sa rivale est la veuve à Calixte, personnage mailletien récurrent et fouineuse hypocrite qui, dès le départ, a des soupçons sur ses activités. La veuve met son nez partout et découvre bientôt le « Chemin-des-Amoureux », la route qu'utilisent les « bootleggeurs » (guidés par Mariaagélas) pour déplacer leur contrebande de la mer jusqu'à la forge des Gélas, qui sert de façade à l'affaire. S'ensuivent alors des scènes comiques et souvent remplies de suspense où Mariaagélas doit trouver des endroits ingénieux pour cacher son alcool, tout en déjouant les efforts de la veuve, qui cherche à la prendre au piège. La guerre en Europe marque la fin de la prohibition et la mort d'un pêcheur du village annonce le dénouement du récit.

Le roman est typique de l'œuvre de Maillet en ce qu'il est écrit dans un style très oral qui emploie le français standard, ponctué de régionalismes, pour la narration, et le dialecte acadien pour les dialogues. Il s'en distingue toutefois par la crédibilité de son contexte : malgré son humour constant, l'histoire offre une description austère et plausible de la sombre situation économique de l'Acadie du début du XXe siècle.

Mariaagélas incarne la liberté et la détermination, traits de caractère qui, pour Maillet, sont au cœur même de ce que veut dire être Acadien et auxquels elle attribue la survie des francophones de la région, en dépit des persécutions subies génération après génération. Elle sent « bouillonner en elle tous les goûts et tous les rêves successifs de sa lignée ». L'auteure, ici comme partout dans son œuvre, met en valeur l'importance de l'ascendance, car cette notion donne à ses récits un certain poids émotionnel ainsi qu'une atmosphère de conte populaire. Quand on considère le climat politique en Acadie au moment de la publication de *Mariaagélas*, il est évident que les fréquentes références ancestrales dans le roman servent à rappeler aux Acadiens modernes la hardiesse et le courage de leurs prédécesseurs (afin qu'ils persévèrent dans leur propre lutte pour préserver l'héritage). Le roman constitue la première tentative de Maillet d'écrire une épopée (*Pélagie-la-Charrette* paraîtra six ans plus tard). Si ce roman mélange l'Histoire et la fiction pour célébrer les exploits du personnage principal, la fusion des deux éléments n'y est pas toujours efficace. Par ailleurs, la narratrice du roman intervient régulièrement pour redire en français standard ce que les villageois disent en dialecte acadien. Ces interventions assurent non seulement la compréhension des expressions idiomatiques régionales par un plus grand nombre de lecteurs, mais elles renforcent aussi le sentiment que *Mariaagélas* serait un conte transmis verbalement de génération en génération.

Maillet oppose son héroïne, heureuse de nature mais défavorisée sur le plan financier, à la veuve à Calixte, représentante de l'*establishment*, trop sérieuse et d'une piété feinte. Cette opposition de base produit un effet satirique fort : chaque fois que Mariaagélas (qui est «hors-la-loi») triomphe de la veuve (qui est «comme il faut» mais bégueule), l'ordre social est temporairement renversé. Comme c'est la plupart du temps le cas chez Maillet, le thème de la division sociale est fort important dans l'œuvre : la séparation est ici géographique, le nord s'opposant au sud. Maillet crée des clans rivaux pour ensuite permettre aux «opprimés» de revendiquer le pouvoir, ne serait-ce que provisoirement. Cette convention donne à ses romans une dimension nettement carnavalesque qui, selon l'auteure même, convient particulièrement au milieu acadien.

Amy Joe Coleman

Mariaagélas, [Montréal], Leméac, [1973], 236 p. (Roman acadien) ; [préface d'Yves Berger], Paris, Bernard Grasset, 1975, xii-236 p. ; [préface d'Yves Berger], Verviers (Belgique), Marabout, 1980, 250 p. (Bibliothèque) ; Montréal, La Frégate, 1983, 210 p., ill. ; Saint-Laurent, Bibliothèque québécoise, 2000, 263 p.

La Mariecomo
Régis Brun
Roman (1974)

Historien, essayiste et archiviste, Régis Brun vient grossir les rangs des jeunes écrivains acadiens en 1974 avec un premier roman, *La Mariecomo*. L'œuvre propose une transposition littéraire d'un projet idéologique qui s'annonçait dès les premiers travaux historiques de l'auteur : la revendication de l'Acadie des exclus.

La Mariecomo dépeint la vie et les mœurs du «monde sur Lés Borgitte», un clan d'Acadiens défavorisés vivotant près des côtes du sud-est du Nouveau-Brunswick. Or, de leur marginalité, les Borgitte ont façonné une véritable éthique des exploités, basée sur un égalitarisme farouche et une franche camaraderie. Présidée par l'ensorceleuse Mariecomo, disciple du défunt Pivaromme et de la Grande Borgitte, la matriarche, cette coterie bigarrée s'adonne à toutes les réjouissances : contes, plaisanteries grivoises, ripaille, musique et surtout sorcellerie. De toute évidence, ces bons vivants n'ont cure des valeurs conservatrices de leurs voisins du Village-de-l'Église, localité emblématique de la culture officielle.

Le roman est divisé en trois parties : «Le monde sur Lés Borgitte», «La Mariecomo» et «La Mariecomo se raconte». Au gré des nombreux récits enchâssés, une dizaine d'invités arrivent progressivement chez Coq-à-Chien et Zelda pour écouter les exploits des Sorciers de la Côte, racontés par Gros Pied, Tit Arthur Bottine (le «conteux de contes») et la Mariecomo elle-même. La veillée des Borgitte s'achève sur la danse endiablée de la sorcière, geste de défiance et de victoire de tous ceux qui, écrit Brun, «ont osé garrocher à la face dés gens du Village-de-l'Église de par le pays leur soif de liberté et dés horizons à perte de vue».

La Mariecomo se distingue tant par ses particularités formelles que par sa récupération subversive du folklore acadien. Brun pratique une oralité crue, répudiant les

convenances littéraires afin de confronter le lecteur à l'altérité radicale, voire troublante, de la vie populaire d'autrefois.

La Mariecomo a suscité une réception critique presque bipolaire au lendemain de sa parution au Québec à l'automne 1974. Plusieurs auraient souhaité une contribution de facture plus classique au corpus acadien, à la remorque d'Antonine Maillet; ceux-ci ont déploré la langue d'écriture de Brun, jugée indigeste, ou la structure supposément désordonnée du roman. D'autres ont apprécié l'originalité des stratégies textuelles mises en œuvre par Brun et la singularité de sa position au sein de la littérature acadienne (ré)émergente des années 1970.

Toutefois, on a peu compris les modalités et les impératifs en vertu desquels *La Mariecomo* s'efforce d'opérer un double mouvement de rupture et de réhabilitation. Pourtant, toute analyse cohérente de ce roman doit passer par là.

La visée de Brun en écrivant *La Mariecomo* était de porter un coup aux mythes historico-religieux perpétués par une élite cléricale détentrice depuis plus d'un siècle du monopole de la vérité en Acadie. Cette *intelligentsia* traditionaliste, le romancier la connaissait très bien, s'étant associé depuis quelque temps au Centre d'études acadiennes. À ses yeux, l'héritage historiographique de la Renaissance acadienne constituait la trahison d'un peuple que l'élite prétendait servir, mais qu'elle maintenait dans l'immobilisme et l'ignorance de son passé.

Ce point de vue était celui de plusieurs jeunes intellectuels de l'époque. Brun a eu l'originalité de riposter en puisant dans le folklore et les légendes du pays pour dresser, contre la vision édulcorée du passé, la figure du défenseur des moins-que-rien que devient la sorcière Mariecomo sous sa plume. Il rompt donc avec les représentations proposées par l'ordre établi et, du même coup, il revendique et réhabilite un courant «souterrain» oublié et jusque-là honni de la culture acadienne.

Pour autant que *La Mariecomo* présente de réelles difficultés de lecture, le texte n'en est pas moins d'une substance indéniable et se prête à une variété d'interprétations. La manière la plus efficace d'en prendre la mesure est peut-être de comparer le livre de Brun avec les sources qu'il a adaptées à son projet romanesque, à savoir la tradition orale, d'une part, et, d'autre part, un document écrit, un vieux manuscrit anonyme intitulé *Contes d'Acadie*.

De quels renseignements l'auteur disposait-il en entreprenant l'écriture de *La Mariecomo*? Son avant-propos explique que, née en 1838 et décédée vers 1910, la Mariecomo avait «fait la pluie et le beau temps pendant la deuxième moitié du XIXᵉ siècle parmi les villages acadiens de la côte sud-est», qu'elle avait épousé à deux reprises un Mi'kmaq et que la *taoueille* «était la plus belle créature qui avait jamais marché dans le Chemin du Roi entre Cap-Pelé et Richibouctou». Lorsque le lecteur la retrouve en 1902, l'ensorceleuse, déjà sur ses vieux jours, songe à renoncer à «la vie de passant» pour couler ses dernières années sous le toit de son ami Gros Pied.

Au moment de rédiger *La Mariecomo*, Brun s'est inspiré surtout des histoires racontées dans sa famille et des anecdotes apprises auprès des Mi'kmaqs. Car, à en croire des documents des registres de Bouctouche trouvés par Brun au cours de recherches effectuées en 2006, il se peut que Marie Comeau ait mené une existence de mère de famille bien moins exotique que celle du personnage.

Savoureux ou prosaïques, ces détails importent moins que la résonance de Marie Comeau dans la mémoire populaire. À ce titre, des témoignages recueillis par la folkloriste Lauraine Léger dans les années 1960 et 1970 corroborent et complètent le portrait de la *taoueille*. Mᵐᵉ Maxime Bastarache, 79 ans, de Sainte-Antoine, et Mᵐᵉ Adolphe Roy (Marie Colette), 72 ans, affirmaient toutes les deux avoir vu la Mariecomo dans leur enfance. Mᵐᵉ Bastarache soutient que Marie Comeau aurait été ensorcelée par son mari. Mᵐᵉ Roy, quant à elle, raconte que sa belle-mère avait refusé à la sorcière une portion de viande salée;

Marie Comeau aurait ensuite prédit que la famille ne consommerait pas la viande de ses cochons et, comme de raison, le lendemain matin, les deux animaux étaient morts.

Ces anecdotes et surtout la façon dont elles sont relatées (qu'on ne saisit qu'à l'écoute des enregistrements) éclairent les attitudes courantes à l'égard d'individus excentriques ou marginaux. Pour tout dire, Mmes Bastarache et Roy ne manifestent aucun mépris, aucune condamnation de la sorcière. Elles la plaignent, soit, mais sans porter de jugement moral sur elle. Il y a là une nuance capitale : en mettant en scène une Mariecomo sympathique et justicière, Brun demeure beaucoup plus près de la mentalité populaire qu'on ne l'a soupçonné.

À la tradition orale plutôt adaptée aux desseins de l'auteur, il faut contraster la posture idéologique du manuscrit des *Contes d'Acadie*, trouvé dans le presbytère de l'église Saint-Joseph de Memramcook et revenu au Centre d'études acadiennes au moment de sa fondation. C'est là que Brun le découvre entre 1970 et 1973. Les *Contes d'Acadie* sont de provenance incertaine ; Marguerite Maillet a suggéré comme auteurs possibles André-Thaddée Bourque (1854-1914) ou André D. Cormier (1854-1930), bien qu'elle semble pencher pour Bourque. Quoi qu'il en soit, ce recueil de contes avorté fournit à Brun plusieurs épisodes marquants de *La Mariecomo,* dont celui de la maison hantée des Babé Roy, de même que le combat avec Pierre Goumeux, l'ensorcellement de Nifador et les déchireurs de vêtements, dans le chapitre « Les Sorciers de la Côte ».

Or, en greffant des extraits des *Contes d'Acadie* sur son roman à caractère contestataire, Brun détourne forcément le manuscrit de sa fonction originelle. Ce dernier a beau explorer les mêmes faits surnaturels que *La Mariecomo,* le texte suinte un dédain ouvert du folklore acadien. Chez les Borgitte, la magie noire se fait l'arme des vulnérables dans un monde sans justice, alors que dans les *Contes d'Acadie* les sorciers malfaisants « pullulèrent » après la Déportation, véritable âge des ténèbres quand

« l'esprit de Dieu a semblé s'être retiré de l'Acadie entière pour faire place à Belsébuth qui, pour un certain temps, n'a pas manqué de trotter partout de long en large ». Cet écrivain impute les côtés les plus sombres du passé acadien soit à Satan, soit à l'étranger, ceci dans le but de ramener l'imaginaire populaire au bercail de la foi et de l'idéologie paternaliste du nationalisme acadien. Brun adopte la perspective contraire : tout au long de *La Mariecomo,* on ne cesse de compter les étrangers – maîtres d'école ou esclaves du Sud en fuite – venus s'installer parmi les Acadiens, pour le plus grand bonheur de tous. L'autre et l'ailleurs sont fortement valorisés et, paradoxalement, s'avèrent être le fait du petit peuple.

La fracture idéologique apparaît au grand jour à l'examen des pratiques linguistiques de ces deux écrivains. Le narrateur des *Contes d'Acadie* nous parle d'« en haut », dans un beau langage « littéraire » aux tournures recherchées. Le parler acadien n'est pas sortable ; il faut l'endimancher, en commençant par un joli français de collège classique. Pour sa part, Brun ne démord jamais de son français oral râpeux, la langue des « *freaks* de cent ans passés ». A-t-on déjà observé que la subjectivité même est déstabilisée par sa graphie rebelle ? La première personne s'écrit « eche », ce qui n'est pas « je ». « Eche », c'est l'opprimé qui se dit sur ses propres termes, qui refuse de respecter des normes imposées, esthétiques, morales ou autres. « Eche » fait écho à (et travestit) *ecce* : « Me voici ! », crie cette conscience autre, issue de la magie noire et de la nuit sur laquelle règne la Mariecomo.

CLINT BRUCE

La Mariecomo, Montréal, Éditions du Jour, [1974], 129 p. (Les romanciers du jour).

LES MATINS HABITABLES
Gérald Leblanc
Poèmes (1991)

Dans *Les matins habitables*, Gérald Leblanc fait appel aux dessins de Tristan Wolski pour accompagner ses courts poèmes en vers libres non ponctués. Mots et dessins noir sur blanc s'harmonisent alors pour évoquer la musique, la fusion heureuse des corps masculins ou encore représenter l'influence bouddhiste qui imprègne la poésie de Leblanc. L'expérience unique du don de soi dans la frénésie est vécue comme une expérience mystique.

Chaque vers écrit et chaque ligne dessinée participent à l'élaboration oxymorique des «matins habitables». Comment un moment précis du jour et une aptitude à se fixer dans un lieu peuvent-ils être réunis? Grâce aux corps aimés, lieux par ailleurs transitoires: «l'étreinte lumineuse rend les matins habitables», écrit Gérald Leblanc. L'habitation poétique se fonde alors sur l'alliance du contingent et du sacré, sachant que Dionysos l'emporte par le goût du festif et par l'enivrement des corps menant à la jouissance, sans cesse renouvelée.

La structure du recueil, d'une circularité exemplaire, le confirme, puisque le dernier poème, «la saison avance», galvanise une ritournelle utilisée à partir du poème liminaire, «une autre saison». En fait, la thématique obsédante naît d'une filiation affirmée: «Et la saison avance» (*Liberté*, n° 65, 1969) du célèbre artiste acadien Herménégilde Chiasson, dont un extrait trône en exergue du recueil. À une différence près: si Chiasson pense le jour plus court, Leblanc le rêve comme un éternel début qui n'aurait pas de fin. C'est celui des frissons des premiers instants d'une histoire d'amour dans «dormir ensemble» ou «aujourd'hui» (quoique le poète parle volontiers, dans «*blues for buddha*», des doutes et des hésitations, qui mèneront l'un de ses maîtres, Arthur Rimbaud, à *Une saison en enfer*). C'est aussi la poésie acadienne des exilés de «chez nous»,

dont nous vivons l'aube. L'objectivation du monde est refusée: ne compte que la chair, qui procure de multiples sensations, mène à une errance qui est «une phrase pleine de signes» et confère un souffle nouveau à la poésie acadienne, tournée à présent vers son avenir.

Le thème de l'impossible appartenance ronge la poésie acadienne. Dès 1972, Raymond LeBlanc, premier poète publié aux Éditions d'Acadie, cherche à l'exprimer en trouvant des réponses poétiques quand le réel n'offre rien de satisfaisant. N'est-ce pas lui, en effet, qui habite «un cri de terre aux racines de feu»? C'est le cri d'une terre souffrante qui parle à l'homme de sa peur du déracinement et de sa crainte d'un exil dans le langage. Son homonyme, prénommé Gérald, revendiquera sa dette poétique, 20 ans plus tard, avec «hommage à l'auteur de *Cri de terre*» dans *Complaintes du continent*. Il n'en cherche pas moins sa propre réponse. En arrachant au lieu et à l'appartenance sa dépendance à l'espace géographique, il y parvient. *Les matins habitables* constitue ainsi une étape déterminante dans son cheminement poétique. Puisque l'espace, par ailleurs indissociable du temps, ne peut s'habiter, dorénavant le déplacement s'opère poétiquement, fondant la notion d'habitabilité. En conséquence, *Les matins habitables* répond pacifiquement à la violence considérée comme vaine, sans qu'il faille pour cela être amnésique. Au contraire, le thème de la mémoire individuelle et collective sert de rythme américain. C'est à ce titre que la réponse leblancienne se chante presque, pour rendre compte du frissonnement à l'instant du réveil de la chair et des consciences.

Le lieu, c'est où l'avenir est devant, donc l'ouverture sur un horizon infini et non pas la nostalgie de la terre perdue. Avec Gérald Leblanc, vivre l'ici revient à savourer pleinement l'instant. Si, par sa potentialité, la notion d'habitable sous-entend la futurisation – c'est-à-dire chez le poète la formulation d'hypothèses désirantes –, elle ne peut le faire qu'à partir de l'instant présent. Tout peut advenir, grâce à la fulgurance nourrie tant par des lectures et des musiques que par la réalité contingente condensée en instantanés biographiques – le réveil près de l'amant, l'attente d'un ami, une rencontre décisive. La manière d'être au monde est gourmande, sensuelle et charnelle. Cela permet au poète d'extérioriser ce qui l'émeut et qui constitue son inspiration, tout en évitant, comme Arthur Rimbaud, la facile mimésis, mais, comme lui, offrant à sa pratique scripturale une discontinuité signifiante. Car les «matins habitables» sont une métaphorisation des poèmes. Gérald Leblanc exprime, tout au long du recueil, le processus même de l'écriture : il se dédouble pour se regarder à sa table de travail en train de composer un poème. Jamais il ne s'arrête, ce qui explique l'abondance des verbes d'action dans le recueil. Il ne donne pas pour autant de mode d'emploi de son art, lui qui est dans l'immédiateté des sens, sinon en engageant le poète dans la futurisation que seule semble apporter la création : «il y aura toujours un poème / qui attend le son de ta voix» («Lettre à un jeune poète»). Le lecteur saisit alors toutes les implications de «la saison [qui] avance», phrase qui revient de manière obsédante vers la fin du recueil. La saison, que l'on soupçonne être le printemps (le temps de composition des *Matins habitables* se situe entre mars 1990 et mars 1991), est celle du renouveau, de la fertilité, de la moisson à venir et des poèmes aussi, comme autant de fragments de soi dispersés au rythme de la musique. Et parce que la maturation de l'été n'arrive pas, le poème de la vie ne s'achèvera jamais. Même pas à la mort de son créateur, survenue un jour de printemps 2005.

Fabienne Claire Caland

Les matins habitables, [Moncton], Éditions Perce-Neige, [1991], 68 p., ill.

LA MER EN FEU. POÈMES 1964-1992
Raymond Guy LeBlanc
Poèmes (1993)

Quand un recueil rassemble des poèmes écrits sur près de 30 ans – 1964 à 1992 –, comme c'est le cas de *La mer en feu,* les thèmes abordés sont inévitablement sujets à évolution. C'est d'autant plus vrai chez LeBlanc, son «pays d'Acadie», à la fois muse et cause sociale, s'étant considérablement transformé durant cette période. Sa poésie n'a donc pu que changer avec lui, se détachant graduellement de l'approche identitaire et revendicatrice pour tendre vers une écriture du quotidien, plus descriptive. Incontournable cependant, l'hiver du peuple acadien reste un thème central de l'œuvre, qui vient traduire l'aliénation d'un peuple relégué à l'ombre et au silence par la double autorité de la majorité anglophone et du clergé acadien. Outre ce chemin royal de la quête identitaire, toutefois, le lecteur est ici emporté dans des flâneries urbaines au cours desquelles un style nettement plus descriptif est adopté. La majesté de la nature habite visiblement son quotidien d'Acadie, donnant une force particulière aux images tout en servant de toile de fond à ces balades solitaires. La solitude est d'ailleurs un thème important du recueil. D'abord celle d'un peuple, elle devient progressivement, au fil de la lecture, celle du délaissé, individu à la fois fragile dans son chagrin amoureux et incapable de se défaire de sa nostalgie, ou encore celle des «poètes de coin de rue», seuls mais remplis de sagesse. La lutte du locuteur contre la solitude et les rêves brisés prend ainsi un tour plus individuel. Enfin, bien que s'impose dans ce recueil l'image d'un locuteur plus épanoui, d'autres problèmes sociaux accablent assurément l'auteur, certains des poèmes plus récents arborant une approche résolument apocalyptique.

La mer en feu. Poèmes 1964-1992, [présentation de Gérald Leblanc : «Pour Raymond Guy LeBlanc»], [Moncton et Amay, Belgique], Éditions Perce-Neige [et] l'Orange Bleue éditeur, [1993], 204 p.

MINIATURES. ESSAI AUTOBIOGRAPHIQUE
Herménégilde Chiasson
Poésie (1995)

Témoins et vestiges d'une époque révolue, 60 objets collectionnés au gré des années ont inspiré de façon très libre les 60 textes figurant sur les pages de droite de *Miniatures*. Sur les pages de gauche, les objets-sources sont photographiés, autant de prétextes à ces «miniatures» qu'il est certes difficile de classer: produits d'écriture à contrainte, poèmes en prose, fragments de discours ou «essais autobiographiques»? Quoi qu'il en soit, ces textes placés sous le registre de l'abstraction reprennent les thèmes et les préoccupations habituels de Chiasson: la hantise de la disparition y côtoie la désillusion d'un monde éteint où ce qui reste de vie est associé aux actions passées ou imaginées. Le projet d'écriture naît de la volonté de briser le silence résigné, de rattraper les mots et de sortir de l'obscurité angoissée pour inscrire sa parole fragile dans le temps, tout en doutant de l'utilité, voire de la pertinence de l'acte d'écrire.

Miniatures. Essai autobiographique, [Moncton], Éditions Perce-Neige, [1995], 125 p., ill.

MONCTON MANTRA
Gérald Leblanc
Roman (1997)

Premier et seul roman de Gérald Leblanc, *Moncton mantra* est une autofiction qui raconte la venue à l'écriture du personnage écrivain, double de l'auteur, Alain Gautreau. Leblanc y relate la genèse, l'élaboration et la réalisation d'un projet d'écriture: un recueil de poésie qui tend à se confondre, de manière réflexive, avec *Moncton mantra*. Entre l'automne 1971 et la parution 10 ans plus tard de son premier livre, Alain Gautreau évolue parmi les personnages de la scène artistique et intellectuelle de Moncton, à l'époque même qui a vu naître la première maison d'édition acadienne et le Parti acadien. Au gré de ses lectures, de ses rencontres et de ses expériences avec les drogues, Alain Gautreau raconte son désir d'écriture, mais également ses angoisses liées à la création. Profondément ancré dans l'époque, le texte pose de manière impérative la question identitaire, en scrutant principalement les rapports à l'écriture et à la langue.

Moncton mantra, [Moncton], Éditions Perce-Neige, [1997], 144 p. (Prose).

MOOSEJAW
Louis Comeau
Poèmes (1981)

Dans cette œuvre marginale et isolée, Comeau adopte un mélange de formes où vers libres et prose poétique fragmentée se côtoient et se confondent. Le recueil se distingue d'abord par son oralité. Œuvre à caractère social ensuite, *Moosejaw* dénonce les problématiques acadiennes de son époque, dont l'assimilation, les blocages résultant de l'emprise cléricale et la stagnation insouciante face à la condition acadienne. Parallèlement à cette critique sociale, un univers plus intime est aussi présenté, le poète devant composer avec son quotidien parfois imprévisible dans un pays où «l'hiver est dur, l'été aussi». S'amalgamant aux autres thèmes du recueil, la sexualité devient alors pour lui un refuge où se réchauffer dans le froid de l'Acadie et du monde.

Moosejaw, [Moncton], Édition [sic] Perce-Neige, [1981], 58 p., ill.

LA MORSURE DU DÉSIR
Martin Pître
Poèmes (1993)

Ce deuxième recueil de Martin Pître regroupe des textes poétiques en vers libres qui entraînent le lecteur dans le quotidien souvent noir d'un locuteur tourmenté. Rappelant les origines côtières de l'auteur, le vocabulaire maritime y est omniprésent, prêtant au texte le mouvement à la fois régulier et fluide de la vague. Ce mouvement, ressenti jusque dans la forme, évoque aussi bien le va-et-vient de l'acte sexuel que les balancements émotifs du locuteur. Ses plaies découlent visiblement de son obligation à « se contenir dans la rue piétonne », à refouler ses désirs sexuels marginalisés. Dans ce texte fortement suggestif, l'image de la nuque, liée de près aux désirs de chaleur et de sensualité, évolue de concert avec celle de la morsure : la douloureuse répression des désirs « interdits » (de nature homosexuelle). De cette frustration découle une lutte pour l'acceptation des différences : « pourquoi devrions-nous n'avoir / qu'une seule boussole / qui indique un même nord / alors que nous cherchons / tous / quelque chose de différent ». Parallèlement, on peut discerner le récit d'une relation amoureuse ambiguë, laquelle alimente ses idées noires, tout comme le font, à une autre échelle, les vices du monde, que le poète se plaît parfois à répertorier.

La morsure du désir, avec 12 dessins de Roméo Savoie, [Moncton], Éditions d'Acadie, [1993], 97 p.

LES MOTS SAUVAGES
Georges Bourgeois
Poèmes (1994)

Dans ce deuxième recueil du poète Georges Bourgeois, « création est métamorphose ». *Mots sauvages* et « pensée sauvage » mettent en branle le « yoyo culturel » qui revisite et transforme les paysages familiers, provoquant des allées et venues continuelles entre les cultures acadienne, française, américaine, russe et même arabe. En explorant constamment les doubles sens, les rapprochements homophoniques, les travestissements d'expressions toutes faites, le recueil construit de nouveaux réseaux de signification et entreprend de redéfinir l'espace, l'identité et les lieux communs acadiens. À la fois réflexion – parfois inattendue, souvent humoristique – et jeu sur la langue, *Les mots sauvages* propose une poésie empreinte d'un humour sans prétention, véritable clin d'œil

verbal qui, témoignant d'un plaisir réel, ne manque pas de vite devenir contagieux.

Les mots sauvages, [Moncton], Éditions d'Acadie, [1994], 84 p.

MOURIR À SCOUDOUC
Herménégilde Chiasson
Poésie (1974)

Première œuvre littéraire d'Herménégilde Chiasson – alors plutôt actif comme artiste visuel –, *Mourir à Scoudouc* évoque, sur le ton de la révolte, une forme de déchirement identitaire cherchant à faire disparaître l'image folklorique dans laquelle l'Acadie s'enlise. Le recueil est dès lors habité par un mélange de mélancolie, de désespoir et de rage, ce qui le distingue de certaines œuvres de l'auteur écrites plus tard, davantage imprégnées de sérénité. *Mourir à Scoudouc* se divise en cinq parties, chacune s'ouvrant sur une image photographique en brun pâle et brun foncé, tout comme les textes, imprimés en brun foncé sur fond brun pâle (sauf pour les titres des parties, où ces couleurs sont inversées). Identifier le genre auquel appartient l'œuvre semble au premier abord hasardeux. On pourrait parler de forme poétique très libre avoisinant parfois la prose. De cette suite de poèmes libres se dégagent un certain nombre de récits. La première partie du recueil, « À », très brève, donne dès le départ un ton violent au recueil, scandant « Je me suis déchiré comme une grande feuille ». Pour sa part, « Entre la saison… » évoque des images printanières, presque bucoliques ; pourtant, la révolte gronde toujours et un corps ensanglanté apparaît. « Acadie mon trop bel amour » prend le relais en s'ouvrant sur le poème « Eugénie Melanson », souvent cité par la critique, qui s'arrête sur la photographie d'une jeune femme exposée au Musée acadien. L'ébranlement identitaire y est toujours présent, le locuteur devenant même sarcastique devant l'inclination des Acadiens à la soumission (« *Please laugh at us* »). Faisant

écho au titre de l'œuvre, la partie «Mourir à Scoudouc» arbore un rythme effréné, alors que le locuteur, sortant de sa voiture à Scoudouc, est envahi par le paysage ambiant qui l'enterre. Mais il se rebelle et sort de cet état de torpeur pour se voir confronté au monde moderne. La courte partie finale, «La maison du silence», propose deux inventaires de fragments pour terminer sur une évocation explicite du travail de l'écrivain s'adressant soudain à lui-même: «Tu vois, tu n'as pas pu résister à une impulsion romantique».

Si *Mourir à Scoudouc* ne cède pas encore aux contraintes artistiques volontaires et à la systématisation de la structure que s'imposera plus tard Chiasson dans son œuvre (*Conversations*, *Existences*, *Miniatures*, etc.), un semblant d'architecture imprègne tout de même le texte en filigrane. Cette composition se discerne à travers des jeux qui peuvent sembler au départ anodins, mais qui se révèlent progressivement porteurs d'un sens structural. Tel est le cas de la présence des couleurs dans le recueil. Il s'ouvre sur un déferlement de bleu, qui semble envahir les vers, les strophes, apparaissant même parfois là où on ne l'attendrait pas. Le locuteur «porte une chemise bleue», les vitres et les dalles sont «bleues», on mange «la nuit comme un grand gâteau bleu». Même l'air est bleu «parce que photographié de la lune». Il n'y a pas jusqu'à la table de l'écrivain qui ne soit «bleue». Mais on est amené à comprendre que ce bleu si omniprésent est en réalité un ancrage dans la première des quatre couleurs du drapeau acadien. Ainsi, à maintes reprises, le bleu se voit relayé par le blanc, véhiculé à travers l'image de la neige, de la terre virginale, mais aussi de la page blanche. Le rouge, couleur sang, évoqué surtout pour sa violence, et le jaune, plus solaire, sont aussi présents. Cette séquence chromatique prend tout son sens lorsque, vers la mi-recueil, une suite de poèmes prennent pour titres ces couleurs: «Bleu», où il est largement question de la mer, de l'eau, du mythe marin que porte l'Acadie; «Blanc», où «la neige tombe comme un grand

drap»; «Rouge», poèmes de la rupture où les draps sont «déchirés» et où revient comme un refrain «Acadie, mon trop bel amour violé»; enfin «Jaune», évoquant l'étoile ajoutée au tricolore français, où le soleil brille avec tellement d'intensité qu'il fait fondre l'Acadie. Les imaginaires se faisant de plus en plus inquiétants au fur et à mesure que l'on avance dans la suite poétique, la séquence chromatique n'en reste pas là, car un poème s'ajoute encore: «Et... noir», clôturant la suite de couleurs sur une note brutale alors que même «la neige blanche […] noircit». La suite de poèmes chromatiques, qui s'ouvre sur le constat dévastateur «Il n'y a plus d'Acadie» et se ferme sur les mots «mauvais temps», représente bien pour le locuteur ce «pays qui ne pouvait plus être le mien».

C'est que l'Acadie est ici vécue avec toutes les tensions qu'elle génère. Une sorte d'angoisse du lieu envahit tout le recueil et se traduit par une multitude d'images, allant jusqu'à détourner le folklore: «Nous n'irons plus au bois / Nous n'irons plus nulle part». Le désarroi identitaire est nourri par plusieurs frustrations, notamment la subordination au monde anglophone («le premier mot que nous apprenons à leur dire et le dernier que nous leur dirons *please*»), de même qu'une image datée de l'Acadie pittoresque («Comment arriver à dire que nous ne voulons plus être folkloriques»). Le recueil dresse ainsi le portrait d'une «Acadie [d']avant le déluge», une Acadie qui doit disparaître pour en laisser naître une nouvelle, encore indiscernable. Or, cette tension identitaire s'accompagne tout au long du recueil d'une lutte temporelle entre le passé et le présent. Empreint de nostalgie, tout en étant traversé de références modernes, *Mourir à Scoudouc* exprime partout le déchirement entre un passé trop lointain et la brutalité du monde contemporain. Dans cet univers, en effet, «[l]es chapelets de maisons copul[ent] avec l'asphalte des grandes routes». De même, à Scoudouc, on entend à la fois «les mouches les arbres et l'herbe» et les «musiciens rock»; on y voit des «anciennes lettres déchirées» tout comme des «sacs de chips» et des «étiquettes de Chiclets»; on y sent la «bonne herbe douce» mais aussi «l'odeur rance du vinyl chaud». En outre, les indications temporelles sont déclinées dans un vaste éventail allant de dates précises («Le 11 janvier 1973») à l'incertitude («c'était hier je crois»).

Ce vertige est peut-être le mieux exprimé dans le poème «Eugénie Melanson», où les périodes se télescopent, alors qu'Eugénie se déguise en Évangéline «pour pouvoir recréer avec des Gabriels de parade les dates mémorables d'un passé sans gloire». Le locuteur s'adressant directement à Eugénie, deux époques se rencontrent («Toi dont la photo traversa les années / Pour me faire signe»). Par le biais de l'image poétique, ces deux êtres arrivent même à se regarder alors que le poète fixe l'image d'Eugénie qui, à son tour, le regarde «de derrière [s]on cadre», «le visage contre la vitre».

Ce poème, qui rend hommage à une photographie, donne le ton des échanges entre le texte et le visuel qui caractérisent tout le recueil. Ainsi, reflétant parfaitement l'angoisse du lieu qui se dégage de l'œuvre, l'image de la couverture représente une intersection sur l'autoroute avec deux panneaux de direction, l'un pointant tout droit vers Scoudouc. Accentuant cet effet, la première partie du recueil («À») se voit ornée d'une image photographique dépeignant un long chemin enneigé entouré de deux zones forestières et menant on ne sait où, vers un horizon flou. Selon un mécanisme similaire, le titre de la deuxième partie du recueil «Entre la saison…» a comme vis-à-vis une photographie représentant un couple (comme dans les autres photographies, on y reconnaîtra l'auteur lui-même). Cette image accompagne l'entrée d'un personnage féminin dans le texte. À l'évidence, les photographies ne sont pas simplement là à titre décoratif, mais font partie intégrale du récit général qui anime le recueil. La dernière «idée»

de l'œuvre ne s'exprimerait donc pas uniquement dans les deux poèmes «Inventaire», mais aussi et surtout dans l'ultime image en quatrième de couverture représentant un personnage masculin s'éloignant d'une sorte de cage où restent emprisonnées deux silhouettes. Au-delà des photographies insérées aux endroits opportuns du livre, les signes graphiques eux-mêmes insistent sur leur présentation visuelle. Les caractères sont parfois très gros, comme si le poète criait au-delà de la page («COMPRENDS-TU… LÀ?»), et parfois extrêmement petits, donnant l'impression d'un murmure, ajoutant encore à la tonalité visuelle de l'œuvre.

Janine Gallant

Mourir à Scoudouc, Moncton, Éditions d'Acadie, [1974], 63 p., ill.; [Moncton et Montréal], Éditions d'Acadie [et] l'Hexagone, [1979], 63 p., ill.

LE MOUSTIQUAIRE
Jeannine Landry Thériault
Roman (1983)

Les lecteurs de Jeannine Landry Thériault retrouveront, avec *Le moustiquaire*, les lieux et les personnages d'*Un soleil mauve sur la baie*. Au Bois Tranquille – petit village imaginaire que l'auteure situe sur la côte néo-brunswickoise, face à la Gaspésie –, les gens mènent une vie apparemment entourée de secrets et de regrets. Nous sommes à l'automne 1954 et Angélique, ayant renoncé définitivement à devenir maîtresse d'école, a quitté le Bois Tranquille pour aller gagner sa vie à Four Corners, la petite ville anglophone voisine, où elle travaille pour «la compagnie de téléphone». Aux côtés de son amie Sophie, elle découvre peu à peu un monde auquel se heurtent l'innocence et la naïveté de son enfance.

Le moustiquaire, [Moncton], Éditions d'Acadie, [1983], 188 p.

N

LE NÈGRE CRUCIFIÉ
Gérard Étienne
Récit (1974)

Sous la dictature de François Duvalier, dans les années 1960, un Haïtien ayant participé à un complot pour renverser le pouvoir est fait prisonnier. Le rebelle, soumis à la torture dans une prison de Port-au-Prince, relate ses terribles souffrances et cherche par ses pensées à s'évader du monde carcéral. Cette perspective donne pied à une sévère analyse de la réalité de l'île où déferlent les thèmes de l'oppression politique, de l'injustice sociale, de la misère, de l'exploitation des masses populaires, des questions raciales, de l'impact du vaudou.

Le nègre crucifié se divise en neuf parties de dimensions inégales où alternent deux personnages. Le premier, identifié au narrateur, s'avère être un *Je*, enfermé dans le monde clos de sa geôle, qui, métaphoriquement, est cloué à sa croix. Le symbole est évident : *Je* fait figure de Christ noir qui souffre pour la rédemption des siens. Il se veut victime et martyr. Tous les symboles inhérents au calvaire, à la crucifixion de l'homme servent d'axe central au schème narratif. Puis, le lecteur assiste à la création d'un deuxième personnage – dont il parle simplement comme de *son* personnage (« mon personnage ») –, double de *Je*, témoin de tout ce qui se passe à l'extérieur de la prison. Dans des rencontres sporadiques, le personnage en question rapporte à *Je* les dégâts de la répression dictatoriale sur l'île.

Le style de l'écrivain est puissant, vibrant ; les phrases naviguent entre une forme académique et une transgression volontaire de la syntaxe française. Plusieurs niveaux de langue se chevauchent, les mots créoles figurant dans un glossaire à la fin du récit. Quelques néologismes apparaissent et un certain goût pour les termes argotiques et grossiers imprègne le texte. L'écriture, entre la raison et le rêve, figure comme une puissante arme de combat et il semble que, dans ce récit où le narrateur pense à voix haute, plusieurs noms de tortionnaires cités pourraient s'assimiler à un bref règlement de comptes, un exorcisme conscient, un témoignage.

L'esthétique du romancier a été définie comme celle du choc, de la violence, du cri, voire du cri apocalyptique. Publié en 1974, l'ouvrage, rédigé sur la terre d'exil, témoigne d'un écartèlement entre deux univers : à la problématique de *l'espace clos / prison* versus *l'espace ouvert / rues de la ville de Port-au-Prince* (reflet du dédoublement du personnage), se greffe le dialogue entre *le monde de l'en dedans / Haïti* et *le monde de l'en dehors / terre d'accueil*. Les signes à double sens et les structures binaires harcèlent l'imaginaire, les fantasmes de l'exilé, de sorte que le récit porte dans sa facture des apports québécois et acadiens. Dans cette violente volonté de mettre à bas les masques et de défier l'autocensure, Étienne reconnaît l'influence de l'écriture canadienne des années 1940 à 1960, entre autres celles de Marie-Claire Blais et d'Anne Hébert. Le texte se démarque ainsi des œuvres haïtiennes, même si les thèmes conjugués se greffent sur le milieu d'origine. Le flirt avec l'autobiographie est évident : l'adéquation du narrateur au personnage *Je* coïncide avec les données biographiques de l'auteur, emprisonné à deux reprises sur sa terre natale.

Plutôt récit que roman, la force de ce long monologue doit être soulignée. Sur les bases d'une réalité difficile (celle de sa terre natale), la poétique du malheur / cauchemar se mue en germe de création et force dynamisante de l'écriture. Ainsi, ce chant est gémissement, hurlement; il transforme le souvenir en un télescopage de sensations où l'émotion explose dans des images horribles, cruelles, que des phrases brèves et claquantes se chargent de juxtaposer. Étienne, lorsqu'il compose, évite les surcharges syntaxiques; très peu de coordination, rejet des adjectifs et des phrases complexes, car il privilégie les formes prédicatives. Deux figures rhétoriques dominent son écriture: la métaphore, qui pousse la puissance du texte jusqu'au délire, et la comparaison, muée en instrument de subversion.

L'impact des images s'appuie sur trois champs sémantiques spécifiques. Le premier s'impose dans le choix des objets de préférence tranchants (tessons de bouteille, lame de rasoir, marteau) pour déboucher sur les armes (torpilles, mitrailleuses, couteau, poignard). Parallèlement, un bestiaire maléfique formé de petites bêtes piquantes (araignées, scorpions, guêpes, mouches, fourmis, mille-pattes, puces, punaises, vipères) envahit le corps textuel: «Il y a des milliards et des milliards de baïonnettes en haut de ma tête, des milliards et des milliards de crabes dans mes orteils, des milliards et des milliards de sangsues dans mon sang». Enfin, avec complaisance, certains passages s'attardent sur les diverses fonctions évacuatrices du corps humain (défécations, pets, diarrhées, crachats, bave, urine et autres) et vomissent les horreurs d'une incarcération dans un pays «de dépotoir et d'abattoir». La prose scande une musicalité, un souci pour les retours de sonorité et les affinités de champs lexicaux: «Papa continue de gratter les fesses de son partenaire. Papa traîne ses hardes derrière des houssies aux ongles de zinc». Dans un langage qui surprend par sa nouveauté, le lecteur est souvent malmené, parfois pris à partie. Une pointe de délectation masochiste fuse de temps à autre; «je suis mon propre bourreau», dit-il à diverses reprises.

Si ce livre a été reçu de façon mitigée et timide en métropole et passé sous silence en Haïti, il a, par contre, eu un accueil fort enthousiaste chez bon nombre de critiques en Amérique du Nord. Étienne, par ses prises de position sociales et politiques, dérange et l'on comprend alors son expression quand il dénonce le «cannibalisme du silence» dont il est l'objet. Ayant vécu plus de temps en Acadie que dans son pays d'origine, il écrit de moins en moins pour un public haïtien, ses dernières œuvres s'orientant plutôt vers les lecteurs de sa terre d'accueil.

MARIE DOMINIQUE LE RUMEUR

Le nègre crucifié, Montréal, Éditions francophones et Nouvelle Optique, [1974], 150 p.; [préface de Franck Laraque; lexique de Max Manigat], Genève (Suisse), Métropolis, 1989, 164 p.; [préface de Franck Laraque; lexique de Max Manigat], Montréal, Éditions Balzac, 1994, 149 p. (Autres rives).

NOCTURNES
Serge Patrice Thibodeau
Poésie (1997)

Divisé en quatre parties – «Nocturnes sur la rue Laval», «Nocturne du désespoir», «Nocturnes du Mexique», «Nocturne de Trois-Rivières» –, le recueil marque la proximité de la poésie et de la musique. Apparente dans les rapprochements explicites du texte («quelle musique, / Quel poème sauraient me retenir»), cette affinité trouve aussi son expression dans la richesse des jeux de sonorités qui foisonnent sous la plume de Thibodeau. La connotation liturgique du titre est quant à elle relayée dans le recueil par l'obsession du «Livre» et une imagerie christique récurrente. D'autres thèmes chers au poète habitent l'œuvre, comme le nomadisme, par exemple, dont l'évocation est omniprésente. Ainsi, les «Nocturnes sur la rue Laval» renferment des «Sables de novembre» et le locuteur se réclame de son errance: «D'une ville à une autre / M'ont vu passer les hommes». En même temps, l'érotisme et la sensualité s'expriment à travers une syntaxe fiévreuse, souvent désarticulée. Enfin, *Nocturnes* fournit aussi l'occasion au poète d'explorer confins et limites, qu'il s'agisse de la «Création du Monde» ou de la «Fin du Monde», du «Premier» ou du «Dernier».

Nocturnes, Trois-Rivières, Écrits des Forges, [1997], 96[1] p.

NOUS, L'ÉTRANGER
Serge Patrice Thibodeau
Poèmes (1995)

Cinquième recueil de Serge Patrice Thibodeau, *Nous, l'étranger* poursuit avec fidélité la construction rigoureuse d'un édifice littéraire fondé sur la quête du «Verbe», cette parole spirituelle absolue dont la transcription tenaille le poète pèlerin et disciple.

Trois parties composent ce recueil, dont la première, «La Rochelle, 1654», occupe presque les deux tiers, avant de laisser place à 2 sections de 12 courts poèmes chacune (le plus souvent de 11 vers), «Chipoudie, 1697-1755» et «Madawaska, 1789». Le tout s'offre à lire selon un cycle annuel, rythmé notamment par les travaux saisonniers. Quatre années donc, auxquelles fait écho le temps d'écriture de ce recueil qui prend source en 1991 dans le Poitou et paraît en 1995, reproduisant une trajectoire à la fois géographique et historique des origines françaises à la fuite hors d'Acadie, traduction d'une expérience à trois niveaux de lecture, où le je poétique se révèle, disant alors le drame familial et la tragédie de tout un peuple. Le recueil retrace en effet l'histoire de la famille du poète, émigrants français partis de La Rochelle pour faire fortune dans la jeune colonie outre-Atlantique et expulsés de leurs terres par le Grand Dérangement. Sur cette trame familiale, Thibodeau conjugue l'expérience personnelle du voyage, nouant mémoire et destinée, conférant au passé la valeur d'un viatique permettant d'embarquer à nouveau pour une traversée libératoire. Ainsi, de l'errance ancestrale forcée et douloureuse

naissent les thèmes chers à l'écrivain, la quête de soi, la recherche de l'autre, la rencontre de Dieu. L'épreuve de l'exil, consommée jusqu'à la lie dans les pages de «Chipoudie», laisse place, dans la troisième section du recueil, à la certitude tranquille d'un espace spécifique pour les Acadiens d'aujourd'hui.

Métaphore d'une oraison où le silence vaut parole et où l'écriture n'aspire qu'à l'indicible du Verbe, la poésie de Serge Patrice Thibodeau, quête où l'esprit et la chair se mêlent inextricablement, célèbre à longueur de versets le divin au cœur de l'être humain, le désir et la passion, les versants de l'amour et la grâce du don.

Le recueil se donne à lire sous le signe d'une grande stabilité structurelle, contrepoint qui permet de lancer, d'endurer et finalement de résoudre l'éparpillement d'un peuple, relu à travers l'errance du sujet. Le poète est funambule, tissant ses vers entre la quête d'une identité propre et le poids d'un héritage ambigu, entre le besoin de fondement et la nécessité du départ, reprenant à son compte l'exploration d'une esthétique baroque européenne qui lui est chère parce qu'elle ne se définit que dans le paradoxe. L'espace de l'écriture naît dans cet entre-deux, il est cet intervalle même, comme l'indique clairement le titre du recueil, *Nous, l'étranger*, où le terme apposé définit le pronom personnel, lui conférant par ce biais un décentrement qui annihile l'égocentrisme au profit de la rencontre humaine. Référence évidente au Grand Dérangement de 1755, «Nous» représente aussi, comme une toile de fond à l'écriture, un peuple acadien déporté de ses terres et de l'histoire. Car c'est bien de cela qu'il s'agit, à la différence près que le poète, loin des dénonciations littéraires des années 1970 – entreprises par ailleurs nécessaires, auxquelles il rend hommage sous forme d'exergues en en soulignant la dynamique créatrice –, prolonge sa réflexion en une expérience de vie personnelle où «le voyage est lié à l'éveil». Se met alors en place un triptyque fondamental, clé de l'œuvre poétique de Thibodeau, où mouvance, écriture et identité sont indissociables.

Dès l'incipit, le ton est donné : « Vaseuses les rives elles s'éloignent l'une de l'autre / Plus rien ne m'empêche de partir / Tous les fleuves conduisent à la vie / Les cimes s'y projettent le souffle coupé ». L'écriture surgit dans le départ physique et, dans l'espace libéré par l'éloignement, le livre peut naître. La terre ferme, pas plus que la haute mer, ne conviennent au poète ; il leur préfère l'incertitude des rives – l'intervalle encore – ou le vertige de l'eau qui court, trajet de vie. Le sujet poétique est un passant, un marcheur. À l'origine de la création, il y a, pour Thibodeau, une entreprise de renonciation, de dépossession de soi comme principe fondateur d'une liberté totale. On trouve cet ascétisme au cœur de *Nous, l'étranger*, qui propose une autre façon d'envisager la communauté acadienne, libérée d'un passé traumatisant mais non délestée de sa mémoire et ouverte à la rencontre. En effet, le véritable sujet du recueil n'est nullement « je », mais bien la seconde personne, fondatrice du dialogue et par qui seule la connaissance de soi est rendue possible. Outre la figure du lecteur, cet autre vers qui tend l'écriture, qui permet de nouer le pacte de lecture et de faire vivre les mots, ce « tu » sature le texte poétique à plusieurs niveaux. Il s'agit d'abord de la rencontre humaine, qui fonde une reconnaissance mutuelle à travers la confrontation de soi dans l'autre, l'acceptation de l'autre comme soi, toujours sous le signe du désir. L'homme seul, monologuant, est une figure statique, un gisant : c'est dans la joute charnelle qui s'engage entre deux corps que le sujet est rendu à lui-même et au monde. La relation amoureuse n'est pas tant attache, appartenance qu'espace ouvert : pour qu'il y ait lien, il faut une distance, une proclamation des différences, des identités : « l'amour entre nous occupe sa place / entre nous », insiste le poète.

C'est donc une union paradoxale avec cet autre qui fonde une nouvelle communauté, sujet assuré de la troisième partie du recueil,

« Madawaska », où sont écrits la certitude de « la mémoire dans la clarté du repos » et le refus de l'éparpillement. Là où le sujet individuel caractérisait le départ, l'errance, une quête existentielle, « Nous » annonce le retour à la terre, la stabilité, le désir de rebâtir une identité pleine, assumée, sur les ruines d'une honte presque tricentenaire. Face à celle-ci, le poète dresse l'image du pin, arbre que son ancêtre planta en 1789 et qui, toujours debout, semble défier les aléas de l'histoire. Le recueil se boucle alors sur l'harmonie retrouvée entre épopée familiale et tragédie coloniale, par la reprise de possession spatiale, à laquelle est conféré le pouvoir de cicatriser les écorchures du temps. Les deux premières sections mettaient en évidence une mouvance en surface, cyclique, où le sujet déraciné se débattait dans un cauchemar marin. Pris au piège, en pleine mer, par ce voyage sans itinéraire, départ vers la négation quotidienne de son héritage culturel, le poète se trouvait – dans une définition claustrophobe – « solitaire / sans recul possible / engoncé dans l'impitoyable récit ». Au contraire, la dernière partie de *Nous, l'étranger* propose de toucher terre dans une projection visionnaire soulignée par la constance du futur, qui seule permet « [d']épeler notre langue / et [de] pourvoir à l'espace clouté entre les lettres du mot *liberté* ». Bâtir la demeure, se rendre maître de l'espace équivalent chez Thibodeau à réconcilier l'hier et l'aujourd'hui, l'errance horizontale et la fondation verticale aux racines mêmes du grand pin familial.

La mouvance célébrée dans les premières pages n'est pas stérile, elle est une mise en vie (mise en marche) du sujet, en même temps qu'elle définit le projet d'écriture du poète. Elle rappelle la nécessité du risque, risque de la perte identitaire, risque de l'échec littéraire, inhérent à toute création. Le projet donné à lire dans *Nous, l'étranger* est une réconciliation du sujet avec la mémoire collective, pacte préliminaire à l'édification d'un avenir où individu et communauté se rejoignent. Et le poète de conclure que « le temps est venu de repenser les lois de l'accueil [...] car de nos propres mains oui / nous bâtirons notre demeure».

Cette part faite à l'étrangeté dans la construction existentielle – à la fois part de l'inconnu qui nous habite et reconnaissance du même chez l'autre – trouve sa source et son aboutissement dans la foi en une présence autre et inaltérable au plus profond de l'être humain : dans la trame des vers de Thibodeau se déploie la manifestation d'un ineffable au cœur du monde, altérité absolue et quotidienne. Cet autre signalé par une majuscule, Dieu, est le sujet ultime vers qui tend le dialogue en même temps que son jaillissement : au cœur de sa relation charnelle, humaine, le narrateur engage un dialogue essentiel, tissé de confiance, avec son créateur. Dialogue centripète qui a pour sujet la parole, puisque le poète se présente comme un être pétri de mots et de silence face à un Dieu appréhendé par deux termes : le pronom personnel *tu*, qui marque l'infinie distance en même temps que l'intimité, et le terme *Verbe,* avec une majuscule. Cette dernière appellation, qui prend en charge deux catégories grammaticales essentielles, révèle la présence divine comme sujet et verbe afin d'en souligner l'éternité et l'omniprésence. Par-dessus tout, elle rappelle que l'acte de parole est acte de création, trouvant de fait son fondement en Dieu, le Créateur. Le poète est prophète, au sens biblique du terme, humble porteur d'une parole sacrée : «mon poème que Ta voix me dicte / dussé-je le perdre de vue / je le retrouverai entre deux saisons». Le processus d'écriture renoue avec les voies de la prière, supplique ou louange où la part essentielle reste cachée car elle est écoute et silence. En cela, la poésie est une parole vraie, authentique, l'expression d'un chemin de vie.

C'est cet élan qui forme le cœur de *Nous, l'étranger*, jaillissant d'entre les mots pour le lecteur prêt à cheminer dans le texte. Le poète retrace ici la seule quête humaine : celle de l'origine, naissance des mots, fondement d'une mémoire collective viable, recherche d'un équilibre intérieur. Si toutes trois se nourrissent de mots, elles puisent leur authenticité dans le silence.

Manon Laparra

Nous, l'étranger, Trois-Rivières [et] Echternach, Luxembourg, Écrits des Forges [et] Éditions Phi, [1995], 84[1] p.

O

OASIS. ITINÉRAIRE DE DELHI À BOMBAY
Charles Pelletier
Roman (1993)

Oasis retrace l'itinéraire, de Delhi à Bombay, d'un voyageur nord-américain en quête d'un monde de couleurs, d'odeurs, d'images et de sensations. Écrit au présent, le texte donne à lire une expérience qui se déroule sous les yeux. Il décrit les états d'âme du voyageur, sa perception de l'Inde, ses métamorphoses, les épreuves auxquelles il fait face : le soleil, le désert, la poussière, le regard inquisiteur de l'Indien, des tracasseries de toutes sortes. Il réussit malgré tout à s'intégrer : il endosse un costume indien, se fait des amis et découvre le charme fascinant de l'Inde. Dès lors, l'altérité, qui apparaissait comme une menace sous ses apparences d'hostilité, se révèle être une source d'enrichissement et de transfiguration du voyageur.

Précisons d'abord qu'*Oasis* est bien plus qu'un simple récit de voyage. Certes, la composition pose, dès l'abord, le texte comme un carnet de voyage. Le sous-titre, *Itinéraire de Delhi à Bombay* – qui rappelle entre autres celui de Chateaubriand (*Itinéraire de Paris à Jérusalem*) –, le titre de son premier chapitre (« Carnet de voyage »), la présence d'un voyageur, dont les allées et venues évoquent l'errance d'un héros et sa quête existentielle, disent assez qu'il s'agit bien d'un carnet de voyage. Mais ce statut se révèle problématique : un carnet de voyage peut-il se présenter comme un récit fictif pris en charge par un narrateur hétérodiégétique ?

En réalité, à y regarder de plus près, on pourrait tout aussi bien considérer *Oasis* comme un roman, spécialement au regard du choix de l'instance narrative et de la perspective. Il faut reconnaître toutefois qu'il s'agit d'un roman en marge de la tradition romanesque. Le trajet du voyageur, parsemé d'embûches et tissé de multiples départs et retours évoquant la circularité structurelle du conte merveilleux, ainsi que l'absence d'intrigue (au sens classique où un récit comprend une exposition, un nœud et un dénouement) confirment la singularité de ce roman.

Le personnage est une autre marque de sa particularité. L'auteur ne va pas jusqu'à l'éliminer, comme le préconisent les partisans du nouveau roman qui contestent sa nécessité. Il retient un personnage focal, un voyageur nord-américain parti à la quête d'un ailleurs qui le transfigure à l'issue du voyage. L'auteur ne donne aucun renseignement sur l'âge ou le passé dudit personnage. Son portrait physique est à peine esquissé. Il se contente de le désigner par « il », « lui-même », etc. L'auteur ne lui donne même pas la parole. On est bien loin de l'époque où l'on reconnaissait le véritable romancier à sa capacité de créer des personnages types. Loin aussi de la tradition où certaines caractéristiques physiques du personnage, comme des tics ou des manies, permettaient de l'identifier. Malgré tout, les indices évoquant son origine nord-américaine, ses réactions et sa tenue vestimentaire dessinent l'identité éclatée de ce voyageur sans nom.

La troisième caractéristique, peut-être la plus frappante, de l'écriture de Charles Pelletier, est sans nul doute le silence, qui se manifeste en particulier à travers le blanc de la page tel qu'il apparaît chez France Daigle, notamment dans *Sans jamais parler du vent* (1983) et *La beauté de l'affaire* (1991). À l'instar de ces romans, le texte d'*Oasis* n'occupe pas toute la page. Le blanc semble l'envahir. Le texte, ainsi réduit, donne l'impression de comporter un vide, un manque, c'est-à-dire l'ellipse d'événements virtuels, potentiels. En face de cette œuvre, le lecteur a le sentiment de lire un texte lacunaire comportant un texte sous-jacent, mais tu. Mais ce silence n'est qu'apparent. Il ne veut nullement dire absence de signification. Une pensée flottante et plurielle meuble l'espace blanc, qui se présente donc comme une ouverture à une pluralité de sens. Il donne en effet au lecteur l'occasion de rêver sur le récit, de le prolonger par des images mentales et de participer ainsi à l'œuvre de création de l'auteur. On est là en présence d'une écriture cruciverbiste qui paraît inviter le lecteur à remplir les vides du discours narratif et qui trouve un écho retentissant dans un discours caractérisé par l'emploi obsédant de phrases elliptiques, de points de suspension et d'une syntaxe fracturée. Par ailleurs, les poèmes de forme moderne intégrés dans le texte, l'évocation de la musique ainsi que son langage fortement suggestif consacrent la puissance poétique du récit. Nettement affranchie donc des contraintes de l'écriture romanesque traditionnelle, *Oasis* apparaît comme un texte moderne intégrant certains apports narratologiques récents et une interrogation sur l'écriture littéraire et la littérarité.

Elie Ndoki Ngulu

Oasis. Itinéraire de Delhi à Bombay, [Moncton], Éditions d'Acadie, [1993], 139 p.

ON A MANGÉ LA DUNE
Antonine Maillet
Roman (1962)

Bien que le passage de l'enfance au monde adulte ait toujours été une étape difficile, elle semble l'être davantage dans l'Acadie rurale traditionnelle, qui sert de contexte au roman. Cette transition est surtout vécue à travers les yeux de moins en moins innocents d'une cadette de famille, Radi, baptisée d'après une sainte du nom de Radegonde. Quand son père doit cesser de travailler pour des raisons de santé et que la bonne Joséphine part en emportant avec elle tous ses contes, Radi sent déjà que la vie ne sera

plus jamais la même. En l'espace de deux ans, ses amis, ses frères et ses sœurs, quittent tour à tour leurs jeux d'enfants pour aller chacun à sa façon vers le monde adulte. Pour la protagoniste, les premiers pas dans ce monde complexe se font dans la naïveté: la peur de la Seconde Guerre mondiale se vit en chassant les espions avec les amis, l'apprentissage de la conception se fait la bouche encore pleine de bonbons, etc. Ainsi, quand les vacances au Fond de la Baie sont annulées, Radi sait que c'est là un signe important de changement, mais ce sont les jeux manqués qui la préoccupent, lesquels sont remplacés par les aventures à l'anse ou à l'Île-aux-Puces. L'œuvre se veut aussi véhicule d'une critique sociale: tantôt on illustre les rapports ambigus aux anglophones (à la fois idolâtrés pour leurs succès et méprisés pour les torts qu'ils ont infligés aux ancêtres), tantôt c'est la condition de la femme qui est critiquée. Radi souhaiterait en effet être égale aux garçons, entrevoyant un futur marginal pour une fille qui, comme elle, ne veut être «ni une sœur, ni une vieille fille, ni une femme mariée».

On a mangé la dune, [Montréal], Éditions Beauchemin, [1962], 182 p.; Montréal, Leméac, 1977, 186 p. (Classiques).

L'ORGUEILLEUSE
Hélène Harbec
Roman (1998)

À la suite d'une réflexion sur son statut de mère et d'épouse, Jeanne, la narratrice de *L'orgueilleuse*, est amenée à quitter sa famille, au moins pendant un hiver, pour louer une chambre dans une maison où vivent quatre autres femmes locataires et la propriétaire elle-même. Elle passe ses journées à la bibliothèque de Moncton, où elle lit pour rattraper le temps et où elle observe les personnes autour d'elle. Elle sent toujours ce besoin de s'interroger sur toutes sortes de choses, comme elle interrogeait autrefois sa mère. Peu à peu, son séjour dans la maison de Léa dévoile la question principale qui la hante depuis la mort de sa mère : pourquoi celle-ci est-elle entrée dans la rivière qui la fascinait tant sans revenir ? Le rapport compliqué et mystérieux entre la mère (morte) et la fille est à la base de la recherche de Jeanne. Des moments intimes vécus avec Léa la soutiendront dans l'acceptation de son passé et de sa vie actuelle, et lui permettront finalement de retourner à son village natal, où elle visitera l'endroit où sa mère a glissé dans la rivière.

Le roman est divisé en deux parties inégales (la première étant deux fois plus longue que la deuxième), intitulées respectivement « À la limite » et « Une maladie ou un état de grâce ». Il n'y a pas de coupure entre ces parties, mais la deuxième insiste de plus en plus sur la mère et la rivière, offrant ainsi une explication implicite au départ de Jeanne. La composition générale ne change pas au cours du roman : des passages plus ou moins courts et séparés par des lignes de blanc présentent les réflexions de Jeanne et les événements qui évoluent tout autour d'elle, sans établir des liens explicites entre ces différents fragments. Mis à part quelques courts dialogues où l'anglais et le parler monctonien sont utilisés, le registre de langue est celui du français standard.

La thématique de l'œuvre – le rapport entre une fille et sa mère et, plus globalement, la détermination de la place de la femme dans le monde – favorise une réflexion identitaire dans laquelle le personnage féminin remonte de sa situation immédiate de mère à son enfance. Pour ce faire, elle doit se séparer, au moins provisoirement, de sa progéniture. Ainsi, elle crée une nouvelle situation dans laquelle elle peut se consacrer entièrement à l'interrogation sur elle-même, qui est stimulée par ses lectures. Ce questionnement, qui est aussi celui de l'enfant, lui a valu le surnom de « l'orgueilleuse ». Cette expression est donnée dans un des rares passages où le père de l'héroïne est évoqué et où il s'efforce de convaincre sa fille du fait que, dans la vie, la simplicité est plus importante que la connaissance. Comme dans le roman entier, le commentaire de la narratrice est indirect : dans le deuxième

fragment qui suit cette référence au père et qui se déroule au présent, elle souligne que « c'est l'orgueil qui nous sauve, rien d'autre ». En réagissant à ces propos en tant que femme adulte, elle établit non seulement un lien entre le passé et le présent, mais elle semble également toucher aux sentiments les plus profonds de sa mère, qui, tout en restant silencieuse, s'opposait, dans son for intérieur, à la simplicité imposée. Son suicide pourrait avoir été dicté par l'incapacité de faire valoir son orgueil à elle.

Or, dans ce roman, l'orgueil peut être considéré comme un moyen de survie, tout comme les livres et les mots par lesquels la jeune fille était fascinée. En insistant sur les beaux mots qui ne s'apprivoisent pas facilement, la narratrice présente la question de la langue comme manière de se distinguer des autres. En tant que jeune fille, elle est convaincue que la connaissance des mots dont les membres de sa famille ne disposent pas est une manière de se faire respecter par sa mère. Si elle avait grandi dans un milieu où l'emploi des mots comme « grandiose », « grivois », « destination », « chagrin » était courant, elle aurait été, pense-t-elle, « une tout autre fille ».

Le désir d'être autre la poursuit jusqu'à l'âge adulte. Ses rêves et ses cauchemars expriment, sur le plan inconscient, le refus de sa propre identité, qui est fortement inspirée par l'attitude de la mère rejetant sa propre fille. Le sujet, qui inviterait à une lecture psychanalytique, a été traité dans de nombreuses littératures et il est loin de constituer une spécificité d'une littérature exiguë comme celle de l'Acadie. Le cadre dans lequel la problématique est développée renvoie au contraire à une situation spécifique où se rencontrent l'Acadie et le Québec. C'est que l'héroïne, née au Québec dans la vallée du Richelieu, est allée étudier à Moncton, ville située dans les Maritimes que traversait son père en tant que camionneur de grand chemin, mais que sa mère a toujours considérée comme un lieu trop éloigné. Néanmoins, la fille s'y installe définitivement. Le contraste entre les deux lieux s'exprime le plus clairement dans les deux rivières ; celle de son enfance, la rivière Richelieu, qui est décrite comme la rivière bleue, et la Petitcodiac, brune, qu'elle a appris à aimer au fil des années.

Le Québec, qu'elle a quitté (comme l'auteure), continue néanmoins à lui parler en Acadie : à travers la Petitcodiac, c'est la rivière Richelieu qui lui parle. Le sentiment qu'éprouve la narratrice dans la maison de Léa – « je ne sais pas encore à quoi m'en tenir » – reflète la situation de la Québécoise qui n'a pas encore trouvé sa place en Acadie. Le poids du passé gêne un véritable départ et ce n'est qu'après le voyage de retour que les deux territoires pourront être réunis. Ainsi, l'expérience de Jeanne dépasse les préoccupations de l'individu, dont le plus grand désir est celui de ne plus se tromper sur sa propre identité. Elle devient l'expérience collective de l'appropriation d'un paysage où la mère et le père, le passé et le présent, l'ailleurs et l'ici peuvent se réconcilier.

JEANETTE DEN TOONDER

L'orgueilleuse, [Montréal], Éditions du remue-ménage, [1998], 134 p. (Connivences).

OTTO DE LA VEUVE HORTENSE
Laurier Melanson
Roman (1982)

Après *Zélika à Cochon Vert*, Laurier Melanson nous livre, avec *Otto de la veuve Hortense*, un récit qui témoigne d'un plaisir évident de la langue et d'un goût pour tout ce qui porte atteinte à l'ordre établi. Dans cet univers coloré évoluent des membres du clergé (qui sont loin d'être les exemples de vertu auxquels on pourrait s'attendre) et tout un lot de personnages, tous plus irrévérencieux les uns que les autres, avec, à leur tête, Otto, un adolescent de 15 ans, fils de la veuve Hortense et amoureux de Zélica à Ovide Cochon Vert. Les habitants de la Fourche-des-Deux-Rivières et du Chemin-du-Ruisseau s'apprêtent à recevoir la visite d'un représentant du pape. Ils organisent, pour l'occasion, des festivités qui sauront reléguer l'Acadie de la Déportation aux oubliettes pour faire

place à une Acadie nouvelle, redéfinie avant tout par le rire, dans un monde où « tout est à l'envers », au dire même de la veuve Hortense.

Otto de la veuve Hortense, [Montréal], Leméac, [1982], 209[1] p. (Roman québécois).

L'OURSIADE
Antonine Maillet
Roman (1990)

L'oursiade, comme son titre le suggère, raconte, sur un ton parfois burlesque, parfois tragique, une lutte épique entre deux « peuples » : celui des hommes et celui des ours. C'est aussi un conte merveilleux et moral dans lequel les frontières entre les espèces sont floues. Les protagonistes, dépassant les limites imposées pas leur société respective, réussissent à s'entendre et même à sympathiser. Les personnages principaux représentent trois générations, formant ainsi trois couples : la vieille Ozite rencontre son double dans l'Oursagénaire, à 26 ans matriarche du clan ; Simon le Métis, un chasseur dans la force de l'âge, se mesure à Revenant-Noir, le chef de la tribu des ours ; tandis que Tit-Jean, adolescent de 12 ans, trouve un frère de sang dans le jeune Nounours.

À la suite d'un incendie de forêt, les ours se voient obligés de se rapprocher des hommes pour trouver de la nourriture, d'abord dans un dépotoir et éventuellement dans le village même, où ils se régalent pendant l'absence des habitants, partis à la foire agricole. Bien que cette proximité inhabituelle entre hommes et bêtes conduise à des rencontres qui permettent aux protagonistes de se connaître et de créer des liens d'amitié et de respect, elle n'empêche pas leur confrontation finale, dans laquelle l'Oursagénaire est tuée en essayant de s'interposer entre les combattants. Tit-Jean et Simon l'enterrent à côté d'Ozite, morte le même jour.

L'oursiade est aussi l'histoire d'une quête de vengeance de la part de Simon le Métis, qui recherche l'inconnu qui a violé Marguerite, la mère de Tit-Jean morte en couches. À la fin du roman, le mystère de la paternité de Tit-Jean est éclairci ; on laisse entendre que Revenant-Noir est la réincarnation de son père, un colporteur mort dans les bois. Le lecteur apprend aussi que c'est Tit-Jean lui-même, devenu adulte, qui est le narrateur de l'histoire.

Bien que défini comme « roman » sur la page de titre, *L'oursiade* brouille les genres tout comme ses personnages estompent les distinctions entre bêtes et humains. Un mélange de conte merveilleux et philosophique, de fable et de *Bildungsroman,* tour à tour lyrique, comique et tragique, ce texte résiste à toute classification facile. S'inspirant d'un conte traditionnel, *Jean de l'Ours,* dont le héros est le fils d'une femme enlevée par un ours, Maillet en transforme les données pour créer une œuvre d'une sensibilité moderne au cachet distinctif. On y trouve sa prédilection pour les marginaux qui sont fiers de l'être et pour ceux qui contestent l'autorité des institutions religieuses et civiles. Par leur aspect « sauvage », ces protagonistes humains se rapprochent des ours tout en remettant en question les valeurs des soi-disant « civilisés ». Simon le Métis, réputé avoir été nourri du lait d'une mère ourse, vit en marge de la société ; grand chasseur, il refuse cependant de tuer les ours et va jusqu'à les prévenir de la présence d'autres chasseurs. Tit-Jean, qu'on appelle aussi Titoume (petit homme), ne fréquente ni l'école ni l'église ; son refus d'être confirmé par l'archevêque scandalise les bien-pensantes du village comme la vieille Marie-Jeanne et la tante Modeste, qui se montrent aussi parmi les ennemies les plus acharnées des ours. Par contre, Ozite, qui a une réputation de guérisseuse et de sorcière et dont la religion est devenue avec l'âge « un mélange d'animisme et d'iconoclasme », trouve une âme sœur dans l'Oursagénaire. À l'encontre des villageois, les trois protagonistes font tout leur possible pour que les ours ne meurent pas de faim après la destruction de leur habitat. Par leur préoccupation pour la survie des espèces, les protagonistes de Maillet se trouvent résolument du côté des éclairés dans sa vision de l'évolution du genre humain.

En faisant penser et parler les ours, Maillet ne donne pas dans un anthropomorphisme simpliste. Au contraire, elle s'en sert pour mettre en relief ce qui distingue l'être humain dans la lente évolution des espèces : une conscience capable de s'interroger sur sa propre fin et sa raison d'être. Déjà dans *Christophe Cartier de Noisette dit Nounours* (1981), un roman pour la jeunesse, Maillet s'était servie de l'histoire d'une amitié entre une narratrice adulte et un ourson pour y glisser des réflexions sur la nature du langage et la relativité du temps. Dans *L'oursiade*, c'est la vieille Ozite qui pose le plus explicitement ce qu'elle appelle « la grosse question » de la survie de l'âme après la mort et, par conséquent, la signification de la vie humaine. Elle le fait surtout en dialogue avec l'Oursagénaire, qui, par contraste, est incapable de rien concevoir hors la vie et dont les sens bornés ne lui permettent pas de « jongler » avec les questions existentielles. Tandis que Simon le Métis et Tit-Jean sont tous les deux séduits par ce que le prêtre condamne comme « l'hérésie de la réincarnation », le premier rêvant du jour où il renaîtra en ours, le second imaginant la possibilité de « vies interchangeables », les ours butent contre les limites imposées par leur rang sur l'échelle de l'évolution. Même les plus sages et les plus vieux comme Oursagénaire et Vieil-Ours-qui-Traîne-la-Patte ne peuvent que pressentir le temps où leur espèce aura évolué au point de pouvoir aspirer à quelque chose au-delà de la mort. Ainsi, les protagonistes mailletiens, qu'ils soient humains ou ours, partagent une qualité qui les distingue des autres : le besoin de dépasser leurs limites et, comme Ozite et Oursagénaire, de « sauter la barrière », quelle qu'elle soit.

Mary Anne Garnett

L'oursiade, [Montréal], Leméac, [1990], 232 p. (Roman) ; Saint-Laurent, Club Québec loisirs, 1991, 232 p. ; Paris, Bernard Grasset, 1991, 219 p. ; 1993, 218 p. (Le Livre de poche).

P

PAR-DERRIÈRE CHEZ MON PÈRE
Antonine Maillet
Contes (1972)

Dans ce recueil de récits brefs, qui était d'abord une émission de la radio francophone de Moncton de 1969 à 1971, Antonine Maillet fait appel aux légendes et aux contes populaires acadiens afin de remonter dans le temps et de livrer un souvenir du passé. Selon elle, représenter la réalité de la situation acadienne exige une conciliation des éléments du réel avec des éléments de la tradition orale. Attestant de la popularité de l'œuvre, la nouvelle édition de *Par-derrière chez mon père* chez Leméac, en 1987, reprend les 12 contes parus en 1972 avec, en supplément, 4 nouveaux textes.

Un peu plus de la moitié des 16 textes de ce recueil prennent la forme de contes folkloriques. Au nombre de neuf, ces contes sont placés après les deux premiers textes, plutôt descriptifs. Ils brossent des portraits de la vie quotidienne des Acadiens d'autrefois, qui, assujettis à la force et aux caprices de la nature, ont su conserver leurs traditions et former une petite communauté minoritaire close et isolée. Dans les cinq derniers textes du recueil, l'auteure apparaît elle-même comme personnage dans des récits qui reprennent certaines histoires de son enfance. Autobiographiques, ces textes se rapprochent davantage de la nouvelle. On y reconnaît néanmoins les mêmes isotopies que dans les récits précédents, c'est-à-dire celles du pays perdu, du paradis ébréché et de l'histoire à retrouver.

On trouve dans ces textes les deux tendances qui se côtoient dans la littérature acadienne de l'époque, à savoir le désir de sauvegarder les traditions et les contes populaires, et la révolte contre les colonisateurs qui ont essayé de priver le peuple de sa propre voix et de son identité unique. Dans l'ensemble de son œuvre, Antonine Maillet essaie de récupérer l'histoire de son pays et de fixer les traditions populaires qui ont survécu depuis le Grand Dérangement.

Les récits rassemblés dans *Par-derrière chez mon père* ne sont toutefois pas de simples rappels d'événements historiques peuplés de personnages folkloriques unidimensionnels. Le récit éponyme, par exemple, placé en tête du recueil, propose l'histoire d'un voyage imaginaire où la narratrice rend visite à ses ancêtres français en Touraine. Il s'agit en fait d'un faux conte, d'un récit descriptif qui sert de préambule à tous les autres récits du recueil. La narratrice y adopte le ton du conte pour donner une description de sa région du monde, en insistant sur de nombreux éléments spatio-temporels. Elle précise dès le départ que «le monde est grand par-derrière chez [son] père». Elle invite le narrataire à voyager avec elle à travers le temps: «Prenez la mer, laissez-vous emporter par le noroît, qui vous poussera toujours vers le sud-est et vous remonterez le temps». Elle parle d'une «histoire qui s'étend très loin». Elle *entre* dans le paradis retrouvé de son enfance, ce grand verger dans lequel se trouve un pommier doux: «Parcourir le monde, c'est remonter l'histoire», écrit-elle. Pour elle, «le monde, c'est tout l'espace et tous les temps».

Dans *Par-derrière chez mon père*, la narratrice fait un voyage extraordinaire dans le passé où elle entretient une conversation avec ses ancêtres pour apprendre comment ils ont vécu toutes ces années et pour faire comprendre comment les Acadiens se sont débrouillés en Amérique. Ce voyage imaginaire fait penser à d'autres voyages importants mentionnés dans le texte: le voyage des ancêtres français en Amérique ainsi que leur déportation et leur isolement dans le bois qui s'est ensuivi. Ici, c'est le déplacement dans l'espace et le temps qui aide la narratrice à éclairer les mystères de son passé et à découvrir son identité.

Dans ce texte, le temps est spatial et concret. Le passé, on peut le posséder comme un bien, ici même, et le bien se présente comme un espace, « comme le trésor d'un grenier dont nous aurions perdu la clef ». La clé se trouve dans le discours, dans la transmission du souvenir qui assure la survie de l'identité acadienne. La narratrice parle de son passé comme s'il était possible de le *ressaisir :* « Et vous avez le sentiment de posséder, en un instant, toutes les vies, puisque toutes sont encore possibles dans l'enfance. » Pour doter de réalité un idéal, précise Mikhaïl Bakhtine, on l'imagine comme ayant déjà existé, car on préfère le passé au futur puisque plus facilement saisi et plus ferme. C'est la raison pour laquelle, toujours selon Bakhtine, la grandeur, la force et l'importance des idéaux de l'être humain ne sont jamais séparées des dimensions spatiales et de la durée.

Dans le texte inaugural de *Par-derrière chez mon père*, comme dans tous les textes du recueil, la narratrice fait donc un voyage imaginaire pour retrouver ses ancêtres qui vivaient avant le Grand Dérangement. Pour Antonine Maillet, la description de l'inacceptable situation des Acadiens est une tentative de faire échec à ce mythe de l'Acadien soumis et passif. C'est en voyageant dans le passé, croit-elle, qu'on sait contre quoi on a à se battre. Mais, plus important peut-être, c'est dans ce monde d'antan qu'on retrouve le vrai et le beau.

HEATHER FUDGE

Par-derrière chez mon père, [Montréal], Leméac, [1972], 91[2] p., ill.

LE PARLER FRANCO-ACADIEN ET SES ORIGINES
Pascal Poirier
Essai (1928)

Homme politique, érudit, homme de lettres, Pascal Poirier a consacré de nombreux écrits à l'étude du parler acadien. Son entreprise constante de défense et d'illustration du parler acadien aboutit, en 1928, à la publication d'un volume, *Le parler franco-acadien et ses origines*, qui présente de manière à la fois synthétique et approfondie le travail d'une vie.

Avant de décrire la langue régionale, l'auteur propose, des chapitres II à VII, un tableau, « un tracé, à vol d'oiseau » du chemin parcouru par cette langue, car, pour bien comprendre une langue, « il faut remonter jusqu'à ses origines ; il faut entendre ses premiers vagissements ; il faut surprendre le mystère de sa conception ». Ayant effectué ce travail, Pascal Poirier se serait rendu compte que la langue parlée en Acadie n'est autre chose qu'un état de la langue française demeuré étranger aux influences extérieures. C'est surtout une langue qui n'a pas subi l'opération de sélection imposée au français de France par les Quarante de l'Académie et autres grammairiens, qui écartèrent un nombre considérable de mots et favorisèrent arbitrairement une prononciation ou une construction au détriment d'autres.

À partir du chapitre IX (le chapitre VIII étant consacré à la fondation de Port-Royal), l'auteur propose une illustration de son propos en présentant divers phénomènes morphologiques et syntaxiques (chapitres IX et X), mais surtout phonétiques (chapitres XI à XIII) et lexicaux (chapitres XVI à XXIII) que l'on trouve dans la langue acadienne. Pour chaque fait relevé comme étant acadien, il montre que celui-ci possède son pendant dans la langue des textes fondateurs (*Serment de Strasbourg, Cantilène de Sainte-Eulalie, Glose de Reichenau*, etc.), dans celle des grands auteurs (Rabelais, Ronsard, Bossuet, Malherbe, Molière, etc.) ou encore dans la langue populaire de France, pleine de bon sens, de régularité, d'économie et de poésie. Ces équivalences expliquent ainsi l'origine des faits linguistiques acadiens en les rattachant « à l'arbre généalogique de la langue française » et, ce faisant, elles leur assurent une entière légitimité.

Dans cet écrit, l'idéalisme l'emporte certes sur la rigueur scientifique. Il s'agit surtout, pour l'auteur, de présenter la langue sous un aspect propice à lui conférer prestige et respect. Poirier conçoit son travail comme une œuvre de réhabilitation. La première phrase de l'ouvrage est explicite sur ce point: «Ceci est un essai de réhabilitation du parler franco-acadien.»

Par cette sentence introductive, l'auteur inscrit également son œuvre dans le genre de l'essai. C'est une donnée qu'il faut prendre en compte pour aborder ce texte. L'essai, l'un des premiers genres littéraires à se manifester en Acadie, permet d'aborder de grands sujets sans se soumettre aux exigences de l'écriture savante et universitaire, proposant plutôt une libre analyse et laissant place à des prises de position et à la subjectivité de l'auteur. Le travail de Poirier répond à ces critères. La visée de l'essai étant d'agir sur le lecteur, Poirier veut donner à ses compatriotes un sentiment de fierté linguistique. Le texte se présente comme une œuvre de salut national: «La crainte qu'éprouve le paysan acadien de parler sa langue devant les étrangers, et même en présence de toute personne "éduquée", est chose dangereuse pour lui, au point de vue national.» Pour ce faire, Poirier va mettre tout son talent d'orateur et d'écrivain à l'illustration d'un argument unique: le parler acadien est un conservatoire de la langue française.

L'auteur prend parti, il parle en son nom et s'implique fortement dans son texte, notamment en racontant des expériences personnelles qu'il présente comme universelles. Même s'il utilise la majorité du temps le «nous» des travaux universitaires, le «je» reprend parfois le dessus; il fait appel au destinataire et surtout à ses sentiments. Il fait preuve d'humour également: en introduction des pages consacrées à la prononciation franco-acadienne, il demande à son lecteur de lui permettre un cours qui ne sera pas sans rappeler celui du maître de philosophie à M. Jourdain. Il présente la langue des Acadiens comme plus «catholique», puisque ces derniers emploient *s'assir* de préférence à *s'asseoir* et que c'est probablement à Calvin

qu'*asseoir* doit sa bonne fortune. Ainsi, ce terme, quoique fasse l'Académie, reste entaché d'hérésie. On note encore l'utilisation de divers procédés: comparaisons, métaphores, hyperboles. Cette écriture témoigne à la fois d'un souci littéraire et d'une volonté de frapper le lecteur.

L'ironie, elle, est si bien dosée qu'on hésite parfois. Après avoir démontré, sur presque trois pages, les multiples avantages de la terminaison en *ont* des verbes à la troisième personne du pluriel, Poirier conclut «stoïquement»: «Tout cela n'empêche pas le français officiel d'avoir raison [...] et d'être la langue véritable [...] tandis que les autres formes ne sont que ce que l'on est convenu d'appeler du patois, fussent-elles logiques et conformes au génie subtil de la langue. Ainsi l'ont voulu les grammairiens, et la Grande Académie, et l'Hotel [*sic*] de Rambouillet, et les "honnêtes gens" de la cour». Traitant de l'utilisation des auxiliaires en français acadien, Poirier précise que: «Ces fautes de français nous les faisons, ainsi que cette autre que je trouve chez d'Aubigné [...]. Nous en commettons d'autres encore, lorsque nous disons, avec les rois de France, du XVIᵉ siècle, et leurs courtisans: j'ai tombé, j'ai monté [...]. Les rois de France en disant: j'ai monté, parlaient de "science certaine"; nous, en disant la même chose, nous parlons "patois" paraît-il.» Son style est parfois épique; il faut lire notamment ses pages sur la chute de l'Empire romain, ou sa prosopopée sur l'évolution de la langue. Il pastiche aussi les grands textes tel l'*Art d'écrire* de Boileau: «Puis, les grammairiens virent...».

À côté de ce travail de style, on relève un grand souci de paraître objectif par une documentation abondante, voire surabondante, et de nombreuses précisions. Poirier remonte à la romanisation de la Gaule. Il fait appel à de nombreuses autorités dans le domaine tant linguistique que littéraire, fait référence aux textes et aux auteurs capitaux de l'histoire du français, cite abondamment les auteurs anciens et les classiques. Il établit aussi maintes correspondances et construit de longues explications à propos desquelles il avoue parfois le caractère un peu risqué de l'analyse proposée.

On peut s'interroger sur les destinataires de ses abondantes références savantes. À qui sont-elles destinées et qui peut les comprendre ? Les linguistes du Canada et de France auxquels il fait référence, les simples lecteurs ? En fait, l'important est surtout de donner à son travail une assise solide, une allure savante. Tout cela pour prouver que le parler franco-acadien tire ses origines directement de la vieille langue française et même que l'héritage a été mieux conservé de ce côté-ci de l'Atlantique : « Notre langue […] est celle de la France. Les mots, les tournures, les locutions, que l'on entend dans la bouche de nos paysans, ont été pris du vieux langage, sont d'anciens vocables, souvent excellents. Nous les avons conservés religieusement ; ils font partie de notre patrimoine. Tant pis pour le français officiel s'il ne les a pas recueillis […]. La langue s'est appauvrie d'autant. De ces mots qui étaient en usage aux XVIe et XVIIe siècles, en France, plusieurs reprendront cours, lorsque les philologues les auront retrouvés, et qu'ils auront constaté comme ils sont beaux. […] ce sont des mots de race ». Cet argument, qu'il utilisera tout au long de sa vie, fera fortune : il est le fondement d'une conception de la langue acadienne qui transparaît dans toute l'œuvre de Maillet quelque 50 ans après, par exemple. Avant elle, il comparera la langue de ses compatriotes à celle utilisée par Rabelais : « Dans Gargantua et Pentagruel [sic] seuls, j'ai recueilli une centaine et plus de vocables, expressions, tournures, nuances, acceptions de mots, en usage parmi les Acadiens, que ne reconnaît pas le dictionnaire de l'Académie. »

Enfin, si sa langue de rédaction est dans l'ensemble le français standard de l'époque, voire un français assez soutenu, Poirier emploie un certain nombre d'expressions acadiennes, qu'il fait ressortir graphiquement par l'usage de l'italique et dont il propose une « traduction » en note. Une telle pratique se comprend en regard des objectifs de l'auteur : la réhabilitation d'une langue passe aussi par son utilisation à l'écrit.

Comme il loue certains auteurs français d'avoir utilisé la langue populaire de leur région, à son tour il invite les auteurs à mettre ses travaux linguistiques au service de leurs créations littéraires. Mettre par écrit le français acadien, c'est lui conférer un statut et une dignité nouvelle. Poirier fut le premier à le proposer, inspirant sans doute l'épistolière *Marichette* et ouvrant ainsi la voie à des œuvres majeures de la littérature acadienne, telle *La Sagouine*.

Le parler franco-acadien et ses origines, publié cinq ans avant la mort de Poirier, peut être considéré comme un bon reflet du travail et de la pensée linguistique de l'auteur. Si la période exacte de composition demeure inconnue, on peut déduire, de plusieurs réflexions se trouvant à l'intérieur du texte même, que nous avons affaire à un travail de plusieurs décennies, l'auteur signalant par exemple des passages écrits avant la Grande Guerre. De même, certains chapitres du volume avaient déjà fait l'objet d'une publication en revue. Enfin, il est à noter que cet ouvrage, qui connut en son temps un succès aussi immédiat qu'unanime, n'a jamais été réimprimé et est aujourd'hui épuisé. Pourtant, en plus de sa valeur intrinsèquement littéraire et de sa dimension de témoignage, cette œuvre présente un intérêt certain pour quiconque étudie le français acadien.

LAURENCE ARRIGHI

Le parler franco-acadien et ses origines, [préface de l'auteur], [Québec], [Imprimerie franciscaine missionnaire], [1928], 339 p.

PAS PIRE
France Daigle
Roman (1998)

Quinze ans après ses débuts en 1983, France Daigle recueillait plusieurs prix littéraires en Acadie avec son neuvième roman, *Pas pire*. Composée de trois histoires évoluant sans se croiser, cette œuvre raconte principalement le voyage que la protagoniste, nommée France Daigle, effectue à Paris, où son talent de l'Acadie des Maritimes – XXᵉ siècle   201   Pas pire

est reconnu par une sommité de l'institution littéraire française, l'animateur de télévision Bernard Pivot. Par la présence du personnage récurrent d'Élizabeth, *Pas pire* peut être envisagé comme une suite des romans précédents, *La vraie vie* (1993) et *1953, chronique d'une naissance annoncée* (1995). Alors que *1953* racontait les premiers mois de la vie d'une future écrivaine, *Pas pire* s'ouvre sur les souvenirs d'enfance de la protagoniste à Dieppe, en banlieue de Moncton. Les autres parties du roman nous font vivre la lutte de l'écrivaine contre son agoraphobie, qui la fait hésiter à se rendre dans la capitale française. Parallèlement, nous assistons au succès du jeune Acadien Terry Thibodeau, qui, de chômeur solitaire, devient capitaine d'un bateau de tourisme ; nous sommes aussi témoins de l'épanouissement d'Élizabeth dans une relation amoureuse qui lui manquait tant dans *1953*, pendant que son compagnon d'un moment, le Néerlandais Hans, s'enferme progressivement dans une recherche intérieure. Ces divers cheminements personnels se déroulent surtout à Moncton, une ville revisitée par la magie de la fiction et où la majorité anglophone s'estompe au profit d'une culture francophone rayonnante. Élément inusité dans l'ensemble de son œuvre publiée avant 1998, Daigle introduit pour la première fois dans *Pas pire* quelques dialogues en langue vernaculaire, elle qui n'avait jamais donné la parole à ses personnages, mis à part dans son second roman, *Film d'amour et de dépendance* (1984), qui se déroulait également dans le sud-est du Nouveau-Brunswick et où l'on ne s'exprimait qu'en français standard.

France Daigle construit la scénographie de son roman autour d'elle-même en donnant son nom à la protagoniste. À cette concordance onomastique s'ajoutent d'autres analogies : toutes deux ont passé leur enfance à Dieppe, vivent maintenant à Moncton, souffrent d'agoraphobie et sont romancières – l'une étant l'auteure du *Pas pire* que le lecteur a sous les yeux et l'autre, l'auteure du *Pas pire* intratextuel. Malgré ces

éléments autobiographiques, cette histoire n'en constitue pas moins une fiction par la présence d'éléments imaginaires évidents, notamment l'entrevue de la protagoniste à la prestigieuse émission littéraire *Bouillon de culture*, à la télévision française, événement qui n'est jamais survenu dans la vie de l'auteure réelle.

Avec ce troisième roman prenant explicitement pout thème l'écriture et présentant une figure d'écrivaine – après *L'été avant la mort* (1986), où le lecteur pénétrait dans l'intimité de l'acte d'écriture, et après *1953*, qui faisait la genèse d'une future romancière –, Daigle se met donc en scène dans *Pas pire*. Ce dévoilement progressif s'accompagne de plusieurs mouvements d'ouverture. Si l'on fait exception de *Film d'amour et de dépendance*, il n'y avait eu jusqu'alors aucune trace d'oralité dans l'œuvre de France Daigle. *Pas pire* constitue sa première véritable prise de parole et, de surcroît, en langue populaire : « Toi ? As-tu quelqu'un de *famous* dans ta famille ? » demande Carmen à Terry, le jeune couple s'exprimant en chiac, ce parler vernaculaire des Acadiens de la région de Moncton dans lequel les mots, la syntaxe et la prononciation de l'anglais sont mélangés au français. Dans ses échanges avec ses amis acadiens, la protagoniste-écrivaine dévie elle-même du français standard – « Awh, ben hallô ! » ou encore « Ben marci beaucoup ! » – tout en châtiant sa langue lorsque narratrice ou invitée à la télévision française. *Pas pire* constitue ainsi une première brèche dans le silence qui entourait jusque-là les personnages de Daigle. Dans ce « creux de la langue », selon l'expression qu'elle utilise dans son tout premier roman, *Sans jamais parler du vent* (1983), elle continuera à fabriquer dans ses œuvres subséquentes un parler chiac tout en légèreté et en musicalité. Il aura donc fallu attendre plus d'une décennie avant qu'elle traduise à l'écrit l'oralité populaire de Moncton, lieu principal où évoluent ses personnages ; en ce sens, France Daigle illustre particulièrement bien le perpétuel débat linguistique qui habite l'écrivain francophone de toute littérature émergente, soit celui de chercher à s'inventer une langue originale au sein de l'espace littéraire et ainsi de manifester son identité particulière.

Pas pire constitue un élan hors du déchirement identitaire de sa protagoniste. Celle-ci parvient en effet à s'affranchir pour un moment de sa double marginalité. Romancière acadienne et agoraphobe, donc en lointaine périphérie du champ littéraire francophone et craintive à l'idée de s'écarter de son milieu social et littéraire familier, elle réussit avec l'aide de ses proches à traverser les frontières de son quotidien étriqué et à se rendre à Paris, capitale de la littérature mondiale, pour y recevoir une confirmation de son talent d'écrivaine. Presque 20 ans après le prix Goncourt d'Antonine Maillet, *Pas pire* aborde le besoin de consécration de la littérature acadienne (post)moderne. Par une sorte de cri du cœur, sa voisine, Marie Surette, refuse l'excuse de l'agoraphobie donnée par son amie et l'enjoint de se rendre à Paris: «Il faut que tu y ailles. Tu peux pas nous faire ça.» Ce «nous» renvoie à l'Acadie tout entière, laissant deviner une soif de reconnaissance du milieu socioculturel dans lequel vit la protagoniste-écrivaine. Mais sous l'ironie d'une validation fictive par la France, la protagoniste France Daigle affirme sans sourciller que rien n'empêche tout écrivain de la périphérie francophone d'habiter le champ littéraire mondial, cet espace «de nature psychique […] univers dans lequel évoluent les potentialités […] et où] il y a une dilatation vers l'infini et difficulté de localiser un centre». Avouant que «ça [la] surprendrait pas mal que Gallimard s'intéresse à [s]es livres», elle soutient qu'une vie littéraire peut exister hors Paris.

La vraie vie se déroulait en partie à Moncton, ville qui était alors pour la première fois identifiée dans l'œuvre de Daigle; dans le roman suivant, nous découvrions certains aspects du Moncton de 1953, année de naissance de la romancière. Dans *Pas pire*, l'Acadie prend nettement possession de l'espace urbain du Moncton d'aujourd'hui par l'affirmation du chiac qui s'y parle et par la présence d'artefacts acadiens: le quartier de la Terre-Rouge aux noms de rue

francophones; son café acadien; la coopérative d'habitation du Coude; un monument à la mémoire des premiers colons acadiens; et aussi une croisière sur la Petitcodiac jusqu'à l'intérieur d'un aboiteau géant. Ce Moncton affichant ses racines acadiennes, dans lequel s'intègre l'amour naissant entre Terry et Carmen, contraste avec celui de la protagoniste agoraphobe qui se replie longuement sur ses souvenirs du Dieppe de son enfance, alors communauté rurale avoisinant Moncton. Il y a aussi son rêve récurrent de douleurs aux jambes qui ne lui permettent que d'avancer difficilement dans la ville et son aveu que, même éveillée, elle se sent tragiquement étrangère dans les rues de sa ville: «il fallait que je me décolonise, que je m'affranchisse, mais je ne savais pas par où commencer. Je me sentais grosse et divisée […], affaiblie, envahie, mal coordonnée, primitive et paradoxale. Je ne savais même plus quoi être, quoi vouloir exactement.» Le contraste entre l'agoraphobie de la protagoniste et l'éclosion à Moncton des amours d'un jeune couple symbolise une sorte de dualité acadienne: d'un côté, ce désir de s'enfermer dans son passé disparu et, de l'autre, celui de se tourner vers un avenir prometteur au sein de la cité contemporaine illustré par ce «*Yeess!* solide» lancé par Terry en apprenant que sa Carmen est enceinte. Le discours social de la protagoniste de *Pas pire* se fait plus direct et plus percutant lors de son entrevue télévisée à Paris. Devant un Bernard Pivot étonné, elle décrit le phénomène particulier d'affirmation des Acadiens: «Les révolutions ne sont pas toutes sanglantes. Certaines passent même inaperçues. Un jour, comme ça, on découvre qu'elles ont eu lieu.» Propos prémonitoires, car *Pas pire* augurait en 1998 deux événements marquants de la présence acadienne à Moncton: le VIIIe Sommet de la Francophonie s'y déroulait l'année suivante et le conseil municipal déclarait la ville officiellement bilingue en 2002.

La véritable France Daigle vit elle-même cette lente et subtile appropriation de sa langue, de sa cité et de son champ littéraire. Roman de la maturité, *Pas pire* fait passer ses principaux personnages de l'isolement à l'ouverture sur le monde, du silence à la parole. L'émergence de la protagoniste s'accompagne de celle de Terry, le jeune Acadien «un peu seul, jamais tout à fait comme les autres» qui, au fil des pages, s'intègre à la vie de Moncton; par son aventure amoureuse avec Hans, Élizabeth remplit finalement le grand vide qu'elle ressentait dans *1953* et défait «le nœud de son existence» qui l'étouffait dans *La vraie vie*. C'est dans ce travail de progression, d'évolution que la protagoniste-romancière France Daigle situe son rôle d'écrivaine: «tout est affaire de légitimité. Légitimité de ce que nous sommes aux yeux du monde et à nos propres yeux. [...] Remonter le cours de l'histoire, descendre dans l'inconscient à la recherche de fondements, d'explications, de justifications, d'interprétations de sa propre existence dans des lieux où il n'y a parfois aucune autre manière d'être, d'exister, de voir et d'être vu, reconnu. Et enfin, peut-être que oui, pour toutes ces raisons, écrire.»

FRANÇOIS GIROUX

Pas pire, [Moncton], Éditions d'Acadie, [1998], 169[1] p.

LE PASSAGE DES GLACES suivi de LAMENTO
Serge Patrice Thibodeau
Poèmes (1992)

Ce recueil est, au dire de l'auteur, le plus ancien de son œuvre puisqu'il a été écrit en 1980 à Québec et a été repris pendant l'automne 1990 et l'hiver 1991. Il se compose de deux parties distinctes, annoncées en page de garde: *Le passage des glaces*, suivi de *Lamento* – dont la version jugée «définitive» par le poète a été publiée dans *Seuils* (2002).

Le passage des glaces compte 77 strophes écrites en vers libres, de longueur variable, du tercet à l'onzain, les quintils, septains et quatrains étant les plus nombreux. Dès le premier quatrain, le lecteur est saisi par le blanc; ces vers disent la solitude physique et le désarroi de l'être abandonné: «délaissés, pendent à

mes cils / ces longs draps gris / de flanelle / d'ennui.» Le blanc de la page se marie au dépouillement de l'être qui se retrouve nu face à l'absence de «l'amant». À l'image de ce long poème fragmenté, le moi est morcelé en une kyrielle de synecdoques corporelles et de synesthésies qui donnent à voir le corps dolent, dont tous les pores réclament l'amour. Mortifère, la métaphore de la glaciation hivernale est filée tout au long du texte. À l'hiver correspond l'opacité, déclinée par «le brouillard», «la neige», «les glaces», marquée par une absence de vision qui emprisonne le moi dans un monde pris par «le silence» et le non-sens. La religion n'apporte aucun secours, seule l'écriture permet le passage des glaces et conduit au soleil rédempteur.

L'abandon par l'amant accentue la fragilité de l'être mis à nu qui se débat dans les affres d'une solitude affective et physique. La nuit et l'hiver coïncident avec l'égarement et avec le dépouillement de l'homme abandonné. La conscience de la banalité d'un amour défait, qui vire à l'obsession, est suggérée par des formules triviales: «n'avoir sous les yeux que l'oubli: / le recracher. c'est triste.» L'absence de majuscule à travers tout le texte, hormis un nom propre, rappelle le sort commun: toute personne amoureuse prend le risque de la désunion. Et pourtant, malgré la conscience de cette histoire simple, la souffrance n'en est pas moins forte: «les gouttes d'encre sur mes verres fumés. / c'est bête: / sur la peau l'envers d'un bleu, / d'une ecchymose, / et rauque, dans la rue / le cri». L'espace nocturne et hivernal semble submerger le moi abandonné; le froid, le noir, la glace pétrifient tout alentour. Il y a néanmoins frémissement, palpitation dans la souffrance même, qui réincarne, met des couleurs dans la nuit de l'hiver: «les vitraux de ton image», «l'espace écarlate», «mon rêve tel un cerne, mauve» évoquent la séparation, la passion, mais aussi trahissent la nuit et traduisent discrètement l'espoir. Le corps et le cœur vibrent encore: «des frissons parcourent mon ventre». La vie demeure par les élans du corps qui animent cet univers pris par les glaces. Le rythme saccadé par une ponctuation abondante ou distante donne du souffle. Le désir érotique garde toute sa force, même dans le souvenir: «froissé le frimas de ton sexe. / le bleu de la flamme.» et la lune, témoin des amours réprouvées par «le clocher», devient complice «des ombres frémissantes / murmurantes».

Malgré le déchirement, Thibodeau ne sombre ni dans le narcissisme ni dans le solipsisme. Le moi n'est jamais seul en scène, il s'adresse à autrui, le toi de l'amant, frère du moi dans la réprobation sociale, réunis en nous dans le souvenir et l'adversité: «nous, partenaires, / nos passages reliés à tous les ponts rompus. ne permettons jamais l'élan de ces reproches / familiers». La place du couple hors normes est interrogée: «où cela nous conduira-t-il? aux matraques? / je demande: aux matraques?». Aussi ne faut-il pas s'étonner que le couple homosexuel soit donné à voir dans la mémoire acadienne du Grand Dérangement: «nous, intempestifs et déplacés, / mal placés, / enfin. toujours l'exil». Ce couple mal vu par ses contemporains, en butte à l'hostilité de son entourage, porte, dans son exil social, la mémoire des ancêtres déportés: «à cet âge, déjà, un passé si dense». Le moi est tenu en éveil par le souvenir de sa propre Histoire et par l'écho du monde, qui n'est jamais loin, même dans le silence des nuits glaciales: «sous les pneus le crissement de la neige», «la sirène des bateaux, la voix des oiseaux». L'odorat, le goût, «le sel», le toucher, «la dure et froide insomnie de la lune» participent à cette réceptivité au monde. Si l'assertion subjective permet la reconstruction de l'être démantelé, elle pose aussi le rapport au monde dans une relation où l'interpellation joue un rôle fondamental: le toi s'adresse à autrui, mais transcrit aussi l'appel du monde qui est adressé au poète. D'«une tasse d'encre, stupéfiée» à «l'écriture à noir et à sang», la confusion du toi de l'amant et du poète écrivant mêle dans les bruits de

départ, plus que le souvenir, le souci du monde, nécessaire pour retrouver «les rayons lumineux du soleil».

C'est sur un moi saisi dans l'intégralité du sujet que s'ouvre le *Lamento*, d'une architecture régulière: 11 strophes de 10 à 13 vers libres qui gardent la relation essentielle, l'interpellation où le toi est Dieu, à qui le moi s'adresse alors que menace la mort du père, «vieil homme devenu / seul et nu». Scandé par l'alexandrin, le rythme se régularise en une mélopée sans heurt et sans ponctuation, hormis les points finaux. Dans ce chant de douleur prévaut la compassion (entendons ce terme dans son acception étymologique de *souffrir avec*) pour celui dont on sait «que la mort est au bout de ses peines / et qu'il souffre autant / sans doute / que ceux et celle qu'il aime». Le *Lamento*, plus que prière solitaire, se fait complainte solidaire où «le Verbe» assume une fonction ontologique, car la poésie de Thibodeau est une expérience de l'être et une réflexion sur l'être.

Geneviève Chovrelat

Le passage des glaces [suivi de *Lamento*], Trois-Rivières [et] Moncton, Écrits des Forges [et] Éditions Perce-Neige, [1992], 99 p.

LES PÊCHEURS DÉPORTÉS
Germaine Comeau
Théâtre (1974)

Les pêcheurs déportés est une pièce en trois actes jalonnée de chants. La structure en est décousue: trois lieux d'action – une cuisine, un quai et un bateau –, sept scènes isolées mettant en relief les personnages, que l'on peut regrouper par âge. D'abord ceux pour qui les jeux sont faits: le vieux pêcheur Pierre, philosophe à la manière des philosophes de village; Raymond, père de famille tranquille; trois dames de condition sociale différente: Louise, mère de famille, Antoinette, enseignante célibataire, et Yvonne, bonne bourgeoise délaissée par un mari souvent absent pour affaires. À côté, les «pêcheurs déportés», «trop vieux pour être jeune[s], puis trop jeune[s] pour être vieux», à savoir: Richard (fils de Louise), Janine, Mariette et Yvon. Ils sont idéalistes, assoiffés de bonheur et d'aventure, désireux de se lancer à la conquête de la vie. À ces personnages, on ajoutera un enfant musicien, autre fils de Louise, qui nous rattache à l'expression du folklore séculier des Acadiens. C'est le petit Johnny. L'action principale se construit autour de la révolte de Richard, révolte qui le renferme dans un mutisme inquiétant dont même ses amis n'arrivent pas à l'extirper et ce, jusqu'à la fin de la pièce, où il chantera son espoir d'un monde à refaire: «Jeunes et vieux nous sommes tous pareils / Tu es moi et je suis toi / Dans un monde à l'envers / Nous avons des endroits à créer». En attendant, c'est à tour de rôle que les personnages déballent leurs parcelles d'angoisses, de fatigues et de craintes. C'est donc à la dernière scène que tous se trouvent sur le plateau, chacun menant un monologue dans son propre décor. Propos épars, mais dont l'unité vient d'une même question reformulée de part en part: est-il possible de se connaître? C'est à ce moment que les «déportés» réclament Richard: «On veut Richard!» Richard se lève et chante «Le pêcheur déporté». On se connaîtra enfin par le truchement de l'expression artistique.

Le texte de Germaine Comeau s'inscrit dans une littérature de contestation où s'exprime le nouveau nationalisme acadien. Le groupe des «déportés» tourne le dos aux valeurs reçues tout en dénonçant la soumission traditionnelle des Acadiens, d'où la hardiesse de leurs propos. L'ironie, c'est qu'ils ont autant de frustration à exprimer que leurs aînés, à cette différence près que les gens casés, tout en faisant étalage de leurs misères, expriment une résignation devant les faits de la vie: «[...] il y a beaucoup de choses dans la vie qu'il faut accepter». Les «déportés», eux, voudraient que ce monde soit autre, c'est-à-dire à l'image de leurs aspirations personnelles et collectives. Yvon voudrait n'être plus connu comme «un gars à Joe à Pierre». Mariette, Janine et Yvon expriment des notions vagues de

renouveau culturel mené par les artistes. Artistes à venir, car pour le moment le projet reste chimérique: «Je sais que demain nous aurons nos chansonniers, nos musiciens, nos pièces de théâtre, nos poètes et nos cinéastes. Réveillez-vous! Faites-nous entendre! Nous avons besoin de vous autres! Nous sommes capables!» Reste alors le vieux Pierre, sceptique, sage, symbole vivant de l'unité du peuple acadien, transcendant l'âge et le social: «Counnaître le monde du village [...] c'est sentir les chouses de la même façon. Je crois bin que c'est ça. Pi je crois que tous les gens du village, au fond, y sentont tous les chouses de la même façon. Personne ne pourra nous loutter ça parce que c'est trop creux. C'est dans notre cœur puis c'est dans nos trippes [sic] puis c'est dans notre sang. Ça, ça va nous appartenir jusqu'à la mort». Paradoxalement, si les «déportés» rejettent toute une série d'attitudes sociales bien ancrées dans les mœurs en Acadie, ils n'en tiennent pas moins à valoriser le fait culturel acadien, et notamment la langue française, véritable garant de l'identité collective. Certaines nuances s'imposent, car *Les pêcheurs déportés* est loin d'être une défense et illustration du français en Acadie. C'est plutôt la recherche de l'identité acadienne chez les jeunes de cette génération charnière entre tradition et modernité. Recherche qui est sans doute celle de l'auteure, d'où son hésitation entre différents types de langues et d'expressions, allant du français standard au parler acadien, de la prose au langage poétique.

En tant qu'action dramatique, la pièce se distingue par son absence de conflit... C'est là sans doute son plus grand défaut formel. Il est difficile également de parler des *Pêcheurs déportés* sans en évoquer d'abord la présentation quasi artisanale, typique de la littérature acadienne à ses débuts. Ces réserves mises à part, les divers hors-texte présentés suscitent l'intérêt car ils permettent de mieux cerner le cadre social et culturel de l'Acadie du début des années 1970. Enfin, la renommée de cette brève pièce de théâtre ne vient pas des talents d'écrivaine d'une très jeune Germaine

Comeau, mais de sa dimension prophétique : elle symbolise aujourd'hui le cri de ralliement des jeunes militants acadiens d'antan, de la génération « soixante-huitarde » (au sens que pouvait avoir un tel terme en Acadie).

ÉDWARD LANGILLE

Les pêcheurs déportés, Yarmouth, Nouvelle-Écosse, Imprimerie Lescarbot ltée, 1974, 32 p.

PÉLAGIE-LA-CHARRETTE
Antonine Maillet
Roman (1979)

Pélagie-la-Charrette est le récit fictif du voyage de retour en Acadie d'un groupe d'Acadiens déportés dans le sud des États-Unis ayant comme conductrice une femme intrépide, nommée Pélagie, décidée à retrouver sa patrie perdue. C'est en partie en raison de la reconnaissance accordée à ce roman qu'Antonine Maillet trouvera sa place – une place non négligeable – dans l'histoire des littératures francophones. Premier et seul prix Goncourt canadien (1979), ce roman a brusquement projeté son auteure – et l'Acadie – sur la scène littéraire française et internationale. De tous les livres consacrés à l'Acadie, c'est celui qui a connu le plus grand succès et le plus grand rayonnement, après *Évangéline* de Longfellow, bien sûr, poème qui a doté l'Acadie de son héroïne nationale et la littérature acadienne de son épopée fondatrice, et qui est intimement lié au projet d'écriture qui donnera naissance à plusieurs œuvres de Maillet, dont *Pélagie*. Avec *Pélagie-la-Charrette*, Maillet se propose de créer une nouvelle héroïne, voire une nouvelle épopée nationale, œuvre cette fois d'une Acadienne et plus conforme au tempérament et à l'agir collectifs qui, au fil de l'Histoire, se sont caractérisés bien plus par le courage, la détermination et le savoir-faire que par la docilité et la résignation. En fait, le personnage de Pélagie est tout le contraire de celui d'Évangéline. Si celle-ci, en quête de son amant, a choisi de poursuivre la route de l'exil en multipliant

ses pérégrinations, celle-là choisit le chemin du retour et décide de renverser le courant de l'Histoire en remontant vers son Acadie natale. De plus, Pélagie, comme Évangéline, a son amant et leur ultime rencontre, comme celle du couple mythique, a lieu à Philadelphie. Plutôt que de suivre Beausoleil, Pélagie décide de reconduire son peuple vers le nord, les intérêts de la nation primant cette fois ceux de l'amour individuel.

Pélagie-la-Charrette constitue donc rien de moins qu'une réécriture, sur le plan de l'imaginaire bien sûr, de l'histoire acadienne, du moins celle, souvent inspirée de Longfellow, qui fait du peuple acadien un « peuple martyr ». La déportation et le retour en Acadie sont vidés, dans une grande mesure, de leur épouvante, de leur aspect tragique, voire de leur pathos, au profit d'une relecture comique et festive des événements. On connaît bien l'importance, dans l'écriture de Maillet, de la culture comique populaire (acadienne aussi bien que rabelaisienne). Or, la Déportation revêt ici la forme comique et populaire de la mort joyeuse, du pantin de carnaval que l'on brûle en grande liesse sur la place publique et dont la mise à mort symbolique annonce l'émergence d'une vie nouvelle. Le roman nous présente une Acadie qui a été mise à mort et, ici comme chez Longfellow, l'image centrale est celle du feu, de l'embrasement. Mais il s'agit bien moins du feu sacrificiel du martyre que d'un feu de joie, un feu de carnaval qui donne la mort au milieu des réjouissances : « Morte, la pauvre, enterrée avec une messe basse et rayée de la carte du monde. Vous pouvez danser, là-bas dans le nord, autour du brasier d'un pays qui a flambé dans le ciel un matin de septembre ; danser et chanter et réciter la complainte des morts entre les six chandelles et le crucifix. » Or, à ces images de la mort joyeuse et à celle de l'allégresse des ennemis de l'Acadie est juxtaposée une autre image, celle du peuple déporté qui remonte vers le nord, geste qui annonce sa renaissance et la reconstruction du pays perdu : « Mais pendant les joyeuses funérailles de cette Acadie du Nord, auxquelles trinquaient si joyeusement Laurence, Winslow, Monckton et le roi George dans toute sa joyeuse majesté, des lambeaux de l'Acadie du Sud remontaient.» Ainsi, Maillet trace du peuple acadien, dans ce roman, une image burlesque par excellence: ces «lambeaux d'hommes», ces «familles déchirées et démembrées» forment un corps grotesque situé entre la vie et la mort, un corps qui n'a pas tout à fait fini de mourir et qui commence en même temps sa renaissance. Déjà, dans *Pélagie*, s'amorce cette Renaissance à laquelle Maillet allait consacrer le roman *Cent ans dans les bois,* qui constitue avec *Pélagie* un diptyque historique.

Dans *Pélagie-la-Charrette* et dans son roman subséquent, Maillet entreprend donc la réécriture de deux des grands mythes qui fondent le discours acadien et l'idéologie officielle, selon Jean-Paul Hautecœur, celui de la Déportation et celui de la Renaissance acadienne. Or, *Pélagie-la-Charrette* se veut également une réécriture de l'autre grand mythe fondateur, celui des Origines, qui comparait le peuple acadien au peuple hébreu dans sa fuite de l'Égypte vers la Terre promise, faisant de lui aussi un peuple d'élection. L'Acadie originelle aurait été un pays d'abondance, de bonheur et de prospérité, un paradis terrestre. Or, Pélagie, sans conteste, est une figure de Moïse, chargée de ramener son peuple de l'exil et de le reconduire au «paradis perdu», à la «terre promise». L'analogie entre le peuple déporté et le peuple élu est même clairement établie dans le texte par l'héroïne, qui exhorte les siens à l'action et à l'espérance: «Les Hébreux ont bien, eux, traversé le désert». Aussi Pélagie expire-t-elle comme Moïse, au seuil même de la terre promise, de l'Acadie nouvelle que son peuple s'en ira reconstruire.

Or, on ne peut voir dans *Pélagie-la-Charrette* une simple réaffirmation de l'histoire officielle, car la version normative de l'histoire acadienne, surtout en ce qui concerne la Déportation et le retour, est livrée, comme nous l'avons vu, au

rire et à la fête, de façon à la transformer et à la renouveler. La caravane de Pélagie revêt avant tout un aspect comique et populaire. Elle est composée de parias et de marginaux souvent indisciplinés et évoque bien plus un quelconque défilé grotesque qu'un peuple en voie de rapatriement. Le peuple qui suit la charrette de Pélagie rassemble «des boiteux, des vieillards, des geignards, des gueulards, des traqués et des abandonnés». Et sur le plan de son organisation interne, le peuple en marche est souvent formé de couples comiques ou carnavalesques.

Pélagie, par exemple, décidée à «regrimper l'histoire à rebours», incarnation de la vie en marche et du devenir historique, forme un couple avec Bélonie, son plus constant compagnon de route, qui, lui, est une incarnation d'une image grotesque par excellence, celle de la mort riante. Grand vieillard, au seuil même de la mort, il est déjà en communion avec les trépassés, «cause avec sa lignée d'aïeux comme avec des compères de voyage». Contrairement à Pélagie, il n'a pas le regard fixé en avant, mais plutôt vers l'arrière, vers la charrette de la mort, qui suit dans les ornières de celle de Pélagie. Il porte à ses lèvres un sourire narquois et ses interventions dans le discours prennent le plus souvent la forme du rire, font résonner une kyrielle de «Hi!» sur le projet de Pélagie: «il avait des hi! en réserve le radoteux, et des grinches à revendre; il se déridait les joues comme d'autres s'étirent les jambes, pas de quoi s'inquiéter». Il existe donc entre ces deux personnages une lutte constante qui, transposée sur le plan des images, est celle de leurs charrettes respectives: la «charrette de la Vie» et la «charrette de la Mort». Ainsi, Pélagie et Bélonie incarnent la lutte perpétuelle de l'Éros contre Thanatos, de la vie contre la mort, lutte sur laquelle tout le récit est fondé. Pélagie forme aussi un couple avec Beausoleil, couple amoureux en un sens insolite puisque caractérisé par une inversion des symboles masculin et féminin: ils sont respectivement «capitaines au sol et sur l'eau», c'est-à-dire que Pélagie est associée à l'élément masculin et Beausoleil à l'élément féminin.

Ainsi, le peuple que conduit Pélagie constitue un assemblage assez original de figures grotesques qui contribuent à créer le climat de fête joyeuse qui préside à la plupart des épisodes du roman. La fête, comme d'autres éléments de la culture populaire qui finissent par envahir le texte, tels le conte et la légende, devient pour ce peuple un instrument de renouveau, une force vitale lui permettant de survivre aux «six ans de râles et d'agonie» qui composent le trajet, de surmonter les tribulations qui l'attendent à chaque tournant du récit et de vaincre enfin la puissance de la mort.

Si, à chaque étape du long retour d'exil, la charrette de la Mort a suivi dans les traces de la charrette de la Vie et «s'est nourrie de la graine du pays», c'est-à-dire des membres du convoi, elle s'attaque maintenant aux «racines» mêmes du peuple que symbolise Beausoleil, celui qui, sur son navire, a consacré sa vie à retransplanter les exilés dans leur terre natale. À Salem, Éros et Thanatos se confrontent pour la première fois dans une lutte ouverte et décisive.

L'image qui préside à tout cet épisode est celle de l'engouffrement ou de l'absorption par la terre, c'est-à-dire l'image par excellence qu'emploie la culture comique populaire pour désigner la mort. Risquent de sombrer dans la vase des marais la première charrette de la caravane, celle de Pélagie, avec ses occupants et ceux qui tentent de les secourir, notamment Beausoleil, qui coule dans «cette boue mouvante qui cherche à l'aspirer comme un gouffre béant…». Avec l'aide de ses hommes, il se trace avec des pierres plates un chemin sur la bourbe sur lequel, à plat ventre, il transporte en lieu sûr les prisonniers de la charrette. Voulant sauver aussi la charrette et les bœufs, il glisse et s'enfonce à trois reprises dans la boue au péril de sa vie. Alors, a lieu le «combat des charrettes», car, nous prévient la narratrice, «nul n'est dupe au pays, c'est la Mort en personne qui est entrée en lice ce jour-là et qui a tiré l'épée contre la Vie». Bélonie, en effet, dont l'œil est toujours rivé sur l'au-delà, aperçoit, près d'un pont de bois, la charrette de la Mort, qui «ne pouvait rater une telle occasion» et qui attend le moment de faire monter Beausoleil. Pélagie et Bélonie se confrontent, la première «l'avise, ses yeux vivants plantés dans des yeux d'outre-tombe». Cette confrontation, ce regard constituent le point tournant du récit, car il devient, enfin, complicité. Bélonie, le grand allié de la mort, tout à coup se montre déloyal envers elle et épouse la cause de la vie, Beausoleil lui ayant ramené, parmi son équipage, un descendant rescapé de la débâcle qui assurera sa lignée. Le vieillard s'approche du pont, s'engage dans un dialogue avec la charrette noire et la détourne, l'instant qu'il faut, de son parcours, épargnant ainsi Beausoleil. Pélagie, aussitôt, accueille la victoire de sa charrette sur celle de Bélonie, de la Vie sur la Mort, triomphe qui ouvre tout grand le chemin du retour: «Ce fut le plus grand moment de sa vie, à l'héroïne d'Acadie. Pour la première fois, sa charrette avait vaincu l'autre. Désormais, on pouvait lever la tête et regarder le nord en face».

Si le retour collectif semble assuré, si la vie a triomphé de la mort et l'avenir du présent, Pélagie et Bélonie, pour leur part, auront encore à payer leur tribut à la mort, la première pour avoir gagé sa vie contre celle de Beausoleil au moment le plus crucial de la lutte des charrettes; le second pour avoir nargué la mort. C'est comme si, une fois le conflit résolu, le récit pouvait se passer des principaux protagonistes et la terre promise, comme celle de l'Ancien Testament, des patriarches et prophètes de l'exil. Bélonie affronte courageusement la charrette de la Mort: «il y grimpa tout vivant et héla lui-même les six chevaux». Pélagie, ensuite, le rejoindra dans la mort, car à Salem «tous les deux, Pélagie et le vieux, ils avaient offert leur vie en échange de l'autre», c'est-à-dire celle de Beausoleil. Arrivée dans les marais de Tintamarre, aux portes même de l'Acadie, Pélagie est consciente d'avoir accompli son destin, qui était de «ramener les siens au pays». Pressentant sa mort prochaine, elle affirme néanmoins la victoire ultime de sa charrette sur celle de la Mort dans ces paroles qu'elle adresse au vieillard disparu : « ma charrette a gagné, Bélonie, malgré tout, elle a quand même gagné contre la tienne : j'avons atteint le pays ». Or, Pélagie, comme Moïse, n'entrera pas dans la terre promise. On fera sa sépulture dans les marais, sa charrette lui servant de bière. Il faut toutefois interpréter sa disparition, à l'instar de celle de Bélonie, non pas comme un échec, mais comme une victoire suprême sur la mort elle-même. Avant d'expirer, en effet, Pélagie annonce à Bélonie son intention d'affronter la mort avec défi, comme s'il s'agissait pour elle d'un triomphe final : « la Pélagie [...] grimpera sans se tenir par la rampe dans ta charrette, le pied gauche le premier pour la chance, debout, droite, sans se reviler la tête... les yeux grands ouverts ».

En dernière instance, ce roman, comme la culture comique populaire ou le réalisme grotesque dont il s'inspire largement, affirme le triomphe de la vie sur la mort. Pélagie et sa charrette doivent passer, comme tous les êtres et toutes les choses qui ont fait leur temps. Pélagie, comme sa charrette, a achevé sa mission, a « bien mérité le repos ». Or, en succombant, l'héroïne et sa charrette engendrent, donnent vie à une nation, car elles ont « ramené au pays les racines d'un peuple » qui croîtra. Ainsi, leur tombe se transforme en berceau : à la fin du récit, on érige « une croix unique dans les marais de Tintamarre, berceau du pays, là où étaient tombées ensemble Pélagie et sa charrette ». Le récit s'achève avec l'image d'une vie nouvelle qui s'amorce à partir de ce lieu que les rapatriés quittent pour aller fonder de nouveaux établissements dans le nord.

Cent ans séparent la fin du récit de l'épilogue, où la narratrice décrit l'épanouissement de cette vie nouvelle en Acadie et annonce le deuxième volet du diptyque historique que forment *Pélagie-la-Charrette* et *Cent ans dans les bois* : « Mais en 1880, cent ans après son retour d'exil [...] l'Acadie sortait sur son devant-de-porte [...]. De toutes les anses, et de toutes les baies, et de toutes les îles, on sortait la tête et dressait l'œil. [...] l'Acadie nouvelle [...] avait fini par labourer tous ses champs et replanter ses racines partout ».

DENIS BOURQUE

Pélagie-la-Charrette, [Montréal], Leméac, [1979], 351 p. ; Paris, Grasset, 1979, 314 p. (Le Grand Livre du mois) ; 1981, 284 p. (Le Livre de poche) ; Paris, Unidé, 1982, 283 p. ; [introduction de Pierre Filion], Montréal, Bibliothèque québécoise, 1990, 334 p. (Littérature) ; Saint-Laurent, Club Québec loisirs, 1992, 351 p. ; Paris, Bernard Grasset, 1998, 311 p. (Les Cahiers rouges) ; [présentation de Pierre Filion], Saint-Laurent, Bibliothèque québécoise, 1999, 328 p.

PILE OU FACE À LA VITESSE DE LA LUMIÈRE
Christian Roy
Poèmes (1998)

Ce premier recueil d'un jeune auteur est composé de textes en vers libres, à la ponctuation subjective, souvent absente. Son thème central semble être celui d'une adolescence marginale, le locuteur de *Pile ou face* tentant de trouver un sens à sa vie, dans un univers d'angoisses, d'insomnies et de tendances schizophréniques. Le sentiment d'emprisonnement est omniprésent, puisque ce locuteur est prisonnier non seulement de ses angoisses mais aussi de son quotidien et de sa ville prosaïques. Toutefois, ceux-ci ne constituent que la partie visible de l'iceberg, la prison existentielle qui l'enferme s'avérant, au fur et à mesure de l'avancée narrative, plus contraignante encore, le confinant inexorablement à la réalité de son insignifiance humaine. Tentant à l'occasion de s'échapper de ses prisons en flirtant avec la mort et le suicide, il trouve un exutoire dans l'acte sexuel, souvent décadent et coupable. L'image du giclement – tant du sang que du sperme – est un symbole important de cette recherche hallucinante de liberté, éclatement protéiforme et douloureux de toutes les angoisses refoulées.

Pile ou face à la vitesse de la lumière, [Moncton], Éditions Perce-Neige, [1998], 96 p. (Poésie).

LE PIQUE-NIQUE
Rino Morin Rossignol
Théâtre (1982)

Dans un lieu non spécifié, mais que l'on suppose être le Nouveau-Brunswick, nous assistons à la rencontre fortuite de quatre personnages représentant différents groupes identitaires et sociaux trouvés en Acadie du Nouveau-Brunswick: Malobianah, héroïne malécite d'une légende populaire qui, pour sauver son peuple, se sacrifie en sautant dans les chutes de Grand-Sault; Lord Durham, personnage inspiré de l'Anglais envoyé au Canada en 1837 et qui signa un rapport stipulant que les Canadiens français étaient un peuple sans culture et sans littérature; l'Évêque, représentant excentrique de l'élite religieuse; et Paul, un gai flamboyant du Madawaska, région où l'appartenance acadienne est souvent incertaine. Parmi cette parade de personnages, plus loufoques les uns que les autres, interviennent trois chœurs, représentants géographiques et linguistiques des trois grandes régions de l'Acadie néo-brunswickoise, soit le Nord-Ouest, le Nord-Est et le Sud-Est. Ce sont les échanges cinglants entre ces personnages et les confrontations qui en découlent que relate *Le pique-nique*. Les thèmes, abordés avec humour, sont ceux de l'identité, de l'histoire et de la langue, dans une atmosphère où les frontières entre fiction et réalité se brouillent. Cette pièce en un acte présente une brillante satire et une mise en lumière intelligente des particularités et des débats de l'Acadie contemporaine, ainsi que des enjeux propres aux régions qui la composent.

Rino Morin Rossignol, artiste visuel de formation mais également poète, romancier, essayiste et journaliste, signe *Le pique-nique* en 1982, alors qu'il est stratège politique pour un ministre du gouvernement provincial et qu'il a essentiellement pour mandat d'observer les courants idéologiques et sociologiques de l'Acadie néo-brunswickoise de l'époque. Cette connaissance des particularités régionales permet, dans sa pièce, la description précise des enjeux socioéconomiques de chacune des régions ainsi qu'une transcription phonétique fidèle de leurs variétés linguistiques. Ne s'arrêtant pas aux aspects phoniques, l'auteur glisse de nombreuses expressions locales dans la bouche de ses personnages. De plus, les jeux de mots affluent et proviennent souvent de traductions libres ou délibérément inexactes du français et de l'anglais. Ce rapport ludique aux langues et à leurs variétés souligne de façon intelligente et avec humour la réalité linguistique complexe du Nouveau-Brunswick. L'importance de la langue française est nettement soulignée dans certaines répliques: «On est pas des assimilés, nous autres!», ou encore: «pardonnez-nous nos péchés, pis apprenez-nous à vivre en français».

La polémique sociolinguistique est reliée de très près au débat identitaire qui se déroule en Acadie. Entre les querelles de clocher, les conceptions de chaque personnage et les variations linguistiques, tous tentent de se définir, de s'identifier à un groupe social et de faire ressortir les particularités de chaque région. C'est ainsi que le Sud-Est lancera son slogan: «Poutines râpées, poutines râpées, *a taste of Acadia*, poutines d'ici, *welcome to Moncton*», suivi du Nord-Est: «Ployes, ployes, bonnes ployes à vendre et à manger; *come one, come all*, vive la Foire Brayonne», et du Nord-Est avec sa «Morue, morue fraîche d'Acadie, morue de la côte, *try it, you'll like it!*». En plus de ces trois chœurs, nous retrouvons l'Évêque, qui cherche le lieu de célébration de la Fête-Dieu, Durham, qui a perdu le chemin vers son *Toe-path* et Malobianah, qui a perdu sa file indienne. Représentants importants des peuples qui ont forgé l'Acadie contemporaine, tous trois ont perdu leur chemin. C'est alors que Paul fait son entrée sur scène. Gai, habillé en robe de mariée et n'ayant pas peur des préjugés, il est le seul à savoir où il se dirige: au bal de «l'A.g.A.c.e.», «l'Association des gais Acadiens de la côte est». Interpellé à la fois au féminin et au masculin, il représente l'égalité des sexes. Incarnation avouée de l'auteur, il vient du coup individualiser cette quête identitaire omniprésente en Acadie en y ajoutant cet aspect avant-gardiste pour l'époque et très peu abordé encore de nos jours: l'homosexualité. Personnage flamboyant, il est le seul exclu des catégorisations régionales. Paul, jugé par les autres mais doté d'un discours éclairé et poignant, résume à lui seul le message de la pièce, indiqué en quatrième de couverture, à savoir «la nécessité d'accepter la différence, l'urgence de s'ouvrir à l'autre».

Pièce aux propos acérés mais réfléchis qui offre une réflexion pertinente sur la situation linguistique et sociale du Nouveau-brunswick, *Le pique-nique* a eu une réception majoritairement favorable et en est à sa deuxième édition. Il s'agit d'une pièce loufoque où histoire et légendes se rencontrent et se répondent, où réalité et utopie se superposent. Rino Morin Rossignol aura su donner un nouvel air à l'éternelle question identitaire acadienne, élargissant le débat sur une identité à la fois personnelle et interrelationnelle. L'auteur dira de sa pièce qu'elle est une satire humoristique sur fond de tragédie. Quoi qu'il en soit, il s'agit très certainement d'une œuvre incitant à la tolérance et à l'acceptation de l'autre.

JANIE MALLET

Le pique-nique, Moncton, Nouveau-Brunswick, Éditions Perce-Neige, [1982], 71 p.

PLACIDE, L'HOMME MYSTÉRIEUX
Paul
Roman (1904-1906)

C'est sous la forme d'un roman policier que paraît, en 1904, le premier roman acadien, *Placide, l'homme mystérieux*. Cela suffirait à le faire entrer directement dans la modernité, mais il présente d'autres caractéristiques formelles, très modernes elles aussi, car il s'agit d'une œuvre feuilletonesque et sérielle. En effet, ce titre coiffe deux romans parus dans *L'Impartial*, petit hebdomadaire de l'Île-du-Prince-Édouard, de 1904 à 1906. Un troisième, annoncé dans la livraison du 21 juin 1906, dont la publication prochaine est confirmée le 23 août 1906, devait

compléter la série, mais n'a jamais été publié. Quant au pseudonyme Paul, il recouvre, ainsi que l'a découvert Marguerite Maillet, une double identité: ce sont l'imprimeur-éditeur-propriétaire Gilbert Buote, auteur de la première aventure, et son fils, François-J. Buote, auteur de la dernière section de celle-ci et de toute la seconde.

L'action de la première aventure se déroule à New York, où Placide et son compagnon, Grégoire Tonneau, sont invités par le chef de police de la métropole «à faire la chasse aux voleurs» et aux contrefacteurs. Le héros, pris par erreur pour un comte victime d'un complot, réussit à se faire passer pour celui-ci, à assurer la protection de deux de ses amies et à en savoir plus. À la suite d'un duel à l'épée avec Thomas Cardan, il parvient à découvrir que celui qui est derrière toute cette affaire n'est nul autre que le chef d'une organisation internationale criminelle qui met en échec polices et enquêteurs, officiels et privés, depuis plus d'un an, un Corse nommé Pierre Quavillon. Avec la collaboration de policiers locaux, il entre chez ce dernier, le confronte et le fait arrêter. Il rencontre ensuite le mystérieux comte dont les difficultés d'existence sont à l'origine de l'aventure. Le succès serait total si le criminel, une fois jugé et incarcéré, ne parvenait à s'évader.

Dans la seconde aventure, Placide est à Londres, sur les traces de Quavillon et de sa bande. Le héros retrouve le comte et ses deux amies, qu'il met en garde contre le criminel. Il apprend que celui qui est le comte est en réalité le frère du vrai comte, précisément celui qui est recherché par Quavillon, et qu'il est fiancé à l'une des deux jeunes femmes, qui sont réellement deux sœurs. Placide retrouve le vrai comte, le sauve d'une agression et, peu après, libère sa promise d'un enlèvement alors qu'elle s'en revenait de Paris. Il réussit à vaincre un des lieutenants de Quavillon, Arcade, et à le faire parler. Il se rend ensuite chez le chef de bande, qu'il arrête et remet à la police. Ce dernier est extradé vers New York, où il est jugé et condamné à mort. Consécutivement à une

dépêche de Grégoire, Placide quitte ses amis pour se rendre à San Francisco, où sévissent des voleurs et des faux-monnayeurs.

Produits en pleine Renaissance acadienne, dans un hebdomadaire «micro-régional» à diffusion extrêmement réduite, les deux romans font preuve de conformisme moral et idéologique. Ainsi, on y trouve des éléments de l'idéologie nationaliste acadienne qui prévalait alors et qui avait été élaborée dans les grandes Conventions nationales. On peut donner comme exemple le thème de la fidélité aux origines, qui prend appui sur la foi : «tout en remarquant l'enthousiasme avec lequel notre héros prononçait [c]es mots en disant qu'il était acadien et catholique». Il faut noter aussi la référence à l'événement clé fondateur, la Déportation, appelé euphémiquement, selon l'usage, le *Grand Dérangement :* «Je suis acadien, né dans une petite province, non loin des bords de la mer, où, en 1745 [*sic*] mes aïeux étaient entassés, comme des moutons, dans des vaisseaux, et exilés de leur patrie, leur domaine par un être sans cœur, qui pour se venger de la simplicité et la douceur des bonnes gens lançait sa furie contre les faibles. Je parle du grand dérangement en Acadie, dont les souffrances des pauvres expatriés ont été chantées par le poët [*sic*] américain Longfellow.»

Cependant, ces deux romans se distinguent très nettement des autres œuvres littéraires acadiennes contemporaines par leur ouverture sur l'extérieur. Cette ouverture se remarque principalement dans les lieux où évoluent le protagoniste et les autres personnages (ces derniers ne se cantonnant pas à l'Acadie des Maritimes, n'étant pas repliés sur eux-mêmes, se déplaçant entre les continents). Que ce soit New York ou Londres, l'espace urbain, avec ses quartiers, ses rues, son paysage, sa population, entre dans l'imaginaire acadien. Mais c'est par un trait de la caractérisation de leur héros et de son compagnon que les auteurs s'écartent de l'idéologie dominante et innovent le plus : leur plurilinguisme. On est loin de la dénonciation de l'anglicisation et de l'assimilation. Placide et Grégoire s'expriment en anglais à la perfection ; ils communiquent aussi dans d'autres langues : «Les deux hommes parlaient l'anglais avec un accent qui les faisait prendre pour des Anglais pur sang. Ils parlaient aussi plusieurs autres langues, ce qui les rendait, en réalité, beaucoup supérieurs aux limiers new-yorkais.»

On publiait et on lisait alors en Acadie des feuilletons français et québécois. Il est permis de penser que le bureau de *L'Impartial* était abonné à de nombreux journaux et revues de provenance variée, d'Acadie, du Québec, des États-Unis et de France ; il en recevait probablement de nombreux autres expédiés par des tiers. Les deux écrivains acadiens connaissaient les formes variées du roman populaire. Dans leurs œuvres se remarquent des procédés caractéristiques du roman-feuilleton français : le héros et son double, l'adversaire incarnant le mal, les rencontres, les déguisements, les méprises, les affrontements, l'arrestation finale, les rebondissements multiples et la préparation d'une nouvelle aventure.

On doit toutefois observer que les deux romanciers sont surtout influencés par la culture et la littérature américaines, qu'ils en sont imprégnés à un point tel qu'on peut les considérer comme de véritables annonciateurs du roman policier noir américain. La grande originalité de Paul est d'accorder la primauté non pas à l'enquête, à la solution d'une énigme, mais à l'action, 16 ans avant les maîtres du *hard-boiled style* (on sait que les pionniers du genre sont les créateurs de la revue *Black Mask*, Henry L. Mencken, Georges Jean Nathan et Joseph T. Shaw). La caractérisation du héros acadien et son rôle doivent être rapprochés de ceux du «privé» américain : il travaille seul à son propre compte, dans une très grande ville, contre les forces du Mal, personnifiées par Quavillon et sa bande, et ne peut vraiment compter que sur lui-même ; il applique, en outre, une justice personnelle. On est aussi tenté d'établir des liens avec le *western* : le héros acadien a tout d'un cow-boy urbain. Les scènes de tavernes peuvent être rapprochées de celles des *saloons*. Bien qu'il soit un expert dans le maniement des armes blanches et des armes à feu, Placide a une nette préférence pour ses poings. Il faut enfin noter que l'écriture de Paul est éminemment visuelle et guère éloignée de la bande dessinée américaine, notamment par l'attention donnée aux détails, aux mouvements, aux onomatopées : « Il s'avança, léger comme un chat, sauta avec la vitesse du tigre et sans prononcer une seule parole il frappa à droite et à gauche. Biff. baff. bang, et les trois hommes tombèrent sur le trottoir comme des poches. »

À sa naissance, le roman acadien cherche à se positionner, à se définir : le modèle américain lui convenait, il lui donnait les coudées franches. Cet emprunt, avec son adaptation et sa transformation, constitue un exemple particulièrement intéressant de contact interculturel et témoigne de l'importance des apports américains à la littérature et à la culture acadiennes. Un rapprochement s'impose : avec les 100 ans qui les séparent et compte tenu des nombreux éléments qu'ils partagent, on peut considérer Placide l'Acadien comme l'ancêtre d'*Acadieman*.

PIERRE GÉRIN

Placide, l'homme mystérieux, Tignish, Île-du-Prince-Édouard, Bureau de *L'Impartial*, 21 janvier - 18 août 1904, 61 p. ; « Placide, l'homme mystérieux. Deuxième aventure », *L'Impartial*, 18 janvier - 21 juin 1906, p. 5, col. 1-2 ; *Placide, l'homme mystérieux, à New York*, Moncton, Bouton d'or d'Acadie, 1999, 125 p.

POÈMES ACADIENS
Napoléon-P. Landry
Poèmes (1955)

Le deuxième recueil de poésie de Napoléon-P. Landry, *Poèmes acadiens*, se situe littérairement entre la tradition héritée de la France et la découverte d'une nouvelle expression, plus moderne, qui fera surface à partir des années 1960 et 1970. Car si l'histoire acadienne fournit l'inspiration thématique de son œuvre, le poète-prêtre se range carrément du côté de la tradition du point de vue formel. Publié l'année du bicentenaire de la Déportation, le recueil est structuré autour du parcours mythique de l'Acadie : de l'âge d'or jusqu'à la renaissance, en passant bien sûr par 1755 et la dispersion. On y trouve tous les aspects de ce récit devenu mythe fondateur d'un peuple, le tout décrit dans une langue venue directement de la mère patrie, un style romantique et une versification traditionnelle. L'épopée est utilisée fréquemment dans le but de valoriser les personnages et les événements importants de l'histoire de l'Acadie, et l'alexandrin est privilégié, mais diverses formes rythmiques et poétiques sont également explorées.

Outre les personnages et moments historiques, Landry cite fréquemment les noms de lieux tels qu'ils étaient connus avant le Grand Dérangement. Cette poésie chargée de références historiques et toponymiques incite le peuple à se remémorer un passé douloureux, mais dans le but de contribuer à la conscience collective. L'année 1955 fut un moment cathartique en Acadie, *L'Évangéline* publiant un numéro volumineux à l'occasion du bicentenaire de la Déportation. On sentait le besoin de purger l'événement traumatique. *Poèmes acadiens* est issu de cette atmosphère à la fois tragique et pleine d'espoir. Cependant, le peuple se tournait déjà vers l'avenir et la poésie nationaliste et romantique de Landry fut vite vouée à l'oubli. Certains iront jusqu'à se révolter contre cette poésie jugée désuète, cherchant une expression plus originale et plus moderne. La saturation des thèmes nationalistes et religieux pendant les années 1950 et la présence oppressive de l'Église eurent pour effet d'amoindrir l'influence de ces premières tentatives poétiques de l'Acadie. Ce n'est qu'avec le recul de quelques décennies qu'on reconnaît la contribution de Napoléon-P. Landry, qui offre à des lecteurs contemporains une tranche historique de la littérature acadienne naissante.

Comme le précise Marguerite Michaud, on peut en effet considérer Napoléon-P. Landry comme le « premier grand poète de l'Acadie ». Son œuvre sera triplement couronnée : en 1951, lorsqu'il devient lauréat de l'Académie des Jeux floraux de Lyon ; en 1953, lorsqu'il obtient le diplôme d'honneur de la Société des poètes canadiens-français ; et en 1955, lorsqu'il reçoit le Grand Prix de la langue française de l'Académie française.

Né en pleine Renaissance acadienne, plus spécifiquement pendant l'année de la deuxième Convention nationale (1884), Napoléon-P. Landry est immergé très jeune dans l'idéologie religieuse et nationaliste de l'époque. Par un récit schématisé, l'élite acadienne assurerait la survie du peuple à travers sa mémoire collective et la littérature de cette époque devait se soumettre à cette idéologie. Landry, dont l'instruction littéraire comprenait entre autres les œuvres de Victor Hugo et de Lamartine, forme donc très tôt un projet d'émouvoir les Acadiens par une épopée versifiée qui rendrait leur histoire. Il est inspiré par le souffle épique des grands poètes romantiques et souhaite voir naître en Acadie une tradition littéraire digne des plus anciennes cultures. De nombreuses recherches historiques ainsi que des notes préparées sur commande par Placide Gaudet ont fourni à Landry le matériel nécessaire à l'élaboration de ses textes. Selon lui, « [i]l est temps, au lieu de regarder ces fresques de la vieille Europe, de connaître son propre pays ». Toutefois, Landry ne se veut pas historien, mais raconteur. C'est pourquoi il privilégie l'épopée. Cette forme est propice à l'expression de la tragédie du peuple acadien, tel que l'avait déjà démontré Longfellow.

Poèmes acadiens reprend un certain nombre de poèmes de son premier recueil (*Poèmes de mon pays*, publié en 1949), pour les retravailler méticuleusement et y ajouter de nombreux poèmes inédits, mais le style est essentiellement le même, ainsi que les thèmes abordés. Appartenant au français standard, le vocabulaire des *Poèmes acadiens* est fortement romantique et le vers dominant est l'alexandrin. Landry varie cependant sa métrique en y ajoutant l'hexasyllabique (« À notre Acadie » et « La messe blanche »), qui tient surtout de la chanson, et l'octosyllabique. Mais Landry peut varier le compte syllabique à l'intérieur d'un même

poème, comme c'est le cas dans « Évasion », pour marquer soit un changement dans la voix narratrice ou un saut dans la chronologie. Finalement, on remarque souvent des distiques à la fin de ses poèmes ; deux vers en rimes plates, qui servent de commentaires d'ensemble.

La structure du recueil n'est pas non plus laissée au hasard. On y repère en premier lieu l'Acadie originelle : ce sont des poèmes d'introduction et d'évocation de sa muse, suivis de poèmes dédiés aux figures religieuses et de poèmes traitant des lieux, personnages et événements qui définissent l'Acadie d'avant 1755, tels que « Le Petitcodiac », « Dame Marie de Latour » et « La Bataille de Chipoudy ». Au centre du recueil, on trouve un regroupement de poèmes sous l'appellation : « Poèmes à l'occasion du Bicentenaire de la Dispersion ». Suivent les poèmes d'après la Déportation et ceux de la Renaissance, tels que « La survivance » et « Une société va naître ». Le parcours tracé est donc celui du cycle mythique de l'Acadie, qui comprend les mythèmes de l'âge d'or (« Notre Acadie »), de la chute (« Un crucifix de la Dispersion ») et du retour à la Terre promise par la souffrance (« Les douze apôtres »).

L'œuvre est élaborée autour de l'événement majeur de la Déportation. En plus de l'influence romantique, les intertextes de la *Genèse* et d'*Évangéline* de Longfellow sont sous-jacents dans des poèmes tels que « L'Acadienne : cette jardinière », dans lequel Landry ne peut s'empêcher de représenter le drame de la Dispersion sous les traits archétypaux de la chute première. Le poète a tenté de pallier l'angoisse existentielle des Acadiens, à savoir le besoin douloureux de se définir et de partager une histoire collective pour ne pas s'éteindre. Cette histoire devait aussi être d'une ampleur mythique pour leur permettre de s'élever moralement, sinon matériellement, au-dessus de leur situation minoritaire de l'époque. Bien que de nombreux personnages historiques figurent dans les poèmes de Landry, le peuple en est le véritable héros. Finalement, l'événement traumatique devait être répété, revécu jusqu'à la saturation pour arriver à la catharsis nécessaire.

Ce moment cathartique a largement eu lieu en 1955, à l'occasion des nombreuses fêtes du bicentenaire de la Dispersion et du lancement d'un numéro spécial très volumineux de *L'Évangéline*. Selon Jean-Paul Hautecœur, « [s]i l'ancien nationalisme des premières conventions acadiennes s'était prolongé comme tradition explicite jusqu'en 1955, il apparaît clairement que l'année 1955 marque la fin d'un règne… » Ce fut l'apogée de la carrière de Landry et aussi son chant du cygne, car le peuple, qui se refaisait des forces, décida de se tourner vers l'avenir plutôt que vers le passé.

Napoléon-P. Landry fut néanmoins parmi les premiers à exprimer l'histoire du peuple acadien sous une forme poétique en nommant les personnages, les événements et les noms de lieux perdus. L'Acadien de retour est déterritorialisé, les villages qu'il a quittés ont changé de nom et son pays n'est plus. De là le besoin de se souvenir de ces anciens noms, tels des soldats tombés en temps de guerre : la Baie-Française, maintenant la baie de Fundy, le Cap des Beaumont, devenu Lower Cape, Beaubassin, aujourd'hui le bassin de Cumberland, Chébouctou, que nous connaissons sous le nom d'Halifax, etc. Cette poésie marquée par la toponymie est plus que nostalgique ; elle souligne la présence d'une collectivité qui, telle une grande famille, possède des référents communs. Le projet de Landry est un projet de société, le « je » s'y trouvant d'ailleurs à peu près absent.

Certes, son projet de donner à l'Acadie une littérature propre était ambitieux, mais la parution des *Poèmes acadiens* marque une étape cruciale vers son accomplissement.

Chantal Richard

Poèmes acadiens, Montréal [et] Paris, Fides, [1955], 143 p.

Pointe-aux-Coques
Antonine Maillet
Roman (1958)

Le premier roman d'Antonine Maillet remportera le prix Champlain et sera réédité en 1972 dans la collection « Classiques Leméac ». Il raconte l'arrivée d'une jeune institutrice, Mˡˡᵉ Cormier, à Pointe-aux-Coques, le village natal de son père qui avait quitté l'Acadie dans sa jeunesse pour chercher du travail aux États-Unis. Rempli de nostalgie et de regrets, mais trop fier pour y retourner sans avoir fait fortune, le père avait rompu tout contact avec sa famille, restée à Pointe-aux-Coques. Toutefois, les histoires qu'il racontait à sa fille (concernant son lieu d'origine) avaient éveillé en elle le désir de partir à la découverte du village, qui représente dans son imaginaire « toute l'Acadie ». Ayant promis à son père de ne pas révéler sa parenté avec les habitants de Pointe-aux-Coques, Mˡˡᵉ Cormier, dont le lecteur n'apprend jamais le prénom, s'installe comme pensionnaire chez la vieille Nazarine Babineau, qui passe son temps à observer toute la vie du village de sa lucarne. En tant que maîtresse d'école, Mˡˡᵉ Cormier se trouve bientôt au centre de la vie de cette petite communauté de pêcheurs, dont elle raconte, dans ce récit à la première personne, les joies et les peines. C'est une vie rythmée par le retour des saisons, dominée par la présence de la mer et ponctuée par les fêtes religieuses et paroissiales, dont la description accapare une grande partie du récit. Pendant l'année scolaire qu'elle passe à Pointe-aux-Coques, Mˡˡᵉ Cormier se lie d'amitié avec la famille du grand Dan, l'oncle de son père, et tombe amoureuse de son fils, Jean, un jeune idéaliste qui représente l'avenir du village et dont le rêve est d'organiser une coopérative de pêcherie. Les funérailles du grand Dan, mort à 80 ans dans une tempête en mer, fournissent, à la fin du roman, l'occasion pour le père de Mˡˡᵉ Cormier de revenir enfin au village et permettent à celle-ci de révéler sa véritable identité. Le roman se termine par la décision de Mˡˡᵉ Cormier de rester à Pointe-aux-Coques avec Jean, qui se construira un nouveau bateau portant son nom sur la proue.

Pointe-aux-Coques est un roman d'amour, l'amour de l'héroïne pour l'Acadie, ou plutôt pour une certaine idée de l'Acadie, que les histoires de son père, en exil aux États-Unis, lui avaient inspiré pendant son enfance. Si cette histoire d'amour patriotique est doublée d'une intrigue sentimentale, celle-ci reste au second plan et le lecteur ne doute jamais que Mlle Cormier finira par demeurer à Pointe-aux-Coques avec Jean, un simple pêcheur, au lieu d'épouser son rival, fils d'un riche constructeur, ou de retourner aux États-Unis. L'intérêt principal du roman consiste donc dans la description de la vie du village, de ses habitants et de ses traditions à la veille de la Seconde Guerre mondiale.

Dans ce premier roman, Maillet présente une image idéalisée de la vie acadienne traditionnelle par le truchement de sa jeune narratrice et il est parfois difficile de savoir jusqu'à quel point les sentiments de Mlle Cormier reflètent ceux de l'auteure au début de sa carrière, quand elle appartenait encore à la congrégation des religieuses de Notre-Dame-du-Sacré-Cœur. Ses descriptions des fêtes religieuses et du rôle primordial de l'Église catholique dans la vie du village sont pour la plupart édifiantes ; on est encore loin de l'irrévérence de la Sagouine. De même, elle prend un ton élégiaque pour décrire la vie des pêcheurs au grand large et la «simplicité rustique» des mœurs acadiennes, qui n'ont pas encore été contaminées par les forces de la modernisation et du capitalisme associées à la civilisation américaine. Mais si le portrait du village ressemble parfois à une image d'Épinal, la narratrice ne reste pas aveugle aux problèmes sociaux qui rendent la vie difficile à Pointe-aux-Coques : l'isolement, la pauvreté, l'ignorance, l'analphabétisme, les préjugés et surtout la dépendance économique des pêcheurs, obligés de vendre leur morue aux Anglais. Elle garde cependant un ton optimiste et confiant dans l'avenir, incarné par Jean et son rêve de créer une coopérative de pêcherie.

On trouve en germe dans ce roman certains thèmes qui caractériseront l'œuvre mailletienne, notamment la quête identitaire liée à la recherche de ses racines, le retour au pays de ses ancêtres et l'importance de la langue française comme composante de l'identité acadienne. Dans les dialogues, Maillet prend plaisir à reproduire «le vieux parler de Pointe-aux-Coques» et sa narratrice n'hésite pas à faire une digression pour expliquer au lecteur les nuances et les «facteurs du cœur et des sens» qui enrichissent une expression comme «j'attendions». La cuisine aussi est étroitement liée à l'identité acadienne dans l'esprit de la narratrice et il est significatif que Maillet lui fasse goûter le fricot, les poutines et le homard frais pour la première fois aux fêtes collectives du village, plutôt que chez des particuliers, soulignant ainsi l'importance culturelle de la nourriture pour cette communauté.

Si Maillet tombe parfois dans le sentimentalisme avec ce premier roman et présente essentiellement une image embellie de la vie à Pointe-aux-Coques, elle laisse percer de temps en temps un goût pour le rire et la moquerie dont le ton reste, cependant, indulgent. Ainsi, tout en faisant l'éloge de la « mission effacée » des femmes qui travaillent deux jours à la préparation d'un dîner paroissial, elle se moque gentiment de la vieille Nazarine, qui ne prête son service d'argent qu'une fois assurée qu'on le réservera à la table d'honneur et que «ses fourchettes de vieil argent n'allaient gratter, en fin de compte, que des dents tout à fait honorables». Mélange de vertus et de faiblesses, Nazarine sera parmi les premières d'une lignée de vieilles femmes mémorables qui peupleront l'œuvre de Maillet.

MARY ANNE GARNETT

Pointe-aux-Coques, Montréal et Paris, Fides, [1958], 127 p. (Rêve et vie) ; Montréal, Fides, 1961, 127 p. (Rêve et vie) ; Montréal, Leméac, 1972, 174 p. (Roman acadien) ; [préface de Jean Royer], Montréal, Leméac, 1977, xv-227 p. (Les Classiques) ; suivi de *On a mangé la dune*, Verviers (Belgique), Marabout, 1980, 412 p. (Bibliothèque).

LE PONT
Michel Lee
Théâtre (1997)

Créée en décembre 1996 à l'église Saint-Vincent-de-Paul de Québec et dédicacée «À ceux qui restent …», la pièce *Le pont* est la

première publication théâtrale de son auteur, originaire du Madawaska. L'intrigue se noue dès l'ouverture alors que, par une nuit de pleine lune, un «passant» (ce sera son seul nom tout au long de la pièce) s'approche de Fred, «adolescent près de la vingtaine» perché sur la balustrade d'un pont et semblant décidé à plonger dans le vide. Le passant, «un homme près de la cinquantaine», tente dès lors de le convaincre de ne pas sauter. Peu à peu, le dialogue s'engage entre ces deux personnages et le lecteur en apprend davantage sur chacun d'eux. Le passant, médecin et père de trois enfants, habite Sillery, tout comme Fred, atteint, lui, d'un profond mal de vivre mais disposé à entreprendre une réflexion sur ses pensées suicidaires. Or, peu à peu, un renversement s'opère dans les rôles tenus par les personnages : accablé par les vains discours qu'il prononce sur les raisons de vivre et désemparé par son incompétence face aux «âmes» malades (par opposition aux «corps malades», qu'il a l'habitude de soigner), le passant se demande si ce n'est pas lui-même qui devrait sauter dans le vide, tandis que Fred tente de le rassurer. Dès lors peut intervenir la confidence de Fred. Éclatant en sanglots, il avoue être hanté par le souvenir de son père, qui s'est jeté au bas de ce même pont trois ans plus tôt. Au terme de la pièce, les deux personnages, s'étant en définitive sauvés l'un l'autre, restent songeurs au haut du pont. Fred se demande s'il existe quelque part un lieu de repos et de tranquillité. La réponse du passant constitue la dernière réplique de la pièce et ferme la boucle de l'œuvre en se faisant l'écho de la dédicace : «Je le sais pas. Mais je pense que si on décide de rester... »

Avec seulement deux personnages en scène, la pièce de Michel Lee dépeint en quelque sorte les principes de la communication verbale et le rapport langagier qui peut unir deux individus. De fait, plus que l'histoire d'une tentative de suicide, c'est véritablement le dialogue qui est mis en valeur par la pièce. Ainsi, les personnages sont tour à tour mus par un désespoir qui, au lieu de causer une sorte de mutisme chez eux, les pousse plutôt à constamment chercher à établir une conversation. Dès le départ, Fred, par exemple, quelque peu décontenancé par le silence qui suit une de ses interrogations, insiste : «Tu réponds pas?» Par surcroît, l'adolescent n'est jamais aussi agité que lorsque le passant abandonne ses tentatives et quitte la scène. Il devient alors «très nerveux et enragé» et envoie une longue tirade dans la direction de la sortie du passant au cours de laquelle il s'adresse encore à lui comme s'il était toujours là. De même, au moment où Fred est endormi, le soliloque prononcé par le passant porte toujours la marque d'un dialogue : «Je l'entends pas ton silence. Je l'entends pas ta tempête. (*Fred, qui dormait, sursaute légèrement. Il s'aperçoit que le passant est revenu et qu'il lui parle.*)» Dès lors, le danger qu'appréhendent les personnages n'est pas tant la disparition de Fred que la rupture du dialogue qu'elle entraînerait : «Approche pas [s'écrie Fred]! Si t'avances d'un centimètre, tu vas parler tout seul en hostie. »

Dans cette célébration du dialogue où fusent les répliques teintées d'expressions de couleur locale («toé-là», «icitte», des «tuffs», etc.), une belle place est aussi réservée à l'art de conter. Ainsi, Fred raconte au passant un «souvenir inventé», une sorte de projection sur son avenir, belle journée idyllique de juillet où il fait un pique-nique avec ses enfants. Le passant, pour sa part, puise dans ses véritables souvenirs pour relater au jeune adolescent une soirée de son enfance passée dans une vieille maison de campagne à écouter, autour d'un vieux poêle à bois, son père «raconter des histoires de jeunesse». Trois générations se voient ainsi réunies par le plaisir de conter.

La pièce est également l'occasion d'une réflexion sur les croyances («Fred : Tu crois dans rien...») et une dénonciation de la tendance trop hâtive qu'a l'humain à schématiser et simplifier ses rapports pour se faciliter la vie, s'engonçant dans des idées reçues. En ce sens, à leur entrée en scène, les deux personnages apparaissent d'abord comme des types : l'adolescent désespéré et le médecin père de famille stable. Dès les premiers contacts, les deux protagonistes s'enferment mutuellement dans ces clichés : «Fred : […] Tu tiens pas mal plus à ton gros char, pis à ta grosse cabane à Sillery qu'à tes enfants» ; «Le passant : Vous autres, les jeunes, vous voulez avoir les beaux souvenirs avant d'avoir fait l'effort pour les avoir». Toutefois, au fur et à mesure que la communication s'établit, les clichés éclatent et chacun jauge l'autre à sa juste valeur : Fred, au fond un rêveur, et le passant, plus désœuvré qu'il ne le laisse paraître.

Janine Gallant

Le pont, [Moncton], Éditions d'Acadie, [1997], 51 p.

LES PORTES TOURNANTES
Jacques Savoie
Roman (1984)

Les portes tournantes constitue une étape importante dans l'œuvre littéraire de Jacques Savoie et dans l'histoire du roman acadien moderne. Ce roman, très bien accueilli par la critique, retrace le destin brisé d'une famille qui, contre toute attente, se reconstitue à l'occasion d'une tempête de neige imprévue qui s'abat sur la ville de Québec, un 25 novembre.

Depuis le départ de sa mère Lauda, le petit Antoine, qui a 10 ans et se décrit comme un musicien, vit seul avec son père, le peintre Blaudelle, dans un immense studio. Sous des airs de matamore, Blaudelle est un homme meurtri qui, malgré son âge, reste toujours en quête de son identité et d'une mère qu'il n'a pas connue. Un jour, il reçoit par la poste une sorte de cartable noir renfermant de vieilles lettres dans lesquelles sa mère, Céleste Beaumont, a jadis consigné ses souvenirs, ce qui permet à Blaudelle de renouer enfin avec ses origines. Il découvre ainsi l'histoire de sa mère, depuis son enfance à Val-d'Amour jusqu'à sa mort, survenue à New York en 1945.

Dans ses lettres, Céleste raconte à son fils ses heures de gloire comme pianiste dans un cinéma de Campbellton, à l'époque du cinéma muet, puis son licenciement à la venue du cinéma parlant, ainsi que son mariage malheureux avec Pierre Blaudelle, le rejeton d'une riche famille d'industriels de Campbellton. Blaudelle découvre comment Céleste, assignée à demeure dans une grande maison de la rue Williams et confrontée à un monde bourgeois qui lui était étranger, s'est évadée dans la musique et dans un monde imaginaire. Il apprend aussi comment elle a été obligée de suivre son mari, qui a choisi de s'enrôler, sur la base militaire de Petawawa, en Ontario, et forcée de laisser son tout jeune fils, prénommé Madrigal, à la garde de ses beaux-parents.

À la suite du décès de son mari, mort à la guerre – et plutôt que de retourner vivre à Campbellton –, Céleste a préféré accompagner à New York John Devil, un violoniste de jazz qu'elle a rencontré à Montréal. Ayant succombé à un cancer à la toute fin de la guerre, Céleste n'a jamais eu l'occasion de revoir son fils. Quarante ans plus tard, Blaudelle, Antoine et Lauda se trouvent réunis au Grand Théâtre de Québec et, par le plus curieux des hasards, ils y retrouvent John Devil lui-même (qu'on surnomme Papa John), venu donner un concert dans la vieille capitale.

Cette histoire émouvante est racontée de plusieurs points de vue : d'abord le récit d'Antoine, caractérisé par les marques de l'oralité, dans lequel sont intercalées les lettres écrites par Céleste à la fin de sa vie, sans oublier les récits, plus brefs, de Blaudelle et de Lauda, ainsi que la narration à la troisième personne de la dernière partie. Cette composition particulière n'est pas gratuite, car elle permet justement à l'auteur de relier les fils cassés de la mémoire familiale et de réconcilier enfin les individus et les générations.

Les portes tournantes constitue à la fois un roman de l'artiste, qui rend un vibrant hommage à l'art sous toutes ses formes (la musique, la peinture et la littérature), un roman familial, qui gravite autour du drame de la séparation et de l'exil, ainsi qu'un roman de l'errance, qui se présente comme une transposition à la fois discrète et originale de l'histoire du peuple acadien. Ces trois volets du roman, qui sont indissociables, illustrent bien le caractère polyphonique de l'œuvre et contribuent à lui donner une structure très solide et une grande unité d'inspiration.

La question de l'identité occupe une place essentielle dans le roman. Au départ, le personnage de Blaudelle est caractérisé par son flottement identitaire, à la fois sur le plan personnel et sur le plan artistique, comme en font foi ses difficultés, non seulement à se choisir un prénom (il s'est appelé successivement Chevrolet, Dado et Jœuf), mais aussi à se donner un style (il hésite entre le réalisme et l'art abstrait). Pour se définir, il ne possède en effet que son patronyme, Blaudelle, qui le renvoie, en creux, à des parents qu'il n'a même pas connus, qu'il s'agisse de son père, mort à la guerre et désormais statufié dans un parc de Campbellton, ou de sa mère, figure évanescente et énigmatique. C'est d'ailleurs cette mère fantasmée qu'il a tenté de retrouver sous les traits de Lauda (prénom dont la sonorité rappelle celle de Blaudelle), ce qui a conduit à l'échec de leur relation, Lauda l'ayant quitté pour vivre non pas avec un autre homme, mais avec une femme. On comprendra que, dans une certaine mesure, le destin d'Antoine reproduit celui de Blaudelle, en ceci que sa mère l'a elle aussi abandonné à son père, à la lignée paternelle. Si Blaudelle cherche à rejoindre sa mère par l'art pictural, Antoine essaie au fond de faire la même chose, mais par la musique (il lui enregistre d'ailleurs des pièces de piano sur son « super-appareil-cassette génial »). C'est ainsi que Blaudelle et son fils reproduisent le même schéma de la quête maternelle, cette quête étant associée à la création et à la pratique artistiques.

C'est à ce stade qu'entre en jeu le personnage de Gunther Haussmann, un ancien pianiste de jazz qui, dégoûté par le mouvement de commercialisation et d'industrialisation de la musique, s'est reconverti en accordeur de pianos. Haussmann se montre ainsi réfractaire à la technologie moderne, symbolisée par le magnétophone d'Antoine, et il ne jure que par son diapason, arguant qu'obtenir une seule note juste, c'est déjà beaucoup. Un jour, pour montrer à Antoine que c'est avec le cœur qu'on joue de la musique et non pas avec un super-appareil-cassettes, aussi génial soit-il, Haussmann lui joue une pièce magistrale, intitulée *You don't kill a piano player*, qui fut composée jadis par nulle autre que Céleste Beaumont, comme on l'apprendra plus loin dans le roman. Le personnage de Haussman permet donc de faire le lien entre la figure disparue de Céleste Beaumont et la situation présente de Blaudelle et d'Antoine. À la suite de l'audition de *You don't kill a piano player*, la quête d'Antoine va tendre symboliquement vers une plus grande authenticité, pour se confondre bientôt avec celle de son père.

Comme son nom l'indique, Haussmann est l'homme de la maison, du dedans, bref de l'intériorité, et, en dernier recours, c'est grâce à lui que Blaudelle et Antoine pourront échapper de concert à leur errance dans un espace sans repères lié à leur état d'orphelins et symbolisé par le studio immense où ils vivent, qui « a des kilomètres de long sur des kilomètres de large » selon Antoine. Tandis que Blaudelle s'imprègne des lettres de sa mère, Antoine prend conscience de la nature véritable de l'art et de la musique, et les deux personnages vont bientôt se trouver entraînés dans le Grand Théâtre de Québec, qui, on l'aura compris, n'est peut-être rien d'autre que le grand théâtre de la vie, d'où viendra la révélation. C'est là, en effet, que Blaudelle, Lauda et Antoine seront enfin réunis et reconnectés à leur passé par la réintégration de la figure de Céleste, au moment d'un concert improvisé donné par John Devil et Gunther Haussmann, qui vont d'ailleurs interpréter la pièce *You don't kill a piano player*.

Cette recomposition de la famille disloquée permet aussi de saisir le message politique du roman. En relisant les lettres de sa mère, Blaudelle confie : « J'ai l'impression d'arriver au bout d'une très longue course, au bout d'un marathon que je courais depuis toujours sans le savoir ». Non seulement est-il devenu l'artiste qu'on ne voulait pas qu'*elle* soit, mais aussi est-il revenu au port, au terme d'une errance dans laquelle il avait été entraîné contre son gré. Il est d'ailleurs facile de constater que le personnage de Céleste Beaumont constitue une représentation métonymique de l'Acadie, un peu comme l'était la figure d'Évangéline, mais dans un sens beaucoup plus moderne et volontaire : déportée de son village natal de Val-d'Amour, agressée sexuellement par l'anglophone John Alfred Litwin, le propriétaire de la salle de cinéma de Campbellton, puis enfermée dans la grande maison bourgeoise des Blaudelle avant d'être séparée de force de son fils et déportée vers la base militaire de Petawawa, Céleste a finalement déserté sa famille d'adoption pour s'installer à New York avec John Devil, un musicien noir. Les analogies entre le destin du peuple noir et celui du peuple acadien sont d'ailleurs suggérées par cette rencontre fortuite entre deux êtres littéralement perdus dans l'espace et qui n'ont plus que la musique pour patrie dans un monde bousculé par le passage de l'Histoire, symbolisé dans le roman par l'image des portes tournantes. Le contraste entre la figure de Céleste Beaumont, dont le nom suggère l'idée de sainteté (la nature céleste de sa musique, sans parler de la chapelle de Beaumont, ce haut lieu de l'Acadie), et celle de John Devil, dont le nom de famille renvoie plutôt à la nature méphistophélique du personnage (c'est un véritable génie du violon), permet de saisir le potentiel infiniment créateur associé à la rencontre de ces deux personnages, qui tranche avec la résignation caractérisant le personnage d'Évangéline.

Si on essaie finalement de situer le roman dans son contexte littéraire, on ne peut manquer de penser aux analogies qu'il présente avec certaines œuvres de Jacques Poulin, notamment avec *Jimmy*, publié en 1969, qui raconte lui aussi, à travers les yeux d'un jeune garçon, l'histoire d'une famille en train de se disloquer. Le roman de Jacques Savoie s'inscrit en fait dans tout un courant caractéristique des littératures que le critique Michel Biron, dans son essai intitulé *L'absence du maître*, nomme les littératures liminaires, c'est-à-dire des littératures où les auteurs n'écrivent pas contre la structure, mais en l'absence de structure, et qui ont tendance à valoriser des thématiques comme celles de l'enfance ou de la marginalité. *Les portes tournantes* rappelle ainsi la lignée des romans québécois publiés depuis les années 1960 qui accordent une place particulière à l'enfance et plus précisément au point de vue de l'enfant en rupture de ban et de tradition. À cet égard, le roman de Jacques Savoie s'avère symptomatique d'un phénomène de société qu'on peut associer à la minorisation et à la marginalisation de certaines cultures, un phénomène très bien étudié par François Paré dans *Les littératures de l'exiguïté*. Naturellement, ceci n'exclut pas, bien au contraire, la portée universelle d'un roman comme *Les portes tournantes*, qui, sous des dehors anodins, pousse infiniment loin la réflexion sur l'art, la filiation et la mémoire.

JEAN MORENCY

Les portes tournantes, [Montréal], Boréal Express, [1984], 159 p. ; Lausanne et Montréal, l'Aire et Boréal Express, 1985, 150 p. (Bibliothèque francophone) ; 1986, 159 p. (Bibliothèque francophone) ; 1989, 159 p. (Bibliothèque francophone) ; Montréal, Boréal, 1990, 157 p. (Compact) ; *Texte intégral du roman*, [analyse, documents et iconographie : Julie Jean, Michel Thérien et Murielle De Serres], Laval, Beauchemin, 1995, xvi-171 p., ill. (Littératures et cultures).

PROPHÉTIES
Herménégilde Chiasson
Poèmes (1986)

Les deux premiers ouvrages d'Herménégilde Chiasson, *Mourir à Scoudouc* (1974) et *Rapport sur l'état de mes illusions* (1976), étaient littéralement hantés, on le sait, par une douloureuse quête identitaire – comme il fallait sans doute s'y attendre en ces années tumultueuses où l'Acadie littéraire faisait entendre sa voix plus clairement qu'autrefois. Ces deux livres inauguraux furent suivis d'un apparent silence d'une dizaine d'années, au terme duquel la production poétique de l'écrivain reprendra à un rythme régulier et soutenu. C'est le recueil *Prophéties* qui marque, en 1986, le retour de Chiasson à la publication. Sur le plan formel, ce troisième livre a peu à voir

avec la discontinuité apparente des précédents: autant *Mourir à Scoudouc* était marqué par le désordre et la fureur des commencements, autant *Prophéties* paraît porteur d'une nouvelle sérénité. En quatrième de couverture, l'auteur explique d'ailleurs que les textes du recueil ont été rédigés en deux temps, à Toronto et en Acadie, au cours de deux rencontres d'écrivains auxquelles il participait. Durant cette période, le poète eut aussi l'occasion de fréquenter une exposition sur les Mayas (au Royal Ontario Museum) et de visiter le Centre marin de Shippagan. «Deux moments dont le silence est prenant», écrit encore Chiasson, comme s'il voulait nous proposer une clé d'interprétation pour la lecture de son ouvrage. De fait, *Prophéties* est un livre qui semble parfois tenté par une forme de repli contemplatif: «La rue s'est vidée de son désir. / Je bois dans une bouteille, le ciel est rempli de lumière.» L'ensemble des poèmes est divisé en neuf parties, qui comptent entre trois et neuf pages de texte chacune. Ces différentes sections portent toutes des titres laconiques et plutôt abstraits («lieux», «moments», «parcours», «projets», «fins», etc.) qui nous renseignent assez peu sur le contenu thématique du recueil.

La plupart des textes s'articulent autour d'un «vous» narratif qui peut faire figure d'interlocuteur – ou, mieux, d'interlocutrice – dans cette étrange situation où, si l'on se fie au sens littéral du titre, le sujet dévoile des «prophéties» à son auditoire: «Quand on s'approche du soleil, il paraît qu'on prend feu. / Ce n'est pas si terrible qu'on veut nous le faire croire», dit-il par exemple à son destinataire en évoquant la figure mythologique d'Icare. Les circonstances d'écriture ont laissé, ici et là, quelques-unes de leurs traces dans les poèmes; ainsi, derrière la dénonciation d'un «[...] musée où on exhibe outrageusement / les civilisations ouvertes, leur mémoire éventrée», on reconnaît sans peine la célèbre institution torontoise qui instrumentalise honteusement, selon l'auteur, la civilisation maya. La visite à l'aquarium de Shippagan,

au contraire, offre l'occasion d'une rêverie sur «[l]es loups-marins, les loutres bleues / les bélugas et leur ballet centrifuge dans la mer, / mystère insondable où vous descendez si profondément».

Même si cette expérience d'écriture semble centrée sur le «vécu» du poète, on ne peut certes l'accuser de narcissisme, puisque son recueil – comme une bonne partie de son œuvre poétique, d'ailleurs – est traversé par les échos de l'actualité du monde, particulièrement violente au printemps de 1986: «Quelqu'un a lavé nos draps. / La Lybie, les missiles, le sang, la démagogie, / Reagan, Kadhafi. / Quelqu'un a lavé nos draps. Les avions bombardent avec une application inquiétante».

C'est cependant grâce à son caractère éminemment transitoire que *Prophéties* présente un intérêt particulier pour les lecteurs de Chiasson. Par certains côtés, en effet, l'œuvre est encore proche de la tristesse diffuse qui hantait *Mourir à Scoudouc*, surtout quand le sujet du poème évoque des souvenirs d'enfance: «Je chante avec ma mère. / Elle court, elle est jeune. / Elle est vraiment ma mère, / Comprenez-vous?» On est ici dans le même registre mélancolique que dans «Eugénie Melanson». Par contre, d'autres textes, plus longs, préfigurent l'attachement aux petites choses de la vie quotidienne – gestes, menus objets, dialogues fugaces – que Chiasson manifeste dans ses recueils les plus récents: «Je mange seul, debout, devant la télévision. / Je rêve vaguement de vous. / J'ai oublié d'acheter du sel. / Les êtres humains disent ce qu'ils peuvent / et négligent le reste».

En somme, la grande cohérence interne de *Prophéties* préfigure déjà l'orientation que prendra ultérieurement la démarche poétique de Chiasson: de *Miniatures* à *Existences* en passant par *Conversations*, son œuvre sera en effet caractérisée par l'usage presque systématique de structures formelles régulières et de contraintes d'écriture préalablement établies.

MARCEL OLSCAMP

Prophéties, [Moncton], Michel Henry éditeur, [1986], 77 p., ill. (Poésie).

Q

LE QUATUOR DE L'ERRANCE suivi de LA
TRAVERSÉE DU DÉSERT
Serge Patrice Thibodeau
Poèmes (1995)

Cet ouvrage majeur de la littérature acadienne contemporaine se compose de deux
parties distinctes, mais nettement complémentaires. *Le quatuor de l'errance*, œuvre
poétique inspirée des grands textes sacrés,
comprend quatre chants mystique, accompagnés d'un prologue, d'un épilogue et
d'une brève suite poétique servant d'intervalle entre les deuxième et troisième chants.
La traversée du désert constitue la seconde
moitié de l'ouvrage. Cette suite poétique
se divise en trois parties égales, s'intitulant
« Miroitement », « Sables » et « Nomades ».
L'ensemble de ces deux œuvres forme un
recueil d'une remarquable unité formelle et
thématique. L'architecture des textes et leur
disposition régulière sur la page témoignent
de la valeur quasi liturgique de la démarche
du poète. Des références religieuses à l'islam
et au bouddhisme servent à la fois d'exergues
et de motifs implicites. Mais l'œuvre est aussi
une sorte de journal de voyage. Les lieux visités, parmi lesquels le Népal, l'Afghanistan,
l'Iran, Israël, la Jordanie, le Pakistan et la
Grèce, sont minutieusement notés et décrits.
Apparaît alors comme une constante la
figure de l'écrivain nomade cherchant dans le
contact avec les autres traditions culturelles la
voie de l'ascétisme et du renouvellement. Seul
l'épilogue du *Quatuor de l'errance* contient
une évocation passagère du lieu de naissance
du poète, Rivière-Verte, dans le nord-ouest du
Nouveau-Brunswick. Enfin, les deux parties
de cet ouvrage correspondent à deux logiques
spatiales complémentaires. *Le quatuor de
l'errance* renvoie à une logique ascensionnelle,

suivant en cela les paysages de hautes montagnes de l'Himalaya. C'est donc au Népal
que commence la quête qui se terminera dans
la Grèce delphique, au lieu de l'oracle. *La
traversée du désert*, obéissant plutôt à une
logique de l'horizontalité, explore ce que le
poète appelle les « territoires de la dépossess-
sion ». Seule l'image du puits vient rompre
cette traversée ultime qui anticipe la mort.

Le quatuor de l'errance est d'abord une aventure
mystique : « La route, l'essence d'une bénédiction », s'écrie le poète à l'orée de son voyage.
Au cours de ce périple, il part à la rencontre
de l'Autre, qui lui apparaît dès lors paradoxalement dans toute sa fraternité et dans toute
sa différence. Et il n'y aura plus de sens possible avant que le mystère de ce paradoxe soit
exploré et énoncé. Car c'est en perçant ce
mystère qu'une brèche peut se créer et qu'une
nouvelle liberté s'annonce. L'écriture est alors
une manière de se détacher des contraintes
de sa propre origine en mettant en scène, au
gré des pays visités, la rencontre sacralisée du
voyageur avec un monde radicalement étonnant par sa diversité de croyances, de langues
et de cultures. Par cette démarche, souvent
réaffirmée au fil des pages, l'écriture se trouve
« ébranlée ». Les paysages afghans, iraniens
ou jordaniens sont l'occasion d'une aventure
proprement scripturale, au-delà de laquelle
la tradition poétique occidentale se trouvera
transformée.

Le quatuor de l'errance et *La traversée du
désert* ne s'inscrivent donc pas au premier abord
dans les mouvements d'affirmation culturelle
acadiens, pourtant très actifs au moment de la
publication de cet ouvrage. Minoritaire, le
poète l'est toujours ; mais c'est par son appartenance insoutenable aux cultures dominantes

de l'Amérique du Nord qu'il se sent justement montré du doigt et c'est dans la pauvreté économique et la richesse spirituelle de l'immense majorité des humains qu'il cherche à déplacer le sens de son identité. Il lui faut «apprendre à capituler», dit-il dans l'épilogue du *Quatuor de l'errance*. Ainsi, d'une certaine manière, l'ouverture à l'Autre conduit à un reniement implicite de la culture d'origine en tant qu'espace restreint.

Mais l'accès à l'Autre dans sa différence est souvent frappé d'interdiction. Le voyageur se heurte à des frontières fermées, protégées par des gardes armés. Il lui faut faire preuve de patience et s'efforcer de comprendre. Le refus s'oppose toujours à la luxuriance des paysages qui accueillent dans leur ombre bienfaisante le voyageur fatigué. Chaque frontière est une étape vers l'accomplissement de la quête. L'écriture est ici un puissant appel à la transformation. Entraîné dans une «errance» de plus en plus insistante, le poète cherche à redéfinir sa relation au monde. Cette transformation religieuse conduit à une découverte de la transcendance. Ainsi, sous toutes ses formes et sous toutes ses appellations, Dieu reste dans *Le quatuor de l'errance* et *La traversée du désert* la «Présence essentielle». Investi d'une vocation divine, le poète adopte progressivement un comportement christique. Il se voit de plus en plus comme une sorte d'«envoyé» de Dieu. Confronté à la misère qu'il observe partout au cours de ses voyages, il en vient à vivre jusque dans son corps les traces omniprésentes de la souffrance humaine. La poésie est alors investie chez Thibodeau d'une évidente mission salvatrice dans laquelle la figure christique est chaque fois reportée.

Cette recherche du dénuement et ce rapport évangélique au Christ ne sont pas sans rappeler une tradition remontant, entre autres, au poète québécois Saint-Denys Garneau, auquel Thibodeau avait d'ailleurs consacré un essai en 1993. Nombreuses sont les images qui évoquent le rejet du corps. La rencontre souhaitée avec l'Autre exige un acte d'humilité absolue. Le sujet mystique cherche à se départir de ce qui le rattache au matérialisme de la civilisation des objets. Le «désert» dont il effectuera symboliquement la traversée le conduira à une perception accrue de sa spiritualité. «Le désert me traverse la peau, mon âme est sèche et pure». On voit donc jusqu'à quel point la démarche mystique de l'«errant» et la découverte de l'altérité culturelle concourent à transformer le sujet et à le «libérer» de sa matérialité. Dans les deux œuvres considérées ici, tout repose donc sur la préséance absolue et sacralisée des «Écritures».

Outre Saint-Denys Garneau, il est évident que le poème prend ici sa source dans une tradition poétique issue des poètes voyageurs de la première moitié du XXe siècle en France et au Québec. Il faut songer, entre autres, à Saint-John Perse, à Alain Grandbois, à Rina Lasnier et surtout à Paul Claudel. Mais, dans *Le quatuor de l'errance* et *La traversée du désert*, Thibodeau multiplie les sources d'inspiration religieuse, bien au-delà du simple christianisme, en y intégrant les textes sacrés de l'islam, du bouddhisme, du judaïsme et du sunnisme iranien. C'est ainsi que se côtoient et se fondent les uns dans les autres les symbolismes particuliers. Le poète puise à toutes les traditions : celles de la croix, celle de l'arbre, celle de la porte, celle du livre. Le déchiffrement est défini comme une activité essentielle. Le jugement est catégorique : «Ignorer la valeur des symboles, c'est ne pas savoir lire».

Mais, ce qui fait sans doute l'audace du chant poétique mis en œuvre dans *Le quatuor de l'errance* et dans *La traversée du désert*, c'est son curieux ancrage dans une problématique de la liberté. Ce mot, important aux yeux du poète, réapparaît très souvent au gré des strophes, comme le motif même du paradoxe sur lequel la démarche poétique se construit. Amené au plus grand dénuement, reniant son corps, le sujet de la quête proclame sa totale liberté. Il s'imagine évoluer hors des vicissitudes de l'histoire. Il n'a que faire de l'économique, du politique, du culturel. Les grandes luttes de libération nationale ne l'intéressent pas. Être libre, c'est justement savoir renoncer à tout cela pour atteindre, dans l'acte d'errance, le renoncement monastique. Cet appel se présente comme un «devoir irréprochable» qui laisse le poète épuisé. Il est divisé en lui-même. Doit-il s'abandonner ou résister à l'appel? Accepter le paradoxe, c'est se soumettre à la discorde manichéenne qui aboutira à ce que Thibodeau appelle l'Harmonie. Il y a donc dans les deux livres de cette œuvre une tentative de réconcilier les contraires et de renouer avec une pensée unitaire de l'origine.

Ces tensions trouvent néanmoins à se résoudre sur le plan formel. Car le poème est chez Thibodeau le lieu d'une étonnante stabilité. Se succèdent ainsi à un rythme calculé des tercets ayant toutes les caractéristiques du chant ou de l'oraison. Avec une solennité calculée, les strophes se succèdent et se renvoient l'une à l'autre. Elles semblent se faire écho d'une manière à la fois systématique et complexe. Et s'élabore ainsi tout un système de nombres et de répétitions qui s'inspire de la grande tradition des codes sacrés et hermétiques. Le chiffre trois semble ici jouer un rôle structurant. Dans *Le quatuor de l'errance*, par exemple, chacun des chants comprend

21 laisses, tandis que l'intervalle, le prologue et l'épilogue en contiennent 7, soit le tiers. Il en est de même des trois séquences qui composent *La traversée du désert*. Cette architecture, dont on n'aperçoit ici que quelques figures, tend donc à contenir et réguler le texte et les multiples pistes qu'il ouvre. Bien plus, elle dissocie l'œuvre de la subjectivité qui en est l'origine pour la reporter dans un ensemble construit où ne comptent que les formes abstraites et les nombres. À l'affût du symbolique, cette œuvre devient elle-même objet du déchiffrement.

Le quatuor de l'errance et *La traversée du désert* constituent non seulement des textes majeurs dans l'œuvre de Serge Patrice Thibodeau, mais suggèrent une rupture importante de la tradition poétique acadienne. Par leur refus du politique et de l'identitaire, par leur acceptation dramatique de la différence culturelle et surtout par leur volonté de redéfinir les traditions issues du christianisme, ces textes s'inscrivent dans un projet d'écriture qui, cherchant l'universalité du sacré partout dans le monde, dépasse largement les frontières de l'Acadie.

FRANÇOIS PARÉ

Le quatuor de l'errance suivi de *La traversée du désert*, [Montréal], l'Hexagone, [1995], 252[7] p. (Poésie).

R

RACONTE-MOI MASSABIELLE
Jacques Savoie
Roman (1979)

Premier roman de Jacques Savoie, jeune auteur surtout connu à l'époque comme poète et comme membre du groupe musical Beausoleil-Broussard, *Raconte-moi Massabielle* s'inscrit dans le courant contestataire d'une nouvelle littérature acadienne. Oscillant entre tradition et modernité, le roman fait une grande place à la révolte de l'Acadien contre ses oppresseurs.

Les points de suspension qui ouvrent le roman donnent au lecteur l'impression de prendre en plein vol une histoire déjà en cours. C'est d'abord une route, puis un chemin de plus en plus étroit que l'on nous fait découvrir. Ce chemin débouche enfin sur une sorte d'espace mythique autour duquel tout le reste du roman va tourner: un village déserté cinq ans plus tôt, lorsqu'une compagnie minière a décidé d'exploiter le sous-sol de la région. Au milieu des fondations, vestiges des habitations, subsiste intacte une église et, à l'intérieur, un villageois qui en a fait sa demeure, déterminé à rester dans ce qu'il appelle son royaume. Ce village déserté, c'est Massabielle et le villageois résistant, Pacifique Haché. Surnommé «fou du roi» ou «roi de Massabielle», Pacifique reçoit régulièrement la visite de l'avocat de la compagnie minière. L'homme de loi s'évertue à manipuler le rebelle, qui possède les titres des terres de Massabielle, pendant que l'Acadien ne cesse de faire des mises en scène pour troubler son adversaire. Mais les échanges n'aboutissent à rien. Puis, soudain, alors que l'avocat semble avoir abandonné, un nouveau personnage arrive à Massabielle. Il s'agit de la mystérieuse Stella, originaire de La Dauversière, village voisin victime du même sort que Massabielle. Le rapport Pacifique-Stella, d'abord établi sur des appréhensions (notamment du côté de Pacifique, qui craint qu'elle soit une envoyée de l'avocat), finit par devenir amoureux. Apparaît alors, au seuil de la porte de l'église, un téléviseur, sorte de cadeau empoisonné, sans doute déposé là par l'avocat. N'ayant encore jamais eu de contact avec un tel objet, Pacifique est ébloui. Stella, consternée par sa naïveté devant cette découverte et les effets pervers qu'elle entraîne, se réfugie dans la tenue d'un journal qui rassemble des interrogations sur sa relation avec Pacifique. Un jour, elle en a assez et s'en va. Mais le roman offrira une dernière péripétie qui permettra un dénouement plus heureux, où Pacifique, triomphant de la télévision en la détruisant, retrouvera Stella à ses côtés.

La structure du roman ne suit pas les modalités instituées du récit narratif et l'intrigue est plutôt livrée par bribes. Ainsi, s'il y a des divisions claires en chapitres numérotés (huit en tout), l'intérieur de ces chapitres se présente sous des formes déroutantes, avec, entre autres, des demi-pages laissées en blanc. Le narrateur utilise plutôt un français standard, alors que les personnages, eux, s'expriment dans un français acadien.

Dès les premières pages du roman, le constat est clair: on a affaire à un héros isolé, exclu, aliéné, «le fou du village, attardé tout seul comme ça dans une église au bout du monde». Mais cette solitude s'avère insuffisante pour nourrir l'intrigue de Savoie. Ainsi, une fois ce premier constat posé, le récit repose presque entièrement sur une série de confrontations. Signe de leur importance, les temps morts entre ces conversations sont définis négativement («Les jours passaient inaperçus quand l'avocat ne venait pas»), lorsqu'ils ne sont pas tout simplement passés sous silence par le recours à l'ellipse. Les scènes de confrontation se caractérisent par un vocabulaire et des phénomènes d'écriture qui insistent sur la dualité. Le texte indique bien, par exemple, la distance entre les deux personnages à l'intérieur de l'espace qui abrite leur discussion et surtout, figurativement, leur appartenance à des camps différents. Pacifique, par rapport à l'avocat, est constamment «de l'autre côté» ou encore «à l'autre bout». Il en va de même dans ses relations avec Stella. Les déplacements de ce couple prennent parfois des allures de combat où deux bêtes se toisent avant de passer à l'attaque (qui sera ici verbale): tantôt Pacifique «recule d'un pas», s'éloigne un peu, tantôt Stella s'avance «vers la gauche», se déplace «encore un peu sur la gauche» alors que Pacifique «avait un peu marché sur la droite».

Lors de ces échanges, les personnages qui font face à Pacifique se voient maintes fois qualifiés d'«autre». Cette altérité se décline toutefois en plusieurs degrés. L'avocat, bien que francophone, conserve tout de même une distance perverse face à Pacifique, Acadien révolté. Il est au service des anglophones (Noranda Mining Ltd) et cherche, sans scrupules, à attirer l'Acadien à Bathurst, un milieu anglophone. Stella, si elle est «autre» aussi, ne se tient pas moins à une distance plus réduite. Originaire du petit village voisin, que le «roi de Massabielle» songeait à annexer dès les premières pages du roman, elle s'apprivoise facilement. D'ailleurs, quand leur relation prend une tournure plus sérieuse, Pacifique se rassure: «Et pis elle venait de La Dauversière. C'était juste à côté. [...] C'était déjà arrivé que des filles de Massabielle aillent marier des gars de La Dauversière. On les avait toujours bien traitées là-bas. Ce serait sûrement pareil pour Stella. Les hommes du village seraient contents.» Si l'altérité des membres du village voisin est donc moindre que celle de l'avocat, elle reste néanmoins tangible, car Stella est «d'un pays et d'une langue qui n'étaient pas toujours très clairs». En outre, dans la rencontre avec cet «autre», les regards semblent occuper une place centrale comme signe de méfiance mutuelle. Ainsi, Pacifique a les yeux qui s'«enfonc[ent]» un

peu lorsqu'il n'a plus envie de discuter avec l'avocat. Ces mêmes yeux sont ailleurs «grand ouverts», et parfois «encore plus grands ouverts». Stella, quant à elle, a l'habitude de regarder «très loin dans les yeux» de son interlocuteur.

Raconte-moi Massabielle peut aussi se lire comme une célébration de l'imaginaire. Ainsi, par exemple, la notion de conte annoncée par le titre laisse son empreinte sur tout le roman et trouve un écho au sein même du texte lorsque le chemin menant à Massabielle se remonte «comme on raconterait une vieille histoire». Par ailleurs, le narrateur laisse des traces de sa fonction de conteur, n'hésitant pas à adresser la parole au lecteur: «j'ai oublié de vous dire, mais il faisait très beau». De plus, plusieurs éléments du texte revêtent un caractère de conte de fées, comme les images de royauté (Pacifique est «fou du roi», puis «roi de Massabielle»). Mais c'est surtout la vigueur de l'imaginaire du héros qui va prendre de l'importance au fur et à mesure que le roman avance. Obsédé par le ludique, Pacifique est toujours déçu lorsque «l'autre» ne s'engage pas dans ses jeux: «C'était toujours pour d'autres choses que l'avocat venait, mais jamais pour jouer. Il était toujours sérieux! Pacifique avait beau être inventif, [...] l'avocat ne jouait pas.» «Tu joues trop sérieux quand on joue!» reproche encore Pacifique à Stella. Même les statues de l'église se font critiquer pour leur incapacité à participer à l'activité ludique: «C'était trop bête les statues. Trop idiot pour vouloir jouer.» Et Pacifique est désespéré lorsqu'il constate qu'«il n'y avait pas un jeu à l'horizon». Or, ses jeux consistent toujours à faire semblant. Dès lors, la condition *sine qua non* pour un bon jeu demeure que «l'autre» partage de plein gré son monde imaginaire. Si cette symbiose n'est jamais atteinte avec l'avocat, elle le sera par contre avec Stella, notamment lorsqu'elle revient et participe au jeu de l'appropriation du téléviseur.

Sorte d'arme ultime conçue par les mines, cette dernière doit substituer à l'imaginaire personnel et puissant du villageois révolté un monde envahissant où tout se généralise et s'élargit: les bingos se transforment en *The price is right*, les problèmes locaux deviennent les problèmes de la planète, les petits rêves de l'individu se changent en films et ainsi de suite. Si, pendant un certain temps, la télévision joue pleinement ce rôle (elle enfle, grossit, déborde «comme une pâte à tarte», ses bruits «allaient partout»), elle disparaîtra en fin de compte, victime d'une destruction matérielle. Il n'en subsistera que le cadre, tout comme les fondations sont le seul souvenir du village. Dès lors, Pacifique peut occuper ce vestige et ainsi s'attribuer la fonction de la télévision, diffusant cette fois sa propre image et faisant rayonner son propre monde. Au terme du roman, le héros appelle symptomatiquement l'objet «ma télévision», comme il l'avait fait auparavant pour «mon église» et «mon chemin».

JANINE GALLANT

Raconte-moi Massabielle, [Moncton], Éditions d'Acadie, [1979], 153 p.

RAPPORT SUR L'ÉTAT DE MES ILLUSIONS
Herménégilde Chiasson
Poèmes (1976)

Suivant de deux ans la parution du premier recueil de Chiasson (*Mourir à Scoudouc*), *Rapport sur l'état de mes illusions* présente une série de textes à mi-chemin entre prose et poésie. Ces textes sont écrits sur un ton souvent révolté et revendicateur, faisant un usage généreux de néologismes de toutes sortes, dans une volonté intense de réinvention de la réalité acadienne – laquelle passe inévitablement par celle du langage. Sur les pages de gauche sont insérés affiches publicitaires, photographies, articles, dessins et autres documents. Les textes de *Rapport sur l'état de mes illusions* semblent vouloir s'écrire entre ces artefacts de la réalité acadienne moderne (témoins, entre autres, de la présence obsédante de la religion et de l'américanité). Ils cherchent à assouvir une véritable «soif de réel» et à offrir une vision plus authentique de la réalité acadienne dans tout son malaise et son désespoir. Pour ce faire, ils tiennent compte,

opiniâtrement, de sa dimension quotidienne et actuelle, dans un refus (allant parfois jusqu'au mépris) du folklore et de ses symboles, de l'Acadie martyre et de l'Acadie de la Déportation.

Rapport sur l'état de mes illusions, [Moncton, Éditions d'Acadie, 1976], 67[2] p., ill.

RAVAGES
Fredric Gary Comeau
Poèmes (1994)

Plutôt dépouillé dans sa forme et dans sa structure générale, ce troisième recueil de Fredric Gary Comeau – après *Stratagèmes de mon impatience* (1991) et *Intouchable* (1992) – marque une évolution par rapport aux deux précédents, dans la mesure où il est constitué d'une suite de 62 très courts poèmes, intitulés «image», «vertige», «saison», «pays», «cendres», etc. Comme la chose est souvent de mise chez les jeunes poètes acadiens, québécois ou franco-ontariens, la majorité des textes du recueil – plus de la moitié – sont dédicacés à des parents, à des proches, à des *stars* du cinéma (Jane Birkin, Leonardo Di Caprio) ou, surtout, à des amis écrivains (Claude Beausoleil, Nicole Brossard, Roméo Savoie, France Daigle, etc.). Ces nombreux «coups de chapeau» littéraires finissent par dessiner une sorte de cosmogonie intime qui balise discrètement l'univers esthétique du poète.

Dans le bref poème qui donne son titre au recueil, l'auteur célèbre «la férocité du rêve [qui] se loge au seuil de l'immédiat / dans les ramifications du mot pays / en attente des ravages de l'imaginaire». C'est à une sorte de célébration fruste que nous convie le poète dans ce livre hanté par des songes inquiétants dont les lois secrètes ne nous sont pas toujours données d'emblée. D'ailleurs, dans le poème inaugural (intitulé «Rêve», comme si l'écrivain voulait placer son recueil tout entier sous le signe de l'imagination en liberté), le sujet se pose, pour ainsi dire, dans la situation d'un dormeur qui s'éveille soudain après avoir traversé, une fois de plus, ce qui ressemble à un songe récurrent : « encore le rêve / la même image / qui ranime l'inconscient / toujours ces barreaux / dans ma fenêtre ». Le reste du livre peut être vu comme une quête fébrile des « vestiges de l'irréel » ; le poète, toujours en position instable au seuil de la vie quotidienne, cherche constamment à rattraper, à immobiliser les lambeaux d'images insaisissables qui lui sont restés de son séjour nocturne au pays des chimères : « un autre matin à explorer / cette fureur cette étreinte scintillante / entre l'aube et la page », écrit-il par exemple dans le poème intitulé « langage ». Ailleurs, c'est la mémoire qui fait l'objet de toutes les attentions ; il s'agit alors de reconstituer un monde – ou de ressusciter un amour – à partir de quelques souvenirs tenaces : « votre image m'est restée / gravée entre deux fragments / de mémoire indéfectible ».

Comme nous avons ici affaire à un poète qui mène aussi une fascinante carrière de chanteur (en anglais tout comme en français), on ne sera pas surpris d'apprendre que *Ravages* comporte de nombreuses allusions à la musique et à l'aspect sonore du réel. Au bout du compte, il s'agit là d'une voie de lecture privilégiée entre toutes, qui permet d'entrer dans le recueil de façon particulièrement féconde. Mises à part les citations précises du nom des autres musiciens qui font nommément l'objet de son admiration (Bill Frisell, Khaled, Hank Snow, Sean Benjamin…), l'ouvrage de Comeau fourmille littéralement d'images qui trahissent une sensibilité fortement structurée par la musicalité du monde ou, parfois, par sa cacophonie. Tantôt, « la musique qui [l']habite / ne fait que rythmer l'absence / vibrant autour de [lui] » ; à d'autres moments, il est « encore là en attente d'une musique ravageante / d'un fragment de l'irréel ». Grâce à cet imaginaire caractéristique, Fredric Gary Comeau s'inscrit tout à fait, me semble-t-il, dans une tendance (relativement) ancienne de la poésie acadienne, qui, de Gérald Leblanc à Marc Arseneau, en passant par Marc Poirier, fait la part belle aux allusions musicales de toutes sortes.

Avec la publication de ce livre, en 1994, Fredric Gary Comeau faisait entendre clairement, sans nul doute possible, une voix d'écrivain affirmée, en pleine possession de ses moyens ; depuis *Ravages*, en effet, on peut dire qu'il est devenu l'un des poètes acadiens les plus importants de sa génération. Ce recueil porte la marque d'un auteur solide et les ouvrages subséquents – parmi lesquels *Trajets* (1996), *Fuites* (2000) et le très beau *Naufrages* (2005) – n'ont fait que confirmer son talent.

Marcel Olscamp

Ravages, [Moncton et Trois-Rivières], Éditions Perce-Neige [et] Écrits des Forges, [1994], 70 p.

LE RÉCIF DU PRINCE
Jacques Savoie
Roman (1986)

Tout comme dans la plupart des romans de Jacques Savoie, notamment *Les portes tournantes* (1984) et *Une histoire de cœur* (1988), la famille éclatée est au centre de l'intrigue du *Récif du prince*. Mais la particularité de ce troisième roman du musicien-écrivain-cinéaste acadien relève du point de vue unique dans le tourbillon d'événements, tous perçus selon la perspective et la sensibilité de la protagoniste. Dans sa narration, cette jeune fille de 17 ans surnommée Vapeur fait état de l'atmosphère suffocante qui règne au sein de sa famille. Celle-ci se trouve d'emblée en crise : le père a un grave accident de voiture alors que la mère disparaît en France dans des circonstances mystérieuses. Sa sœur étant en principe à l'étranger, Vapeur repousse son propre départ pour s'occuper de son père. Quand la famille est finalement réunie et que tout va rentrer dans l'ordre, Vapeur comprend qu'il lui faut la quitter pour s'épanouir.

L'intrigue suit le parcours du récit initiatique : en proie au syndrome d'Électre, Vapeur coupe le cordon ombilical pour affirmer son identité, sur fond de révolte adolescente. À cela s'ajoutent plusieurs éléments complexifiant le

drame familial : l'alcoolisme du père comédien, voyageur sédentaire dans son émission pour enfants ; le caractère insaisissable de la mère journaliste couvrant les événements politiques du monde entier ; ou la vie *underground* de la sœur aînée, prostituée squattant un théâtre en ruine avec d'autres passionnés de la scène. Mais le véritable problème de la famille réside dans le fait que les relations familiales passent toutes par la télévision. Les vies de Tonton Francœur et de Tania Braun, trop fidèles employés de la chaîne de télévision Broadcasting Life, sont réglées par leurs apparitions au petit écran, seule force structurante de la famille. Dans ce cadre familial dénaturé, Vapeur recherche le bonheur sans véritables modèles. Entre vie réelle et télévision, elle poursuit les possibilités inexplorées par les autres membres de sa famille : enfermement dans le silence et révolte ouverte.

Le destin individuel des personnages du *Récif du prince* rejoint les maux de la société actuelle (redéfinition des modèles sociaux du couple et de la famille, sédentarisation, commercialisation). Le lieu de l'action, que l'on devine être Montréal, est parcouru de long en large par Vapeur, qui en présente les axes principaux, les quartiers et les principales institutions. Une géographie de la ville s'articule dans un face-à-face entre espaces de la réalité et espaces de la fiction : « L'hôpital du Sacré-Cœur tient bon, sur le flanc. Plus bas, le profil bossu du Théâtre du Monde dresse l'échine au milieu de son quartier en ruine. » Curieusement, la Broadcasting Life, si présente dans la géographie familiale, n'est pas physiquement inscrite dans le roman, si ce n'est la mention rapide d'une « tour argentée ». La compagnie n'est ni le lieu privilégié de la réalité ni celui de la fiction ; le lieu concret de son déploiement est la télévision. Du téléviseur au neuroscope de Francœur, tout écran est comme un filtre trahissant la réalité : « Les émissions de la Broadcasting Life et cet appareil se ressemblent dans leur façon de fausser la vie. » Pour ainsi défigurer la réalité, la Broadcasting Life fait explorer tout le globe à ses téléspectateurs, mais en évacuant toute réalité concrète du voyage. La facilité de déplacement de Tania Braun dans le bulletin télévisé manque d'authenticité et banalise le voyage : « ça finit toujours par "Ici Tania Braun, pour la Broadcasting Life, à Paris, à Hong-Kong, à Bruxelles, etc." » D'un autre côté, c'est depuis son studio que Tonton Francœur fait découvrir aux enfants la magie des autres pays, donnant tout son sens à l'oxymore *voyageur sédentaire*.

À force de se côtoyer ainsi dans l'espace télévisé, le principe de réalité du journalisme et le principe de fiction de l'art se contaminent mutuellement. « Ce n'est pas fait pour être vrai, les histoires, c'est fait pour être raconté », dira Francœur, mais son histoire de Yougoslavie rejoint tout de même l'expérience réelle de Vapeur. De façon semblable, le reportage démasquant de Tania Braun choque ses collègues journalistes, comme si la recherche de la vérité n'était pas le but ultime de la profession. Ce mélange de réalité et de fiction n'est pas que le fait de la télévision ; tous les membres de la famille sont aussi à cheval entre vie réelle et rêve. Yéléna, avec son concept de « *reality*-théâtre », est particulièrement tiraillée entre les deux. Le théâtre est affaire de tous les instants et le comédien joue toujours un rôle : « elle est prête à tout pour faire du théâtre… Mais à bien y penser, elle le fait déjà, son théâtre. »

En proie à la claustrophobie, les personnages du roman cherchent à s'échapper de leur univers familial dominé par l'intrusion d'une force externe et étrangère dans toutes les réalités et les fictions de la famille. Tous le feront par une forme ou une autre de voyage : les escapades réelles de Tania Braun dans l'espace et dans l'amour, l'idéalisme de l'art de Francœur et de Yéléna, qui feront quantité de voyages artistiques virtuels à partir du Théâtre du Monde… N'ayant pas encore déterminé si elle prend parti davantage pour la réalité ou pour la fiction, Vapeur se trouve pour sa part devant un dilemme : s'« accrocher dans la garde-robe […]. Ou partir en catastrophe pour le bout du monde ». Quand l'espace familial devient entravant – que ce soit celui de la «petite» famille ou celui de la «grande» famille de la nation –, les seuls choix sont de se replier définitivement dans le silence ou de se lancer à la poursuite d'horizons ouverts pour conserver et affirmer son identité et sa liberté.

Pénélope Cormier

Le récif du prince, [Montréal], Boréal, [1986], 158[1] p.

Requiem en saule pleureur
Rose Després
Poèmes (1986)

Œuvre de jeunesse, *Requiem en saule pleureur* est le deuxième recueil de poésie de l'Acadienne Rose Després. Paru 4 ans après *Fièvre de nos mains* (1982) et presque 10 ans avant son troisième recueil, *Gymnastique pour un soir d'anguilles* (1997), nous y retrouvons déjà, clairement exprimées dans un style très personnel, les préoccupations chères à l'auteure et ses idées maîtresses qui lui mériteront la reconnaissance de ses pairs ainsi que l'attribution du prix Antonine-Maillet-Acadie Vie en 2001 pour son recueil *La vie prodigieuse* (2000).

Originaire du Nouveau-Brunswick, Rose Després propose dans ce court recueil des textes en prose poétique avec quelques occurrences de vers libres. La plupart portent un titre qui annonce le cadre ou le sujet abordé. Présentée sans table des matières, l'œuvre s'ouvre sur une citation de Gaston Tremblay mise en exergue : «Je ne porterai plus de noir. / Je ne subirai plus ton deuil. / Je ne serai plus ta veuve». Cet extrait, qui précède un ensemble compact d'une quarantaine de poèmes, donne le ton. Ainsi, dès l'*incipit*, une voix s'exprime à la première personne ; ce *je* crée le lien entre tous les textes et navigue dans ses «souvenances géographiques, les régions [du] cœur» où, comme la narratrice l'affirme : «je dépense les chimères au marché de l'illusoire». Illusion / désillusion et être / (dis)paraître constituent de ce fait les deux pôles binaires thématiques qui se relaient continuellement dans ce recueil de prières pour une âme en peine.

Il semble que le difficile travail du deuil doit malgré tout être entrepris, puisque ce chant pour les morts qu'est le *requiem* annonce en grande partie d'autres thèmes secondaires que l'auteure privilégie dans son écriture, à savoir le désir de se relever, d'espérer, de revivre malgré la perte, l'amertume et la déception. Comme un écho aux «étoiles piétinées» trouvées dans la première œuvre (*Fièvre de nos mains*), nous revoici plongés dans la «vie piétinée» de la narratrice ; certains épisodes glissent de sa «mémoire fracturée», car «[d]'autres voudraient pulvériser la poésie qui les surprend comme un fouet». Les vers décrivent ici l'injustice du monde, tout en la déplorant. On conteste par ailleurs le rôle des «fraudeurs», des «gros parleurs», des «despotes mineurs» et des autres tyrans ou imposteurs qu'on énumère au fil des pages. On se révolte contre le sort réservé aux «petits-enfants de la misère» et aux innocents dupés par autrui. Dans cette litanie d'accusations, l'auteure a souvent recours aux images de la nature dans un univers qui semble relever du bestiaire. Dénaturés comme le violet ou dépaysés comme le harfang, d'étranges animaux et plantes sont évoqués. Que leur rôle soit symbolique ou métaphorique, ces *leitmotive* parsèment l'œuvre. De nombreux oiseaux, tels les outardes, corbeaux et vautours, rappellent ces cygnes (ou signes ?) noirs agissant comme autant de présages à décoder.

Outre cette présence marquée de la faune et de la flore, la mer et sa symbolique complexe imprègnent également les vers. Par ailleurs, ce monde naturel côtoie celui du surnaturel. Ainsi, gargouilles, sphinx, «ogres-caméléons» et bêtes mythiques rivalisent avec les sorcières et leurs incantations ou les sortilèges d'une Mélusine de contes de fées. L'être humain doit composer avec des forces qu'il ne comprend pas toujours.

Parfois, c'est autour de soi qu'on trouve un appui pour confronter le destin. Les parents cités dans «Arbitrage des voies à sens unique» peuvent devenir des alliés. Le voyage, la poésie et le rêve peuvent également offrir des sources d'énergie positive, car la recherche d'un ailleurs meilleur permet de changer de décor («un rêve essoufflé renaît comme l'appétit nuptial»). Enfin, les allusions fréquentes au «tu» permettent de croire que l'amour peut aussi représenter un refuge protecteur ou un havre de paix. Mais la famille, l'errance et l'amour restent des solutions imparfaites. Puisque la mort rôde partout, la poète conclut qu'elles ne sont que remèdes temporaires.

Pour ce qui concerne plus spécifiquement le registre de langue employé, Rose Després utilise un français normatif, parfois recherché («nizéré» et «parésie», par exemple). Toutefois, elle exerce sa licence poétique en insérant quelques perles néologiques, créant, entre autres, les verbes «confettifier» ou «champignonner». Deux poèmes incluent également une brève phrase anglaise en italiques. Et, bien que l'auteure n'ait pas tendance à glisser vers l'alternance codique ni à avoir recours au chiac, quelques rares passages existent où l'anglais, écrit cette fois en caractères réguliers, est utilisé pour son effet stylistique, comme en témoigne l'extrait suivant: «Parce que l'hiver, l'hiver comme un white-out, un wipe-out figé avec la glace du matin, / la neige reste / et reste». Ailleurs, d'autres termes archaïques ou canadianismes enrichissent les vers, tels «catin», «bagosse» et le verbe *pigouiller* (régionalisme pour «tourmenter»). Després sait surtout capter et rendre des émotions saisissantes dans une langue très imagée, non dépourvue de lyrisme.

La sensualité et l'innovation jouent en contrepoint d'une thématique universelle dans ce recueil. La tension que cette artiste établit entre son expression poétique et sa vision du monde nous permet de voir qu'elle réussit sa gageure. Elle le clame à la fin de son poème éponyme: «Qu'explose le génie du spectacle, [...] – Jurer de ne plus se faire prendre... mais de toujours recommencer», afin de maintenir «l'espoir de la survivance».

LISE GABOURY-DIALLO

Requiem en saule pleureur, [Moncton], Éditions d'Acadie, [1986], 52 p.

LA REVANCHE DU PÉKAN
Jacques P. Ouellet
Roman (1999)

La revanche du pékan est un roman de la chasse qui met en scène deux types de pékans. Le premier est un mammifère jadis très en demande auprès des trappeurs à cause de son pelage soyeux de couleur noire et de sa tête tachetée de blanc. Le deuxième est un chasseur, Thomas Pelletier, qui tient ce surnom d'un Amérindien, Grand Castor, qui l'a surnommé «le pékan» à cause de sa ruse et de son intelligence en forêt. Le destin des deux «personnages» se joue dans la région du Premier Lac, situé à environ 45 kilomètres au nord d'Edmundston dans le nord-ouest du Nouveau-Brunswick. Un respect mutuel s'installe entre l'homme et l'animal, tous deux menant un même combat auprès d'un autre chasseur, un riche prospecteur au service de la Hudson Bay Oil & Gas Explorations.

Le roman s'ouvre sur le personnage de Steve Granger. Grand chasseur sportif, ce dernier est dans la région du Madawaska dans les années 1940 dans le but de chasser le seul animal du continent américain qui manque à sa collection de trophées animaliers, le pékan. Puisqu'il ne connaît pas le territoire, il fait appel aux services d'un guide amérindien micmac, Grand Castor, qui, malgré tout le respect qu'il a pour le pékan, ne pourra empêcher la rencontre de l'animal et de Granger. Au terme d'une poursuite épique, Granger ne peut abattre le pékan, ne faisant que le blesser en lui coupant une patte. Ce petit animal, surnommé le malin en raison de ses qualités de prédateur, n'hésite jamais à faire face à de plus gros prédateurs et le lui fera payer en lui laissant «une balafre courant du coin de l'œil gauche jusqu'au coin de la bouche». La table est ainsi mise pour la rencontre ultime des deux ennemis, dont l'un devra nécessairement mourir, la chasse prenant ici les allures d'une guerre qui connaîtra son dénouement 15 ans plus tard.

Couronné par le prix France-Acadie 2001, ce roman, qui se concentre sur le respect de la nature et des traditions reçues des Amérindiens, ne peut qu'inciter le lecteur à s'intéresser aux deux conceptions de la chasse qui y sont présentées. En effet, le lecteur y rencontre le chasseur sportif, qui s'oppose au chasseur amérindien et au trappeur traditionnel en utilisant les technologies les plus perfectionnées. Les traits qui le constituent – la puissance de l'argent, la carabine, l'avion – le transforment en colonisateur soumettant non seulement les habitants mais aussi la faune et la flore à sa volonté. Son but est de transformer le naturel en civilisé. Le riche sol du territoire du Premier Lac est une cible de choix, tout comme le trophée que constitue la fourrure du pékan, pour démontrer sa puissance et surtout sa réussite dans la vie. Mais ce type de chasse s'avère fatal dans le roman de Ouellet.

Cette conception de la chasse s'accommode fort mal de celle de Grand Castor et de Thomas Pelletier. Ce que Granger semble oublier, c'est qu'avant d'être un sport la chasse a d'abord et avant tout été dans l'histoire humaine une façon de se nourrir, de se vêtir et de se défendre contre les animaux. Elle présuppose une exploration, un nomadisme territorial qui ne peuvent être acquis par la seule puissance de l'argent. Ils sont le fait de la mémoire individuelle et collective. C'est dans l'expérience en forêt que se reconnaît le chasseur. Arraché au temps de l'horloge, temps humain par excellence, il voit sa mémoire façonnée par les éléments de la nature, soit le temps cosmique. Cette mémoire est aussi générationnelle, laissant présupposer que le temps cosmique est cyclique. Grand Castor a vu et a appris ce qu'est un pékan après l'avoir observé avec son père. Ainsi, ses observations lors de l'arrivée de Granger s'avèrent justes : le malin se comporte comme l'Amérindien l'avait prévu. Sur ce plan, l'identification du chasseur à l'animal est possible, le chasseur étant lui-même en perpétuel devenir : un devenir-animal.

Bien sûr, le lecteur aura saisi l'importance attribuée au personnage de Grand Castor. La mythologie à laquelle il fait référence rappelle la présence amérindienne en Acadie et son rôle lors de l'arrivée des premiers Européens et de la colonisation. Ce récit se lit aussi en écho au discours sur la colonisation de l'Acadie au XXe siècle et aux problèmes des communautés rurales face au développement économique. Les descriptions précises s'appuyant sur un langage simple font en sorte qu'il est fort difficile de demeurer insensible à la problématique soulevée, de façon explicite, par la dévastation des forêts entraînant inexorablement dans son sillage la disparition de la faune et de la flore de certaines régions du continent. À cet égard, il n'est pas inutile de rappeler que le pékan a presque disparu du nord-ouest du Nouveau-Brunswick, son habitat ayant été ravagé par l'industrie forestière.

CARLO LAVOIE

La revanche du pékan, [Tracadie-Sheila, Nouveau-Brunswick], Éditions La Grande Marée, [1999], 302 p.

LE ROSEAU. POÈMES 1997-2000
Serge Patrice Thibodeau
Poèmes (2000)

Huitième recueil de Serge Patrice Thibodeau, *Le roseau* contient sept poèmes de longueur inégale publiés précédemment dans des versions différentes dans des revues : « Le fuyard » ; « Le chemin » ; « Le passeur » ; « Le jeu » ; « L'été » ; « Le roseau » ; et « Le matin ». Le découpage des textes en quatrains et tercets (en alternance dans les quatre premiers poèmes) ne démarque pas des unités de sens, mais permet l'aération de textes qui, dans l'absence d'un tel procédé, pourraient se lire comme des poèmes en prose. Le recueil fait preuve d'une unité thématique très forte axée sur l'amour homosexuel. Une voix personnelle, verbalement cohérente, ayant parfois recours à l'apostrophe, se confirme tout au long de ce volume composé à partir des expériences les plus intimes de l'auteur. La thématique s'élargit dans « Le chemin », qui relève d'un trajet fait au Moyen-Orient sur de l'« asphalte déchiré par des obus / de mortier » et qui dépasse l'érotisme pour englober la désolation humaine, «la persistance entêtée / de la souffrance inutile», qui angoisse Thibodeau depuis son premier recueil. À travers cette poésie de l'intime, des repères géographiques rappellent les ouvrages précédents, fortement marqués par l'errance. Celle-ci se trouve toujours valorisée («voyager, toujours, / comme dans le passé, pour se chercher»), quoique les doutes commencent à percer («le sens de l'errance est stérile»). La langue demeure très accessible, le poète ayant abandonné le vocabulaire recherché de ses premiers recueils pour reprendre le lyrisme plus exclusivement érotique de ses plus récents volumes. Un lexique fortement physiologique domine ces textes, à la fois dans les substantifs, qui embrassent l'anatomie humaine dans son entier, dans les actes évoqués (étreinte, morsure, érection, coït, orgasme) et dans les verbes utilisés (lécher, tâter, ingurgiter, tordre, s'entortiller, frôler, grogner, sucer).

Le physique de l'amour, mis au premier plan par l'abondance des vocables anatomiques, n'est qu'une dimension du projet amoureux de ce poète d'une grande tendresse à la recherche d'un amour transparent, «dans l'unique but de rendre possible / l'union, la fusion des êtres; séduire, sans fard / ni frais, sans étendard ni promesse, sans le facile / usage du mot, sans le fautif attrait du silence». Le désir incessant, obsessionnel même («vivre avec la peur d'avoir / épuisé sa réserve de libido»), évite les idéalisations faciles chez cette voix poétique consciente que «l'amour / a ses limites, sa banalité, ses allers et venues / prévisibles». En faisant de l'abandon un thème majeur du poème liminaire – «Le fuyard» –, Thibodeau établit un lien avec ses recueils précédents, fortement marqués par cette thématique. De ce texte se dégage un chercheur d'amour qui valorise la fidélité dans l'engagement intime: «longtemps après l'absence, un proverbe idiot / revient à l'esprit: "l'amour fait passer le temps / et le temps fait passer l'amour"». L'infidélité

provoque une réflexion douloureuse chez ce poète hanté par les «passions hypocrites» et la profanation des promesses: «*je t'appellerai…* il n'appellera pas, il / ne reviendra pas, incapable de tenir / parole, il ne reviendra pas…». L'abandon prend les dimensions de la trahison («le baiser de Judas»), le menant à sa propre désertion. En exaltant «le Véritable Ami, celui que tu n'as pas été, / celui que tu n'as jamais voulu être, / et celui qui résiste à la fuite des lâches», il fait savoir à son ancien amant qu'il a trouvé mieux et plus fidèle.

Le poème éponyme du recueil, qui en est aussi la clé – «Le roseau» –, ne peut qu'évoquer le fameux roseau pensant de Pascal, qui tire sa grandeur de la conscience de sa fragilité. La précarité informe ce poème dans lequel trois tercets affirment une labilité universelle: «frêle main qui donne, frêle main qui reçoit; / frêle est le feu s'animant au souffle / [….] / et frêle est la langue alimentant le son; / parce que frêle est l'augure du faucon / […] / frêle est l'affût qui le porte à fléchir». Si l'image du roseau qui suit ces vers insiste sur la vulnérabilité, elle ne comporte pas moins des connotations lafontainiennes, car la flexibilité du roseau assure sa survie: aux vents qui l'assaillent, le poète s'écrie, «qu'ils s'acharnent inutilement, stupides, / incapables de rompre la plus frêle des racines». Un texte imprimé en quatrième de couverture souligne la fragilité et la résistance, mais aussi la confiance et le renouvellement: «Roseau pensant: fragilité de l'homme. / Roseau dont on fait une flûte: fragilité du chant. / Roseau dont on fait une plume: fragilité de l'écriture. / Dans la tourmente inattendue, livré aux vents assassins, / à la violence de la pluie, le roseau ploie mais résiste. Ainsi chaque nouvel amour danse pour / célébrer son frêle avenir». En lisant ce paratexte à la fois comme épilogue du poème «Le roseau» et comme dernier texte du recueil, on arrive à voir qu'il s'agit, en fin de compte, d'un volume d'espoir.

Le roseau réaffirme les grandes capacités lyriques de ce poète toujours sensible à la sonorité des mots. En plus de beaux jeux d'assonances et de rimes internes, des périodes oratoires réussies enchaînent harmonieusement des propositions prépositionnelles et conjonctives, les entrelaçant de façon captivante. Des métaphores originales («les hématomes de l'âme») se combinent avec des formulations dignes du meilleur lyrisme romantique («que reste-t-il alors des cœurs blessés?»). Même s'il abuse de certains vocables, tels «étreinte» et «cuisse», repris parfois métaphoriquement («les cuisses d'un pays»), Thibodeau a le don rare de pouvoir tirer de grandes richesses d'un vocabulaire de tous les jours.

ÉMILE J. TALBOT

Le roseau. Poèmes 1997-2000, [Moncton], Éditions Perce-Neige, [2000], 83[2] p. (Poésie).

ROUTE 138. NOTES DE ROUTE
Martine L. Jacquot
Poèmes (1989)

Ce premier recueil de textes de l'auteure, en vers libres, est avant tout le récit poétique d'un voyage sur la route 138, qui longe la côte est du Québec jusqu'à Natashquan. Ce récit est entrecoupé d'escales où l'on admire à profusion la grandeur souvent religieuse de la nature, à la fois douce et puissante. Dû au trajet souvent côtier de cette route, le monde maritime fait partie intégrante de l'œuvre, les goélands peuplant littéralement le paysage. On y sent en outre une fascination pour la lumière et ses effets, du scintillement du quartz à l'ombre de la nuit. La liberté proposée par cette route n'est cependant qu'une illusion (une sorte d'idéal de pays sans frontières), qui s'éteint avec elle au moment où se termine le recueil.

Route 138. [Notes de route], Wolfville [Nouvelle-Écosse] et Edmundston, Éditions du Grand-Pré [et] Éditions Quatre-Saisons, 1989, 65 p. (Le verger d'or).

LES RUELLES DE CARESSO
Jacques Savoie
Roman (1997)

Deux années se sont écoulées depuis les événements du *Cirque bleu*. Le clown Hugo, ex-membre du cirque Barnum & Bailey, s'est rangé et n'est finalement jamais retourné vers ses anciennes amours. En compagnie de Marthe, il vit plutôt le bonheur paisible et la routine facile du couple trop rapidement satisfait. À la bibliothèque ambulante du roman précédent, symbole d'énergie et de renouveau, s'est peu à peu substitué chez eux le projet, tout aussi intéressant mais beaucoup plus stationnaire, d'un «Salon bleu» dans lequel on recevrait de potentiels lecteurs avides d'aventures livresques.

Puisque Hugo refuse l'affrontement avec son passé, c'est le passé qui revient inévitablement le hanter, ici par l'intermédiaire de son ancien collaborateur, Lazlo Tisza, homme sombre, assuré et insistant qui désire remonter avec lui un numéro de lanceur de couteaux. Face à un Hugo en apparence indifférent, Lazlo s'installe dans la résidence du couple et découvre à son tour les charmes d'une Marthe subjuguée qui se laisse peu à peu entraîner vers l'inconnu. Respectueux des individualités, pas tout à fait conscient de la situation, Hugo hésite à s'engager dans un conflit de couple traditionnel, mais sa perception particulière des relations amoureuses pousse inévitablement les personnages vers un *triumvirat* complexe habité par les demi-mots, les demi-vérités et les innombrables silences, univers où remontent inévitablement à la surface les notions de dominé et de dominant qui avaient si brutalement marqué l'adolescence incestueuse de Marthe.

Parallèlement à ces événements menaçants, Charlie, le jeune fils de Marthe qui a maintenant 11 ans, entreprend au contraire une relation fructueuse, par le biais d'Internet, avec une jeune fille d'origine australienne, Heïdi, rencontrée sur un banc public quelque part dans les ruelles de la cybernétique ville

de Caresso. Il aura cependant tôt fait de découvrir, à son tour et à son échelle, les difficultés inhérentes aux relations intimes et vivra sa première peine d'amour.

Après avoir clairement campé, dans son roman précédent, la situation personnelle de ses protagonistes (Marthe et Hugo), Savoie poursuit ici son exploration des relations amoureuses. Une fois passé l'enchantement initial, qui constituait l'essence du *Cirque bleu*, le couple doit maintenant vivre et survivre à sa première épreuve, laquelle s'exprime, semble-t-il, par les incontournables problèmes de communication.

Après un roman de nature plus poétique, ce second volet de la trilogie reprend l'essentiel de la typologie du roman psychologique : une dynamique réduite et lente nourrie d'intenses réflexions des personnages, aux perspectives multiples, sur leur identité, leurs valeurs, leur situation personnelle et sur la nature et le statut véritable de la relation dans laquelle ils sont engagés. Ces analyses intimes sont catalysées par l'arrivée d'un troisième personnage, étranger à l'univers initial, dont l'exotisme de la personnalité provoquera, un peu à la manière d'Hermann dans *Le dompteur d'ours* d'Yves Thériault (1951), un renouveau d'énergie amoureuse chez la femme et, parallèlement, entraînera une absence de reconnaissance et / ou de réaction concrète de la part de l'homme. Contrairement au célèbre roman de Thériault, toutefois, il viendra un moment où l'homme rose qu'était devenu Hugo saura retrouver sa source mâle et confronter directement son adversaire, annonçant ainsi indirectement la direction du troisième et dernier roman de la trilogie. Ce faisant, Hugo empiète toutefois sur le territoire intime de Marthe, qui n'a pas encore résolu son propre problème psychologique : la présence chez elle d'un certain sadomasochisme issu de la relation incestueuse avec son père, malaise qui l'attire inconsciemment vers le dominant personnage qu'est Laslo Tisza. Elle recherche ainsi en lui, d'une façon un peu

maladive, la forme d'amour qu'elle a connue durant son enfance.

Dans cette complexe expression des mouvements psychologiques des personnages, Savoie prend un soin particulier à démontrer combien la problématique relationnelle ne se situe pas, contrairement à ce qui est couramment véhiculé, dans une mauvaise communication humaine, mais plutôt dans une absence de véritable communication, alors que les événements et sentiments importants sont occultés par les protagonistes au profit d'autres, beaucoup moins significatifs. La présence d'une relation d'abord heureuse entre Charlie et sa correspondante interplanétaire, Heïdi, sert de miroir à l'écrivain pour démontrer que l'éloignement n'est nullement le corollaire des échecs relationnels ; c'est au contraire le consentement, ou plutôt l'absence de refus, qui entraînerait le couple vers une pente dormante où le feu initial se tarirait progressivement.

Tout comme avec *Le cirque bleu*, *Les ruelles de Caresso* serviront de référence et d'inspiration à cette littérature de jeunesse québécoise dont l'auteur est à ce moment devenu l'une des vedettes avec des œuvres comme *Le plus beau des voyages* (1997), *Les cachotteries de ma sœur* (1997) et *La plus populaire du monde* (1998). Il surgit toutefois, dans ces derniers ouvrages, un certain nombre de contradictions et d'incongruités reliées à la situation familiale, aux connaissances et aux intérêts de Charlie, contradictions et incongruités suffisamment importantes pour désormais considérer cette littérature comme étant entièrement indépendante de celle réservée aux adultes.

Les ruelles de Caresso, dont le premier jet avait été complété en cinq mois – alors qu'il avait fallu sept ans à l'auteur pour compléter le premier roman de sa trilogie –, fut reçu avec respect, mais sans le plaisir ouvertement exprimé qui avait marqué, deux ans plus tôt, son retour à la littérature. La raison réside sans doute dans la redondance des expressions émotives des personnages, qui crée souvent chez le lecteur une impression de longueur et de déjà vu, malgré l'intelligence certaine dont l'auteur a entouré la rédaction de son ouvrage.

Jean Levasseur

Les ruelles de Caresso, [Montréal], La courte échelle, [1997], 188[4] p. (Roman 16 / 96).

RUMEUR PUBLIQUE
Rino Morin Rossignol
Essais (1991)

Regroupant 78 chroniques écrites pour le journal *Le Matin* de Moncton entre octobre 1986 et mars 1988, *Rumeur publique* occupe une place de choix dans le champ de l'essai contemporain en Acadie. Même si le texte journalistique s'avère, par définition, un genre caractérisé par sa nature ponctuelle, voire éphémère, les essais de Rino Morin Rossignol nous permettent d'entrer en contact, au-delà de l'actualité et de l'anecdote, avec une écriture à nulle autre pareille. Ce qui frappe en effet à la lecture de ces chroniques, ou de ces billets, c'est le style inimitable de l'auteur, vivant, original, inventif, qui colle de près à la réalité humaine et surtout linguistique du Nouveau-Brunswick, caractérisée par le mélange des niveaux de langue et des variétés de français. S'y profile aussi une pensée cohérente, qui s'appuie simultanément sur un humanisme de tous les instants, sur le bon sens populaire, sur une grande ouverture d'esprit et sur un sens de l'humour bien particulier. Qu'il parle de culture ou de politique, de grands phénomènes de société ou de vie quotidienne, le chroniqueur ne perd jamais de vue le mobile profond qui l'anime, soit le plaisir d'écrire, de jouer avec les mots, de contribuer, aussi modestement soit-il, à faire de la langue française, telle que parlée en Acadie, une langue vivante. Les chroniques de Rino Morin Rossignol se rangent ainsi dans la catégorie de l'essai littéraire, comme le mentionne fort à propos Anne Marie Robichaud dans son excellente introduction à l'ouvrage. Outre cette introduction et l'avant-dire de l'auteur, *Rumeur publique* est divisé en six parties, qui traduisent bien les principales préoccupations de l'auteur : « Culture

acadienne et nationalisme », « Politique », « Société », « Politique et société (Missives et téléphones) », « Actualité » et « Perspectives ». *Rumeur publique* permet en somme de saisir de façon transversale les principaux contours de la culture et de la société acadiennes dans la deuxième moitié des années 1980. Un glossaire ainsi que des notes explicatives rédigées par Anne Marie Robichaud facilitent la lecture du recueil et sa mise en contexte.

Jean Morency

Rumeur publique, introduction et annotations d'Anne Marie Robichaud, [Moncton], Éditions d'Acadie, [1991], 240 p.

LA RUPTURE DES GESTES. POÉSIE 1970-1988
Rino Morin Rossignol
Poèmes (1994)

Par le temps de son écriture, ce recueil de Rino Morin Rossignol s'inscrit à la fois en amont et en aval de la parution de la pièce de théâtre *Le pique-nique* (1982), du recueil de poésie *Les boas ne touchent pas aux lettres d'amour* (1988) et du recueil d'essais *Rumeur publique* (1991). Divisé en trois parties, il correspond en effet à deux temps particuliers d'écriture, soit 1970 à 1979 et 1985 à 1988, ce deuxième temps correspondant en partie à celui des essais formant *Rumeur publique*. Si Morin Rossignol a attendu 1994 pour livrer ce recueil au public, c'est qu'il « n'étai[t] pas empressé de [le] publier ». Pour lui, « le poème n'a de nécessaire que sa création. Il n'a donc pas d'urgence à être vu, à être lu. Tracé symbolique d'un réel aussi immédiat qu'immatériel, il ne pourra jamais être terminé. Il est sans fin. Éternité de la poésie... ».

Cette éternité de la poésie laisse le lecteur face à une entreprise d'écriture s'échelonnant sur près de 20 ans. Si la poésie est plutôt « l'écho du verbe » que le verbe lui-même et « exprime une pulsion, comme le battement du cœur qui – bien qu'essentiel à la vie – n'est pas, en soi, la vie», elle se laisse modeler et évolue. D'une exploration formelle, elle cède le pas à une poésie plus dépouillée, plus personnelle. Sous le joug de la mécanique imposée par le formalisme de la société, il importe pour le sujet d'effectuer une rupture avec les codes et les conventions, même si cette transformation de la conscience le projette dans un vertige. Lente métamorphose qui permet néanmoins au sujet de s'affranchir en trouvant sa voie, mais aussi sa *voix*. L'écriture devient partie prenante de la quête identitaire.

Intitulée «*La rupture des gestes*», la première partie (et aussi la plus longue) contient 48 poèmes écrits entre 1970 et 1973. Sorte d'œuvre de jeunesse, elle donne le ton au recueil et vise à rompre avec tout ce qui façonnait l'existence de l'auteur au sortir de l'adolescence: «la honte, la mort, le déracinement, l'errance, le tabou». Il s'agit, à l'aide de la poésie, de revisiter une façon d'être, de penser et d'agir. S'ouvrant par une citation de Paul Eluard, «Le temps ne passe pas quand le bruit étincelle», elle offre un affranchissement moral en marge du quotidien par un bris de la mécanique des gestes. Ce bris impose d'abord le ruissellement des souvenirs dans l'attente d'un geste inouï, «cet instant fou / où l'amour te ravira / toi aussi / au hasard», reprenant de façon thématique la mort prématurée de la mère de l'auteur (que mentionne la dédicace).

Le nouveau positionnement du poète, rendu possible par la rupture, jalon important dans la recherche d'une identité personnelle, contribue à la création d'une tension entre l'attente et le souvenir. L'exergue de Gilbert Langevin place cette tension dans le contexte d'une lutte de l'infini contre le temps dans la deuxième partie, «*Le rituel des vertiges*», dont les poèmes ont été rédigés entre 1974 et 1979. C'est que la rupture ne peut se faire de façon instantanée: affirmer son identité vaut parfois au sujet de lourds vertiges qui le conduisent du questionnement d'un geste intime «incertain», voire «ambivalent […] quand les adieux se bousculent / dans l'aube ardente», à la naissance ignorante de «ce qui nous fait naître», en passant par «trop aimer» et «l'envie d'aimer». Au centre de ces vertiges, un besoin inépuisable d'amour qui se confronte à la résistance de l'autre et qui se métamorphose en une *spirale des urgences* (titre de la troisième partie).

Pour que la rédemption soit possible et la rupture complète, l'urgence de la prise de parole accompagne la transformation de l'«Homme pétrifié dans la cohue / exhibant la morsure à son flanc ravagé», selon la citation de Serge Patrice Thibodeau placée en exergue à cette partie. L'«hémorragie» d'un homme en proie à la «solitude» sur les «trottoirs hirsutes» devient inévitable avant qu'il réussisse à prendre sa place et à se sortir des vertiges de ces spirales.

Le lecteur aura compris que, pour que la rupture des gestes soit complète, il faut un temps d'arrêt que l'écriture rend possible – temps d'arrêt, accompagné d'un retour en arrière, que l'auteur s'est octroyé en 1994 en colligeant ses textes pour la publication. Voilà pourquoi la poésie n'est pas, comme le verbe, absente de l'action, mais plutôt un écho se transformant dans les profondeurs du temps. Toutefois, si ce recueil offre une visite chronologique de moments intenses de la vie de Morin Rossignol, il présente également le parcours géographique de ce dernier. Ainsi, ces poèmes ont été écrits à Edmundston, Fredericton, mais aussi à Montréal, Saint-Boniface, Dakar et «autres escales» qui ont jalonné les pérégrinations de l'auteur. La réflexion sur la quête identitaire ne peut se faire sans tenir compte à la fois de l'époque et des lieux qui ont façonné son existence.

À cette fin, l'exploration formelle des poèmes des années 1970 s'estompe au profit d'une exploration de plus en plus subjective du monde dans le but d'y trouver sa place, de l'habiter. Cette quête, s'accompagnant de la parfaite maîtrise de la langue où règnent la métaphore et l'ironie, laisse deviner l'unique façon de rompre l'«éclat du silence».

Carlo Lavoie

La rupture des gestes. Poésie 1970-1988, [Moncton], Éditions d'Acadie, [1994], 164[6] p.

S

SACORDJEU !
Claude Renaud
Théâtre (1978)

Unique pièce de Claude Renaud, *Sacordjeu!* est une œuvre à tendance historique où l'auteur revisite à sa façon des événements ayant pris place dans l'Acadie du XIXᵉ siècle. La pièce nous ramène à l'été 1848, à Grand-Digue, alors que les résidants acadiens, soutenus entre autres par l'abbé Turcotte, venu du Québec, se révoltent contre les injustices du vicaire Antoine Gagnon. Ce soulèvement est d'ailleurs le reflet d'une réalité répandue un peu partout sur la côte est du Nouveau-Brunswick. Le temps de la fiction s'étire sur une journée, alors que les habitants contestataires, dirigés principalement par l'abbé Turcotte et Maître Renouard – enseignant ambulant et intellectuel révolutionnaire français –, occupent l'église de Grand-Digue. Cependant, les retours en arrière sont fréquents dans les dialogues et ont généralement la fonction spécifique de préciser le mode de vie des habitants et, par le fait même, d'éclaircir les enjeux de la lutte. Le vicaire Antoine Gagnon, sous le couvert de son statut, vole non seulement ses paroissiens, déjà pauvres, mais tente aussi de suspendre les fonctions ecclésiastiques de l'abbé Turcotte (qui se montre un peu trop sympathique à son goût au mode de vie simple mais libertin des Acadiens de l'époque). *Sacordjeu!*, c'est aussi l'interprétation par l'auteur d'une Acadie où la religion est en partie celle de la nature, quelque peu païenne, résultat d'une vie étroite avec les communautés amérindiennes. Notons enfin que le réalisme historique de la pièce résulte, pour une bonne part, de l'emploi réussi par l'auteur d'un lexique, d'une morpho-syntaxe, voire d'une phonétique, adaptés au français acadien populaire de l'époque.

Sacordjeu!, [Moncton], Éditions d'Acadie, [1978], 72 p., ill.

SACRÉE MONTAGNE DE FOU
Ulysse Landry
Roman (1996)

Ce roman, le premier d'Ulysse Landry, également poète et chansonnier, est raconté à la première personne. Le narrateur, Robert, doit fuir les forces de l'ordre d'une société répressive, une société de terreur, où s'est installé un régime capitaliste néolibéral impersonnel et violent. L'histoire se passe dans une Acadie fictive, mais l'on reconnaît cependant dans « Cap-à-la-lune » puis dans « Jonestown » des lieux familiers. S'agrippant des pieds et des mains à une montagne sauvage sur laquelle il tente de trouver refuge, le narrateur se remémore tous les événements de son passé qui ont abouti à sa situation présente de hors-la-loi. De plus en plus aliéné, jusqu'à être véritablement marginalisé, Robert finit par se joindre à un groupe organisé de résistants à la « Grosse Machine », dictature répressive et quasi anonyme. Son adhérence ne se décide qu'après une dégénération progressive des conditions sociales: chômage croissant, manque de vivres, violence dans la rue. Son propre père perd son emploi prématurément après avoir été obligé de quitter son village de pêcheurs. Robert lui-même perd son poste de professeur dans une école publique à cause de ses opinions divergentes et parce qu'il n'arrive plus à faire face aux conditions difficiles qui règnent dans l'école, miroir du chaos et de la misère de la société.

Une bonne partie de la narration est consacrée au personnage de Jérôme, le Judas de l'histoire. D'abord radical persiflant, idéologue catégorique, Jérôme se convertit en « survivant » et en traître et finit par dénoncer Robert aux autorités. Il y a aussi le personnage de la femme de Robert, Véronique, que ses origines bourgeoises empêchent de comprendre la catastrophe sociale qui s'installe. Son refus de regarder en face la situation renforce encore l'isolement de son mari. Pour des raisons de sécurité, elle est également tenue dans l'ignorance des machinations subversives de Robert. Ce dernier, espionné, battu par des rôdeurs et finalement averti d'une descente de police à venir, se réfugie dans la montagne, suivant les consignes de Willie, son contact auprès de l'organisation subversive. Il gravit péniblement la montagne pour apporter une disquette à «Luikiri», une sorte de lutin, et il se retrouve à la toute fin dans un état onirique, entouré d'amis aux noms métaphoriques tels que Maria Lapaloma. Finalement, il s'embarque dans un bateau volant sans savoir s'il reverra jamais sa femme et ses enfants.

Sacrée montagne de fou, dont la filiation littéraire remonte à Steinbeck et à Orwell, constitue avant tout une analyse amère et pertinente de l'Acadie d'aujourd'hui. Comme dans *Les raisins de la colère*, nous découvrons des personnages qui font face à l'oppression sociale. Les malheurs représentés sont les mêmes qu'on reproche en général aux sociétés occidentales vivant sous la domination politique du capitalisme international. À la manière de *1984*, le tout est mené jusqu'à la catastrophe, qui en est l'aboutissement logique. Dans ce contexte, le néolibéralisme économique déshumanise le milieu du travail, crée des inégalités flagrantes, déracine les travailleurs, pollue l'environnement naturel et fait s'effriter les communautés. Ce système économique est cependant appuyé par la police et les forces armées.

Landry présente le nationalisme acadien comme une fausse piste qui escamote les vrais problèmes. La langue, richesse importante dans la vie d'un peuple, peut également constituer une prison, étant «une vision du monde encadrée d'avance». Le roman est écrit en français standard à part quelques moments où le dialogue se poursuit dans une parlure plus courante. Robert, professeur de français dans une école secondaire, est critiqué par son directeur pour avoir permis à ses étudiants de communiquer en «chiac».

La structure du roman est dialectique. À mesure que le narrateur gravit la montagne où l'attend un avenir incertain, il fait le récit de sa déchéance sociale: son appauvrissement financier, sa perte d'emploi, la criminalisation de son statut politique. Quant au point de vue, le récit est conduit par un narrateur désabusé, le Robert de la fin, quelque énigmatique que soit cette fin. Le style de la narration, uniforme, sans excès d'émotion, crée un ton qui reflète la passivité, voire l'aliénation dans laquelle sont plongés les gens.

S'agit-il d'un roman à thèse? Cette étiquette plutôt négative a souvent été appliquée à l'œuvre de Landry mais, à notre sens, ce n'est pas le cas, car il faut souligner que ce roman, bien qu'il mette de l'avant des réflexions anticapitalistes, n'est pas un manifeste, c'est-à-dire qu'il ne présente pas de programme politique, d'autant plus que le texte n'est pas manichéen, préférant regarder tout le monde d'un œil sympathique. En revanche, la seule issue proposée aux problèmes soulevés semble être un onirisme, une sorte de révolte magique et spirituelle où la chanson, le rire, la joie et le rêve comptent pour beaucoup. L'ascension de la montagne, paradoxale car reliée à la déchéance sociale du narrateur, possède une valeur métaphorique, mais s'accompagne d'un réveil des cinq sens, ainsi que d'une nouvelle appréciation de la nature. Le dénouement fantaisiste finit par amener le lecteur vers une humble appréciation du mystère de la vie.

LARRY STEELE

Sacrée montagne de fou, [Moncton], Éditions Perce-Neige, [1996], 238 p. (Prose).

LA SAGOUINE.
PIÈCE POUR UNE FEMME SEULE
Antonine Maillet
Théâtre (1971)

«Pièce pour une femme seule» formée de 16 monologues créés d'abord pour la radio, *La Sagouine* est une œuvre maîtresse d'Antonine Maillet et de la littérature acadienne. À 72 ans, la Sagouine, mère de 12 enfants dont seuls 3 ont survécu, se remémore sa jeunesse, sa vie de fille à matelots, de femme de pêcheur et de *forbisseuse* au service de la bonne société. Sur cette trame se greffent des scènes du « pauvre monde » de la côte – loteries, élections, fêtes, enterrements et mariages –, empreintes d'un humour souvent grinçant, et des « jongleries » angoissées sur Dieu, la religion et la mort. Elle dit l'absurdité d'une existence où guerres et crises économiques sont synonymes de prospérité pour les démunis. Une existence où pauvreté rime aussi avec perte identitaire et fragilité du territoire. Malgré tout, sa force de caractère permet à la Sagouine de survivre et de fournir une leçon de vie des plus positives.

La structure libre du monologue favorise la variété des thèmes, un rythme qui change au gré des émotions du personnage et une *écriture parlée* qui rappelle tantôt Beckett tantôt les conteurs des veillées populaires. Par sa mise en valeur du parler acadien traditionnel populaire et l'image sans complaisance de la société acadienne, *La Sagouine* a signalé le déclin de l'Acadie dite traditionnelle. L'impact, considérable, de l'œuvre a aussi été accentué par la force de l'interprétation, la vogue du monologue et du joual au Québec ainsi que par le regain d'intérêt pour les œuvres de la francophonie internationale.

La première de *La Sagouine* a lieu en 1971, à Moncton, avec Viola Léger, qui incarnera désormais le personnage. Leméac publie cette version en 1971, puis une édition considérablement augmentée en 1974. Présentée à d'innombrables reprises au Canada et à l'étranger, l'œuvre est endisquée en 1974 et traduite en anglais en 1979. Le personnage réapparaît dans de nombreuses œuvres de l'auteure et inspire la création du *Pays de la Sagouine* à Bouctouche en 1992.

La Sagouine, explique l'auteure dans une entrevue accordée à *Nord*, « est venue à moi d'une façon tellement précise, tellement forte, comme une espèce de rêve ». D'où la spontanéité des premiers textes, « la seule fois que je ne savais pas

que j'écrivais un livre ». Et ces monologues, par leur diversité et l'unité de la vision qui les soustend, doivent tout à cette figure féminine. Le regard de la Sagouine est tourné autant vers l'intérieur – ses *jongleries*, ses souvenirs – que vers le monde extérieur, dont elle parle sur un ton tantôt ironique, tantôt résigné. Les titres des monologues suggèrent une structure thématique, mais la lecture est guidée tout autant par l'esprit mobile du personnage, passant sans transition du souvenir au récit, aux réflexions inquiètes ou à la critique sociale. La monotonie de la misère, par exemple, est rendue par un rythme incantatoire, comme dans le passage où l'espoir du printemps est avivé par l'évocation répétée des souffrances hivernales : « il faut quasiment aouère grelotté tout l'hiver [...] il faut aouère été enterré sous la neige [...] il faut aouère mangé des mois durant des fayots réchauffés ». Ailleurs, elle use de procédés indirects, n'osant pas aller au bout de sa pensée : elle confie à son mari « bileux pis badgeuleux » la tâche de critiquer les prêtres et la religion avant de tenter, mais en vain, de l'interrompre : « Ça fait que là, j'y dis d'arrêter de blasphêmer ». La drôlerie de passages comme celui de la vente des bancs d'église ou du faux enterrement est toute rabelaisienne au début, mais cède ensuite la place aux propos désabusés sur les revirements de fortune des pauvres. Les passages narratifs sont interrompus ici et là par des « jongleries » parsemées de questions sans réponse et, tout au long de l'œuvre, les passages poétiques, nostalgiques ou humoristiques alternent avec les passages plus sombres.

Dès les premières représentations, la langue de la Sagouine a suscité de fortes réactions. À quelques nuances près, elle parle le français acadien traditionnel et populaire des côtes du Nouveau-Brunswick. On a réagi surtout aux « imperfections » de ce parler, que l'auteur ne manque d'ailleurs pas de mettre en évidence. En effet, elle ne cache ni les prononciations approximatives, ni les mots anglais, mais s'en sert avec une pointe d'humour et un clin d'œil au lecteur : « Eh ben oui, ils avont passé par chus nous pour le recensement. [...] lors d'un recensement, coume ça, il leu faut encenser tout le monde, avec les poules pis les cochons. Ben chus nous, j'avons ni tet à poules, ni soue à cochons, ça fait qu'ils avont ensemencé les matous.» Pour sa part, la Sagouine affiche une conscience linguistique qui ressemble à un défi: «Je parlons avec les mots que j'avons dans la bouche et j'allons pas les chercher ben loin. Je les tenons de nos péres qui les avont reçus de leux aïeux. De goule en oreille, comme qui dirait.» Elle souffre néanmoins du décalage entre sa langue et celle de la bonne société, ajoutant aussitôt: «Ça fait que c'est malaisé de parler au prêtre [qui] parle en grandeur».

Les nombreuses critiques sociales des monologues culminent dans «Le recensement», qui inscrit *La Sagouine* au cœur des débats sur l'identité acadienne. La Sagouine élimine successivement les appellations Américain, Canadien, Français, Québécois, pour conclure que «je sons des Acadiens». Mais «les encenseux [...] avont eu pour leu dire que l'Acadie, c'est point un pays, ça, pis un Acadjen c'est point une nationualité», et la Sagouine déplore: «c'est malaisé de faire ta vie quand c'est que t'as pas même un pays à toi, pis que tu peux point noumer ta nationualité. Parce que tu finis par pus saouère quoi c'est que t'es entoute.» Au flou identitaire s'ajoute celui du territoire: ses ancêtres revenus d'exil «les avont pas retrouvées, leux terres: les Anglais les avont tout pris», et celles qu'ils ont laissées, «c'est putôt ce qu'ils appelont des maniéres de terrains abandounés...». Ces passages sont cependant les seuls où la question de l'identité est posée sous un angle aussi politique. Ailleurs, la Sagouine s'en tient plutôt au rapport à la terre: «ça doit être pour ça que tu restes sus c'te terre-là, par rapport qu'a te ressemble. [...] Je ressemblons au pays, que je dis. Au pays, pis à la mer. C'est yelle qui nous a le plusse nourris et sauvés de la pardition.»

C'est aussi dans *La Sagouine* que Maillet en vient aux prises avec le rôle de la religion en Acadie. Victime tantôt résignée, tantôt raisonneuse, son personnage dénonce une religion conçue pour les gens d'en haut: «je savons pas trop coument nous y prendre pour aouère le Bon Djeu de notre bôrd. Surtout que nous autres, j'avons pas les moyens de faire tout ce qu'est recoumandé dans les coumandements...» Les réflexions théologiques de la Sagouine ont en outre une subtilité qui dépasse le bon sens populaire, comme lorsqu'elle se demande ce que devient le corps entre l'enterrement et le Jugement dernier: «Et moi, quoi c'est que je ferai en espérant? C'est ça l'idée qui me trotte dans la tête comme si j'avais des fourmis dans le cerveau.»

Sans être révolutionnaire, *La Sagouine* s'est attaquée aux obstacles qui freinaient l'évolution de la société et de la littérature acadiennes dans les années 1960 et 1970. En adaptant l'oral à l'écrit, en remplaçant le pittoresque évangélinesque par la culture populaire et en contestant le cliché du «petit peuple martyr» acadien, *La Sagouine* a rompu avec l'unanimité de façade de l'Acadie des élites.

Certains ont reproché à Maillet de projeter une image trop folklorique de l'Acadie, d'autres lui ont reproché le parler de son personnage, mais le public acadien en général s'est identifié rapidement à la Sagouine, heureux de se voir et de s'entendre sur scène pour la première fois, heureux aussi de voir l'Acadie «enfin sur la mappe» (Jacques Savoie) de la francophonie. Et le public a été sensible à des personnages, des histoires et une façon de raconter issus de son propre milieu. Par contre, plusieurs critiques et de jeunes auteurs, tout en reconnaissant l'importance historique de l'œuvre, ont reproché à l'auteure de ne pas avoir été au bout de ses critiques sociales. Ils estimaient que *La Sagouine* représentait la prise de conscience de la dernière génération à subir les rigueurs excessives de l'institution religieuse et les inégalités du passé, une Acadie déjà en train de disparaître.

En définitive, et au-delà de l'impact des représentations théâtrales, *La Sagouine* est d'abord un texte. Ni le contexte social, ni le personnage, ni la spontanéité de l'œuvre n'expliquent à eux seuls sa fortune. Il faut se tourner plutôt vers l'interaction de facteurs très divers: la scène et la page écrite, l'humanisme et la pertinence sociale, le comique

245

et le tragique, le régional et l'universel, la spontanéité du parler et la rigueur de l'écriture. La lecture de *La Sagouine* repose sur la tension, toujours présente, entre l'expérience par procuration de la dépossession et le plaisir d'une écriture qui lui donne une forme significative. Les premières années de *La Sagouine* correspondent à un moment privilégié et fragile de la vie des œuvres où le jaillissement spontané de la création fait en sorte que le texte retrouve ce que Roland Barthes appelle, dans *Le degré zéro de l'écriture*, «la fraîcheur d'un état neuf du langage».

JAMES DE FINNEY

La Sagouine. Pièce pour une femme seule, [Montréal], Leméac, [1971], 105[1] p. (Répertoire acadien); 1972, 105 p. (Répertoire acadien); 1973, 154 p. (Répertoire acadien); 1974, 218 p. (Théâtre acadien); [préface de Jacques Cellard], Paris, Bernard Grasset, 1976, 188 p.; Toronto, Simon et Pierre, 1979, 183 p., ill.; Montréal, Leméac, 1986, 218 p. (Poche Québec); Montréal, Leméac, 1990, 151 p. (Théâtre); [introduction d'Alain Pontaut], Saint-Laurent, Bibliothèque québécoise, 1990, 192 p. (Littérature); Saint-Laurent, Fides, 1992, viii-174 p. (Nénuphar).

SAISONS ANTÉRIEURES
Léonard Forest
Poèmes (1973)

Sous ce beau titre évocateur sont regroupés 16 textes de longueur variable, remontant jusqu'à 1961-1962 au moins et dont certains avaient déjà été publiés dans *Écrits du Canada français*, *Liberté*, *Châtelaine* ou *Parallèle*. Les dessins de disques solaires (orange, vert, brun, noir, jaune, rouge) que traversent et entourent comme des arabesques des lignes isobares, divisent le recueil en six sections: 1) une première, sans titre, constituée de huit poèmes courts (dont un, «Barbara», en prose); 2) «Saisons antérieures»; 3) «Pour une Amérique engloutie», suivi d'«Antiodes et antidotes»; 4) «Et j'ai rêvé d'un grand soleil noir», que suivent les «Antipsaumes»; 5) «Pour une sœur allégorique»; 6) les «Psaumes pour un dieu préalable», suivis des «Chants de l'heure absente». Dès la couverture et le titre du recueil,

par les seuls dessins et les seuls titres de bien des poèmes s'annonce ainsi la thématique «acadienne» dont traitera le poète (temps *antérieur* d'une Acadie dont les conditions d'existence étaient précaires, dont le présent est *absent* et qui se doit de remplacer les vieux discours *psalmodiants* par des *anti*discours). *Saisons antérieures* ferait écho au plus connu *Cri de terre* de Raymond LeBlanc, publié l'année précédente, s'il n'était en fait – comme le sont les recueils aujourd'hui peu (re)lus de Ronald Després – l'expression d'un contemplatif déjà mûr (Forest avait 33 ans en 1961) plutôt que celle d'un jeune révolté et s'il ne s'était mis à l'écart des enthousiastes débordements poétiques de l'époque par un langage à la fois harmonieux, ciselé, incantatoire et envoûtant. Même un texte aussi programmatique que le «Manifeste» du poète en témoigne: «j'avance désormais sous / arche de silence, / soumis au pas à pas du / mot qui surprend, / poème nu d'aujourd'hui, / aveu prophétique d'un / futur antérieur». Yves Bolduc a fait état de la «rhétorique précise» de Forest, constituée d'«anaphores, répétitions, interrogations, jeu de vers rimés et de vers libre» et de sa syntaxe particulière, qui donne à cette poésie une chaleureuse saveur archaïsante.

Ce qui distingue avant tout la poésie de Forest de celle de la génération des contestataires, comme le précise toujours Bolduc, c'est qu'elle semble, de prime abord, parler de l'Acadie seulement «de façon marginale», que «pour la reconnaître acadienne» il faut «passer par l'identité de l'auteur» ou par celle de l'éditeur. Même si derrière *Saisons antérieures* se profilent les grandes créations cinématographiques indubitablement acadiennes du poète, il est vrai que son premier recueil, tout comme le second (*Comme en Florence*, 1979), vise à la fois moins et plus que l'Acadie.

Tout d'abord, au «nous» collectif des révoltés («C'est à NOUS la collectivigresse [...]», écrit LeBlanc), Forest oppose le «je» du personnel et de l'intime. Son recueil part en quête non pas de la trop thématisée identité acadienne, mais de son identité individuelle : il « ouvre porte intérieure », « égrenne [*sic*] temps sur temps » et « arpente les plages de [s]es rêves antérieurs », moins pour dénoncer que pour se découvrir : « je ne dénonce rien. je suis », pour que « [s]a cérémonie intime [l]e rappelle en [lui] ». Au fur et à mesure que « [s]on histoire préhistoire [se] manifeste », Forest ne peut faire autrement que de renouer accessoirement avec la thématique centrale de la poésie acadienne d'alors (« l'automne fatal nous dispersa »), évoquant les dolentes mémoires, les éternels départs, les deuils, les errances et les peines, patrimoine du pays. Dans ce « destin nostalgique », il découvre toutefois sa propre nature, à la fois plus personnelle et plus grande que l'Acadie : « j'étais au commencement de moi la plainte même / d'un monde en avènement. / le cri antérieur, / j'étais avant moi-même et avant le monde / l'angoisse moléculaire, / j'étais au creux du monde une flamme déjà hurlante ». Forest ne creusera pas davantage la révolte et le discours contestataire. Il interprétera plutôt le « destin nostalgique » comme un destin « fraternel », d'où « naîtra notre été », moins par la force d'actes agressifs et de paroles violentes que par l'acceptation – à la manière d'un Calixte Duguay, dont le registre est évidemment différent –, de « [s]on imparfait [qui] s'écrit au plus que présent ». Le « je » se confond avec le « nous » dans la joyeuse célébration de la « terre reconquise » et des « noces permanentes et calmes / du temps réconcilié » : « j'habite enfin tous mes pays / mon immense patrie maritime et séculaire / […] / et j'habite enfin ma joie. / […] / toi / tu es mon pays. / j'y naîtrai ». La traversée poétique du temps et de l'espace intérieurs autant qu'extérieurs a amené le poète sur la « longue plage nommée pays » où, sans « crainte ni contrainte […] [il] règne ».

HANS R. RUNTE

Saisons antérieures, [Moncton], Éditions d'Acadie, [1973], 103[2] p., ill.

SANS JAMAIS PARLER DU VENT.
ROMAN DE CRAINTE ET D'ESPOIR QUE LA
MORT ARRIVE À TEMPS
France Daigle
Roman (1983)

Les premières lignes de ce premier roman de France Daigle nous préviennent : « Des fois ce que l'on croit qui n'a aucune importance au fond. Tout ce qui commence, tout ce qui a commencé dans le plus grand désordre. » L'écriture de France Daigle est ouverte au risque : elle fait place au blanc, au vide, à la mort, mais aussi au désordre et à la contradiction, moteurs essentiels de l'œuvre. La mort du titre se thématise graphiquement dans le blanc qui occupe la moitié de chaque page : « S'instaurer dans le silence comme dans la solidité des choses. Marcher dans l'air épais comme dans un blanc de mémoire. Une feuille de papier que le vent couche par terre. » Lourde de sens et de mystère, l'écriture est donc en bas de page et le vide, le vent, en haut.

Le désordre est omniprésent dans cette œuvre régie par une esthétique du décousu, du fragmenté. L'omniprésence du blanc découpe le récit, mais la proximité même des lignes du texte ne garantit nullement que celles-ci se suivent. Le blanc cerne le texte de l'intérieur, des gouffres de sens sans cesse se creusent entre les phrases : « La montagne alors, ce lieu secret qu'une ville protège. Des murs, des pierres. Songer au crime que l'on a peut-être commis ou que l'on commettra peut-être un jour ou l'autre. »

La contradiction, de même, est partout. Le roman n'est-il pas un roman de crainte et d'espoir ? L'oxymore principal du texte est spatial : la narration est déchirée entre les désirs contraires d'habiter et de voyager. Thématique essentielle du genre romanesque, le voyage hante le texte de Daigle : « Puis un jour qu'il vente, avoir pris sa décision. S'embarquer. » Le récit s'amorce, la chronologie se précise, comme dans un « vrai » roman : « Être parti un matin de décembre. » Mais le voyage, et le roman, ne dureront guère : « Finir toujours par revenir.

Au début lorsque cela se met à tenir du roman puis après, lorsque loin d'elle tout nous épuise. Un autre genre, une autre époque.» Le récit, entre deux départs, revient vers la maison: «La maison que l'on entend bâtir et qui sera un chef-d'œuvre.» Voyager, habiter, revenir, repartir: sans cesse, tout au long du texte, s'arc-boutent ces désirs adverses et tout aussi pleinement vécus par l'écriture de Daigle.

Le voyage, dans *Sans jamais parler du vent*, n'en est pas un d'agrément: rappelant les errances rimbaldiennes, il est dur pour le corps («Parfois j'avais très faim. Froid.»), mais encore plus pour l'esprit («Je ne pensais à peu près plus.»). L'identité s'y décompose («Je n'avais plus de nom. Personne ne m'appelait et je n'offrais rien.»). Le voyageur, toutefois, possède la liberté: «Quand cela fut fait et qu'après il nous revenait d'être libre entièrement, quand cela fut fait et que, se tenant debout sur un quai, les bateaux partaient. Les plus beaux voyages alors. Dans les cafés alors ces femmes qui vous ressemblent vous reconnaissent vous regardent.» Évoqués à de nombreuses reprises, les «capitaines», ceux qui partent, personnifient le désir de voyage. Le roman rêvé sera donc ce «livre que liraient les capitaines en voyage».

Les domestiques sont, au contraire, ceux et celles qui restent pour habiter les maisons et pour écrire le «livre des comptes». La maison est l'espace du devoir, de la loi et de la tradition: «La maison, ses domestiques. Chaque compte, chaque dépense. [...] La grammaire lorsqu'elle tombe, la remettre à sa place. La grammaire, la place qui lui revient, ou alors ce qu'on laisse aux domestiques le soin de ranger. Les domestiques comme la grammaire de la maisonnée.» Les domestiques doivent élever les enfants, à qui il faut inexorablement «tout donner». La maison est l'espace du sacrifice, le lieu de naufrage des voyages et des livres: «Les bateaux, ceux qu'on nous interdit. Quelque part sur une mer un livre qui nous fend le cœur un peu partout.» Qui sont les domestiques? «Ceux celles qui ne lisent pas, que la vie exploite et d'ailleurs, tout ce qu'il reste à faire. Le fond d'une carrière sablonneuse, ceux celles qui s'y trouvent.»

Au contraire du voyage, la maison est confortable, rassurante, elle est l'espace de la famille: «L'hiver un peu comme s'il y avait toujours quelqu'un en train de dormir. L'hiver comme s'il était permis de se reposer longtemps. Marcher doucement. L'impression qu'ils sont à peu près tous toutes là, penser à ceux celles qui pourraient manquer.» Déclinaisons de l'arbre qui les a fait naître, la maison et les meubles (notamment la table autour de laquelle les membres de la communauté, de la famille s'assemblent pour partager paroles et nourriture) gardent intacte leur soif d'enracinement. Voyageur, pluriel, le désir charnel, en prenant maison, se domestique: «Avant donc de devenir capitaine et que la mer me mette en route. [...] Prendre femme.» La maison et la femme aimée se confondent d'ailleurs dans le même pronom, «elle»: «La maison qui se construit, essayer parfois de l'habiter. Comme si ce n'était pas surtout elle qui nous habitait. Elle, parler encore d'elle.»

Les contraires, dans *Sans jamais parler du vent*, non seulement s'attirent mais se marient... Le voyage permet de mieux habiter: «Tous ceux celles qui marchaient en nous jusqu'alors et qui nous paralysaient, les faire travailler. Ceux celles que nous abritions et qui nous habitaient. Ce qu'il est alors réellement possible de changer.» Le voyageur, de même, ne bouge guère, la narration du roman évoquant surtout les arrêts: les cafés anonymes des ports et des gares anonymes.

S'agit-il bien d'un roman d'ailleurs? L'écrivaine réaménage, dans le paratexte, l'espace réservé à la définition du genre: «*Sans jamais parler du vent* – Roman» devient ainsi... «*Sans jamais parler du vent* – Roman de crainte et d'espoir que la mort arrive à temps*». Le genre devient sous-titre (mais est-il jamais autre chose?) tout en demeurant un genre, voire un sous-genre (fût-il unique): non pas roman de science-fiction, mais roman de crainte et d'espoir que la mort arrive à temps. La question du genre, on le voit, est complexe. Ne s'agirait-il pas d'un «nouveau roman»? Parmi les nombreuses ressemblances du roman avec l'esthétique de ce mouvement (dislocation du récit, du temps, de la narration, des personnages, rôle actif du lecteur), soulignons que l'auteure choisit, pour reprendre la formule de Jean Ricardou, «l'aventure de l'écriture plutôt que l'écriture de l'aventure». Les thèmes de la lecture et de l'écriture sont en effet omniprésents et toutes les images du roman convergent vers l'écriture. L'autoréflexivité s'exprime également dans la fascination pour le livre, les livres. Le texte, pourtant, doit davantage à la forme du recueil de poésie qu'au nouveau roman. D'essence poétique, la phrase de l'auteure – sensible, riche d'images et de sensations, lyrique au fond – est aux antipodes de la description tant pratiquée par les nouveaux romanciers.

Daigle a beaucoup coupé dans ses manuscrits pour aboutir à *Sans jamais parler du vent*. Les procédés d'écriture, eux aussi, paraissent avoir été élagués, raffinés. Le résultat est un style d'une grande unité, mais aussi d'une grande économie. Les principaux éléments thématiques ou stylistiques donnent lieu à de complexes jeux d'échos (ainsi de l'expression *avoir beau*, dont Daigle explorera toutes les facettes, ou de la mise entre parenthèses du verbe *vendre*). Il serait plus juste de parler de variations. Celles-ci se font également, à de nombreuses reprises, par paronomases : la répétition du verbe *vendre*, par sa proximité à la «vente», permet ainsi de parler du «vent» (sans en parler). La fragmentation de la syntaxe et du récit est ainsi contrebalancée par ces effets de répétition (je souligne) : «Ces mots dont nous nous étions *passé* jusque-là. La fièvre de se frayer un chemin quelque part puis la route que cela trace en nous. *Passer*. Comme une *passion* les mots qu'il n'est plus possible de taire.»

Il ne faudrait pas déduire trop rapidement de cette prépondérance du style que le texte de France Daigle n'a de romanesque que son sous-titre. L'auteure est fascinée par le roman et son parcours ultérieur montre bien l'importance de ce genre pour elle. Le *roman de crainte et d'espoir* est un texte hybride (hybridité qui sera exploitée par Daigle et le collectif Moncton Sable en adaptant, en 2004, le roman au théâtre), une forme poétique habitée par le désir du roman. Ce dernier crée un appel d'air qui attire la prose poétique de Daigle vers les thématiques romanesques du voyage, de l'apprentissage (apprendre à écrire, à mourir) et du portrait social (l'Acadie, la condition des femmes, l'homosexualité apparaissent partout en filigrane). Au flottement du genre correspond, dans le texte, un flottement de l'identité sexuelle. Le narrateur est tantôt homme («Et dans ces cafés lorsqu'une femme me regarde, le danger alors d'être un homme. Pour la femme surtout, le danger d'être un homme»), tantôt femme («Parfois quand ce sont les hommes qui me regardent comme s'ils pouvaient voir la femme en moi»).

Toutes les identités, à vrai dire, sont gommées. Qui sont les «domestiques»? Qui est «elle»? Les noms propres sont absents, le «je» est peu présent et souvent remplacé par un «nous» dont le référent ne sera jamais explicité. Plus souvent encore, les pronoms disparaissent dans l'anonymat de l'infinitif. Le texte de Daigle, pourtant, n'est ni froid ni impersonnel, il se lit au contraire comme un journal intime ou, plus précisément, comme un monologue intérieur (autre voie importante empruntée par le roman moderne). Comment expliquer le curieux lyrisme du texte? Ne résulte-t-il pas en partie de son caractère oral? La transposition de l'oral à l'écrit est un processus complexe que l'on réduit trop souvent au simple choix d'un lexique oralisé. Si France Daigle choisit de «[r]ecourir à des mots de grandes villes», sa syntaxe, en revanche, est inspirée par la langue orale. Sa syntaxe éclatée fait en effet une large place aux «scories» (répétitions, contradictions, hésitations, repentirs) de la langue orale. Ainsi, comme l'appel du roman, la fascination pour la langue parlée structure en profondeur son texte.

DAVID DÉCARIE

Sans jamais parler du vent. Roman de crainte et d'espoir que la mort arrive à temps, [Moncton], Éditions d'Acadie, [1983], 141 p.

LE SCALPEL ININTERROMPU.
JOURNAL DU DOCTEUR JAN VON FRIES
Ronald Després
Roman (1962)

Le scalpel ininterrompu, premier et seul roman du poète Ronald Després, est paru quatre ans environ après la publication mémorable de son premier recueil, *Silences à nourrir de sang*. Il s'agit d'une œuvre pour le moins curieuse, qualifiée dès les pages d'ouverture de «sotie» et se présentant sous la forme d'un journal. Elle raconte l'histoire d'un médecin neurasthénique, le docteur Jan von Fries, qui, avec l'aide de son assistante maléfique, Miss Mesméra, procède consciencieusement à la vivisection progressive et jubilatoire de tous les habitants de la planète.

S'ouvrant sur l'univers du rêve et du renversement, *Le scalpel ininterrompu* est dans la force du terme le roman de la dissémination et de la perte, la matière même du journal qu'il génère s'épuisant en des entrées de plus en plus succinctes et clairsemées. Si on ajoute à ceci la double inclusion par l'auteur, vers la fin du roman, d'un récit exogène («Estival») et d'un autre travesti («La rouille», de Guy de Maupassant), l'œuvre peut paraître à bien des égards avortée. Habitée d'une fascination pour l'univers de la limite et de la transgression, de la cruauté sadique et de la sexualité, elle possède une dimension grand-guignolesque évidente. La curiosité scientifique qu'on y rencontre n'est en ce sens qu'une métaphore transparente de la curiosité érotique, le «scalpel» étant lui-même un déplacement ou une substitution pour le moins lisible. Écrite dans un français standard, avec parfois des nuances éloquentes de français de France ou français parisien, elle thématise fort peu la réalité acadienne, du moins de manière explicite, le seul nom de «Bathurst» y apparaissant accessoirement.

Dès sa parution, le roman posera problème. Les critiques resteront pantois devant son appareillage textuel (titre, genre, etc.). L'ensemble de la presse canadienne se contentera d'y voir une critique froide et objective de la civilisation américaine et, plus généralement, des excès de la science.

Sur le plan de l'intrigue explicite, le récit de Després se présente essentiellement comme une vaste entreprise de vivisection. Un narrateur torturé, Jan von Fries, répondant dès l'ouverture du roman à l'appel d'une «voix», fait aussitôt un serment pour le moins paradoxal et sadique: «Avant une semaine, un homme vivant sera étendu sur ma table de vivisection. Et, malgré ses yeux qui m'imploreront, mon bistouri le déchiquettera sans pitié.» Aidé puissamment par sa nouvelle assistante, Miss Mesméra – présence bohémienne et obscure, incarnation directe de cette «voix» –, il se livre à une orgie de vivisections qui, commençant par celle de sa malheureuse chatte, se poursuit par celle de son «meilleur ami», pour se terminer en *crescendo* dans un projet pour le moins singulier et barbare de vivisection industrielle. L'appareil central de vivisection, nommé «Mesmy», a «une capacité de production de douze vivisections à la minute» et fonctionne «vingt-quatre heures par jour». Jan von Fries précise: «En termes de statisticien, cela signifie 17 280 vivisections par jour, soit six millions trois cent sept mille deux cent (6 307 200) par année. Le décongestionnement du globe est en perspective.» Comme l'indique le terme *décongestionnement* et par un renversement logique révélateur, ce monstrueux projet est considéré comme une sorte de panacée sociale, le docteur von Fries se présentant tout au long de sa narration comme un sauveur de l'humanité. Ce travail spécifique de destruction, qui suppose une violence extrême, est camouflé sous celui, plus pondéré, de l'analyse scientifique, von Fries étant présenté essentiellement comme un savant qui préside «à la conservation [...] de ganglions ophtalmologiques, de métatarses, de rates... [etc.]», «abreuvant» frénétiquement des milliers de «bocaux», les classant, les étiquetant, dans le but officiel et philanthropique de «redistribuer la race humaine en ses éléments constituants» et de «reconstruire l'humanité selon les lois de l'équilibre».

Les motivations réelles de cette folle entreprise sont toutefois fort nébuleuses. S'il nous est précisé dès le départ que le narrateur est un «possédé de science» – la science l'habitant «au même titre que le Malin habite un possédé du démon» –, rien ne nous est dit de l'origine du profond malaise et de l'angoisse qui l'habitent, malgré le caractère visiblement déterminant de ce malaise et de cette angoisse dans la contemplation de son projet vivisecteur : «Je romprai avec mes gestes. Je dépouillerai le faisceau de gestes qui compose mon ancienne vie. Peut-être réussirai-je enfin à détruire une vie ponctuée d'insomnies et à me donner l'illusion d'une délivrance, au moins provisoire.»

C'est à partir de cette confession (il y en aura d'autres) que nous entrons dans un univers beaucoup plus implicite, souterrain, le narrateur parlant sourdement de sa détresse et du sentiment d'impuissance et de culpabilité qui l'habite («Je sais qu'on me reprochera mon choix. Je sais que j'ai mal choisi.»). Résolu à «étouffer [...] l'obsession à sa source», à «piétiner [s]a hantise», Jan von Fries semble échafauder un projet parallèle et complémentaire à celui de vivisection, projet intime et pélagique qui consiste essentiellement à confesser son «mal», source de son angoisse et de son humiliation. Le lecteur ne peut faire autrement que de se rendre compte que, dans ce nouvel ordre imposé par le récit, le sens second se voit promu en thème incontournable du discours. Et ce sens second, de l'aveu même du narrateur, semble inextricablement lié à l'univers de la faute et de la culpabilité.

À preuve, l'affreux cauchemar fait par le narrateur dans la nuit du 20 au 21 novembre 347 (le journal de von Fries participe d'un temps utopique), le lendemain justement de sa première vivisection humaine, celle de son meilleur ami, Léonard... Dans ce rêve morbide, qui, à son réveil, «s'agglutine à [lui] et refuse de [l]e quitter», von Fries visite le «Musée de la mort» en compagnie d'un guide aveugle dont le bras est «couvert de lèpre et de pus», mais dont l'épaule, paradoxalement, est «aussi lisse qu'une chair d'adolescent». Le lieu ainsi visité par von Fries – manifestement partagé entre la répulsion et le désir –, est celui de l'inconscient, lieu clos s'il en est («aucune fenêtre, aucune baie»), lieu d'obscurité et de mort où la langue, étrangère, doit être déchiffrée. Et «le symbole qui accueille les visiteurs au Musée des morts» est «un manège de chevaux vivants», «percés de tiges», et tournant inlassablement depuis des siècles, accomplissant, imperturbables, l'orbite du destin. L'exclamation du narrateur («Je reconnus un manège. Un manège de chevaux vivants!») dit assez l'horreur suscitée par ce spectacle inhumain, se situant presque au-delà de la bestialité.

Dans ce contexte, le lecteur comprend assez vite que le récit de surface, qui se présente sur le mode de la jubilation (Jan von Fries applaudi et adulé par ses admirateurs!), cache un drame réel qui, lui, inévitablement, se vit sur le mode de la honte et du désespoir. Ces «chevaux vivants, percés de tiges, [...] tournant inlassablement depuis des siècles», comme ces corps tailladés par le «scalpel ininterrompu» du narrateur (jusqu'à l'épuisement même de l'humanité!), procèdent de la même figure extrême, celle, mise à nu par l'œuvre, de la «hantise» ou de l'obsession. Parallèlement, ce lieu clos, dont la langue est chiffrée, correspond assez directement au lieu même de la fiction élaborée par Després dans son univers romanesque.

Que cette hantise soit le produit d'un refoulement, cela semble de plus en plus évident au fil de la lecture. Et que ce refoulement participe (selon toute apparence) du désir homosexuel, voilà qui ne devrait pas surprendre dans ce contexte de scalpel frénétique et de meilleur ami (d'amoureux?) anesthésié, puis violenté. «Mais... pourquoi?... pourquoi?» de gémir Léonard sur la table de vivisection, s'éveillant inopinément à la suite d'une «dose insuffisante» de chloroforme. «Dis-moi que ce n'est pas possible Jan... Cette sensation de plomb fondu dans mes jambes, ce sont des blessures que tu m'as infligées, toi, Jan, mon ami... ».

Certaines parenthèses du journal de von Fries – méditatives et pour le moins surprenantes – viennent corroborer cette hypothèse : «Il y a des hommes dont le sexe présente l'aspect d'un naja câblé, étiré et affûté, comme si le reptile s'était tenu à l'affût d'un trop grand nombre de victimes. D'autres dont le sexe fait songer à un plantoir [...]. D'autres dont le sexe ne fait songer à rien.» Cette hantise du narrateur trouverait donc sa source dans la contemplation morose du phallus, ainsi que dans celle de l'acte jugé pervers qui le consacre (amour homosexuel, travesti dans le roman en vivisection)? Les métaphores les plus prégnantes de l'œuvre semblent le confirmer, notamment celle du broyage, alliant circularité et verticalité phallique, présente notamment dans ce manège bestial des chevaux vivants, percés de tiges, symbole premier du «Musée de la mort».

Et puisque tout se tient, c'est le symbole même que nous rencontrerons dans la dernière pièce de ce musée. Surgira en effet, magnifiée ou agrandie à la dimension de la salle entière, la même image obsédante de circularité et de mort, la salle ronde dont les murs sont composés des fragments accumulés par von Fries dans son délire analytique et destructeur («une myriade de bocaux homogènes de forme», dira le narrateur, qui lui font l'effet «de rivières interminables, exemptes de courbes»), contenant en son centre la statue de von Fries brandissant un bistouri, «semblant défier Dieu lui-même»!

Cette transformation du narrateur en monument phallique, inscrite dans la circularité hallucinante (et tournoyante) de son «œuvre» en lambeaux, donne la mesure de la hantise ou de l'obsession qui habite ce roman paradoxal de Després...

MAURICE RAYMOND

Le scalpel ininterrompu. Journal du docteur Jan von Fries. [Sotie], [Montréal], Éditions à la Page, [1962], 136[1] p.

LA SEPTIÈME CHUTE. POÉSIE 1982-1989
Serge Patrice Thibodeau
Poèmes (1990)

Premier recueil de Serge Patrice Thibodeau, *La septième chute* réunit des poèmes écrits entre 1982 et 1989 que leur auteur a regroupés en trois parties. La première, «qui le lion qui l'agneau» (1982-1984), contient des textes écrits à partir de son journal de voyage tenu pendant un séjour de sept mois en Israël. La deuxième, «oser rincer les gloses d'eaux bues» (1985-1986), rassemble des poèmes également inspirés de voyages – dont certains furent publiés dans la revue *Dixit, 01* – et que l'auteur a réunis sous le nom de fleuves (la Vistule, la Vtlava, le Danube, la Seine, le Saint-Laurent). La dernière, «ni le charnel de ses cordes vocales» (1989), contient 11 textes qui, par leur focalisation sur les rapports entre le corps et l'esprit, dépendent moins d'espaces géographiques que de l'espace intérieur. Cette troisième partie annonce ainsi certains recueils ultérieurs du poète où prédomine une thématique de l'intimité. Selon l'aveu de l'auteur, «qui le lion qui l'agneau» s'avère fortement hermétique, exigeant une lecture à haute voix afin que les sens pénètrent à travers les sons. Par contre, ce recueil contient plusieurs textes très accessibles, tels quelques portraits très brefs, des aperçus de la vie quotidienne, ou des perceptions rapides mais pénétrantes de moments vécus ou de lieux urbains. *La septième chute* a valu à son auteur le prix France-Acadie en 1991.

Cet ouvrage, d'une grande originalité et d'une surprenante maturité pour un premier recueil, peut servir d'introduction à l'œuvre de Thibodeau, car presque toutes les dimensions importantes de sa production poétique à suivre s'y trouvent. Déjà, nous notons un vocabulaire riche et recherché qui puise dans l'histoire de la langue (mots archaïques) ainsi que dans plusieurs registres, y compris ceux de lexiques exotiques et spécialisés. Ce patient travail de vocabulaire, nécessaire pour l'évocation de cultures étrangères, s'allie à une musicalité soigneusement articulée, riche en rimes internes et forte en assonance. Pourtant, Thibodeau évite le lyrisme facile. Si des fragments de sonorité verlainienne se font parfois percevoir, ses textes ne cherchent pas une harmonie fluide, mais, comme dans la musique contemporaine, accueille plutôt les discordances.

Le rythme s'adapte à la matière, se voulant plus discordant dans la première partie, qui porte sur le conflit israélo-palestinien. Dans sa préface, Thibodeau prévient ses lecteurs qu'il vise à produire ici «un sentiment de malaise justifié par l'opaque thématique de la guerre». Si la poésie de Thibodeau n'est que rarement une écriture engagée – quoiqu'elle mine subtilement les bases de la culture occidentale –, «qui le lion qui l'agneau» fait exception. Dans cette partie où les sèmes de violence abondent, on discerne un discours antiguerre d'un lyrisme à la fois musclé et sensible. «[L]'autre Jérusalem», dont le système allusif se rapporte aux trois grandes religions abrahamiques, projette le conflit entre le judaïsme et l'Islam au premier plan. Jérusalem est double, à la fois la ville de Salomon et celle des barbelés et de «la mosquée réprimée». Le poète joue habilement sur les contrastes, conjuguant «un barrage de police», par exemple, et «les jonquilles, le mimosa». Une sympathie considérable pour la cause palestinienne informe ces textes, dans lesquels le poète cherche à sensibiliser le lecteur à «la douleur désolante [qui] ébouillante Ismaël» (en référence au fils d'Abraham considéré comme l'ancêtre des peuples arabes). Dans ses recueils postérieurs, Thibodeau se montrera sensible à la spiritualité islamique et particulièrement soufie.

Comme dans ses ouvrages ultérieurs, l'errance, évoquée dès l'épigraphe liminaire de René Char («Je suis parti pour longtemps. Je revins pour partir»), se dégage comme thème primordial. Dans ce premier volume, Thibodeau s'interroge sur le sens de l'errance («pourquoi venir si loin pour être un peu / autre / [....] se questionner, ainsi prouver sa propre existence?»), se demande si l'errance

ne serait qu'un expédient pour écarter son ennui («le déplacement / comme réponse / au mal du siècle?») et cherche à la justifier («se convaincre de l'utilité de se déplacer»). Quelle qu'en soit la motivation, l'errance mène à l'enrichissement de l'errant: les lieux étrangers visités qui donnent naissance à des fragments évocateurs sont aussi des lieux d'approfondissement du moi, l'observation d'un espace étranger stimulant l'introspection. On a pu voir dans l'errance un lien subtil qui rattacherait Thibodeau à la collectivité acadienne, forcée jadis à l'errance par la Déportation. Encore faudrait-il préciser que, pour Thibodeau, l'errance ne peut féconder la réflexion que si elle est libre, sans contrainte.

L'érotisme de Thibodeau – bien en évidence dans «ni charnel de ses cordes vocales», où une énergie érotique sature la vie même –, englobe un élan spirituel dont le point culminant se trouve dans le poème «parcelles d'image sa voix», où le poète affirme: «entre Dieu et moi / qu'on se le dise: la place est prise / personne / en aucun lieu aucun temps aucun homme / ni même aucun Livre (événement) / entre Dieu / et moi: que l'Amour»). Si, dans sa préface, il parle de «l'ambiguïté troublante des rapports entre le corps et l'esprit», la citation, en fin de volume, du *Livre des Proverbes* («sept fois le juste tombe, et il se relève pardonné») est le garant que, si faute il y a, elle est assurée du pardon. La citation de Marguerite Yourcenar, suggérant, au contraire, que les êtres humains ne méritent pas une amélioration de leur condition, placée en exergue d'«oser rincer les gloses d'eaux bues», semblerait trahir un profond pessimisme chez l'auteur de ce recueil. Il importe de reconnaître que ce sentiment est compensé par un poème comme «louange (bribes d'*oratorio*)», qui reflète l'attachement profond de ce poète aux beautés de la vie.

ÉMILE J. TALBOT

La septième chute. Poésie 1982-1989, [Moncton], Éditions d'Acadie, [1990], 181 p.

SILENCES À NOURRIR DE SANG
Ronald Després
Poèmes (1958)

Publié la même année que *Pointe-aux-Coques*, la première œuvre d'Antonine Maillet, ce recueil majeur marque, de concert avec celle-ci, l'entrée dans la modernité de toute une littérature et de toute une nation. Ce que Maillet, romancière et dramaturge, s'apprête à explorer sur le mode extraverti et populiste qu'on lui connaît, Després, foncièrement poète, l'entreprend sur celui de l'introspection et de l'intimisme, soit à une échelle résolument individuelle. Publié aux célèbres Éditions d'Orphée d'André Goulet, ce premier recueil vaudra d'ailleurs à son auteur, en 1959, le prix David. Écrit en vers libres et dans un français standard, il se divise matériellement en 6 parties de longueur inégale : «La chanson du vagabond» (3 textes); «Notes cristallines» (5 textes); «Ciel réversible» (12 textes); «L'impossible refrain» (2 textes); «Drame des coulisses» (5 textes») et «Tes yeux seront ma lumière» (6 textes). Traversé de part en part par un négativisme absolu et par un profond sentiment d'échec, le recueil – lorsqu'il ne thématise pas la «nuit noire […] jonchée de cadavres» du locuteur ou son impuissance fondamentale à vivre (de nature indubitablement pathologique ou morbide) – s'attache essentiellement à défendre le dernier îlot de la résistance poétique, soit l'enfance ou l'innocence (cette résistance au monde adulte constituant un de ses thèmes récurrents). Le refus de la sensualité qui en résulte est hautement paradoxal dans cet univers fortement charnel et sexuel qui nous est proposé.

L'œuvre sera plutôt bien reçue par la critique canadienne-française de l'heure. Roger Duhamel, dans un article de *La Patrie* daté du 1er juin 1958, précisera que la poésie de Després a cette qualité, particulièrement précieuse, d'être «sensible à toutes les recherches contemporaines». C'est ce sentiment de modernité de l'œuvre qui, sûrement, a séduit les membres du jury du prix David (dont Robert Choquette et Alain Grandbois), qui, comme il est précisé dans *Le Bulletin des poètes* de l'automne 1959, ont apprécié chez Després le fait qu'«[i]l voi[e] le concret d'une façon conforme à notre temps, avec des images d'aujourd'hui».

Il importe de préciser dès l'abord que cette œuvre semble habitée par une sorte de secret viscéral, le désir de révéler qui en résulte s'accompagnant d'ailleurs, paradoxalement, d'une volonté tout aussi incontrôlable et incontrôlée de masquer ou d'atténuer les contours violents, agressifs, de cette révélation particulière. Un des «masques» les plus fréquents que rencontre inévitablement le lecteur de la poésie de Després est celui de l'enrobement réflexif, l'auteur saturant son texte de nombreuses références à l'art, qu'il s'agisse de poésie, de peinture ou de musique (il ne faut pas oublier que Després était musicien). *Silences à nourrir de sang* s'ouvre conséquemment sur trois «chansons»: «La chanson du vagabond» (qui reprend le titre d'origine du recueil tout entier), «Rêve de pluie» («Toute la journée nous sommes restés à la fenêtre / Moi, mes rêves, et cette chanson / Qui frôlait mes lèvres / Comme un duvet blanc») et «Chanson de septembre».

Petit récit poétique à la troisième personne, le poème d'entrée nous présente un «vagabond sans espoir», qui est une sorte d'image convenue du poète. Son sort, scellé d'avance, est aussi inattendu qu'impitoyable: «Puis brusquement / Un soir qu'on lui avait coupé les mains / […] / Que le vent jaloux buvait l'odeur verdâtre de la mer / Et les goémons sur le sable / Sa chanson [mourut] sur ses lèvres / Dans l'herbe transfigurée du parc / Le vautour [dispersant] ses os / Et l'oubli, les derniers sanglots / Qui tissaient cette mélodie.» Cette transfiguration négative qui ouvre le recueil est fort importante. Dans la construction littéraire globale de Ronald Després – et c'est déjà le cas dans cette première œuvre –, le protagoniste est toujours condamné à la mutilation et à la dispersion, cette dispersion étant par définition méticuleuse ou systématique. Et ce «vautour» qui apparaît en fin de texte est une représentation à peine voilée de ce «vent jaloux» et vampirique dont l'auteur parlait plus avant. Dans cet univers, le «vent», comme l'indique assez certains apartés du recueil – «le vent (qui nous effraie)»; «le vent que nous refusons» –, est une figure néfaste, alliée de la dispersion et empêchement premier de l'étreinte.

Ce mot («étreinte»), qui revient à plusieurs reprises dans *Silences à nourrir de sang* et le plus souvent à des endroits stratégiques, est sans conteste le mot le plus important du recueil. L'impossibilité d'étreindre, d'embrasser, de retenir, de serrer étroitement (et librement) contre soi, en plus d'être le sujet premier de l'ensemble du recueil, est celui, en particulier, de son deuxième poème d'ouverture, «Rêve de pluie»: «Toute la journée nous sommes restés dans le silence / [...] / Pour la dernière fois / Osant à peine nous regarder / Osant à peine sourire. / [...] / Et le soir qui tombait / ... comme la pluie fine / Comme le duvet de ma chanson / Couchait ses ailes noires / Sur l'étreinte de nos mains.» Constat d'impossibilité et d'échec s'il en est («Nous savions que demain / L'aube se dresserait entre nous / Tel un grand mur sans lézarde // [...] Nous savions que demain / Avait prédit notre défaite»), ce poème est immédiatement suivi de «Chanson de septembre», littérale «gerbe [musicale] qui pétille», pour paraphraser l'auteur, somptueuse «vague d'accords» où «[l]es notes [...] se délient / En longues spirales de rêves». Mais cette «gerbe de flammes qui pétille», pour reprendre cette fois les mots mêmes du poème, «sait / Qu'elle va bientôt mourir»; elle n'est qu'«arabesques [qui] montent / Dans la fumée bleuâtre», construction de l'éphémère. C'est la raison pour laquelle le poème, plutôt que de s'ouvrir sur la célébration de la vie (ce qui serait assez conséquent dans cet univers d'embrasement et de pétillement), s'ouvre à l'opposé sur la majestueuse lenteur du cortège funèbre: «Lente, lente / Coule ma chanson / Et le cœur qu'elle emporte...». Mais, fidèle jusqu'au bout au paradoxe qui le fonde, il se ferme toutefois sur une surprenante chanson du bonheur («Chanson de septembre / Mélodie du bonheur») et sur «l'ardeur des brasiers / Qui refusent de s'éteindre». Brasiers / baisers, éteindre / étreindre, le flottement fantomatique de ce «r» désenclavé qui habite les réalités conjointes des deux emblèmes fondamentaux de l'œuvre (celui du titre, où il est répété trois fois et celui du nom de l'auteur, qu'il inaugure), est une représentation paradoxale mais tangible de la pensée obsessionnelle qui organise l'œuvre.

La dialectique des *Silences à nourrir de sang* oppose en fait deux ordres bien distincts: celui de la dépression et de l'angoisse, du sentiment prégnant de l'impossibilité et de l'échec, ordre dominant du recueil (qui regroupe sous sa bannière, entre autres, quelques-uns des poèmes les plus importants ou les plus signifiants de l'ensemble: «Rêve de pluie», «La fin du jour», «Ma nuit noire», «Mascarade», «Trahison du soleil», «Printemps perdu», «Ma prière», etc.) et celui du rêve et de l'espoir fantasmatique, ordre à la fois mineur et minoritaire, qui rassemble toutefois les poèmes les plus exaltés de l'œuvre, comme le démontrent assez certains textes isolés. Dans le poème intitulé «Nos ailes vibrantes», par exemple, le locuteur couve ce projet singulier et extrême de «[s'écrouler] dans le soleil»; dans celui qui porte pour titre «Tes yeux seront ma lumière», poème de fermeture de l'œuvre, ledit locuteur («qui ne sai[t] même pas caresser [l]es cheveux» de sa bien-aimée) rêve d'exploits mythologiques à l'échelle de l'Univers: «J'étreindrai les portes béantes des astres // J'étreindrai le monde» (deux derniers vers du recueil – à noter, la répétition symptomatique du verbe *étreindre*).

Les différentes parties du recueil participeront d'une manière ou d'une autre à cette dialectique constitutive de l'œuvre. La deuxième partie du recueil, par exemple, y participe déjà par ce contraste étonnant entre l'enseigne exaltée de son titre («Notes cristallines») et le contenu carrément dépressif ou mélancolique de la plupart des poèmes qu'elle contient. Laisser entendre en effet que cette œuvre essentiellement noire et angoissée présente certaines notes cristallines tient presque de la provocation (ou est le résultat incontrôlé d'une fascination inconsciente), et laisser entendre ceci au moment même où on s'apprête à offrir au lecteur un des textes les plus sombres de l'œuvre, titré fort justement «La fin du jour» et qui thématise la perte littérale de la vie et du bonheur «dans le brouillard des nuits», est fort curieux, le poète allant jusqu'à préciser : «Depuis [que vie et bonheur] sont partis / Nous croupissons… / Vieillards désœuvrés / Sur nos grabats d'angoisse.» Il est parfaitement clair ou limpide que l'auteur joue ironiquement ici sur le sens du mot *cristallin*, dans le but pédagogique de montrer du doigt le marasme psychologique qui habite l'œuvre.

«Ma nuit noire», qui ouvre la troisième partie du recueil, est à notre connaissance le premier poème à avoir été publié par Després (dans *L'Évangéline* du 22 septembre 1956). Il est l'emblème incontournable de son univers poétique. Habité d'une isotopie christique ou pascale indéniable (pointe du glaive, corolle / couronne, sang qui coule par les plaies ouvertes), il efface cependant toute possibilité de délivrance dans l'enfermement définitif (apocalyptique) de sa circularité temporelle et structurale. Parmi les poèmes noirs de Després, il s'agit sûrement du plus noir, puisqu'il vient réduire l'essentiel de la matière textuelle à un cri de stupeur isolé («Qui me délivrera?»), allant jusqu'à rappeler, par la formule retouchée qui clôt le poème («Qui m'*en* délivrera?»), la permanence désastreuse de «cette nuit encombrée de cadavres» qui l'enferme. «Ma prière», poème central de la dernière partie du recueil, est un autre repère dans cette évocation interrogative et implorante par le poète de ses propriétés ultimes et dérisoires : «Pourquoi faut-il que cette main / Cette main, Seigneur, / Cette main décharnée, S'étale sur ma joie?» Nuit littéralement «encombrée de cadavres», «main décharnée», la présence récurrente de la putréfaction, dans ce questionnement essentiel, est un indice probable d'une profonde culpabilité liée à la sexualité.

Finalement, il devient clair que le locuteur de *Silences à nourrir de sang* se sent l'objet d'une trahison existentielle, isolé dans son désir de vivre par la vie même en laquelle il avait placé sa confiance, meurtri et rendu stérile : «Cygnes blancs posés sur mes genoux / Laissez-moi palper le duvet de vos ailes mortes / Refléter sur mes mains votre grâce flétrie / Caresser sans honte les fibres de votre cou» («Trahison du soleil»). La nature désespérée de ce passage nous semble flagrante; sa dimension sexuelle également… C'est le chant du cygne d'un poète (sans jeu de mots ici) qui, paradoxalement, s'apprête à vivre – *Silences à nourrir de sang* étant sa première œuvre –, mais qui connaît parfaitement la castration inévitable de son destin. Dans ce contexte hautement dépressif, ce n'est pas une réelle surprise si, après la flambée d'activités littéraires de 1962 (publication presque simultanée du *Scalpel ininterrompu* et des *Cloisons en vertige*), l'œuvre de ce poète prometteur s'avérera, somme toute, avortée…

Maurice Raymond

Silences à nourrir de sang, [Montréal], Éditions d'Orphée, [1958], 103[3] p.

La soif des ombres
Maurice Raymond
Poèmes (1994)

Second recueil de Maurice Raymond, *La soif des ombres* est publié aux Éditions Perce-Neige en 1994 et fait suite à *Implorable désert* (1988), dont il reprend les thèmes et le réseau isotopique. Dès les premiers poèmes surgit l'univers cher au poète, forgé dans une volontaire concentration de termes récurrents : l'eau déclinée en mer, océan, sanglots, pluie; le ciel, l'air, le vent et les oiseaux; le feu, les flammes et la cendre; la poussière, le sable et les pierres; le jour et la nuit finalement, auxquels répondent la lumière, l'ombre et l'obscurité. L'ouvrage se donne à lire en une succession de 10 séries de 4 poèmes complétées chacune par un poème final en prose, le tout composant une respiration sereine, vagues successives d'une parole qui revient encore et encore sur sa recherche et creuse, inlassablement, préférant aux coups d'éclat stylistiques ou lexicaux le ciselement des assonances et un travail patient du vers. En exergue et loin du terrain de jeu littéraire acadien, le grand écrivain japonais Kawabata veille : « que la fleur reste dans mon cœur / Moi qui suis le bois enterré … » et donne la clé d'une lecture possible. En effet, alors que le premier recueil dénonçait avec lucidité la parade de l'amour et du langage et faisait affleurer la réalité de la désintégration permanente au cœur de la vie, cette deuxième publication quête avec entêtement, dans la connaissance même de l'anéantissement, la fleur cachée, soit l'étincelle de vie, le désir inaltérable, les traces de lumière, la joie et le repos. C'est donc bien cette soif des ombres qui persiste et demeure, désir d'union et de communion, même si ces autres ne sont qu'apparitions fantomatiques, solitaires, liées il est vrai par leur impuissance et leur finitude, mais partageant néanmoins « cette joie fauve de [leurs] mains / toutes voraces de lumière / […] qui vont lacérant / le feu des ombres sourdes » et, que, somme toute, « la mort / ne peut enclore ». Cette soif-là est indissociable du vertige éprouvé devant la part obscure et violente contenue en tout et tous, rappel de la déflagration quotidienne et intime, prélude à l'anéantissement final. Ainsi, ce second recueil, deuxième étape dans un jeu de poupées russes qui vise à percer le langage, le réel et l'existence dans un même questionnement, prolonge la marche exigeante du poète pèlerin vers ce qu'il faut bien nommer, malgré tout, un absolu.

Manon Laparra

La soif des ombres, [Moncton], Éditions Perce-Neige, [1994], 73 p.

Sorcière de vent !
Dyane Léger
Poésie (1983)

Les cinq textes qui forment ce premier recueil publié par Dyane Léger, soit « Intrigue onirique », « Les ivrognes interdits », « Lesbiennes latentes », « L'homme dans ma nuit » et « Sorcière de vent ! », nous emportent, comme une sorcière de vent, par leurs métaphores brillantes, leurs images suggestives, leurs alliances inédites de mots, leur grammaire toute personnelle ; nous enferment dans l'imaginaire, qui devient évasion ; nous entraînent dans la sarabande de l'excès, du délire, de l'angoisse, de la tristesse, pour retrouver le passé, pour la trouver *elle*, la retrouver, non dans la réalité pragmatique, palpable, mais dans l'espace-temps de la sensation, du sentiment, de la solitude qu'est la création poétique.

La chambre dans la maison de Mme Odia à Richibouctou devient l'espace d'un imaginaire permettant à la locutrice de renaître à la vie par l'écriture. Elle y évoque d'abord les humbles objets qui l'habitent (une plante surtout – cadeau de son ex-petit ami – qui se convertit en symbole d'un amour auquel avaient manqué la chaleur, la douceur, la tendresse, la belle saison), puis certains sentiments nostalgiques (celui, notamment, de l'hiver éternel que lui inspirent les bateaux pris dans la glace ; ceux ensuite de l'isolement, de l'abandon). Elle y évoque encore la religion, remplacée par l'illusion de la sexualité, et enfin et surtout, la tentative salvatrice de retrouver la liberté, qui procure un émerveillement constant, qui ne se laisse pas rythmer par le temps, dans une construction cyclique parfaite où domine la problématique de la création poétique.

La femme qu'elle est (à l'image de tant d'autres, sa mère, ses tantes) veut se débarrasser du sentiment d'être prisonnière, opprimée. Elle accueille la responsabilité et le sacrifice de soi que suppose l'existence de femme porteuse de vie, sans pouvoir s'empêcher d'éprouver des sentiments contradictoires : condamnée mais innocente. Le désir de retourner dans le ventre de la mère équivaut à une palingenèse explicable si l'on pense à toute cette nostalgie d'un jardin que l'on n'a pas ou que l'on n'a plus : « Dans ce qui m'apparaissait être un autre monde, je me suis réveillée entortillée de barres blanches et noires d'un habit de prisonnier… J'avais la couleur du soleil peint sur la peau, de la terre sous les ongles et un mal de "paradis perdu" dans l'âme. Mes cheveux sentaient le vent des dunes, les fleurs des prés, et tout ce qui était en moi souvenir de liberté.» Ce souvenir de liberté la pousse à chercher son monde si cher, celui des «animots» de peluche, des vieux clowns, du bouffon, des fées et des magiciens, le monde où l'on croit encore au père Noël puisqu'on ne peut empêcher le temps de passer ni de créer un monde «réel»: le soleil qu'elle colle au-dehors de sa fenêtre ne peut braver les éléments. On éprouve, en effet, dans tout le recueil le sentiment d'une impasse, le regret de ne pas être capable de recommencer à zéro.

Ce beau jardin aux roses si belles qu'elles éblouissent, ce jardin familier, est peut-être celui de son enfance, qu'il pourrait symboliser, car l'enfance est innocence et désir de simplicité – cette simplicité des gens de Notre-Dame, saisis de loin, qui semblent très éloignés des affres d'une vie intérieure compliquée et exigeante, à jamais contents de simplement vivre et à jamais aspirant au bonheur. Mais la locutrice ne pourrait et ne voudrait plus jamais vivre cette vie dont elle est maintenant si éloignée. Elle continue de marcher vers une «terre promise» qu'elle peut recréer en y conviant tous les sens. Ce pays est défini par deux coordonnées majeures auxquelles on ne peut échapper: le temps et l'espace; mais un espace / temps pas comme les autres, car il se nourrit de fantaisie et de réel, un temps versatile et jaloux, un espace familier et fantastique à la fois. Le temps, malléable, imprévisible, est symbolisé par le «tic et tac» d'une horloge, mais surtout par le souvenir. On peut remonter dans le temps, c'est-à-dire «sombrer dans les mèches du temps», pour recréer son monde, son temps heureux.

L'amour même est impuissant. Elle se réveille seule, comme elle s'était couchée, et son «cavalier», «mirage aussitôt disparu» dans la fête des adjectifs et des rythmes, cet «homme de papier» qui hantait sa nuit, sa poésie, son cri, «est resté ineffaçable». Plus réel que la réalité, parce que «le mal d'ailleurs» qui la possède, elle, ne peut l'effacer; il habite son cœur-espace, il se pose en idéal.

Le souvenir, composante du temps, peut suppléer aux symboles de l'enfance (arbres de Noël, gâteaux d'anniversaire, l'Halloween) et permettre de recréer la complexité d'un être conscient de l'inéluctable besoin de laisser derrière soi l'enfance, de l'enfermer, avec les autres jouets, dans un coffre destiné au grenier des souvenirs. Dyane Léger nous invite à lire dans son cœur de grande personne qui se considère encore orpheline, en mal de vivre, qui sent qu'elle a échoué et qui doit s'accepter telle qu'elle est. Expérience et rêve, violence et désir, dans cette quête de soi que l'angoisse de «ne-plus-jamais-pouvoir-écrire» accompagne avec entêtement, sont là pour nous faire découvrir et aimer, en même temps qu'une femme franche et soumise au doute, à la rage, au désespoir, une écrivaine à la fantaisie débordante déchaînant un véritable «safari» dans «cette jungle morphologique», sur les traces de «ces noirs animots» qu'elle enferme dans ses «cages blanches de papier».

Voichita-Maria Sasu

Sorcière de vent!, [Moncton], Éditions d'Acadie, [1983], 76[1] p.

LES STIGMATES DU SILENCE. POÈMES ET CHANSONS
Calixte Duguay
Poèmes (1975)

Investi par la parole, le poète peut difficilement s'arranger du silence, sinon pour s'en faire un thème de dénonciation. Tel est le paradoxe fondateur de ce célèbre recueil de Calixte Duguay composé de 22 poèmes et chansons, des chansons que l'on retrouvera sur l'album *Les aboiteaux* en 1976 ainsi que sur celui intitulé *Louis Mailloux* en 1980. Écrits dans un français plutôt standard, les poèmes comme les chansons répondent au souffle d'un engagement politique en faveur d'une Acadie que le poète cherchera à extirper du silence. Les différences entre chansons et poèmes tiennent davantage à des questions de forme que de contenu. Ainsi, côté chansons, les exigences du genre lyrique rappellent celles de la poésie plus classique : il s'agit essentiellement de contrer l'oubli grâce à la répétition (rythme, rime, refrain). Les poèmes, pour leur part, bien qu'écrits en vers, appartiennent à une facture plus libre, sans jamais pourtant délaisser l'univers des harmonies, que le poète chansonnier connaît bien.

Calixte Duguay est sans contredit un poète de la lumière, messager d'un peuple qu'il cherche à ressusciter de l'oubli. Amener à la lumière signifie alors nommer ce qui est enfoui dans les tréfonds de la mémoire collective, où se trouve la vie : « Je plonge jusqu'aux racines / Dans ce minot d'avoine / Mes bras ouverts / Offerts / Aux frétillements de la vie ». Cette vie dont il est question constitue avant tout le fruit d'une renaissance que symbolisent tantôt les graines du « minot d'avoine », tantôt les « braises revivifiées » dans le « creuset d'appartenance ». Ces symboles serviront d'armes contre l'oubli, cet ennemi qui sera représenté sous la forme de « la neige », qu'il faudra faire fondre, sous celle d'un « masque », derrière lequel se cache le rêve, ou encore sous la forme traditionnelle des « tours d'ivoire », qui devront s'effondrer. Contre cet oubli, on comprendra que le poète chansonnier ait privilégié la musique comme arme ultime. Engagée, c'est elle qui « se fera bataillon » et rassembleuse, grâce à une sincérité reconnue que le poète décrit comme une « alchimie électronie » permettant « les retrouvailles d'un ami ». Dans le poème « Toutes ces cloches », la célébration deviendra autant celle des fiançailles que celle de la naissance d'une musique porteuse de rêves symphoniques et du « [c]oncerto d'un pays ». S'adressant au corps, la musique étourdit et transporte comme un « vent du large », dont la fonction consiste essentiellement à éveiller le désir d'un départ nouveau que le poète associe à la liberté.

Tout au long du recueil, les métaphores d'inspiration marine serviront à alimenter ce désir de liberté. Dans « L'île au milieu de la mer », le départ est lié à la promesse de ce pays que symbolise une île comparée à un joyau précieux. Le poème d'amour « Comment te dire » s'adresse en fait au pays, dont la condition d'accession implique aussi un départ en mer où « [m]ontent en un chant de sirène / Les échos d'un autre monde à faire ». « Tu m'excuseras », dit le poète dans « À Marie », « [s]i je te parle de coquillages / Et de sable fin / si mes mots d'amour / Filtrés aux mailles de la colère / Ne laissent passer que des effluves / du vent d'écume de mer ». Ces excuses, conséquences ici d'une frustration liée à l'empiètement du projet collectif sur la sérénité de l'intimité amoureuse, trouveront leur résolution dans l'attente devant une mer décevante, thème que le poète développe aussi dans « Les aboîteaux », un classique de la chanson acadienne. Cette fois, ce ne sera plus le filet qui servira de médiation à l'attente, mais l'aboîteau. La déception se verra cependant adoucie ici par une opposition entre la nostalgie qu'inspire l'aboîteau, symbole d'une Acadie autrefois novatrice, et l'espoir que ses constructeurs déportés reviennent par la mer « [f]orcer les clapets de la digue ». Il arrive aussi que l'attente laisse place à l'action et à la célébration de la résistance. C'est le cas de « Louis Mailloux », chanson fortement engagée dans laquelle le poète souligne le courage d'un Acadien qu'il élève au rang de martyr de la cause acadienne.

Les stigmates du silence constitue une manifestation éloquente des contours de cet idéalisme politique qui a marqué toute une génération d'intellectuels acadiens néo-brunswickois dans les années 1970, et cela à une époque où l'Amérique entière était balayée par un mouvement de redécouverte des racines. Pendant qu'au Québec cette recherche identitaire débouchait sur un nationalisme revendicateur, dans le reste du Canada, c'est l'idée même de nation canadienne-française qui était mise en question, plongeant alors les différentes régions francophones dans une crise politico-culturelle sans précédent. Témoin de la fièvre amoureuse d'un voisin québécois épris de lui-même, on comprendra que le poète de la lumière ait vu, dans le projet de pays du Québec, un modèle enviable : « Dire mon

Acadie [...] / Comme on dira un jour / Peut-être / Mon Kébek». D'autant plus que, de toutes les minorités francophones hors Québec, c'est l'Acadie du Nouveau-Brunswick qui, dans sa province, jouit du poids linguistique le plus considérable ainsi que de la plus importante concentration démographique. Mais ces données, tout objectives et acadiennes qu'elles soient, ne constituent pas pour autant une matière suffisante à l'éveil d'un peuple. Chez le poète, la poésie appartient à une vérité plus intime où l'expression intermittente du doute et de l'espoir, devant la mer par exemple, agit plus directement sur la sensibilité acadienne. Comme nous dit si bien Joseph-Yvon Thériault dans *L'identité à l'épreuve de la modernité* (1995) : que nous reviennent les « faiseurs d'acadianité » qui savaient parler « des aboîteaux et de la beauté du pays ».

MAURICE LAMOTHE

Les stigmates du silence. Poèmes et chansons, Moncton, Éditions d'Acadie, [1975], 111 p., ill. de Paul-Émile Saulnier.

STRATAGÈMES DE MON IMPATIENCE
Fredric Gary Comeau
Poèmes (1991)

Cette première œuvre du poète et chanteur Fredric Gary Comeau se compose de neuf sections, chacune titrée et identifiée par des chiffres romains, dans une sorte d'écho interne aux heures apparaissant à l'horloge de la page couverture. Le temps y occupe donc une place de choix. De là découle d'ailleurs toute l'impatience du locuteur, qui semble chercher à dépasser les règles temporelles pour aller au-delà de l'immédiat et du délire surréaliste qui l'accable. En conséquence, les textes sont brefs et le style adopté est saccadé. Dans un apparent voyage de par le monde, entre l'intensité suffocante des milieux urbains et « la maison de [son] enfance », il livre une vision plutôt sombre de son époque et des gens qui l'habitent. Il propose parallèlement le récit d'une relation amoureuse agitée (et des « délires contradictoires »

qui l'accompagnent) qui alimente et soulage à la fois son désir et son impétuosité.

Stratagèmes de mon impatience, [Moncton], Éditions Perce-Neige, [1991], 82[3] p.

SUBERCASE.
DRAME HISTORIQUE EN TROIS ACTES
Alexandre Braud
Théâtre (1902)

À l'exclusion du Théâtre de Neptune de Marc Lescarbot (1609), c'est sur les scènes collégiales que commence le théâtre acadien, qui y trouve tout à la fois ses créateurs, ses acteurs et son public. Le chef-d'œuvre du théâtre collégial acadien est incontestablement *Subercase. Drame historique en trois actes* d'Alexandre Braud, pièce jouée le 20 avril 1902 au Collège Sainte-Anne (Pointe-de-l'Église, Nouvelle-Écosse), où l'auteur enseignait, puis publiée en feuilleton la même année dans *Le Moniteur acadien* grâce à l'intervention de Pascal Poirier. Ce dernier fait précéder le texte dramatique d'une critique positive intitulée « Un poème acadien ». L'épithète joue un rôle important : elle exprime une reconnaissance de l'appartenance de l'œuvre au patrimoine littéraire collectif de la part d'une des figures de proue de la Renaissance acadienne. Comme l'observe le bouillant sénateur : « C'est un chant au patriotisme et à la loyauté. / [...] / Les personnages [...] sont bien ce qu'il y a de plus acadien dans notre histoire ».

Ce drame décrit et interprète un événement clé de l'histoire de la collectivité acadienne en rapport avec ses origines, « un événement-catastrophe », pour reprendre une expression de Claire Dolan, qui se répercute sur son identité et sur sa définition. En effet, la capitulation du gouverneur de Port-Royal, Daniel Auger de Subercase, en 1710, avec consécutivement la cession de l'Acadie, scelle irrévocablement le destin de celle-ci. Alexandre Braud représente les derniers jours de l'Acadie française avant le basculement fatal.

Le premier acte porte le titre suivant: «Dernière victoire. Attaque des Anglais sur Port-Royal, août 1707». Des soldats discutent du conflit qui les met aux prises avec la Nouvelle-Angleterre. Survient le vieil Acadien Denis Gaudet, qui tient un enfant par la main. Il leur adresse un discours patriotique exaltant le mérite des ancêtres. Le gouverneur, Subercase, annonce son départ imminent avec un groupe d'hommes pour appuyer St-Castin. Jean Belliveau se propose comme guide. Denis Gaudet bénit Subercase et les soldats. Il reprend ensuite un soldat dépité. Le corsaire Morpain annonce la victoire. Suit un chant de gloire.

Le deuxième acte s'intitule «Le conseil de guerre». On est en 1710. On assiste à une discussion entre Morpain et De Latour, ce dernier étant décidé à mourir pour racheter sa honte. Subercase interroge ses proches sur la conduite à tenir face aux assiégeants. Alors qu'Alexandre Le Borgne fait valoir le surnombre des adversaires et Denis De La Ronde la vie des femmes et des enfants, St-Castin et Morpain, appuyés par De Latour, affirment leur résolution de combattre jusqu'à la mort. Survient un officier anglais demandant la reddition du fort; Subercase lui répond négativement. Le gouverneur et ses compagnons prêtent serment au drapeau de combattre jusqu'au bout.

Le troisième acte a pour titre «La défaite». Apparaît un nouveau personnage d'enfant, Joseph Belliveau, qui émet un chant d'espoir malgré la certitude de la défaite. On assiste ensuite à un dialogue entre Joseph Thériault et Joseph Belliveau, suivi d'un monologue de celui-ci. C'est alors qu'a lieu la rencontre décisive entre Subercase et un nouveau personnage, le père Beaudoin, à qui il se confie. Ce dernier interprète le rêve qu'il vient de faire et lui annonce un avenir prometteur.

Vient enfin l'épilogue, «La reddition», au cours duquel on voit Subercase, les officiers et tous les survivants sortir du fort, rassemblés autour du fleurdelisé, sous les accents du chant «France immortelle de nos aïeux».

L'œuvre a connu un succès immédiat. Elle fut partiellement jouée de nouveau, en 1912, au Collège du Sacré-Cœur, à Caraquet (Nouveau-Brunswick). Malheureusement, en décembre 1915, au cours d'un terrible incendie, eut lieu la disparition, avec celle de l'établissement d'éducation, du seul manuscrit de la pièce. Celle-ci aurait pu tomber dans un oubli total, n'eût été la demande, beaucoup plus tardive, d'un prêtre membre de la section paroissiale de la Société Saint-Jean-Baptiste, dont Alexandre Braud était aumônier, de la représenter. Le texte n'étant plus disponible, l'auteur se mit en rapport avec le fils de l'éditeur-propriétaire du *Moniteur acadien,* qui avait publié le feuilleton quelques décennies plus tôt. Il en obtint seulement les deux premiers actes, si bien qu'il soumit la pièce à une réfection totale. Il conserva la partie sauvegardée, qu'il modifia avec de nombreux écarts secondaires: des substitutions lexicales, des didascalies et, surtout, un changement de chant et des opérations de coupe de longues tirades et de condensation. Il réécrivit complètement le troisième acte, qu'il augmenta, auquel il ajouta un épilogue et pour lequel il modifia la distribution des personnages, procédant à une substitution d'enfant et ajoutant la présence d'un prêtre, le père Beaudoin, confident du gouverneur. On a affaire à un autre état du texte dramatique, tout à fait particulier: après 34 ans environ, un texte perdu, oublié, est partiellement réécrit et transformé. À cette nouvelle forme correspond un sous-titre différent: *Subercase ou les dernières années de la domination française en Acadie. Drame historique en trois actes et un épilogue.* La pièce fut jouée les 16 et 17 avril 1936, à la salle paroissiale du Saint-Cœur-de-Marie (Québec). Un tapuscrit annoté de la main de l'auteur, détenu par le Centre d'études acadiennes, représente cet état du texte.

Où l'auteur a-t-il puisé son inspiration? Il reconnaît, dans un article inclus dans le programme des séances dramatiques de 1936 et intitulé « L'origine de la pièce », avoir visité le site historique de Port-Royal, mais on peut supposer que son intérêt a été entretenu par la lecture d'un ouvrage de l'historien français Edme Rameau de Saint-Père, *Une colonie féodale en Amérique*, publié en 1877, à Paris, que détenait probablement la bibliothèque des religieux du Collège Sainte-Anne. Cet érudit s'intéresse beaucoup à l'Acadie et au Canada français ; il entretient des relations épistolaires avec maintes personnes, dont Pascal Poirier. Tout en conservant l'image romantique du héros abandonné de tous, transmise par l'histoire, il trace un portrait positif du gouverneur, qu'il présente comme un homme d'action réfléchi et énergique, et dont il fait ressortir l'héroïsme. Son récit se distingue surtout par une opération très littéraire : la transfiguration de l'histoire. Ainsi, la défaite devient une victoire symbolique, le héros obtenant les honneurs de la guerre et des conditions avantageuses. Il y a véritablement métamorphose. On assiste à la création d'un mythe fondateur. Quant à Braud, il suit de près le texte de l'historien français, dont il retient les points essentiels. À la lecture du drame, on est sensible à la caractérisation du héros, dont les qualités sont mises en évidence, et à sa victoire symbolique. L'auteur dramatique, toutefois, s'écarte passablement de sa source dans le traitement qu'il réserve à l'histoire. En effet, on assiste à un travestissement de celle-ci, ainsi que l'a remarqué Judith Perron : « la distribution de la bataille dramatisée de 1710 ressemble davantage à celle, historique, de l'assaut de 1707 duquel Subercase est sorti vainqueur ». Plusieurs personnages importants de l'entourage de Subercase, dans la pièce, où ils lui servent d'adjuvants, ne participèrent pas, dans la réalité historique, à la dernière bataille de Port-Royal. L'auteur altère l'histoire en introduisant des innovations destinées à produire des effets dramatiques : on doit noter le personnage du fils du traître, Charles De La Tour, et la passation des pouvoirs entre Subercase et le père Beaudoin. Celle-ci est particulièrement intéressante quant à la continuation du mythe ; elle tente d'expliquer

la capitulation et de rendre compréhensible l'abandon. Elle permet, du même coup, de ménager une transition avec la nouvelle Amérique catholique et française, où, gardienne de la culture, la religion assure le lien entre le passé et le présent.

Le principal élément que partage Subercase avec les autres pièces du théâtre collégial canadien-français de l'époque pourrait bien être l'histoire. En effet, maintes réalisations dramatiques collégiales présentent des événements historiques marquants avec la mythification du héros. Ainsi, ce sont des hommes illustres qui évoluent sur les scènes des collèges : Montcalm, Lévis, Dollard des Ormeaux, par exemple. Toutefois, dans ce cas-ci, il s'agit de l'épisode ultime de l'Acadie française, avec toutes ses conséquences pour la collectivité acadienne. Les choix de Braud en matière historique convenaient parfaitement à Pascal Poirier, héraut du nationalisme acadien qui s'affirmait en pleine Renaissance acadienne (1864-1930) et dont les principaux fondements se trouvent réunis dans la devise du *Moniteur acadien* : « *Notre langue, notre foi, nos coutumes* ». C'est dans ces termes, d'ailleurs, que s'exprime le vieil Acadien Denis Gaudet, qui exhorte ses compagnons à plus de fermeté : « Dans les plus grands malheurs, ne perdons pas l'espoir, / Tant que nous garderons avec nos mœurs champêtres, / Notre foi, notre langue et l'amour des ancêtres. » Comme le nationalisme des orateurs des Conventions nationales, celui de Subercase repose sur cette trinité idéologique.

PIERRE GÉRIN

Subercase. Drame historique en trois actes, Le Moniteur acadien, [1902], n. p.

SUITE DU LOUP.
POÈMES, CHANSONS ET AUTRES TEXTES
Jean Arceneaux
Poèmes (1998)

Suite du loup regroupe, comme le sous-titre l'indique, des textes de diverses formes littéraires. On y trouve des textes en vers libres, des chansons composées pour les groupes Cadien et Zydeco, ainsi que des textes en prose. L'univers que crée Jean Arceneaux (pseudonyme de Barry Jean Ancelet) plonge le lecteur dans «l'air chaud et humide» de sa Louisiane natale, où les Cadiens sont aux prises avec des difficultés souvent similaires à celles que rencontrent les Acadiens des Maritimes. Dans un style poétique s'inspirant de l'art du conteur, le locuteur dévoile l'histoire de ces francophones sans cesse éprouvés, depuis les cales des bateaux anglais jusqu'aux bancs d'école, où l'assimilation atteint son paroxysme: «*I will not speak French on the school ground*» de psalmodier les élèves, punis pour avoir osé parler leur langue dans la cour d'école. On y découvre ainsi les troubles identitaires d'un peuple qui, comme les Acadiens, fut relégué à la pauvreté et humilié par la majorité anglophone. Malgré la rage de voir sa culture s'épuiser jour après jour, le locuteur ne désespère pas de voir les siens s'émanciper enfin de cette servitude inacceptable. En définitive, la persévérance des Cadiens et la vitalité que leur apporte quotidiennement la musique leur permettront sûrement, comme par le passé, de surmonter les nombreux obstacles.

Suite du loup. Poèmes, chansons et autres textes, [préface de l'auteur], [Moncton], Éditions Perce-Neige, [1998], 105 p. (Acadie tropicale).

SUR LES PAS DE LA MER
Christiane St-Pierre
Contes et nouvelles (1986)

Sur les pas de la mer, volume de contes et de nouvelles, sera couronné en 1987 du prix littéraire France-Acadie. Par le choix de ce genre privilégié par les Acadiens (le conte), Christiane St-Pierre s'inscrit dans le sillage d'auteurs connus tels Antonine Maillet et Melvin Gallant. Cependant, elle lui donne un souffle nouveau, à la suite de l'observation attentive des changements survenus dans le vécu des habitants de la côte du Nouveau-Brunswick, dont le sort est étroitement lié à la générosité et aux caprices de la mer. L'auteure attache une attention particulière à l'existence des femmes, qui commencent à sortir de leur isolement et de leur mutisme au contact d'autres femmes.

L'univers thématique des 10 contes et nouvelles contenus dans ce recueil est annoncé dans le Prologue de Marielle Cormier-Boudreau; il est construit à partir des «correspondances [qui] s'établissent tout naturellement entre les êtres et les choses», saisies par le biais d'un langage poétique envoûtant. Parmi ces correspondances, celle entre la femme et la mer s'impose en tant que complicité entre deux forces tumultueuses qui se reconnaissent solidaires dans leur combat contre la violence des hommes et des vents. Ce combat se fera au nom de la tendresse, exprimée symboliquement dans l'Épilogue à travers la complainte des femmes des pêcheurs, à laquelle se joignent la voix du vent et celles des hommes.

La plupart des textes de ce volume, où symbolisme et réalisme vont de pair, se donnent à lire en tant que récits à la troisième personne, dévoilant les fils invisibles tissés entre les êtres et leur milieu. À ces huit récits qui se répondent thématiquement s'en ajoutent deux à la première personne, témoignant de la tradition du conte oral, perpétuée principalement par les femmes acadiennes. Ainsi, le premier conte du volume, intitulé «À travers Julie», s'ouvre par une apostrophe («Tu te rappelles...») qui guide notre lecture vers l'écoute. La voix de la narratrice prépare la voie pour les autres personnages, qui évoluent dans un cadre aux frontières floues, toile de fond de la complicité féminine.

Le titre du volume joue sur l'homonymie mère / mer, bien connue des lecteurs de textes dits féminins et / ou féministes. De plus, le dernier récit, intitulé de manière suggestive «Complicité», rend explicite le symbolisme de la mer dans la scène finale, où une mère accouche tandis que la mer se délivre de l'épaisse couche des glaces: «Mère et mer prennent une même respiration, reprennent un même rythme. La mer se déchire et le ventre s'ouvre». L'Épilogue éclaire davantage cette analogie, rendue possible par l'abîme insuffisamment exploré de la tendresse maternelle, mais aussi de la souffrance, qui semble être le lot de la femme.

La thématique de la mer constitue un intertexte acadien majeur. Christiane St-Pierre s'en sert dans le but d'explorer la psychologie de plusieurs personnages féminins, femmes de pêcheurs des années 1980 qui continuent à vivre dans de petites communautés isolées, peu touchées par le modernisme de leur époque. Pourtant, certaines d'entre elles répondent involontairement à un appel indéfini, venu soit de l'infini de la mer, soit d'autres femmes qui ont eu le courage de percer le voile de l'inconnu.

Les petites filles s'avèrent les plus sensibles à cet appel: qu'il s'agisse de Julie, partie à la recherche du «paysage rassurant de son enfance» («À travers Julie»), ou d'Hermance, déterminée à s'embarquer sur un bateau comme autrefois la rousse Léonie, la mer attire les femmes vers une mort douce (retour au lit maternel originel), mais aussi vers des métiers traditionnellement réservés aux hommes. Des correspondances subtiles s'établissent entre les mouvements rythmiques de la mer, tour à tour maternelle ou cruelle, et les émotions qui rythment la vie de générations de femmes attendant leurs maris pêcheurs sur la grève délavée par les vagues. Elles assistent impuissantes tantôt à l'agonie de l'automne, dont la danse fascinante émerveille Virginie («Histoire pour réveiller Virginie»), tantôt au combat épique entre le vent et la mer, figé par le rire triomphant de l'hiver («Entre l'automne et l'hiver»).

La séduction de la mer s'exerce également sur les hommes. C'est le cas du vieux Joseph («Le pêcheur de coques»), qui, irrémédiablement troublé par la mort simultanée de sa femme et d'un ami, subira la même mort douce que la petite Julie. C'est le cas également de Michel, l'enfant solitaire de «L'amarre», qui cherchera dans sa barque l'affection d'une mère qui l'a laissé pendant de longues années au gré des vagues de la mer et de la lecture d'Hemingway.

Les attaches à la fois réelles et symboliques constituent une autre maille du fin tissu thématique qui enveloppe les personnages féminins de plusieurs récits. Marie-Rose de «La corde à linge» et les femmes du conte «Après l'exil» renouent avec leurs émotions oubliées depuis longtemps à la suite de contacts avec d'autres femmes émigrées. Celles-ci réapprennent aux insulaires la joie de vivre et le goût des fêtes en les invitant à regarder au-delà de l'espace étroit de leur île. L'auteure semble valoriser la communauté des femmes, qui seule leur permet de se libérer et d'accéder à une vie authentique. Par le biais d'un nombre limité de symboles, elle se situe à mi-chemin entre la littérature intimiste cultivée avec succès par ses devancières et la littérature féministe contemporaine. Sans avoir la prétention de théoriser ses vues, elle adopte une écriture essentiellement poétique, où les frontières entre les choses et les êtres semblent se brouiller, ce qui permet à certains de ses personnages de passer outre au monde réel.

Des correspondances s'établissent non seulement entre les femmes, mais aussi entre celles-ci et les choses intimement liées à leur existence quotidienne. Une mémoire commune permet à Élise et au mélèze qui l'a vue grandir de tenir bon devant les intempéries de la vie («Le malaise d'un mélèze»). D'un conte à l'autre, on assiste à l'affrontement de l'automne et de l'hiver, du vent cruel et de la mer, de la méchanceté des hommes et du désir infini de tendresse manifesté par les femmes. Une poétique de l'espace s'esquisse par ailleurs dans ces quelques récits, qui soulèvent d'une façon discrète la question du clos et de l'ouvert, étroitement liée à celle de la difficile construction de l'identité féminine à travers une écriture du quotidien.

Mariana Ionescu

Sur les pas de la mer, [Moncton], Éditions d'Acadie, [1986], 103[1] p., ill.

T

TABOUS AUX ÉPINES DE SANG
Ulysse Landry
Poèmes (1977)

Pour le locuteur de *Tabous aux épines de sang*, une chose est certaine: les lamentations sur les stigmates de la Déportation et l'attente silencieuse du salut ne peuvent avoir qu'un triste aboutissement pour le peuple acadien. Ce premier recueil d'Ulysse Landry offre une vision jeune de l'Acadie, soit celle d'un individu qui, à l'image de sa nation, est tiraillé non seulement entre deux générations, mais aussi entre deux moments d'une société en transition. Aux yeux de la jeunesse contestataire qu'incarne le locuteur, l'élite cléricale et professionnelle, au conservatisme nocif, a tenu trop longtemps la société acadienne en laisse. Le désir de crier pour briser le silence de la répression et les tabous est exprimé ici à profusion. C'est l'appel à l'éveil devant la mort imminente d'un peuple. Par ailleurs, la modernité n'est pas parfaite. La télévision, qui la symbolise, est non seulement porteuse d'un vide de l'esprit presque plus grand que celui créé par le clergé, mais elle est aussi aliénante dans la mesure où la culture acadienne s'y perd au profit d'une idéologie états-unienne préfabriquée. Dans cet univers acadien attaqué de toutes parts, le locuteur trouve son salut dans l'acte sexuel, tantôt présenté comme célébration de l'Acadie, tantôt comme simple acte de protestation contre l'autorité. Outre la pratique de l'amour libre, l'utilisation des drogues joue un rôle important dans cette entreprise de libération. Souvent employées dans le but primaire de s'échapper d'un monde de désillusions, elles sont les points de départ de l'éveil des «prophètes [...] vidant des bouteilles de Moosehead» au milieu de «joints mal roulés»...

Tabous aux épines de sang, [Moncton], Éditions d'Acadie, [1977], 58 p.

TERRE SUR MER
Mario Thériault
Nouvelles (1997)

Première œuvre en prose du poète, ce recueil de six nouvelles présente une série de personnages (pour la plupart des jeunes adultes) qui évoluent dans une Acadie foncièrement moderne. L'automobile semble ici un personnage à part entière et, parmi les différents espaces parcourus par les protagonistes, on notera la prédominance de la côte ou du bord de mer, dont la récurrence n'est ponctuée que par quelques dérives vers la ville. Le recueil explore entre autres la complexité des relations humaines, avec tout ce que celles-ci peuvent comporter de difficultés, de regrets et de désirs cachés. Ces nouvelles, tantôt écrites à la première personne, tantôt à la troisième, s'adonnent en définitive à une exploration systématique du quotidien des personnages (auquel se mêle parfois une touche de fantastique), chacun d'eux semblant se trouver, à un moment ou à un autre, à un tournant important de sa vie ou au seuil d'un événement butoir ou limite.

Terre sur mer, [Moncton], Éditions Perce-Neige, [1997], 137 p. (Prose).

TÊTE D'EAU.
PIÈCE EN TROIS TABLEAUX ET DEUX FINALES
Laval Goupil
Théâtre (1974)

Dans le huis clos de son appartement, entre trois armoires, un réfrigérateur, un matelas et une coiffeuse, Onil partage avec son public ses lectures éparses, ses réflexions et ses fantasmes. Lente descente vers la folie, le monde d'Onil est cerné par plusieurs personnages périphériques: la concierge (voix de la raison et de l'autorité), Madeleine (la fille de la concierge, objet des désirs d'Onil), ainsi que plusieurs créatures fantaisistes qui se prêteront à ses délires. Tous défileront sur le seuil de la porte, entrant de temps à autre pour participer à son univers.

Pièce en trois tableaux, *Tête d'eau* est caractérisée par une conclusion dédoublée. La première correspond à un voyage interplanétaire, alors que Madeleine et lui partent vers Jupiter avec l'humanité tout entière. La seconde est le lieu d'une pénible confrontation avec la réalité (avec l'irruption dans son espace intime de la concierge et de deux hommes vêtus de blanc).

Tête d'eau, un *one-man show* en huis clos, sera interprétée au moment de sa création par son auteur, Laval Goupil, qui a 20 ans à l'époque. Première pièce de Goupil, elle sera présentée en 1974 par les Feux Chalins. La troupe de théâtre amateur s'associera pour l'occasion à une toute nouvelle compagnie mise sur pied par Goupil, Maurice Arseneault et Réjean Poirier, les Productions de l'Étoile, qui deviendront en 1976 le Théâtre populaire d'Acadie. La même année, *Tête d'eau* sera la première pièce de théâtre à être publiée en Acadie, aux Éditions d'Acadie.

Dès le premier des trois tableaux qui composent la pièce, le lecteur / spectateur pénètre dans l'univers qu'habite Onil et qui apparaît comme un collage de lectures éparses. Passant de la psychanalyse freudienne aux bandes dessinées d'Astérix et Obélix, de Tintin, de Tom et Jerry, Onil continue de puiser à même les ressources de sa bibliothèque, prêtant voix et corps aux divers personnages qui meublent son imaginaire. Or, l'exercice de réflexion auquel il se livre, blotti dans le secret de son armoire, ne peut aboutir. Devant son échec, il voudra tout rejeter d'un bloc : « Mort aux intellectuels ! Mort aux névrosés de l'abstraction mentale ! Mort aux flics de l'espace vert intérieur ! » Il préférera se replier sur ses souvenirs, la narration du texte se poursuivant momentanément sur bande

sonore. C'est ainsi que son passé et son présent bifurquent, la voix et les images d'autrefois ne correspondant plus exactement aux gestes du moment présent. Le legs est celui du théâtre de l'absurde, la technique rappelant *La dernière bande* de Beckett, avec un personnage qui s'écoute mais ne se reconnaît plus tout à fait.

Le deuxième tableau s'ouvre sur une confrontation entre Onil et la concierge, figure autoritaire qui cite les règlements du bail et tente de rappeler son locataire à la réalité. Onil se livrera désormais entièrement à son imaginaire : il jouera au ballon, fera des acrobaties, se livrera à une scène érotique de masturbation dissimulée, interprétera Hamlet. Remémoration du passé ou mise en scène du présent, il participera à une cérémonie de fiançailles avec une Madeleine magiquement matérialisée et mènera une invasion d'« inquiétants reptiles que la faim tenaille », tout droit sortis de son réfrigérateur. La folie est maîtresse du moment.

Le troisième tableau, éclaté, propose deux destins contraires au personnage d'Onil (« au public de faire connaître ses préférences à un maître de cérémonies »). Dans le premier dénouement proposé, Onil retrouve sa bien-aimée Madeleine et l'entraîne avec lui dans son réfrigérateur (son lieu de refuge), qui se transforme pour l'occasion en fusée et propulse les personnages loin du réel terre à terre. Le second dénouement propose l'entrée par effraction de la concierge, accompagnée de deux hommes en blanc venus cueillir Onil. Nul ne saura quel sort lui sera réservé, puisque la tombée du rideau interrompt l'action. Onil, blotti dans son réfrigérateur, semble pour l'instant à l'abri des forces de l'ordre et de la réalité.

Fruit d'une esthétique modernisante et surréaliste, l'intrigue de *Tête d'eau* est éclatée, abstraite, dépouillée ; elle vacille entre le réel et le fantastique. Outre une référence indirecte au lieu d'origine de Goupil – son « *Acadialand* », où Onil a l'impression de mourir « par axphysie [*sic*] graduée » –, l'intrigue de la pièce et la langue qui sert de véhicule à l'interprète appartiennent à un lieu intemporel. Les lecteurs familiers de l'œuvre de Goupil risquent de ne pas reconnaître la plume de l'auteur, qui, dès l'année suivante, dédiera son *Djibou* « au pauveur mande » et adoptera un style et une langue plus proches du contexte d'écriture.

Sonya Malaborza

Tête d'eau. Pièce en trois tableaux et deux finales, [Moncton], Éditions d'Acadie, [1974], 64[7] p., ill.

Ti-Jean : contes acadiens et Ti-Jean-le-Fort : contes acadiens
Melvin Gallant
Contes (1973 / 1991)

Si les Acadiens ont été un temps réduits au silence et à l'inactivité au niveau politique, ils commencent, dès la fin des années 1960, à réclamer leur droit à l'existence et à la parole, et cela, d'abord dans la littérature populaire. La publication en 1973 du premier volume de huit contes acadiens par Melvin Gallant, intitulé *Ti-Jean : contes acadiens*, coïncide avec le début d'une période de renaissance artistique et intellectuelle en Acadie, une période où de jeunes auteurs tentent, entre autres, de récupérer l'histoire du pays en fixant les traditions populaires. Publiés 18 ans plus tard, les 9 récits se trouvant dans *Ti-Jean-le-Fort : contes acadiens* constituent la suite logique du premier volume. Les deux tomes présentent des contes populaires acadiens réécrits et remaniés par l'auteur pour leur donner une apparence plus moderne. Certains récits empruntent à plusieurs contes en même temps ; d'autres font de Ti-Jean un personnage plus « réaliste », qui a des sentiments et éprouve des émotions. Comme l'affirme cependant l'auteur, ces modifications ne changent en rien « le caractère aventureux et fantastique de ces contes, qui demeurent foncièrement des contes populaires. Ti-Jean est resté le même petit bonhomme tantôt fort, tantôt rusé, tantôt forcé d'avoir recours à des éléments surnaturels afin de vaincre les obstacles qui se présentent sur son chemin. »

Ces contes « acadiens » s'inscrivent tout naturellement dans le répertoire international des contes, tant au plan des personnages et des objets auxiliaires (d'habitude merveilleux et magiques) qu'à celui de l'intrigue. Une particularité ou une exception qui, cependant, les caractérise – et qui peut être vue à bien des égards comme la ligne de force des recueils de Gallant (surtout du deuxième) – est l'absence fréquente de la dernière séquence du mariage. Or, selon certains chercheurs, le mariage à la fin du conte (qui est une forme de récompense ultime donnée au héros) a une importance primordiale. Il permet d'assurer le dénouement du conte et constitue toujours son apothéose, le héros accédant enfin à une ascension sociale et se libérant de l'emprise de l'autorité familiale.

Dans six contes parmi ceux proposés par Melvin Gallant dans les deux volumes concernés, le mariage est explicitement refusé, le héros choisissant de retourner vivre avec ses parents plutôt que d'épouser la princesse et de vivre dans le château avec la famille royale. Toutefois, la force qui, en fin de parcours, attire le héros vers sa famille d'origine n'est pas toujours celle du père ou de la mère : dans « Le neveu du curé » (*Ti-Jean-le-Fort*), par exemple, Ti-Jean décide de revenir au village de son oncle plutôt que d'épouser la fille du roi. Parallèlement, l'affection qu'éprouve le héros pour sa famille n'est pas le seul sentiment qui empêche son union avec la princesse. Cet empêchement se résume parfois à une force sentimentale mystérieuse, liée à l'amour impossible et à la culpabilité. Dans « Le grand château blanc » (*Ti-Jean-le-Fort*), Ti-Jean, impatient de voir le visage de la fille-fantôme qui lui rend visite tous les soirs, allume une chandelle en sa présence une nuit et, accidentellement, la condamne à une vie perpétuelle d'esclave. S'il avait attendu un jour de plus, il aurait pu l'épouser et vivre heureux le reste de ses jours. Plus loin dans ce même conte, Ti-Jean sauve la vie d'une princesse. Cependant, quand son père la lui offre en mariage, le héros ne peut accepter car il est accablé de culpabilité d'avoir provoqué le sort tragique de la fille-fantôme (qu'il aurait aimé épouser).

L'absence de la séquence du mariage à la fin du conte n'est pourtant pas toujours attribuée au refus du héros d'épouser la princesse. Dans de nombreux contes, le héros semble même, dans un sens, destiné à ne pas trouver d'épouse. Dans le conte éponyme du deuxième recueil, par exemple («Ti-Jean-le-Fort»), la princesse meurt avant qu'il ait eu l'occasion de la demander en mariage. Finalement, dans les deux recueils, on trouve aussi des contes dans lesquels le mariage n'est même pas mentionné, bien qu'une union entre le protagoniste et la jeune fille semble être la conclusion logique du récit.

Les contes qui ne contiennent pas ce dernier épisode typique du conte populaire universel (le mariage) peuvent être décrits comme des contes n'ayant pas de fin logique dans le sens traditionnel. Dans le répertoire international des contes populaires, le mariage est généralement vu comme un moyen par lequel le héros peut améliorer sa vie. Pour lui, le mariage représente l'acquisition de l'objet de valeur le plus important: la princesse. Il permet au héros de quitter sa famille, pauvre, et d'en adopter une autre, plus riche. Accéder à une nouvelle vie tout en améliorant sa condition sociale est le but vers lequel se dirige normalement le héros du conte populaire. Pourtant, dans les récits que nous venons de décrire, ce n'est pas le cas: la princesse n'est pas le principal objet de valeur. Non seulement ne représente-t-elle pas la vie que le protagoniste aimerait mener, mais elle symbolise, tout au contraire, ce qu'il devrait absolument éviter, puisque son union avec elle équivaut à la séparation d'avec sa famille.

Le héros de ces contes ne cherche donc pas avant tout à acquérir des biens matériels ou le prestige social; son véritable trésor réside indubitablement dans la pérennité des liens familiaux d'origine. Pour ce Ti-Jean vaillant donc (et «acadien»), il semble que toutes les richesses

du roi ne valent rien s'il doit vivre le reste de ses jours loin de sa famille et de son pays natal.

Heather Fudge

Ti-Jean: contes acadiens, [préface de l'auteur], Moncton, Éditions d'Acadie, [1973], 166 p., ill. *Ti-Jean-le-Fort: contes acadiens*, [préface de l'auteur], [Moncton], Éditions d'Acadie, [1991], 249 p.

TOUBES JERSIAISES
Louis Haché
Nouvelles (1980)

Situées dans la Péninsule acadienne de la fin du XIXe siècle, les cinq nouvelles de *Toubes jersiaises* font revivre l'époque où les marchands jersiais exerçaient un monopole commercial dans cette partie de l'Acadie. Parsemé d'archives photographiques et usant d'un vocabulaire d'époque (rendu intelligible par l'entremise d'un petit glossaire en fin d'ouvrage), le recueil, donné comme un assemblage de souvenirs, manifeste le souci évident de témoigner avec réalisme du fonctionnement de cette société hétérogène. Tout en relevant certaines injustices subies par les classes défavorisées – et particulièrement par les Acadiens – aux mains des forces dominantes, tant commerciales que gouvernementales, *Toubes jersiaises* exprime un parti pris de nostalgie pour cette période charnière qui a incité le peuple acadien, encouragé en cela par le clergé, à se construire une collectivité distincte.

Toubes jersiaises, [Moncton], Éditions d'Acadie, [1980], 181 p., ill.

LA TRACADIENNE
Louis Haché
Roman (1996)

La Tracadienne est d'abord un roman de la survie dans lequel le travail acharné, la finesse d'esprit et la capacité de s'adapter aux situations précaires et changeantes réglementent la suite des jours. C'est aussi le récit de la détermination d'une femme à triompher

d'un univers masculin. L'héroïne du roman, Peggy Doyle, saura en effet redéfinir le champ des possibles, combattant les idées reçues et les préjugés qui régissent l'existence de la femme du début du XXe siècle. Comme dans ses œuvres précédentes, l'auteur s'applique à brosser un vivant tableau historique de son milieu natal. Fidèle à la réalité de la région, il fait se côtoyer catholiques et protestants, Irlandais et Acadiens, faisant des enjeux identitaires une maille essentielle du texte. Au contact des langues et des cultures se crée un vocabulaire particulier, que l'auteur a le soin d'expliquer dans un glossaire à la fin de son roman, le récit étant riche du parler coloré de la région. Non pas une critique mais bien un hommage, *La Tracadienne* salue le courage de pionniers, et surtout de pionnières, qui ont su damer le pion à la misère de la colonisation en se servant des épreuves pour renforcer le sentiment collectif. Plus encore, il conserve en ses pages les spectres de l'histoire d'un petit coin d'Acadie qui n'aura pas seulement connu des échecs et des douleurs, mais aussi d'importantes victoires et réussites.

Habillée en homme, effectuant une besogne d'homme, s'exprimant comme un homme, ne côtoyant presque uniquement que des hommes, Peggy Doyle ne deviendra pourtant jamais un simple personnage masculinisé ou androgyne. À chaque instant sont rappelés sa sensualité féminine, son charme et les courbes délicates de son corps, qui ne peuvent être dissimulées sous les épais vêtements de travail. Personnage fortement sexué, elle en est d'autant plus puissante. Sa surprenante beauté de femme déboussole le sexe opposé avec la même intensité que ses ambitions anticonformistes. Plutôt qu'un désavantage, la féminité devient pour elle un atout.

L'héroïne de Haché ne pourra jamais, cependant, remplir un rôle d'épouse traditionnelle, d'où son titre d'« étrangère ». Non seulement a-t-elle immigré au pays, mais elle est étrangère à ce que la société a prévu pour elle. Ce sont d'ailleurs les femmes de son village d'adoption qui la désigneront dédaigneusement ainsi, parce qu'il est évident pour elles que Peggy est différente. Libérée de son rôle d'épouse, elle le sera ensuite de son rôle de mère. Elle se débarrassera également de l'emprise du clergé et mènera sa vie comme peu de femmes de l'époque auront eu la chance de le faire. Peggy Doyle est donc un symbole de liberté. Insoumise en tout, elle peut commander à la nature et aux hommes. Dotée d'un esprit averti, elle refuse de s'imposer à elle-même un chemin trop droit et sa réussite s'explique en grande partie par sa capacité de s'adapter aux inconstances de la vie.

L'homme de Tracadie n'est d'ailleurs pas entièrement maître de son coin de pays et vit plutôt selon les caprices de son environnement, le bois et les saisons réglant essentiellement sa vie. Les personnages masculins du roman sont écrasés par la routine, le labeur, l'autorité et les irrégularités de la ressource, pendant que des personnages féminins tels que Peggy Doyle et sa fille Mary Jane – malgré le fait que celle-ci ne sera jamais qu'un pâle reflet de sa mère – s'émancipent de toute emprise et deviennent maîtresses de leur monde. Avant même que le mouvement des suffragettes atteigne l'est du Canada et que la Première Guerre mondiale remette en question la capacité des femmes d'accomplir le travail traditionnellement réservé aux hommes, Peggy et sa fille transformeront les vues sur les aptitudes de la femme.

L'intrigue du roman, toutefois, parsemée d'infidélités et d'abandons, montre peu de ménages heureux. Jeunes et vieux couples sont secoués par l'adultère et l'indifférence des partenaires. Un sentiment d'individualisme indéniable s'incruste dans le récit de Haché, dans lequel chacun des personnages semble évoluer seul. Ce sentiment vient se greffer à la fois au thème de la liberté et à celui de l'isolement, qui traversent *La Tracadienne*. L'esprit collectif est à son plus fort dans les épreuves, car, peu importe l'importance et la force présumées de chacun, tous tomberont tour à tour au gré des incartades du destin.

Finalement, malgré la présence d'une certaine diversité culturelle, linguistique et religieuse au sein des personnages de Haché, le roman semble proposer un mélange parfait des cultures. C'est le trait de l'œuvre qui rend le mieux peut-être la réalité tracadienne. Enfin, la création d'un petit monde fictif attachant sur une trame historique des plus exhaustives reprend efficacement le projet d'écriture de Louis Haché, qui est d'insérer son coin de pays au sein de la mémoire collective de l'Acadie contemporaine.

ANDRÉE MÉLISSA DOIRON

La Tracadienne, [Moncton], Éditions d'Acadie, [1996], 321 p.

U

UN CORTÈGE D'ANGUILLES
Louis Haché
Roman (1985)

Dans la péninsule acadienne, au moment où sévit la crise économique des années 1930, un sentiment de révolte commence à poindre parmi les morutiers, qui, entre le prix toujours incertain de la morue et leurs dettes envers les marchands jersiais, ont très peu de contrôle sur leur situation et sur leur avenir. Devant l'injustice, la corruption et l'inégalité sociale régnantes, Bastien, capitaine de l'*Amélia*, rêve du jour où les pêcheurs s'uniront et s'affranchiront de l'asservissement dans lequel les tient la compagnie jersiaise. À travers une langue truffée de termes maritimes et de vieux mots acadiens (que vient éclaircir un glossaire en fin de volume), le lecteur découvre une multitude de détails sur tout ce qui entoure le travail des morutiers : des techniques de pêche à la mise en tonneaux en passant par la construction des bateaux, la salaison et le séchage.

Un cortège d'anguilles, [Moncton], Éditions d'Acadie, [1985], 223 p.

UN SOLEIL MAUVE SUR LA BAIE
Jeannine Landry Thériault
Roman (1981)

Dans le petit village acadien du Bois Tranquille, au cours des années qui suivent la Seconde Guerre mondiale, Angélique Noël s'apprête à passer de l'innocence à l'âge adulte pendant que le village, qui attend la construction d'une école et d'une base militaire, se prépare lui aussi à une transformation majeure, sous la forme d'un passage à la modernité. Se côtoient dans ce récit de Jeannine Landry Thériault des personnages aux origines diverses (acadienne, québécoise, française, irlandaise, écossaise, métisse) et provenant de classes sociales différentes, ce qui donne lieu non seulement à l'illustration de certaines variantes linguistiques notoires, mais également à de nombreux commentaires sur la langue et à une exploration systématique de thèmes liés à la xénophobie et à l'intolérance.

Un soleil mauve sur la baie, [Moncton], Éditions d'Acadie, [1981], 117 p.

UN TRAIN DE GLACE
Jacques Savoie
Roman (1998)

Le lien amoureux entre Marthe et Hugo, engagé dans *Le cirque bleu* et mis à l'épreuve dans *Les ruelles de Caresso*, est désormais un fait solide et, en apparence, inconditionnel. La quête des personnages se tourne alors vers la recherche du père biologique, les deux romans précédents et les premières pages du troisième ayant appris au lecteur que Victor Daguerre n'était pas le véritable père de Marthe, information qui était venue « légaliser » la relation intime des présumés « demi-frère » et « demi-sœur ». Par l'intermédiaire, encore une fois, d'Internet, Marthe, née Bérubé, se découvre bientôt deux frères, David et François, vivant avec leur père sur une minuscule île au large des Îles-de-la-Madeleine, au Québec. Parce que le patriarche est atteint d'un cancer en phase terminale, on demande à Marthe d'accourir ; elle seule, croit le père Bérubé, peut mettre fin à la dégénérescence génétique de la population.

Marthe et Hugo abandonnent alors leur fructueux salon de lecture, ignorant tout de la situation pour le moins renversante sur l'île : n'y habitent en effet que 4 familles consanguines, constituées de 48 individus ne parlant qu'anglais, ainsi que 3 des membres restants de la famille Bérubé, seuls francophones d'un territoire dont ils sont les propriétaires. La haine de l'autre, la crainte du changement et la peur de perdre sa langue, sa culture et ses traditions seront autant de raisons pour rejeter cette femme de la ville nouvellement arrivée, qui menace le faux équilibre de leur univers étroit.

Toutes ces informations ne sont données au lecteur que par le biais d'analepses, alors que le retour en train du Nouveau-Brunswick vers le Québec, au beau milieu d'une tempête de neige, véritable «présent» de l'action, sera l'occasion de l'enlèvement de Marthe par David Bérubé, l'anglophile de la famille, et de son incessante poursuite par un Hugo déchiré par l'inquiétude.

Un train de glace vient clore la «Trilogie du cirque» entreprise par l'auteur en 1995. La psychologie quelque peu statique des *Ruelles de Caresso* fait ici place à un style caractéristique des romans policiers et d'aventures, beaucoup plus vivant et entraînant, et qui sied admirablement au type d'histoire que l'auteur se propose d'élaborer. Comme dans les deux ouvrages précédents, le roman joue abondamment sur les perspectives narratives, faisant alterner avec justesse le «je-Hugo», le «je-Marthe» et le narrateur omniscient. Mieux que toute autre technique d'écriture, Savoie y maîtrise l'art du passage entre deux temps et deux lieux, entre l'Île d'Entrée et le train de glace, qui, chacun à sa façon, maintiennent prisonniers Hugo et Marthe dans un monde toujours menaçant, antipathique et étranger.

C'est ce travail formel qui donne à Savoie la liberté de développer habilement sa vision du troisième état des relations amoureuses – après l'enchantement (*Le cirque bleu*) et l'épreuve (*Les ruelles de Caresso*) –, soit le principe du «je-nous», du «je» qui devient «nous», expression qui décrit bien ce moment où les individus ne sont plus et où le couple ne fait plus qu'un. Tôt

ou tard, chacun doit cependant apprendre à se détacher et à recouvrer son identité, son individualité, tout en maintenant présent et vibrant l'amour envers l'autre. La folle Île d'Entrée devient ainsi la métaphore ou le macrocosme de cette dangereuse soudure du couple : quatre familles se sont unies génération après génération par la consanguinité, au point où, la génétique étant impitoyable, la survie elle-même est maintenant mise en doute.

Malgré une dynamique qui a pour centre d'intérêt le personnage de Marthe, c'est François Bérubé, le père, qui demeure le véritable protagoniste d'*Un train de glace*, personnage coloré rappelant l'imaginaire débridé de l'écrivain ayant mis au monde, deux décennies auparavant, l'attachant *Massabielle* (1979). Bien campé dans son univers surréaliste, amateur de vieux vins et de costumes exotiques, le père Bérubé tire les ficelles, organise les complots et tisse le destin dramatique de tous les habitants. La présence symbolique de ce cordon ombilical paternel et la dangereuse consanguinité insulaire permettent à Marthe de réaliser l'importance d'une séparation définitive.

La situation linguistique de l'île, son isolationnisme vieux de 200 ans et le nombre très «référendaire» de ses habitants (51) rendent également inévitable l'interprétation politique de cet ouvrage. Symbolique du Québec contemporain, beaucoup plus que d'une Acadie que l'auteur a alors quittée depuis presque deux décennies, le roman présente une population repliée sur elle-même, obsédée par ses traditions et ses façons de faire distinctes, rejetant l'étranger et la pourtant irréversible et irrémédiable ouverture sur le monde. Quelques savoureux passages sur la vie des insulaires sont remarquables tant par leur ironie que par leur savante retenue.

Un train de glace se veut ainsi l'amalgame littéraire des *Grandes marées* de Jacques Poulin (1978) – où un Québec peut-être bientôt indépendant se voyait reconstitué, également dans une petite île, autour d'un couple pour lequel la langue, la culture et le respect de l'autre se voulaient les trois valeurs essentielles – et des *Têtes à Papineau* de Jacques Godbout (1981) – où un Québécois bicéphale et biculturel devait un jour choisir l'amputation et ses inévitables (mais encore inconnues) conséquences. Savoie emprunte d'ailleurs à Godbout l'idée des deux frères divisés culturellement, ici par le biais d'un David anglicisé, administrateur et amoureux d'une Anglaise, et d'un François (prénom identique à celui de l'un des personnages de Godbout) francophile attiré par la culture et les bons vins.

La maîtrise du rythme poétique et des techniques d'écriture, ainsi que la capacité de l'auteur de créer des personnages et des univers savoureux et originaux font du *Train de glace* un roman énergique et surprenant, empreint d'une douce trace de folie: le meilleur de la trilogie.

JEAN LEVASSEUR

Un train de glace, [Montréal], La courte échelle, [1998], 219[3] p. (Roman 16 / 96).

UNE HISTOIRE DE CŒUR
Jacques Savoie
Roman (1988)

Après s'être essayé à la musique et à la poésie, Jacques Savoie s'est consacré exclusivement à sa carrière de scénariste et de romancier. *Une histoire de cœur* est son quatrième roman. Cette histoire est en fait double: l'histoire d'un scénariste proposant son œuvre à un producteur et celle du scénario lui-même. Le producteur offre une forte rémunération au scénariste, à condition qu'il apporte des changements à son texte. S'ensuit un déchirement entre l'attrait de l'argent et le respect de l'art. La mort de l'acteur principal résout ce dilemme en brisant tout espoir de tournage du film, mais, malgré qu'il ait cédé ses droits d'auteur, le scénariste décide de terminer, pour son propre plaisir, la rédaction du scénario. Dans celui-ci, qui est raconté en blocs de narration atteignant parfois un chapitre entier, le scientifique Maurice Renard, très amoureux de sa femme musicienne, reçoit une transplantation cardiaque. À mesure qu'il éclaircit les circonstances mystérieuses entourant la mort de son donneur, la relation entre les époux change, libérant Elizabeth du joug stérilisant de son amour et laissant du même coup s'épanouir son art, véritable bénéficiaire de l'opération. Les deux histoires sont d'abord distinctes, mais réalité et fiction s'entremêlent très vite. Le scénario connaîtra pour sa part plus d'une version et plus d'une fin, toutes contenues dans le roman.

Puisque *Une histoire de cœur* met en scène le milieu artistique (ou son équivalent scientifique), on peut en associer les personnages à Jacques Savoie lui-même, le destin du scénariste, comme celui du chercheur Maurice Renard, étant intimement lié à celui de l'auteur. À partir de ces deux principaux doubles de l'auteur s'énonce une double indécision, qui est d'abord celle de l'auteur exilé ou transfuge. Quelle est en effet la meilleure attitude à avoir par rapport à l'art (pragmatisme ou idéalisme)? Quel est ensuite le meilleur endroit où réaliser pleinement ce rapport (l'univers du centre – de la grande ville – ou celui de l'exiguïté)?

Une histoire de cœur, loin de fournir une réponse à ces interrogations, se situe au cœur même de l'indécision. L'avion dans lequel le scénariste-narrateur se trouve si souvent, non-lieu par excellence, est aussi allégorie de son flottement entre l'attrait avoué du salaire proposé et la volonté de conserver l'intégrité de son art. Quant à Renard, dans l'implacable combat du plus fort contre le plus faible, doit-il prendre parti pour le défavorisé, en donnant voix à son donneur, mort pour lui assurer la vie? ou doit-il plutôt fidélité à son épouse, prête à tout pour lui? Plus globalement, il doit choisir entre ce quartier défavorisé dont il a tant bien que mal réussi à s'échapper et le quartier huppé dans lequel il a établi résidence, lieu pour lui d'une nouvelle allégeance.

Ce dernier dilemme, en particulier, rejoint celui appartenant de tout temps aux écrivains exilés. Sa résolution va naturellement influencer le choix de résidence de l'artiste: on ne peut créer de la même façon à New York, à Montréal et sur l'île Hope, ou au Québec et en Acadie. Mis en présence de la poésie désintéressée d'un Islandais, le scénariste regrette d'avoir compromis sa dignité d'artiste à New York: «J'aurais dû rentrer chez moi et refuser carrément les dollars d'Idalgo King.» Sur l'île Hope, lieu de l'extrême exiguïté, l'excès inverse se produit: n'est possible qu'un art idéal. Mais si le geste artistique y est admirable dans sa gratuité, il est également inévitablement sacrificiel, réclamant la vie même de l'artiste; ainsi, un des personnages est mort gelé en jetant à la mer, avec audace et folie, une bouteille porteuse d'un message universel. Entre ces deux extrêmes, Montréal semble être un compromis acceptable, seul espace à permettre l'existence tant de l'artiste que de son art. Certes, les créations montréalaises de l'artiste sont «des petits trucs», des «anecdote[s]», mais l'artiste n'y joue pas sa vie, tout en ayant une certaine liberté.

Parmi ces lieux, et selon sa conception particulière de l'art, chaque personnage va devoir choisir: les acteurs hollywoodiens sont chez eux à New York; Bernstein, un autre personnage, pour sa part, se réclame de la pureté de l'exiguïté; le scénariste, quant à lui, revient à Montréal (après avoir testé New York et l'île Hope); Elizabeth, finalement, se rend à Salzbourg, temple de la consécration musicale. Toutes les possibilités de rapport au lieu de résidence et à l'art sont ainsi dénombrées et, même si on peut associer l'auteur au scénariste – qui a adopté le lieu médian (entre le «trop grand» et le «trop petit») –, aucune d'elles n'apparaît forcément comme la bonne, comme si l'auteur se refusait le droit de juger des choix de quiconque (et du même coup refusait à quiconque le droit de juger de ses propres choix).

PÉNÉLOPE CORMIER

Une histoire de cœur, [Montréal], Boréal, [1988], 228[3] p.; 1992, 228[3] p. (Compact).

UNE TERRE BASCULE.
TEXTES POÉTIQUES ET QUELQUES TABLEAUX
Édith Bourget
Poèmes (1999)

Cette première œuvre rassemble des textes poétiques en vers libres présentés par l'artiste multidisciplinaire à l'occasion d'expositions jumelant productions visuelles et textes, tenues entre 1992 et 1998. Les textes, choisis parmi des expositions exploitant des sujets variés, se rejoignent dans certaines thématiques dominantes. Comme c'est le cas pour la dizaine d'œuvres visuelles de l'auteure qui y sont présentées, ceux-ci sont habités d'une véritable passion des couleurs. Bien que ces couleurs évoquent souvent la lumière, elles sont aussi très sombres à l'occasion, comme pour témoigner de l'ambivalence de la locutrice et de l'intensité avec laquelle elle vit ses émotions. Déjà, le titre annonce cette thématique importante du basculement perpétuel d'une vie entre euphorie et angoisse, bonheur et déceptions. Le processus de création artistique est aussi sujet à ce cycle de contrastes qui font s'alterner lumière et noirceur. La nature, autre thématique notable, est annoncée dès le titre. Non seulement l'évolution cyclique des saisons est-elle présente, mais l'auteure puise une grande partie de son inspiration dans les composantes de la nature. C'est encore ici, dans leurs contrastes, qu'elles sont mises en valeur, les textes peignant tant l'homme que l'animal, le désert que la vague, la Terre que le cosmos.

Une terre bascule. Textes poétiques et quelques tableaux, Tracadie-Sheila, Nouveau-Brunswick, Éditions La Grande Marée, 1999, 191 p., ill.

V

VARIATIONS EN B ET K.
PLANS, DEVIS ET CONTRAT POUR
L'INFRASTRUCTURE D'UN PONT
France Daigle
Roman (1985)

Le quatrième roman de France Daigle est l'œuvre la plus brève, mais peut-être la plus complexe de l'auteure. Difficile à classer dans un genre, elle pourrait être considérée comme un récit photographique imaginaire. Le récit comporte presque systématiquement deux entrées par page, dont l'une se situe tout en haut et l'autre tout en bas. Entre ces textes (supérieur et inférieur) se trouve un espace blanc qui devrait normalement contenir une ou plusieurs photos. La présence de locutions adverbiales indique quelles photos se trouvent dans telle ou telle page. Le narrateur utilise par exemple « ci-haut », « en bas, à gauche » et « ci-contre ». Les photos sont ainsi suggérées et le lecteur doit les imaginer. L'œuvre propose deux trames narratives, à première vue distinctes. Dans un premier temps, un narrateur homodiégétique raconte dans les textes supérieurs quelques jours en camping avec ses deux filles. Cette trame narrative se déroule sûrement au Nouveau-Brunswick, peut-être dans le parc Kouchibouguac. Dans un deuxième temps, les textes inférieurs contiennent presque toujours des descriptions ou des précisions liées au monde arabe, plus particulièrement aux Bédouins. En fait, l'œuvre tente de lier la situation des expropriés du parc Kouchibouguac à la situation des Bédouins, qui ont fini par se sédentariser avec le temps. Dans les deux trames narratives, les personnages doivent s'adapter de gré ou de force à leur environnement. Les variations en B et en K font ainsi référence aux différents lieux et noms propres évoqués dans l'œuvre. Écrit dans un français standard, le récit établit un « pont » entre deux espaces et l'« infrastructure » réside justement dans les liens latents entre les différents peuples. À noter que l'omniprésence de la figure spatiale de la maison montre que *Variations en B et K* poursuit l'entreprise de la trilogie initiale de l'auteure.

Au-delà des courts textes et des photos imaginaires disparates qu'il contient, le roman tente d'établir une analogie entre l'expropriation des habitants du parc Kouchibouguac et l'histoire des Bédouins. Ainsi, au lieu de tisser des liens plus évidents avec d'autres drames acadiens comme la Déportation de 1755, l'auteure propose un parallèle entre le monde du Soi (l'Acadie) et le monde de l'Autre (le Proche-Orient). D'une part, le monde du Soi met à profit les figures spatiales connues du lecteur francophone ou, à tout le moins, du lecteur acadien. Il est question du « comté de Kent », de « Bouctouche », de « Kouchibouguac » et de la « Bibliothèque Champlain ». D'autre part, le monde de l'Autre est constitué d'un bon nombre de pays, de villes, de ports qui appartiennent surtout au monde arabe. Les textes descriptifs des pages inférieures bombardent le lecteur de tous ces noms propres inconnus de l'Occidental moyen. Par exemple, on mentionne le « port de Khor Kaliya au Bahrein », « Kirkouk » ou « Bouchir ». Les mondes du Soi et de l'Autre ne semblent pas posséder de points communs évidents. Il s'agit de deux espaces qui se trouvent à des pôles géographiques opposés et ne partagent pas la même réalité. Pourtant, le titre de l'œuvre annonce clairement au lecteur des variations sur le même thème. En ce sens, on se rend assez rapidement compte que le lien permettant d'établir la variation désirée entre les deux espaces se compose de figures spatiales en B et en K.

Dans un autre ordre d'idées, à la lecture des textes qui portent sur le monde arabe, on constate rapidement que les peuples du Proche-Orient ont toujours dû se déplacer. Pour des raisons comme la guerre, ou l'oppression, ou parce qu'on a trouvé du pétrole sur leurs terres, les Arabes sédentaires sont déracinés, alors que les Bédouins, nomades, finissent par se sédentariser. Le narrateur évoque les différents déplacements dans l'espace de façon détachée, sans prendre position. Étonnamment, l'histoire de ces peuples possède de nombreuses similitudes avec celle des expropriés du parc Kouchibouguac. Par exemple, on apprend qu'une politique d'assimilation des Turcs a été mise en place par les terroristes : « Ceci correspondait en gros à une interdiction de publier dans leur langue nationale, déportations de populations, massacres et incendies de villages ». Il faut y voir une analogie voulue avec le sort des expropriés du parc Kouchibouguac. Par un effet de miroir renversé, le sort des Bédouins est lié à celui des Acadiens chassés de leurs terres.

De plus, le narrateur de l'œuvre met à profit une autre analogie entre la tente du récit de camping et la maison du récit des peuples arabes. Dans les deux trames narratives, les personnages doivent s'adapter à leur environnement. Que ce soit en construisant un campement de week-end dans un parc national, en étant forcés de déménager par ordre du gouvernement ou encore en bâtissant des maisons avec des poils de chèvre ou des roseaux, les personnages acadiens ou arabes doivent redéfinir l'espace et construire une maison à l'image de l'œuvre, c'est-à-dire « flexible, modifiable, évolutive et non fini[e] ». L'avenir passe par cette nécessaire construction. La dernière phrase du récit appuie cette interprétation : « En bas de page, quelques Bédouins fatigués qui, arrivés au terme de leur voyage, ne lèveront plus les piquets de la tente ». Arrivé au terme de l'œuvre, le lecteur réalise que les Bédouins, comme les Acadiens, existent dans la fiction seulement lorsque « les piquets de la tente » restent en terre. La tente est la maison de prédilection, car elle est justement flexible et modifiable.

Enfin, le narrateur fournit d'autres indices quant à la signification de l'œuvre. Au sujet de la multiplication des lieux géographiques en B et en K, par exemple, il inclut une photo imaginaire de « Michael Delisle, inventeur de la listique, ce degré zéro de style où apparaissent des mythes nouveaux sous forme de noms étrangers aux sons des langues ». L'utilisation de tous les noms étrangers comme Bouctouche ou Khabour s'explique donc par ce choix du narrateur de préconiser la listique. Les mythes nouveaux s'appuient ainsi sur un rapprochement entre les lieux aux sonorités similaires.

BENOÎT DOYON-GOSSELIN

Variations en B et K. Plans, devis et contrat pour l'infrastructure d'un pont, [Montréal], Nouvelle Barre du Jour, 1985, 43[1] p.

VERMEER (TOUTES LES PHOTOS DU FILM)
Herménégilde Chiasson
Poésie (1992)

Artiste multidisciplinaire, Herménégilde Chiasson réalise ici un texte littéraire où ses talents d'écrivain, de metteur en scène et de photographe se combinent pour reproduire ce qui pourrait être son propre destin, à l'image de celui du peintre hollandais Vermeer, au XVIIe siècle : « Un artiste perdu dans une ville de province ». Dans l'univers clos d'un quotidien qui l'ignore, son protagoniste cherche le sourire introuvable du rêve. Il évolue parmi les artefacts d'un univers banal et fermé, imagé par l'auteur lui-même au fil des pages, formes isolées et monochromes cernant de leurs lignes atones le territoire habité : planchers, murs, plafonds, corridors, édifices, véhicules, lampadaires, fils électriques, champs cloisonnés. S'accrochant sans succès aux formes floues de femmes qui traversent la froideur de son monde, incapable de les suivre, le personnage solitaire se réfugie dans l'évocation des grands maîtres de la peinture, notamment Rubens, Vélasquez et Picasso, ainsi que du cinéaste Pasolini. Leur éclat ne fait que souligner la modestie d'un Vermeer qui dut attendre deux siècles avant de connaître une légitimité posthume, sort quelque peu semblable – si l'on transpose le scénario à l'échelle d'une nation – à celui de l'Acadie. Ce «pays au bout de la route», évoqué succinctement, le protagoniste veut l'atteindre et son désir est exprimé à travers la figure de l'ange, manifestation d'une renaissance dans la lumière et le vent. Mais cette symbolique ne se limitera qu'à un rêve chimérique, issu d'un «propos minoritaire» et illustré par une frappante évolution des photos: de l'ange surplombant la page couverture, nous passons en fin de livre à celle d'une triste statue de dinosaure gardant un quelconque terrain de stationnement de terre battue.

Les relations entre le texte et les images dans *Vermeer* sous-tendent un projet cher à son auteur, celui de plaider en faveur du rôle identitaire essentiel joué par l'artiste en milieu minoritaire. Le narrateur y suit et commente la pensée d'un protagoniste anonyme rentrant le matin à son travail, enfermé dans la routine d'un petit monde dont les limites sont illustrées dans l'énoncé textuel et surtout par l'énoncé pictural. Les bornes du minorisé s'étalent sur doubles pages, jeux monotones d'ombre et de lumière à travers lesquels tente d'émerger une parole. Aux plans rapprochés de détails agrandis, mais anodins, se succèdent les images d'espaces dépouillés, endigués par quelques traits géométriques de la ville ou par une masse basse de nuages gris. Sur un bout d'asphalte craquelant portant l'ombre d'un arbre effeuillé, le narrateur «peint [… un] monde [qui] prend l'allure inquiétante d'une esquisse à corriger, d'un [univers] à repeindre, d'une radiographie qui lui révèle la surface indécente du passé». Au sein de cette exiguïté, il pose l'art comme une nécessité, «[p]eut-être parce qu'il faut laisser des évidences».

Dans cette calme morosité, le narrateur cherche une issue, qui se traduit par un «désir inouï», celui de «plonger dans le réel pour en faire du rêve», comme Vermeer qui, à partir de scènes ordinaires, fait naître une impression de liberté, d'envol. Tout en étant envahi par la crainte de renverser un verre de lait, appréhension banale qui lui permet pourtant de saisir toute «la verticalité du lait» dans ses caractères visuels, émotifs et passionnels, le protagoniste veut s'échapper, se répandre. Les femmes qu'il croise, ce matin-là, catalysent cette envie: non pas les modèles aux «chairs molles» de Rubens, pour lesquelles «le désir s'évanouit», mais des femmes du quotidien, *vermeeréennes*, celle qui sort du taxi, «seulement belle, timide, indifférente», la caissière qui «fume, […] rêve, […] pense. (On ne sait pas à quoi elle pense.)», celle qui marche derrière lui dans le corridor ou cette autre qu'il voit lire les petites annonces, encore dans le même corridor. La caméra, en quête d'un passage où fuir, pointe vers un ciel toujours couvert ou prend carrément son envol en vue aérienne pour se heurter à un carrelage fermé de terres cultivées. Contrairement aux tableaux du peintre hollandais, aucun rayon de lumière n'émerge de ce monde. Inlassablement, le protagoniste cherche un ange, un être qui «étend[r]ait ses ailes bleues dans le blanc de la nuit […, avec u]ne lumière qui travers[er]ait les paupières»; mais ces femmes ordinaires n'ont pas d'ailes. Le narrateur plonge alors dans ses propres souvenirs: ce rêve si cher d'évasion, il lui a autrefois été impossible de le faire partager à son ex-compagne de cœur, «L.». L'ange de la page de titre ne peut donc s'envoler, bien ancré qu'il est dans son socle, inexorablement cloué au sol. Ne reste plus qu'à le sculpter, à la manière de Vermeer, «pari[ant] sur le travail honnête, travaillant avec sérénité à graver [son] sourire […] sur une statue dans un coin obscur de la cathédrale», avec l'espoir qu'un jour on la découvre «pour que toute cette œuvre s'envole enfin», reconnaissance non seulement pour l'auteur, mais aussi pour son peuple. Cet art minoritaire, voire identitaire, de conclure le narrateur, «ne peut jaillir que de la générosité absolue de témoigner de notre destin». C'est ce que pratique à nouveau ici Herménégilde Chiasson.

François Giroux

Vermeer (toutes les photos du film), [Moncton et Trois-Rivières], Éditions Perce-Neige [et] Écrits des Forges, [1992], 101 p., ill.

Vers le triomphe
Eddy Boudreau
Prose et poèmes (1950)

Cet ouvrage regroupe un texte liminaire, une préface de M. Alphonse Désilets, 9 poèmes en vers libres et 11 textes en prose (récits et essais). En 1948, Eddy Boudreau a publié un premier recueil de prose et de poèmes intitulé *La vie en croix*. Il poursuit dans ce deuxième ouvrage ses réflexions sur la maladie et la souffrance, en plus de faire l'apologie des valeurs catholiques et morales de l'époque de la Grande Noirceur, de façon encore plus insistante que dans le précédent recueil. La page frontispice précise qu'il s'agit de prose et de poèmes, et la page 2 annonce: «En préparation: *Cœur en écharpe* (contes)», un livre qui ne paraîtra jamais à la suite de la mort de l'auteur en 1954 (et dont le nouveau titre devait être *L'heureux temps* ou *Au temps heureux*). À la page 4 figure une dédicace en italiques: «*À Gitane*». Cette femme de lettres signait des articles et des billets dans des journaux québécois de l'époque. La page 5 reprend l'information de la page frontispice en plus de préciser «Avec une préface de M. Alphonse Désilets» et de proposer une citation de Victor Hugo: «Le cœur de l'homme est un recto sur lequel est écrit: jeunesse, un verso sur lequel est écrit: sagesse… On trouvera dans cette lecture ce recto, ce verso…».

Dans le texte liminaire, titré «Au lecteur», Boudreau se défend d'avoir des prétentions littéraires, ce qui contraste fortement avec ses préoccupations d'écrivain. Il annonce ses intentions: «… nous traversons l'ère atomique et comme le futur nous enseigne la prudence, on me permettra de suggérer les moyens qui mènent à la possibilité de créer l'innovation. […] Je n'ai qu'un désir: je voudrais que ce nouvel ESSAI conçu dans le silence et la réclusion, se propage en exaltant la beauté, en rehaussant la joie de vivre.»

La préface de M. Alphonse Désilets tient en quatre pages dans lesquelles il médite sur la souffrance humaine et la résignation chrétienne qui l'accompagne. Désilets est un poète oublié, absent d'une quinzaine d'anthologies de poésie canadienne-française ou québécoise, dont l'œuvre, essentiellement, glorifie le terroir et la foi catholique. L'intérêt de sa préface tient uniquement dans le témoignage de quelqu'un qui a connu l'auteur: «Comme tout Acadien bien né, Eddy Boudreau veut garder ses distances. Si la visite d'une personne amie à son chevet est une source de joie inestimable, il tient moins à la fréquence qu'à la valeur morale des sympathies. […] Ses livres n'offrent encore qu'un reflet pâle de sa pensée, mais on y retrouvera l'ardeur du sang, la noblesse d'âme, le courage atavique de la race dont il est. […] [I]l aspire à la mission d'écrivain. […] Cette ambition, Eddy Boudreau la poursuivra avec patience jusqu'au succès qui ne peut tarder.»

Les textes qui suivent cette préface mélangent récits, essais et poèmes. Le premier d'entre eux, écrit à la première personne du singulier et intitulé «Héroïsme», est le récit d'un soldat de la Seconde Guerre mondiale racontant sa rencontre avec un jeune poète de 25 ans malade et reclus. Boudreau se met en scène comme il l'avait fait dans le récit de *La vie en croix* intitulé «En dépit des laideurs». Le deuxième texte, «Chasse à l'homme», est un billet moralisateur dans lequel on peut relever certains indices concernant la conception qu'a Boudreau de l'écrivain: «Des philosophes, des savants, des penseurs de tout âge ont fermé les portes du temps, se sont placés en marge de la vie dans le silence des jungles pour étudier les hommes». (On se rappellera que *La vie en croix* devait s'intituler *En marge de la vie*.)

Suivent trois longs poèmes en vers libres: «Contemplation», «Liberté» et «Crépuscule». Le premier a paru sous le titre «Celui qui nous berce», dans une forme différente, dans *La Vallée de la Chaudière*, le 4 mai 1945 et dans *Le Travailleur*, le 5 mai 1945. Dédié au chevalier Alphonse Talbot – possiblement le conjoint de Jeanne Talbot, une amie de Boudreau qui signait la page «Le Foyer» sous le pseudonyme de Françoise dans *L'Action catholique* –, il est vraisemblablement une pièce de circonstance écrite pour la fête des Mères. Le deuxième poème, «Liberté», paru sous le titre «L'heure du miracle» dans *La Vallée de la Chaudière* le 8 avril 1949 et dans *L'Évangéline* le 14 avril 1949, est une réflexion quasi mystique sur la paix retrouvée après des années de guerre. Le poème «Crépuscule» finalement, en hommage à Françoise, a paru dans une autre forme et sous le titre «Au seuil de la nuit» en avril 1947 dans *La Vallée de la Chaudière*. L'observation des changements de la nature s'accompagne de la mélancolie inspirée par la musique de Chopin.

Le court essai qui suit ces trois poèmes s'intitule «En haut les cœurs» et propose une réflexion moralisatrice sur l'éducation de la jeunesse. Le ton est réactionnaire: «Malheureusement, la roue du progrès a tourné jusqu'à l'ornière de l'obscène individualité, et nous, nous avons perdu la décence qui confère à l'amour un caractère divin. [...] Il n'y a pas à dire, l'indifférence de Voltaire a pénétré nos coutumes!» L'essai consacré à la fin de la Seconde Guerre mondiale, intitulé «Une aube se lève» et paru sous le titre «Une aube s'est levée» le 26 mai 1945 dans *L'Action catholique,* est dans la même veine: Boudreau y exprime ses sentiments anticommunistes, en plus de préciser quel doit être le rôle social de l'écrivain, qui est de servir. Dans ce texte, on peut percevoir l'influence grandissante qu'exercent le clergé et la propagande catholique dans la pensée de Boudreau: l'auteur fustige Victor Hugo, George Sand et Lamartine.

Le très beau poème qui suit, «Fresque champêtre», est par contre un bel exemple de poésie du terroir telle que pratiquée à l'époque. Il n'est pas étonnant que deux récits bucoliques l'accompagnent: «Le bonheur des champs» et «Fermier modèle». Boudreau y fait l'éloge de la vie rurale, tout en se montrant très sensible à la dureté de la vie paysanne. Au-delà de l'exaltation des valeurs chrétiennes, Boudreau, qui sait fort bien l'opinion que l'on peut avoir des écrivains, les défend avec véhémence: «ils sont des hommes indispensables, des favorisés qui ont trouvé la lumière et la beauté là où notre ignorance s'épuise à chercher! [...] C'est ici le rôle du livre qui nous ouvre les yeux, qui nous débouche les oreilles pour écouter la symphonie des petits oiseaux qui chantent les merveilles du Bon Dieu... Surtout, les livres nous apprennent que l'homme ne vaut pas bien cher!»

Suivent trois autres poèmes. «Dépouillement» a paru sous le même titre mais dans une forme très différente le 25 novembre 1944, dans *L'Action catholique*. La réflexion sur l'automne est un motif récurrent chez Boudreau, qui y voit la déchéance de la nature comme métaphore de celle de son corps torturé par l'ataxie de Friedreich. L'un de ses plus beaux poèmes, intitulé «L'arbre vaincu», a paru tel quel le 12 novembre 1948 dans *La Vallée de la Chaudière* et le 25 octobre 1951 dans *L'Écho de Portneuf*. Le motif est le même que dans le poème précédent. «Prière au tombeau», pour sa part, a paru sous le titre «Au seuil de novembre» dans *L'Évangéline* du 24 octobre 1946. Le poète a supprimé la première strophe pour l'intégrer sous une autre forme dans le poème «Dépouillement». Sa place dans *Vers le triomphe* montre assez qu'il voulait présenter un cycle de poèmes consacrés à l'automne.

Les textes qui terminent le recueil, jusqu'à l'avant-dernier, sont ou banals ou réactionnaires. «Un peu d'amour» est un essai inspiré par Lacordaire et dont l'intérêt limité se réduit à cette réflexion: «Le poète est un sage; c'est lui qui prolonge l'enfance et la jeunesse». Le récit «Dans mon village» a paru dans *Concorde*, revue municipale de l'hôtel de ville de Québec, en juin 1952 (vol. 3, n° 6). L'auteur y évoque un voyage à Petit-Rocher qu'il a effectué en juillet 1948. Il y est question, inévitablement, de Notre-Dame-de-l'Assomption, d'*Évangéline* et du souvenir de Longfellow, ainsi que des écrits d'Émile Lauvrière. Ce texte nostalgique est représentatif des discours cléricaux, bourgeois et élitistes que l'on pouvait entendre à l'époque. Paru sous le même titre dans *La Vallée de la Chaudière*, le 23 septembre 1949, et dans *L'Évangéline*, le 18 octobre 1949, l'essai «Chopin l'immortel» a été écrit pour commémorer le centième anniversaire de la mort du célèbre compositeur et pianiste polonais. Pompeuse, la réflexion s'appuie encore ici sur les critères douteux du Vrai, du Noble et du Beau. Le poème de circonstance intitulé «Nuit d'espérance» a paru sous une autre forme et sous le titre «Noël, cri d'espérance», dans *L'Action catholique*, le 22 décembre 1945. «Seule dans la nuit» est un récit moralisateur qui idéalise la femme soumise, dont le portrait naïf est bel et bien d'un autre âge. «Poème à la nuit» a paru sous le titre «Poème de la nuit» et dans une version différente dans *L'Action catholique*, le 24 décembre 1946; il s'agit bien sûr d'un poème de circonstance écrit pour stimuler une méditation sur la naissance du Christ.

Finalement, «Nostalgie» est un récit mélancolique sur l'Acadie dans lequel il est question du musicien Arthur Leblanc, d'Émery Leblanc, rédacteur en chef de *L'Évangéline,* et de l'une des premières femmes de lettres acadiennes, Marguerite Michaud. Il n'est pas étonnant que l'auteur de *Vers le triomphe* termine son ouvrage par un texte sur l'Acadie, puisqu'il projetait de publier par la suite un recueil de contes rassemblant ses souvenirs d'enfance, *L'heureux temps*.

SERGE PATRICE THIBODEAU

Vers le triomphe. (Prose et poèmes), avec une préface de M. Alphonse Désilets, Québec, [le Quotidien ltée], 1950, 97[2] p.

LA VEUVE ENRAGÉE
Antonine Maillet
Théâtre (1977)

Pièce en deux actes tirée du roman *Les Cordes-de-Bois* et créée au Théâtre du Rideau Vert l'année même de la parution du roman (1977), *La veuve enragée* nous ramène à l'époque des années 1930, au «Pays des Côtes», où s'oppose le clan des Mercenaire aux bonnes gens du village du Pont, mais surtout à la Veuve enragée (chez qui on reconnaîtra Ma-Tante-la-Veuve des *Cordes-de-Bois*). C'est déjà ici le conflit classique de l'œuvre mailletienne entre le haut et le bas social: la Veuve enragée, gardienne de l'ordre moral et de la bienséance, s'acharne à vouloir assagir les Mercenaire, qui squattent sur ses terres aux Cordes-de-Bois, vivant au jour le jour, mordant à belles dents dans la vie et se moquant du qu'en-dira-t-on. Cependant, les choses ne sont pas toujours telles qu'elles paraissent et le jeu révélera que, derrière les apparences et malgré leur anticonformisme, les forlaques des Cordes-de-Bois ont peut-être plus de cœur que les dévotes du Pont.

La veuve enragée, [introduction par Jacques Ferron], [Montréal], Leméac, [1977], 171 p., ill. (Théâtre).

LA VIE EN CROIX
Eddy Boudreau
Prose et poèmes (1948)

Cet ouvrage regroupe neuf textes en prose (courts essais, récits, billets) et cinq poèmes en vers libres. Il sera suivi en 1950 d'un autre recueil de prose et poèmes intitulé *Vers le triomphe*. Leur auteur, Eddy Boudreau, est né le 4 mars 1914 à Petit-Rocher, au Nouveau-Brunswick, sous le nom de baptême de Joseph Édouard Boudreau, et il est mort à Québec le 9 avril 1954, à l'âge de 40 ans. À partir de 1942 jusqu'à sa mort prématurée 12 ans plus tard, celui qu'on a surnommé le poète de la douleur a écrit et publié plus de 200 textes – prose et poèmes – dans divers journaux du Québec et de l'Acadie, principalement dans

L'Évangéline, à Moncton, dans *La Vallée de la Chaudière,* à Saint-Victor-de-Beauce, et dans *L'Action catholique,* à Québec.

Cette intense activité journalistique et littéraire est considérable compte tenu des conditions tragiques ayant marqué la vie de l'auteur. Treizième et dernier enfant de sa famille, orphelin dès la petite enfance, Eddy Boudreau est vraisemblablement atteint de l'ataxie de Friedreich dès l'âge de 17 ans; à 25 ans, il ne peut plus marcher. Vivant en réclusion à l'hospice Saint-Antoine, au cœur du quartier prolétaire de Saint-Roch, dans la basse-ville de Québec, il y est soigné de 1940 à 1954. Encouragé par son frère Daniel, qui écrit sous le pseudonyme de Donat Coste (*L'enfant noir*), c'est à Québec qu'il commence à écrire à la dactylo avec les deux index de ses mains paralysées, ou encore en dictant ses textes à des secrétaires bénévoles.

Eddy Boudreau est vraisemblablement le tout premier écrivain de l'histoire littéraire acadienne, selon le sens donné aujourd'hui à ce mot.

La couverture de *La vie en croix* est éloquente: le coin supérieur gauche présente le titre de l'ouvrage dans un pentagone renversé se détachant du profil barbu d'un Christ en souffrance, le tout coloré d'un rouge vif. L'illustration est complétée par une croix noire en relief mi-couchée, qui semble vouloir se redresser. Le nom de l'auteur figure dans le coin inférieur droit. La page frontispice reprend le titre en précisant le lieu et la date de la publication: Québec, 1948. En exergue, une citation de «Guillain de Bénouville» suggère une mise en lecture: «Celui-là qui n'a pas entendu son frère appeler au secours, celui-là qui n'a pas compris ses appels, ne sait pas tout à fait ce qu'est la douleur.» L'auteur cité se nomme en réalité Pierre Bénouville (1914-2001) et il a publié *Saint-Louis ou le printemps de la France* (1943), l'une des premières descriptions vécues de la Résistance.

La vie en croix s'ouvre sur un texte liminaire en prose intitulé «Anniversaire», daté du 4 mars 1946. Ce jour-là, Eddy Boudreau fête ses 32 ans. Après quatre ans de journalisme, il écrit: «je rêve d'intensifier mon apostolat littéraire. Après les colonnes du journal, je voudrais m'exprimer dans les pages du livre.» C'est donc à partir de cette date que l'autodidacte décide de consacrer son existence à l'écriture. Il y exprime un second projet, qu'il mènera parallèlement au premier, jusqu'à sa mort: «que celui qui souffre se place sous d'autres croix, qu'il devienne le Cyrénéen d'un frère en détresse». On y observe aussi un troisième aspect de toute l'œuvre de Boudreau, soit son attachement à l'Acadie, particulièrement à Petit-Rocher, un sentiment d'appartenance vivifié par sa lecture de *L'Acadie vivante* d'Antoine Bernard.

Les textes qui suivent, que nous passerons sommairement en revue, sont numérotés de I à XIII. Le premier s'intitule «Il faut mater sa vie» et a été publié sous le titre «Pour mater sa vie» le 7 décembre 1945, dans *La Vallée de la Chaudière*. L'auteur y résume sa philosophie sur la maladie: «la douleur est un moyen de régénération morale». On y trouve une allusion à Alfred de Musset, qui a écrit: «Nul ne se connaît tant qu'il n'a pas souffert». Musset sera le modèle poétique de Boudreau. Dans «Les hommes de volonté», Boudreau présente des créateurs malades et incompris des leurs, ou morts prématurément: Chopin, Schumann, Dante, Haendel, Mozart, Berlioz, Beethoven, Maupassant. Il est question du poète québécois Albert Lozeau, dont la vie ressemble, par bien des aspects, à celle de Boudreau. Et, comme on pouvait s'y attendre, Boudreau fait l'éloge d'Émile Nelligan. Dans «Joyeux pèlerins», le poète médite sur ses propres souffrances: «je fête aujourd'hui mon quinzième anniversaire de maladie». Il y cite le poète québécois Louis Dantin. Suit le premier poème, «Rien ne demeure», dans lequel il cite Musset. L'intertextualité deviendra une pratique fréquente à partir de ce poème qui fait référence à l'atome et qui surprend par ses tonalités existentialistes: «tout doit finir: la poésie comme le rêve». Le cinquième texte, en prose, s'intitule «Besoin d'aimer» et se veut une réflexion plus poussée sur la maladie, la douleur et l'amour. On y voit surgir le thème obsédant de l'arbre, la signature même de Boudreau. Le poème «Triomphe» relève de l'hymne pascal et fait l'éloge du terroir, des paysans et des prolétaires; une très longue version de ce texte a paru sous le titre «Renaissance» dans *L'Action catholique* en 1943. La chute du poème est une adresse visant à encourager et à soutenir les malades. Fidèle à la logique de *La vie en croix*, le texte épistolier intitulé «En dépit des laideurs» s'adresse au malade en utilisant la deuxième personne du singulier. Commentant la mort de Roosevelt, Boudreau y fait allusion à un billet de son frère Donat Coste. Puis il change de registre: sous prétexte d'écrire un récit, l'auteur se met en scène en se dépeignant comme un poète aux prises avec la maladie mais plus que jamais déterminé à poursuivre son œuvre littéraire. Ce texte verra son prolongement dans «Héroïsme», premier récit de *Vers le triomphe*. «Entretien», la huitième partie de *La vie en croix*, est un récit moralisateur opposant les valeurs de la ville à celles du terroir; celles de la jeunesse à celles des parents. L'auteur disserte sur les vertus du travail et du devoir filial. Il y est question des fables de Félix Leclerc rassemblées dans *Allegro*. Neuvième partie du livre, le poème «Fin de mai» est en fait un hymne marial dans lequel il est question du rôle du poète et dans lequel Boudreau rapproche les thèmes de l'arbre et de la croix. Finalement, «Réaction» est un billet prônant les critères esthétiques très approximatifs de «l'idéal du vrai et du beau» en tant que but de l'art.

La onzième partie de l'ouvrage est de loin la plus importante de toute l'œuvre de Boudreau, au point de vue tant littéraire que biographique. En 24 pages, il propose une réflexion bouleversante sur sa condition de malade. Il y expose douloureusement sa lucidité devant le caractère inéluctable de sa propre mort: «Père, que ce calice s'éloigne de moi!» s'inscrit en écho aux propos déchirants de son cahier

autobiographique, «Un mutilé de la vie». Boudreau insère dans ce récit le poème «Divine souffrance», paru dans une version différente le 25 septembre 1942 dans *La Vallée de la Chaudière*; il s'agit vraisemblablement de l'un de ses tout premiers poèmes, écrit «à l'issue de [ses] vingt ans» (vers l'âge de 28 ans). Conscient de son statut d'écrivain, il révèle que «depuis 1940, [sa] vie se résume dans le maniement des livres», et ajoute: «je poursuis le rêve, agençant des phrases, créant des articles pour des éditions canadiennes. Une heure sans forger des mots serait peut-être le début d'un éboulement, la chute d'un idéal où je pourrais finir en beauté. J'aime la fuite d'une plume qui crispe [*sic*] sur la feuille». Ce texte devient tour à tour une réflexion sur la modernité d'objets tels que des jumelles ou un avion dans le ciel; sur la musique; sur l'héroïsme des religieuses et des infirmières; sur l'humiliation d'être invalide. Plus que tout, ce sont ses préoccupations d'écrivain qui lui importent: «Dommage que je n'aie pas dressé l'habitude de construire un journal!». Las de la monotonie de sa réclusion, il écrit que «[r]ien n'est plus semblable à demain qu'aujourd'hui». Il termine son récit par des extraits de lettres que lui ont envoyées ses ami(e)s, parce que, selon lui, «[l]'écrivain qui n'écrit pas fouille dans ses lettres». Ce texte, daté de septembre 1946, est ponctué d'une courte phrase qui exprime la lucidité de l'auteur devant la finalité de toute chose et qui se rapproche du caractère existentialiste du poème «Rien ne demeure»: «Le bourgeon naît, l'arbre grandit, la feuille tombe.»

L'avant-dernier texte du recueil et dernier poème du livre, «Sous les étoiles», a paru sous le même titre mais dans une forme différente dans *L'Action catholique* vers 1943. Il comportait alors la mention «Fragments d'un livre en préparation, *En marge de la vie*.» Ce poème est remarquable dans le sens où son auteur exprime certains doutes par rapport à sa foi: à l'époque de la Grande Noirceur, pendant le régime Duplessis, écrire «Le vent des révoltes a soufflé sur ma foi» tenait presque du blasphème.

Finalement, «La croix d'un village», qui ferme le livre, est un récit racontant une balade dans les Cantons-de-l'Est et résume les grands thèmes de l'ouvrage: «SOUFFRIR est une vocation»; «[i]ci-bas, rien ne demeure; tout passe et le monde n'est pas heureux»; «on préfère la croix qui est un signe de triomphe et d'espoir». Conclusion habile sous la plume d'un écrivain véritable, par laquelle il revient au poème initial et avec laquelle il annonce son prochain ouvrage: *Vers le triomphe*.

Serge Patrice Thibodeau

La vie en croix, Québec, [des Ateliers de l'Institut Saint-Jean-Bosco], 1948, 111 p.

LA VIE PRODIGIEUSE
Rose Després
Poèmes (2000)

Quatrième recueil de poésie de Rose Després, *La vie prodigieuse* lui a valu en 2001 le prix Antonine-Maillet-Acadie Vie. Acadienne engagée, très active dans les milieux artistique et culturel de Moncton, Després offre à ses lecteurs une poésie imprégnée de vitalité passionnée. Son titre évoque bien la thématique abordée dans l'œuvre, puisque les affres et les joies de l'existence humaine sont présentées dans un kaléidoscope d'images reflétant une variété de réalités. Tantôt étonnantes, tantôt familières, ces scènes de vie quotidienne cherchent à susciter des émotions vives et ne laissent pas les lecteurs indifférents. La fougue mordante et la véhémence expressive des poèmes ne font que s'amplifier avec chacune des trois parties du recueil, toutes d'une longueur similaire et intitulées respectivement «Prise I», «Prise II» et «Prise III». Chaque partie du triptyque contient une trentaine de poèmes, généralement courts et portant tous un titre, parfois énigmatique, comme «Aux salons», parfois référentiel, tel «Afrika», qui offre un cliché saisissant d'une vue des marchés de Kinshasa. Le voyage entrepris semble *a priori* circulaire, puisque le lecteur s'engage dans une trajectoire en spirale. En effet, Rose Després passe du personnel au planétaire, puis revient au particulier pour ensuite déboucher sur l'universel, puis revenir au point de départ. Chaque poème s'inscrit dans une progression lente mais irrévocable vers un élan difficilement acquis et vers le cœur du problème. La conscientisation de la narratrice s'affine au fil des pages, lui permettant d'aboutir à cette «lueur grandissante» qui rejaillit comme l'étincelle de la vie. Quand la narratrice conclut: «J'ai encore des rêves à éveiller», nous savons qu'une étape importante a été franchie.

L'illustration de Louise Després-Jones qui orne la couverture oriente le lecteur: il reconnaîtra le rougeoyant phénix mythique qui renaît de ses cendres parmi les flammes ardentes. Plusieurs mains suspendues à ses ailes évoquent l'effort humain investi pour pouvoir s'envoler, l'oiseau représentant la liberté, mais aussi l'espoir sans cesse renouvelé. D'autres symboles émaillent les textes, comme le feu et l'eau. En effet, à plusieurs reprises, les flammes de la passion brûlent et dévastent tout, ou, plus rarement, illuminent et réchauffent le cœur. Dansant et éclatant, ce «virevent feu follet» devient l'élément emblématique qui s'oppose à un autre principe important dans l'œuvre, l'élément aquatique apparaissant souvent en filigrane. Comme le feu, l'eau peut avoir une action bénéfique ou, au contraire, néfaste. Dans «À bord le vaisseau fantôme» ou «Neptune s'en doutait», par exemple, où on reconnaît par ailleurs les références intertextuelles (dans le premier cas à la littérature orale populaire et dans le second à la mythologie grecque), les ondes bercent, calment l'individu. «Dieu flotte», alors qu'ailleurs les vagues se déchaînent, chavirant et noyant les âmes.

Outre ces images de ravages par le feu et de l'imprévisibilité d'un océan immense où «nous continuons à naviguer», plusieurs descriptions de mouvements verticaux sont réitérées. Liées aux thèmes de la chute et de l'élévation, elles s'imbriquent dans celles qui évoquent les déplacements sur un autre plan, suivant les horizons terrestre ou maritime. Toutefois, dans la vision panoramique qui se déploie dans ces vers, un seul point nodal, un unique point de focalisation se dégage: l'individu aux prises avec les éléments qui représentent l'Autre, l'inconnu et sa propre conscience.

Chez Després, la parole révèle la force d'une langue poétique innovatrice qui génère une énergie libératrice. Ainsi, ses mots «pieuvrent et médusent» «bourrasquant» notre vision du monde. Le lecteur se voit happé par une véritable richesse linguistique, le français standard s'enrichissant de néologismes et d'expressions colorées et originales qui côtoient aussi parfois l'anglais. L'appropriation créative du vocabulaire, les stratégies de reterritorialisation de la langue permettent à la narratrice non seulement de transcender son état en assistant à sa propre renaissance, mais aussi de participer à sa propre réinvention. De plus, comme «[l]e tableau vide / beckons», l'écriture de Després invite les lecteurs à se laisser séduire par la magie des mots, pouvoir qui les «hypnotise / ensorcelle / guide», puisque, selon l'auteure, «le réveil si palpable / si proche / est possible» et chacun peut participer à sa propre renaissance. En terminant notre lecture, nous comprenons que cette voix poétique ne cherche pas tellement à cerner une identité acadienne ou à se la réapproprier, mais simplement à s'exprimer, à se libérer, pour mieux s'envoler...

Comme une série de photographies, les poèmes de *La vie prodigieuse* donnent lieu à une variété de lectures de la vie où les instantanés illustrent joie, anticipation et désir ou, au contraire, tristesse, rage et ennui. Ces différentes «prises» qui structurent l'œuvre traduisent la volonté d'avoir une emprise, fût-elle éphémère, sur une réalité qui nous échappera toujours. Bref, en inscrivant son œuvre sous le mythème de la renaissance, Rose Després permet à chacun de voir le potentiel du Verbe créateur: se (ré)concilier avec soi, autrui et l'inconnu grâce à la poésie.

LISE GABOURY-DIALLO

La vie prodigieuse, [Moncton], Éditions Perce-Neige, [2000], 119[5] p. (Poésie).

VOUS
Herménégilde Chiasson
Poésie (1991)

Dans ce beau livre, qui a remporté en 1992 le prix France-Acadie, Herménégilde Chiasson, poète, mais aussi cinéaste, artiste visuel et dramaturge (considéré parfois comme le père de la modernité acadienne), trace un amour difficile avec une «vous» qui est à la fois la femme, la patrie et l'autre. La difficulté de communiquer à travers l'absence, le vide, le vertige, la contrainte, les souvenirs pénibles est douloureusement peinte. Comme dans son recueil *Conversations*, nous avons ici un témoignage de l'imperfection de la communication humaine et des limites du langage. Le recueil est parsemé d'images cinématographiques, chose qui ne devrait pas surprendre, le poète étant aussi réalisateur – *Le grand Jack* (1987), *Toutes les photos finissent par se ressembler* (1985), *Robichaud* (1989), *Le taxi Cormier* (1990) et *Épopée* (1996). En lisant *Vous*, nous éprouvons avec le locuteur une grande souffrance métaphysique, qui dépasse celle déjà exprimée dans un livre comme *Mourir à Scoudouc*, publié en 1974, en pleine période du néonationalisme acadien.

Le recueil est divisé en sept parties (composées parfois de poèmes en vers, parfois de poèmes en prose) intitulées: «découpage»; «répétitions»; «synopsis»; «première version»; «repérage»; «projection arrière»; et «balayage constant». Les «illustrations» qui accompagnent les vers vont de dessins apparemment incompréhensibles jusqu'à des photos, soit de l'obscurité à la clarté. Pour les dessins, le sens est caché derrière des griffonnages tourmentés et ce n'est qu'en regardant de près qu'on discerne derrière ce désordre un cœur, des lèvres, une bouche, un corps féminin, des mains qui se touchent à la Michel-Ange. Ces dessins ne devraient pas surprendre chez un artiste depuis toujours préoccupé par la complémentarité des arts. Les titres des sept parties du livre appartiennent à cette même préoccupation interartielle (ils évoquent la littérature, le théâtre, le dessin, le cinéma et la photographie), cette vision englobante pouvant être perçue à chaque page du livre et étant caractérisée par une synesthésie poussée.

Dans la première partie du recueil, nous nous trouvons dans un métro cauchemardesque, symbole peut-être du voyage de la vie et site de la rencontre d'un homme (estropié; «au cœur éclaté») et d'une femme («seul jardin d'ecchymoses / [...] seul endroit où ça fait vraiment mal»; «fragile», mystérieuse). Dans ce passage, le narrateur, «sans maison», «sans oreiller», s'attarde à la violence et à la beauté du monde aussi bien qu'à la souffrance et qu'aux dangers cachés derrière nos gestes quotidiens. Plus loin, le voyage continue en voiture et c'est sûrement le peintre, l'artiste qui décrit ce voyage du passé: «... nous allions vers le soleil dans une orgie de mauves, d'orange et de cramoisis, et quand la musique s'est arrêtée, c'était la nuit». Or, le «voyage» dans cette voiture (autre symbole du mouvement perpétuel de la vie moderne) est décrit soit par les vers soit par les photos, d'où nous voyons la rue à travers le pare-brise. Et dans la dernière partie, c'est l'avion qui devient le véhicule de ce long et pénible voyage à travers le continent, à travers le désert, confrontant tout obstacle, tout mur. Le poète finit par descendre jusqu'à des bribes de phrase, des fragments à la limite du langage et par conséquent du sens. En bout de ligne, il y a une énorme explosion, une dissolution; la fin est «infilmable», c'est-à-dire inexprimable. «Tout s'éteint, tout se débranche, tout s'estompe». Désintégration et catastrophe de la civilisation (suggérées par l'image de l'enfant qui joue parmi les ruines d'un immeuble, par le désert, par l'hiver, par les grèves, par les pannes, etc.), catastrophe cosmique dont cette histoire d'amour angoissante n'est qu'un reflet.

Nous avons affaire ici à une poésie qui, moderne par son style, embrasse paradoxalement quelques traits du grand classicisme, par ses allusions d'abord («Œdipe aveuglé»), par son pessimisme tragique ensuite, la vie présentant «un concours de circonstances dont on sortirait [toujours] l'éternel perdant». Classique aussi par ce sentiment du gouffre qui fait penser au gouffre pascalien évoqué par Baudelaire: «Pascal avait son gouffre, avec lui se mouvant. / – Hélas! tout est abîme, – action, désir, rêve, / Parole! et sur mon poil qui tout droit se relève / Maintes fois de la Peur je sens passer le vent.» Le livre de Chiasson est classique aussi par la plainte nostalgique d'avoir perdu (ou peut-être jamais réalisé dans sa plénitude) un amour pénible, d'avoir perdu une «musique». Un homme estropié; un homme hanté par un désir de retrouver, de retourner à un moment éphémère de bonheur, «avant de mourir au bout de [ses] mots» – un refrain qui suggère la faillite du langage ou l'épuisement de sa muse. Or, le langage en faillite, c'est l'impossibilité de verbaliser la beauté de son amour, de sa lumière. Le poète se lamente sur ce bonheur perdu tout en reconnaissant la finalité – et même peut-être la nature illusoire – de cette rencontre. Il se plaint d'avoir perdu son chemin, son identité, sa raison d'être. Il cherche à évoquer le mystère profond du corps de la femme, qui est une énigme, puis retourne au thème du langage insuffisant (entre-temps, les mots du poète nous fixent comme un œil de verre).

Le corps de la femme est un point focal de ces vers lyriques, éruptifs, parfois cicéroniens, parfois élusifs: de page en page, le poète décrit (et dessine) avec une sensualité marquée la chevelure, les yeux, le corps de la femme, le désir de la femme, son désir à lui, leur lit, les draps. C'est un retour en arrière, une réinvention.

Sur un plan plus large, le poète trace aussi la possibilité de la faillite de l'Occident – le moment où «tout ce qui resterait serait vous – ou l'image de vous». Ce texte est caractérisé par un mysticisme imprégné de pessimisme, un mysticisme ironiquement lyrique et classique à la fois, un lyrisme dramatique qui reste sensible à la condition humaine.

Surtout un commentaire sur les limites du langage, le livre exprime en même temps le dédain qu'on devrait avoir du livresque, de «l'histoire», de la «science», car ils couvrent avec arrogance la vraie piste; ils «enfoncent leurs colonnes dans le sable». On devrait se méfier également des «mots stériles des dictionnaires», du mensonge de la photo. Ce sont autant de «masques». La confusion entre réel et rêve est un des grands thèmes de ce livre. Comment distinguer entre réalité et fausseté? La vérité se cache derrière ce masque et l'identité derrière un nom d'emprunt. On joue des rôles et la vie réelle est cachée derrière des scènes de théâtre. L'histoire racontée ici a un scénario, un écran de cinéma. Même la beauté de la femme est une fausse beauté provenant du maquillage et de l'illusion, tandis que, du point de vue de la moralité, elle incarne le mensonge et la déception.

Que reste-t-il après la rupture, après l'amour? Le départ, peut-être la mort, de tous ses aimés, la blessure finale: «il a réalisé que les êtres les plus chers dans sa vie… un jour… l'abandonneraient dans la spirale du temps lui laissant de vagues indications pour ses déplacements subséquents». Le temps – «qui fait son œuvre en dehors de nous» – est en effet un autre thème de ces vers, et surtout le retard, mot qui se répète souvent. C'est un thème souterrain, mais on le discerne un peu partout. Si finalement tout est futile, pourquoi écrire? La réponse du poète, dont la voix est à peu près submergée par les bruits du restaurant, de la ville, du monde: «J'écris pour écrire, c'est tout ce que je sais faire, pour meubler le vide de votre perte.» On peut prétendre que c'est ainsi qu'il survit – en vrai Acadien.

JANIS L. PALLISTER

Vous, [Moncton], Éditions d'Acadie, [1991], 168[3] p., ill.

VOYAGES SANS RETOUR… PARFOIS
Évelyne Foëx
Nouvelles (1994)

Voyages sans retour… parfois compte **17 nouvelles qui visent généralement à révéler le côté énigmatique, mystérieux ou surnaturel**

de la vie. Divisé en deux sections intitulées «Destinations incertaines» et «Extrêmes frontières», l'ouvrage est écrit dans un français standard et présente peu de traces d'oralité ou d'éléments spécifiquement acadiens. Au plan thématique, les textes confirment l'importance de la mer pour l'imaginaire acadien et celle de la mort pour le texte fantastique ou de science-fiction. Par ailleurs, on pourrait noter la dominance de personnages féminins et la représentation souvent ironique des couples.

Dans certains textes, la mer s'avère un ailleurs dont le pouvoir de fascination fait d'elle la sœur de la mort. «Le ballet des noyés», qui ouvre le recueil, met en scène une île visitée par une mer où s'exécute une chorégraphie macabre. Éric et sa sœur projettent de quitter l'endroit, mais un cadavre réussissant à exercer une fascination fatale sur le premier, seule sa sœur prendra le large. Le dénouement de «L'argile» est également marqué par une fusion de la mort et de la mer. Une astronaute ayant atterri sur une planète au sol argileux et, par endroits, boueux marche à la recherche d'un horizon espéré. S'adaptant de plus en plus à son entourage, surtout en survivant à un engloutissement dont elle sort glaiseuse, elle atteint le rivage d'une mer. D'abord poussée inexplicablement à y bâtir des stèles – évocatrices de celles du film *Odyssée 2001* de Kubrick –, elle en vient à sentir l'appel de cette mer. Enfin, la protagoniste du texte très bref qui clôt l'ouvrage, «Mourir au printemps», est sauvée de la noyade par un homme qui lui transmet le goût de vivre. Séropositif, toutefois, il s'avère un instrument du destin.

Huit autres textes soulignent le lien étroit entre la mort et la vie. «Après-midi d'octobre dans un jardin exquis» décrit une société qui, fêtant annuellement le jour national du suicide, banalise la mort au point que les enfants comptent parmi leurs jeux habituels un trousseau d'outils suicidaires. Démystifiée, la mort saura-t-elle séduire le protagoniste, un vieillard?

«Symphonie nocturne» traite explicitement du pouvoir d'attirance de la mort : ceux qui doivent mourir bientôt accèdent, grâce à une perception sensorielle aiguisée, à des moments d'extrême beauté. La vie ordinaire leur paraissant de plus en plus fade, ils y tiennent de moins en moins. La transition entre les deux états n'a toutefois rien de si graduel dans «Un nouveau-né» : si le personnage éponyme crie et pleure, c'est parce qu'il n'a pas encore oublié sa vie antérieure et l'expérience violente qui s'avère à la fois sa mort et sa renaissance. Le titre du texte «Être une fleur» se réfère au souhait du «je», désireux d'un meilleur sort. Le vœu exaucé, c'est l'instance narrative qui raconte laconiquement le bonheur que connaîtra le pissenlit «avant de rendre l'âme». Cet euphémisme constitue la thématique du texte «Des crocus pour éveiller Cécile» : un jeune garçon imagine que, sous la forme d'une plume, l'âme de la défunte veut sortir du corps par la bouche. Arrêté dans sa tentative pour desserrer les mâchoires du cadavre, il se fait dire que l'âme s'est déjà enfuie et il remarque aussitôt la montée vers le ciel d'une petite plume duveteuse… «La conférence muette», pour sa part, est trop courte pour que l'écriture crée de l'étrangeté. Celle-ci provient plutôt de la manière dont l'instance narrative interprète la mort d'une conférencière en rapport avec le thème de l'étude qu'elle devait présenter. En relation avec le thème de la mort, mentionnons finalement les deux textes les moins réussis : «La porte au fond du couloir», qui raconte la réalisation d'un rêve dans lequel le couloir figure la destinée, et «L'ultime vertige», qui s'avère une reprise au féminin du *Portrait de Dorian Gray* d'Oscar Wilde.

Finalement, on trouve six textes dont la source d'étrangeté est autre chose que la mort. «Iris» et «La forêt qui pleut» racontent des expériences oniriques. «Traverser le bois» pose la question de savoir si le brouillard que l'écriture transforme en linceul délimite un espace sans sol. «Voyage au fond d'un puits» propose une version du cliché voulant qu'un tunnel creusé en Occident mène à la Chine (chez

Foëx, le voyageur débouche sur «la nuit étoilée»). «Le rendez-vous des sables» met en scène les pensées de deux personnes destinées à se rencontrer lors d'une promenade sur la plage. «L'eau de jeunesse», le texte le plus intéressant du groupe, raconte l'histoire d'un vieux couple qui cherche et trouve dans le désert la fontaine de Jouvence, mais, si c'est le désir de ne jamais se séparer qui motive leur quête, la réussite de celle-ci engendre le résultat contraire : le mari, devenu jeune et avide d'aventures amoureuses, quitte sa femme pour une autre.

Il ressort de cet amalgame des textes relevant tantôt du merveilleux, tantôt du fantastique, tantôt de la science-fiction. Jouant sur plusieurs registres de l'étrange, l'auteure se donne toute liberté d'imaginer des événements inédits, mais elle n'en use pas toujours à bon escient et l'effet d'étrangeté tourne parfois court. «Iris», par exemple, réussit à créer une certaine ambiance «inquiétante» mais pour y apporter une explication banale : le personnage avait fait un cauchemar. Les personnages de «La forêt qui pleut» s'étonnent que, dans le désert, trois femmes différentes aient fait des «rêves de pluie» et que, une fois le récit des rêves terminé, l'on puisse observer dans le stationnement la jeune fille de l'un des rêves. Contrairement à ce qui se passe dans d'autres nouvelles du recueil, dans ces deux derniers textes, l'écriture ne parvient pas à créer un troisième espace, conjonction de deux espaces généralement considérés comme incompatibles.

PAMELA SING

Voyages sans retour… parfois, [Moncton], Éditions d'Acadie, [1994], 142[3] p.

LA VRAIE VIE
France Daigle
Roman (1993)

Même si France Daigle affirme n'avoir jamais écrit que des romans, la parution en 1993 de *La vraie vie* annonce ce que l'on pourrait appeler un véritable cycle romanesque. L'indication

générique de roman est clairement placée sous le titre ; de plus, l'espace des pages à l'intérieur du livre est plus nettement occupé que dans les textes précédents. Toutefois, le lecteur est frappé d'emblée par l'agencement du texte, qui obéit à des lois strictes : chaque paragraphe est numéroté, ces paragraphes regroupés en unités de 10 forment alors une partie (1 x 10), 2 parties (2 x 10) forment alors un chapitre et le roman compte en tout 5 chapitres, donc 100 textes (5 x 2 x 10 = 100). Cette structure rigide forme le corset métallique d'un texte agencé en séquences, mettant en scène la vie et les pensées de six personnages qui se croiseront dans la réalité du texte fictif en création ou dans celle d'un film en gestation.

Le personnage sur lequel s'ouvre la première séquence est Élisabeth, dont le lecteur apprendra au fil de sa lecture qu'elle est médecin spécialisée dans le traitement du cancer, qu'elle est installée à Moncton – ville dans laquelle elle se sent bien – et qu'elle aime ses nombreux déplacements entre les villes de Montréal et de Moncton. Le deuxième personnage rencontré dans la première partie est Denis, qui vient juste de se séparer de sa compagne dont il ne pouvait plus supporter la boulimie. Denis, un Acadien vivant à Moncton, amateur de musique nouvel âge et jusqu'alors créateur de vidéos pour chiens, veut réaliser un film sur la vie en général. Le personnage de Claude, qui ouvre la deuxième partie, est allé chercher en Asie des explications sur les relations corps / esprit après s'être détourné de la psychanalyse. Devenu masseur à Montréal, il partage ses connaissances avec ses patientes, dont Élisabeth. Denise, chauffeuse de taxi à Montréal, arrive également sur scène dans cette deuxième partie : elle vient de prendre à l'aéroport un Européen qu'elle va conduire à travers la ville de Montréal, où elle s'est installée avec son mari et ses deux enfants, ne voulant ou ne pouvant plus vivre en Acadie. Elle essaie de faire comprendre à son client, Rodriguez, un Européen méconnaissant les réalités géopolitiques canadiennes, les différences entre la Québécoise et l'Acadienne. Homme d'affaires en escale à Montréal, Rodriguez est, quant à lui, à la recherche d'un cadeau singulier qu'il destine à une femme inquiétante et troublante, Alida, qui pratique le désœuvrement dans une chambre d'hôtel à Rome et qui, après avoir renoncé à lire des romans et à visionner des films, ne s'intéresse plus qu'aux livres de photographie d'art lorsque la photo délivre immédiatement la beauté des choses. Six personnages possédant une identité civile ou du moins un patronyme, trois hommes (un Acadien, un Français nomade et un Européen cosmopolite) et trois femmes (une étrangère installée en Acadie, une Acadienne installée à Montréal et une Européenne à Rome), ainsi que certains personnages ne possédant pas de patronymes (une femme de Berlin, un coiffeur à Moncton, un ami de Denis et l'interlocuteur de Claude) vont se croiser au cours de leurs déplacements, pris dans leur volonté de connaître la vie, la vraie vie.

La structure rigide du roman s'oppose au flottement qui semble avoir été à la base de l'agencement des séquences numérotées et dotées chacune d'un intertitre. Déjà le titre du roman, *La vraie vie,* donne une indication de lecture, le texte étant placé sous le signe de l'oxymore généralisé. Le lecteur se doit d'être sur ses gardes. Il lui faudra se méfier des mots et du sens commun de ceux-ci. Les titres des cinq chapitres opèrent sur le mode de la contradiction et / ou du paradoxe. Ainsi, « l'aléatoire ordonné », titre du premier chapitre, serait peut-être une clé permettant d'entrer dans un texte qui tourne autour du sens à donner à la vraie vie, l'ordre des textes-séquences obéissant, semble-t-il, aux lois du hasard. Les intertitres tantôt indiquent le mode de lecture, tantôt sont des éléments des séquences (donc des citations), tantôt brouillent systématiquement les pistes, laissant entendre au lecteur que le sens n'est jamais là où on pourrait le supposer.

Toutefois, la dixième séquence de chaque partie porte toujours le même titre : «Effraction». Le terme suscite l'étonnement : fait-il référence au comportement du lecteur, en stipulant que celui-ci entre dans un texte par effraction (après avoir commis un délit de bris, de casse), ou, à l'inverse, le lecteur assiste-t-il à la création du sens d'un texte qui se ferait par effraction? Dans toutes les séquences intitulées «Effraction», le lecteur est voyeur et assiste inopinément à une situation qui semble ne pas le concerner : ainsi, dans la séquence 10, il assiste au glissement d'une barque vide sur un cours d'eau; dans la séquence 20, il voit Élisabeth au volant de sa voiture, de retour de Montréal en direction de Moncton; dans la séquence 30, il voit Rodriguez, dans une analepse, assister aux derniers moments de la vie de son père ainsi qu'à la mort de sa mère, qui surviendra quelques heures plus tard; dans la séquence 40, il voit un coiffeur, Acadien de retour à Moncton, qui regarde avec intérêt Élisabeth, l'étrangère, qui passe tous les jours devant son salon de coiffure avant d'aller travailler; dans la séquence 50, le lecteur accompagne Denise, de retour chez elle après sa journée de travail et en train de réintégrer son rôle de mère et d'épouse; dans la séquence 60, il assiste au déshabillage d'une femme avant qu'elle s'installe sur la table de massage; dans la séquence 70, il regarde de «vrais hommes» en train de travailler sur des échafaudages qui, pour se distraire, sifflent les infirmières de l'hôpital sortant de chez le coiffeur; dans la séquence 80, le lecteur assiste à une consultation médicale au cours de laquelle Alida déclarera à son médecin qu'elle ne souhaite pas de traitement à sa maladie; dans la séquence 90, il assiste au désarroi du directeur médical, qui laisse couler ses larmes de silence, ses larmes d'impuissance; et enfin, dans la séquence 100, il assiste à la présentation du film de Denis (en même temps qu'un ami de celui-ci, qui l'a aidé à trouver un mécanisme susceptible de faire avancer la barque sur une rivière bordée de saules). La boucle est bouclée : entre la séquence 10 et la séquence 100, le lecteur a assisté à la réalisation du film de Denis, un film sur la vraie vie, de même qu'il a assisté à la création du roman qu'il est en train de lire, un roman sur la vraie vie, un roman dans lequel il se doit d'entrer par effraction pour déchiffrer le sens en effectuant des glissements de séquence en séquence.

Le roman, tel qu'il s'élabore, n'est pas un récit mettant en scène des personnages en évolution, mais un récit qui met en scène les déplacements et les croisements de ses personnages, ainsi que le croisement de l'écriture romanesque avec l'écriture filmique. Le sens s'élabore à partir d'une poétique de la fragmentation qui met l'écriture au cœur de la quête de l'auteure. Pour répondre à cette poétique de la fragmentation, cette dernière a recours à un style laconique et neutre dans lequel l'ironie toujours présente déplace le sens. Les séquences consacrées aux vrais personnages et aux personnages secondaires – croisés dans d'autres lieux par les vrais personnages – font penser à des séquences filmiques qui placent le lecteur dans une position de voyeurisme.

L'auteure a choisi de s'exprimer dans un français standard, refusant d'une part toute marque dialectale qui placerait l'intrigue romanesque dans un lieu géographique précis et d'autre part toute mise en dialogue pour ses personnages. De même, elle a choisi de mettre en scène des personnages nomades qui apprennent à mieux se connaître par les déplacements et les rencontres occasionnelles qu'ils sont amenés à faire. Pourtant, ces rencontres occasionnelles, aléatoires, créent un tissu de relations : entre Élisabeth et Claude, le masseur qui a su lui révéler toutes les ressources de son corps; entre Élisabeth et Denis, qui tournera une séquence de son film avec elle; entre Élisabeth et Alida, la première étant médecin spécialisée dans le traitement du cancer et la deuxième atteinte d'une grave maladie et refusant tout traitement thérapeutique. Un autre réseau de relations se créera entre Rodriguez et Denise, entre Rodriguez, Alida et Denis, puisque ce dernier filmera les retrouvailles de Rodriguez et d'Alida à Rome. Des relations particulières existent entre Denis et Denise, puisqu'ils sont frère et sœur, ainsi qu'entre Denis et Claude, qui ont travaillé ensemble à des expérimentations de bandes sonores.

Un autre réseau de sens se crée entre divers lieux géographiques : Montréal et Moncton pour Élisabeth, Montréal et Berlin pour Claude, et Montréal et Rome pour Rodriguez. La ville de Montréal prend une valeur symbolique de lieu où se croisent les protagonistes, à l'exception d'Alida, qui, elle, reste dans une chambre d'hôtel à Rome. La ville de Moncton est un lieu où Denis, l'Acadien, aime vivre sa solitude en compagnie de ses chiens, alors que sa sœur, pour qui la vie est « un point stationnaire de dynamique paradoxale », souhaite ne jamais y retourner vivre. Le coiffeur, lui, a essayé en vain de vivre ailleurs, alors qu'Élisabeth, venue d'ailleurs, vit volontiers à Moncton. Étant étrangère à la cause et à l'histoire de l'Acadie et des Acadiens, elle peut se faire observatrice et conserver cette distance nécessaire pour mieux comprendre les nœuds de l'existence humaine et vivre sa théorie de l'inertie vitale. Face aux grands arbres qui bordent les rues de la ville, elle peut réfléchir aux obstructions rencontrées par leurs racines et aux contournements vitaux rendus nécessaires pour ces arbres : le contournement comme symbolique de l'entêtement des Acadiens. De même, elle voit dans la maladie du cancer avec ses effets de métastase, de changement de place, une métaphore de l'histoire des Acadiens et de la dispersion de ce peuple ayant survécu grâce à une obstination collective à ne pas mourir. L'histoire de l'Acadie et des Acadiens est mise en relation ici avec le monde et ses questionnements, avec les êtres humains et leur désir de connaître la vie, la vraie vie.

Avec ce roman, France Daigle brise les catégories de la littérature identitaire et ouvre une nouvelle voie vers une littérature acadienne axée sur une problématique universelle, du côté tant humain qu'artistique.

DANIELLE DUMONTET

La vraie vie, [Montréal], l'Hexagone, [1993], 71[4] p. (Fictions).

Z

ZÉLIKA À COCHON VERT
Laurier Melanson
Roman (1981)

Zélika à Cochon Vert est une œuvre comique où le vernaculaire imagé du peuple et le français pédantesque des porte-parole du pouvoir s'entrechoquent, et où les rites et cultes officiels, tant de l'Église que de l'État, prennent vite l'allure anarchique d'une grande fête ignorant toutes les barrières sociales. Le texte s'articule autour d'une vingtaine d'épisodes-chapitres mettant en scène des personnages loufoques qui évoluent pendant la crise des années 1930. L'action se déroule à la Fourche-des-Deux-Rivières, un quelconque village acadien. Ce récit à la troisième personne progresse par bonds, s'étale sur une période de trois ans et anime trois personnages pivots : Zélika à Cochon Vert, Otto de la veuve Hortense et Mme Cochon Vert.

Mégalomane et intraitable, Mme Cochon Vert ne plie l'échine devant personne et passe la majeure partie de son temps à comploter la défaite de ses ennemis. Insultée par les racontars qui éclaboussent Zélika, elle s'évertue à manœuvrer l'union de celle-ci et d'Otto, espérant ainsi faire taire les mauvaises langues. Or, Zélika et Otto incarnent de véritables faux héros. Le roman s'ouvre d'ailleurs sur un épisode qui confirme cet état de fait : le renvoi de Zélika de l'école primaire. Dotée d'un comportement lascif, la pulpeuse adolescente est, de plus, congédiée de son premier emploi après avoir été surprise dans les bras de l'époux de sa patronne. Otto, quant à lui, fait figure de boute-en-train du village qui puise sa bonne humeur au fond d'une cruche de vin. Voulant faire fortune avant d'épouser sa dulcinée, il s'exile au Massachusetts, s'implique dans la contrebande de l'alcool pour finalement rentrer victorieux de son séjour au volant d'un *roadster*.

Le repas de noce – qui se termine lorsque la soutane du curé prend feu –, la lune de miel dans une maison close, l'arrestation subséquente de Zélika pour prostitution et d'Otto pour proxénétisme, la naissance des triplés dans la chambre où agonise l'évêque, ainsi que la cérémonie du baptême, où le même triplé est baptisé à trois reprises, sont des épisodes qui, tout en assurant l'unité organique de l'œuvre, font figure de tableaux délirants destinés à provoquer le rire.

Avant 1981, Laurier Melanson est connu principalement pour ses nombreuses pièces radiophoniques. Conçu pour les ondes, le manuscrit de *Zélika à Cochon Vert* est soumis au prix Molson, où il fait assez bonne figure. Leméac décide dès lors de le publier, assurant ainsi le passage de Melanson des ondes à l'écrit. Le roman est bien accueilli. La critique souligne la qualité de l'écriture et l'ironie, Georges-Hébert Germain estimant même que le roman est « digne de Rabelais ».

Héritier d'une tradition orale dont les sources remontent au Moyen Âge, le discours littéraire de Melanson est, d'abord et avant tout, au service du rire. Dans *Zélika à Cochon Vert*, l'Acadie muette et repliée sur elle-même se voit évincée de la scène. À sa place, l'auteur nous offre une Acadie qui n'a peur ni de s'affirmer, ni de rire d'elle-même, ni de savourer les richesses de sa langue. En donnant à son roman le droit au vernaculaire acadien, Melanson crée un terrain propice à la mise à l'épreuve de la parole officielle. Ici, la parole du peuple entre en lutte avec celle des dirigeants, qui, eux, s'expriment dans un français standard. En délivrant la parole de ses personnages du joug d'une langue unique, plus précisément du « bon français », l'auteur nous offre non seulement une conscience verbale particulière d'un monde, mais aussi et, par ricochet, une vision discrètement subversive de ce monde.

L'univers melansonien s'organise d'ailleurs tout entier autour d'une dualité du monde. On y trouve, parallèlement aux représentants officiels du pouvoir, des représentants non officiels ; parallèlement à la culture bourgeoise, la culture populaire ; parallèlement aux rites religieux et aux cérémonies sérieuses, de véritables bacchanales. Ici, l'univers hiérarchique du monde est souvent renversé. C'est le peuple qui remporte la victoire dans cette lutte, car c'est à lui que l'auteur accorde invariablement soit le dernier mot soit le dernier rire.

Les principales manifestations de la culture comique populaire, celle que Bakhtine nomme la culture du carnaval, sont d'ailleurs omniprésentes dans ce texte. Notons en particulier celle de la vie du corps. La devise du peuple, « *Je mangerons, je danserons, je bouèrons pis je rirons à en réveiller les morts* », témoigne, d'une part, de sa révolte contre un clergé janséniste et, d'autre part, de sa recherche effrénée du plaisir des sens. L'atmosphère licencieuse qui règne ici est rehaussée par un comique burlesque qui, lui, sert soit à ridiculiser la classe dirigeante, soit à rabaisser les choses élevées, soit à mêler le corps au monde. Les personnages de Melanson lâchent des vents, s'enivrent, dévorent leur nourriture, éructent et font l'amour sans modestie aucune, écartant ainsi de leur esprit la culture officielle ainsi que ses représentants.

Marqué par diverses formes d'inversion, de détrônement, de rabaissement et de profanation, l'imaginaire melansonien est, de plus, traversé par des motifs rabelaisiens. Entre autres, on y trouve le motif du corps grotesque, celui de la désacralisation des institutions religieuses ou civiles ainsi que le motif de la mort-naissance. Tout se passe comme si l'auteur cherchait à inverser les normes, à créer un monde détaché de tout sérieux officiel. Le rire est donc dirigé contre toute supériorité ou prétendue supériorité et met ainsi en valeur la fonction contestataire de l'univers fictif. Du coup, celui-ci devient le symbole même d'une cassure radicale dans la conception traditionnelle de la hiérarchie religieuse, politique et linguistique du monde. Par ailleurs, en conférant à la langue acadienne une place privilégiée dans le texte, l'auteur témoigne d'un désir profond de se distancier de toute forme de dogmatisme. Et, si le rire railleur du peuple fonde l'unité artistique de l'œuvre tout en incarnant une vive opposition à la culture officielle, notons qu'il revêt aussi une fonction plus large : celle de rendre les Acadiens à eux-mêmes.

Anne Brown

Zélika à Cochon Vert, [Montréal], Leméac, [1981], 159 p. (Roman québécois).

ŒUVRES LITTÉRAIRES ACADIENNES (1901-2000)

ALBERT-LÉVESQUE, Anne, *Du haut des terres. Roman*, [Moncton], Éditions d'Acadie, [1988], 156 p.

_____, *Les jongleries*, [Moncton], Éditions d'Acadie, [1980], 183 p.

ARCENEAUX, Jean, *Je suis cadien*, traduit par Sheryl St. Germain, illustré par Randall LaBry, Merrick (New York), Cross-Cultural Communications, 1994, 48 p., ill. (Cajun Writers Chapbook 2).

_____, *Suite du loup. [Poèmes, chansons, et autres textes]*, [préface de l'auteur], [Moncton], Éditions Perce-Neige, [1998], 105 p. (Acadie tropicale).

ARCHAMBAULT, Nathalie, *L'île de lumière*, [Moncton], Éditions d'Acadie, [2000], 96 p.

ARSENAULT, Angèle, *Première*, [présentation de Jacqueline Lemay], [Montréal], Leméac, [1975], 124[1] p., ill. (Mon pays mes chansons).

ARSENAULT, Georges, *Contes, légendes et chansons de l'Île-du-Prince-Édouard*, [Moncton], Éditions d'Acadie, [1998], 187[4] p., ill.

ARSENAULT, Guy, *Acadie Rock*, Moncton, Éditions d'Acadie, [1973], 73[2] p., ill.; *Acadie Rock. Poèmes*, préface d'Herménégilde Chiasson, postface de Gérald Leblanc, [Moncton et Trois-Rivières], Éditions Perce-Neige [et] Écrits des Forges, 1994, 97[2] p., ill.

_____, *Jackpot de la pleine lune. Poésie*, [Moncton], Éditions Perce-Neige, [1997], 83 p. (Poésie).

_____, *Poèmes et dessins*, [Moncton, l'auteur], 6 vol.: vol. 1 et 2, 1980, [20] f.; vol. 3, 1980, [10] f.; vol. 4, 1981, [10] f.; vol. 5, 1981, [8] f.; vol. 6, 1983, [12] f.

_____, *Un coup d'œil sur l'école*, [Moncton, l'auteur, 1992], [7] f., ill.

_____, *Y a toutes sortes de personnes*, [Moncton], Michel Henry éditeur, [1989], 64 p., ill. (Poésie).

ARSENEAU, MARC, *À l'antenne des oracles. Poésie*, [Moncton], Éditions Perce-Neige, [1992], 57 p.

_____, *L'éveil de Lodela. Poésie*, [Moncton], Éditions Perce-Neige, [1998], 72 p. (Poésie).

BABINEAU, Jean, *Bloupe. Roman*, [Moncton], Éditions Perce-Neige, [1993], 198[1] p., ill. (Prose).

_____, *Gîte. Roman*, [Moncton], Éditions Perce-Neige, [1998], 124[1] p. (Prose).

BASQUE, Jean-Paul, *La flamme des épinettes. Roman*, [préface de Zoël Saulnier], [Tracadie, l'auteur, 1991], 157 p., ill.

BASQUE-DUPLESSIS, Alma, *Grand-mère me racontait... Nouvelles et récits*, [Grand Bay, l'auteure, 1995], 115 p.

BAURIN, Charles, *Silence en corps. Parcours amoureux*, Wolfville, [et] Amay [Belgique], Éditions du Grand-Pré [et] L'Arbre à paroles, 1991, 65 p., ill. (Le Verger d'or).

BÉLANGER, Philippe Marion, *Les mirages de la distance*, Rivière-du-Loup, Entreprises Castelriand Inc., 1980, 100 p.

BELZILE, Albert, *Des maux et cris en do malheur*, dessins par Yves-Daniel Thibodeau, [Edmundston, Éditions d'Acôté, 1987], n. p.

_____, *Du choc à l'âme. Agenda anachronicodébilharantomologique et illogicoanarchique. Suite pour amours oniriques*, [s. l.], Éditions Faye, [1999], n. p.

BELZILE-MADORE, Lina, *Petit coin perdu*, 2 tomes : tome I, [Rivière-du-Loup, Castelriand Inc., 1979] ; 2ᵉ édition revue et corrigée, [Rivière-du-Loup], Castelriand Inc., [1985], 137[2] p., ill. ; tome 2, *Entre deux voies ferrées*, [Edmundston, l'auteure, 1981], 199 p.

_____, *Poésie inachevée*, [Edmundston, l'auteure, 1985], 55[1] p.

BERNARD, Antoine, *Carnet de route. Échos et souvenirs*, Montréal, Librairie Saint-Viateur, [1965], 396 p.

BÉRUBÉ SOUCY, Alvina, *Les malheurs de Caroline. Roman*, [préface de Camille Soucy], [Saint-Basile], Éditions Lavigne ltée, [1990], 78[3] p.

BONENFANT HACHEY, Imelda, *Au gré du destin*, [Edmundston, l'auteure, 1985], 138[1] p., ill.

_____, *Un cœur vous parle. Poèmes*, [Edmundston, l'auteure], 2 tomes : tome 1, [1983], 144 p. ; tome 2, [s. d.], 96[4] p.

_____, *Une pensée pour toi*, [pensées compilées par l'auteure], Edmundston, l'auteure, 1984, 167[2] p.

BOUDREAU, Eddy, *Vers le triomphe. Prose et poèmes*, avec une préface de M. Alphonse Désilets, Québec, [le Quotidien ltée], 1950, 97[2] p.

_____, *La vie en croix*, Québec, [des Ateliers de l'Institut Saint-Jean-Bosco], 1948, 111 p.

BOUDREAU, Ernest, *On va la faire péter. Pièce en dix tableaux*, [Boucherville], Éditions de Mortagne, [1985], 104 p., ill.

BOUDREAU, Jules, *Chroniques d'une île de la côte. [Nouvelles]*, [Moncton], Éditions d'Acadie, [1999], 125[2] p.

_____, *Cochu et le soleil. Pièce en trois actes*, Moncton, Éditions d'Acadie, [1979], 82 p.

_____, *Mon théâtre. Des techniques et des textes*, [Moncton], Éditions d'Acadie, [1992], 143[1] p.

BOURGEOIS, Georges, *L'e muet et autres lettres d'amour. Poésie*, [Moncton], Éditions d'Acadie, [1998], 70 p.

_____, *Les îles Fidji dans la baie de Cocagne*, [Moncton], Éditions Perce-Neige, [1986], 50 p., ill.

_____, *Les mots sauvages*, [Moncton], Éditions d'Acadie, [1994], 84 p.

BOURGEOIS, Huguette, *L'enfant-fleur. Poésie*, avant-propos de Maurice Raymond, [Moncton], Éditions d'Acadie, [1987], 67 p.

_____, *Espaces libres. Poésie*, [Moncton], Éditions d'Acadie, [1990], 84 p.

_____, *Les rumeurs de l'amour (1980-1983)*, [Moncton], Éditions Perce-Neige, [1984], n. p.

BOURGET, Édith, *Une terre bascule. Textes poétiques et quelques tableaux*, Tracadie-Sheila, Éditions La Grande Marée, 1999, 191 p., ill.

BOURQUE, André-Thomas, *Chez les anciens Acadiens. Causeries du grand-père Antoine*, [Moncton, Presses de l'Évangéline, 1911], 153[2] p. ; édition critique par Lauraine Léger, Moncton, Chaire d'études acadiennes, Université de Moncton, 1994, 290[1] p., ill. (Blomidon).

BOURQUE ARSENAULT, Laura, *Du pain sur la planche*, dessins d'Annette Arsenault Boudreau, [s. l.], l'auteure, 1982, 30 p.

BOUSQUET, Jean, *Le Diable apparaît à Saint-Tristan*, [préface de Camille Perreault], Montréal, Éditions du Lévrier, 1952, 187[2] p.

_____, *Mon ami Georges*, Montréal, Éditions du Lévrier, 1960, 204 p.

_____, *Sœur Laura et sœur Cécilia*, [préface de Bernard-M. Rémillard], Québec, Éditions Garneau, [1974], 103 p. (Roman).

_____, *Les tribulations du curé de Saint-Tristan, Roman*, Ottawa et Montréal, Éditions du Lévrier, 1950, 197[3] p.

BRANCH, James E., *L'émigrant acadien. Drame social acadien en trois actes*, [Moncton, L'Évangéline ltée, 1929], 36 p. ; deuxième édition, revue, corrigée et augmentée, [193 ?], 46 p. ; troisième édition, revue, corrigée et augmentée, [Gravelbourg, Imprimerie Amateur, 1937], 30 p. (Le Blé qui lève).

_____, *Frassati. Drame de jeunesse*, [Gravelbourg, Imprimerie Amateur, 1937], 34 p. (Le Blé qui lève).

_____, *Jusqu'à la mort!… Pour nos écoles! Drame canadien de la « Question des écoles »*, [Moncton, L'Évangéline ltée, 1929], 32[1] p.

_____, *« Vivent nos écoles catholiques! » ou la résistance de Caraquet. Drame historique acadien*, [Moncton, L'Évangéline ltée, 1929], 42 p. ; Gravelbourg, Imprimerie des scouts catholiques, [s. d.], 28 p. (Le Blé qui lève) ; Moncton, L'Évangéline ltée, 1940, n. p.

BRAUD, [Alexandre], *Subercase. Drame historique en trois actes*, [s. l., s. é., 1902], n. p.

BREAU, Raymond, *Chansons, poèmes et photos*, [Moncton], Éditions d'Acadie, [1982], 60[2] p., ill.

BRUN, Christian, *Hucher parmi les bombardes. Poésie*, [Moncton], Éditions Perce-Neige, [1998], 94[3] p. (Poésie).

_____, *Tremplin*, [Moncton], Éditions Perce-Neige, [1996], 66 p., ill. (Poésie).

BRUN, Régis, *Cap-Lumière. Roman*, [Moncton], Michel Henry éditeur, [1986], 74 p.

_____, *La Mariecomo. Roman*, Montréal, Éditions du Jour, [1974], 129 p. (Les romanciers du jour).

BUJOLD, Marc, *Poèmes et réflexions d'amour et d'amitié*, [Edmundston], Éditions Quatre Saisons, [1988], 4 vol. : *L'impression*, vol. 1, 61 p., ill. ; *La situation*, vol. 2, 58 p., ill. ; *Le hasard*, vol. 3, 67 p., ill. ; *La promesse*, vol. 4, 69 p., ill.

BUJOLD, Réal-Gabriel, *Le Bouddha de Percé*, [Moncton], Éditions d'Acadie, [1994], 183 p.

BUTLER, Édith, *L'Acadie sans frontières*, [recueil de chansons], préface d'Antonine Maillet, [Montréal], Leméac, [1977], 129 p., ill. (Mon pays mes chansons).

CAISSIE, Marguerite, *L'oiseau aux multiples voix*, Moncton, l'auteure, 1999, n. p.

CARBONNEAU, Hector, *Gabriel et Geneviève. Récit de la mer*, Moncton, Éditions d'Acadie, [1974], 242 p.

CARON BONENFANT, Sylvie, *Quelque part dans les Alpes. Roman*, [Saint-Basile], Éditions Lavigne, [1991], 143[2] p.

CARON SIROIS, Étiennette, *Le passage de mon « petit village »*, [Saint-Basile], Éditions Lavigne ltée, [1990], 164[2] p., ill.

_____, *Un secret bien gardé. Roman*, [Cap Saint-Ignace], La Plume d'oie, [1998], 191 p., ill.

CHANTRAINE, Pol, *Le grand bal des baleines. [Nouvelles]*, [Moncton], Éditions d'Acadie, [1994], 156[3] p.

CHASSÉ PICARD, Jeannine, *Monde à part*, [Moncton], Éditions d'Acadie, [1981], 50 p.

CHERAMIE, David, *Lait à mère. Interrompu par « L'été en février ». Poèmes de l'Acadiana du XXᵉ siècle finissant*, [Moncton et Sudbury], Éditions d'Acadie [et] Prise de parole, [1997], 69 p.

CHIASSON, Anselme, *Contes de Chéticamp*, [préface de Donald Deschênes], [Moncton], Éditions d'Acadie, [1994], 192[1] p.

_____, *Le diable Frigolet et 24 autres contes des Îles-de-la-Madeleine*, [Moncton], Éditions d'Acadie, [1991], 224 p., ill.

_____, *Le nain jaune et 17 autres contes des Îles-de-la-Madeleine*, [préface de Ronald Labelle], [Moncton], Éditions d'Acadie, [1995], 130[1] p.

_____, *Les légendes des Îles-de-la-Madeleine*, dessins de Rhéal Richard, Moncton, Éditions des Aboiteaux, 1969, 123[2] p., ill. ; illustrations de Denise Landry, Moncton, Éditions d'Acadie, [1976], 132 p., ill. ; [1988], 132 p., ill. ; [préface de Sylvain Rivière], dessins de Rhéal Richard, [Montréal, Planète rebelle, 2004], 124[3] p., ill.

CHIASSON, Géraldine, *C'était la vie dans l'temps*, [préface de Léon Robichaud, prêtre], [Tracadie, l'auteure, 1990], 140 p.

CHIASSON, Herménégilde, *Actions*, [Montréal], Trait d'union, [2000], 137[1] p., ill. (Filigranes).

_____, *Aliénor. Théâtre*, [Moncton], Éditions d'Acadie, [1998], 104[1] p., ill.

_____, *Brunante. Récits*, [Montréal], XYZ éditeur, [2000], 129[3] p. (Hiéroglyphe).

_____, *Climats. Poésie*, [Moncton], Éditions d'Acadie, [1996], 129 p., ill.

_____, *Conversations. Poésie*, [Moncton], Éditions d'Acadie, [1998], 154 p.

_____, *L'exil d'Alexa. Théâtre*, [Moncton], Éditions Perce-Neige, [1993], 80 p.

_____, *Existences*, [Trois-Rivières et Moncton, Écrits des Forges et Éditions Perce-Neige, 1991], 65 p., ill.

_____, *Légendes*, [Photographies de : Ivan Binet, Paul Lacroix, Nathalie Caron, Richard Baillargeon, Denis Thibeault, Giorgia Volpe, André Barrette et Joanne Tremblay.], [s. l.], J'ai VU, [2000], n. p. (L'image amie).

_____, *Miniatures. Essai autobiographique*, [Moncton], Éditions Perce-Neige, [1995], 125 p., ill.

_____, *Mourir à Scoudouc*, Moncton, Éditions d'Acadie, [1974], 63 p., ill. ; [Moncton et Montréal], Éditions d'Acadie [et] l'Hexagone, [1979], 63 p., ill.

_____, *Prophéties*, [Moncton], Michel Henry éditeur, [1986], 77 p., ill. (Poésie).

_____, *Rapport sur l'état de mes illusions*, [Moncton, Éditions d'Acadie, 1976], 67[2] p., ill.

_____, *Vermeer. Toutes les photos du film. Poésie*, [Moncton et Trois-Rivières], Éditions Perce-Neige [et] Écrits des Forges, [1992], 101 p., ill.

_____, *Vous. Poésie*, [Moncton], Éditions d'Acadie, [1991], 168[3] p., ill.

CHIASSON, Herménégilde et Pierre Raphaël PELLETIER, *Pour une culture de l'injure. Essai*, [Ottawa], Le Nordir, [1999], 101 p., ill.

CLIFTON, Deborah J., *À cette heure, la louve*, [Moncton], Éditions Perce-Neige, [1999], 70[2] p. (Acadie tropicale).

[COLLECTIF], *Les cent lignes de notre américanité. Actes du colloque tenu à Moncton du 14 au 16 juin 1984*, [préface de Claude Beausoleil], [Moncton], Éditions Perce-Neige, [1984], 143 p., ill.

_____, *Concerto pour huit voix… Nouvelles et récits*, [Moncton], Éditions d'Acadie, [1989], 98[3] p.

_____, *Cris sur le bayou. Naissance d'une poésie acadienne en Louisiane*, [préface de Barry Jean Ancelet], [Montréal], Éditions Intermèdes, [1980], 143 p., ill.

_____, *Délires à trois crédits*, Moncton, Faculté des arts, Université de Moncton, 1984, 56 p.

_____, *Dépotoir d'illusions*, préparé par les étudiants du Département d'études françaises et subventionné par l'Association des étudiants de la Faculté des arts de l'Université de Moncton, [Université de Moncton, Département d'études françaises et Faculté des arts], 2 vol. : vol. 1, [1979], n. p., ill. ; vol. 2, [1980], 32[1] p., ill.

_____, *L'événement Rimbaud*, [dessins et photos d'Herménégilde Chiasson], [Moncton et Trois-Rivières], Éditions Perce-Neige [et] Écrits des Forges, [1991], 104 p.

_____, *Plumes d'icitte. La première Acadie s'exprime*, [Yarmouth, Imprimerie Lescarbot ltée, 1979], 164 p., ill.

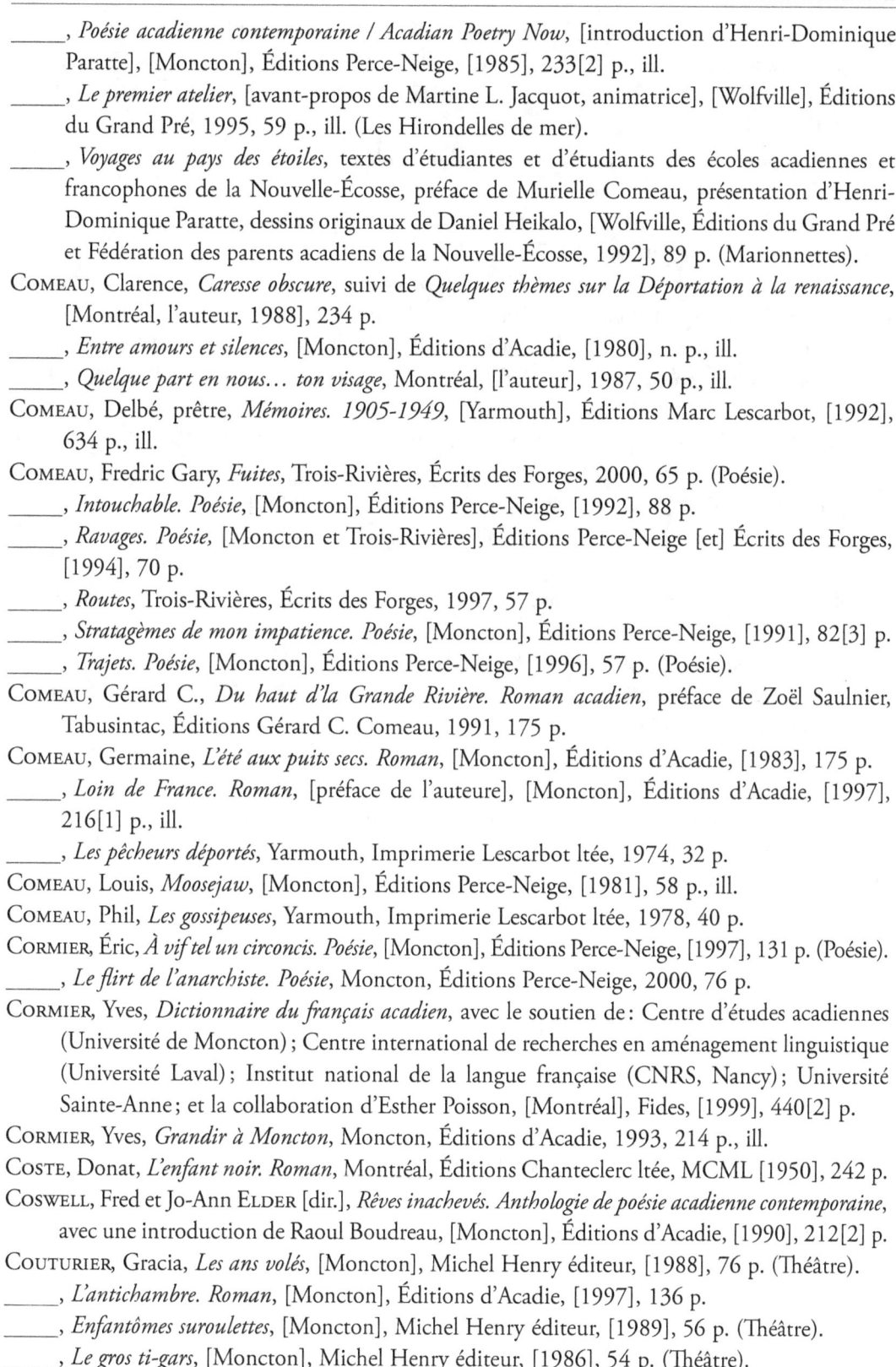

_____, *Poésie acadienne contemporaine / Acadian Poetry Now*, [introduction d'Henri-Dominique Paratte], [Moncton], Éditions Perce-Neige, [1985], 233[2] p., ill.

_____, *Le premier atelier*, [avant-propos de Martine L. Jacquot, animatrice], [Wolfville], Éditions du Grand Pré, 1995, 59 p., ill. (Les Hirondelles de mer).

_____, *Voyages au pays des étoiles*, textes d'étudiantes et d'étudiants des écoles acadiennes et francophones de la Nouvelle-Écosse, préface de Murielle Comeau, présentation d'Henri-Dominique Paratte, dessins originaux de Daniel Heikalo, [Wolfville, Éditions du Grand Pré et Fédération des parents acadiens de la Nouvelle-Écosse, 1992], 89 p. (Marionnettes).

COMEAU, Clarence, *Caresse obscure*, suivi de *Quelques thèmes sur la Déportation à la renaissance*, [Montréal, l'auteur, 1988], 234 p.

_____, *Entre amours et silences*, [Moncton], Éditions d'Acadie, [1980], n. p., ill.

_____, *Quelque part en nous… ton visage*, Montréal, [l'auteur], 1987, 50 p., ill.

COMEAU, Delbé, prêtre, *Mémoires. 1905-1949*, [Yarmouth], Éditions Marc Lescarbot, [1992], 634 p., ill.

COMEAU, Fredric Gary, *Fuites*, Trois-Rivières, Écrits des Forges, 2000, 65 p. (Poésie).

_____, *Intouchable. Poésie*, [Moncton], Éditions Perce-Neige, [1992], 88 p.

_____, *Ravages. Poésie*, [Moncton et Trois-Rivières], Éditions Perce-Neige [et] Écrits des Forges, [1994], 70 p.

_____, *Routes*, Trois-Rivières, Écrits des Forges, 1997, 57 p.

_____, *Stratagèmes de mon impatience. Poésie*, [Moncton], Éditions Perce-Neige, [1991], 82[3] p.

_____, *Trajets. Poésie*, [Moncton], Éditions Perce-Neige, [1996], 57 p. (Poésie).

COMEAU, Gérard C., *Du haut d'la Grande Rivière. Roman acadien*, préface de Zoël Saulnier, Tabusintac, Éditions Gérard C. Comeau, 1991, 175 p.

COMEAU, Germaine, *L'été aux puits secs. Roman*, [Moncton], Éditions d'Acadie, [1983], 175 p.

_____, *Loin de France. Roman*, [préface de l'auteure], [Moncton], Éditions d'Acadie, [1997], 216[1] p., ill.

_____, *Les pêcheurs déportés*, Yarmouth, Imprimerie Lescarbot ltée, 1974, 32 p.

COMEAU, Louis, *Moosejaw*, [Moncton], Éditions Perce-Neige, [1981], 58 p., ill.

COMEAU, Phil, *Les gossipeuses*, Yarmouth, Imprimerie Lescarbot ltée, 1978, 40 p.

CORMIER, Éric, *À vif tel un circoncis. Poésie*, [Moncton], Éditions Perce-Neige, [1997], 131 p. (Poésie).

_____, *Le flirt de l'anarchiste. Poésie*, Moncton, Éditions Perce-Neige, 2000, 76 p.

CORMIER, Yves, *Dictionnaire du français acadien*, avec le soutien de : Centre d'études acadiennes (Université de Moncton) ; Centre international de recherches en aménagement linguistique (Université Laval) ; Institut national de la langue française (CNRS, Nancy) ; Université Sainte-Anne ; et la collaboration d'Esther Poisson, [Montréal], Fides, [1999], 440[2] p.

CORMIER, Yves, *Grandir à Moncton*, Moncton, Éditions d'Acadie, 1993, 214 p., ill.

COSTE, Donat, *L'enfant noir. Roman*, Montréal, Éditions Chanteclerc ltée, MCML [1950], 242 p.

COSWELL, Fred et Jo-Ann ELDER [dir.], *Rêves inachevés. Anthologie de poésie acadienne contemporaine*, avec une introduction de Raoul Boudreau, [Moncton], Éditions d'Acadie, [1990], 212[2] p.

COUTURIER, Gracia, *Les ans volés*, [Moncton], Michel Henry éditeur, [1988], 76 p. (Théâtre).

_____, *L'antichambre. Roman*, [Moncton], Éditions d'Acadie, [1997], 136 p.

_____, *Enfantômes suroulettes*, [Moncton], Michel Henry éditeur, [1989], 56 p. (Théâtre).

_____, *Le gros ti-gars*, [Moncton], Michel Henry éditeur, [1986], 54 p. (Théâtre).

_____, *Je regardais Rebecca. Roman*, [Moncton], Éditions d'Acadie, [1999], 284[1] p.

_____, *Mon mari est un ange*, [Moncton], Michel Henry éditeur, [1988], 48 p., ill. (Théâtre).

_____, *Une histoire de la vie*, [supplément au livre *Enfantômes suroulettes*], Moncton, Michel Henry éditeur, 1989, 21 p.

D'AMBOISE, Simone, *Marie raconte… Roman*, [Edmundston], Éditions Quatre Saisons, [1988], 115 p.

D'EON, Désiré, *Histoires de chez-nous. Faits et anecdotes d'un temps qui n'est plus*, [Yarmouth, Imprimerie Lescarbot ltée], 1977, 74 p., ill.

DAIGLE, France, *La beauté de l'affaire. Fiction autobiographique à plusieurs voix sur son rapport tortueux au langage*, [Moncton et Outremont], Éditions d'Acadie [et] NBJ, [1991], 54[3] p.

_____, *1953. Chronique d'une naissance annoncée*, [Moncton], Éditions d'Acadie, [1995], 165[2] p.

_____, *Film d'amour et de dépendance. Chef-d'œuvre obscur*, [Moncton], Éditions d'Acadie, [1984], 119 p.

_____, *Histoire de la maison qui brûle. Vaguement suivi d'un dernier regard sur la maison qui brûle*, [Moncton], Éditions d'Acadie, [1985], 107 p.

_____, *Pas pire. Roman*, [Moncton], Éditions d'Acadie, [1998], 169[1] p.

_____, *Sans jamais parler du vent. Roman de crainte et d'espoir que la mort arrive à temps*, [Moncton], Éditions d'Acadie, [1983], 141 p.

_____, *Variations en B et K. Plans, devis et contrat pour l'infrastructure d'un pont*, [Outremont], NBJ, 1985, 43[1] p.

_____, *La vraie vie. Roman*, [Montréal], l'Hexagone, [1993], 71[4] p. (Fictions).

DAIGLE, France et Hélène HARBEC, *L'été avant la mort*, [Montréal], Éditions du remue-ménage, [1986], 77 p., ill. (Connivences).

DELAGE, Richard, *Contact. Essai* suivi de *Allusions. Recueil de pensées*, [Saint-Basile, Éditions Lavigne, 1993], 180[1] p.

DESJARDINS, Eymard, *Quand il faut remonter le fleuve…*, [préface de Guy R. Michaud], [Edmundston, l'auteur, 1987], 140[1] p.

DESPRÉS, Ronald, *Le balcon des dieux inachevés. Poèmes*, Québec, Éditions Garneau, [1968], 59[3] p.

_____, *Les cloisons en vertige*, [Montréal], Beauchemin, [1962], 94 p.

_____, *Paysages en contrebande… à la frontière du songe. Choix de poèmes (1956-1972) suivi d'une étude de Laurent Lavoie*, Moncton, Éditions d'Acadie, [1974], 140 p., ill.

_____, *Le scalpel ininterrompu. Journal du docteur Jan Von Fries. [Sotie]*, [Montréal], Éditions à la Page, [1962], 136[1] p.

_____, *Silences à nourrir de sang*, [Montréal], Éditions d'Orphée, [1958], 103[3] p.

DESPRÉS, Rose, *Fièvre de nos mains*, [Moncton], Éditions Perce-Neige, [1981], n. p., ill.

_____, *Gymnastique pour un soir d'anguilles. Poésie*, [Moncton], Éditions Perce-Neige, [1996], 46 p., ill. (Poésie).

_____, *Requiem en saule pleureur. Poésie*, [Moncton], Éditions d'Acadie, [1986], 52 p.

_____, *La vie prodigieuse*, [Moncton], Éditions Perce-Neige, [2000], 119[5] p. (Poésie).

DESROCHES, Aurore, *Belleprée*, Sainte-Adèle, Éditions Belleprée, 1999, 178 p., ill.

_____, *Belleprée 2*, Sainte-Adèle, Éditions Belleprée, 2000, 189 p., ill.

DEVEAU, J. Alphonse, *Le chef des Acadiens*, [Yarmouth, imprimé par J. A. Hamon, 1956?], 154 p.

_____, *Le chef des Acadiens*, Yarmouth, Éditions Lescarbot, 1980, 154 p., ill.

_____, *Journal de Cécile Murat*, province de Québec, s. l., s. d., 46 p., ill.; [préface de R. P. Cormier], Montréal, Centre de psychologie et de pédagogie, 1963, 62 p., ill. (Le canoë d'argent); Yarmouth, Éditions Lescarbot, 1980, 80 p., ill.

DIONNE, Gérard, *Petite histoire de la famille de mon enfance* suivi de *Souvenirs personnels de ce que la Providence avait en réserve pour moi*, [Saint-Basile, l'auteur], [1995], 215[6] p., ill.

DIOTTE, Lorraine, *Bout-ci bout-là*, [Moncton], Éditions d'Acadie, [1981], 51 p.

_____, *Polidore*, [avant-propos de R. Van], [Dalhousie, l'auteure], 1979, 83[3] p., ill.

DOIRON-BOURQUE, Angèle, *Si tu aimais l'enfant. Poésie*, [avant-propos de l'auteure], s. l., [l'auteure], [1995], 59[3] p., ill.

DOUCET, Camille-Antonio, [F. M. Camille, O.C.R.], *À l'ombre du Petit-Rocher 1797-1947*, [avant-propos de l'auteur; lettre de Son Excellence Mᵍʳ Camille LeBlanc; lettre du curé de la paroisse Saint-Polycarpe de Petit-Rocher; dessin de la couverture par Raymond Couture], [Oka], 1947, xix-202[1] p., ill.

_____, *Une étoile s'est levée en Acadie*, [avant-propos de l'auteur], [Rogersville, les pères Trappistes, 1973], 312 p., ill.

DUCLUZEAU, Jeanne, *Anne d'Acadie. Roman historique*, [Moncton], Éditions d'Acadie, [1984], 260 p.

_____, *Au service du roi. Roman*, [Moncton], Éditions d'Acadie, [1996], 231 p.

_____, *Le chemin des Huit-Maisons. Roman historique*, [Moncton], Éditions d'Acadie, [1987], 359 p.

DUGAS, Albert J., *La bombe acadienne. De l'inconscient au conscient. Un essai de psychanalyse acadienne*, préface de Claude Le Bouthillier, [Wolfville], Éditions du Grand Pré, 1995, 130 p., ill. (Identités).

DUGAS, Bernard, Bertrand DUGAS et Rychard THÉRIAULT, *Ernest et Étienne*, [Moncton], Éditions d'Acadie, [1993], 83 p., ill.

DUGAS, Daniel, *Les bibelots de tungstène*, [Moncton], Michel Henry éditeur, [1989], 64 p., ill. (Poésie).

_____, *Le bruit des choses. Poésie*, [Moncton], Éditions Perce-Neige, [1995], 158 p.

_____, *L'hara-kiri de Santa-Gougouna*, [Moncton], Éditions Perce-Neige, [1983], n. p., ill.

_____, *La limite élastique. Poésie*, [Moncton], Éditions Perce-Neige, [1998], 84 p. (Poésie).

DUGAS, Jean-Marc, *Notes d'un Maritimer à Marie-la-Mer. Poésie*, [Moncton], Éditions Perce-Neige, [1993], 112 p.

DUGUAY, Calixte, *Les stigmates du silence. Poèmes et chansons*, Moncton, Éditions d'Acadie, [1975], 111 p., ill.

DUGUAY, Calixte et Jules BOUDREAU, *Louis Mailloux*, [Moncton], Éditions d'Acadie, [1994], 110[3] p.

DUMAS, Vincent, *Deux pièces acadiennes. Le capitaine Saint-Simon et le père Marsoliau, l'intrépide*, [s. l., l'auteur], 1979, 74 p.

DUMONT, André, *Les corridors. Roman*, Sainte-Foy, Éditions Lojean, 1998, 175 p., ill.

_____, *Jeunesse mouvementée* suivi de *Acadie, Acadie. Poésie et prose*, Sherbrooke, Éditions Naaman, [1979], 76 p., ill. (Création).

_____, *Quand je serai grand*, [Sainte-Foy, l'auteur, 1989], 127 p.

DURANDAL [pseudonyme de Guy R. Michaud], *Entre-deux…*, Montréal, Éditions Beauchemin, 1958, 101 p.

ÉMOND, Ginette, *Poésie satinée*, [Saint-Basile, Éditions Lavigne, 1995], 54[2] p.

_____, *Portrait d'une passion. Poésie*, [Saint-Basile, Éditions Lavigne, 1994], 53[2] p.

_____, *Shadows and Light*, [Saint-Basile, Éditions Lavigne, 1993], 59[3] p.

ÉMOND ROBINSON, Lise, *Une décennie de ma vie en poésie, 1984 à 1994*, [Saint-Basile, Éditions Lavigne, 1994], 66 p.

ENGUEHARD, Françoise, *Les litanies de l'Île-aux-Chiens. Roman*, Moncton, Éditions d'Acadie, [1999], 352[1] p., ill.

ÉTIENNE, Gérard, *Le bacoulou*, Genève, Métropolis, 1998, 61[1] p.

_____, *La charte des crépuscules (Œuvres poétiques), 1960-1980*, [Moncton], Éditions d'Acadie, [1993], 225[2] p.

_____, *Cri pour ne pas crever de honte*, [Montréal, Éditions Nouvelle Optique, 1982], 64[1] p. (Poésie).

_____, *Dialogue avec mon ombre*, Montréal, Éditions francophones du Canada, [1972], 135 p.

_____, *Lettre à Montréal*, [Montréal], Éditions Estérel, 1966, 32 p.

_____, *Le nègre crucifié. Récit*, Montréal, Éditions francophones et Nouvelle Optique, [1974], 150 p.; [préface de Franck Laraque; lexique de Max Manigat], Genève (Suisse), Métropolis, 1989, 164 p.; [préface de Franck Laraque; lexique de Max Manigat], Montréal, Éditions Balzac, 1994, 149 p. (Autres rives).

_____, *La pacotille. Roman*, [Montréal], l'Hexagone, [1991], 258[1] p. (Fictions).

_____, *La reine Soleil levée. Récit*, [Montréal], Guérin littérature, [1987], 195 p. (Roman); Genève, Métropolis, 1989, 195 p. (Roman).

_____, *Romance en do mineur de Maître Clo*, Montréal, Éditions Balzac et Le Griot, 2000, 193 p. (Autres rives).

_____, *Un ambassadeur macoute à Montréal*, [Montréal], Nouvelle Optique, [1979], 233 p. (Caliban et cie).

_____, *Une femme muette*, [Montréal], Nouvelle Optique, [1983], 229 p. (Fiction).

FERGUSON, Jacinthe, *Jasmine*, [Tracadie-Sheila], [Éditions La Grande Marée], [1996], 199 p. (Passion).

FOËX, Évelyne, *Voyages sans retour... parfois. [Nouvelles]*, [Moncton], Éditions d'Acadie, [1994], 142[3] p.

FOREST, Léonard, *Comme en Florence. Poèmes*, dessins de François-X. Chamberland, [Moncton], Éditions d'Acadie, [1979], 107[2] p.

_____, *La jointure du temps. Essais*, [préface d'Anne Marie Robichaud], [Moncton], Éditions Perce-Neige, [1997], 97 p. (Essai).

_____, *Saisons antérieures. Poèmes*, [Moncton], Éditions d'Acadie, [1973], 103[2] p., ill.

FOURNIER, René-J., *Destination Majorque*, [Edmundston, l'auteur, 1984], 172 p., ill.

_____, *Humour madawaskayen*, [présentation de Guy-R. Michaud], dessins par Lise Bourque, [Saint-François, l'auteur, 1983], 62 p.

_____, *Mémoires d'un pédagogue malgré lui*, [Edmundston, l'auteur, 1981], 197 p., ill.

_____, *Mission à Capri. Roman d'aventure*, [Edmundston, l'auteur, 1982], 100 p., ill.

GABOURIE, Gaétane, *Blessure in-pansable*, [Saint-Basile, Éditions Lavigne, 1994], 137[2] p.

GALLANT, Antoinette, *Le journal d'une raconteuse*, [Summerside (Île-du-Prince-Édouard)], Société Saint-Thomas-d'Aquin, [1979], 112 p.

GALLANT, Léonce, *Anecdotes acadiennes amusantes, comme on les conte à Egmont Bay. Poèmes de Léonce*, [Peterborough], Peterborough Publications / Éditions Pe[ter]borough, [1995], 155[1] p., ill.

GALLANT, Marcel, *Sérénité. Poèmes*, [Montréal-Nord, l'auteur, 1984], 31 p.

GALLANT, Mathieu, *Transe migration*, Moncton, Éditions Perce-Neige, 2000, 53 p., ill. (Poésie).

GALLANT, Melvin, *Le chant des grenouilles. Roman*, [Moncton], Éditions d'Acadie, [1982], 157 p., ill.

_____, *L'été insulaire. Chant littéraire*, [Moncton], Éditions d'Acadie, [1982], 39 p., ill.

_____, *Ti-Jean. Contes acadiens*, [préface de l'auteur], Moncton, Éditions d'Acadie, [1973], 166 p., ill.; Moncton, Éditions d'Acadie, 1984, 165 p., ill.; *Ti-Jean-le-Fort. Contes acadiens*, [préface de l'auteur], [Moncton], Éditions d'Acadie, [1991], 249 p.

GÉRIN, Pierre, *Autour de Babel. Fantaisie grammaticale*, Sherbrooke, Éditions Naaman, [1977], 65[3] p. (Études).

_____, *Dans les antichambres de Hadès*, Québec, Éditions Garneau, [1970], 228 p.

_____, *De boue et de sang*, Québec, Éditions Garneau, [1975], 205 p.

_____, *L'opération Méduse. Farce grand-guignolesque en cinq tableaux*, Sherbrooke, Éditions Naaman, [1979], 115[1] p., ill. (Création).

GERMAIN, Paul, *À corps et à cris*, [Moncton], Éditions d'Acadie, [1980], 76 p., ill.

GERVAIS, Marielle, *De l'ombre à l'aube. 1975-1980*, Cocagne, Éditions de l'Aube, 1987, n. p., ill.; 1989, 123 p., ill.

_____, *Ne pense pas… écoute*, Cocagne, Éditions de l'Aube, 1986, 59 p.; 1989, n. p.

_____, *La paix est réalisable*, s. l., s. é., 1967, 25 p.

GOUPIL, Laval, *Le djibou. Pièce en deux actes*, [Moncton], Éditions d'Acadie, [1975], 94[2] p., ill.; *Le djibou, ou L'ange déserteur. Théâtre*, Tracadie-Sheila, Éditions La Grande Marée, 1997, 140 p., ill. (Théâtre acadien).

_____, *James le magnifique*, Tracadie-Sheila, Éditions La Grande Marée, 1999, 116 p. (Théâtre acadien).

_____, *Jour de grâce. Une transposition théâtrale du premier roman de Claude Le Bouthillier*, L'Acadien reprend son pays. Théâtre, [préface de Claude Le Bouthillier], [Tracadie-Sheila, Éditions La Grande Marée, 1995], 103 p.

_____, *Tête d'eau. Pièce en trois tableaux et deux finales*, [Moncton], Éditions d'Acadie, [1974], 64[7] p., ill.

HACHÉ, Louis, *Adieu, p'tit Chipagan*, [Moncton], Éditions d'Acadie, [1978], 141 p.; 1979, 115 p., ill.

_____, *Charmante Miscou*, Moncton, Éditions d'Acadie, [1974], 115 p., ill.

_____, *Le guetteur. Récits*, [Moncton], Éditions d'Acadie, [1991], 129 p.

_____, *Toubes jersiaises. [Nouvelles]*, [Moncton], Éditions d'Acadie, [1980], 181 p., ill.

_____, *La Tracadienne. Roman*, suivi de *Le desservant de Charnissey*, [Moncton], Éditions d'Acadie, [1996], 321 p.

_____, *Un cortège d'anguilles. Roman*, [Moncton], Éditions d'Acadie, [1985], 223 p.

HACHÉ-LUCE, Angélina, *Au fil de ma plume… mes plus beaux poèmes. Une source d'inspiration et de détente*, [Tracadie, l'auteure, 1989], 85 p., ill.

_____, *Le cri de la colombe. Roman*, [Tracadie-Sheila, l'auteure, 1995], 268 p.

HAMEL, Judith, *En chair et en eau*, [Moncton], Éditions Perce-Neige, [1993], 53 p. (Poésie).

HARBEC, Hélène, *Le cahier des absences et de la décision. Poésie*, [Moncton], Éditions d'Acadie, [1991], 93 p.

_____, *L'orgueilleuse. Roman*, [Montréal], Éditions du remue-ménage, [1998], 134 p. (Connivences).

HARVEY, Edwin, *Mémoires d'un Acadien-Québécois*, [préface de François Baril, prêtre], Montréal, Éditions de la Marquise, [1984], 179[1] p. (Biographie).

IBRAHIM, Debbie, *Peur d'aimer*, [Tracadie-Sheila], [Éditions La Grande Marée], [1997], 204 p. (Passion).

JACQUOT, Martine L., *Des oiseaux dans la tête. Nouvelles*, [Brossard, Humanitas, 1998], 102[1] p.

_____, *Fleurs de pain. Poésie*, [Ottawa], Éditions du Vermillon, [1991], 72[2] p. (Parole vivante)

_____, *Les glycines. Roman*, Ottawa, Éditions du Vermillon, 1996, 200 p. (Romans).

_____, *Les nuits démasquées*, illustrations de W. Fraser Sandercombe, Edmundston [et] Wolfville, Éditions Quatre-Saisons [et] Éditions du Grand-Pré, 1991, 72 p. (Le verger d'or).

_____, *Route 138. [Notes de route]*, Wolfville et Edmundston, Éditions du Grand-Pré [et] Éditions Quatre-Saisons, 1989, 65 p. (Le verger d'or).

_____, *Sables mouvants. Nouvelles*, préface de Gaétan Brulotte, Wolfville, Éditions du Grand Pré, 1994, 109[3] p. (Les deux roseaux).

_____, *Les terres douces. Roman*, [préface de Robert Piat], [Edmundston], Éditions Quatre Saisons, [1988], 151 p., ill.

JEAN, Guy, *Paroles d'Acadie et d'après*, [Hull, Éditions Asticou, [1982], 65[3] p. (Poètes de l'Outaouais).

JÉGO, Jean-Baptiste, *Le drame du peuple acadien. Reconstitution historique en neuf tableaux et une pose plastique de la dispersion des Acadiens. D'après* La tragédie d'un peuple *d'Émile Lauvrière*, Paris, Monsieur l'abbé Vincent, [1932], 118[1] p., ill.

_____, *Le roman d'Évangéline ou Terres d'exil*, [préface de l'auteur], Paris, Éditions familiales de France [et] Éditions Spes, [s. d.], 215 p. (Cœur et vie).

JOHNSTON, Maureen, *Poésie... l'instrument de mon passé / Poetry... Intrument of my Past*, [Church Point, Collège Sainte-Anne, 1975], n. p., ill.

JUHEL, Denis, *Paysages intérieurs. Poèmes*, Sherbrooke, Éditions Naaman, [1977], 109 p. (Création).

L'ARCHEVÊQUE, l'abbé Jos.-A., *Vers la Terre sainte. Notes de voyages*, Montréal, la «Croix», 1911, viii-427 p., ill.

LABONTÉ, Robert, *Recueil des histoires du ruisseau de l'église*, [Saint-Basile, Éditions Lavigne, 1995], 84[3] p., ill.

_____, *Une tradition perdue dans les rigueurs de la vallée. Nouvelle*, [Saint-Basile], Éditions Lavigne, [1992], 88[3] p., ill.

LANDRY THÉRIAULT, Jeannine, *Le moustiquaire. Roman*, [Moncton], Éditions d'Acadie, [1983], 188 p.

_____, *Un soleil mauve sur la baie. Roman*, [Moncton], Éditions d'Acadie, [1981], 117 p.

LANDRY, Edmond-L., *Alexis. Roman historique*, [Moncton], Éditions d'Acadie, [1992], 228 p.

_____, *La dernière bataille. Roman historique*, [Tracadie], Éditions La Grande Marée, [1999], 195 p., ill.

LANDRY, Napoléon-P., *Poèmes acadiens*, Montréal [et] Paris, Fides, [1955], 143 p.

_____, *Poèmes de mon pays*, [Montréal, École industrielle des sourds-muets], 1949, 163[3] p.

LANDRY, Ulysse, *La danse sauvage*, [Moncton], Éditions Perce-Neige, [2000], 192 p. (Prose).

_____, *L'espoir de te retrouver. Poèmes*, [Moncton], Éditions Perce-Neige, [1992], 60 p.

_____, *Sacrée montagne de fou*, [Moncton], Éditions Perce-Neige, [1996], 238 p. (Prose).

_____, *Tabous aux épines de sang*, [Moncton], Éditions d'Acadie, [1977], 58 p.

LANG MICHAUD, Marie, *Maritaine raconte*, [Saint-Basile, Éditions Lavigne, 1995], 69[2] p.

LANTEIGNE, F.-M., *Lyre d'Acadie*, [Montréal, École industrielle des sourds-muets], 1951, 138 p., ill.

_____, *L'odyssée acadienne. Poème*, Montréal [et] Paris, Fides, [1955], 39 p.

LAURENTIE, Lucienne, *Ô terre de détresse. Chant des prisonniers*, [présentations liminaires d'Henri-Dominique Paratte et Martine L. Jacquot, avant-propos de Douglas C. Cox, présentation d'Armand Morel], Wolfville, Éditions du Grand-Pré, 1992, 51 p., ill. (Le Verger d'or).

LEBEL-SAINT-JACQUES, Pierrette, *Come see, comme si... Poèmes choisis*, [avec les dessins de l'auteure], Sherbrooke, Éditions du IIIᵉ millénaire, 1991, x-89 p.

LEBLANC, Daniel Omer, *Les ailes de soi*, [Moncton], Éditions Perce-Neige, 2000, 100 p. (Poésie).

LEBLANC, Émery, *Les entretiens du village*, [textes lus à la station radiophonique CBAF durant l'hiver 1955-1956, préface de Reynald Teasdale, gérant, CBAF], Moncton, [Imprimerie acadienne ltée, 1957], 148[9] p. ; Moncton, Éditions d'Acadie, 1979, 142 p.

LEBLANC, Gérald, *Comme un otage du quotidien*, [Moncton], Éditions Perce-Neige, [1981], n. p.

_____, *Complaintes du continent. Poèmes 1988-1992*, [Moncton et Trois-Rivières], Éditions Perce-Neige [et] Écrits des Forges, [1993], 84 p.

_____, *Éloge du chiac. Poésie*, [Moncton], Éditions Perce-Neige, [1995], 120 p.

_____, *Emma 1*, [dessins de Louis Comeau et Roberte Melanson ; photographies d'Yvon LeBlanc, Danyèle Myre et Laurent Comeau], [Moncton], Éditions d'Acadie, [1976], n. p.

_____, *L'extrême frontière. Poèmes 1972-1988*, préface d'Herménégilde Chiasson, [Moncton], Éditions d'Acadie, [1988], 167 p.

_____, *Géographie de la nuit rouge*, [Moncton], Éditions d'Acadie, [1984], 45[2] p.

_____, *Je n'en connais pas la fin*, [Moncton], Éditions Perce-Neige, [1999], 100 p.

_____, *Lieux transitoires. Poèmes et textes*, [Moncton], Michel Henry éditeur, [1986], 46[1] p. (Poésie).

_____, *Les matins habitables. Poèmes*, [Moncton], Éditions Perce-Neige, [1991], 68 p., ill.

_____, *Moncton mantra. Roman*, [Moncton], Éditions Perce-Neige, [1997], 144 p. (Prose).

LEBLANC, Gérald et Claude BEAUSOLEIL, *La poésie acadienne. 1948-1988*, [Trois-Rivières et Pantin (France)], Écrits des Forges [et] Castor astral, [1988], 126 p. ; Trois-Rivières et Marseille (France), Écrits des Forges et Autre temps, 1997, 124 p. ; [Moncton et Trois-Rivières], Éditions Perce-Neige [et] Écrits des Forges, [1999], 213 p.

LEBLANC, Herculine, *Mon témoignage*, [présentation de Rita Landry, f.m.a., supérieure générale], Campbellton, Mont Maria, 1972, 24 p., ill.

LEBLANC, Mario, *Taches de naissance*, Moncton, Éditions Perce-Neige, 2000, 63 p. (Poésie).

LEBLANC, Monique, *Joanne d'où Laurence ou (le drame enregistré)*, [Moncton], Éditions Perce-Neige, [1987], 75 p., ill.

LEBLANC, Raymond [Guy], *Chants d'amour et d'espoir*, [Moncton], Michel Henry éditeur, [1988], 63 p., ill. (Poésie).

_____, *Cri de terre. Poèmes, 1969-1971*, Moncton, Éditions d'Acadie, [1972], 58 p., ill. ; [suivi d'une analyse critique de Murielle Belliveau], Moncton, Éditions d'Acadie, 1986, 83 p., ill. ; *Poèmes. 1972*, [préface de Pierre L'Hérault ; suivi d'une analyse critique de Murielle Belliveau], Moncton, Éditions d'Acadie, 1992, 91[3] p., ill.

_____, *La mer en feu. Poèmes 1964-1992*, [présentation de Gérald Leblanc : «Pour Raymond Guy LeBlanc»], [Moncton et Amay (Belgique)], Éditions Perce-Neige [et] L'Orange Bleue éditeur, [1993], 204 p.

LE BLANC, René, *Derrière les embruns*, [Moncton], Éditions d'Acadie, [1999], 355[2] p.

LE BOUTHILLIER, Claude, *L'Acadien reprend son pays. Roman d'anticipation*, [Moncton], Éditions d'Acadie, [1977], 126[3] p., ill. ; Granby, Éditions Gaudet, 1977, 126 p.

_____, *Le borgo de l'écumeuse. Roman*, préface de Calixte Duguay, Montréal, XYZ éditeur, 1998, 214[1] p.

_____, *C'est pour quand le paradis… Roman*, [Moncton], Éditions d'Acadie, [1984], 246 p.

_____, *Le feu du mauvais temps. Roman*, préface de Louis Caron, Montréal, Éditions Québec / Amérique, [1989], 447[4] p., ill. (2 continents) ; Saint-Laurent, Club Québec loisirs, 1990, 447 p., ill. ; Montréal, Éditions Québec / Amérique, 1994, 357 p., ill. (QA).

_____, *Isabelle-sur-mer. Roman d'anticipation*, [Moncton], Éditions d'Acadie, [1979], 156 p., ill.

_____, *Les marées du Grand Dérangement*, préface d'Angèle Arsenault, Montréal, Éditions Québec / Amérique, [1994], 367 p.

LEE, Michel, *Le pont. Théâtre*, [Moncton], Éditions d'Acadie, [1997], 51 p., ill.

LÉGARÉ, Huguette, *L'amarinée*, Paris, Éditions Saint-Germain-des-Prés, [1979], 67[3] p. (Chemins profonds).

_____, *Brun marine*, [Moncton], Éditions d'Acadie, [1981], 75 p.

_____, *Le cheval et l'éclat. Poésie et prose*, Sherbrooke, Éditions Naaman, [1985], 61 p. (Création).

_____, *Le ciel végétal*, Paris, La Pensée universelle, [1976], 158 p. (Poètes du temps présent).

_____, *La conversation entre hommes. Roman*, Montréal, Le Cercle du livre de France, [1973], 201 p.

_____, *La tempête du pollen*, Paris, Éditions Saint-Germain-des-Prés, [1978], 65[3] p. (Chemins profonds).

LÉGER, Antoine-J., *Elle et lui. (Tragique idylle du peuple acadien)*, Moncton, [L'Évangéline ltée], [1940], 203 p., ill.

_____, *Une fleur d'Acadie. (Un épisode du Grand Dérangement)*, [Moncton], [Imprimerie acadienne ltée], [1946], 128[2] p., ill.

LÉGER, Désiré F., *Cent soixante-quinze ans depuis la déportation. Poème patriotique acadien*, poésie lue par l'auteur le jour de la Commémoration du 175e anniversaire de la dispersion des Acadiens à Grand'Pré, Nouvelle-Écosse, le 20 août 1930, [Moncton, L'Évangéline ltée, 1930], n. p.

LÉGER, Dyane, *Les anges en transit*, Trois-Rivières et Moncton, Écrits des Forges [et] Éditions Perce-Neige, [1992], 84 p.

_____, *Comme un boxeur dans une cathédrale. Poésie*, [Moncton], Éditions Perce-Neige, [1996], 149[3] p., ill. (Poésie).

_____, *Le dragon de la dernière heure*, [Moncton], Éditions Perce-Neige, [1999], 128[3] p. (Poésie).

_____, *Graines de fées*, [Moncton], Éditions Perce-Neige, [1980], n. p. ; 1987, 83 p.

_____, *Sorcière de vent !*, [Moncton], Éditions d'Acadie, [1983], 76[1] p.

_____, *Visages de femmes*, Moncton, Éditions d'Acadie, 1987, 57 p., ill.

LEGER, Edith, *Du temps de la grise*, [préface de Jules Boudreau], [Caraquet], Éditions Franc-Jeu, [1993], 127 p., ill.

LÉGER, Ronald, *Roadkill à 30 kilomètres par seconde. Poésie*, [Moncton], Éditions Perce-Neige, [2000], 61[4] p. (Poésie).

LEPAGE, Rachelle, *Julie des hivers*, [Moncton], Michel Henry éditeur, [1989], 77 p. (Théâtre).

LÉTOURNEAU, Lorraine, *D'amours et d'aventures. Roman*, [Moncton], Éditions d'Acadie, [1996], 345[1] p., ill.

LÉVESQUE (CYR-COULOMBE), Berthe, *Souffle de l'Atlantique. [Poésie et textes lyriques]*, [Saint-Quentin, l'auteure, 1995], 176 p., ill.

LÉVESQUE, Irma, *Les chemins qui m'étaient destinés*, [présentation de Camille Soucy], [Edmundston, Éditions Lavigne ltée, 1988], 83[2] p.

_____, *Mes plus beaux souvenirs*, [présentation de Camille Soucy], [Edmundston, Éditions Lavigne ltée, 1988], 61 p.

LÉVESQUE, Thérèse, *Au coin du feu*, [présentation du Révérend Louis Pearson], [Saint-Quentin, l'auteure, 1993], 291 p., ill.

_____, *Le jardin de mes souvenirs*, [préface de Jeanne-Berthe Landry Sénéchal], [Saint-Quentin, l'auteure, 1988], 269 p., ill.

LONG, Gaétane, *Poèmes mystiques*, [Saint-Basile], Éditions Lavigne, [1992], 78[3] p.

MAILLET, Antonine, *Le bourgeois gentleman,* [Montréal], Leméac, [1978], 190 p. (Théâtre); Montréal, Leméac, 1995, 182 p. (Théâtre).

_____, *Cent ans dans les bois*, [Montréal], Leméac, [1981], 358 p. (Roman québécois).

_____, *Le chemin Saint-Jacques*, [Montréal], Leméac, [1996], 370[1] p.; Saint-Laurent, Club Québec loisirs, 1997, 370 p.; Paris, Bernard Grasset, 1997, 346 p.

_____, *Chronique d'une sorcière de vent*, [Montréal], Leméac, [1999], 282 p.; Saint-Laurent, Club Québec loisirs, 2000, 281 p.; Paris, Bernard Grasset, 2000, 301 p.

_____, *Les confessions de Jeanne de Valois. Roman*, [Montréal], Leméac, [1992], 344 p. (Roman); Saint-Laurent, Club Québec loisirs, 1993, 343[1] p.; Paris, Bernard Grasset, 1993, 343 p.; 1995, 284 p. (Le Livre de Poche); Paris, Librairie générale française, 1995, 284 p. (Le Livre de Poche).

_____, *La contrebandière*, [Montréal], Leméac, [1981], 179 p. (Théâtre).

_____, *Les Cordes-de-Bois*, [Montréal], Leméac, [1977], 351 p. (Roman québécois); Paris, Bernard Grasset, 1977, 252 p.; Montréal, Leméac, 1979, 351 p.; Paris, Bernard Grasset, 1981, 280 p. (Le Livre de Poche); [présentation de Pierre Salducci], Saint-Laurent, BQ, 1994, 290 p. (Littérature); Paris, Bernard Grasset, 1999, 252 p. (Les cahiers rouges).

_____, *Crache à Pic*, [Montréal], Leméac, [1984], 370[2] p. (Roman québécois); Paris, Bernard Grasset, 1984, 317 p.

_____, *Les crasseux*, [présentation de Jacques Ferron], [Montréal et Toronto, Holt, Rinehart et Winston limitée, 1968], 68[1] p. (Théâtre vivant); 1970, 68[1] p.; *Les crasseux. Pièce en trois actes*, [présentation de Rita Scalabrini et Jacques Ferron], Montréal, Leméac, 1973, xxxiii-91 p. (Répertoire acadien, Théâtre acadien); *Les crasseux. Pièce en deux actes*, [présentation de Rita Scalabrini], Montréal, Leméac, 1974, 118 p. (Théâtre acadien); [présentation de Jacques Ferron], Montréal, Leméac, 1993, 109 p. (Théâtre).

_____, *Don l'Orignal*, [Montréal], Leméac, [1972], 149 p. (Roman acadien); [préface de Jean-Cléo Godin], Montréal, Leméac, 1977, 190 p. (Les Classiques).

_____, *Les drôlatiques, horrifiques et épouvantables aventures de Panurge, ami de Pantagruel, d'après Rabelais*, [Montréal], Leméac, [1983], 138[1] p. (Théâtre).

_____, *Emmanuel à Joseph à Dâvit*, [Montréal], Leméac, [1975], 142[1] p. (Roman acadien).

_____, *Entr'acte*, s. l., s. é, s. d., 50 p.

_____, *Évangéline deusse*, [présentation d'Henri-Paul Jacques], [Montréal], Leméac, [1975], xxii-109 p. (Théâtre).

_____, *Gapi*, [présentation de Pierre Filion: «Le coffre aux trésors d'Antonine Maillet»], [Montréal], Leméac, [1976], 101 p. (Théâtre).

_____, *Gapi et Sullivan*, [présentation d'Yves Dubé: «Du phare fidèle aux sortilèges du bout des eaux»], [Montréal], Leméac, [1973], 72[1] p. (Répertoire acadien).

_____, *Garrochés en paradis*, [Montréal], Leméac, [1986], 109 p. (Théâtre).

_____, *La gribouille*, Paris, Bernard Grasset, 1982, 282 p., ill. (Le Livre de Poche).

_____, *Le huitième jour*, [Montréal], Leméac, [1986], 292 p. (Roman québécois); Paris, Bernard Grasset, 1987, 281 p.

_____, *L'Île-aux-Puces. Commérages*, [préface de l'auteure], [Montréal], Leméac, [1996], 223[1] p.

_____, *La fontaine ou la Comédie des animaux*, [présentation de Pierre Filion], [Montréal], Leméac, [1995], 131[1] p. (Théâtre).

_____, *Margot la folle*, [Montréal], Leméac, [1987], 126 p. (Théâtre).

_____, *Mariaagélas*, [Montréal], Leméac, [1973], 236 p. (Roman acadien); [préface d'Yves Berger], Paris, Bernard Grasset, 1975, xii-236 p.; [préface d'Yves Berger], Verviers (Belgique), Marabout, 1980, 250 p. (Bibliothèque); Montréal, La Frégate, 1983, 210 p., ill.; Saint-Laurent, Bibliothèque québécoise, 2000, 263 p.

_____, *On a mangé la dune*, [Montréal], Éditions Beauchemin, [1962], 182 p.; Montréal, Leméac, 1977, 186 p. (Classiques).

_____, *L'oursiade*, [Montréal], Leméac, [1990], 232 p. (Roman); Saint-Laurent, Club Québec loisirs, 1991, 232 p.; Paris, Bernard Grasset, 1991, 219 p.; 1993, 218 p. (Le Livre de Poche).

_____, *Panurge, ami de Pantagruel, d'après Rabelais. [Théâtre]*, Montréal, Leméac, 1993, 138 p.

_____, *Par-derrière chez mon père. Recueil de contes*, [Montréal], Leméac, [1972], 91[2] p., ill.

_____, *Pélagie-la-Charrette. Roman*, [Montréal], Leméac, [1979], 351 p.; Paris, Grasset, 1979, 314 p. (Le Grand Livre du mois); 1981, 284 p. (Le Livre de Poche); Paris, Unidé, 1982, 283 p.; [introduction de Pierre Filion], Montréal, Bibliothèque québécoise, 1990, 334 p. (Littérature); Saint-Laurent, Club Québec loisirs, 1992, 351 p.; Paris, Bernard Grasset, 1998, 311 p. (Les cahiers rouges); [présentation de Pierre Filion], Saint-Laurent, Bibliothèque québécoise, 1999, 328 p.

_____, *Pointe-aux-Coques. Roman*, Montréal et Paris, Fides, [1958], 127 p. (Rêve et vie); Montréal, Fides, 1961, 127 p. (Rêve et vie); Montréal, Leméac, 1972, 174 p. (Roman acadien); [préface de Jean Royer], Montréal, Leméac, 1977, xv-227 p. (Les Classiques); suivi de *On a mangé la dune*, Verviers (Belgique), Marabout, 1980, 412 p., (Bibliothèque).

_____, *Poire-Acre*, s. l., s. é., s. d., 33 f.

_____, *La Sagouine. Pièce pour une femme seule*, [Montréal], Leméac, [1971], 105[1] p. (Répertoire acadien); 1972, 105 p. (Répertoire acadien); 1973, 154 p. (Répertoire acadien); 1974, 218 p. (Théâtre acadien); [préface de Jacques Cellard], Paris, Bernard Grasset, 1976, 188 p.; Toronto, Simon et Pierre, 1979, 183 p., ill.; Montréal, Leméac, 1986, 218 p. (Poche Québec); Montréal, Leméac, 1990, 151 p. (Théâtre); [introduction d'Alain Pontaut], Saint-Laurent, Bibliothèque québécoise, 1990, 192 p. (Littérature); Saint-Laurent, Fides, 1992, viii-174 p. (Nénuphar).

_____, *La veuve enragée*, [introduction de Jacques Ferron], [Montréal], Leméac, [1977], 171 p., ill. (Théâtre).

_____, *William S*, [Montréal], Leméac, [1991], 112 p. (Théâtre).

MAILLET, Marguerite, *Bibliographie des publications d'Acadie, 1609-1990. Sources premières et sources secondes*, Moncton, Chaire d'études acadiennes, 1992, 389 p. (Balises).

_____, *Bibliographie des publications de l'Acadie des Maritimes. Livres et brochures 1609-1995*, présentation de James de Finney, [Moncton], Éditions d'Acadie, [1997], 555[23] p.

_____, *Histoire de la littérature acadienne. De rêve en rêve*, [Moncton], Éditions d'Acadie, [1983], 262 p., ill. (Universitaire).

MAILLET, Marguerite, Gérard LeBLANC et Bernard ÉMONT, *Anthologie de textes littéraires acadiens [1606-1975]*, [préface des auteurs], Moncton, Éditions d'Acadie, [1979], 643 p., ill.; 1992, 643 p., ill.

MALLET, Docithé, *Les racontars de Desté à Claffa*, [préface de Mᵍʳ Donat Robichaud], [Shippagan, l'auteur, 1984], 172 p., ill.

_____, *Sur le pré du vent* suivi de *La généalogie des pionniers de la Pointe-Sauvage*, [préface de Jacques Lalonde], [Shippagan, l'auteur, 1991], 369[4] p., ill.

MARIUS [pseudonyme d'Antoine Bernard], *Coquillages. Crayons et impressions*, [préface de Léo-Paul Desrosiers], Montréal, Imprimerie des sourds-muets, 1922, 212 p., ill.

MELANSON, Laurier, *Aglaé*, [Montréal], Leméac, [1983], 181 p. (Roman québécois).

_____, *Otto de la veuve Hortense*, [Montréal], Leméac, [1982], 209[1] p. (Roman québécois).

_____, *Zélika à Cochon Vert*, [Montréal], Leméac, [1981], 159 p. (Roman québécois).

METHOT, Linda, *Miroir cassé*, [Saint-Basile], Éditions Lavigne, [1992], 153[2] p., ill.

MICHAUD, Ghislain, *Carré de sable ou le miroir. Poésie*, [Edmundston], Éditions Marévie, [1992], 78 p., ill. (Fleur de sarrasin).

_____, *Carnet poétique*, Montréal, MFR, 1993, 40 p., ill.

MICHAUD, Guy R., *La vallée féconde*, Edmundston, Éditions GRM, 1987, 178[1] p.

MORAIS, Cindy, *Zizanie. Poésie*, Moncton, Éditions Perce-Neige, 1999, 60 p. (Poésie).

MORIN, Réjean, *Apartés. Poésie*, [Edmundston], Éditions Marévie, [1991], 75 p., ill. (Fleur de sarrasin).

MORIN ROSSIGNOL, Rino, *Les boas ne touchent pas aux lettres d'amour. Conte(s) à rebours*, [Moncton], Éditions Perce-Neige, [1988], 47 p.

_____, *Catastrophe(s). Un conte virtuel. Roman*, [Moncton], Éditions d'Acadie, [1998], 161[3] p.

_____, *L'éclat du silence*, Trois-Rivières, Écrits des Forges, 1998, 80 p.

_____, *Le pique-nique*, Moncton, Éditions Perce-Neige, [1982], 71 p.

_____, *Rumeur publique. Essais*, introduction et annotations d'Anne-Marie Robichaud, [Moncton], Éditions d'Acadie, [1991], 240 p.

_____, *La rupture des gestes. Poésie 1970-1988*, [Moncton], Éditions d'Acadie, [1994], 164[6] p.

MORNEAULT, Nadine, *Un amour qui fleurit au printemps. Nouvelle*, [Saint-Basile, Éditions Lavigne, 1993], 128[3] p.

NADEAU, Gérard E., *Les différents climats d'une vie. Poésie*, [Saint-Basile, Éditions Lavigne, 1992], 134[4] p.

_____, *Voyager en pensée dans le temps. Poésie*, [Saint-Basile, Éditions Lavigne, 1994], 124[3] p.

OUELLET, Fernand, *Un Acadien errant ... Journal de route*, [préface de Joseph Thomas, prêtre eudiste], s. l., s. d., 227 p.

OUELLET, J. Maurice, *Sur le sentier de la vie. Témoignage d'une époque*, [Moncton], Éditions d'Acadie, [1985], 196 p.

OUELLET, Jacques P., *Ippon. Roman*, [Tracadie], Éditions La Grande Marée, [1993], 227 p.

_____, *La promesse. Roman historique*, préface de l'auteur, [Tracadie-Sheila], Éditions La Grande Marée, [1996], 357 p.

_____, *La revanche du pékan. Roman*, [Tracadie-Sheila], Éditions La Grande Marée, [1999], 302 p.

OUELLON, André, *Le vol de l'albatros. Incursions en les méandres de l'amour*, [Tracadie-Sheila], Éditions La Grande Marée, [2000], 219 p.

PARATTE, Henri-Dominique, *Confluences. Mouvance américaine, 1* suivi de *Élouèzes dans la nuit*, [Wolfville], Éditions du Grand-Pré, 1995, 98 p., ill. (Le Verger d'or).

_____, *Dis-moi la nuit. Poésie, 1980-1981*, [Moncton], Éditions d'Acadie, [1982], 46 p.

_____, *La mer écartelée. Poésie et prose*, [Sherbrooke], Éditions Naaman, [1979], 73[2] p., ill. (Création).

PAUL [pseudonyme de Gilbert et François-J. Buote], *Placide, l'homme mystérieux*, Tignish, Bureau de *L'Impartial*, 21 janvier - 18 août 1904, 61 p. ; « Placide, l'homme mystérieux. Deuxième aventure », *L'Impartial*, 18 janvier - 21 juin 1906, p. 5, col. 1-2. ; *Placide, l'homme mystérieux, à New York*, Moncton, Bouton d'or d'Acadie, 1999, 125 p.

PAULIN, Louise, *Au matin de la vie. Recueil de poèmes*, [présentation de l'auteure], [s. l.], Éditions Faye, [1995], 84[1] p. (Au jardin de la vie).

PELLETIER, Charles, *Oasis. Itinéraire de Delhi à Bombay*, [Moncton], Éditions d'Acadie, [1993], 139 p.

PELLETIER, Jovette, *Par ma main, parle mon cœur. Poésie*, [Saint-Basile, Éditions Lavigne, 1995], 88 p., ill.

PERROT-BISHOP, Annick, *Au bord des yeux de la nuit. Poésie*, [Moncton], Éditions d'Acadie, [1996], 57[2] p.

_____, *Fragments de saisons*, [Hull], Éditions Vent d'Ouest, [1998], 96[3] p. (Rafales).

PICHETTE, Robert, *Bellérophon. Poésie*, [Moncton], Éditions d'Acadie, [1987], 47 p.

_____, *Chimères. Poèmes d'amour et d'eau claire*, [Moncton], Éditions d'Acadie, [1982], 46 p.

PÎTRE, Martin, *À s'en mordre les dents*, [Moncton, Éditions Perce-Neige, 1982], 51[1] p., ill.

_____, *L'ennemi que je connais. Roman*, [Moncton], Éditions Perce-Neige, [1995], 126 p. (Prose) ; 1999, 126 p.

_____, *La morsure du désir. Poésie*, avec 12 dessins de Roméo Savoie, [Moncton], Éditions d'Acadie, [1993], 97 p., ill.

POIRIER, Léonie, *La nuit blanche*, [Halifax], The Dramatists Co-op, [1980], 27 p.

POIRIER, Marc, *Avant que tout' disparaisse. Poésie*, [Moncton], Éditions Perce-Neige, [1993], 50 p., ill.

POIRIER, Pascal, *Les Acadiens à Philadelphie* suivi de *Accordailles de Gabriel et d'Évangéline. Théâtre*, texte établi et annoté par Judith Perron, [préface de Judith Perron], [Moncton], Éditions d'Acadie, [1998], 128[1] p.

_____, *Causerie memramcookienne*, édition critique par Pierre M. Gérin, Moncton, Chaire d'études acadiennes, 1990, 185[2] p., ill. (Blomidon).

_____, *Le glossaire acadien*, [préparé et corrigé par Anselme Chiasson], Moncton, Université Saint-Joseph, 1953, 466 p. ; Moncton, Centre d'études acadiennes de l'Université de Moncton, 1977, 466 p. ; édition critique établie par Pierre M. Gérin, [présentation de Ronald Labelle], [Moncton], Éditions d'Acadie [et] Centre d'études acadiennes, [1993], [xlix]-440[3] p., ill. ; édition revue et augmentée, Moncton, Éditions d'Acadie et Centre d'études acadiennes, 1995, 500 p.

_____, *Institut canadien-français d'Ottawa. Réminiscences*, Ottawa, A. Bureau et Frères, Imprimeurs, 1908, 15 p.

_____, *Le parler franco-acadien et ses origines*, [préface de l'auteur], [Québec], [Imprimerie franciscaine missionnaire], [1928], 339 p.

_____, *Voyage aux Îles-de-la-Madeleine*, [s. l., s. é., s. d.], 29 p., ill.

RAÎCHE, Joseph, *À fleur d'eau et à tire-d'aile*, [préface d'Arthur Maheux, prêtre], Rimouski, Imprimerie générale, 1925, 153 p.

_____, *Au creux des sillons. Contes et nouvelles*, Montréal, Éditions Édouard Garand, [1926], 58[1] p.

_____, *Les dépaysés. Contes et nouvelles*, Montréal, Éditions Édouard Garand, [1929], 94[1] p.

_____, *Les frelons nacrés*, [Rimouski], Imprimerie générale, 1929, 94[1] p.

_____, *Grains de sable*, [lettre-préface de Georges Beaulieu], Rimouski, Imprimerie Blais, 1939, 217 p.

_____, *Journal d'un vicaire de campagne*, Montréal, Éditions Édouard Garand, 1927, 54 p.

_____, *Miettes de pain*, Montréal, Éditions du Totem, 1935, 160 p.

RAINVILLE, Simone, *Madeleine ou la rivière au printemps. Roman*, [Moncton], Éditions d'Acadie, [1995], 196[1] p.

RAYMOND, Maurice, *Implorable désert. Poésie*, [Moncton], Éditions d'Acadie, [1988], 88 p.

_____, *La soif des ombres. Poésie*, [Moncton], Éditions Perce-Neige, [1994], 73 p.

RAYMOND BOURGOIN, Berthe, *Le dernier trésor de mon coffre-fort*, [Saint-Basile], Éditions Lavigne, [1990], 88[2] p.

_____, *Mes rêves d'or. Poésie*, [Edmundston], Éditions Lavigne, 1988, 107 p.

_____, *Les pensées de Berthe*, [Baker-Brook, l'auteure, s. d.], 84[4] p.

RENAUD, Claude, *Sacordjeu!*, [Moncton], Éditions d'Acadie, [1978], 72 p., ill.

RENS, Jean-Guy et Raymond LEBLANC, *Acadie / expérience, Choix de textes acadiens: complaintes, poèmes et chanson*, [préface des auteurs], Montréal, Parti pris, [1977], 197 p. (Chien d'or).

RICHARD, Zachary, *Faire récolte. Poésie*, [Moncton], Éditions Perce-Neige, [1997], 129[2] p. (Acadie tropicale).

_____, *Voyage de nuit. Cahier de poésie, 1975-1979*, Montréal et Lafayette (Louisiane), Louise Courteau et Nouvelle Acadie, 1987, xi-112 p.

RINGUETTE, Monique C., *Et la vie continue*, [Saint-Basile], Éditions Lavigne ltée, [1990], 93[4] p.

_____, *Perdue dans Boston. Première partie. Roman*, [Saint-Basile], Éditions Lavigne, [1991], 110[1] p.

RIVIÈRE, Sylvain, *La belle embarquée. Roman historique*, [Moncton], Éditions d'Acadie, [1992], 235[3] p.; Paris, Alfil, 1994, 290 p. (Roman historique).

_____, *Mutance. Poésie*, [Moncton], Éditions d'Acadie, [1996], 53 p., ill.

ROBICHAUD, Anne, *Feux chalins*, préface de R. Coderre, [Willowdale, Éditions Marois et l'auteure, 1983], [13]124 p., ill.

_____, *Les poèmes d'Angélie*, [s. l., s. é.], 1984, 167 p., ill.

ROBICHAUD, Norbert, *Journal d'un étudiant*, [Moncton?], l'auteur, 1990, 134 p.

ROBICHAUD, S. E. Mᵍʳ Norbert, *Pèlerinage en Terre sainte. Impressions et souvenirs d'un pèlerinage en Palestine, 5-14 mai 1959*, Moncton, Imprimerie acadienne ltée, 1960, 51 p.

ROUSSEL CYR, Lise Y., *L'alphabet de l'amour*, Saint-Basile, Éditions Lavigne, 1995, 28 p.

_____, *L'amour c'est comme*, Saint-Basile, Éditions Lavigne, 1996, 13 p.

_____, *Prendre le temps*, [Saint-Basile, Éditions Lavigne, 1995], 99 p.

_____, *Reflet d'une vie*, [Saint-Basile, Éditions Lavigne, 1994], 153 p.

ROY, Albert, *Au mitan du Nord. Poésie*, [Edmundston], Éditions Marévie, [1991], 98 p. (Fleur de sarrasin).

_____, *Comme à la vraie cachette*, [Edmundston], Éditions Marévie, [1990], 125 p., ill. (Fleur de sarrasin).

_____, *La couleur des mots*, [présentation de l'auteur], Fermont, Commission scolaire Fermont, s. d., 102 p.

_____, *Des brayonneries*, avec la participation extraordinaire d'Adrienne Roy-Michaud, [Sherbrooke, l'auteur, 1985], 123 p.

_____, *Écooole! Maudite école. Poésie*, [Saint-Basile], [Au mot juste enr.], [1998], 92 p.

_____, *Fouillis d'un Brayon*, [Moncton], Éditions d'Acadie, [1980], 78 p.

_____, *La mare d'Oursi. Poésie*, [Edmundston], Éditions Marévie, [1993], 104 p. (Fleur de sarrasin).

_____, *La mer en écrits. Poésie*, [Edmundston], Éditions Marévie, [1995], 111 p. (Fleur de sarrasin).

_____, *Poèmes venteux…*, Sept-Îles, Qué., Éditions Le Musée des Sept-Îles inc., [1979], 116 p., ill.

ROY, Camilien, *La première pluie. Roman*, [Moncton], Éditions Perce-Neige, [1999], 224 p. (Prose).

ROY, Christian, *Infarctus parmi les piétons*, [Moncton], Éditions Perce-Neige, [2000], 95[3] p. (Poésie).

_____, *Pile ou face à la vitesse de la lumière. Poésie*, [Moncton], Éditions Perce-Neige, [1998], 96 p. (Poésie).

ROY, Gilles, *Fleurs d'automne. Poésie*, [Edmundston], Éditions Marévie, [1995], 90 p., ill. (Fleur de sarrasin).

ROY, Michel, *L'Acadie perdue*, Montréal, Éditions Québec / Amérique, [1978], 203[1] p., ill.

ROY, Réjean, *Crépuscule de l'amour. Roman*, [Bathurst, l'auteur, 1988], 94 p.

_____, *Le cri d'une poussière. Roman*, [Edmundston], Éditions Quatre Saisons, [1989], 109 p., ill.

_____, *Les ombres de minuit*, préface d'Henri-Dominique Paratte, photos de Daniel Heïkalo, Wolfville, Éditions du Grand-Pré, 1993, 70 p. (Le Verger d'or).

_____, *Périr par le sexe. Roman*, illustrations par Luc Tousignant, [Saint-Basile], Éditions Quatre Saisons, [1990], 131 p.

_____, *La valse nocturne. Poésie*, [préface de Suzanne Ouellet], [Tracadie], Éditions La Grande Marée, [1994], 74 p., ill.

RUEST, Renée, *Fleur de poète*, [préface de Camille Soucy], [Saint-Basile, Éditions Lavigne, 1989], 86[4] p.

RUNTE, Roseann, *Birmanie blues*, suivi de *Voyages à l'intérieur*, Toronto, Éditions du GREF, 1993, 66 p., ill. (Écrits torontois).

_____, *Brumes bleues. Poèmes*, Sherbrooke, Éditions Naaman, [1982], 61[2] p. (Création).

_____, *Faux soleils. Poèmes-pensées*, Sherbrooke, Éditions Naaman, [1984], 59[1] p. (Création).

SABATTIS [pseudonyme de Thomas Gill], *L'étoile de Lunenburg*, [Lévis, Imprimerie Le Quotidien, s. d.], 99 p., ill.

_____, *La fascination de la ville*, [Lévis, Cie de publication de Lévis, 1930], 144 p., ill.

SARA À PIERRE [pseudonyme de Sara Allain], *Moi, la fille du forgeron. Récits poétiques*, caricatures de Sylvain Arsenault, [Moncton], Éditions d'Acadie, [1983], 94 p.

SAULNIER, Rachel, *Pour n'importe qui*, [Moncton], Éditions d'Acadie, [1987], 72 p., ill.

SAVOIE, Jacques, *Le cirque bleu*, [Montréal], La courte échelle, [1995], 155[3] p. (Roman 16 / 96).

_____, *L'étoile magannée présente. Des poèmes et des photos*, [photographie de Gilles Savoie; mise en boîte d'Herménégilde Chiasson], [Moncton, Imprimerie acadienne ltée, 1972], n. p.

_____, *Les portes tournantes. Roman*, [Montréal], Boréal Express, [1984], 159 p.; La
Montréal, L'Aire et Boréal Express, 1985, 150 p. (Bibliothèque francophone); 198
(Bibliothèque francophone); 1989, 159 p. (Bibliothèque francophone); Montréal,
1990, 157 p. (Compact); *Les portes tournantes. Texte intégral du roman*, [analyse, docu
et iconographie: Julie Jean, Michel Thérien et Murielle De Serres], Laval, Beauchemin,
xvi-171 p., ill. (Littératures et cultures).

_____, *Raconte-moi Massabielle*, [Moncton], Éditions d'Acadie, [1979], 153 p.

_____, *Le récif du prince. Roman*, [Montréal], Boréal, [1986], 158[1] p.; 1988, 158 p. (Compac

_____, *Les ruelles de Caresso*, [Montréal], La courte échelle, [1997], 188[4] p. (Roman 16/96).

_____, *Un train de glace*, [Montréal], La courte échelle, [1998], 219[3] p. (Roman 16/96).

_____, *Une histoire de cœur*, [Montréal], Boréal, [1988], 228[3] p.; 1992, 228[3] p. (Compact).

SAVOIE, Roméo, *Dans l'ombre des images. Poésie*, [Moncton], Éditions d'Acadie, [1996], 61 p.

_____, *Duo de démesure*, [Moncton, Éditions d'Acadie, 1981], n. p., ill.

_____, *L'eau brisée. Suivi des 17 poèmes de l'errance. Poésie*, [Moncton], Éditions d'Acadie, [1992],
82 p.

_____, *L'humain recto-verso*, œuvres des artistes de l'Atelier Papyrus: Jocelyne Fortin, Lise René,
Sylvie Davidson et Louise Guertin, [Trois-Rivières, Atelier Papyrus inc., 1993], 63 p.

_____, *Trajets dispersés. Poésie*, [Moncton], Éditions d'Acadie, [1989], 85[2] p., ill.

SAVOIE WILSON, Eliane, *Chaîne et j'ture*, [Shédiac, l'auteure, 1984], 141[2] p., ill.

SNOW, Claude, *Le parlement du monde ordinaire*, [Caraquet, l'auteur], 1977, 88[2] p., ill.

SONIER, Livain, *Histoires glanées icitte et là*, Sheila, [l'auteur, 1994], [6]243 p., ill.

_____, *Hommage à toi qui es passé avant moi. Recueil de poésies vues au jour le jour*, Val-Comeau,
l'auteur, 1998, 96 p.

_____, *Livain raconte Val-Comeau d'hier et d'aujourd'hui*, Sheila, [l'auteur, 1991], 140 p., ill.

_____, *Livain raconte-moi z'en un aute. La sauvegarde à George à Sandy McLaughlin*, [Val-Comeau,
l'auteur], 1997, 240 p., ill.

SOUCY, Camille, *Joie et tristesse: le rêve de Nathalie, le plus beau Noël de Jérémie, Souvenir glacial,
Noël de rêve pour Nadjia. Recueil*, [Saint-Basile], Éditions Lavigne, [1992], 45[2]p.

_____, *MaCédoine. Recueil*, [Saint-Basile, Éditions Lavigne, 1993], 83[4] p.

_____, *Mireille. Roman*, [Saint-Basile, Éditions Lavigne, 1995], 176[1] p.

_____, *On est millionnaire! On ne l'est plus?*, [Saint-Basile], Éditions Lavigne, [1992], 33[1] p., ill.

_____, *Poésie loufoque*, [Saint-Basile], [Éditions Lavigne], [1994], n. p.

_____, *Les ravages de l'inceste. Roman*, [Saint-Basile, Éditions Lavigne, 1993], 158[3] p.

_____, *Réminiscence et nostalgie*, [Saint-Basile, Éditions Lavigne, 1995], 59[1] p.

_____, *La veuve vierge. Roman adulte*, [Saint-Basile, Éditions Lavigne, 1991], 240[1] p.

ST-PIERRE, Christiane, *Absente pour la journée. Roman*, [Moncton], Éditions d'Acadie, [1989],
179 p.

_____, *Hubert ou Comment l'homme devient rose*, [préface de Réjean Poirier], [Moncton], Éditions
d'Acadie, [1994], 74 p.

_____, *Sur les pas de la mer. Contes et nouvelles*, [Moncton], Éditions d'Acadie, [1986], 103[1] p., ill.

SURETTE, Paul, *Mésagouèche. L'évasion d'un peuple. [Roman-drame]*, [Memramcook], Société
historique de Memramcook, 1991, 145 p., ill.

THÉBEAU, Paul E., *Autrefois déjà. Poésie*, [Saint-Basile], Éditions Lavigne, [1992], 72[2] p., ill.

_____, *Fleur ou femme. Poésie*, [Plaster Rock], Éditions La Plume du Goéland, [1994], 131 p., ill.

acadiennes
sanne et
159 p.
Boréal,
ments
995,

Nord. Poèmes, [Moncton], Éditions Perce-Neige, [1992], 48 p.

[Moncton], Éditions Perce-Neige, [1997], 137 p. (Prose).

[Moncton], Éditions Perce-Neige, [1994], 59 p., ill.

e, Recueil de souvenirs, [préface de Paul Thériault], [Caraquet, l'auteure,

Dans note temps avec Marc et Philippe, [Yarmouth, Imprimerie Lescarbot
0[2] p., ill.

temps avec Mélanie et Philomène, [Yarmouth, Imprimerie Lescarbot ltée, 1978],
ill.

rre magique. Idylle acadienne du temps jadis, [Pointe-de-l'Église, l'auteur, 1985],
] p., ill. ; Richibouctou, René Babineau, 1986, 152 p.

AU, Serge Patrice, *L'appel des mots. Lecture de Saint-Denys Garneau. Essai*, [Montréal],
Hexagone, [1993], 238[1] p. (Itinéraires).

___, *Le cycle de Prague. Poésie*, [Moncton], Éditions d'Acadie, [1992], 155[2] p.

___, *Dans la cité* suivi de *Pacifica. Poésie*, Montréal, l'Hexagone, [1997], 182[3] p.

___, *Nocturnes*, Trois-Rivières, Écrits des Forges, [1997], 96[1] p.

___, *Nous, l'étranger*, Trois-Rivières [et] Echternach (Luxembourg), Écrits des Forges [et]
Éditions Phi, [1995], 84[1] p.

___, *Le passage des glaces* suivi de *Lamento*, Trois-Rivières [et] Moncton, Écrits des Forges [et]
Éditions Perce-Neige, [1992], 99 p.

___, *Le quatuor de l'errance* suivi de *La traversée du désert. Poésie*, [Montréal], l'Hexagone, [1995],
252[7] p. (Poésie).

___, *Le roseau. Poèmes 1997-2000*, [Moncton], Éditions Perce-Neige, [2000], 83[2] p. (Poésie).

___, *La septième chute. Poésie 1982-1989*, [Moncton], Éditions d'Acadie, [1990], 181 p.

TURGEON, Oniséphore, *Un tribut à la race acadienne. Mémoires, 1871-1927*, [préface de Pascal
Poirier], Montréal, G. Ducharme, libraire-éditeur, 1928, 522[4] p., ill.

_____, *Les portes tournantes. Roman*, [Montréal], Boréal Express, [1984], 159 p. ; Lausanne et Montréal, L'Aire et Boréal Express, 1985, 150 p. (Bibliothèque francophone) ; 1986, 159 p. (Bibliothèque francophone) ; 1989, 159 p. (Bibliothèque francophone) ; Montréal, Boréal, 1990, 157 p. (Compact) ; *Les portes tournantes. Texte intégral du roman*, [analyse, documents et iconographie : Julie Jean, Michel Thérien et Murielle De Serres], Laval, Beauchemin, 1995, xvi-171 p., ill. (Littératures et cultures).

_____, *Raconte-moi Massabielle*, [Moncton], Éditions d'Acadie, [1979], 153 p.

_____, *Le récif du prince. Roman*, [Montréal], Boréal, [1986], 158[1] p. ; 1988, 158 p. (Compact).

_____, *Les ruelles de Caresso*, [Montréal], La courte échelle, [1997], 188[4] p. (Roman 16/96).

_____, *Un train de glace*, [Montréal], La courte échelle, [1998], 219[3] p. (Roman 16/96).

_____, *Une histoire de cœur*, [Montréal], Boréal, [1988], 228[3] p. ; 1992, 228[3] p. (Compact).

SAVOIE, Roméo, *Dans l'ombre des images. Poésie*, [Moncton], Éditions d'Acadie, [1996], 61 p.

_____, *Duo de démesure*, [Moncton, Éditions d'Acadie, 1981], n. p., ill.

_____, *L'eau brisée. Suivi des 17 poèmes de l'errance. Poésie*, [Moncton], Éditions d'Acadie, [1992], 82 p.

_____, *L'humain recto-verso*, œuvres des artistes de l'Atelier Papyrus : Jocelyne Fortin, Lise René, Sylvie Davidson et Louise Guertin, [Trois-Rivières, Atelier Papyrus inc., 1993], 63 p.

_____, *Trajets dispersés. Poésie*, [Moncton], Éditions d'Acadie, [1989], 85[2] p., ill.

SAVOIE WILSON, Eliane, *Chaîne et j'ture*, [Shédiac, l'auteure, 1984], 141[2] p., ill.

SNOW, Claude, *Le parlement du monde ordinaire*, [Caraquet, l'auteur], 1977, 88[2] p., ill.

SONIER, Livain, *Histoires glanées icitte et là*, Sheila, [l'auteur, 1994], [6]243 p., ill.

_____, *Hommage à toi qui es passé avant moi. Recueil de poésies vues au jour le jour*, Val-Comeau, l'auteur, 1998, 96 p.

_____, *Livain raconte Val-Comeau d'hier et d'aujourd'hui*, Sheila, [l'auteur, 1991], 140 p., ill.

_____, *Livain raconte-moi z'en un aute. La sauvegarde à George à Sandy McLaughlin*, [Val-Comeau, l'auteur], 1997, 240 p., ill.

SOUCY, Camille, *Joie et tristesse : le rêve de Nathalie, le plus beau Noël de Jérémie, Souvenir glacial, Noël de rêve pour Nadjia. Recueil*, [Saint-Basile], Éditions Lavigne, [1992], 45[2]p.

_____, *MaCédoine. Recueil*, [Saint-Basile, Éditions Lavigne, 1993], 83[4] p.

_____, *Mireille. Roman*, [Saint-Basile, Éditions Lavigne, 1995], 176[1] p.

_____, *On est millionnaire ! On ne l'est plus ?*, [Saint-Basile], Éditions Lavigne, [1992], 33[1] p., ill.

_____, *Poésie loufoque*, [Saint-Basile], [Éditions Lavigne], [1994], n. p.

_____, *Les ravages de l'inceste. Roman*, [Saint-Basile, Éditions Lavigne, 1993], 158[3] p.

_____, *Réminiscence et nostalgie*, [Saint-Basile, Éditions Lavigne, 1995], 59[1] p.

_____, *La veuve vierge. Roman adulte*, [Saint-Basile, Éditions Lavigne, 1991], 240[1] p.

ST-PIERRE, Christiane, *Absente pour la journée. Roman*, [Moncton], Éditions d'Acadie, [1989], 179 p.

_____, *Hubert ou Comment l'homme devient rose*, [préface de Réjean Poirier], [Moncton], Éditions d'Acadie, [1994], 74 p.

_____, *Sur les pas de la mer. Contes et nouvelles*, [Moncton], Éditions d'Acadie, [1986], 103[1] p., ill.

SURETTE, Paul, *Mésagouèche. L'évasion d'un peuple. [Roman-drame]*, [Memramcook], Société historique de Memramcook, 1991, 145 p., ill.

THÉBEAU, Paul E., *Autrefois déjà. Poésie*, [Saint-Basile], Éditions Lavigne, [1992], 72[2] p., ill.

_____, *Fleur ou femme. Poésie*, [Plaster Rock], Éditions La Plume du Goéland, [1994], 131 p., ill.

THÉRIAULT, Mario, *Échographie du Nord. Poèmes*, [Moncton], Éditions Perce-Neige, [1992], 48 p.

_____, *Terre sur mer. Nouvelles*, [Moncton], Éditions Perce-Neige, [1997], 137 p. (Prose).

_____, *Vendredi saint. Poésie*, [Moncton], Éditions Perce-Neige, [1994], 59 p., ill.

THÉRIAULT LÉGER, Monique, *Recueil de souvenirs*, [préface de Paul Thériault], [Caraquet, l'auteure, 1984], 122 p., ill.

THIBODEAU, Félix E., *Dans note temps avec Marc et Philippe*, [Yarmouth, Imprimerie Lescarbot ltée, 1976], 110[2] p., ill.

_____, *Dans note temps avec Mélanie et Philomène*, [Yarmouth, Imprimerie Lescarbot ltée, 1978], 75[1] p., ill.

_____, *La pierre magique. Idylle acadienne du temps jadis*, [Pointe-de-l'Église, l'auteur, 1985], 138[1] p., ill.; Richibouctou, René Babineau, 1986, 152 p.

THIBODEAU, Serge Patrice, *L'appel des mots. Lecture de Saint-Denys Garneau. Essai*, [Montréal], l'Hexagone, [1993], 238[1] p. (Itinéraires).

_____, *Le cycle de Prague. Poésie*, [Moncton], Éditions d'Acadie, [1992], 155[2] p.

_____, *Dans la cité* suivi de *Pacifica. Poésie*, Montréal, l'Hexagone, [1997], 182[3] p.

_____, *Nocturnes*, Trois-Rivières, Écrits des Forges, [1997], 96[1] p.

_____, *Nous, l'étranger*, Trois-Rivières [et] Echternach (Luxembourg), Écrits des Forges [et] Éditions Phi, [1995], 84[1] p.

_____, *Le passage des glaces* suivi de *Lamento*, Trois-Rivières [et] Moncton, Écrits des Forges [et] Éditions Perce-Neige, [1992], 99 p.

_____, *Le quatuor de l'errance* suivi de *La traversée du désert. Poésie*, [Montréal], l'Hexagone, [1995], 252[7] p. (Poésie).

_____, *Le roseau. Poèmes 1997-2000*, [Moncton], Éditions Perce-Neige, [2000], 83[2] p. (Poésie).

_____, *La septième chute. Poésie 1982-1989*, [Moncton], Éditions d'Acadie, [1990], 181 p.

TURGEON, Oniséphore, *Un tribut à la race acadienne. Mémoires, 1871-1927*, [préface de Pascal Poirier], Montréal, G. Ducharme, libraire-éditeur, 1928, 522[4] p., ill.